DIE GROSSE SAATKORN
GESUNDHEITSBIBLIOTHEK

MENSCH UND FAMILIE

DIE GROSSE SAATKORN
GESUNDHEITSBIBLIOTHEK

MENSCH UND FAMILIE

Dr. med. Isidro Aguilar
Facharzt für Chirurgie und Gynäkologie, Montpellier

Dr. med. Herminia Galbes
Fachärztin für Chirurgie und Pädiatrie, Montpellier

Mann, Frau und Partnerschaft

Titel der spanischen Originalausgabe: ENCICLOPEDIA SALUD Y EDUCACION PARA LA FAMILIA.
Diese Reihe ist eine Koproduktion von EDITORIAL SAFELIZ und SAATKORN VERLAG und erscheint in folgenden Sprachen:
Deutsch, Englisch, Französisch, Portugiesisch und Spanisch.

Projektleitung deutschsprachige Ausgabe: Elí Diez
Assistenz und Lektorat: Ina Freisleben
Projektleitung Originalausgabe: José Rodríguez
Koordination und Redaktion Originalausgabe: Francesc X. Gelabert
Übersetzung: Anja Bühling, Carmelo Restifo, Elisabeth Stiefenhofer, Roberto Va, Manuela Wilfert
Redaktionelle Bearbeitung: Antje Diehl, Ina Freisleben, Günther Hampel
Schlußredaktion: Irmtraut Fröse-Schreer, Anita Sprungk
Korrektorat: Bernd und Gerda Pallaschke
Redaktion und Herstellung Originalausgabe: Jorge D. Pamplona, Benjamin I. Galindo, Luis González, Martín González, Elisabeth Sangüesa, Jose M. Weindl, Josefina Subirada, Javier Zanuy
Umschlaggestaltung und Titelei: Saatkorn-Verlag GmbH, Lüneburg
Fotos Schutzumschlag: tony stone/Christopher Bissel (oben), Editorial SAFELIZ (unten links), tony stone/Daniel Bosler (unten Mitte), Editorial SAFELIZ (unten rechts)

Druck: Sprint Industrias Gráficas, Madrid
Bindearbeiten: Atanes Laínez, Madrid

Fachberatung:
Dr. med. Dieter Achatz, Facharzt für Pädiatrie, Wernau
Irmtraut Fröse-Schreer, Lektorin, Lehrerin, Hanstedt
Dr. Johann Gerhardt, Theologische Hochschule Friedensau
(bei Magdeburg)
Dr. med. Ursula Hagen-Hauser, Fachärztin für Gynäkologie,
Bad Kreuznach
Jochen Koschizke, Dipl. Ernährungswissenschaftler, Lüneburg
Dr. med., Dr. P. H. Gerd Ludescher, Krankhaus Waldfriede, Berlin
Wolfgang Schwabe, Dipl. Psychologe, Berlin
Christine Stuhlmann, Dipl. Ernährungswissenschaftlerin, Münster
Dr. med. Hilmar Uhlig, Arzt, Hamburg
Dr. med. Roberto Va, Facharzt für Gynäkologie und Geburtshilfe,
Aachen/Marbella
Dr. med. Barbara Susanne Wilden, Fachärztin für Pädiatrie, Braunschweig
Monika Wolf, Ärztin, Darmstadt

> Sämtliche Angaben in diesem Buch – wie Behandlungsbeschreibungen und Anwendungen – werden nach bestem Wissen und nach dem aktuellen Stand der Wissenschaft gemacht. Autoren, Fachberater und Herausgeber übernehmen, auch hinsichtlich Druckfehler, keine Gewähr. Nur der Arzt bzw. die Ärztin können im individuellen Fall über eine Therapie entscheiden.

1. Auflage der Originalausgabe in deutscher Sprache 1996

© der spanischen Originalausgabe: 1996 by EDITORIAL SAFELIZ, Aravaca, 8, E-28040 Madrid
© der deutschsprachigen Textfassung: 1996 by SAATKORN VERLAG, Lüner Rennbahn 16, D-21339 Lüneburg
Das Werk einschließlich aller seiner Teile ist urheberrechtlich geschützt. Jede Verwertung außerhalb der engen Grenzen des Urheberrechtsgesetzes ist ohne Zustimmung des Verlags unzulässig und strafbar. Das gilt insbesondere für Vervielfältigungen, Übersetzungen, Mikroverfilmungen und die Verarbeitung in elektronischen Systemen.
Alle Rechte vorbehalten – Printed in Spain (Depósito Legal M 29.051-1996)

ISBN 3-8150-1700-9 (Band 1)   ISBN 3-8150-1716-5 (Band 1-4)

Inhaltsverzeichnis Band 1

	SEITE
Gesamtübersicht der Reihe	6-7
Erklärung des Seitenaufbaus	8-9
Alphabetisches Verzeichnis der Krankheiten	10
An die Leser	16
Vorwort der Herausgeber	17
Vorwort zur deutschsprachigen Ausgabe	18
Zum Geleit	19

TEIL 1
DER MANN ... 21

1. **VON DER EIZELLE ZUM MANN** ... 22
   - Vom Embryo zum Jungen ... 26
   - Die Pubertät ... 28
   - Das Erwachsenenalter ... 31
   - Das Alter ... 32

2. **DIE MÄNNLICHEN ORGANE UND IHRE FUNKTIONEN** ... 38
   - Die Geschlechtsorgane ... 38
   - Funktionen der Organe ... 45

3. **MÄNNERKRANKHEITEN** ... 48
   Siehe INHALTSVERZEICHNIS DES KAPITELS

TEIL 2
DIE FRAU ... 87

4. **VON DER EIZELLE ZUR FRAU** ... 88
   - Vom Embryo zum Mädchen ... 89
   - Die Pubertät ... 92
   - Die Wechseljahre ... 96

5. **DIE WEIBLICHEN ORGANE UND IHRE FUNKTIONEN** ... 100
   - Das Becken der Frau ... 100
   - Die Geschlechtsorgane ... 103
   - Funktionen der Organe ... 107
   - Die Menstruation ... 110

6. **FRAUENKRANKHEITEN** ... 118
   Siehe INHALTSVERZEICHNIS DES KAPITELS

TEIL 3
SEXUALITÄT ... 171

7. **EINFÜHRUNG IN DIE PROBLEMATIK DER SEXUALITÄT** ... 172
   - Information und Bildung ... 175
   - Die Frau von heute ... 178
   - Ethische Aspekte der Sexualität ... 180
   - Liebe und Sexualität ... 183

8. **DIE FORTPFLANZUNG DES MENSCHEN** ... 192
   - Unterschiedliche Fortpflanzungsarten ... 193
   - Fortpflanzung des Menschen ... 195
   - Geschlechtsfestlegung und -differenzierung ... 197
   - Wahl des Geschlechts auf Wunsch der Eltern? ... 198

9. **HORMONE UND SEXUALITÄT** ... 204
   - Die Drüsen ... 204
   - Männliche und weibliche Hormone ... 206
   - Hypothalamus und Hirnanhangdrüse ... 207

10. **GESCHLECHTERPSYCHOLOGIE** ... 214
    - Psychologische Unterschiede ... 215
    - Vergleichende Geschlechterpsychologie ... 219
    - Auswirkungen der Unterschiede ... 224
    - Weitere praktische Folgerungen ... 232

11. **SICH VERLIEBEN, LIEBE UND PARTNERSCHAFT** ... 236
    - Die Anziehung des anderen Geschlechts ... 238
    - Sexuelle Reaktionen beider Geschlechter ... 241
    - Das Verliebtsein ... 244

12. **DIE EROTISCHEN GEFÜHLE UND IHRE NERVENLEITUNGEN** ... 258
    - Unterschiede zwischen Mann und Frau ... 259
    - Zentren und Nervenleitungen der Sexualität ... 259
    - Funktion des Nervensystems bei der Erektion ... 263
    - Funktion des Nervensystems beim Samenerguß ... 264
    - Funktion des Nervensystems beim Orgasmus ... 266

13. **DAS SEXUELLE VORSPIEL** ... 268
    - Sexuelle Spannung und Verlangen ... 269
    - Notwendigkeit und Bedeutung des Vorspiels ... 272
    - Zeitpunkt und Gestaltung ... 274
    - Psychisch-affektive Vorbereitung ... 275
    - Der Körperkontakt ... 277
    - Die verbale Verständigung beim Vorspiel ... 279
    - Schlußphase und Höhepunkt ... 281

14. **DER LIEBESAKT** ... 284
    - Wie es gemacht wird ... 286
    - Der Orgasmus ... 288
    - Das Nachspiel ... 295
    - Die besten Stellungen ... 298

15. **DIE SEXUELLEN REAKTIONEN** ... 304
    - Physiologische Reaktionen ... 305
    - Reaktionen der Geschlechtsorgane ... 309

16. **DIE SEXUELLE POTENZ** ... 318
    - Häufigkeit sexueller Aktivität ... 320

17. **DER MENSCH IM SPIEGEL SEINER SEXUALITÄT** ... 328
    - Historischer Rückblick ... 329
    - Sexuelle Aktivitäten ... 340
    - Sex und Glück ... 343

18. **SEXUALITÄT IN KINDHEIT UND ALTER** ... 346
    - Geschlecht und Sexualität von Geburt an ... 346
    - Die Erwachsenen und die kindliche Sexualität ... 350
    - Ödipus- und Elektrakomplex ... 351
    - Die Latenzphase ... 353
    - Der Übergang: Pubertät und Jugendzeit ... 353
    - Sexualität im Alter ... 357

19. **STÖRUNGEN DER SEXUALITÄT** ... 362
    - Besonderheiten bei der Frau ... 363
    - Störungen mit organischer Ursache ... 365
    - Psychisch bedingte Störungen ... 368

Stichwortverzeichnis zu Band 1 ... 372

Gesamtübersicht der Reihe

BAND 1   SEITE
Erklärung des Seitenaufbaus 8-9
Alphabetisches Verzeichnis der Krankheiten. 10
An die Leser 16
Vorwort der Herausgeber. 17
Vorwort zur deutschsprachigen Ausgabe. 18
Zum Geleit 19

Teil 1: **Der Mann**

  1. Von der Eizelle zum Mann 22
  2. Die männlichen Organe und ihre Funktionen. . . 38
  3. Männerkrankheiten* 48

Teil 2: **Die Frau**

  4. Von der Eizelle zur Frau. 88
  5. Die weiblichen Organe und ihre Funktionen . . . 100
  6. Frauenkrankheiten* 118

Teil 3: **Sexualität**

  7. Einführung in die Problematik der Sexualität . . 172
  8. Die Fortpflanzung des Menschen 192
  9. Hormone und Sexualität. 204
 10. Geschlechterpsychologie. 214
 11. Sich verlieben, Liebe und Partnerschaft 236
 12. Die erotischen Gefühle
     und ihre Nervenleitungen 258
 13. Das sexuelle Vorspiel. 268
 14. Der Liebesakt. 284
 15. Die sexuellen Reaktionen 304
 16. Die sexuelle Potenz. 318
 17. Der Mensch im Spiegel seiner Sexualität. 328
 18. Sexualität in Kindheit und Alter 346
 19. Störungen der Sexualität 362
Stichwortverzeichnis zu Band 1. 372

BAND 2
Erklärung des Seitenaufbaus 8-9
 20. Störungen der männlichen Sexualität 10

                                                                        SEITE
 21. Störungen der weiblichen Sexualität 26
 22. Störungen der Geschlechtsentwicklung. 46
 23. Selbstbefriedigung 60
 24. Sexuelle Beziehungen vor der Ehe 74
 25. Abweichendes Sexualverhalten. 88
 26. Sexuelle Belästigung,
     Vergewaltigung und Inzest 122
 27. Prostitution und Pornographie 146
 28. Sexuell übertragbare Krankheiten* 168
 29. Aids. 196
 30. Familienplanung und Empfängnisverhütung . . . 214
 31. Sterilisation 250
 32. Der Schwangerschaftsabbruch. 262
 33. Fortpflanzungsmedizin. 276
 34. Leben ohne Sexualpartner 294
 35. Ehebruch und Scheidung 308
 36. Ehekonflikte und wie man sie löst. 330
Stichwortverzeichnis zu Band 2. 377

MENSCH UND FAMILIE

BAND 3

Teil 4: Mutterschaft

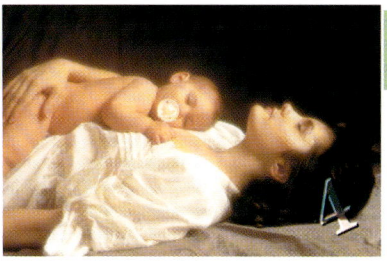

	SEITE
Erklärung des Seitenaufbaus	8-9
37. Voraussetzungen für einen gesunden Nachwuchs	12
38. Wie ein Kind entsteht	42
39. Die Schwangerschaft	64
40. Erkrankungen in der Schwangerschaft*	110
41. Vorbereitung auf die Geburt	150
42. Die Geburt	166
43. Komplikationen bei der Geburt*	192
44. Das Neugeborene	204
45. Wochenbett und Rückkehr zur Normalität	222

* Kapitel, in denen Krankheiten und Behandlungsmöglichkeiten beschrieben werden. Eine Übersicht ist jeweils am Anfang des Kapitels enthalten. Siehe auch das **alphabetische Verzeichnis der Krankheiten** in Band 1 (ab Seite 1/10).

Teil 5: Das Kind

	SEITE		SEITE
46. Umgebung, Pflege und Hygiene des Kindes . . .	246	62. Das Spiel	262
47. Die Nahrung des Kindes	270	63. Erziehungsschwierigkeiten	274
48. Die Ernährung des Säuglings im 1. Lebenshalbjahr	294	64. Psychische Belastungen in der Kindheit	292
49. Die Ernährung des Kindes ab dem 2. Lebenshalbjahr	316	65. Gesellschaftliche Einflüsse in der Kindheit	308
50. Die körperliche Entwicklung des Kindes	358	66. Die Sexualerziehung des Kindes	326
51. Zähne und Augen, Füße und Wirbelsäule	374	*Bibliographie*	350
Stichwortverzeichnis zu Band 3	396	*Buchempfehlungen*	356
		Nützliche Adressen, Bildnachweis	358
		Glossar	363
		Gesamt-Stichwortverzeichnis	367

BAND 4

	SEITE
Erklärung des Seitenaufbaus	8-9
52. Sport und Bewegung	10
53. Frühgeburt	24
54. Angeborene Fehlbildungen und Krankheiten* . .	34
55. Krankheiten des Neugeborenen*	58
56. Symptome, Behandlung und Vorbeugung von Krankheiten	72
57. Krankheiten des Kindes*	94
58. Erste Hilfe bei Notfällen mit Kindern*	170
59. Die Entwicklung des Kindes	202
60. Das behinderte Kind	228
61. Formung und Entfaltung des Kindes	246

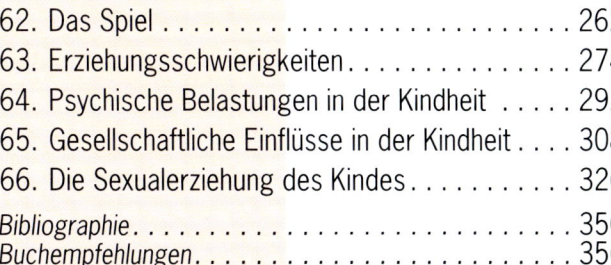

Wie ein Kind entsteht, Kap. 38

Sexualität in Kindheit und Alter, Kap. 18

Die Nahrung des Kindes, Kap. 47

Erklärung des Seitenaufbaus, der Verzeichnisse der Krankheiten und der verschiedenen Kästen und Übersichten

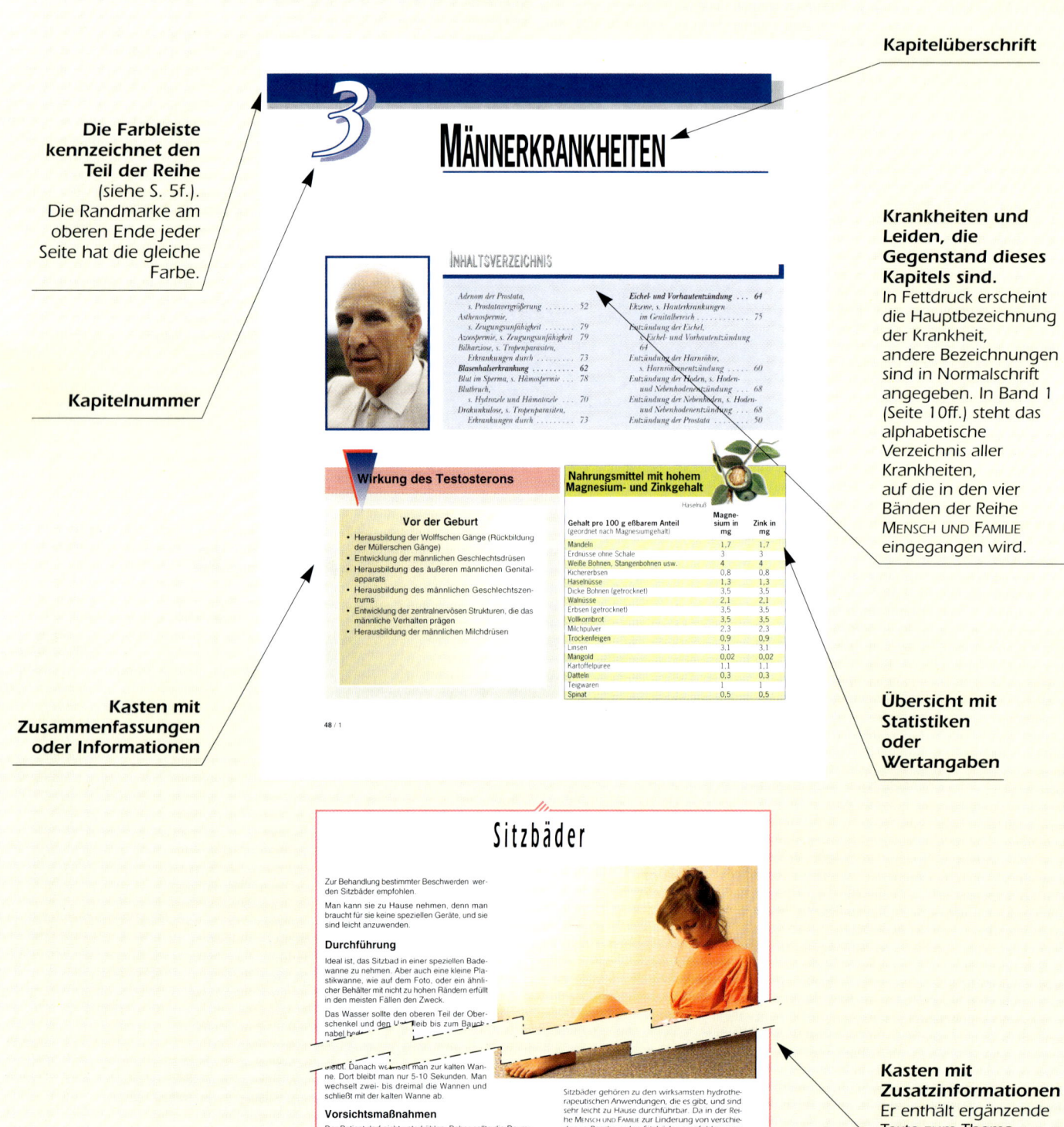

Erklärung der Sonderseiten für die Krankheiten und der verschiedenen Kästen

Piktogramme der Krankheiten-Gruppen

Hauptbezeichnung der Krankheit
(identisch mit dem hervorgehobenen Eintrag im Verzeichnis am Anfang des Kapitels).

Piktogramme der Krankheiten-Gruppe

Kasten mit den Behandlungsmöglichkeiten einer Krankheit

Unfruchtbarkeit

Bei einem Paar besteht Verdacht auf Unfruchtbarkeit oder Sterilität, wenn nach etwa einem Jahr regelmäßigen, ungeschützten Geschlechtsverkehrs noch keine Schwangerschaft eingetreten ist. Wenn weiterhin Kinderwunsch besteht, sollte sich das Paar nach Ablauf dieser Zeitspanne an einen Spezialisten wenden. Er wird beide Partner zu ihrer Krankenvorgeschichte befragen und sie gründlich untersuchen.

Stellt der Arzt eine Veränderung im Bereich der Gebärmutter (Gebärmutterhalsentzündung, Geschwülste o. ä.) fest, muß diese als erstes behandelt werden. Bei einer Patientin, die trotz vorhandenen Kinderwunsches nicht schwanger wurde, fand man z. B. lediglich einen winzigen Polypen, der den Muttermund verschloß. Nach Entfernung des Polypen wurde sie sofort im nächsten Zyklus schwanger. Manchmal ist die Ursache der Unfruchtbarkeit also relativ leicht zu beheben. Häufig sind jedoch umfassendere Untersuchungen notwendig.

Findet der Facharzt auf den ersten Blick keine Ursache für die Unfruchtbarkeit, wird er eine Reihe zusätzlicher Untersuchungen durchführen. Dazu gehört das Erstellen von Basaltemperaturkurven, ein Postkoital- oder Mukus-Penetrations-Test und das Spermiogramm (siehe Kasten auf der folgenden Seite).

Es ist ratsam, zwischen den Untersuchungsgruppen jeweils drei Monate Zeit vergehen zu lassen, weil die Untersuchungen für die Patientin sowohl körperlich als auch psychisch belastend sein können.

Zum Auffinden der Krankheiten dienen auch die Nebenbezeichnungen, die in den Kapitelübersichten, im alphabetischen Verzeichnis der Krankheiten am Anfang von Band 1, in den Stichwortverzeichnissen zu jedem Band und im Gesamt-Stichwortverzeichnis enthalten sind.

ⓘ Voraussetzungen einer Befruchtung

Um die gesamte Problematik der Unfruchtbarkeit besser verstehen zu können, ist es sinnvoll zu erklären, welche Voraussetzungen gegeben sein müssen, damit eine Befruchtung stattfinden kann:
- Es muß bei der Frau ein Eisprung erfolgen, auf den eine ausreichend lange und starke Gelbkörperbildung folgt.
- Der Samen des Partners muß normal sein.
- Die in die Scheide abgegebenen Spermien müssen den Zervixschleim durchdringen können und bis zum Eileiter gelangen.
- Die Befruchtung muß im eierstocknahen Drittel des Eileiters stattfinden.
- Das befruchtete Ei muß sich in der Gebärmutter einnisten können.

Informationskasten
Er enthält Zusatzinformationen zum Thema oder zu der Krankheit, die im Text behandelt wird.

✋ Hinweis

Die Behandlung eines unfruchtbaren Paares ist grundsätzlich nicht einfach. Das Paar und der Arzt brauchen viel Geduld. Gelegentlich stellt sich der Erfolg aber auch sofort ein. Nur 23 % der unfruchtbaren Paare, die sich behandeln lassen, d. h. ein Fünftel bis ein Viertel der Paare, bleiben steril. Siehe auch „Zeugungsunfähigkeit" beim Mann, S. 1/79ff.

Behandlung

Die Behandlung der weiblichen Unfruchtbarkeit richtet sich nach der Ursache:
- Hormonbehandlung, wenn kein Eisprung erfolgt.
- Medikamentöse Behandlung mit Antibiotika oder Kortikoiden und ein mikrochirurgischer Eingriff bei abnormal Eileitern.
- Einnahme von Östrogenen und Antibiotika bei zähem oder infiziertem Zervixschleim.
- Operation bei Tumoren, Fehlbildungen, Verklebungen oder Verwachsungen im Bereich der Geschlechtsorgane.
- Künstliche Befruchtung und In-vitro-Fertilisation. Dank dieser Techniken ist es möglich, bestimmte Formen von Unfruchtbarkeit zu behandeln, die früher nicht behandelt werden konnten (siehe Kap. 33, „Fortpflanzungsmedizin", S. 2/276ff.).

Kasten mit besonderen Hinweisen
Er enthält Empfehlungen und besondere Hinweise zur Krankheit, auf die im Text eingegangen wird.

3 - Männerkrankheiten
HARNRÖHRE

28 - Sexuell übertragbare Krankheiten
BAKTERIEN

40 - Schwangerschaftsbedingte Erkrankungen

43 - Komplikationen bei der Geburt

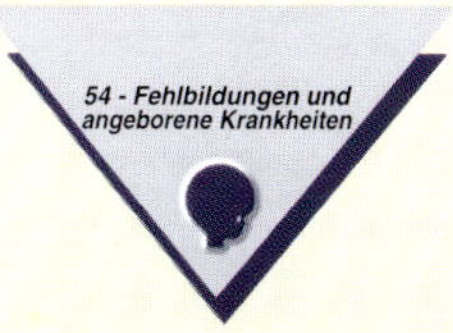

54 - Fehlbildungen und angeborene Krankheiten

55 - Erkrankungen des Neugeborenen

Kapitelnummer — **Kapitelüberschrift**

57 - Kinderkrankheiten
HARNAPPARAT

Gruppe von Krankheiten oder Organen

58 - Erste Hilfe bei Notfällen mit Kindern

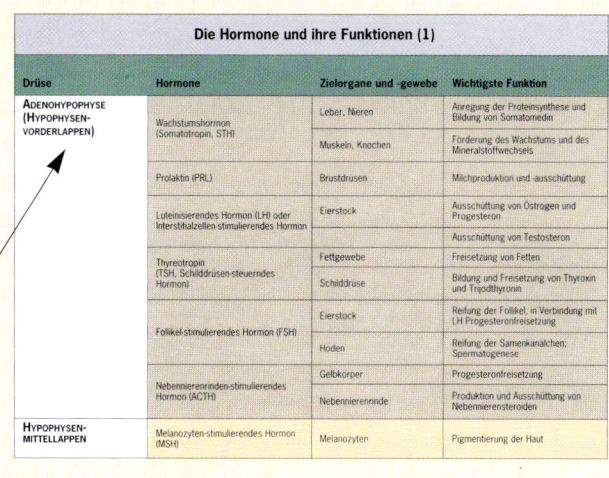

Allgemeine Übersichtstafeln
Sie können eine Zusammenfassung des Textes oder Zusatzinformationen in schematischer Form enthalten.

Die Hormone und ihre Funktionen (1)

Drüse	Hormone	Zielorgane und -gewebe	Wichtigste Funktion
ADENOHYPOPHYSE (HYPOPHYSEN-VORDERLAPPEN)	Wachstumshormon (Somatotropin, STH)	Leber, Nieren	Anregung der Proteinsynthese und Bildung von Somatomedin
		Muskeln, Knochen	Förderung des Wachstums und des Mineralstoffwechsels
	Prolaktin (PRL)	Brustdrüsen	Milchproduktion und -ausschüttung
	Luteinisierendes Hormon (LH) oder interstitialzellen-stimulierendes Hormon	Eierstock	Ausschüttung von Östrogen und Progesteron
			Ausschüttung von Testosteron
	Thyreotropin (TSH, Schilddrüsen-steuerndes Hormon)	Fettgewebe	Freisetzung von Fetten
		Schilddrüse	Bildung und Freisetzung von Thyroxin und Trijodthyronin
	Follikel-stimulierendes Hormon (FSH)	Eierstock	Reifung der Follikel, in Verbindung mit LH Progesteronfreisetzung
		Hoden	Reifung der Samenkanälchen; Spermatogenese
	Nebennierenrinden-stimulierendes Hormon (ACTH)	Gelbkörper	Progesteronfreisetzung
		Nebennierenrinde	Produktion und Ausschüttung von Nebennierensteroiden
HYPOPHYSEN-MITTELLAPPEN	Melanozyten-stimulierendes Hormon (MSH)	Melanozyten	Pigmentierung der Haut

Alphabetisches Verzeichnis der Krankheiten

Band / Seite

Abort, s. Fehlgeburt ... 3/113
Adenom der Prostata, s. Prostatavergrößerung ... 1/52
Afrikanische Trypanosomiase, s. Schlafkrankheit ... 4/165
Agenesie ... 4/45
Aids [allg.] ... **2/196**
Aids [Neugeborene] ... **4/50**
Akne ... 4/135
Akute Nierenentzündung ... **4/132**
Albuminurie, s. Proteinurie ... 4/133
Allergien ... **4/166**
Amenorrhö ... **1/136**
Amerikanische Trypanosomiase, s. Chagas-Krankheit ... 4/165
Aminkolpitis, s. Bakterielle Vaginose ... 2/186
Amöbenruhr ... 4/158
Anämie ... **4/110**
Anämie, s. auch Blutarmut ... 3/133
Anämie, hämolytische,
    s. Rhesus-Blutgruppen-Unverträglichkeit ... 3/128
Angeborene Herzleiden ... **4/43**
Angeborene Schädigungen ... **3/125**
Angeborener Schiefhals ... **4/70**
Angina tonsillaris, s. Mandelentzündung ... 4/103
Anomalien der Nabelschnur ... 3/123
Anomalien der Plazenta und Eihäute ... **3/123**
Anorektale sexuell übertragbare Krankheiten ... **2/194**
Anorexia nervosa, s. Magersucht ... 4/98
Anus imperforatus ... 4/45
Aortenstenose ... 4/44
Appendizitis [Kinder] ... 4/184
Appendizitis [Schwangerschaft] ... 3/144
Appetitlosigkeit und Eßstörungen ... **4/96**
Arzneimittelallergie, s. Serumallergie ... 4/168
Asthenospermie, s. Zeugungsunfähigkeit ... 1/79
Asthma bronchiale [Kinder] ... 4/113
Asthma bronchiale [Schwangerschaft] ... 3/134
Atemnot ... **4/177**
Atemnot des Neugeborenen ... **4/60**
Atemnotsyndrom ... 4/60
Augeninfektionen ... 4/64
Ausfluß ... **1/145**
Austrocknung beim Säugling ... **4/180**
Azoospermie, s. Zeugungsunfähigkeit ... 1/79

Bakterielle Vaginose ... **2/186**
Bakterienruhr, s. Ruhr ... 4/163
Bandwürmer ... 4/130
Bandwürmer ... 4/159
Bartholinitis ... **1/147**
Bauchquetschung, s. Verkehrsunfälle ... 3/149
Bauchschmerzen ... **4/122**
Beschleunigung der Geburt ... 3/196
Bilharziose [Kinder] ... 4/159
Bilharziose [Männer] ... 1/73
Bißwunden ... 4/200
Blasenhalserkrankung ... **1/62**
Blasenmole ... **3/124**
Blinddarmentzündung [Kinder] ... **4/184**
Blinddarmentzündung [Schwangerschaft] ... **3/144**
Blut im Sperma, s. Hämospermie ... 1/78
Blutarmut [Kinder] ... **4/110**

Band / Seite

Blutarmut [Neugeborene] ... **4/68**
Blutarmut [Schwangerschaft] ... **3/133**
Blutbruch, s. Hydrozele und Hämatozele ... 1/70
Bluterguß, s. Prellungen ... 4/188
Bluterkrankheit ... 4/56
Blutgerinnung, Störungen ... 3/202
Blutgerinnungsstörungen ... 4/68
Blutkrebs, s. Leukämie ... 4/111
Blutstau im kleinen Becken, s. Pelvic-congestion-Syndrom ... 1/135
Blutungen ... **4/190**
Blutungen der Verdauungsorgane ... **4/129**
Blutzucker, verminderter ... 4/71
Bronchialasthma [Kinder] ... **4/113**
Bronchialasthma [Schwangerschaft] ... **3/134**
Bronchitis ... **4/115**
Brucellose ... **4/141**
Brüche ... **4/185**
Brust, Tumoren, s. Zysten und Tumoren der Brust ... 1/165
Brust, Zysten, s. Zysten und Tumoren der Brust ... 1/165
Brustfellentzündung ... **4/118**
Brustkrebs [Frauen] ... **1/166**
Brustkrebs [Schwangerschaft] ... 3/148
Bulimie ... 4/99

Candida-Mykose ... 4/135
Candidainfektionen ... **2/187**
Candidosen ... 4/66
Chagas-Krankheit ... 4/165
Chlamydieninfektionen ... **2/179**
Cholelithiasis, s. Gallenblasenentzündung und Gallensteine ... 3/139
Cholera ... 4/163
Cholezystitis, s. Gallenblasenentzündung und Gallensteine ... 3/139
Chorionadenom, s. Blasenmole ... 3/124

Dammriß ... 3/201
Darmparasiten ... **4/130**
Darmparasiten ... 4/159
Darmtrakt, Fehlbildungen ... 4/45
Dehydratation, s. Austrocknung beim Säugling ... 4/180
Dellwarzen ... 2/193
Diabetes mellitus [angeborene Fehlbildungen] ... **4/54**
Diabetes mellitus [Schwangerschaft] ... **3/135**
Diarrhö, s. Durchfall ... 4/123
Donovanosis, s. Ganuloma venereum ... 2/184
Drakunkulose, s. Tropenparasiten, Erkrankungen durch ... 1/73
Drogenabhängigkeit, s. Rauschgiftabhängigkeit ... 3/146
Drüsenfieber, Pfeiffersches, s. Pfeiffersches Drüsenfieber ... 2/193
Drüsenfunktionen, gestörte ... **3/138**
Ductus Botalli, offener ... 4/44
Durand-Nicolas-Favre-Krankheit,
    s. Lymphogranuloma inguinale ... 2/184
Durchfall ... **4/123**
Dysmenorrhö ... **1/129**
Dysplasien am Gebärmutterhals ... **1/153**
Dystrophien der Vulva, s. Vulva, Veränderungen ... 1/146

Echinokokkose ... **4/156**
Echinokokkose, s. Wurmbefall außerhalb des Darms ... 4/159
Eichel- und Vorhautentzündung ... **1/64**
Eierstöcke, Krebs, s. Zysten und Tumoren der Eierstöcke ... 1/161

*Hier sind – in Kurzform – die in dieser Reihe dargestellten Krankheiten zu finden.
Die Überschriften der Krankheitsbeschreibungen sind* **fett** *gedruckt.
Siehe auch die* **Stichwortverzeichnisse** *am Ende der Bände 1 bis 3 und
das* **Gesamt-Stichwortverzeichnis** *am Ende von Band 4.*

Eierstöcke, Zysten, s. Zysten und Tumoren der Eierstöcke	1/161
Eierstockentzündung, s. Infektionen im inneren Genitalbereich	1/142
Eihäute, Anomalien	3/123
Eileiterentzündung, s. Infektionen im inneren Genitalbereich	1/142
Eileiterschwangerschaft, s. Ektopische Schwangerschaft	3/121
Eingeweidebrüche	4/185
Einleitung der Geburt	3/196
Eisenmangelanämie [Kinder]	4/110
Eisenmangelanämie [Schwangerschaft]	3/133
Eiterflechte	4/140
Eitrige Infektionen	**2/186**
Ektopische Schwangerschaft	**3/121**
Ekzeme [Kinder]	**4/136**
Ekzeme [Männer], s. Hauterkrankungen im Genitalbereich	1/75
Endometriose	**1/158**
Entwicklungsstörungen des Ungeborenen	**3/126**
Entzündung der Blase und des Nierenbeckens	**4/133**
Entzündung der Eichel, s. Eichel- und Vorhautentzündung	1/64
Entzündung der Harnblase, s. Harnblasenentzündung	1/163
Entzündung der Harnröhre, s. Harnröhrenentzündung	1/60
Entzündung der Hoden, s. Hoden- und Nebenhodenentzündung	1/68
Entzündung der Nebenhoden, s. Hoden- und Nebenhodenentzündung	1/68
Entzündung der Prostata	**1/50**
Entzündung der Scheide (Vagina) [Mädchen], s. Entzündung von Vulva und Scheide beim Mädchen	1/149
Entzündung der Vorhaut, s. Eichel- und Vorhautentzündung	1/64
Entzündung der Vulva, s. Vulva, Veränderungen	1/146
Entzündung des Gebärmutterhalses, s. Gebärmutterhalsentzündung	1/153
Entzündung von Vulva und Scheide beim Mädchen	**1/149**
EPH-Gestose	**3/118**
Epididymitis, s. Hoden- und Nebenhodenentzündung	1/68
Epiglottitis	**4/178**
Epispadie, s. Vulva, Veränderungen	1/146
Epispadie und Hypospadie	**1/66**
Erbrechen	**4/122**
Erfrierungen	**4/192**
Erkältungskrankheiten	**4/148**
Erstickungsanfall	4/177
Ertrinken	4/176
Eß-Brechsucht	4/99
Eßstörungen	**4/96**
Fehlbildungen der Geschlechtsorgane [Frauen]	**1/152**
Fehlbildungen der Niere	4/46
Fehlbildungen des Nervensystems	**4/41**
Fehlbildungen des Penis und der Harnröhre	**1/66**
Fehlbildungen des Rückenmarks	4/41
Fehlbildungen des Verdauungsapparates	**4/45**
Fehlbildungen von Genitalien und Harnwegen	**4/46**
Fehlbildungen, verschiedene	**4/48**
Fehlgeburt	**3/113**
Feigwarzen, s. Spitze Kondylome	2/192
Fetale Notsituation	**3/200**
Fettsucht, s. Übergewicht	3/136
Fibrose, zystische	4/52
Fieberkrampf, s. Schüttelkrampfanfälle	4/182
Filariose, s. Darmwurmerkrankungen	4/159
Filariose der Lymphe, s. Tropenparasiten, Erkrankungen durch	1/73
Filzlaus [Männer], s. Hauterkrankungen im Genitalbereich	1/75
Filzläuse	**2/188**
Fisteln	**1/150**
Flüssigkeitsansammlungen im Gewebe, s. Ödeme	4/70
Follikelzysten, s. Zysten und Tumoren der Eierstöcke	1/161
Fölling-Krankheit	4/53
Fremdkörper	**4/196**
Frostbeulen	4/192
Fruchtwasservolumen, vermehrtes, s. Hydramnion	3/116
Furunkel	4/140
Galaktorrhö	**1/169**
Gallenblasenentzündung und Gallensteine	**3/139**
Gaumenspalte	4/49
Gebärmutter, Fehlbildungen, s. Fehlbildungen der Geschlechtsorgane	1/152
Gebärmutter, Fehllage, s. Rückwärtsneigung der Gebärmutter	1/157
Gebärmutter, Myome, s. Myome der Gebärmutter	1/154
Gebärmutter, Polypen, s. Polypen der Gebärmutter	1/156
Gebärmutter, Umstülpung	3/203
Gebärmutter, Verklebung, s. Verklebung der Gebärmutter	1/157
Gebärmutterhals- und Gebärmutterkrebs	**1/159**
Gebärmutterhalsdysplasien, s. Dysplasien am Gebärmutterhals	1/153
Gebärmutterhalsentzündung	**1/153**
Gebärmutterriß	**3/201**
Gebärmuttersenkung und -vorfall	**1/155**
Geburtskanal, Verletzungen	3/201
Gehirn, Schädigungen	**4/63**
Gehirnverletzungen	4/69
Gelbfieber	4/164
Gelbkörperzysten, s. Zysten und Tumoren der Eierstöcke	1/161
Gelbsucht	**4/67**
Genitalblutung beim neugeborenen Mädchen	4/190
Genitaltuberkulose [Frauen]	**1/145**
Genitaltuberkulose [Männer]	**1/76**
Gesäßerythem	4/65
Gestose, s. EPH-Gestose	3/118
Giardiase	4/158
Gleithoden	4/47
Glomerulonephritis	**4/132**
Gonorrhö	**2/176**
Gonorrhö [Schwangerschaft]	3/140
Granuloma venereum	**2/184**
Grindflechte	4/140
Grippale Infekte	4/148
Grippe	3/143
Grippe, echte	**4/146**
Größenverhältnisse, ungünstige	3/200
Gürtelrose	4/151
Hakenwürmer	4/159
Hämatom, s. Prellungen	4/188

1 / 11

Alphabetisches Verzeichnis der Krankheiten (Fortsetzung)

Hämatozele	1/70
Hämolytische Anämie, s. Rhesus-Blutgruppen-Unverträglichkeit	3/128
Hämolytische Anämie [Kinder]	4/110
Hämolytische Gelbsucht	4/67
Hämophilie	**4/56**
Hämospermie	**1/78**
Harnblasenentzündung [Frauen]	**1/163**
Harnblasenentzündung [Kinder]	4/133
Harninkontinenz	**1/162**
Harnröhre, Fehlbildungen	1/66
Harnröhrenentzündung	**1/60**
Harnröhrentumoren	**1/61**
Harnröhrenverengung	**1/62**
Harter Schanker, s. Syphilis	2/180
Hasenscharte	4/49
Hautanomalien	4/49
Hautentzündungen	4/65
Hauterkrankungen [Schwangerschaft]	**3/120**
Hauterkrankungen im Genitalbereich [Männer]	**1/75**
Hautkrankheiten [Kinder]	**4/135**
Hepatitis B	3/142
Hepatitis, akute, s. Virushepatitis	2/189
Hermaphroditismus	4/47
Hernien, s. Brüche	4/185
Herpes [Kinder]	**4/151**
Herpes [Schwangerschaft]	3/142
Herpes genitalis	**2/191**
Herz-Kreislauf-Krankheiten	**3/131**
Herzleiden, angeborene	4/43
Hirnhautentzündung	**4/102**
Hirnschäden	4/63
Hirschsprung-Krankheit	4/45
Hirsutismus, s. Vermännl. der Frau	1/125
HIV-Infektion, s. Aids	4/50
Hoden- und Nebenhodenentzündung	**1/68**
Hodenhochstand und Kryptorchismus	**1/72**
Hodenkrebs, s. Hodentumoren	1/69
Hodentorsion	**1/71**
Hodentrauma, s. Verletzungen der Geschlechtsorgane	1/84
Hodentumoren	**1/69**
Hodenverdrehung, s. Hodentorsion u. Verletzungen der Geschlechtsorgane	1/84
Hüftgelenkluxation	4/48
Hundebisse	4/201
Hydramnion	**3/116**
Hydrozele und Hämatozele	**1/70**
Hydrozephalus	4/41
Hyperkalzämie	4/134
Hypertrichose, s. Vermännl. der Frau	1/125
Hypertrophie der Prostata, s. Prostatavergrößerung	1/52
Hypoglykämie	**4/71**
Hypokalzämie [Kinder]	4/134
Hypokalzämie [Neugeborene]	**4/71**
Hypomagnesämie	4/134
Hypospadie [Frauen]	1/146
Hypospadie [Männer]	1/66
Ichthyosis	4/49
Ikterus	**4/67**
Induratio penis plastica	**1/67**
Infektionen [Neugeborene]	**4/64**
Infektionen [Schwangerschaft]	**3/140**
Infektionen im inneren Genitalbereich	**1/142**
Infektionen mit Candidastämmen, s. Candidainfektionen	2/187
Infektionen mit Chlamydien, s. Chlamydieninfektionen; Lymphogranuloma inguinale	2/179
Infektionen mit Mykoplasmen	2/185
Infektionen mit Trichomonaden, s. Trichomonadeninfektion	2/187
Infektionen, eitrige, s. Eitrige Infektionen	2/186
Influenza	**4/146**
Insektenstiche	4/201
Inversio uteri	3/203
Juckreiz im äußeren Genitalbereich	**1/148**
Juveniler Diabetes	4/55
Kaiserschnitt	**3/196**
Kalziumhaushalt, Störungen [Kinder]	**4/134**
Kalziummangel [Neugeborene]	**4/71**
Kehlkopfentzündung	**4/178**
Kephalhämatom	4/69
Kernikterus	4/68
Keuchhusten	**4/119**
Kinder im Straßenverkehr	**4/174**
Kinderlähmung	**4/154**
Klimakterium, s. Wechseljahre	1/140
Klumpfuß	4/48
Knochenbrüche [Kinder]	**4/186**
Knochenbrüche [Neugeborene]	4/69
Knochenmarkentzündung, s. Osteomyelitis	4/144
Komplikationen in der Nachgeburtsphase	**3/202**
Kondylome, spitze, s. Spitze Kondylome	2/192
Kopfläuse, s. Läuse	4/155
Kopfschmerzen	**4/100**
Krampfaderbruch	**1/71**
Krampfadern [Schwangerschaft]	**3/132**
Krampfanfälle	4/182
Krätze	**2/188**
Krebs [Kinder]	**4/169**
Krebs [Schwangerschaft]	**3/148**
Krebs der Brust, s. Brustkrebs	1/166
Krebs der Eierstöcke, s. Zysten und Tumoren der Eierstöcke	1/161
Krebs der Gebärmutter, s. Gebärmutterhals- und Gebärmutterkrebs	1/159
Krebs der Harnröhre, s. Harnröhrentumoren	1/61
Krebs der Hoden, s. Hodentumoren	1/69
Krebs der Prostata, s. Prostatakrebs	1/58
Krebs des Gebärmutterhalses, s. Gebärmutterhals- und Gebärmutterkrebs	1/159
Krebs des Penis, s. Penistumoren	1/65
Kryptorchismus [angeborene Fehlbildungen]	4/47
Kryptorchismus [Männer]	1/72
Kuhmilcheiweiß-Intoleranz	4/128
Lage des Fötus, Beeinflussung	3/197
Lähmungen	4/69
Laktose-Intoleranz	4/128
Lambliase	4/158

*Hier sind – in Kurzform – die in dieser Reihe dargestellten Krankheiten zu finden.
Die Überschriften der Krankheitsbeschreibungen sind **fett** gedruckt.
Siehe auch die **Stichwortverzeichnisse** am Ende der Bände 1 bis 3 und
das **Gesamt-Stichwortverzeichnis** am Ende von Band 4.*

Läuse	**4/155**
Leistenbruch	4/185
Leukämie	**4/111**
Lippenherpes, s. Herpes simplex	4/151
Lippenspalte	4/48
Lungenentzündung	**4/118**
Lungenkollaps	4/118
Lungentuberkulose	**4/120**
Lymphatische Leukämie	4/111
Lymphknotenentzündung	**4/108**
Lymphogranuloma inguinale	**2/184**
Madenwürmer	4/130
Magen, Fehlbildungen	4/45
Magenverstimmung	**4/121**
Magersucht	4/98
Magnesiumhaushalt, Störungen	**4/134**
Makrosomie	3/126
Malaria	4/165
Maltafieber	**4/141**
Mammakarzinom, s. Krebs	3/148
Mandelentzündung	**4/103**
Masern [Kinder]	**4/152**
Masern [Schwangerschaft]	3/143
Mastdarm, Fehlbildungen	4/45
Medikamentenallergie, s. Serumallergie	4/168
Medizinische Maßnahmen und Eingriffe bei der Geburt	**3/196**
Megaloblastäre Anämie, s. Blutarmut	3/133
Meningitis, s. Hirnhautentzündung	4/102
Menopause, s. Wechseljahre	1/140
Menstruation, ausbleibende, s. Amenorrhö	1/136
Menstruation, schmerzhafte, s. Dysmenorrhö	1/129
Menstruationsstörungen	**1/126**
Migräne	4/101
Milchfluß, s. Galaktorrhö	1/169
Milchzucker-Unverträglichkeit, s. Laktose-Intoleranz	4/128
Miliaria, s. Schweißdrüsenbläschen	4/140
Mittelohrentzündung	**4/105**
Mittelschmerz, s. Unterleibsschmerzen	1/133
Morbus Hirschsprung	4/45
Mukoviszidose	**4/52**
Mumps [Kinder]	**4/109**
Mumps [Schwangerschaft]	3/143
Mundschleimhautentzündung	**4/108**
Muttermundriß	3/201
Myeloische Leukämie	4/111
Mykoplasmeninfektion	**2/185**
Myome der Gebärmutter	**1/154**
Nabelbruch	4/45
Nabelschnuranomalien	3/123
Nabelschnurinfektionen	4/64
Nachgeburt, unvollständige	3/203
Nachgeburtsblutungen	3/202
Nährstoffresorption, Störungen	**4/127**
Nasenbluten	4/191
Nasennebenhöhlenentzündung	**4/107**
Nebenhodenentzündung, s. Hoden- und Nebenhodenentzündung	1/68
Nebennierenfunktionsstörung	3/138
Nekrospermie, s. Zeugungsunfähigkeit	1/79
Nephrotisches Syndrom	**4/132**
Nervensystem, Fehlbildungen	4/41
Nesselsucht	4/149
Neugeborenenanämien	**4/68**
Neugeborenenasphyxie	4/60
Neugeborenengelbsucht	4/67
Neurodermitis, s. Ekzeme	4/136
Nieren, Fehlbildungen	4/46
Nierenbeckenentzündung	4/133
Nierenentzündung [Schwangerschaft]	3/141
Nierenentzündung, Akute [Kinder]	**4/132**
Nierenfunktionsstörung, s. Nephrotisches Syndrom	4/132
Nierenzyste	4/46
Notsituation, fetale	3/200
Obstipation, s. Verstopfung	4/125
Ödeme	**4/70**
Offener Ductus Botalli	4/44
Ohrenschmerzen	4/105
Oligospermie, s. Zeugungsunfähigkeit	1/79
Orchitis, s. Hoden- und Nebenhodenentzündung	1/68
Osteomyelitis	**4/144**
Otitis media, s. Mittelohrentzündung	4/105
Ovarialtumoren, s. Zysten und Tumoren der Eierstöcke	1/161
Pankreasfibrose, zystische	4/52
Papillome, s. Spitze Kondylome	2/192
Paraphimose	1/63
Pedikulose, s. Läuse	4/155
Pelvic-congestion-Syndrom	**1/135**
Penis, Dauerversteifung, s. Priapismus	1/67
Penis, Fehlbildungen, s. Fehlbildungen des Penis und der Harnröhre	1/66
Penis, Verhärtung und Verdrehung, s. Induratio penis plastica	1/67
Peniskrebs, s. Penistumoren	1/65
Penistumoren	**1/65**
Periode, ausbleibende, s. Amenorrhö	1/136
Periode, schmerzhafte, s. Dysmenorrhö	1/129
Perniziöse Anämie	4/110
Pertussis, s. Keuchhusten	4/119
Pfeiffersches Drüsenfieber	**2/193**
Pharyngitis, s. Rachenentzündung	4/104
Phenylketonurie	**4/53**
Phimose und Paraphimose	**1/63**
Pilzerkrankungen, s. Candida-Mykose	4/136
Pilzinfektionen, s. Candidainfektionen	2/187
Pilzinfektionen [Neugeborene]	4/66
Placenta praevia, s. Plazenta, tiefliegende	3/122
Plazenta, Anomalien	3/123
Plazenta, tiefliegende	**3/122**
Plazentaablösung, vorzeitige	**3/121**
Plazentaretention	3/203
Pleuritis, s. Brustfellentzündung	4/118
Plötzlicher Säuglingstod	**4/62**
PMS, s. Prämenstruelles Syndrom	1/128
Pneumonie, s. Lungenentzündung	4/118
Pneumothorax, s. Lungenkollaps	4/118
Poliomyelitis, s. Kinderlähmung	4/154

Alphabetisches Verzeichnis der Krankheiten (Fortsetzung)

Polypen [Kinder] **4/104**
Polypen der Gebärmutter (Uterus) **1/156**
Prämenstruelles Syndrom **1/128**
Prellungen **4/188**
Priapismus **1/67**
Prostataadenom, s. Prostatavergrößerung 1/52
Prostataentzündung, akute **1/50**
Prostataentzündung, chronische **1/51**
Prostatahypertrophie, s. Prostatavergrößerung 1/52
Prostatakrebs **1/58**
Prostatavergrößerung **1/52**
Proteinurie **4/133**
Pseudokrupp **4/178**
Psychogene Störungen **3/145**
Pubertätsstörungen [Frauen] **1/124**
Pubertätsstörungen [Männer] **1/77**
Pulmonalstenose 4/44

Quincke-Ödem 4/70

Rachenentzündung **4/104**
Rachenmandelentzündung **4/104**
Rachitis **4/134**
Rauschgiftabhängigkeit **3/146**
Regelblutung, ausbleibende, s. Amenorrhö 1/136
Regelblutung, schmerzhafte, s. Dysmenorrhö 1/129
Reisedurchfall **4/163**
Retroflexio uteri, s. Rückwärtsneigung der Gebärmutter 1/157
Rhesus-Blutgruppen-Unverträglichkeit **3/128**
Rheumatisches Fieber **4/143**
Rippenfellentzündung, s. Brustfellentzündung 4/118
Röteln [Kinder] **4/153**
Röteln [Schwangerschaft] 3/141
Rückenmark, Fehlbildungen 4/41
Rückwärtsneigung der Gebärmutter **1/157**
Ruhr 4/163

Salmonelleninfektion **4/124**
Samenabgang, unwillkürlicher, s. Spermatorrhö 1/78
Sauerstoffmangel 4/60
Schädelbruch 4/186
Schädigungen des Gehirns **4/63**
Schanker, harter, s. Syphilis 2/180
Schanker, weicher, s. Weicher Schanker 2/185
Scharlach **4/142**
Scheide, Fehlbildungen,
    s. Fehlbildungen der Geschlechtsorgane 1/152
Scheide, Tumoren und Zysten,
    s. Zysten und Tumoren der Scheide 1/150
Scheidenentzündung [Frauen] **1/151**
Scheidenentzündung [Mädchen],
    s. Entzündung von Vulva und Scheide beim Mädchen 1/149
Scheidenriß 3/201
Schiefhals, angeborener **4/70**
Schilddrüsenfunktionsstörung 3/138
Schilddrüsenkrebs 3/138
Schistosomiasis, s. Tropenparasiten, Erkrankungen durch 1/73
Schlafkrankheit 4/165
Schlangenbisse 4/200

Schluckauf **4/181**
Schmerzen bei der Regelblutung, s. Dysmenorrhö 1/129
Schmerzen im Unterleib, s. Unterleibsschmerzen 1/133
Schock **4/183**
Schock, septischer, s. Septischer Schock 3/144
Schüttelkrampfanfälle **4/182**
Schwächeanfälle **4/181**
Schwangerschaft, Ektopische,
    s. Ektopische Schwangerschaft 3/121
Schwangerschaft, überlange 3/117
Schwangerschaftsdiabetes, s. Diabetes mellitus 3/135
Schwangerschaftserbrechen, übermäßiges **3/120**
Schwangerschaftshochdruck, s. EPH-Gestose 3/118
Schwangerschaftshyperemesis,
    s. Schwangerschaftserbrechen, übermäßiges 3/120
Schwangerschaftsvergiftung, s. EPH-Gestose 3/118
Schweißdrüsenbläschen 4/140
Seborrhoisches Ekzem, s. Ekzeme 4/136
Senkung der Gebärmutter (Uterus),
    s. Gebärmuttersenkung und -vorfall 1/155
Septischer Schock **3/144**
Serumallergie **4/168**
Shigellose 4/161
SIDS/Sudden Infant Death Syndrome,
    s. Plötzlicher Säuglingstod 4/62
Sinusitis, s. Nasennebenhöhlenentzündung 4/107
Sodbrennen **3/119**
Sonnenstich **4/192**
Spaltwirbel 4/41
Speiseröhre, Fehlbildungen 4/45
Sperma, Anomalien, s. Zeugungsunfähigkeit 1/79
Sperma, Blut im, s. Hämospermie 1/78
Spermatorrhö **1/78**
Spina bifida 4/41
Spitze Kondylome **2/192**
Spulwürmer 4/130
Stenose der Aorta und der Lungenarterie 4/44
Störungen der Blutgerinnung 3/202
Störungen der Nährstoffresorption **4/127**
Störungen der Wehentätigkeit **3/199**
Störungen im Kalzium-/Magnesiumhaushalt **4/134**
Stromschlag **4/195**
Strongyloidiasis, s. Darmwurmerkrankungen 4/159
Synechie, s. Verklebung der Gebärmutter 1/157
Syphilis **2/180**
Syphilis [angeborene Fehlbildungen] 4/51
Syphilis [Schwangerschaft] 3/140

Teratospermie, s. Zeugungsunfähigkeit 1/79
Terminüberschreitung **3/117**
Tetanus **4/145**
Tierbisse und -stiche **4/200**
Tonsillitis, s. Mandelentzündung 4/103
Torsion der Hoden, s. Hodentorsion 1/71
Torticollis **4/70**
Toxoplasmose [angeborene Fehlbildungen] **4/50**
Toxoplasmose [Schwangerschaft] 3/141
Trichinose, s. Wurmbefall außerhalb des Darms 4/159
Trichomonadeninfektion **2/187**
Tripper, s. Gonorrhö 2/176

*Hier sind – in Kurzform – die in dieser Reihe dargestellten Krankheiten zu finden.
Die Überschriften der Krankheitsbeschreibungen sind **fett** gedruckt.
Siehe auch die **Stichwortverzeichnisse** am Ende der Bände 1 bis 3 und
das **Gesamt-Stichwortverzeichnis** am Ende von Band 4.*

Trommelfelldurchbruch	4/106
Tropenkrankheiten	**4/157**
Tropenparasiten, Erkrankungen durch	**1/73**
Trypanosomiase, Afrikanische, s. Schlafkrankheit	4/165
Trypanosomiase, Amerikanische, s. Chagas-Krankheit	4/165
Tuberculosis genitalis [Frauen], s. Genitaltuberkulose	1/145
Tuberkulose [Kinder]	4/120
Tuberkulose [Schwangerschaft]	3/141
Tuberkulose, Genital- [Männer], s. Genitaltuberkulose	1/76
Tumoren der Eierstöcke, s. Zysten und Tumoren der Eierstöcke	1/161
Tumoren der Gebärmutter (Uterus) und des Gebärmutterhalses, s. Gebärmutterhals- und Gebärmutterkrebs	1/159
Tumoren der Harnröhre, s. Harnröhrentumoren	1/61
Tumoren der Hoden, s. Hodentumoren	1/69
Tumoren der Prostata, s. Prostatakrebs	1/58
Tumoren der Scheide (Vagina), s. Zysten und Tumoren der Scheide	1/150
Tumoren des Penis, s. Penistumoren	1/65
Typ I Diabetes	4/55
Übergewicht	**3/136**
Übertragung	3/117
Ulcus molle, s. Weicher Schanker	2/185
Unfruchtbarkeit	**1/138**
Ungünstige Größenverhältnisse [Geburt]	**3/200**
Unterentwicklung des Genitalapparats	**1/158**
Unterleibsschmerzen	**1/133**
Unterzuckerung, s. Blutzucker, verminderter	4/71
Urtikaria, s. Nesselsucht	4/139
Uterus, Fehlbildungen, s. Fehlbildungen der Geschlechtsorgane	1/152
Uterus, Fehllage, s. Rückwärtsneigung der Gebärmutter	1/157
Uterus, Krebs, s. Gebärmutterhals- und Gebärmutterkrebs	1/159
Uterus, Myome, s. Myome der Gebärmutter	1/154
Uterus, Polypen, s. Polypen der Gebärmutter	1/156
Uterus, Senkung, s. Gebärmuttersenkung und -vorfall	1/155
Uterus, Verklebung, s. Verklebung der Gebärmutter	1/157
Uterusruptur, s. Gebärmutterriß	3/201
Vagina, Entzündung [Frauen], s. Scheidenentzündung (Vaginitis)	1/151
Vagina, Entzündung [Mädchen], s. Entzündung von Vulva und Scheide beim Mädchen	1/149
Vagina, Fehlbildungen, s. Fehlbildungen der Geschlechtsorgane	1/152
Vagina, Tumoren und Zysten, s. Zysten und Tumoren der Scheide	1/150
Vaginitis [Frauen], s. Scheidenentzündung	1/151
Vaginitis [Mädchen], s. Entzündung von Vulva und Scheide beim Mädchen	1/149
Vaginose, bakterielle, s. Bakterielle Vaginose	2/186
Varikozele, s. Krampfaderbruch	1/71
Varizellen, s. Windpocken	4/152
Varizen, s. Krampfadern	3/132
Ventrikelseptumdefekt	4/43
Verbrennungen	**4/193**
Verdauungsorgane, Blutungen	**4/129**
Verdrehung des Hoden, s. Hodentorsion	1/71
Verengung der Harnröhre, s. Harnröhrenverengung	1/62
Verengung der Vorhaut, s. Phimose und Paraphimose	1/63
Vergiftungen	**4/198**
Verkehrsunfälle [Kinder]	4/174
Verkehrsunfälle [Schwangerschaft]	**3/149**
Verklebung der Gebärmutter	**1/157**
Verletzungen [Neugeborene]	**4/69**
Verletzungen der Geschlechtsorgane [Männer]	**1/84**
Verletzungen des Geburtskanals	**3/201**
Vermännlichung der Frau	**1/125**
Verrenkungen	**4/186**
Verschlußgelbsucht	4/67
Verstauchungen	**4/189**
Verstopfung	**4/125**
Virilismus, s. Vermännlichung der Frau	1/125
Virushepatitis	**2/189**
Vorhautentzündung	1/64
Vorhautverengung, s. Phimose und Paraphimose	1/63
Vorhofseptumdefekt	4/43
Vulva, Entzündung beim Mädchen, s. Entzündung von Vulva und Scheide beim Mädchen	1/149
Vulva, Veränderungen	**1/146**
Wachstumsverzögerung	3/126
Warzen	4/140
Wasserbruch, s. Hydrozele und Hämatozele	1/70
Wasserkopf	4/41
Wassersucht, s. Ödeme	4/70
Wechseljahre	1/140
Wehentätigkeit, Störungen	3/199
Weicher Schanker	**2/185**
Windeldermatitis	4/64
Windeldermatitis, s. Ekzeme	4/137
Windpocken [Kinder]	**4/152**
Windpocken [Schwangerschaft]	3/143
Wochenbettpsychosen, s. Psychogene Störungen	3/145
Wunden	**4/189**
Wundstarrkrampf	**4/145**
Zervix, Dysplasien, s. Dysplasien am Gebärmutterhals	1/153
Zervix, Entzündung, s. Gebärmutterhalsentzündung	1/153
Zervix, Krebs, s. Gebärmutterhals- und Gebärmutterkrebs	1/159
Zervizitis, s. Gebärmutterhalsentzündung	1/153
Zeugungsunfähigkeit	**1/79**
Ziegenpeter, s. Mumps	4/109
Zöliakie	4/127
Zuckerkrankheit, s. Diabetes mellitus	3/135
Zuckerkrankheit	4/54
Zysten der Eierstöcke, s. Zysten und Tumoren der Eierstöcke	1/161
Zysten der Vagina, s. Zysten und Tumoren der Scheide	1/150
Zysten und Tumoren der Brust	**1/165**
Zysten und Tumoren der Eierstöcke	**1/161**
Zysten und Tumoren der Scheide	**1/150**
Zystenniere	4/46
Zystische Fibrose, Zystische Prankreasfibrose	4/52
Zystische Ovarialtumoren, s. Zysten und Tumoren der Eierstöcke	1/161
Zystitis, s. Harnblasenentzündung	1/163
Zytomegalie	**2/192**
Zytomegalie [Schwangerschaft]	3/142

Diese Reihe, MENSCH UND FAMILIE, ist der Grundbaustein der wohl umfassendsten Gesundheits-Enzyklopädie Europas. Von den 16 Bänden der GROSSEN SAATKORN GESUNDHEITSBIBLIOTHEK sind diese ersten vier Bände der Liebe und Partnerschaft gewidmet. In sich abgeschlossen, beschreiben und zeigen sie das Wesentliche und Wichtige über Mann, Frau, Partnerschaft, Zeugung, Geburt, Kinderpflege und Kinderheilkunde.

Drei Motive gibt es für die Entstehung dieser Reihe. Das erste Motiv: Die Herausgeber wollen eine ebenso informative wie hilfreiche Handreichung anbieten, verfaßt von zwei Medizinern, deren Erfahrungen sich ergänzen. Das zweite Motiv: Gemeinsam will man populärwissenschaftliche Werke veröffentlichen, die wissenschaftlich zuverlässig, jedoch allgemein-verständlich sind. Und die alle Aspekte der Gesundheit sowie den Menschen in allen seinen Bedürfnissen und Facetten umschließen.

Das dritte Motiv: Die Autoren wollen ihre Kenntnisse und Erfahrungen möglichst vielen Menschen vermitteln. Sie wollen praktische Lebenshilfe leisten.

Der Wunsch der Herausgeber wurde erfüllt, denn es gibt nichts Wichtigeres als einen Gesundheitsratgeber, der – selbst wenn er sich auf die Familie bezieht –, das körperliche und psychische Befinden des einzelnen im Auge hat.

Auch die Forderung nach populärwissenschaftlichen Publikationen wird erfüllt, denn dieses Werk trägt – obwohl es unter besonderen Gesichtspunkten enzyklopädisch angelegt ist – in vier handlichen Bänden Kenntnisse zusammen, die sonst in vielen verschiedenen Veröffentlichungen dargestellt und miteinander verknüpft werden müßten.

Ebenso wurde der erklärte Wunsch der Autoren in hohem Maße erfüllt, denn es zeigt sich, daß die Materie, die wir hier behandeln, viele Menschen interessiert. Die Erfahrung, die wir mit anderen zielgerichteten Publikationen gemacht haben, bestätigt uns in der Überzeugung, daß diese allgemeinverständliche und gerade deshalb auch besonders anspruchsvolle Arbeit für die Leser sehr nützlich sein wird.

Man könnte uns vorwerfen, daß ein enzyklopädisches Werk über die Familie nicht das Ergebnis der Arbeit zweier Fachleute sein kann, weil die Vielfalt und Menge der Kenntnisse, die sich in jedem Bereich menschlichen Wissens angesammelt haben, zu groß sind. Doch gerade zwei hervorragend und eng miteinander kooperierende Praktiker ergänzen einander bestens. Das garantiert ein Werk aus einem Guß.

Wir haben selbstverständlich das Wissen und die Erfahrungen vieler Fachkollegen einbezogen. Mediziner, Psychologen, Erziehungswissenschaftler und Moralphilosophen haben grundlegende Beiträge geleistet. Unsere dankbare Anerkennung gilt ihnen allen sowie den Redakteuren, Layoutern, Zeichnern und Fotografen, den Teams, die das Werk technisch betreut haben, und in ganz besonderem Maß unserem Schirmherrn, Professor Pouget.

Diese Reihe und das Gesamtwerk werden hilfreiche, lebenspraktische Ratgeber sein. In diesen ersten vier Bänden ist es überzeugend gelungen, unterschiedlichen Erwartungen der Leser gerecht zu werden: Liebe, Erotik und Sexualität werden selbstverständlich klar und eindeutig dargestellt. Ebenso selbstverständlich sind jedoch Einfühlsamkeit und Rücksichtnahme auf sensible Leserinnen und Leser. Allein oder in Partnerschaft Lebenden, Ehepaaren ohne Kinder und mehrköpfigen Familien, jüngeren und auch älteren Menschen wird die Reihe MENSCH UND FAMILIE helfen – als Begleiter zu einem bewußteren, gesünderen und erfüllteren Leben.

DR. ISIDRO AGUILAR CABALLERO MONTPELLIER (FRANKREICH)

VORWORT DER HERAUSGEBER

„Neun Zehntel unseres Glücks beruhen auf der Gesundheit. Mit ihr wird alles eine Quelle des Genusses ..." Dieser Erkenntnis des Philosophen Arthur Schopenhauer folgen wir, um Ihnen, liebe Leserinnen und Leser, den Weg zu Ihrer Gesundheit, und damit zu Ihrem Glück zu weisen.

Die Reihe MENSCH UND FAMILIE eröffnet die GROSSE SAATKORN GESUNDHEITSBIBLIOTHEK. Diese Bibliothek soll Ihr Wegweiser zu Gesundheit und Glück werden. Bis zum Jahr 2001 wird er vollständig sein und alle Aspekte gesunden Lebens, der Vorbeugung und der Heilung enthalten.

Für Sie haben wir und unser spanischer Partnerverlag Editorial SAFELIZ alle unsere Kräfte gebündelt. Für Sie werden wir gemeinsam den großen Wegweiser zum gesunden und glücklichen Leben errichten.

Wie das Gesamtwerk so sind auch die ersten vier Bände das Ergebnis internationaler Zusammenarbeit. International wird auch ihre Verbreitung sein: Sie erscheinen zur Zeit in Spanisch, Englisch, Französisch und in Portugiesisch. In ihnen spiegelt sich der zeitgemäße, hohe Standard von Wissenschaft, Heilpraxis und Heilkunst, Beratung und Lebenshilfe. Zwei Spezialisten, Dr. I. Aguilar und Dr. H. Galbes, sind verantwortlich für diese erste Reihe. Ein Beratergremium sorgte für die Anpassung an Gegebenheiten in deutschsprachigen Ländern. Alle Fachleute zeichnen sich aus durch exzellente Kompetenz im Dienste am Menschen und seiner Gesundheit.

Die ersten vier von insgesamt sechzehn Bänden werden Ihre ersten Helfer und Ratgeber sein. Diese vier Bände sind wie ein Fundament in sich gefügt. Sie sind der Fuß vom Pfeiler und Schild des Wegweisers.

„Bücher sind das Gedächtnis der Menschheit", sagt Schopenhauer. Wir haben für Sie zusammentragen lassen, was die Menschheit über Gesundheit und über glückliches Leben weiß. Sie, liebe Leserinnen, liebe Leser, werden sich Wissen und Weisheit leicht erschließen können. Denn wir haben dafür gesorgt, daß jeder Band der GROSSEN SAATKORN GESUNDHEITSBIBLIOTHEK Sie buchstäblich an die Hand nimmt.

An die Hand genommen durch verständliche Texte sowie durch klare Gliederung.

An die Hand genommen durch etwa 1.300 Fotos und Abbildungen, etwa 900 Tabellen sowie Informationskästen.

Sie werden es erlesen und erleben: das Wunder des Lebens, der Liebe, der Geburt, die Kunst und die Kräfte von Vorsorge, Pflege und Heilung. Die Bibliothek ist Wegweiser, Weggefährte und Werkzeug in einem. Damit Sie das Werkzeug sofort und leicht benutzen können, haben wir auf den Seiten 8 und 9 eines jeden Bandes eine Anleitung beigefügt.

Die GROSSE SAATKORN GESUNDHEITSBIBLIOTHEK ist entstanden aus Leidenschaft zur Sache, aus Demut vor dem Schöpfer und aus Fürsorge für unsere Leser. Von diesem Gemeinschaftswerk soll der Funke der Liebe, der Fürsorge, der Zuversicht sowie der Eigenverantwortung überspringen. Sie sollen sich bestens informiert, gestärkt, beraten und beflügelt fühlen.

Ihnen, liebe Leserinnen und Leser, wünschen wir, daß diese umfassendste Gesundheitsbibliothek Europas Ihnen, Ihren Freunden, Ihrem Partner und Ihren Kindern dient und Ihnen hilft, seelisch, geistig sowie körperlich gesund und glücklich zu leben.

FÜR DIE HERAUSGEBER:
ECKHARD BOETTGE
ELÍ DIEZ

Der Mensch, im Werden und im Sein ein Rätsel für sich selbst, unerschöpflicher Gegenstand seiner eigenen Erforschung.

VORWORT
ZUR DEUTSCHSPRACHIGEN AUSGABE

Dr. med. Ronald K. Noltze
Ärztlicher Direktor und Chefarzt der gynäkologischen geburtshilflichen Abt. im Krankenhaus Waldfriede, Berlin

Schon immer haben Darstellung und Funktion des eigenen Körpers die Neugier des Menschen in höchstem Maße geweckt. Wenn auch vorrangig Sport, Beruf und Politik hohen Stellenwert im täglichen Leben einzunehmen scheinen, so horcht doch jeder auf, wenn es um die Essenz seines Daseins geht. Um sein Wesen und um seinen Körper.

Unsere Gesellschaft hat mehr und mehr Zugang zu dem einst verborgenen Wissen der Mediziner gefunden. Ärztliche Handlungen waren dem Patienten früher nicht einsehbar. Der Kranke, der die Arbeitswelt des Arztes betreten mußte, war daher – und ist es teilweise heute noch – hilflos und hilfsbedürftig, einer ungewohnten Situation ausgesetzt. Diagnose und Behandlung von Krankheit waren schon immer kein Bereich für Unbefugte. Irgendwie muß sich jeder in dieser neuen Lebenslage zurechtfinden.

Dennoch, Medien wie Rundfunk, Fernsehen und Literatur haben in den letzten Jahrzehnten viel geleistet, haben aufgeklärt und medizinisches Wissen vermittelt. Die hauptsächlichen Fortschritte der Medizin stammen überwiegend aus den letzten 100 Jahren. Erkenntnisse häufen sich. Eine Flut von neuem Wissen überschwemmt uns. Spezialisierung in kleinen, überschaubaren Bereichen scheint die Lösung unserer Zeit zu sein.

Um so mehr ist der Ruf nach qualifizierten Nachschlagewerken unabdingbar geworden. Publikationen mit breitem Gebietsansatz, aber zugleich vom Fachkundigen auch im Detail bearbeitet. Im Bestreben, eine möglichst vollständige und inhaltlich ausgewogene Enzyklopädie – von der Anatomie und Physiologie bis hin zur Mutterschaft und Kindererziehung – entstehen zu lassen, haben die Autoren es verstanden, in der Reihe MENSCH UND FAMILIE das wissenschaftlich Wesentliche mit dem Alltags-Nützlichen zu verbinden. Verständlich – auch für den medizinisch nicht Versierten – sind die Themen absolut aktuell und erschöpfend in ihrer fachlichen Aussage. Aus der Fülle des derzeitigen medizinischen Wissens hat der Leser eine Zusammenfassung der für ihn nützlichen Daten.

Dr. I. Aguilar, ein Frauenarzt, und Dr. H. Galbes als Kinderärztin blicken auf Jahrzehnte ärztlicher Tätigkeit in Praxis und Krankenhaus zurück. Nur diese reiche Erfahrung hat es ermöglicht, aus dem breiten Wissensschatz der Medizin laiengerechte Empfehlungen abzuleiten. So ist ein Ratgeber zum Verständnis der Geschehnisse im menschlichen Leben, begleitet von den notwendigen Ansätzen zur Bewertung und Behandlung von Krankheiten, entstanden.

Das Spektrum anerkannter Schulmedizin, aber auch altbewährter, traditionsreicher Naturheilmethoden für den heimischen Gebrauch, finden Anwendung. Die Entstehung des Menschen, seine Weiterentwicklung in Körper und Psyche, aber auch die Entgleisung des Normalen werden – auf dem Fundament christlicher Ethik – ausgiebig beschrieben.

Eine bemerkenswerte Leistung, die Hochachtung verdient. Dieses Werk garantiert jedem Leser bleibenden Wert. Es bereichert geistig durch Information und durch guten Rat.

"Savoir vivre", sagt der Franzose und meint damit die Kunst, das Leben zu genießen. Wer möchte das Leben nicht genießen, sei er nun jung oder alt. Psychiater und Psychoanalytiker wissen, was es für einen Menschen bedeutet, wenn er den Unterschied zwischen den Geschlechtern bewußt wahrnimmt und die besonderen Ausprägungen seiner Körperlichkeit entdeckt. Das Bild vom eigenen Körper ist nicht identisch mit dem körperlichen Schema oder dem neurologischen Erscheinungsbild.

Wie kommen die Kinder auf die Welt? Das ist eine der ersten Fragen, die das Kind sich selbst stellt, bevor es wagt, seine Eltern danach zu fragen. Es muß Vertrauen herrschen, die häufig vernachlässigte Grundlage des Gedankenaustausches. Kinderpsychiater wissen, daß eine unangemessene oder falsche Antwort zum falschen Zeitpunkt oder das Fehlen einer Antwort einen Schaden anrichten kann, der kaum wieder gutzumachen ist.

Wenn einem die Wirklichkeit nicht gezeigt wird, stellt man sie sich vor – und damit wird sie verfälscht. Unzählige solcher falschen Vorstellungen finden Psychotherapeuten noch heute bei Erwachsenen, die einst falsch oder nicht informierte Kinder waren!

Aber welchen Wert hat eine genaue, gut dokumentierte Information, wenn zwischen deren Sender und dem Empfänger nicht jenes geheimnisvolle Band besteht, das wir Vertrauen nennen? Oder welchen Wert hat eine Botschaft, von der objektive und wissenschaftliche Beobachter sagen, sie sei die bestmögliche, wenn die Dimension der Liebe fehlt?

Unter Liebe verstehen wir in ersten Linie die Achtung vor dem anderen, seine Anerkennung als eigenständige Persönlichkeit mit Vorzügen, Rechten und Wünschen, aber auch mit Fehlern und Schwächen. Die alten Griechen beschrieben die Liebe mit drei Begriffen, die vom Sinn her unterschiedlich gefüllt waren: philos (Nächstenliebe), eros (Partnerliebe) und agape (Gottesliebe). Wir möchten unsere Vorstellung von Liebe nicht isoliert an eines dieser Worte binden, sondern sehen Liebe vielmehr als Zusammenwirken aller drei Komponenten im Leben des Menschen. Dr. Isidro Aguilar, Arzt und Vertrauensperson, Chirurg und Gynäkologe, hat in enger Zusammenarbeit mit Dr. Herminia Galbes in der Reihe MENSCH UND FAMILIE eine Zusammenschau des Lebens und der Kenntnisse, die dafür erforderlich sind, vorgelegt. Er schildert die fünf tragenden Säulen unseres Wissens: über den Mann, über die Frau, die Sexualität, die Mutterschaft und über das Kind.

Wie Barthes, einer der Lehrmeister der medizinischen Schule von Montpellier im 18. Jahrhundert, beschreibt er mit großer Genauigkeit alle Anzeichen und Symptome, berücksichtigt die Vorgeschichte des einzelnen und den Einfluß der Umwelt, den wir Kultur nennen. Er beschreibt, erklärt, analysiert, geht Problemen nicht aus dem Weg, sondern macht Lösungsvorschläge – und das alles, einfach, nachvollziehbar, verständlich! Er hat das gelassene Wesen eines Menschen, der weiß, daß es schwierig ist, zu heilen, daß der Schein mitunter trügt und das Gespräch mit dem Patienten sowohl informieren als auch in die Irre führen kann.

ZUM GELEIT

Ein Dank an Dr. Aguilar dafür, daß er uns all das in Erinnerung gerufen hat. In dieser Reihe werden greifbar: seine schier unerschöpfliche Erfahrung, sein unablässiges Nachdenken über diese Dinge, seine Verfügbarkeit für andere, die das Wesen seiner Arbeit ausmachen.

Sein Wunsch war es, daß das Geleitwort zu dieser Reihe von einem Freund geschrieben würde, einem Universitätslehrer an der ältesten medizinischen Fakultät der freien Welt, geschaffen von den dort versammelten Völkern des Mittelmeerraumes. Möge er unseren Dank dafür entgegennehmen, daß er in unserer Person diesem alten Haus Ehre erwiesen hat, in dessen Giebel der hippokratische Satz zu lesen ist: „Die Kunst ist weitgefaßt."

André Malraux sagte über die Medizin: „Die Medizin, aus Heiligem entstanden, hat ihre Berechtigung nur deshalb, weil sich die Menschen in Jahrtausenden nicht daran gewöhnt haben, den Menschen sterben zu sehen."

Prof. Dr. Régis Pouget

Professor für Psychiatrie und Medizinische Psychologie

Medizinische Fakultät von Montpellier (Frankreich)

Verzeichnis der Kapitel

BAND 1

	SEITE
1. Von der Eizelle zum Mann	22
2. Die männlichen Organe und ihre Funktionen	38
3. Männerkrankheiten	48

DIE GROSSE SAATKORN
GESUNDHEITSBIBLIOTHEK

MENSCH UND FAMILIE

Teil 1
Der Mann

„Auch Männer werden alt und sterben,
aber die Männlichkeit an sich ist unvergänglich."
NACH TIM LAHAYE

1 VON DER EIZELLE ZUM MANN

Damit neues Leben entsteht, damit sich ein Mensch, Junge oder Mädchen, im Bauch der Mutter entwickeln kann, müssen sich zwei Keimzellen, eine von einem Mann und eine von einer Frau, treffen und miteinander verschmelzen.

- Die **Eizelle,** die weibliche Keimzelle, wird in den Eierstöcken der Frau gebildet. Sie ist eine große, kugelige Zelle von etwa einem Zehntel Millimeter Durchmesser, die mit bloßem Auge sichtbar ist. Normalerweise lassen die Eierstöcke eine Eizelle pro Monat reifen.

- Die **Samenzelle** oder das Spermium, die männliche Keimzelle, wird in den Hoden des Mannes gebildet. Es handelt sich um eine sehr kleine, längliche Zelle von 40-60 µm Länge (1 µm = 1 Tausendstel mm) und 3-4 µm Breite an der dicksten Stelle. Die Samenzelle besteht im wesentlichen aus Kopfteil, Halsteil und Schwanz oder Geißel, wie der Abbildung auf S. 1/24 zu entnehmen ist (siehe „Samenbildung" und „Eizellenbildung" in Kap. 38, S. 3/42ff.).

Die Befruchtung

Beim Auftreffen der Samenzellen auf die Eizelle schafft es nur eine der Samenzellen, in die Eizelle einzudringen. Sie wirft ihre Geißel ab, und die Zellkerne der beiden Keimzellen – der Eizelle und der Samenzelle – verschmelzen zu einem gemeinsamen Kern. In diesem Augenblick hat ein ganz besonderes Ereignis stattgefunden: die Befruchtung.

Mit der Befruchtung beginnt die Entwicklung eines neuen Wesens, dessen genetisches Material zur Hälfte von seinem Vater und zur Hälfte von seiner Mutter

MENSCH UND FAMILIE

BAND 1

Die Samenzelle (Spermium)

stammt. Die befruchtete Eizelle wird auch Zygote genannt.

Entwicklung der Eizelle

- **Morula**-Stadium. Unmittelbar nach dem Verschmelzen der beiden Zellkerne teilt sich die befruchtete Eizelle in zwei Zellen. Diese teilen sich erneut, und die neuen Zellen teilen sich wiederum, so daß durch fortwährende Teilungen ein Zellhaufen gebildet wird, der einer Maulbeere ähnelt. Daher auch der Name dieses Stadiums, der sich aus dem lateinischen Wort für Maulbeere (*morum*) herleitet. In dieser Phase vergrößert sich die Eizelle kaum.

- **Blastula**-Stadium. Der Zellhaufen (jetzt auch Blastozyste genannt) wird nun langsam größer. In seinem Inneren entsteht ein Hohlraum. Einige Zellen formen eine Zellwand, an der sich etwa in der dritten Woche nach der Befruchtung die Plazenta (Mutterkuchen) bildet. Die Plazenta ist das Organ, durch das der Stoffwechsel zwischen Mutter und Kind stattfindet.

- **Gastrula**-Stadium. Der eigentliche Embryo entwickelt sich aus den Zellen, die sich am sogenannten Embryonalknoten vereinen. Spätestens bis zum 15. Tag bilden diese Zellen drei unterschiedliche Gewebe, die Keimblätter genannt werden: das **äußere Keimblatt** (Ektoderm), das **mittlere Keimblatt** (Mesoderm) und das **innere Keimblatt** (Entoderm). Hiermit wird das Stadium der Gastrula erreicht.

Ursprung der unterschiedlichen Gewebe und Organe

- Aus dem **Ektoderm** oder der äußeren Schicht des Embryos entwickeln sich die Haut, das Nervensystem und die Sinnesorgane.

- Aus dem **Mesoderm** oder der mittleren Schicht des Embryos entstehen das Skelett, die Muskeln, das Kreislaufsystem und die Geschlechts- und Harnorgane.

- Das **Entoderm** oder die innere Schicht des Embryos ist zuständig für die Entwicklung des Verdauungstraktes mit den zugehörigen Drüsen, die Entwicklung der Atemwege und der embryonalen Geschlechtszellen. Dies alles geschieht etwa um den 20. Tag.

Während der ersten zehn Entwicklungswochen des Embryos werden außer dem Skelett des Rumpfes, der Extremitäten und des Kopfes auch folgende Organe und Organsysteme des menschlichen Körpers angelegt:

- **Verdauungsapparat:** Mund, Speiseröhre, Magen, Darm und Verdauungsdrüsen

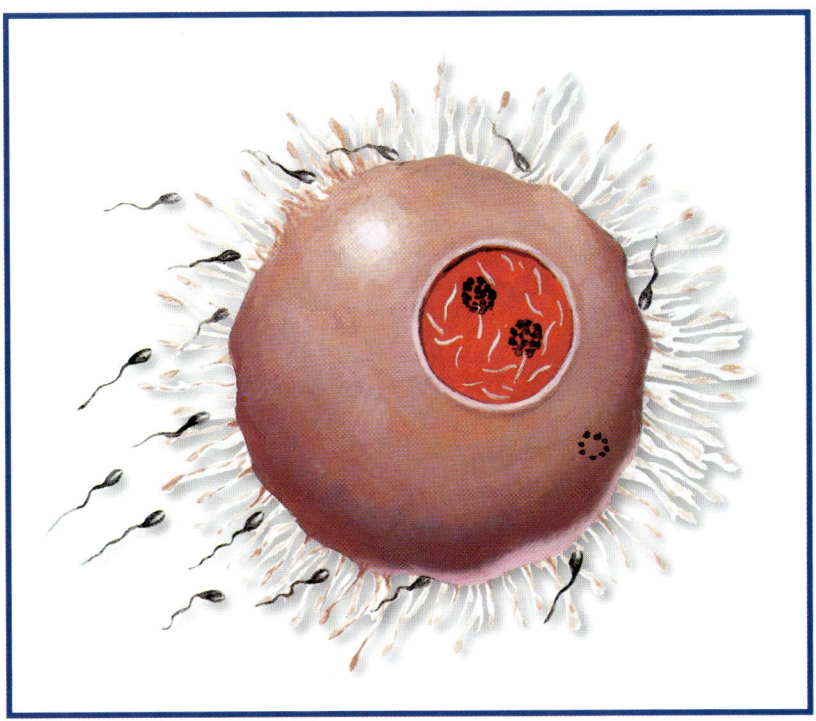

Mehrere Samenzellen versuchen in die Eizelle einzudringen. Im Kern der Eizelle erkennt man die Chromosomen.

1 / 23

Kap. 1: VON DER EIZELLE ZUM MANN

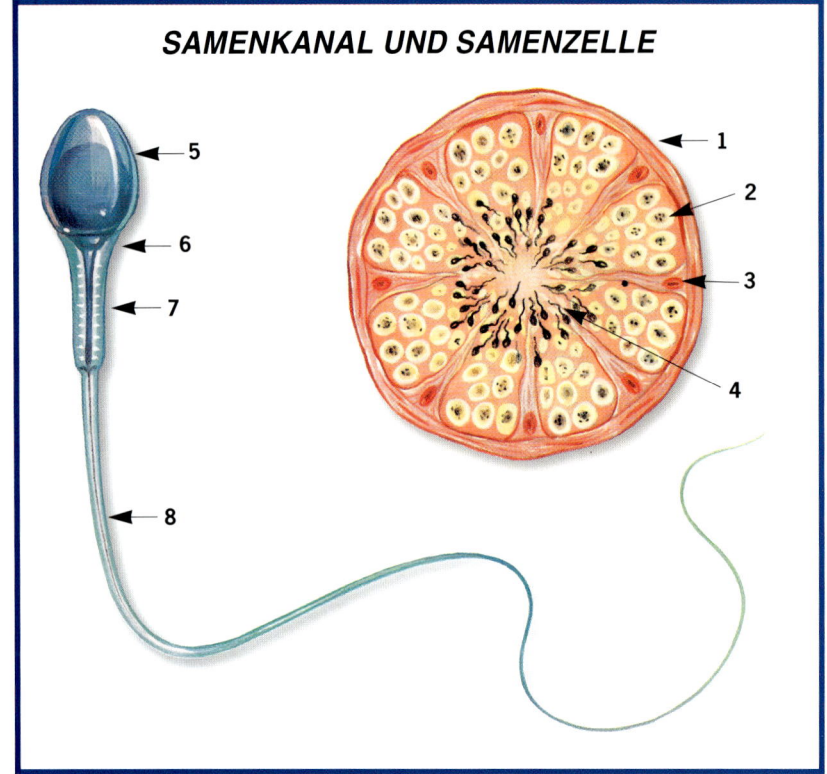

SAMENKANAL UND SAMENZELLE

Samenkanal (Querschnitt)

Schnitt durch eines der Samenkanälchen (1), die sich im Hoden befinden. Das Hodengewebe enthält etwa 200-300 Hodenläppchen, die sich jeweils aus mehreren Kanälen, genannt Samenkanälchen, zusammensetzen.

In den Samenkanälchen liegen die Spermatogonien (2). Das sind die Zellen, die die Samenzellen (4) produzieren. Ihre Reifung wird durch die Sertoli-Zellen (3) gefördert.

Samenzelle (Spermium)

Die Abbildung der Samenzelle zeigt deutlich die unterschiedlichen Teile, aus denen sich eine Samenzelle zusammensetzt:

5. der Kopf, Länge ca. 3-5 µm (1 µm = 0,001 mm),
6. der Hals,
7. das Mittelstück,
8. der Schwanz, der etwa 1 µm dick ist und dessen Aufgabe es ist, die Samenzelle durch Bewegungen in die Nähe der Eizelle zu bringen.

- **Atemwege:** Nase, Nasenhöhlen, Rachen, Luftröhre, Bronchien und Lungen
- **Kreislaufsystem:** Herz und Blutgefäße
- **Harn- und Geschlechtsorgane**
- **Nervensystem**

Nachdem die Bauchhöhle enstanden ist, erscheinen in ihrem oberen Teil und beiderseits der Mittellinie unter Wegfall des mittleren Keimblattes einige erhabene Falten. Sie bilden den Ursprung der **Wolffschen Gänge,** der Urniere, und sind bereits bei 2,5 mm großen Embryos erkennbar.

Am unteren Teil des Embryos, aus dem später der Unterleib des Kindes wird, haben Verdauungsapparat und Harn- und Geschlechtsorgane zunächst einen gemeinsamen Ausscheidungsweg. Später trennen sich der Verdauungsapparat und die Harn- und Geschlechtsorgane voneinander.

Die Harnwege und Geschlechtsorgane enden beide am *Sinus urogenitalis.*

Aus dem **Sinus urogenitalis** entwickeln sich die äußeren Geschlechtsorgane des Fötus. Beim Jungen bleibt der gemeinsame Ausgang von Harn- und Geschlechtsorganen bestehen. Beim Mädchen trennt sich dagegen die Harnröhre als Ableitungsweg des Harns aus der Blase von den äußeren Geschlechtsorganen.

Die Geschlechtsdifferenzierung

Gegen Ende des ersten Entwicklungsmonats bildet sich im oberen Bereich der Wolffschen Gänge eine Verdickung in das Innere der Bauchhöhle hinein, die selbständig wird. Es handelt sich hierbei um die primären Keimstränge oder den **Genitalteil** der Wolffschen Gänge. Somit ist die Geschlechts- oder Keimdrüse, auch Gonade genannt, entstanden.

Zunächst scheint sie noch geschlechtlich undifferenziert zu sein. Sie wartet sozusagen auf das Eintreffen der Urkeimzellen, die später Ei- bzw. Samenzellen bilden.

MENSCH UND FAMILIE

BAND 1

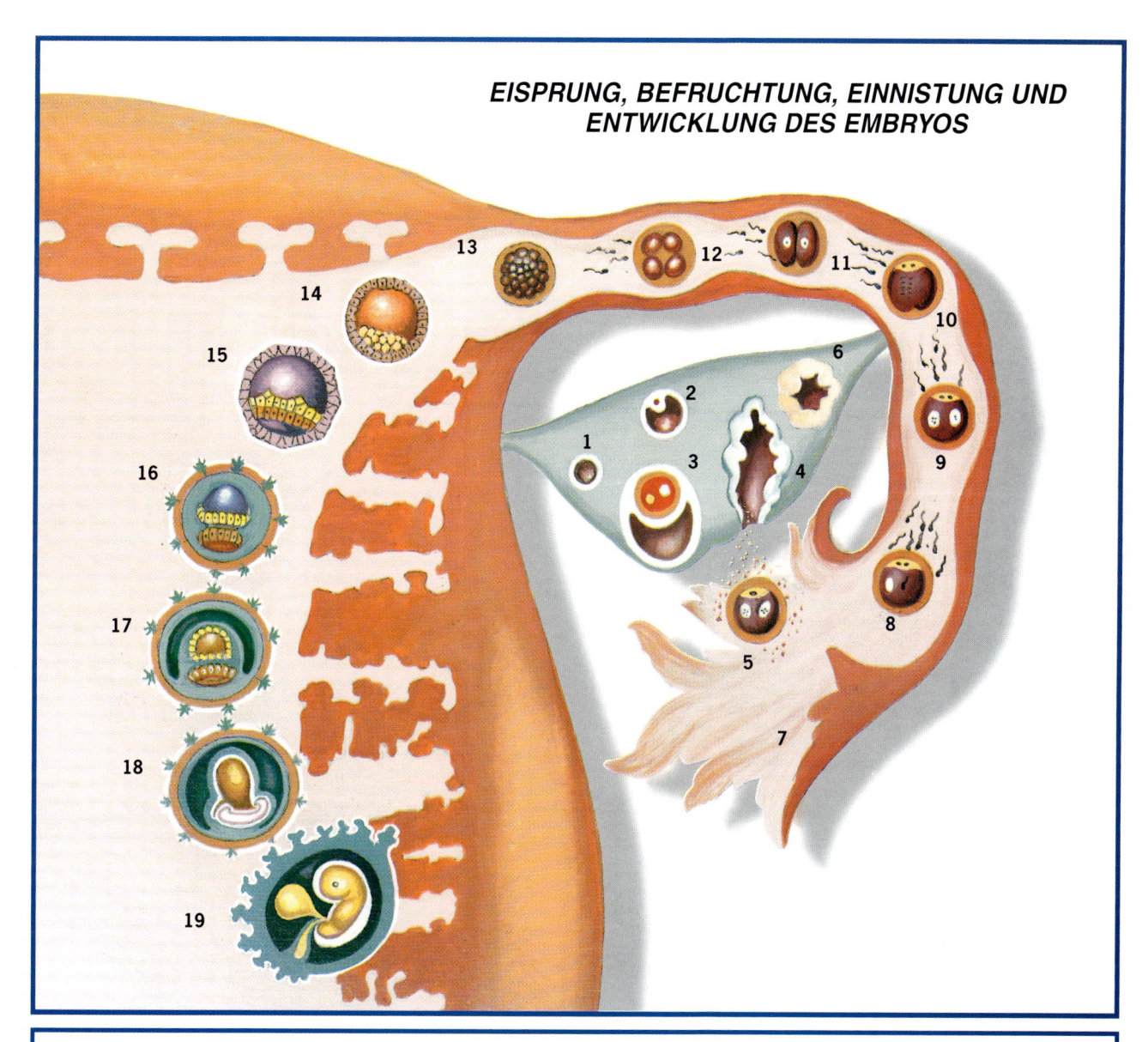

EISPRUNG, BEFRUCHTUNG, EINNISTUNG UND ENTWICKLUNG DES EMBRYOS

Die Eizelle (weibliche Keimzelle) wächst in einem Follikel im Eierstock heran, aus dem sie herausspringt, wenn sie reif ist. Die reife Eizelle wird vom Fimbrientrichter des Eileiters aufgenommen, in dessen erstem Drittel sie befruchtet wird.

In diesem Augenblick entsteht ein neues Menschenleben. Die Eigenbewegungen des Eileiters und der Wimpernschlag der Flimmerhärchen, die die Innenwände des Eileiters auskleiden, bewegen die Eizelle in Richtung Gebärmutter.

Am dritten Tag, bei Ankunft im Übergang des Eileiters zur Gebärmutter, befindet sich die Eizelle im Morula-Stadium. Am siebten Tag, bereits im Blastula-Stadium, nistet sie sich in die Schleimhaut der Gebärmutter ein. Anschließend durchläuft sie das Gastrula-Stadium und alle weiteren Phasen der Embryonalentwicklung.

Entwicklungsphasen

In der Abbildung sind alle Phasen erkennbar, die die Eizelle von der Entstehung bis zur Entwicklung des Embryos durchläuft:

1. Follikel im Ruhezustand
2. heranreifender Follikel
3. reifer Follikel
4. Eisprung
5. Eizelle
6. Gelbkörper
7. Ampulle und Fimbrientrichter des Eileiters
8. von Spermien umgebene Eizelle, eine Samenzelle ist bereits eingedrungen
9. die Eizelle fängt an, sich zu teilen und weiterzuentwickeln
10. die Eizelle wandert
11. Zwei-Zellen-Stadium
12. Vier-Zellen-Stadium
13. Morula-Stadium
14. Blastula-Stadium
15.-19. spätere Phasen der Embryonalentwicklung

Von dort aus wandern sie mit kriechenden Bewegungen bis zu den primären Keimsträngen, die bis zu diesem Zeitpunkt noch kein bestimmtes Geschlecht haben.

Gleichzeitig mit dem Eintreffen der Urkeimzellen zwischen der siebten und achten Woche beginnt die Geschlechtsdrüse erkennbar mit ihrer geschlechtlichen Differenzierung. In ihrem weiteren Wachstum dringen die primären Keimstränge beim männlichen Embryo in das Mark der Geschlechtsdrüse ein und bilden die Hodenstränge, aus denen später die Hoden werden.

Die Entwicklung der Keimstränge geht beim weiblichen Embryo anders vonstatten als beim männlichen. Bei ihm bilden die Keimstränge Primordialfollikel, die ihrerseits später Eizellen und die weiblichen Hormone Östrogen und Gestagen produzieren werden.

Vom Embryo zum Jungen

Die Faktoren, die eine Entwicklung des Embryos zu einem männlichen Wesen auslösen und steuern, sind im Y-Chromosom verankert. Die dafür zuständigen Gene befinden sich im kürzeren Arm dieses Geschlechtschromosoms. Sie blockieren das X-Geschlechtschromosom. Auf diese Weise bleiben die Urkeimzellen, die Gonozyten, im Markbereich der noch neutralen Geschlechtsdrüse. Damit wird in der siebten Woche der Embryonalentwicklung der Hoden angelegt.

Im Verlauf dieses Entwicklungsprozesses wird auch ein Enzymsystem geschaffen, das die Ausschüttung männlicher Hormone (Androgene) aus den in den Hoden befindlichen Leydigschen Zellen bewirkt. Die Hormone werden benötigt, um die weitere Entwicklung der Wolffschen Gänge, aus denen die Geschlechtsorgane entstehen werden, voranzutreiben.

Wenn diese die Gonade erreicht haben, bewirken sie eine Unterscheidung der Drüse in männlich oder weiblich. Die Urkeimzellen sind relativ große Zellen (25-30 µm), die bereits in der vierten Entwicklungswoche in der Wand des Dottersacks nachweisbar sind.

Die Herausbildung der äußeren männlichen Geschlechtsorgane, Harnröhre, Penis und Hodensack, sowie der Prostata, ist vom Dihydrotestosteron abhängig. Dieses Hormon entsteht aus Testosteron und ist wirksamer als letzteres.

Die nun unterschiedlichen männlichen und weiblichen Keimdrüsen benötigen Ausgänge, damit ein Teil der in ihnen gebildeten Stoffe nach außen abgesondert werden kann. Bei den Hoden sind dies die Wolffschen Gänge, aus denen die inneren männlichen Geschlechtsorgane entstehen, als da sind:

- die Samenleiter
- die Ampulle
- die Samenbläschen
- die Spritzkanälchen

Die Androgene haften an den Wänden der Wolffschen Gänge; dadurch schützen sie die Gänge und bewirken, daß sie sich zu einem männlichen Genitalapparat entwickeln. Daneben lösen die Androgene die Rückbildung und Selbstauflösung (Autolyse) der Müllerschen Gänge aus, welche dagegen beim weiblichen Embryo bestehen bleiben.

Wenn die Hoden keine Androgene ausschütten, entwickelt sich der Embryo in Richtung weiblich. Bei allgemein zu niedriger Hormonausschüttung richtet sich das männliche oder weibliche Aussehen des Embryos nach dem Ausmaß des Hormonmangels. Verschiedene zwischengeschlechtliche oder geschlechtlich schwer bestimmbare Entwicklungsstadien sind auf solche Störungen der Geschlechtsentwicklung des Embryos zurückzuführen. Mit diesem Thema werden wir uns in Kap. 22 über „Störungen der Geschlechtsentwicklung" (S. 2/46ff.) beschäftigen.

Äußere Geschlechtsorgane

In der siebten Woche der Embryonalentwicklung kann bereits ein erster Ansatz des Hodens unter dem Mikroskop beobachtet werden. Wenn noch kein Hoden erkennbar ist, muß angenommen werden, daß es sich um einen weiblichen Eierstock handelt. Seine besonderen Merkmale werden erst einige Tage später sichtbar.

Die gesamten äußeren Geschlechtsorgane entwickeln sich aus dem *Sinus urogenitalis*. Ab der elften Woche beginnt der Genitalwulst, der beim Mann zum Penis wird, sich zu verlängern. In der 16. Woche kann man schließlich deutlich die vollständige Herausbildung der unterschiedlichen Geschlechter beobachten.

Die Ausgänge der männlichen Genitalien werden durch die epithelialen Wolffschen Gänge gebildet, die auch die Ausführungsgänge der sekundären Niere (Mesonephros) sind. Diese Urniere und die Vorniere (primär-rudimentäres Ausscheidungsorgan) lösen sich auf und machen Platz für die endgültigen Nieren mit ihren eigenen Ausgängen.

Im Verlauf ihrer Entwicklung verändern die Hoden ihre Größe und ihre Lage. Sie wandern von ihrer anfänglichen Lage im oberen Bereich der Bauchhöhle, wo sie sich in der zehnten Woche befanden, herunter zum oberen Rand des Beckens. Diese Wanderung setzt sich fort und erreicht im achten Monat ihr Ziel, wenn die Hoden ihren Weg entlang des Leistenkanals bis in die Hodensäcke gefunden haben, wo sie schließlich bleiben. Danach erfolgen keine größeren Veränderungen mehr im Bereich der Harn- und Geschlechtsorgane und ihrer normalen Funktion, bis die Pubertät einsetzt.

Überreste des anderen Geschlechts

Der weibliche und der männliche Genitalapparat gehen, wie wir gesehen haben, auf einen gemeinsamen organischen Ursprung zurück. Je nach Programmierung des Erbguts entwickeln sich aus diesem gemeinsamen Ursprung die spezifischen Eigenschaften des einen oder des anderen Geschlechts. Deshalb sind bei jedem Men-

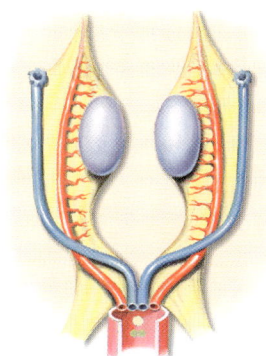

Noch nicht herausgebildeter Geschlechtsapparat

schen Überreste des anderen Geschlechts, das im Augenblick der Geschlechtsdifferenzierung nicht entstand, nachweisbar.

Die Überreste der zum weiblichen Geschlecht gehörenden Müllerschen Gänge sind beim Mann der *Appendix testis* und der *Utriculus prostaticus* – auch „männliche Vagina" genannt –, die in den Samenhügel (*Colliculus seminalis*) hineinführen. Der *Utriculus prostaticus* bildet einen kleinen Hügel an der hinteren Wand der Harnröhre. Auf gleicher Höhe befindet sich in der Mitte die Mündung des *Utriculus prostaticus,* und seitlich davon münden in unmittelbarer Nähe die Spritzkanälchen (*Ductus ejaculatorii*) ein.

Die Pubertät

In der Zeit zwischen Geburt und Pubertät finden beim Jungen keine wesentlichen physiologischen Veränderungen der Geschlechtsorgane statt, die ja bereits vollständig ausgebildet sind. Veränderungen ergeben sich lediglich durch das körperliche Wachstum und durch die allgemeinen funktionellen Abläufe, von denen der gesamte Organismus betroffen ist.

Es kommt aber der Augenblick, in dem die „Uhr" des Hypothalamus (Teil des Zwischenhirns) „die Stunde schlägt". Der Körper erwacht aus seiner anatomischen und physiologischen Ruhe und beginnt zu wachsen und sich zu verändern. Es setzt eine Phase verstärkter Sexualität ein, die wesentlich ausgeprägter ist als die, die in der Kindheit zu beobachten war (siehe Kap. 18, „Sexualität in Kindheit und Alter", S. 1/353ff.): Die Pubertät ist da.

Die Pubertät ist der Lebensabschnitt, in dem sich die Geschlechtsorgane weiterentwickeln und der Mensch fortpflanzungsfähig wird. Der Begriff Pubertät (aus dem Lateinischen *pubertas,* Schamhaare) geht zurück auf das Erscheinen der Schambehaarung bei beiden Geschlechtern.

Mit welchem Alter die Pubertät beginnt, hängt von unterschiedlichen Faktoren, wie z. B. Rasse und Klima, ab. Im allgemeinen setzt die Pubertät bei Schwarzafrikanern und in wärmeren Regionen früher ein. In den gemäßigten Breiten beginnt die Pubertät beim Jungen im Alter von etwa 13-15 Jahren, beim Mädchen im Alter von etwa 12-13 Jahren.

Auslöser der Pubertät

Der Beginn dieses wichtigen Lebensabschnitts wird durch die nervliche und hormonelle (neuroendokrine) Aktivität des Hypothalamus und der Hirnanhangdrüse (Hypophyse) eingeleitet. Der Hypothalamus wird zu einem Zeitpunkt aktiv, der im genetischen Code der Chromosomen festgelegt ist.

Eines der ersten Anzeichen der Pubertät, die Zunahme der Schambehaarung, wird durch die Nebennieren bewirkt. Später greift auch die Hirnanhangdrüse ein. Sie ist direkt vom Hypothalamus abhängig. Der Hypothalamus bildet seinerseits das Hormon GnRH, das die Ausschüttung der gonadotropen, auf die Keimdrüsen wirkenden Hormone FSH und LH auslöst. FSH ist verantwortlich für die Bildung der Spermien und LH für die Ausschüttung des Testosterons (männliches Keimdrüsenhormon) im Hoden des Mannes. Das Testosteron leitet die für diesen Lebensabschnitt typischen Veränderungen ein, die den Körper und die Psyche betreffen. Die genannten männlichen Hormone werden in geringer Menge auch im weiblichen Organismus produziert, jedoch ist ihre Wirkung dort anders (siehe Kap. 9, „Hormone und Sexualität", S. 1/204 ff.).

Auch andere endokrine Drüsen, z. B. die Schilddrüse, spielen in der Pubertät eine Rolle, wenn auch in geringerem Ausmaß.

Innere Veränderungen

Das Hormon FSH bewirkt, daß die Samenkanälchen der Hoden wachsen und die Zellen der Keimbahn reifen. So tauchen erstmalig mit 14-16 Jahren in der Samenflüssigkeit Spermien auf. An diesem Reifungsprozeß sind weitere Hormone beteiligt, insbesondere die Hormone der Schilddrüse.

Die Samenbläschen und die Prostata reagieren sehr sensibel auf die Wirkung des Testosterons. Die Prostata ist ab dem Alter von 13-14 Jahren in der Lage, ihr eigenes Sekret zu produzieren, was sich durch spontane Samenergüsse während des Schlafs bemerkbar machen kann. Diese Flüssigkeit enthält jedoch normalerweise noch keine Spermien und ist daher nicht zu einer Befruchtung fähig.

Sekundäre Geschlechtsmerkmale

Der Körper des Mannes und der Körper der Frau unterscheiden sich nicht nur durch ihre charakteristischen inneren und äußeren Genitalien. Es gibt einige weitere Merkmale, die allein für das männliche bzw. das weibliche Geschlecht kennzeichnend sind. Sie werden sekundäre Geschlechtsmerkmale genannt. Wir wollen im folgenden die um die Pubertät herum auftretenden männlichen sekundären Geschlechtsmerkmale betrachten.

Es kommt der Zeitpunkt, an dem die Uhr im Hypothalamus „die Stunde schlägt". Dann beginnen die tiefgreifenden körperlichen und seelischen Veränderungen, die mit der Pubertät einhergehen.

- Die feine und noch spärliche **Schambehaarung** wird dichter und dunkler. Sie taucht erstmalig, wie bereits erwähnt, kurz vor der Pubertät mit etwa 12-13 Jahren auf.
- Ein Jahr nach Auftreten der Schambehaarung fangen die **Achselhaare** deutlich an zu wachsen. Gleichzeitig ent-

Kap. 1: VON DER EIZELLE ZUM MANN

wickeln sich die Schweißdrüsen im Bereich der Achselhöhlen und im Schambereich.

- Die **Haut** des Jungen wird dicker und uneben und zeigt über weite Teile eine zunehmende **Behaarung.** Die **Gesichtsbehaarung** wird mit ca. 14-18 Jahren dichter und dunkler.
- Die **Stimme** wird als Folge der Entwicklung des Kehlkopfes tief und männlich. Dieser Stimmveränderung, die normalerweise im Alter von 14-15 Jahren auftritt, kann eine unterschiedlich lange Phase vorausgehen, in der die Stimme rauh und gebrochen klingt.
- Im Alter von etwa 17-20 Jahren nehmen aufgrund des Wachstums der Muskulatur **Körpergröße** und **Gewicht** zu. Schultern und Brustkorb werden breiter.
- Dieses Wachstum wird im Alter von etwa 20 Jahren durch Einfluß der Androgene gebremst und kommt im Alter von etwa 22-24 Jahren vollständig zum Stillstand.

Primäre Geschlechtsmerkmale

Sowohl der äußere als auch der innere männliche Genitalapparat wird ab dem elften Lebensjahr größer.

- Penis und Hoden vergrößern sich. Die Hoden werden im Alter von 13-14 Jahren härter.
- Die Haut des Hodensacks bildet Falten und wird dunkler.
- Die Samenleiter, die Samenbläschen

MENSCH UND FAMILIE
BAND 1

Der sexuelle Reifungsprozeß – Jungen

Alter	äußerliche Merkmale	Anmerkungen
11-12	Der Penis ist 3-5 cm lang.	Maße im Ruhezustand. In der Erregungsphase erreicht er die doppelte Länge.
12-13	Die Schambehaarung erscheint.	
13-14	Zunehmendes Wachstum der Geschlechtsorgane	
	Erste nächtliche Samenergüsse	Die Prostata produziert Prostatasekret, das mit der Ejakulation nach außen gelangt. Das Sekret enthält normalerweise noch keine Spermien.
14-15	Stimmbruch	Der Kehlkopf wächst, die Stimme des Jungen wird tiefer.
	Die Achselbehaarung tritt auf, der Oberlippenbart deutet sich an.	
	Mögliches Auftreten von Akne	
14-16	Es sind erste Spermien in der Samenflüssigkeit nachweisbar.	Erst jetzt ist das Ejakulat befruchtungsfähig.
14-18	Einsetzen des Bartwuchses	
	Mögliches Vorliegen einer Gynäkomastie	Gynäkomastie = Übermäßiges Wachstum der Brüste
17-20	Auftreten der Brustbehaarung	
	Zunahme der Körpergröße und des Körpergewichts	
	Schultern und Oberkörper werden breiter.	

und die Prostata wachsen und erreichen eine Größe wie beim Erwachsenen.
- Mit zwölf Jahren beginnt die Produktion des Prostatasekrets.
- Mit etwa 15 Jahren werden Spermien gebildet.

All diese körperlichen Veränderungen bedeuten nicht, daß der heranreifende Junge nun erwachsen ist. Weitere wichtige körperliche und psychische Veränderungen trennen ihn noch vom Erwachsensein. Obwohl die Pubertät mit 18 Jahren abgeschlossen ist, setzt sich das Körperwachstum noch einige Jahre fort; auch die geistige Reife ist zu dieser Zeit noch nicht vollständig erlangt. Bei zu frühem oder verzögertem Einsetzen der Pubertät sollte immer ein Arzt um Rat gefragt werden und gegebenenfalls eine Behandlung erfolgen.

Die Pubertät kann von kleineren Störungen oder Beschwerden begleitet werden, die in bestimmten Fällen ärztlich abgeklärt werden sollten. Siehe dazu auch Kap. 3, „Männerkrankheiten", mit einem Abschnitt über „Pubertätsstörungen" (S. 1/77).

Das Erwachsenenalter

Beim gesunden Mann ist die Hormon- und Spermienproduktion vollständig ausgebildet, wenn er das Erwachsenenalter erreicht hat. Die Fortpflanzungsfähigkeit

kann aber auch ungenutzt bleiben, ohne daß Gesundheitsschäden zu befürchten sind. Sie ist für eine normale körperliche Entwicklung und insbesondere für die Erhaltung der Gesundheit nicht unverzichtbar. Deshalb ist die Fortpflanzung nach dem Sprachgebrauch von Physiologen eine „Luxus-Funktion".

Hormonproduktion des erwachsenen Mannes

Beim Mann wird die regulierende, zyklische Aktivität des vorderen Kerns des Hypothalamus durch die Androgene gebremst. Daher ist lediglich der hintere Kern des Hypothalamus aktiv. Die Hirnanhangdrüse des Mannes schüttet stetig das auf die Keimdrüsen wirkende Hormon FSH aus. Das Hormon FSH regt die in den Hoden befindlichen Samenkanälchen bei regelmäßiger Einwirkung lebenslang zur Bildung von Spermien an. Gleichzeitig und ebenso kontinuierlich bildet die Hirnanhangdrüse beim Mann das Hormon LH. Es bewirkt, daß die Leydigschen Zellen in den Hoden männliche Sexualhormone produzieren.

Das ist also die Hauptursache dafür, daß der Mann theoretisch bis ins hohe Alter fortpflanzungsfähig ist. Selbstverständlich ist diese Fähigkeit individuell sehr unterschiedlich ausgeprägt. Außerdem ist das sexuelle Verlangen in fortgeschrittenem Alter in der Regel schwächer als z. B. mit 20 Jahren.

Es gibt Fälle, in denen Männer noch im Alter von 90 Jahren Kinder gezeugt haben. Obwohl es sich hier um Ausnahmen handelt, zeigen sie doch, daß lustvolle Liebe und die Fähigkeit zum Sexualakt bis ins hohe Alter erhalten bleiben können, wenn auch bestimmte körperliche Einschränkungen durch das Alter gegeben sind.

Das Alter

Mit der gestiegenen Lebenserwartung und der relativ früh einsetzenden Pensionierung verfügen ältere Menschen heute über weitaus mehr Möglichkeiten für die Gestaltung dieses Lebensabschnittes als früher. Der legitime Wunsch, das Leben auch im Alter zu genießen, erfüllt sich vielfach.

Den Mann interessiert sicherlich, wie sich das Älterwerden auf sein Liebesleben auswirkt. Wenn seine Frau jünger ist und das Paar Empfängnisverhütungsmittel benutzt, kann eventuell eine Situation entstehen, in der der Mann seine Potenz auf die Probe gestellt sieht. Sind Mann und Frau gleich alt, kann das bei beiden Partnern mehr oder weniger zeitgleiche Ein-

MENSCH UND FAMILIE

BAND 1

setzen der Wechseljahre unter Umständen Probleme bereiten, da das sexuelle Verlangen der Frau möglicherweise zunimmt, während es sich beim Mann im Alter abschwächt. Im Grunde genommen ist es schwierig, pauschale Antworten zu geben. Vieles hängt von der Partnerkonstellation und den individuellen Auswirkungen des Alterungsprozesses ab.

Gibt es Wechseljahre beim Mann?

Unter Wechseljahren oder Klimakterium versteht man den Lebensabschnitt bei der Frau, der der Menopause unmittelbar vorausgeht und ihr folgt. Menopause ist ein Begriff aus dem Griechischen (*menos* = Monat und *pausis* = das Aufhören). Er bezeichnet das Aufhören der regelmäßigen Monatsblutungen in den Wechseljahren. Während dieser Zeit kommt es zu Schwankungen im Hormonhaushalt.

Der Mann erlebt nicht einen so ausgeprägten, abrupt endenden hormonellen Zyklus wie die Frau. Seine sexuellen Funktionen schwächen sich langsam mit fortschreitendem Alter ab. Deshalb kann man beim Mann nicht von Wechseljahren in dem gleichen Sinne wie bei der Frau sprechen.

Trotzdem machen sich beim Mann ab einem gewissen Alter einige körperliche Veränderungen bemerkbar, die wir als die Wechseljahre des Mannes bezeichnen wollen.

Die „Wechseljahre" des Mannes

Etwa um das 45.-50. Lebensjahr herum beginnt beim Mann ein Lebensabschnitt, in dem sich erste körperliche Beeinträchtigungen sowie kleinere Veränderungen im Sexualverhalten bemerkbar machen können.

Der Mann erreicht sein höchstes Leistungsvermögen in der Sexualität später als in anderen Körperbereichen. Dafür geht seine Potenz im Alter nur langsam

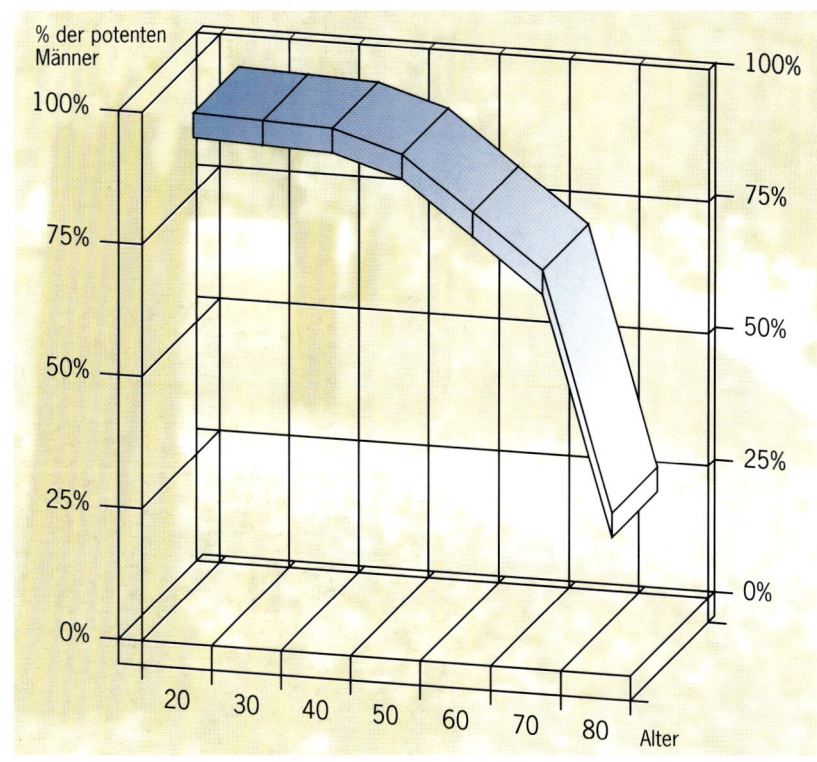

Das sexuelle Leistungsvermögen erreicht, wie andere Körperfunktionen, im Laufe des Lebens einen Höhepunkt und geht danach kaum wahrnehmbar, aber stetig zurück.
Wie die Kurve zeigt, nimmt die sexuelle Potenz von Männern mit zunehmendem Lebensalter ab.
Männer, die lange über ein optimales sexuelles Leistungsvermögen verfügen, führen dies auf Vermeiden von Extremen im Sexualleben und einen ausgeglichenen Lebensstil zurück: gesunde Ernährung, gesunde Lebensgewohnheiten, ausreichende sportliche Aktivität und Erholung. So kann man in jedem Lebensabschnitt körperlich und geistig in Form sein.

zurück. Bei der Frau sieht diese Entwicklung anders aus als beim Mann.

Der Höhepunkt des männlichen sexuellen Leistungsvermögens ist in etwa im Alter von 17-30 Jahren zu beobachten. Danach nimmt es langsam wieder ab, bis es einen Punkt erreicht, an dem sich die Leistungsminderung deutlicher bemerkbar macht. Allerdings können, wie bereits erwähnt, Zeugungsfähigkeit und sexuelle Potenz theoretisch bis ins hohe Alter er-

Mit Ende Vierzig oder Anfang Fünfzig geraten die meisten Männer in eine Krise (Midlife-crisis). Beginn, Dauer und Intensität dieser Krise können von Mann zu Mann ganz unterschiedlich sein. Man spricht auch von den kritischen Jahren. Sie machen sich durch leichte Erregbarkeit, verstärkte emotionelle Labilität, Verlust des Selbstvertrauens und erste Anzeichen einer natürlichen Abnahme der Körperfunktionen bemerkbar.

halten bleiben. Man kann daher sagen, daß Sexualität und Fortpflanzung zu den Körperfunktionen des Mannes gehören, die lange bestehen bleiben und erst relativ spät erlöschen.

In den „Wechseljahren" können auch psychische Störungen mit Einfluß auf die Persönlichkeit des Mannes auftreten, so daß vorher optimistische und unternehmungslustige Männer plötzlich unentschlossen und pessimistisch werden. Manchmal kann auch das Interesse am anderen Geschlecht nachlassen, und es können homosexuelle oder sogar sadomasochistische Neigungen entstehen.

Die kritischen Lebensjahre

Mit den „kritischen Lebensjahren" meinen wir einen Teilaspekt der „Wechseljahre" des Mannes, der mit etwa 50 Jahren beginnt. Es findet eine physiologische Rückbildung der männlichen Geschlechtsdrüsen (Hodenalterung) statt, die von verschiedenen körperlichen und psychischen Erscheinungen begleitet wird. Diese sind nun ausgeprägter als in früheren Jahren.

Der Rückgang der sexuellen Leistungsfähigkeit ist natürlich ein sehr individuelles und persönliches Geschehen.

Zeitpunkt und Art und Weise des Einsetzens sind abhängig vom Hormonhaushalt, vom Beginn der Pubertät, von der Rasse, von den sexuellen Gewohnheiten und von der Persönlichkeit des Partners.

Auch das soziale Umfeld und die Umwelt (städtisch oder ländlich), in der man lebt, der Lebenswandel und die moralische, sexuelle und allgemeine Bildung, die man erhalten hat, haben Einfluß darauf.

Sicher ist: Für jeden Mann kommt irgendwann der Zeitpunkt, an dem er sich bewußt wird, daß seine Potenz nachläßt, und an dem er anfängt, darüber nachzudenken ...

Der gesamte Vorgang ist vorwiegend durch eine Abnahme des Testosterons bedingt, eines in den Hoden gebildeten Hormons. Gleichzeitig steigt die Menge des ebenfalls in den Hoden produzierten weiblichen Hormons, das die Produktion der Hormone FSH und LH in der Hirnanhangdrüse anregt. Diese Hormone drosseln wiederum die Bildung des männlichen Sexualhormons und die Produktion von Spermien.

Der Mann kann in dieser Zeit unter Reizbarkeit, Unruhe, Ängsten, übermäßiger Erregbarkeit und einem Verlust des Selbstvertrauens leiden. Auch seine Lebenskraft und seine geistigen Fähigkeiten lassen eventuell nach. Die Familie klagt häufig über seinen Egoismus und die Freunde über seine Ungeselligkeit. Körperliche Beschwerden können zum Beispiel Kopfschmerzen, Schlaflosigkeit und Herzklopfen sein.

Es gibt eine Reihe von Beschwerden der Harn- und Geschlechtsorgane, die in diesen Jahren auftreten können, von denen die Beschwerden beim Harnlassen und die Krankheiten der Prostata (Entzündungen, Adenome, Krebs) ausführlich in Kapitel 3 über die „Männerkrankheiten" (S. 1/50ff.) behandelt werden.

Bei vorzeitiger Impotenz, die nicht psychisch (durch Streß, Erschöpfung, Partnerkonflikte), durch Medikamenteneinnahme oder durch ernsthafte hormonelle Störungen bedingt ist, kann ein Arzt feststellen, ob es sich um eine organische Ursache handelt oder nicht.

Der Kampf gegen das Altern

Die unterschiedlichen Lebensabschnitte, die ein Mensch durchläuft, folgen einer Art biologischen Programmierung. Der Versuch, sich ihnen oder ihren Auswirkungen zu entziehen, macht daher wenig Sinn. Das heißt wiederum nicht, daß wir nicht alle Mittel, die uns zur Verfügung stehen, einsetzen sollten, um die körperlichen und psychischen Verschleißerscheinungen des Alterns zu lindern. Auf diese Weise erreichen wir auch eine Verlängerung der Lebenserwartung und eine Zunahme der Lebensqualität. Es ist auch sehr wichtig, sich seelisch auf das Alter vorzubereiten, um mit den Veränderungen besser zurechtzukommen.

Die meisten Menschen hoffen, siebzig, achzig Jahre und noch älter zu werden und sich dabei eine gute Lebensqualität erhalten zu können. Sicherlich hat ein Mann in fortgeschrittenem Alter eine andere Vorstellung von guter Lebensqualität als ein Zwanzigjähriger. Aber bereits im Alter von zwanzig Jahren und weit vorher wird die Basis dafür geschaffen, daß ihn die körperlichen und psychischen Kräfte auf dem Höhepunkt der beruflichen Karriere nicht verlassen und daß er weiterhin alle Lebensbereiche optimal genießen kann.

Mit der „Altersvorsorge" früh genug beginnen durch ...

- ausreichende und an das Lebensalter sowie an die körperliche Verfassung angepaßte **körperliche Bewegung**,
- ausreichende **Erholung**, d. h. auch genügend Schlaf,
- **angemessene Ernährung** mit genügender Aufnahme von natürlichen Vitaminen, besonders Vitamin C und E (Gemüse, frisches Obst, Vollkornprodukte),
- **Verzicht auf jede Art von Giften und Drogen**; dazu gehören sowohl Zigaretten und Alkohol als auch koffeinhaltige Getränke,
- **Streßvermeidung**,
- **frühzeitige Behandlung** von Beschwerden oder Krankheiten,
- Ausübung einer **nützlichen Aufgabe**, für sich selbst, für die Familie und für die Gesellschaft.

Vorbeugen und Heilen

So wie in allen Bereichen, die unsere Gesundheit betreffen, ist auch hier die Vorsorge das Beste. Damit der Körper gekräftigt wird und sein Verschleiß möglichst lang hinausgezögert werden kann, sollten wir von Kindheit an einige Ratschläge beachten (siehe Kasten auf dieser Seite); denn der Gesundheitszustand in zwei Dritteln unseres Lebens hängt wesentlich von den im ersten Drittel erlernten und praktizierten Gewohnheiten ab.

Bei starken Beschwerden des Mannes in diesem Lebensabschnitt ist in bestimmten Fällen eventuell eine Hormontherapie angebracht, hilfreich und wirksam. Eine solche Therapie, bei der der Patient bestimmte Hormonpräparate einnimmt, kann aber nur von einem Arzt angeordnet und überwacht werden. Sie hat nämlich möglicherweise Nebenwirkungen, die insbesondere die Prostata und die Leber schädigen können.

Schlußgedanken

Jeder Lebensabschnitt hat seine Besonderheiten. Wer sie kennt und sich gut darauf vorbereitet, kann auch angemessen mit ihnen umgehen. So kann jeder versuchen, die negativen Seiten zu akzeptieren und die Reize zu genießen. Glücklicherweise gibt es keinen Lebensabschnitt, der nicht positive und attraktive Aspekte hätte – so auch der letzte Lebensabschnitt.

Natürlich wünschen wir uns alle, ein möglichst hohes Lebensalter zu erreichen. Wir wünschen uns, dabei körperlich und geistig in so guter Verfassung zu sein, daß wir all das Schöne, das uns dieser letzte Lebensabschnitt bietet, genießen können und anderen eine Hilfe sind und nicht eine Last. Dies ist in den meisten Fällen möglich, wenn wir während unseres gesamten Lebens eine gesunde Lebensweise verfolgt haben.

Deshalb der Hinweis darauf, daß die Vorbereitung auf den letzten Abschnitt des Lebens nicht erst dann beginnen sollte, wenn wir ihn erreicht haben, sondern viel früher, bereits in der Kindheit. Unseren Lebensstil eignen wir uns in jungen Jahren an. Danach läßt er sich nur sehr schwer ändern.

Unsere Lebensqualität hängt aber ganz wesentlich von unserer eigenen Lebensweise (Gewohnheiten, Ernährung, geistige Gesundheit) ab.

Auch wenn es schwierig erscheint, ist es dennoch nie zu spät, positive Änderungen an der eigenen Lebensweise vorzunehmen. Sie können das Leben verlängern und werden die Lebensqualität verbessern. Eine gute Aufgabe für die letzten und alle anderen Lebensabschnitte ist, unseren Kindern und Enkelkindern diese Prinzipien durch ein gutes Beispiel vorzuleben. Das gibt uns das Gefühl, nützlich zu sein, und sie werden es uns danken, wenn sie später in den Genuß der Vorteile kommen.

2 Die männlichen Organe und ihre Funktionen

Bei der Betrachtung von Mann und Frau stellt man fest, daß sie sich durch ihre spezifischen sekundären Geschlechtsmerkmale körperlich voneinander unterscheiden. Am deutlichsten wird dieser Unterschied an der Form der inneren und äußeren Geschlechtsorgane von Mann und Frau. Sie sind komplementär angelegt, d. h., sie ergänzen sich zum Zweck von Sexualität und Fortpflanzung und bilden eine perfekt aneinander angepaßte anatomische und funktionelle Einheit. Bei näherer Betrachtung wird deutlich, daß diese Organe ihren Zweck tatsächlich nicht besser erfüllen könnten. Daß die Vereinigung der beiden unterschiedlichen Organsysteme zudem von emotionalem und körperlichem Genuß begleitet wird, läßt noch mehr staunen. Es zeigt, wie wunderbar der menschliche Organismus beschaffen ist.

Die Geschlechtsorgane

Der Hodensack

In den länglichen Hautsäcken, die den Hodensack (*Scrotum*) bilden, befinden sich die Hoden. Der Hodensack liegt an einer etwas engeren Stelle vor dem Damm unterhalb von Schambein und männlichem Glied (Penis), die *Pediculum* genannt wird. Er wird durch eine Zwischenwand in zwei Teile unterteilt. Jeder Teil enthält einen Hoden.

Beim Kind ist der obere Bereich des Hodensacks breiter als der untere, während beim Erwachsenen der untere Bereich breiter ist.

Bei Kälteeinwirkung, sexueller Erregung oder Berührung der Innenseiten der Oberschenkel kommt es zu einer Kontraktion der glatten Muskelfasern, wodurch der Hoden nach oben verlagert wird. Dieser Vorgang wird Kremasterreflex genannt.

Die Haut des Hodensacks ist faltig, dunkel und kaum behaart. Sie gehört, wie wir später sehen werden (S. 1/260f.), zu den erogenen Zonen des Mannes.

Die Hoden

Die Hoden sind die männlichen Geschlechtsdrüsen, die Spermien und Testosteron (männliches Sexualhormon) produzieren. Sie befinden sich im Hodensack unterhalb des Penis. Einer der beiden Hoden, häufiger der linke, liegt meist etwas tiefer als der andere.

Die Hoden sind eiförmig. Ihr Volumen entspricht in etwa dem eines Taubeneis, obwohl sie sich aufgrund der verschiedenen Gewebeschichten, von denen sie umschlossen werden, manchmal dicker anfühlen können. Sie sind leicht abgeplattet, ihre Längsachse ist nach hinten und unten geneigt.

In der Regel sind die Hoden 3,5-5,0 cm mal 1,5-2,0 cm groß und wiegen ungefähr 20 g (ein Eierstock wiegt etwa 7-8 g). Sie haben eine glatte Oberfläche und eine weißlich-blaue Farbe. Aufgrund ihres feinmaschigen Nervengeflechts sind sie extrem empfindlich, so daß ein Stoß in die Hoden im Extremfall den Tod durch reflektorischen Herzstillstand herbeiführen kann.

Struktur der Hoden

Die Hoden sind von einer äußeren Bindegewebsschicht, der *Tunica albuginea*, umgeben, die ca. 300 Hodenläppchen überzieht und durch bindegewebige Stränge voneinander trennt.

Die pyramidenförmigen Läppchen setzen sich aus mehreren Samenkanälchen zusammen. Jedes Läppchen erhält seine Form durch eine äußere Bindegewebshülle und durch eine innen gelegene epitheliale Schicht, die aus Stützzellen besteht. Sie hat die Aufgabe, die anderen Elemente der Läppchen, die Fußzellen (Sertoli-Zellen), mit Nährstoffen zu versorgen. Zusätzlich zu den Sertoli-Zellen befinden sich die Zellen für die Spermienbildung in den Samenkanälchen. Das sind besondere Zellen, die sich im Verlauf ihrer Entwicklung durch Meiose teilen. Dabei wird im Gegensatz zur Mitose der Chromosomensatz halbiert, und es entstehen Spermatozyten.

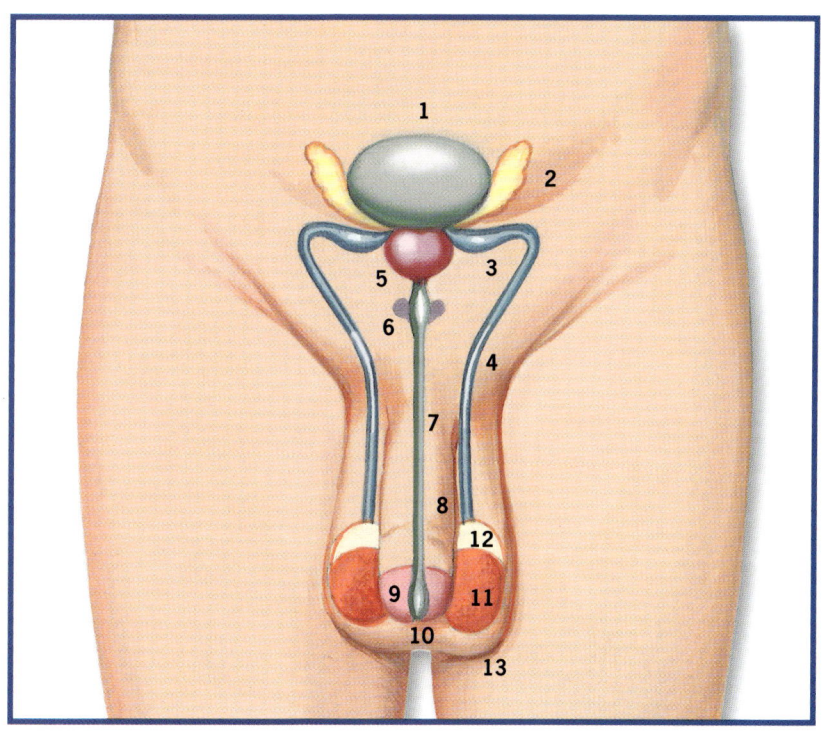

In den Lücken zwischen den Samenkanälchen befinden sich große Zellen, die Interstitialzellen oder Leydigschen Zellen, die das männliche Hormon produzieren.

Der Inhalt der Samenkanälchen wird in die Samenwege im Hoden weitergeleitet, die folgendermaßen aufgebaut sind:

Alle Samenkanälchen eines Läppchens vereinen sich zu einem einzigen geraden

INNERE UND ÄUSSERE MÄNNLICHE GESCHLECHTSORGANE

In der Skizze werden die wichtigsten inneren und äußeren männlichen Geschlechtsorgane und Teile der Harnorgane schematisch dargestellt:

1. Harnblase
2. Samenbläschen
3. Ampulle des Samenleiters
4. Samenleiter
5. Prostata
6. Cowpersche Drüsen
7. Harnröhre
8. Penis
9. Eichel
10. Harnröhrenöffnung
11. Hoden
12. Nebenhoden
13. Hodensack

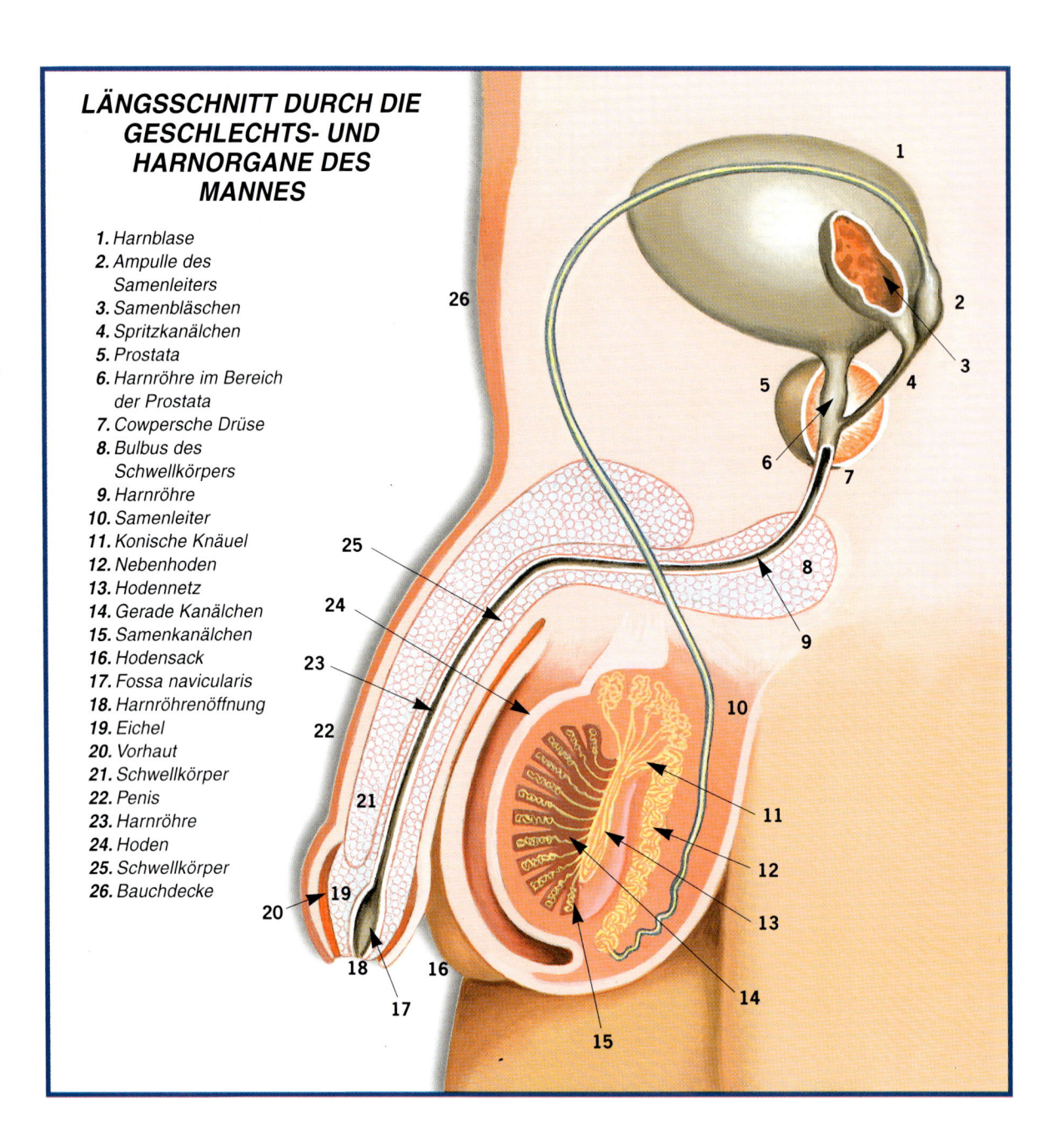

LÄNGSSCHNITT DURCH DIE GESCHLECHTS- UND HARNORGANE DES MANNES

1. Harnblase
2. Ampulle des Samenleiters
3. Samenbläschen
4. Spritzkanälchen
5. Prostata
6. Harnröhre im Bereich der Prostata
7. Cowpersche Drüse
8. Bulbus des Schwellkörpers
9. Harnröhre
10. Samenleiter
11. Konische Knäuel
12. Nebenhoden
13. Hodennetz
14. Gerade Kanälchen
15. Samenkanälchen
16. Hodensack
17. Fossa navicularis
18. Harnröhrenöffnung
19. Eichel
20. Vorhaut
21. Schwellkörper
22. Penis
23. Harnröhre
24. Hoden
25. Schwellkörper
26. Bauchdecke

Samenkanal. Die geraden Samenkanäle münden ihrerseits in ein Netz feinster, spaltförmiger Kanäle, das Hodennetz (*Rete testis*). Im Hodennetz entspringen zehn bis zwölf abführende Gänge, die in die Nebenhoden führen.

Entwicklung der Hoden

Zu Beginn ihrer Entwicklung befinden sich die Hoden beidseits der Wirbelsäule in Höhe der Nieren. Allmählich wandern sie entlang des Leistenkanals hinunter und gelangen in den Hodensack. Dort sind sie normalerweise zum Zeitpunkt der Geburt angekommen.

Es kann geschehen, daß die Hoden ihre Wanderung unterbrechen und in der Bauchhöhle, im Leistenkanal oder am äußeren Leistenring liegen bleiben. Diese Situation wird als Hodenhochstand bezeichnet.

Wir haben bereits erwähnt, daß die männliche Geschlechtsdrüse in der Embryonalphase eine entscheidende Rolle spielt. Während sie in der Kindheit keinen wesentlichen Einfluß hat, wird sie mit Einsetzen der Pubertät erneut aktiv. Die Hoden beginnen unter dem Einfluß der Hirnanhangdrüse (Hypophyse) und des Hypothalamus, Keimzellen und männliche Hormone (Testosteron) zu bilden.

Die Hormone werden in das Blut weitergegeben und gelangen von dort aus in alle Gewebe und Zellen des männlichen Organismus. Die Spermien sammeln sich in den Nebenhoden und in den Spritzkanälchen, um beim Samenerguß herausgeschleudert zu werden. Bei sexueller Inaktivität entledigt sich der Organismus des Samenüberschusses durch unwillkürliche Samenergüsse, die meist im Schlaf erfolgen. Die überschüssigen Spermien werden auch vom Körper resorbiert.

Die Hoden produzieren bis ins hohe Alter hinein Spermien.

Die Nebenhoden

Die Nebenhoden sind längliche Organe, die über den Hoden liegen. Sie sehen ähnlich wie die Federbüschel auf römischen Helmen aus. Sie liegen dem oberen, hinteren Teil der Hoden an und passen sich ihrer gewölbten Oberfläche an. Ihre Länge beträgt ca. fünf Zentimeter.

Die Nebenhoden können in drei Teile untergliedert werden:
- den oberen, breiten Teil oder Kopf
- den etwas kleineren Körper
- den schmalen Teil, den Schweif, der in den Samenleiter übergeht

Tatsächlich sind die Nebenhoden lange Schläuche, die ausgestreckt eine Länge von ca. sechs Metern erreichen. Sie sind verschlungen und werden von einer Bindegewebskapsel umhüllt. Die abführenden Gänge münden in den Samenleiter.

Der Samenleiter

Der Samenleiter beginnt am Nebenhodenschweif und endet am Verbindungspunkt zwischen Samenbläschen und Spritzkanälchen. Sein letztes Stück wird Ampulle genannt. Sie dient in den Intervallen zwischen zwei Samenergüssen als Spermienreservoir.

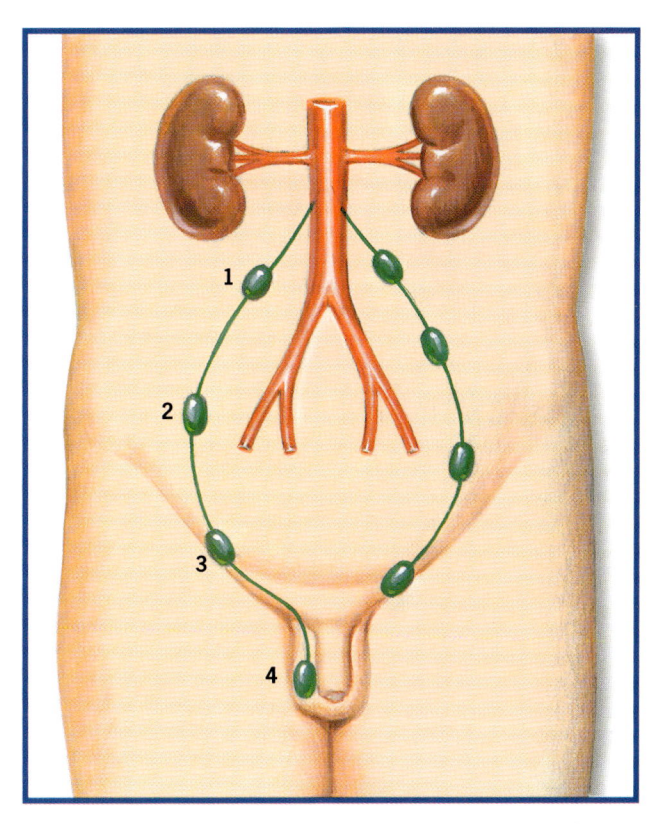

Der Samenleiter ist ein Röhrchen von etwa 40 cm Länge, wenigen Millimetern Außendurchmesser und nicht mehr als 0,5 mm Innendurchmesser. Er transportiert die Spermien weiter.

Der Samenleiter setzt am Nebenhodengang an und steigt innerhalb der Hodensäcke, zusammen mit den Hodengefäßen und Nerven, bis zur Leiste auf. Samenleiter, Nerven und Gefäße werden zusammen als Samenstrang bezeichnet.

Der Samenstrang kann leicht durch die Haut des Hodensacks getastet werden. Er zieht durch den Leistenkanal bis in die Bauchhöhle, verläuft unterhalb des Bauchfells seitlich an der Blase entlang, kreuzt den Harnleiter und erreicht die Prostata.

Bei einer Sterilisierung des Mannes versucht man, den Verlauf des Samenleiters zu unterbrechen. Die Vasektomie (Durchtrennen und Abbinden des Samenleiters, siehe S. 2/254) verhindert, daß die Spermien vom Hoden bis zum Reservoir bzw.

NORMALE HODENWANDERUNG UND HODENHOCHSTAND

Zu Beginn ihrer Entwicklung im Mutterleib befinden sich die Hoden noch in Höhe der Nieren. Später wandern sie bis zum Leistenkanal hinab und gelangen langsam bis in den Hodensack, wo sie bei der Geburt liegen. Die Wanderung der Hoden geschieht in Etappen, wie auf der rechten Körperhälfte dargestellt ist (linken Bildseite):

1. *Lumbale Lage*
2. *Iliakale Lage*
3. *Lage im Leistenkanal*
4. *Lage im Hodensack*

Wenn die Hodenwanderung unvollständig ist, spricht man von Hodenhochstand (siehe Seite 1/72), am linken Hoden dargestellt.

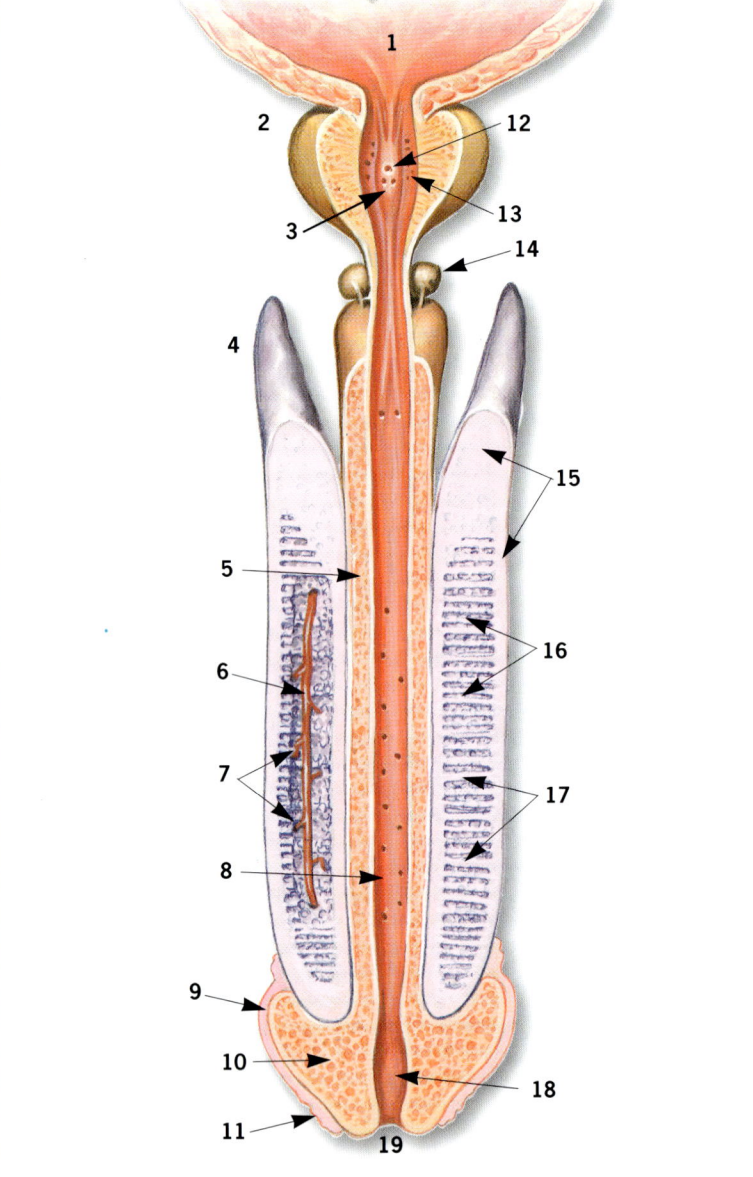

ANATOMIE DES MÄNNLICHEN GENITALES (Schnitt)

1. Harnblase
2. Prostata
3. Spritzkanälchen
4. Schwellkörper (Peniswurzel)
5. Harnröhrenschwellkörper
6. Arterie des Schwellkörpers
7. Helixarterien
8. Harnröhre
9. Corona glandis
10. Eichel
11. Vorhaut
12. Samenhügel und Utriculus prostaticus
13. Ausführungsgänge der Prostata
14. Cowpersche Drüse
15. Bindegewebshülle des Schwellkörpers
16. Trabekel des Schwellkörpers
17. Erektiles Gewebe des Schwellkörpers
18. Endabschnitt der Harnröhre
19. Harnröhrenöffnung.

zum Ausgang der Geschlechtsorgane transportiert werden.

Samenbläschen und Spritzkanälchen

Die Samenbläschen sind zwei 5 cm lange und 1,5 cm breite Drüsen mit Muskelbesatz. Sie liegen hinter der Prostata und münden in den jeweils ihrer Seite zugewandten Samenleiter. Sie produzieren und sammeln einen Großteil der Samenflüssigkeit, die dem Transport und der Beweglichkeit der Spermien dient.

Die Spritzkanälchen bilden die Vereinigung von Samenleiter und Samenbläschen. Sie sind 2,5 cm lang und liegen in der Prostata. Sie münden in den hinteren Teil der Harnröhre.

Prostata

Die Prostata ist eine kegelförmige Drüse, die in ihrer Form und Größe einer Kastanie ähnelt. Sie liegt am Ausgangspunkt der männlichen Harnröhre und ist etwa 4 cm breit, 2,5 cm lang und 3 cm hoch. Harnröhre, Spritzkanälchen und *Utriculus prostaticus* durchqueren sie. Sie setzt sich aus mehreren Einzeldrüsen mit Ableitungswegen zusammen, die von Bindegewebe und glatten Muskelfasern umgeben sind. Diese Drüsen bilden auch ein Sekret, das den Spermien als Bewegungsmittel dient.

Der größte Teil der Samenflüssigkeit besteht aus dem von den drei Drüsenlappen der Prostata gebildeten Sekret. Das Prostatasekret wird zusammen mit der Flüssigkeit aus den Samenbläschen und den aus den Spritzkanälchen stammenden Spermien in die Harnröhre weitergeleitet.

Die Prostata wächst in der Pubertät und verkleinert sich im Alter, es sei denn, es liegt eine pathologische Vergrößerung vor. Wenn eine krankhafte Vergrößerung der Prostata Beschwerden beim Wasserlassen oder andere Probleme verursacht, kann ein operativer Eingriff notwendig werden (siehe S. 1/56).

Die Harnröhre

Die Harnröhre des Mannes ist etwa 16-20 cm lang und hat einen Durchmesser von etwa 7 mm. Sie beginnt am Blasenhals und endet an der Penisspitze. Durch sie wird der Urin ausgeschieden. Beim Mann gelangt jedoch auch das Sperma, das aus den Ausscheidungsöffnungen der Spritzkanälchen im Samenhügel rechts und links des *Utriculus prostaticus* kommt, durch die Harnröhre nach außen.

Wegen der Länge der Harnröhre, die zudem streckenweise fest und streckenweise beweglich ist und Erweiterungen und Verengungen aufweist, ist beim Mann das Einführen eines Katheters in die Blase schwierig. Dieser Eingriff ist bei der Frau, deren Harnröhre gerade verläuft und kurz ist (etwa 4 cm), wesentlich einfacher.

Die Blase besitzt einen Schließmuskel (Sphinkter) mit glatter Muskulatur, der einen unfreiwilligen Harnabgang und ein Überfließen von Harn in die Harnröhre während einer Erektion verhindert.

Die Cowperschen Drüsen

Die Cowperschen Drüsen (*Glandulae bulbourethrales*) sind etwa kirschkerngroß. Sie liegen beidseits oberhalb der *Pars spongiosa* der Harnröhre, in die sie mit ihren Ausführungsgängen münden.

Diese Drüsen sondern ein fadenziehendes, klares Sekret ab, das vor dem Samenerguß als Tropfen abgegeben wird. Dieser Tropfen wird auch „Lusttropfen", „Liebesdestillat" oder ähnlich genannt. Er wird vor oder nach dem Einführen des Gliedes in die Scheide, auf jeden Fall aber unabhängig vom Samenerguß, abgegeben.

Man nimmt an, daß die Flüssigkeit das saure Medium der Harnröhre, das für die Spermien schädlich ist, neutralisieren soll.

Dieser Tropfen kann bereits einige Spermien enthalten, die bei einer Verhütung durch *Coitus interruptus* (Samenerguß außerhalb der Scheide) oder *Coitus reservatus* (Geschlechtsverkehr ohne Samenerguß) zu einer Schwangerschaft führen können.

Der Penis

Der Penis besitzt unzählige, mitunter sehr abwertende Bezeichnungen. Zu den meistbenutzten, allgemein anerkannten Begriffen gehören: männliches Glied, Phallus und Penis. Er ist das Kopulationsorgan und, weil er einen großen Teil der Harnröhre in seinem Inneren beherbergt, das Harnausscheidungsorgan.

Form und Ausrichtung des Penis hängen von seinem Erregungszustand ab. Wenn der Penis erigiert ist, kann kein Harn ausgeschieden werden, und wenn Harn ausgeschieden wird, ist wiederum kein Verkehr möglich.

In schlaffem Zustand hat der Penis die Form eines von vorne nach hinten abgeflachten, vor den Hoden hängenden Zylinders.

Im Zustand der Erregung richtet er sich auf und steht vor dem Unterbauch. Sein Umfang vergrößert sich stark, er wird fest. Nach unten und nach außen hin ist er abgerundet. Die nach oben gekehrte Fläche wird durch die Schwellkörper hart und abgeflacht, während die untere, abgerundete Seite weicher bleibt.

Die sich im Normbereich bewegende Größe des Penis unterliegt – wie bei allen anderen Organen des menschlichen Körpers – sehr breiten individuellen Schwankungen. Durchschnittsmaße sind in schlaffem Zustand eine Länge von etwa 6-10 cm und ein Durchmesser von etwa 3 cm.

Im Erregungszustand kann der Penis dagegen auf eine Länge von 12-20 cm und einen Durchmesser von etwa 4 cm anwachsen.

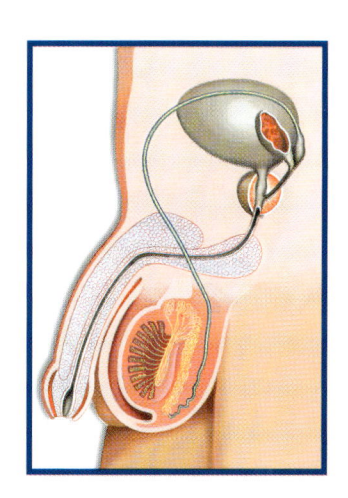

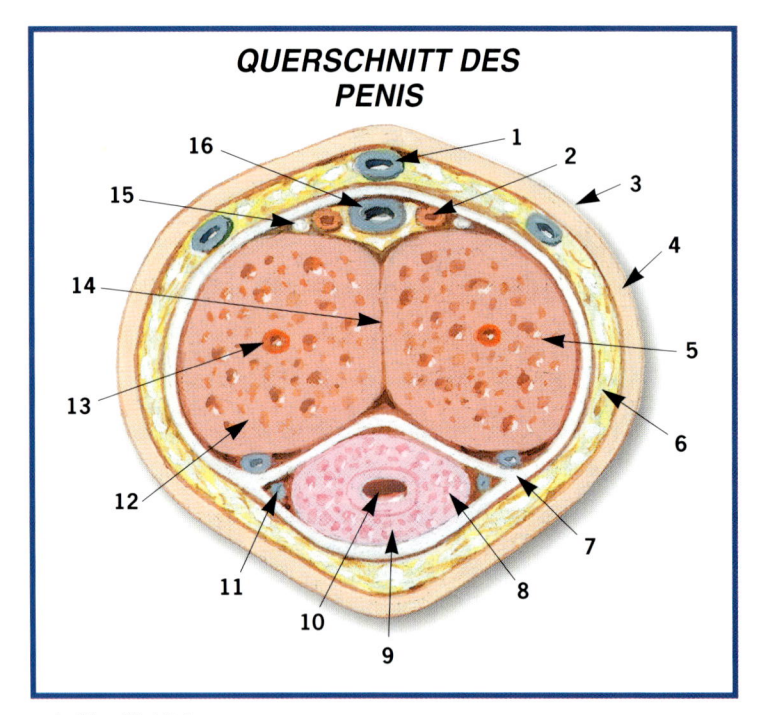

Kap. 2: DIE MÄNNLICHEN ORGANE UND IHRE FUNKTIONEN

QUERSCHNITT DES PENIS

1. Oberflächliche Penisrückenvene
2. Penisarterie
3. Haut
4. Dammuskel
5. Schwellkörper
6. Bindegewebe
7. Penisfaszie
8. Arterie des Harnröhrenschwellkörpers
9. Harnröhrenschwellkörper
10. Harnröhre
11. Vene des Harnröhrenschwellkörpers
12. Erektiles Gewebe
13. Arterie des Schwellkörpers
14. Scheidewand
15. Dorsaler Nerv
16. Tiefe Penisrückenvene

An der vorderen Seite des Penis befinden sich zwei Schwellkörper, deren hinterer Teil an den absteigenden Schambeinästen liegt. Die Schwellkörper werden an ihrer Basis vom *Musculus ischiocavernosus* umfaßt und verlaufen dann parallel nebeneinander, wie die Läufe einer doppelläufigen Flinte.

Unter den beschriebenen Schwellkörpern liegt der zylinderförmige Harnröhrenschwellkörper, in dem sich die Harnröhre befindet und dessen unterer Teil eine Anschwellung, genannt *Bulbus penis*, zeigt, die vom *Musculus bulbocavernosus* umfaßt wird.

Die paarigen Schwellkörper sind vollkommene Schwellkörper, während der Harnröhrenschwellkörper und die Eichel unvollkommene Schwellkörper sind.

Folgende Gewebeschichten umgeben die erwähnten Erektionsorgane:

- Die **Penisfaszie** umschließt die Schwellkörper, Nerven und Gefäße. Sie erschlafft mit dem Alter und verliert dadurch an Halt.

- Eine **verschiebbare Zellschicht** ermöglicht das Gleiten der Haut über den Organen.

- Die **Haut.** Sie ist sehr zart, sensibel, äußerst beweglich und gleitfähig und je nach Rasse unterschiedlich dunkel gefärbt.

Eichel und Vorhaut

Das vordere Ende des Penis schließt mit einer Verdickung, der Eichel, ab. Der etwas erhabene Teil der Eichel wird *Corona glandis* genannt. Am äußersten Ende der Eichel befindet sich die Harnröhrenöffnung, die Austrittsöffnung der Harnröhre.

Die Eichel hebt sich durch die Vorhautfurche vom Penis ab. In dieser Furche, in der *Corona glandis* und an der Innenseite der Vorhaut befinden sich Drüsen, die das Smegma produzieren.

Die Vorhaut ist die nach hinten zurückziehbare Hautfalte, die die Eichel umgibt. Die Vorhaut wird an der Unterseite der Eichel durch ein Bändchen festgehalten.

Die *Corona glandis* und die Umgebung des Bändchens sind die empfindlichsten Stellen des männlichen Gliedes.

Wenn die Vorhaut sich nicht über die Eichel zurückziehen läßt, spricht man von einer Phimose (siehe S. 1/63).

Der Damm

Als Damm wird die Körperpartie bezeichnet, die das kleine Becken nach unten hin abschließt. Sie besteht aus Muskeln und Bändern, durch die der Darm, die Harnwege und die Geschlechtsorgane hindurchführen. Nach vorne wird der Damm durch das Schambein, an den Seiten durch die Darmbeine und nach hinten durch das Steißbein und das Kreuzbein abgegrenzt.

Funktionen der Organe

Der Penis ist das Geschlechtsorgan, auf das sich das Lustempfinden des Mannes während des Geschlechtsverkehrs beim Einführen in die Scheide der Partnerin konzentriert. Das lustvolle körperliche Erleben wird durch eine emotionale Befriedigung ergänzt, die auf keine andere Weise zu erreichen ist. Befriedigung durch Geschlechtsverkehr kann bis ins hohe Alter hinein erlangt werden.

Während der Erektion werden Eichel und Penis dicker und ändern ihre Farbe von blaßrosa zu dunkelrot. Die starke Konzentration von Nervenenden macht die Eichel extrem empfindlich, weshalb sie die einzige primäre erogene Zone des Mannes ist.

Eine Erektion des Penis kann durch psychische Erregung entstehen, z. B. durch sinnliche Gedanken, Erinnerungen oder Phantasien, erotische Träume usw. (siehe „Zentren und Nervenleitungen der Sexualität" in Kap. 12, S. 1/259ff.).

Die Erektion kann auch durch physische Reize, wie das Reiben der Eichel oder des Penis, erreicht werden, wobei das Reiben der Eichel wirkungsvoller ist. Beim Geschlechtsakt wird diese Reibung durch das Gleiten des Penis entlang der Falten der Scheide erzeugt. Eine Erektion kann ebenso durch Druck auf das männliche Glied, sei es mit der Hand oder durch Kontraktionen der Scheide, erzeugt werden. Auch andere Zärtlichkeiten und Vorgänge wie Verdauung, Vibrationen, Reiten oder eine volle Blase können eine Erektion des Penis bewirken. Erektionen können außerdem ganz spontan auftreten.

Der Mechanismus der Erektion

Damit eine Erektion entsteht, muß ein erektionsfähiges Gewebe mit strukturellen und funktionellen Voraussetzungen, wie wir sie im folgenden beschreiben werden, vorhanden sein.

Man unterscheidet sowohl beim Mann als auch bei der Frau zwischen vollkommenen und unvollkommenen erektionsfähigen Geweben.

- Die **vollkommenen erektionsfähigen Gewebe** sind beim Mann die paarigen Schwellkörper des Penis, bei der Frau die Klitoris (Kitzler).
- Die **unvollkommenen erektionsfähigen Gewebe** sind beim Mann die Eichel, die Harnröhre und der Harnröhrenschwellkörper, bei der Frau die Harnröhre, die Schwellkörper der Scheide und die Brustwarzen.

Durch das erektionsfähige Gewebe zieht sich ein kompliziertes Netz von Venen und Arterien, die das Blut anschwemmen und während der Schwellung festhalten. In der Phase des Abschwellens und der Entspannung läuft das Blut wieder ab. Zwischen den Blutgefäßen befindet sich ein weit verzweigtes Netz aus elastischen Fasern und Muskelfasern, die dem Gewebe die nötige Flexibilität verleihen.

Das Blut erreicht das Organ über die Arterien des Schwellkörpers. Diese Arterien verzweigen sich zu muskelstarken Ästen, den Helixarterien, die wegen ihres spiraligen Verlaufs so genannt werden. Jede Helixarterie verzweigt sich ihrerseits in ein Bündel erektiler Arteriolen (kleinste Blutgefäße).

Jedes Arteriolenbündel besitzt eine Erweiterung, die wie ein Ventil wirkt. Das Ventil verhindert den Rückfluß des Blutes, das sich von den Arteriolen in die miteinander verbundenen Kavernen ergießt. Das Blut fließt durch kleine Venen aus den Kavernen ab, die in die Venen des Schwellkörpers münden.

Die kleinen Venen besitzen einen Gefäßabschnitt, der in der Lage ist, sich unter Einwirkung des Nervensystems zu kontrahieren. So lange diese Gefäßabschnitte kontrahiert sind, verhindern sie den Ab-

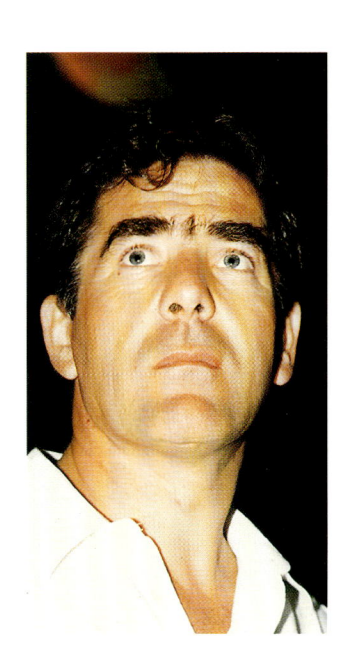

DIE EREKTION

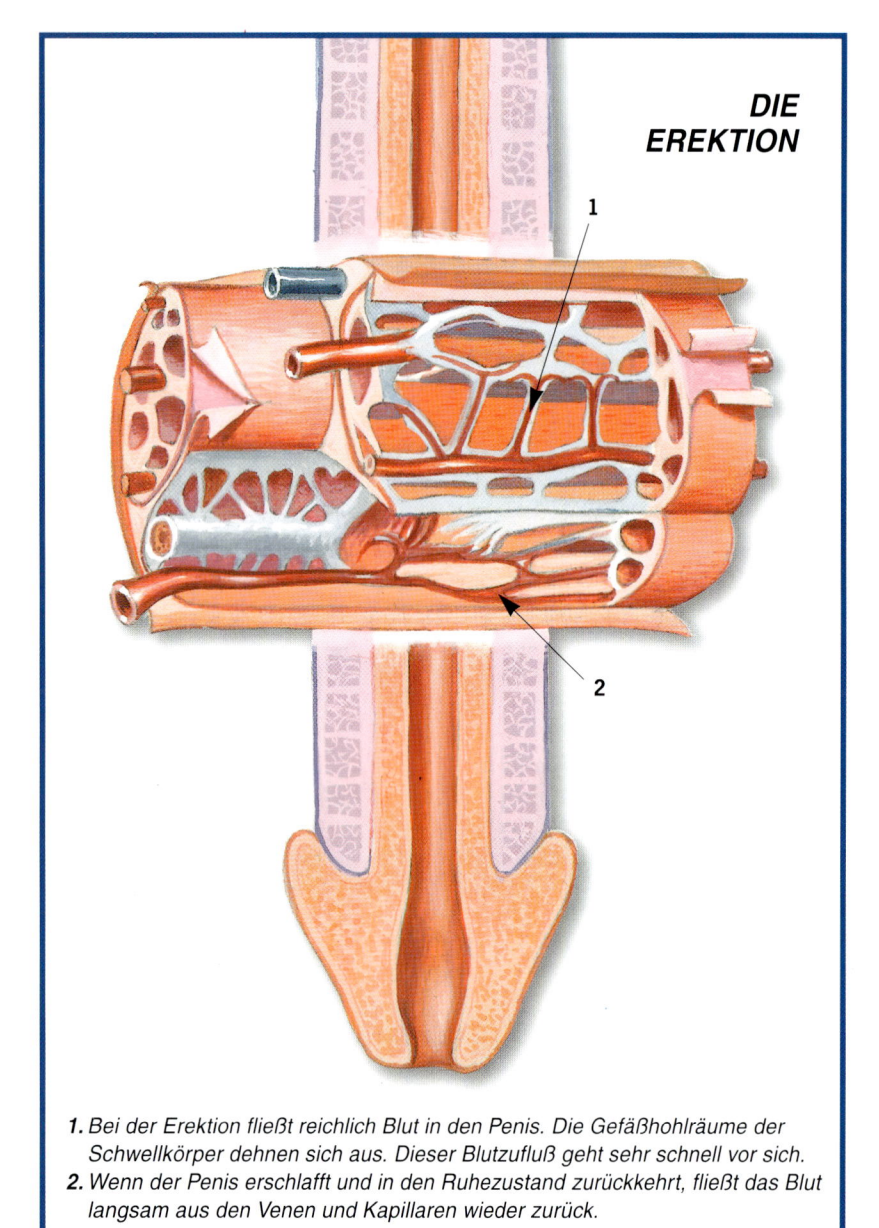

1. Bei der Erektion fließt reichlich Blut in den Penis. Die Gefäßhohlräume der Schwellkörper dehnen sich aus. Dieser Blutzufluß geht sehr schnell vor sich.
2. Wenn der Penis erschlafft und in den Ruhezustand zurückkehrt, fließt das Blut langsam aus den Venen und Kapillaren wieder zurück.

fluß des in den Kavernen befindlichen Blutes. Auf diese Weise bleiben die Kavernen mit Blut gefüllt und gedehnt. Dadurch wird die Schwellung des gesamten Gewebes, d. h. die Erektion, verursacht.

Sowohl der Blutzufluß in das Schwellgebiet bei einsetzender sexueller Erregung als auch der Blutabfluß bei nachlassender sexueller Erregung werden vom sympathischen und parasympathischen vasomotorischen Nervensystem gesteuert. Unter Einwirkung des parasympathischen Nervensystems erweitern sich die Arterien während der Erregungsphase um das Acht- bis Zehnfache ihrer normalen Ausdehnung.

So läuft dieser Mechanismus bei den vollkommenen Schwellorganen ab. Bei den unvollkommenen Schwellorganen ist der Verschlußapparat der Venen nicht vollkommen dicht. Weil daher nicht alles angelieferte Blut zurückgehalten werden kann, ist die Schwellung dieser Organe schwächer ausgeprägt. Das trifft auf die weiblichen Schwellkörper der Scheide, die Eichel und die Harnröhrenschwellkörper des Mannes zu.

Es handelt sich hierbei aber nicht, wie man vielleicht annehmen könnte, um eine Unzulänglichkeit der Natur. Wäre die Eichel sehr hart, würde sie beim Verkehr möglicherweise die Geschlechtsorgane der Frau verletzen. Würde der die Harnröhre umschließende Harnröhrenschwellkörper sehr hart und steif werden, könnte die Harnröhre verschlossen werden, so daß die Samenflüssigkeit nicht heraustreten könnte.

Bei der Frau würden harte, dicke Schwellkörper in der Scheide dem männlichen Glied den Zugang erschweren und es verletzen. Tatsächlich verengen sie den Scheideneingang lediglich ein bißchen, bewirken dadurch eine Volumenanpassung und schaffen ein zartes, anschmiegsames Lager für den Penis.

Ergänzend sei gesagt, daß der *Musculus ischiocavernosus* und der *Musculus bulbocavernosus*, die sich im Penis befinden, eine wichtige Rolle bei der Erektion spielen. Ziehen sie sich zusammen, wird das Blut von den hinteren Teilen der Schwellkörper zu den vorderen Teilen gedrängt und löst so die Erektion des Penis aus. Demgegenüber umschließt die widerstandsfähige Penisfaszie die Schwellkörper, verleiht ihnen eine gewisse Steife und verhindert ihre Überdehnung.

Die Stärke einer Erektion hängt in hohem Maße von der Leistungsfähigkeit der erwähnten Muskeln und der Penisfaszie ab. Älteren Männern fällt es daher häufig schwerer, eine Erektion zu bekommen und aufrechtzuerhalten.

Irgendwann kommt der Zeitpunkt, an dem der Junge zum körperlich reifen Erwachsenen wird. Es ist wichtig für ihn zu wissen, welche Veränderungen in seinem Körper stattfinden. Jeder Jugendliche sollte Grundkenntnisse darüber besitzen, wie sein Körper aufgebaut ist und funktioniert und welche psychischen Faktoren eine Rolle spielen. Das Wissen um diese Vorgänge erleichtert es ihm, sein eigenes Handeln verantwortlich zu gestalten.

3 MÄNNERKRANKHEITEN

Inhaltsverzeichnis

Adenom der Prostata,
    s. Prostatavergrößerung 52
Asthenospermie, s. Zeugungsunfähigkeit .. 79
Azoospermie, s. Zeugungsunfähigkeit 79
Bilharziose, s. Tropenparasiten,
    Erkrankungen durch 73
Blasenhalserkrankung 62
Blut im Sperma, s. Hämospermie 78
Blutbruch, s. Hydrozele und Hämatozele .. 70
Drakunkulose, s. Tropenparasiten,
    Erkrankungen durch 73
Eichel- und Vorhautentzündung 64
Ekzeme, s. Hauterkrankungen
    im Genitalbereich 75
Entzündung der Eichel,
    s. Eichel- und Vorhautentzündung 64
Entzündung der Harnröhre,
    s. Harnröhrenentzündung 60
Entzündung der Hoden, s. Hoden-
    und Nebenhodenentzündung 68
Entzündung der Nebenhoden, s. Hoden-
    und Nebenhodenentzündung 68
Entzündung der Prostata 50
Entzündung der Vorhaut,
    s. Eichel- und Vorhautentzündung 64
Epididymitis, s. Hoden- und
    Nebenhodenentzündung 68
Epispadie und Hypospadie 66
**Fehlbildungen des Penis
    und der Harnröhre** 66
Filariose der Lymphe, s. Tropenparasiten,
    Erkrankungen durch 73
Filzlaus, s. Hauterkrankungen
    im Genitalbereich 75
Genitaltuberkulose 76
Hämatozele 70
Hämospermie 78
Harnröhre, Fehlbildungen 66
Harnröhrenentzündung 60
Harnröhrentumoren 61

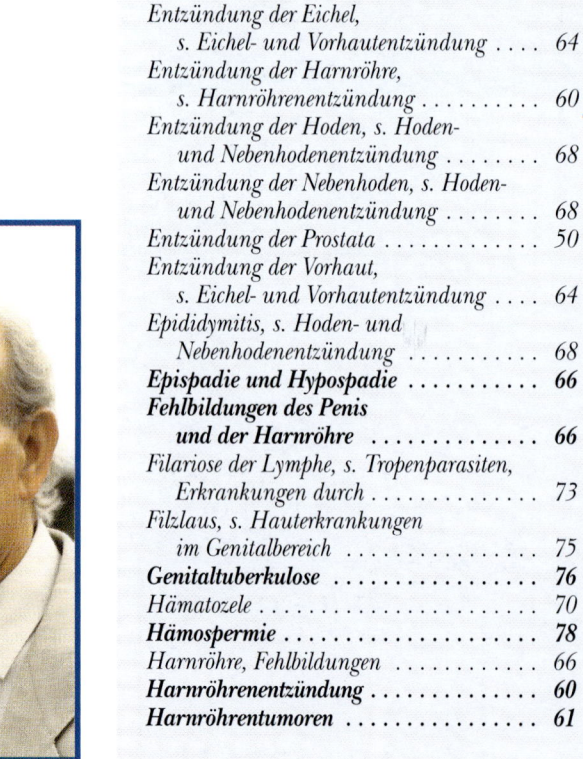

Harnröhrenverengung 62
Hauterkrankungen im Genitalbereich .. 75
Hoden- und Nebenhodenentzündung 68
Hodenhochstand und Kryptorchismus .. 72
Hodenkrebs, s. Hodentumoren 69
Hodentorsion 71
Hodentrauma, s. Verletzungen
    der Geschlechtsorgane 84
Hodentumoren 69
Hodenverdrehung, s. Hodentorsion u.
    Verletzungen der Geschlechtsorgane 84
Hydrozele und Hämatozele 70
Hypertrophie der Prostata,
    s. Prostatavergrößerung 52
Hypospadie 66
Induratio penis plastica 67
Krampfaderbruch 71
Krebs der Harnröhre,
    s. Harnröhrentumoren 61
Krebs der Hoden, s. Hodentumoren 69
Krebs der Prostata, s. Prostatakrebs 58
Krebs des Penis, s. Penistumoren 65
Kryptorchismus 72
Nebenhodenentzündung, s. Hoden-
    und Nebenhodenentzündung 68
Nekrospermie, s. Zeugungsunfähigkeit 79
Oligospermie, s. Zeugungsunfähigkeit 79
Orchitis, s. Hoden-
    und Nebenhodenentzündung 68
Paraphimose 63
Penis, Dauerversteifung, s. Priapismus ... 67
Penis, Fehlbildungen, s. Fehlbildungen
    des Penis und der Harnröhre 66
Penis, Verhärtung und Verdrehung,
    s. Induratio penis plastica 67
Peniskrebs, s. Penistumoren 65
Penistumoren 65
Phimose und Paraphimose 63
Priapismus 67
Prostataadenom, s. Prostatavergrößerung . 52

Prostataentzündung, akute 50	*Tumoren der Harnröhre,*
Prostataentzündung, chronische 51	*s. Harnröhrentumoren* 61
Prostatahypertrophie,	*Tumoren der Hoden, s. Hodentumoren* ... 69
s. Prostatavergrößerung 52	*Tumoren der Prostata, s. Prostatakrebs* ... 58
Prostatakrebs 58	*Tumoren des Penis, s. Penistumoren* 65
Prostatavergrößerung 52	*Varikozele, s. Krampfaderbruch* 71
Pubertätsstörungen 77	*Verdrehung des Hoden, s. Hodentorsion* ... 71
Samenabgang, unwillkürlicher,	*Verengung der Harnröhre,*
s. Spermatorrhö 78	*s. Harnröhrenverengung* 62
Schistosomiasis, s. Tropenparasiten,	*Verengung der Vorhaut, s. Phimose und*
Erkrankungen durch 73	*Paraphimose* 63
Sperma, Anomalien,	**Verletzungen der Geschlechtsorgane** 84
s. Zeugungsunfähigkeit 79	*Vorhautentfernung,*
Sperma, Blut im, s. Hämospermie 78	*s. Phimose und Paraphimose* 63
Spermatorrhö 78	*Vorhautentzündung* 64
Teratospermie, s. Zeugungsunfähigkeit ... 79	*Vorhautverengung,*
Torsion des Hoden, s. Hodentorsion 71	*s. Phimose und Paraphimose* 63
Tropenparasiten, Erkrankungen durch ... 73	*Wasserbruch, s. Hydrozele und Hämatozele* 70
Tuberkulose, Genital-, s. Genitaltuberkulose 76	**Zeugungsunfähigkeit** 79

Zu den Männerkrankheiten wollen wir hier alle jene Beschwerden, Krankheiten und körperlichen Fehlfunktionen zählen, von denen Männer aufgrund ihres Geschlechts betroffen sein können. Viele dieser Krankheiten werden vom Andrologen (Facharzt für Männerheilkunde), der die Entsprechung zum Gynäkologen (Facharzt für Frauenheilkunde) ist, oder vom Urologen (Facharzt für Krankheiten der Harnorgane) behandelt.

In diesem Werk können nicht alle typischen Männerkrankheiten erörtert werden, und die ausgewählten Krankheiten können auch nicht in voller Länge besprochen werden. Das gilt für alle Kapitel des vorliegenden Werkes, in denen körperlich oder psychisch bedingte Krankheiten behandelt werden. Ziel ist es jedoch, dem Leser so viele Informationen über die wichtigsten Krankheitsbilder, ihre Symptome, Vorbeugungs- und Behandlungsmöglichkeiten zu vermitteln, daß er bei gleichzeitig erfolgender ärztlicher Betreuung seine Behandlung und Heilung selbst beeinflussen kann.

Die einzelnen Krankheiten, die im vorliegenden Kapitel vorgestellt werden, sind nach Körperorganen geordnet (Prostata, Harnröhre, Penis usw.). Die Organe sind mit Hilfe des am oberen Blattrand eingesetzten Symbols leicht auffindbar.

Um die Suche nach einer konkreten Krankheit oder nach bestimmten Beschwerden zu erleichtern, gibt es neben dem alphabetischen Stichwortverzeichnis (S. 4/350ff.), in dem alle Krankheiten und ihre Synonyme aufgelistet sind, auf dieser und der vorhergehenden Seite eine zusätzliche Übersicht. Sie faßt das gesamte Kapitel zusammen und enthält in alphabetischer Reihenfolge die behandelten Krankheiten.

3 - Männerkrankheiten
PROSTATA

Akute Prostataentzündung

Die akute Prostataentzündung (akute Prostatitis) ist eine Entzündung der Vorsteherdrüse, die plötzlich auftritt. Wenn sie nicht abheilt, wird sie chronisch. Eine Komplikation der Prostataentzündung ist die Bildung eines Abszesses, der sich einen Abfluß durch den Mastdarm, die Harnröhre oder die *Fossa ischiorectalis* sucht. Die akute Prostataentzündung entsteht nicht selten nach einer durch Gonokokken ausgelösten Harnröhrenentzündung, einer Infektionskrankheit oder einer Festsetzung von Staphylokokken.

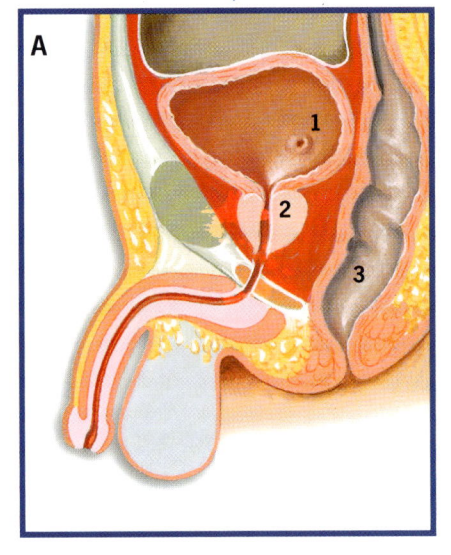

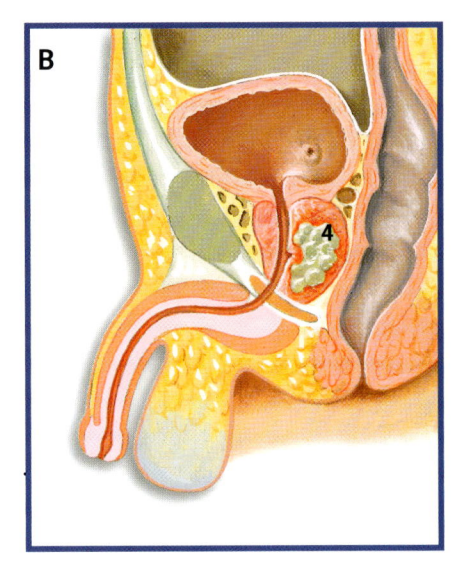

Symptome

Die Entzündung bewirkt Schmerzen im kleinen Becken, die sich bei der Blasen- und Darmentleerung verstärken. Es ist eine sehr schmerzhafte, gestaute, weiche Schwellung wahrzunehmen. Der Patient leidet unter Fieber und Schüttelfrost und fühlt sich insgesamt schlecht.

A. Im Längsschnitt durch das männliche Genitale ist deutlich erkennbar: (**1**) die Harnblase, (**2**) die gesunde Prostata und (**3**) der Enddarm.

B. Bei der hier vergrößerten und entzündeten Prostata (Prostatitis) liegt ein durch eine bakterielle Infektion verursachter Abszeß vor (**4**).

Die Abbildung zeigt, wie T-Wickel angelegt werden. Diese hydrotherapeutische Behandlung ist bei akuter und chronischer Prostataentzündung zu empfehlen.

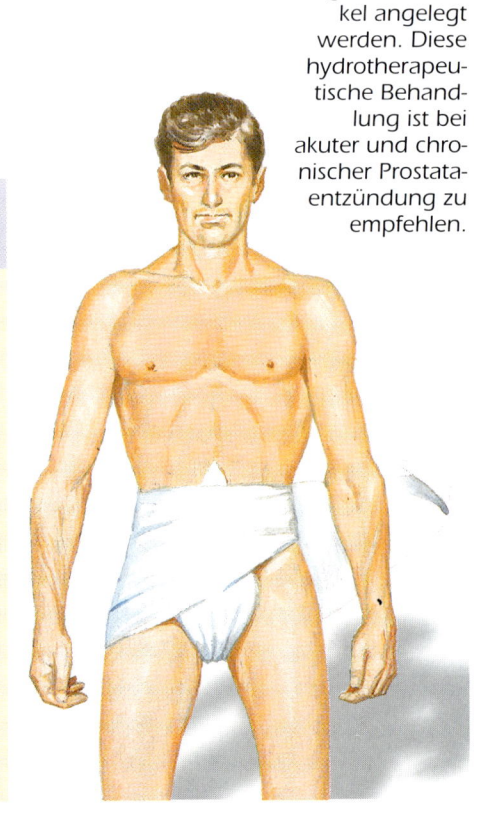

Behandlung

Als natürliche Behandlung der Prostataentzündung sind zu empfehlen: warme Voll- oder Sitzbäder, Anlegen von T-förmigen, warmen, feuchten Wickeln im Bereich des kleinen Beckens und Bettruhe.

Eine sehr wirksame Maßnahme in der Enährung ist eine zwei- bis dreitägige Wasserdiät. Der Patient sollte soviel Wasser wie möglich (mindestens drei bis vier Liter täglich) mit ein wenig Zitronensaft trinken. Er kann auch verdünnten Orangensaft trinken. Wenn der Hunger sehr stark wird, darf er reife, saftige Früchte essen, z. B. Wassermelonen, Honigmelonen, Birnen oder Pfirsiche. Diese einfache Diät bewirkt in den meisten Fällen ein Nachlassen der Beschwerden.

Zur Heilung und Vorbeugung der akuten Prostataentzündung sollten die unter „Prostatavergrößerung", S. 1/52ff., vorgeschlagene Diät und Heilpflanzenbehandlung befolgt werden.

Der Arzt wird wahrscheinlich ein Antibiotikum verordnen, eine Prostatamassage und Harnblasenspülungen durchführen. Bei Vorliegen oder Verdacht auf eine Prostataentzündung sollte auf jeden Fall ein Arzt konsultiert werden.

3 - Männerkrankheiten
PROSTATA

Chronische Prostataentzündung

Die chronische Prostataentzündung (chronische Prostatitis) ist eine anhaltende Entzündung, die einer akuten Prostataentzündung folgt, die aber auch primär entstehen kann. Sie kann sich an eine durch Gonokokken, Mykoplasmen, Chlamydien oder Trichomonaden ausgelöste Harnröhrenentzündung, eine Harnwegsinfektion oder eine allgemeine Infektion des Körpers anschließen.

Symptome

Bei einer chronischen Prostatitis können folgende Symptome auftreten: Schwierigkeiten beim Harnlassen in der Nacht, dumpfer Schmerz, Druck auf den Mastdarm und das Gefühl eines Fremdkörpers im Mastdarm mit Ausstrahlung in die Lenden und in die Leiste.

Bildmitte: Ein Baumwolltuch, das in Wasser getaucht und ausgewrungen wird, dient als kalter Wickel bei einer Prostataentzündung. Er wird im Schambereich, um die Hoden herum angelegt.

Links im Bild: Wolltuch zur Auflage auf den feuchten Wickel. Zur Befestigung der beiden Tücher wird ein Bruchband oder ein Handtuch benutzt, das mit Sicherheitsnadeln zusammengehalten wird.

Behandlung

Zur Behandlung der chronischen Prostataentzündung siehe die vorgeschlagenen Maßnahmen auf den Seiten „akute Prostataentzündung", S. 1/50, und „Prostatavergrößerung", S. 1/56.

Fast jeder Mann, der ein gewisses Alter erreicht hat, leidet unter einer Funktionsschwäche oder Krankheit der Prostata. Dies bedeutet jedoch nicht, daß die Beschwerden immer zu einem schweren Gesundheitsproblem werden müssen.

3 - Männerkrankheiten
PROSTATA

Prostatavergrößerung

Da sie sehr häufig auftritt, wollen wir die Vorsteherdrüsen- oder Prostatavergrößerung (Prostatahypertrophie) ausführlich behandeln. Die Krankheit wird auch als Adenom oder als Hyperplasie bezeichnet.

Ursachen und Häufigkeit

Es gibt wohl kaum einen Mann über 70 Jahre, der keine Beschwerden mit der Prostata hat. Bei der Obduktion verstorbener Männer zwischen 40 und 60 Jahren stellt man in 60 % der Fälle eine Vergrößerung der Prostata fest. Ab dem 70. Lebensjahr steigt der Anteil der Betroffenen auf 95 %. Vor dem 50. Lebensjahr sind Beschwerden der Prostata selten. Meist treten sie erstmalig im Alter zwischen 60 und 75 Jahren auf.

Die Ursachen der Vorsteherdrüsenvergrößerung sind weitgehend unbekannt. Es scheint aber, daß die Krankheit eng mit der altersbedingten Hormonumstellung verbunden ist.

Neuere Untersuchungen haben die alte Annahme, Diabetiker erkrankten häufiger an dieser Krankheit, nicht bestätigen können. Es ist jedoch nachgewiesen, daß Bluthochdruck ein Risikofaktor ist. Die Kastration, die Einnahme von weiblichen Hormonen und die Leberzirrhose hemmen eine Prostatavergrößerung. Man hat beobachtet, daß schwarze Nordamerikaner in jüngeren Jahren an einer Prostatavergrößerung erkranken als weiße Nordamerikaner und daß sie bei Protestanten häufiger auftritt als bei Juden und Katholiken.

Unterschiedliche Tumoren

Die Größenzunahme der Prostata kommt durch eine Vermehrung der Schleimhautzellen und der neben der Harnröhre liegenden (paraurethralen) Drüsen mit ihren muskulären Strukturen zustande. Vermehren sich erstere, dann liegt ein Adenom bzw. gutartiger Drüsentumor vor. Vermehren sich letztere, handelt es sich eher um ein Fibromyom (gutartige Geschwulst der Muskeln mit reichlich Bindegewebe). Wenn sich beide Strukturen vermehren, dann liegt ein Adenofibrom vor. Es ist ebenfalls gutartig.

Untersuchungen haben gezeigt, daß gutartige Tumoren der Prostata bevorzugt im oberen Teil des Organs entstehen, während bösartige Tumoren meist im unteren Teil der Drüse angesiedelt sind. Es können auch gleichzeitig beide Erkrankungen, ein bösartiger und ein gutartiger Tumor, auftreten. Aus dem gutartigen Adenom entsteht normalerweise kein Krebs.

Symptome

Eine gutartige Prostatavergrößerung äußert sich vor allem durch Beschwerden bei der Blasenentleerung. Der Betroffene muß häufig Harnlassen. Auch in der Nacht – besonders in der zweiten Nachthälfte – muß er mehrmals aufstehen, um die Blase zu entleeren. Der starke Harndrang und die Schwierigkeiten bei der Blasenentleerung bewirken ein fortdauerndes Unwohlsein. Zuweilen treten Blut im Urin, Harnverhaltung und Harnwegsinfekte auf.

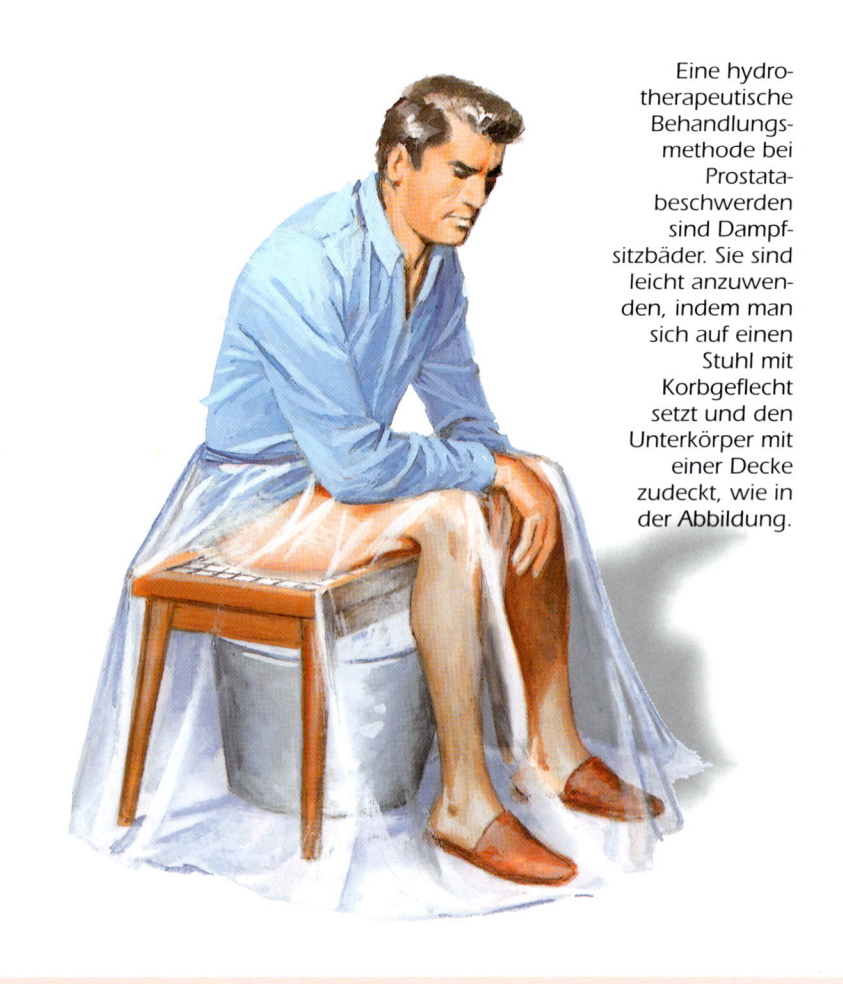

Eine hydrotherapeutische Behandlungsmethode bei Prostatabeschwerden sind Dampfsitzbäder. Sie sind leicht anzuwenden, indem man sich auf einen Stuhl mit Korbgeflecht setzt und den Unterkörper mit einer Decke zudeckt, wie in der Abbildung.

Lebensmittel mit hohem Ballaststoffgehalt
pro 100 g rohem, eßbarem Anteil

Feigen

Lebensmittel	Gramm	Lebensmittel	Gramm
Weizenkleie	45,4	Haferflocken, Vollkorn	9,5
Leinsamen	38,6	Quinoa	9,2
Saubohne	22,0	Dattel, getrocknet	9,0
Sojabohne	21,9	Grünkern	8,8
Kichererbse	21,4	Aprikose, getrocknet	8,6
Bohne, weiß	17,0	Dinkel	8,4
Schwarzwurzel	17,0	Eßkastanie	8,4
Erbse, grün oder gelb	16,6	Süßkartoffel	8,0
Mandel	15,2	Johannisbeere, schwarz	6,8
Birne, getrocknet	13,5	Avocado	6,3
Roggen	13,2	Hagebutte	6,0
Topinambur	13,0	Hafer	5,6
Feige, getrocknet	12,9	Rosine	5,4
Banane, getrocknet	12,0	Kaktusfeige	5,0
Pastinake	11,6	Heidelbeere	4,9
Erdnuß, geröstet	11,4	Himbeere	4,7
Sesam	11,2	Johannisbeere, rot	3,5
Artischocke	10,8	Birne	3,3
Weizen	10,4	Brombeere	3,2
Gerste	9,8	Apfel	2,0

Tierische Lebensmittel enthalten keine Ballaststoffe

Nach: „Die große GU-Nährwert-Tabelle"

Beim Harnlassen beginnt der Harnstrahl zögerlich und wird schwach, oder der Urin entleert sich nur tropfenweise. Nach einer üppigen Mahlzeit oder nach vorheriger vorübergehender Harnverhaltung ohne Symptome, kann eine totale Harnsperre auftreten, die nur durch das sofortige Einführen eines Katheters behoben werden kann.

Diagnoseverfahren

Zur Diagnosestellung befragt der Arzt den Patienten zu den Symptomen und führt in der Regel eine rektale Untersuchung (vom Mastdarm aus) durch. Beim Tasten stellt sich die Prostata vergrößert, glatt, gut abgrenzbar, homogen und schmerzfrei dar.

Um die Diagnose zu bekräftigen, können zusätzliche Untersuchungen durchgeführt werden, die die Beson-

Die Guave hat einen relativ hohen Gehalt an Ballaststoffen. Aber auch Heidelbeeren und Himbeeren, und insbesondere schwarze Johannisbeeren, sind ballaststoffreiche Früchte.

Erdnüsse

Nahrungsmittel mit hohem Gehalt an Aminosäuren

in g pro 100g	Glutaminsäure	Glycin	Alanin
Haselnüsse	1,421	3,079	–
Erdnüsse	1,710	5,932	1,094
Mageres Rindfleisch	1,185	2,846	1,086
Mageres Lammfleisch	0,999	2,594	0,955
Mageres Kalbfleisch	0,942	3,073	1,169
Kasein (Milcheiweiß)	1,987	23,052	3,354
Stangenbohnen, trocken	0,392	3,696	1,316
Vollkornweizenmehl	0,812	4,156	0,465
Eier	0,543	1,583	–
Magermilchpulver	0,703	8,320	1,228
Linsen	1,080	3,700	0,888
Bierhefe	2,427	6,334	3,456
Mais	0,399	1,765	0,995
Fisch	1,005	2,318	–
Hähnchen	1,378	2,309	–
Sojabohnen	1,595	7,010	1,571

Nach: „No sufra más de la próstata" [Keine Beschwerden mehr mit der Prostata], V. Ferrándiz.

Die Prostatahypertrophie bessert sich, wenn man reichlich von den drei Aminosäuren Glutaminsäure, Glycin und Alanin zu sich nimmt (siehe nebenstehende Tabelle). Verschiedene bewährte Medikamente gegen Prostataleiden enthalten neben anderen Stoffen diese drei Aminosäuren.

Ungesättigte Fettsäuren in Ölen

Trauben

	Öl im Samen in %	Säuren im Öl in %		
		Linolsäure	Linolensäure	Gesamt
Baumwolle (Samen) .... *Gossypium arboreum*	19,25	52,3	1,7	54
Erdnuß .... *Arachis hypogaea*	40	26,1	–	26,1
Flachs .... *Linum usitatissimum*	–	14,9	55,3	70,2
Haselnuß .... *Corylus avellana*	61	3	–	3
Kürbis (Kerne) .... *Cucurbita pepo*	51	51	0,5	51,5
Mais (Keime) .... *Zea mays*	4,4	39	1	40
Palme (Mark) .... *Elaeis guineensis*	44	2,4	–	2,4
Raps .... *Brassica napus* var. *oleifera*	45	15,2	5,2	20,4
Saflor (Samen) .... *Carthamus tinctorius*	55	75,5	0,8	76,3
Schlafmohn .... *Papaver somniferum*	50	72	0,95	72,95
Sesam .... *Sesamum indicum*	52	42,3	0,5	42,8
Soja .... *Glycine hispida*	18	52,8	7,5	60,3
Sonnenblume .... *Helianthus annuus*	43	55	0,5	55,5
Süßmandel (getrocknet) .... *Prunus amygdalus*	54	20	–	20
Trauben (Kerne) .... *Vitis vinifera*	15	65,6	0,5	66,1
Walnuß .... *Juglans regia*	62,2	57,5	13,3	70,8
Weizen (Keime) .... *Triticum aestivum*	1,5	41,8	9,5	51,3

Nach „Aceites vegetales comestibles" [Genießbare Pflanzenöle], Alain Saury, und „Nutze die Heilkraft unserer Nahrung", Ernst Schneider

Die Linolsäure und die Linolensäure sind ungesättigte Fettsäuren. In der Ernährungswissenschaft werden sie traditionell auch Vitamin F genannt. Als weiterer Bestandteil gilt die Arachidonsäure, auch eine ungesättigte Fettsäure. Ungesättigte Fettsäuren werden zum Erhalt und zur Erneuerung verschiedener Gewebe des menschlichen Körpers benötigt.

derheiten des einzelnen Falles herausstellen. Dabei handelt es sich meist um eine Röntgenaufnahme der ableitenden Harnwege (Urographie) und eine Doppelkontrastdarstellung der Harnröhre und Harnblase (Urethrozystographie). In bestimmten Fällen ist eine Spiegelung angebracht. Blut- und Urinuntersuchungen vervollständigen das Bild des Patienten und können Komplikationen und deren Schwere aufdecken.

Komplikationen und Krankheitsverlauf

Die häufigsten Komplikationen ergeben sich im oberen Bereich der Harnwege und der Nieren, die sich durch die Beschwerden bei der Blasenentleerung ausdehnen, entzünden oder stark verändern können.

Die Entwicklung der Prostatavergrößerung beim Patienten ist nicht vorherzusagen. In 5-10 % der Fälle werden die Symptome stärker und machen einen Eingriff nötig. In anderen Fällen sind die Beschwerden nur in größeren zeitlichen Abständen akut. In wieder anderen Fällen bleibt die Prostatavergrößerung über lange Zeit oder endgültig unverändert und wird gut ertragen. Auf jeden Fall ist es ratsam, die Nieren zu beobachten, da sie fast unbemerkt geschädigt werden können.

Bedeutung der Ernährung

Zur Vorbeugung und Behandlung von Prostata-Erkrankungen ist es ratsam, einige Grundregeln in der Ernährung zu beachten:

- **Kaffee** ist wegen der bei der Röstung entstehenden Reizstoffe einer der größten Feinde der Prostata. Verschiedene Studien sehen eine Beziehung zwischen der Erkrankungshäufigkeit an Prostatakrebs und Prostatavergrößerungen und dem Konsum dieses populären Getränks, das außer der stimulierenden Wirkung eigentlich nur Nachteile hat. Will man die Prostata schützen bzw. ihren Zustand verbessern, sollte man auf Kaffee verzichten.

- Auch das **Rauchen, alkoholische Getränke, Gepökeltes und Wurstwaren** sollten wegen ihrer Reizwirkung gemieden werden. Kochsalz sollte nur in geringen Mengen verwendet werden.

- Dagegen sollten verstärkt Nahrungsmittel, die reich an **Zink** und **Magnesium** sind, auf dem Speiseplan stehen (vgl. Tabelle auf S. 1/55). Zu diesem Zweck empfiehlt es sich, das Kochwasser von Gemüse, das diese beiden Elemente enthält, nicht wegzuschütten. Pollen haben aufgrund ihres hohen Gehaltes an Zink, Aminosäuren, Vitaminen und Spurenelementen einen günstigen Einfluß auf Prostata-Erkrankungen. Empfehlenswert ist auch, vermehrt ungesättigte Fettsäuren aufzunehmen.

- Die Ärzte Julius Grant und Henry Finebult machten bereits 1958 Erfahrungen mit der Heilwirkung von **Aminosäuren.** Sie verabreichten einer Kontrollgruppe von 20 % ein Plazebo (Scheinmedikament), während sie den übrigen Patienten eine Mischung aus den Aminosäuren Glycin, Alanin und Glutaminsäure zuführten. Während in der Kontrollgruppe keine Veränderungen festzustellen waren, wurde in der Gruppe der mit den Aminosäuren behandelten Patienten in 92 % der Fälle eine Verkleinerung der Prostata beobachtet. In 32 % der Fälle ging die Prostata wieder auf ihre normale Größe zurück.

Magnesium und Zink sind an vielen Stoffwechselvorgängen beteiligt. Sie spielen eine wichtige Rolle für den Erhalt der Funktion und die Regenerierung der Prostata. Deshalb ist zu empfehlen, Nahrungsmittel mit einem hohen Gehalt an diesen lebenswichtigen Mineralien zu verzehren. Wenn sie über die Nahrung nicht in ausreichender Menge aufgenommen werden können, ist es eventuell sinnvoll, zusätzlich Magnesium- und Zinkpräparate einzunehmen.

Nahrungsmittel mit hohem Magnesium- und Zinkgehalt

Haselnuß

Gehalt pro 100 g eßbarem Anteil (geordnet nach Magnesiumgehalt)	Magnesium in mg	Zink in mg
Mandeln	258	1,7
Erdnüsse ohne Schale	174	3
Weiße Bohnen, Stangenbohnen usw.	160	4
Kichererbsen	160	0,8
Haselnüsse	150	1,3
Dicke Bohnen (getrocknet)	140	3,5
Walnüsse	140	2,1
Erbsen (getrocknet)	123	3,5
Vollkornbrot	91	3,5
Milchpulver	86	2,3
Trockenfeigen	82	0,9
Linsen	78	3,1
Mangold	71	0,02
Kartoffelpüree	69	1,1
Datteln	59	0,3
Teigwaren	57	1
Spinat	54	0,5
Käse: Esrom Vollfettstufe	50	5
Käse: Manchego alt	50	4
Rosinen	42	0,1
Avocado	41	–
Käse: Gouda Dreiviertelfettstufe	40	4,3
Erbsen (frisch)	35	0,7
Butterkäse	35	4
Käse: Edamer Rahmstufe	33	3,7
Frischkäse	17	0,5
Reis	13	0,2
Eier	12	1,5
Milch	12	0,3
Weißbrot	0	2

Nach den Nährwerttabellen des CSIC und des Bundeslebensmittelschlüssels

Ultraschall der Prostata

Wie in vielen Bereichen der Medizin erobert sich der Ultraschall auch in der Diagnostik der Erkrankungen der Prostata einen wichtigen Platz.

Er löst dabei risikoreichere Untersuchungsmethoden ab und unterstützt die nach wie vor wichtige digitale transrektale Tastung der Prostata.

Die Untersuchung besteht darin, mittels einer etwa fingerdicken Rektalsonde (Ultraschallkopf) Wellen durch das Gewebe der Prostata zu senden und die vom Gewebe reflektierten Wellen wieder zu empfangen.

Ein Computer erstellt mit diesen Wellen Bilder, die vom Facharzt interpretiert werden müssen.

Ultraschall ist unbedenklich und harmlos. Die Untersuchungsmethode hat folgende Vorteile:

- Durch neue rektale Ultraschallköpfe mit großem Sichtfensterwinkel und immer besserer Auflösung gelingt es, Adenome genauer zu messen und im Verlauf zu beurteilen (vergrößert sich das Adenom weiter oder nicht?).
- Der Ultraschall hilft dem Arzt bei der schwierigen Unterscheidung zwischen gutartigem Adenom und Krebs der Prostata.
- Mit bestimmten Zielvorrichtungen an den Ultraschallköpfen können verdächtige Herde in der Prostata gezielt punktiert werden. Mit einer dünnen Nadel wird eine kleine Biopsie vorgenommen. Die Gewebeprobe wird dann mikroskopisch untersucht.

Jeder Mann über 40 Jahre sollte einmal pro Jahr eine Krebsvorsorgeuntersuchung machen lassen.

Neben allen anderen Untersuchungen fällt dabei auch die transrektale Tastung der Prostata an, bei der der Arzt einen Finger durch den After einführt, um die Größe und Beschaffenheit der Prostata zu beurteilen.

Behandlung der Prostatavergrößerung

Man verfügt über keine spezielle Therapie gegen die Prostatavergrößerung. Die Krankheit ist schlicht eine Folge des Alterns.

Trotzdem gibt es viele Maßnahmen, die die Krankheitsbeschwerden lindern können, so daß kein operativer Eingriff nötig wird.

- Es gibt verschiedene **hydrotherapeutische Methoden** zur Behandlung der Prostatavergrößerung: Dazu gehören Dampfsitzbäder, Unterwassermassagen, Wechselsitzbäder und Umschläge. Einige dieser Methoden werden in diesem Band vorgestellt und erklärt (siehe z. B. S. 1/52).
- Die **Heliotherapie** (therapeutische Anwendung des Sonnenlichts) kann sehr hilfreich sein. Maßnahmen sind z. B. Teilsonnenbäder des Bauches, der Nieren und des Dammes. Sonnenbäder müssen allerdings immer mit Vorsicht genossen werden, da sie im Übermaß zahlreiche Nebenwirkungen haben können.

  Man beginnt mit täglich 2mal 5 Minuten und verlängert allmählich die Dauer der Sonneneinwirkung. Sie sollte aber insgesamt nie mehr als 1 Stunde pro Tag betragen.
- Verstopfung begünstigt die Entzündung und Vergrößerung der Prostata. Deshalb sollte die Ernährung genügend **Ballaststoffe** enthalten (vgl. Tabelle auf S. 1/53).
- Der Verstopfung kann man entgegenwirken, indem man die Bauchmuskeln und die Beckenbodenmuskulatur mit speziellen **Übungen** stärkt und regelmäßige Spaziergänge oder leichten Dauerlauf macht.

Heilpflanzen

Zur Zeit sind verschiedene Arzneimittel aus Pflanzenextrakten verfügbar, deren Wirksamkeit gegen die Prostatavergrößerung sowie gegen alle anderen Krankheiten, die die Prostata betreffen, nachgewiesen ist.

Eines der Präparate ist ein Extrakt aus drei exotischen Pflanzen:

- *Pygeum africanum*
- *Sabal serrulatum*
- *Echinacea angustifolia*

Diese Extrakte werden in der Regel mit verschiedenen Produkten, wie den Aminosäuren Alanin, Glycin und Glutaminsäure, kombiniert.

Auf den Beipackzetteln dieser natürlichen Arzneimittel wird die passende Dosierung angegeben. Einige der Produkte können, auch wenn sie natürlich sind, schädliche Nebenwirkungen haben. Deshalb sollten sie immer unter ärztlicher Beobachtung eingenommen werden.

Weitere wirksame Heilpflanzen bei Prostatabeschwerden und speziell bei der Prostatavergrößerung sind folgende Pflanzen:

- Bei allen Problemen mit der Prostata ist ein Tee aus **Quecke** (*Agropyrum repens*), das harntreibend wirkt, ein gutes zusätzliches Heilmittel. Normalerweise nimmt man pro Tasse 15 g der Pflanze, läßt sie 10 Minuten lang kochen oder 30 Minuten lang ziehen. Es werden täglich 3 Tassen getrunken.
- Als Kaltaufguß kann in bestimmten Fällen auch **Bärentraube** (*Arctostaphylos uva-ursi*) wegen ihrer keimtötenden Wirkung auf die Harnwege in Frage kommen. Da die Bärentraube jedoch starke Nebenwirkungen hat, sollte sie nur nach Absprache mit dem Arzt und nicht über einen längeren Zeitraum eingenommen werden.
- Eine weitere, wegen ihrer direkten Wirkung auf die Harnwege sehr nützliche Pflanze gegen alle Beschwerden der Prostata ist der **Wacholder** (*Juniperus communis*). Man kann ihn auf vielerlei Art und Weise einnehmen. Eine sehr angenehme Art der Einnahme ist, 5mal täglich 1 Beere zu kauen. Bei einer Nierenentzündung darf Wacholder nicht eingesetzt werden.
- Eine interessante Beobachtung machte der Wiener Arzt Klein. Ihm fiel auf, daß die Prostatavergrößerung in Siebenbürgen fast unbekannt war. Aufgrund einer Reihe von Übereinstimmungen folgerte ein Mitarbeiter Kleins, dies sei wahrscheinlich darauf zurückzuführen, daß die Bewohner dieses mitteleuropäischen Landstriches große Mengen **Kürbiskerne** (*Cucurbita pepo*) verzehrten.

  Der Arzt Bela Pater veröffentlichte 1929 seine eigenen Beobachtungen. Er verabreichte Patienten mit einer Prostatavergrößerung im Anfangsstadium Kürbiskerne und erhielt in fast allen Fällen zufriedenstellende Ergebnisse. Nach Rondale liegt der für die Prostata günstige Einfluß dieser Kerne vermutlich in ihrem hohen Gehalt am Spurenelement Zink und an den Fettsäuren Linolsäure und Ölsäure (siehe Tabelle „Ungesättigte Fettsäuren in Ölen" auf S. 1/54).

Operative Behandlung des Prostata-Adenoms

Allein der Arzt kann entscheiden, ob und wann die Prostata operativ entfernt werden muß. Der Eingriff erfolgt heute überwiegend mittels einer elektrischen Schlinge oder einer Lasersonde durch die Harnröhre. Gelegentlich ist auch ein Bauchschnitt oberhalb des Scheinbeins erforderlich.

Die Methode der Wahl richtet sich nach den besonderen Eigenschaften des Adenoms, den Beschwerden und dem Zustand des Patienten, insbesondere dem Zustand seines Herz-Kreislauf-Systems.

Prostatamassage

Beim Prostata-Adenom kann eventuell eine Prostatamassage, wenn sie richtig durchgeführt wird, die Beschwerden lindern.

Die Massage, die vom Darm aus durchgeführt wird, regt die Durchblutung der Prostata an und hilft – im Falle einer Entzündung – beim Abführen von Sekreten aus dem Organ. Außerdem stimuliert sie die Prostata, was sich als hilfreich bei Impotenz, Spermatorrhö und Harninkontinenz erwiesen hat.

Viele Fachleute sind der Ansicht, daß Prostatabeschwerden mit zunehmendem Alter des Mannes unausweichlich werden. Das bedeutet aber nicht, daß es sich nicht lohnt, etwas dagegen zu unternehmen, zumal die Beschwerden manchmal sehr stark sein können. Für die Behandlung und Vorbeugung von Prostataerkrankungen verfügen wir über verschiedene Naturheilmittel, deren Anwendung und therapeutischer Nutzen auf den vorangegangenen Seiten ausführlich dargestellt worden sind. Eine besondere Rolle unter den pflanzlichen Heilmitteln spielen in diesem Zusammenhang Kürbiskerne.

Wacholderbeeren (*Juniperus communis*)

Sabal (*Sabal serrulata* Schult. = *Serenoa repens* Bartram), eine Pflanze, die auch unter dem Namen Zwergsägepalme bekannt ist

Schmalblättriger Sonnenhut (*Echinacea angustifolia* D.C. = *Echinacea pallida* Nutt.)

Einige Empfehlungen

Langes Sitzen vermeiden

Bei allen Prostataerkrankungen, insbesondere bei der Prostatavergrößerung, ist von langem Sitzen abzuraten.

Aktivitäten wie Fahrradfahren, Reiten, Motorradfahren, Autofahren über holperige Straßen und langes Sitzen sollten daher vermieden werden. Sie können eine Stauung bewirken.

Berufsfahrer (Lkw-Fahrer, Taxifahrer, Chauffeure) sollten nach etwa 1,5-2 Stunden ununterbrochener Fahrt 2-3 Minuten lang spazieren gehen, um Entzündungen der Prostata und späteren Komplikationen vorzubeugen.

Vorsicht vor zuviel Tannin

Wegen ihres hohen Tanningehalts sollte die Bärentraube nicht über einen längeren Zeitraum eingenommen werden.

Die Pflanze verleiht dem Urin zuweilen eine dunkelgrüne bis dunkelbraune Farbe. Die Verfärbung verschwindet mit fortschreitender Besserung der Entzündung der Harnwege.

Jede Heilpflanzenbehandlung sollte wegen der möglichen Nebenwirkungen nur unter ärztlicher Kontrolle erfolgen.

3 - Männerkrankheiten
PROSTATA

Prostatakrebs

Sterblichkeit bei verschiedenen Krebsarten
auf 100.000 Personen
Vergleich zwischen 1960 und 1990

Prostatakrebs kann isoliert oder zusammen mit einer Vergrößerung (Hypertrophie) der Prostata entstehen. Die Ursachen für die Entstehung sind noch nicht bekannt.

Häufigkeit

Prostatakrebs ist eine der häufigsten Krebsformen beim Mann. Er macht allein 10-17 % aller Krebserkrankungen aus. Bei einer systematischen Untersuchung verstorbener Männer wurde bei jedem fünften Mann über 50 Jahre ein Tumorherd in der Vorsteherdrüse gefunden.

Das unterschiedlich häufige Auftreten von Prostatakrebs bei verschiedenen Völkern konnte bisher noch nicht zufriedenstellend erklärt werden. Bei Japanern kommt Prostatakrebs drei- bis viermal häufiger vor als bei Chinesen aus Hongkong, bei weißen Nordamerikanern sogar 30-40mal häufiger. Unter der schwarzen Bevölkerung der USA ist die Krankheit noch weiter verbreitet. Weiße Nordamerikaner belegen hinsichtlich Prostatakrebs den 15., schwarze Nordamerikaner den ersten Platz in einer Sterblichkeitsstatistik von insgesamt 24 Ländern.

Als Erklärung für die unterschiedliche Verbreitung des Prostatakrebses werden oft Unterschiede in der Lebensweise genannt. Es ist nämlich beobachtet worden, daß die Krankheit bei in die USA eingewanderten Japanern zugenommen hat, wenngleich sie nicht die Häufigkeit wie bei gebürtigen Nordamerikanern erreicht.

Symptome und Entwicklung

Prostatakrebs tritt gewöhnlich bei Männern zwischen 65 und 75 Jahren (selten unter 40 Jahren) auf und

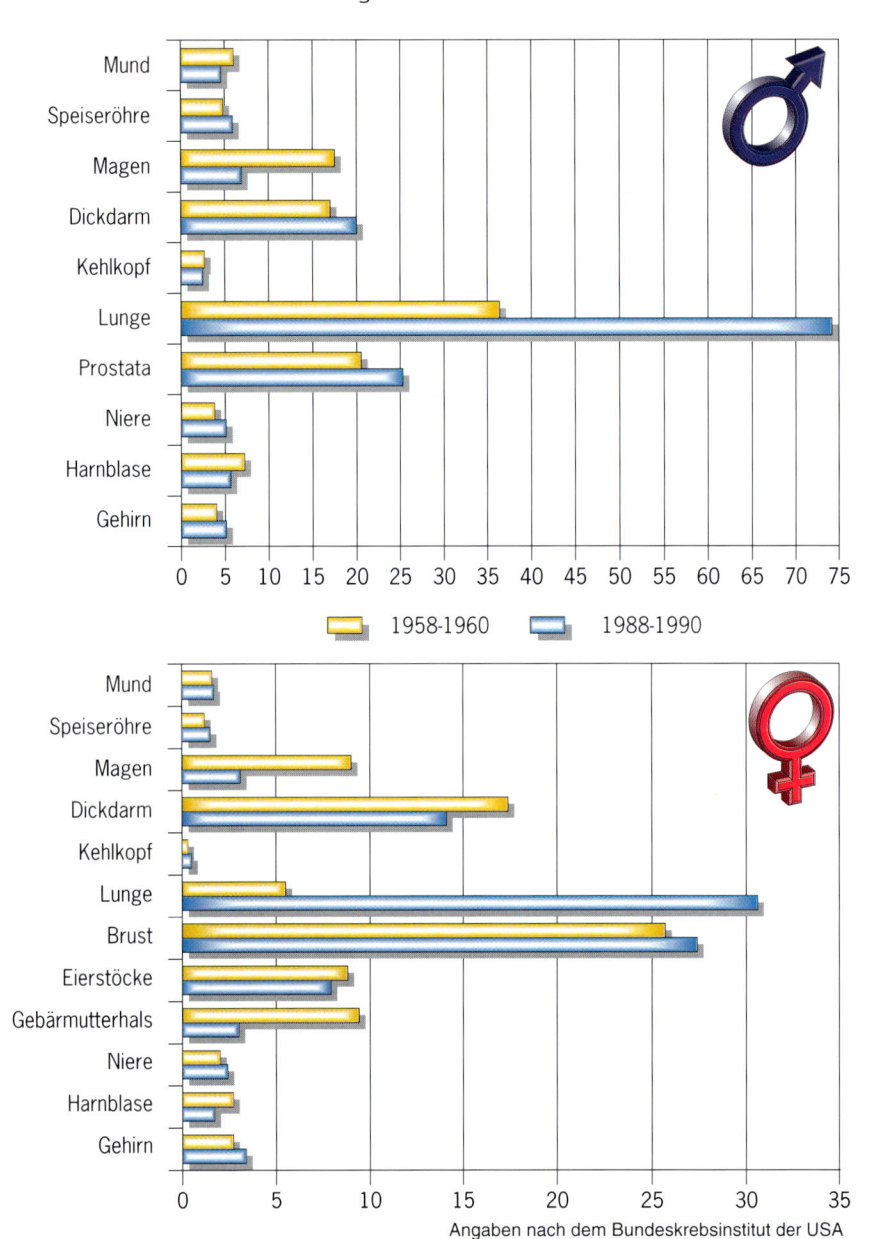

□ 1958-1960 □ 1988-1990

Angaben nach dem Bundeskrebsinstitut der USA

Die Abbildungen zeigen die Entwicklung der Sterblichkeit aufgrund von Krebserkrankungen über einen Zeitraum von drei Jahrzehnten (1960-1990). Bei den Männern haben der Lungen-, Prostata- und Dickdarmkrebs zugenommen. Bei den Frauen ist in erster Linie ein starker Anstieg des Lungenkrebses festzustellen. Er ist darauf zurückzuführen, daß die Zahl der Raucherinnen zugenommen hat. Auch die Sterblichkeit bei Brustkrebs ist angestiegen. Es ist zu beachten, daß der Maßstab der beiden Abbildungen unterschiedlich ist. So ist die Sterblichkeit aufgrund von Lungenkrebs bei Männern doppelt so hoch wie bei Frauen, obwohl die beiden Balken für das Jahr 1990 graphisch etwa gleich lang erscheinen.

Behandlung

Die Behandlung des Prostatakrebses ist je nach Fall unterschiedlich, da etliche individuelle Faktoren, insbesondere das Tumorstadium und das Alter des Patienten, zu berücksichtigen sind.

Unter optimalen Bedingungen ist die Therapie des Prostatakrebses vielfach äußerst erfolgreich. Es kann manchmal genügen, die Entwicklung der bösartigen Geschwulst aufzuhalten und Schmerzen und andere störende Symptome auszuschalten.

Eine verbreitete Therapieform besteht in der operativen Entfernung des Tumors und der Einnahme folgender Medikamente: Östrogene, Zytostatika (hemmen das Wachstum der bösartigen Zellen), Kortikoide und Antiandrogene (wirken gegen die Androgene). Östrogene sind nur eingeschränkt wirksam, genauso die Kobalttherapie (Kobalt-Bestrahlung), die sich bei anderen Krebsformen als äußerst vorteilhaft erwiesen hat.

Diagnose des Prostatakrebses

Wie bei jeder Krebserkrankung ist auch beim Prostatakrebs eine frühzeitige Diagnose entscheidend für den Heilerfolg. Daher ist es sehr wichtig, die ärztlichen Vorsorgeuntersuchungen, besonders ab dem Alter von 50 Jahren, wahrzunehmen. Eine erste Verdachtsdiagnose kann durch Tasten vom Mastdarm aus gestellt werden. Folgende Untersuchungen werden vom Facharzt oder Chirurgen ergänzend durchgeführt: eine Entnahme einer Gewebeprobe (Biopsie), eine Röntgenaufnahme der Harnröhre (Urethrographie) und eine Röntgenaufnahme des Nierenbeckens (Infusionspyelographie), die die gesamten Harnorgane abbildet. Auch kann es nützlich sein, die saure Phosphatase im Serum zu bestimmen. Ein Anstieg dieses Enzyms kann auf eine lokale Ausbreitung des Tumors bzw. eine Metastasenbildung hinweisen.

macht sich, wie bei einer gutartigen Geschwulst, mit Beschwerden beim Wasserlassen bemerkbar. Der Betroffene muß häufig zur Toilette gehen, und das Harnlassen wird zunehmend schwieriger.

Beim Harnlassen treten Schmerzen im Bereich der Harnröhre auf. Es können leichte, sich wiederholende Blutungen hinzukommen. Der Tumor kann sich entweder durch eine akute Harnsperre oder durch Phasen chronischen Harnverhalts bemerkbar machen.

Die Entwicklung dieser Krebsart geht bei älteren Männern meistens sehr langsam und oft ohne eindeutige Krankheitszeichen voran. Das erklärt, warum Prostatakrebs häufig erst dann entdeckt wird, wenn bereits Metastasen in den Knochen, der Lunge oder der Leber vorliegen.

Der Prostatakrebs steht nach dem Lungenkrebs an zweiter Stelle als Todesursache durch Krebserkrankungen bei Männern. Besonders ältere Männer sollten in regelmäßigen Abständen die Vorsorgeuntersuchungen wahrnehmen. Denn ein frühzeitig erkannter Tumor bietet große Heilungschancen.

3 - Männerkrankheiten
HARNRÖHRE

Harnröhrenentzündung

Auf dieser Seite werden Formen der Harnröhrenentzündung behandelt, die nicht durch Gonokokken verursacht werden. Die durch Gonokokken verursachte Harnröhrenentzündung wird in Kapitel 28, „Sexuell übertragbare Krankheiten" (S. 2/168ff.), besprochen. Die Harnröhrenentzündung ist eine weit verbreitete Krankheit. Ausgelöst wird sie durch Kolibakterien, Trichomonaden und einige Viren.

Symptome

Die Krankheit macht sich durch Brennen beim Harnlassen, eitrigen Ausfluß, eine entzündete Harnröhrenöffnung und trüben Urin bemerkbar. Außerdem können Komplikationen wie eine Entzündung der Eichel oder der Prostata und Blut in der Samenflüssigkeit auftreten.

Behandlung

Zunächst muß der Erreger, der die Krankheit verursacht hat, gefunden werden. Dies sollte möglichst schnell geschehen, damit der Arzt eine Therapie einleiten kann, noch bevor der Kranke seine sexuelle Aktivität wieder aufnimmt, denn dabei kann es zur Ansteckung kommen.

Der Patient kann den Heilungsverlauf günstig beeinflussen, indem er auf gründliche Hygiene des erkrankten Bereiches und des ganzen Körpers achtet. Vor allem sollte er alle Reizstoffe wie Wurstwaren, Gepökeltes, Kaffee, Tee, Zigaretten und alkoholische Getränke meiden.

Der starke Rückgang der Infektionskrankheiten ist zweifellos im wesentlichen den verbesserten individuellen und allgemeinen hygienischen Bedingungen sowie dem breiten Einsatz von Impfungen und Antibiotika zu verdanken.
Zu den häufigsten Ursachen einer Harnröhrenentzündung gehören mangelnde Hygiene, Verletzungen der Harnröhre (z. B. nach einer Katheteruntersuchung) oder Übertragung von Erregern durch Sexualkontakt (siehe Kap. 28, „Sexuell übertragbare Krankheiten"). Auch wenn die meisten Infektionskrankheiten heilbar sind, sollten ihre Beschwerden und die möglichen Folgeschäden nicht verharmlost werden. Ein Arztbesuch ist unbedingt zu empfehlen.

Auch wenn Zigaretten und Alkohol legale Rauschmittel sind, bedeutet das nicht, daß sie weniger gefährlich wären als die illegalen Rauschmittel. Alkohol und Rauchen schädigen das Gehirn. Sie haben zudem schädlichen Einfluß auf verschiedene andere Organe, z. B. auf den Magen-Darm-Trakt und die Harn- und Geschlechtsorgane, die zu den empfindlichsten Organen des Menschen gehören. Wenn man seinem Körper Gutes tun will, sollte man auf das Rauchen und auf alkoholische Getränke möglichst ganz verzichten.

Harnröhrentumoren

Harnröhrentumoren können gutartig oder bösartig sein und unterschiedliche Strukturen aufweisen. Man unterscheidet:

- **Papillome** (Warzen)
- **Adenome** (Geschwülste)
- **Kondylome** (Hautknötchen)

Meist entstehen sie am Harnröhrenausgang und in dem Teil der Harnröhre, der durch die Prostata verläuft.

Symptome

- **Gutartige Tumoren**: Sie werden durch Beschwerden wie Blutungen, Schmerzen bei der Blasenentleerung und Harnröhrenausfluß auffällig. Äußerlich nicht sichtbare Tumoren können mit Hilfe verschiedener diagnostischer Verfahren aufgespürt werden.

- **Bösartige Tumoren**: Sie entstehen häufig nach einer chronischen Harnröhrenverengung, die durch eine Verletzung oder Entzündung bedingt war. Gelegentlich handelt es sich bei den bösartigen Tumoren um Metastasen von in der Harnblase oder Prostata angesiedelten Tumoren.

Behandlung

Gutartige Tumoren werden durch Elektrokoagulation zerstört. Die Therapie bösartiger Tumoren besteht in Bestrahlungen mit Radium oder Kobalt und der operativen Entfernung des Tumors.

3 - Männerkrankheiten
HARNRÖHRE

Harnröhrenverengung

Bei dieser Erkrankung ist der Innendurchmesser der Harnröhre verengt. Dies kann

- durch eine **Infektion** (z. B. Gonorrhö),
- durch **chemische Reizung**,
- durch eine **Verletzung** (Stoß) oder
- einen **Tumor**

verursacht werden.

Symptome und Diagnose

Die verengte Harnröhre kann den Harnfluß und auch das Sexualleben behindern oder vollständig zum Erliegen bringen. Beschwerden sind Schwierigkeiten beim Harnlassen wie z. B. langsames Herausfließen des Urins, ein verzögerter Beginn des Harnstrahls, ein unterbrochener Harnstrahl und Schmerzen. Manchmal geht nach der Blasenentleerung noch unbeabsichtigt etwas Urin ab (Inkontinenz).

Als Komplikation der verengten Harnröhre können Entzündungen wie z. B. eitrige Zellgewebsentzündungen im Bereich des Afters (perianale Phlegmone), Eiterbildungen im Bereich der Harnröhre (periurethrale Abszesse) und akute Entzündungen der Prostata entstehen.

Die Diagnose wird normalerweise durch Tasten einer Verhärtung oder einer vergrößerten Blase gestellt. Sie kann durch eine Ultraschalldarstellung der gestauten Blase oder durch Einsatz einer Harnröhrensonde bestätigt werden.

Behandlung

Die Krankheit sollte ärztlich behandelt werden, um die bereits vorhandenen Beschwerden zu lindern und um möglichen weiteren Beschwerden vorzubeugen. Vor allem gilt es zu verhindern, daß die höher liegenden Harnorgane erkranken. Über deren Zustand kann eine Röntgenkontrastdarstellung informieren, bei der Kontrastmittel in die Venen gespritzt wird (intravenöse Urographie).

Die einfachste Therapie besteht in der Dehnung der Harnröhre. Sie hat jedoch auch einige Nachteile. Das gleiche gilt für die operative Eröffnung der Harnröhre (Urethrotomie) mit anschließender Dehnung. Die Entfernung des verengten Abschnittes der Harnröhre (Exstirpation) als mögliche Lösung kann von einem Urologen durchgeführt werden.

Blasenhalserkrankung

Die Erkrankung des Blasenhalses besteht in einer Veränderung und Funktionsstörung des Blasenhalses. Sie kann ausgelöst werden

- durch eine Prostata- oder Harnröhrenentzündung (siehe S. 1/60),
- durch eine kleine Prostatageschwulst, die sich am Blasenhals entwickelt (siehe S. 1/52ff.),
- oder durch verschiedene krankhafte Bindegewebsvermehrungen (Fibrosen) unbekannter Ursache.

Symptome und Diagnose

Die Krankheit äußert sich durch Schmerzen beim Harnlassen. Der Harnstrahl setzt verzögert ein, und der Urin wird langsam und beschwerlich ausgeschieden. Gelegentlich kann es auch zu häufigem Harndrang mit geringer Harnausscheidung (Pollakisurie) und einem Harnaustritt bei Überlaufblase kommen.

Um eine Diagnose zu stellen, können eine Kontrastdarstellung der Harnblase (Zystographie), eine Röntgenaufnahme der Harnröhre (Urethrographie), eine Röntgendarstellung der gesamten Harnwege oder auch urodynamische Messungen notwendig werden.

Anhand dieser Untersuchungen lassen sich andere mögliche Veränderungen, wie eine gutartige Drüsengeschwulst (Adenom), Prostatakrebs, Steine in der Prostata oder in der Harnblase und Verengungen der Harnröhre ausschließen.

Behandlung

Die Behandlung besteht in der operativen Entfernung der oberen Lippe des Blasenhalses. So können Nierenschäden durch einen Harnstau (Hydronephrose) verhindert werden.

Auch bei Kindern unter zwei Jahren sollte der Defekt operiert werden.

Phimose und Paraphimose

Als Phimose bezeichnet man eine Verengung der Penisvorhaut, durch die das Zurückstreifen der Vorhaut über die Eichel erschwert oder völlig unmöglich wird. Die Phimose kann auf eine Entzündung oder eine Verletzung zurückgehen, meistens ist sie jedoch angeboren.

Symptome

Die Phimose macht sich durch Symptome wie einen schiefen Harnstrahl, Schmerzen, Juckreiz und Eiterfluß bemerkbar. Sie kann sogar Harninkontinenz hervorrufen. Es ist auch möglich, daß der Geschlechtsverkehr behindert wird oder gar nicht durchgeführt werden kann.

Paraphimose

Bei der Paraphimose kommt es durch den Versuch, die verengte Vorhaut zurückzustreifen, zu einer Abschnürung der Eichel.

3 - Männerkrankheiten
PENIS

Behandlung

Wenn das Kind noch klein ist, kann man versuchen, die verengte Vorhaut durch wiederholtes Zurückstreifen und Vorschieben über die Eichel zu dehnen. Die beste Gelegenheit dafür bietet sich während des Badens, da die Haut durch das Wasser aufgeweicht ist und leichter nachgibt. Die Mutter oder die Person, die das Kind badet, sollte täglich vorsichtig, aber bestimmt die Vorhaut zurückziehen. Das Kind braucht bei dieser Maßnahme keine Schmerzen zu erleiden. Nach einer gewissen Zeit läßt sich die Vorhaut immer weiter zurückziehen, bis es schließlich gelingt, sie vollständig über die Eichel zu streifen.

Wenn der Defekt bis zum achten Lebensjahr nicht korrigiert ist – bei Beschwerden auch früher –, sollte die Vorhaut entfernt werden.

Bei der Paraphimose versucht der Arzt, die Eichel durch sanften Druck zurückzuschieben. Wenn dies nicht gelingt, ist eine Operation angeraten, um Schmerzen, Infektionen und andere Komplikationen zu verhindern.

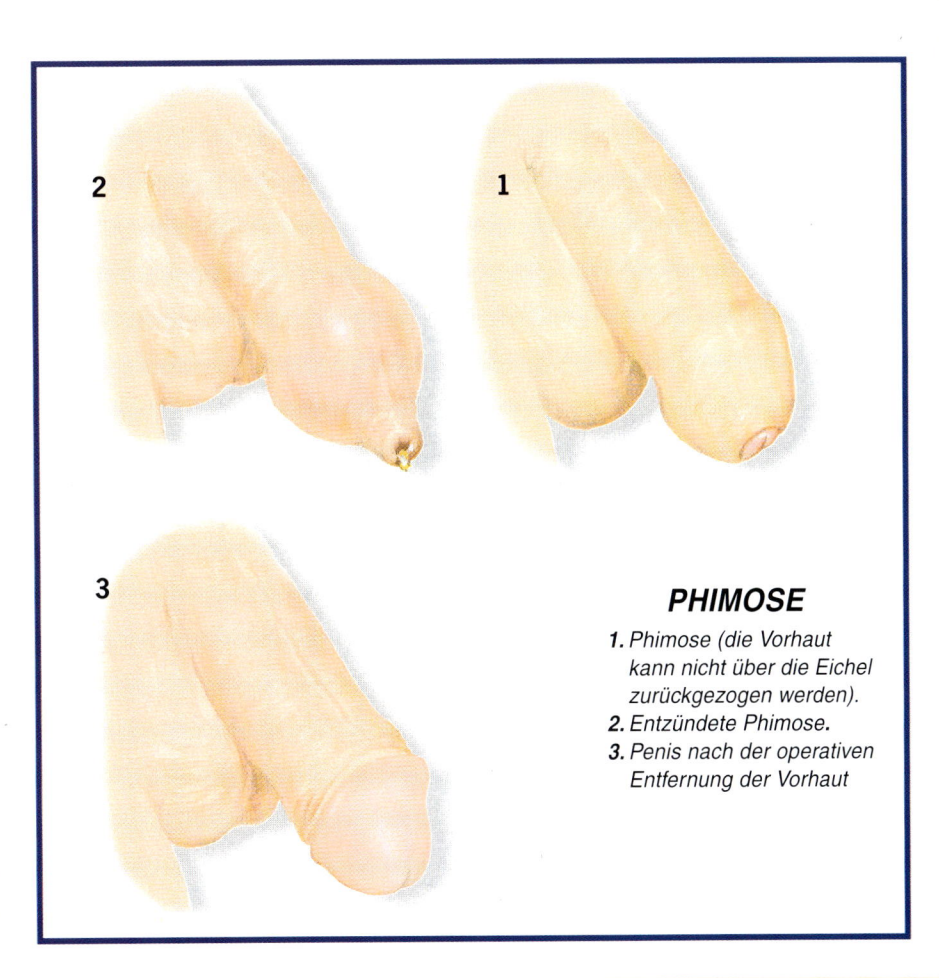

PHIMOSE
1. Phimose (die Vorhaut kann nicht über die Eichel zurückgezogen werden).
2. Entzündete Phimose.
3. Penis nach der operativen Entfernung der Vorhaut

3 - Männerkrankheiten
PENIS

Eichel- und Vorhautentzündung

Eine Entzündung der Eichel und der Vorhaut (Balanoposthitis) wird oft durch unspezifische, eiterbildende Erreger hervorgerufen. Meist wird die Krankheit jedoch durch Gonokokken, die Erreger der Gonorrhö (Tripper), ausgelöst. Andere Bakterien, wie Spirochäten und Fusobakterien, Erreger bestimmter Geschwürbildungen, kommen ebenfalls als Erreger einer Balanoposthitis in Betracht.

Ursachen und Symptome

Die Entzündung macht sich im allgemeinen durch eiternde, schwer abgrenzbare Geschwüre bemerkbar. Sie wird von Schmerzen, Rötung der Haut, Anschwellen von Eichel und Vorhaut und der Leistenlymphknoten begleitet.

Die Beschwerden können allein an Eichel und Vorhaut oder zusammen mit einer Harnröhrenentzündung auftreten, die durch die bereits erwähnten Gonokokken, durch den Einzeller *Trichomonas vaginalis* oder durch Pilze bzw. Hefen ausgelöst wird. Der am weitesten verbreitete Pilz, der eine Balanoposthitis verursachen kann und durch Geschlechtsverkehr übertragen wird, ist *Candida albicans*. Bei der Frau befällt der Pilz den äußeren Schambereich und die Scheide und macht sich durch weißlichen Ausfluß bemerkbar (siehe S. 1/151).

Eine Entzündung von Eichel und Vorhaut kann außerdem durch Viren, insbesondere durch Herpes-Viren (siehe S. 2/191), hervorgerufen werden. Es bilden sich dann Bläschen auf der Eichel und an der Innenseite der Vorhaut. Dabei handelt es sich um weiche Hautschäden, die schnell abheilen, aber sehr leicht wiederkommen. Kondylome sind kleine, weiche, rosarote, warzenförmige Gebilde, die sich an den Ge-

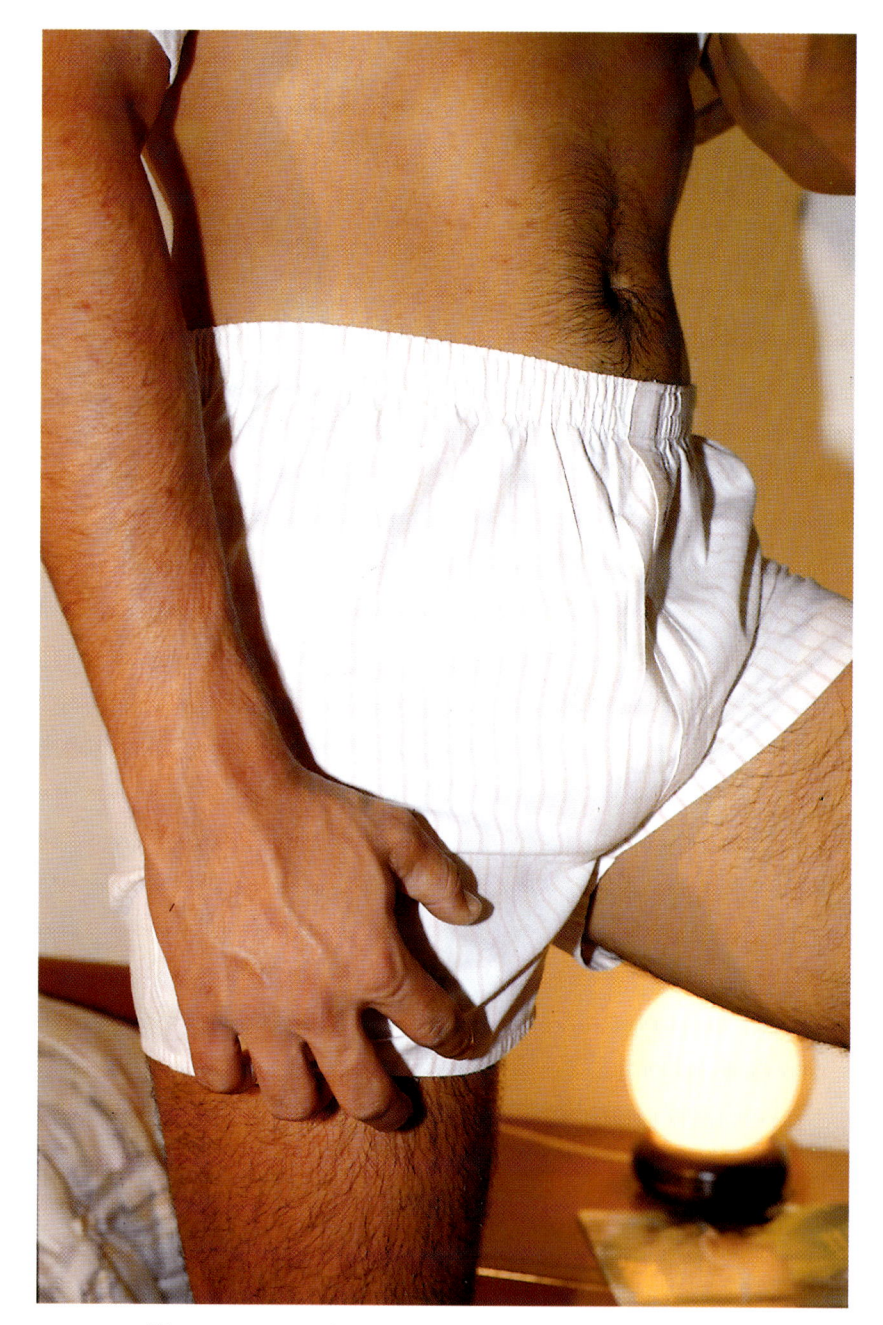

Wenn man von einer Entzündung der Eichel und der Vorhaut betroffen ist, behindert Druck die Durchblutung und somit den Heilungsprozeß. Es sollte daher lockere Unterwäsche und Oberbekleidung getragen werden.

Behandlung der Eichel- und Vorhautentzündung

Die Behandlung aller unter dem Begriff der Balanoposthitis zusammengefaßten Krankheiten hängt von der Ursache der Erkrankung ab. Jeder Fall sollte vom Arzt einzeln überprüft werden.

- Ist eine Vorhautverengung (Phimose) die Ursache, sollte man warten, bis der akute Zustand vorüber ist, und anschließend die Vorhaut entfernen lassen (siehe S. 1/63).
- Ist die Ursache ein Tripper (Gonorrhö) oder eine andere Infektion, sollte ein entsprechendes Antibiotikum eingenommen werden (siehe S. 2/176).
- Wurde die Entzündung von einem Herpes ausgelöst, wird lokal behandelt (siehe S. 2/191).
- Bei einer chemischen Reizung oder Allergie muß der Auslöser gemieden werden.

Bei einer Entzündung von Eichel und Vorhaut ist auf sorgfältige Hygiene zu achten. Zur Reinigung der betroffenen Körperstellen sollte eine saure Seife benutzt werden.

Es empfiehlt sich, lockere Unterwäsche zu tragen. Außerdem muß so früh wie möglich eine Zuckerkrankheit (Diabetes) ausgeschlossen werden, da zuckerkranke Menschen häufiger unter Infektionen, besonders der Harn- und Geschlechtsorgane, leiden.

Warme Sitzbäder können hilfreich sein (siehe S. 1/52).

schlechtsorganen bilden und ebenfalls von Viren hervorgerufen werden. Sie dürfen nicht mit der Syphilis (s. S. 2/180) verwechselt werden.

Bestimmte Stoffe, die in Schmerzmitteln (Pyramidon) oder Abführmitteln (Phenolphtalein) enthalten sind, sowie Chinin und ähnliche Substanzen können Schwellungen im Bereich von Eichel und Vorhaut bewirken, die sich zu violetten Flekken, Blasen oder Geschwüren weiterentwickeln können.

Seltener kann eine Entzündung von Eichel und Vorhaut auch als Folge einer allergischen Reaktion auf Medikamente, Seifen oder andere Hygieneartikel auftreten.

Penistumoren

Man unterscheidet die Tumoren des Penis von denen der Harnröhre. Während die eigentlichen Penistumoren den äußeren Bereich des Penis betreffen, befinden sich Harnröhrentumoren im Inneren des Penis.

Verbreitung

In Europa sind Penistumoren sehr selten. In Indien und in China treten sie dagegen wesentlich häufiger auf. Dort machen sie bei Männern 10 % aller Krebserkrankungen aus.

Bei Völkern, wie Juden oder Moslems, die eine rituelle Beschneidung praktizieren, sind Penistumoren fast unbekannt.

Symptome

Der Tumor erscheint als Geschwür oder blutende Wucherung am inneren Vorhautblatt oder als eine Vorhautverengung (Phimose), die nach dem 50. Lebensjahr auftritt, ohne daß der Patient unter Diabetes leidet.

Behandlung

Eine frühzeitige Diagnose und eine unverzügliche Behandlung mit Radium und radioaktivem Iridium oder eine operative Entfernung des Tumors schaffen gute Heilungsaussichten.

Epispadie und Hypospadie

Bei der Epispadie liegt die Öffnung der Harnröhre an der Oberseite des Penis. Bei der Hypospadie handelt es sich um die gleiche Fehlbildung, die Harnröhrenöffnung befindet sich jedoch an der Unterseite des Penis.

Wenn einer dieser Defekte vorliegt, ist die Untersuchung der gesamten Harnorgane angezeigt, da häufig weitere Fehlbildungen vorhanden sind. Es handelt sich hierbei um angeborene Fehlbildungen.

Sowohl die Epispadie als auch die Hypospadie verursachen Probleme bei der Blasenentleerung und beim Geschlechtsverkehr und begünstigen Infektionen.

Behandlung

Beide Fehlbildungen sind angeboren und sollten vor Erreichen des achten Lebensjahres operativ behandelt werden.

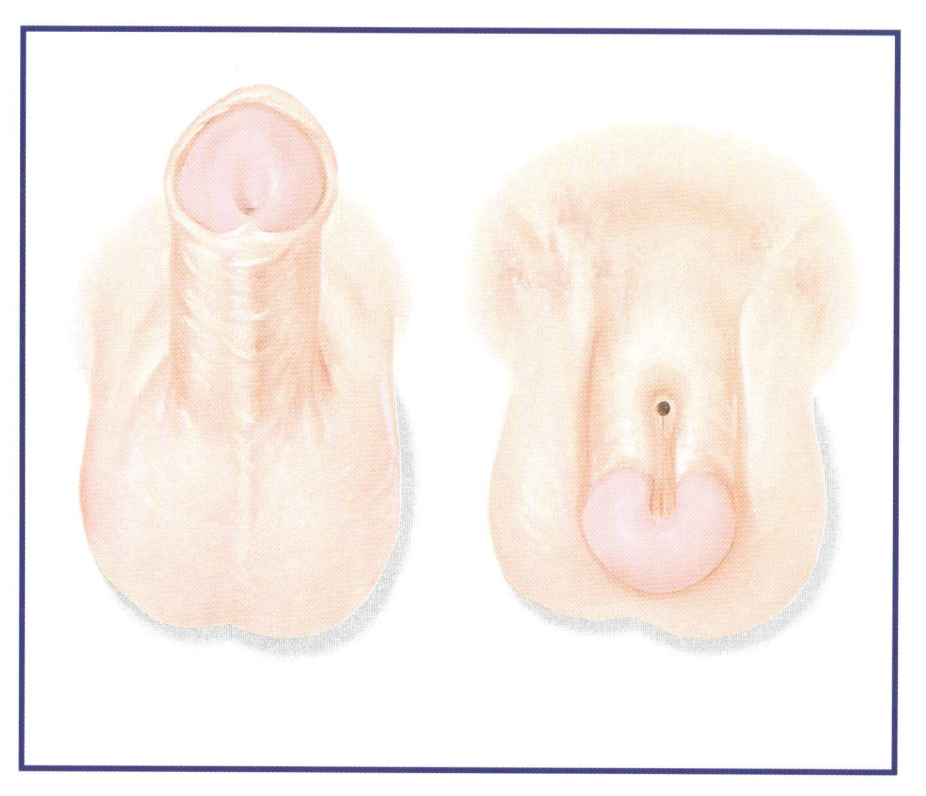

Hypospadie: Die Harnröhrenöffnung liegt an der Unterseite des Penis (linkes Bild).

Epispadie: Die Harnröhrenöffnung befindet sich an der Oberseite des Penis (rechtes Bild).

Fehlbildungen des Penis und der Harnröhre

Abgesehen von der Hypospadie und der Epispadie kann der Penis weitere Fehlbildungen aufweisen, die im allgemeinen auf Aplasien, d. h. auf fehlerhaft verlaufene Entwicklungen, zurückgehen.

Abknickungen treten relativ häufig zusammen mit einer Hypospadie auf.

In seltenen Fällen ist der Penis um die eigene Achse gedreht, was als Torsion bezeichnet wird. Der untere Teil der Eichel befindet sich dann an der Seite des Penis.

Diese Mißbildung sowie ein zu kurzes Eichelbändchen und Abknickungen des Penis können bei Erregung Verletzungen oder Hautrisse verursachen und so den Geschlechtsverkehr beeinträchtigen.

Sehr selten sind Doppelbildungen der Harnröhre. Bei männlichen Neugeborenen kommt dagegen eine verengte Harnröhrenöffnung relativ häufig vor.

Fehlbildungen der Harnröhre und des Penis sind normalerweise angeboren.

Sie erfordern meist eine chirurgische Korrektur, damit es zu keinen weiteren Komplikationen im Bereich der Harn- und Geschlechtsorgane entstehen.

3 - Männerkrankheiten
PENIS

Priapismus

Priapismus ist eine nicht nachlassende Versteifung des Penis, die unabhängig von sexueller Erregung eintritt und nicht zum Samenerguß führt.

Ursachen und Symptome

Wenn ein Priapismus vorliegt, wird der Penis steif und nähert sich der Bauchdecke. Die Schwellkörper sind steinhart. Sie dehnen sich bis zum Damm und zur Ansatzstelle am Beckenboden aus. Die Eichel und ihr Schwellkörper sind meist nicht betroffen. Der Patient leidet unter den Schmerzen und der Schlaflosigkeit, die die Krankheit verursacht.

Eine Thrombose der Beckenvenen prädisponiert für den Priapismus. Außerdem tritt Priapismus gehäuft bei Schädigungen durch Metastasen von Krebstumoren, bei Vorliegen einer Leukämie, bei Verletzungen des Beckens, Sichelzellenanämie, Verletzungen der Schwellkörper oder des Knochenmarks auf. Eine andere Ursache ist die Vergiftung des Körpers durch bestimmte Substanzen oder Medikamente (Neuroleptika, Antikoagulantien). Manchmal gelingt es nicht, eine präzise Ursache für den Priapismus ausfindig zu machen.

Es ist noch nicht bekannt, auf welche Mechanismen der Priapismus zurückzuführen ist. Man weiß nur, daß der venöse Blutrückfluß aus dem Penis behindert wird.

Behandlung

Der Priapismus wird operativ behandelt. Bei dem Eingriff wird eine Drainage geschaffen, die den Blutrückfluß wiederherstellt. Wenn der Eingriff innerhalb der ersten 36 Stunden nach Beginn der Symptome durchgeführt wird, kann die Funktionstüchtigkeit des Penis in 50 % der Fälle erhalten bleiben. Wenn sich die Behandlung verzögert, kann es zu irreversiblen Schädigungen der Schwellkörper kommen. Etwa 14 Tage nach Auftreten der Krankheit treten dann erstmalig Erektionsstörungen auf.

Wenn eine Behandlung ganz unterbleibt, läßt der Priapismus schließlich von selbst nach, führt jedoch zur vollständigen Impotenz. Er sollte also so rasch wie möglich behandelt werden. Wenn bekannt ist, wodurch der Priapismus ausgelöst wurde, sollte der Verursacher unverzüglich ausgeschaltet werden. Mittlerweile verfügt die Medizin auch über medikamentöse Behandlungsmöglichkeiten.

Induratio penis plastica

Die Induratio penis plastica, auch Peyronie disease genannt, ist eine sehr seltene Erkrankung. Von ihr betroffen sind überwiegend Männer zwischen 40 und 60 Jahren.

Ursachen und Symptome

Bei der Induratio penis plastica verhärten sich Teile der Schwellkörper des Penis. Die Verhärtung führt bei einer Erektion zu seitlichen Verkrümmungen des Gliedes und stört sowohl die Erektion als auch den Samenerguß. Der Geschlechtsverkehr wird dadurch beeinträchtigt, in bestimmten Fällen kann er überhaupt nicht durchgeführt werden.

Bisher ist die Ursache der Krankheit unbekannt.

Es sollte geprüft werden, ob Diabetes oder die Dupuytrensche Erkrankung (Verhärtung der Flächensehne der Hand) vorliegt. Man vermutet, daß diese Krankheiten mit der Induratio penis plastica zusammenhängen.

Behandlung

Junge Männer können die Induratio penis plastica als starke persönliche Belastung empfinden und ernste psychische Beschwerden entwickeln. Ältere Männer, die bei Krankheitsbeginn nur noch selten Geschlechtsverkehr haben, fassen die Erkrankung dagegen meist gelassener auf.

Keine der bisher angewendeten Behandlungsmethoden verspricht eine vollständige Heilung.

Neben spontanen Besserungen sind Erfolge durch die Anwendung von Glukokortikoiden und Hyaluronidase beobachtet worden. Zur Linderung der Schmerzen können Bestrahlungen eingesetzt werden.

In leichteren Fällen kommt ein operativer Eingriff in Frage.

3 - Männerkrankheiten
HODEN

Hoden- und Nebenhoden-entzündung

Eine Hodenentzündung (Orchitis) und eine Nebenhodenentzündung (Epididymitis) treten häufig gleichzeitig auf.

Ursachen und Symptome

Abhängig von der Ursache der Entzündung können die Schmerzen anhalten und eine Hoden- bzw. Nebenhodenatrophie (Schwund) verursachen. Kommt es zu Eiterungen, kann der Hoden ganz zerstört werden und Zeugungsunfähigkeit die Folge sein.

Zu den häufigsten Ursachen der Hoden- bzw. Nebenhodenentzündung gehören der Tripper (Gonorrhö), Mumps, Tuberkulose, Windpocken, Typhus und Infektionen der Blase nach wiederholter Einführung eines Katheters.

Die betroffenen Organe werden rot, schwellen an, schmerzen, und ihre Temperatur nimmt zu. Der Allgemeinzustand ist schlecht. Der Erkrankte hat Fieber.

Die Geotherapie (aus dem Griechischen ‚geos' = Erde und ‚therapeia' = Behandlung) ist sehr hilfreich bei Entzündungen, wie der Nebenhoden- und der Hodenentzündung. Sie lindert die Beschwerden und läßt die Entzündung abklingen. In diesem Fall verwendet man Lehmwickel, die um die Hoden gelegt werden.

Behandlung

Der Kranke muß Bettruhe einhalten und sollte einen Tragverband anlegen, der gut hält, ohne zu drücken.

Er sollte sich vegetarisch ernähren und auf regelmäßigen Stuhlgang achten.

Auf Tabak, Tee, Kaffee und alkoholische Getränke sollte er ganz verzichten. Zusätzlich sollte er jeden zweiten Tag oder auch täglich eine entschlackende Diät mit frischem Obst machen.

Auch die Anwendung von Lehmwickeln, die um die erkrankten Organe gelegt werden, kann helfen.

Die ärztliche Behandlung sollte so früh wie möglich einsetzen. Die Art der Behandlung hängt von der Krankheitsursache ab.

Komplikationen des Mumps

Der Mumps, eine virusbedingte Infektionskrankheit, kann als Komplikation eine Hodenentzündung nach sich ziehen, die in bestimmten Fällen zu einer Hodenatrophie und zu Zeugungsunfähigkeit (siehe S. 1/79ff.) führen kann.

Eine Hodenentzündung tritt als Komplikation des Mumps fast nur bei Jugendlichen über zwölf Jahren auf. Sie setzt fünf bis zehn Tage nach Beginn der Mumpserkrankung ein. Der Hoden schwillt an, und der Erkrankte hat Fieber und Schüttelfrost. Fast immer ist nur einer der beiden Hoden betroffen.

Eine Hodenentzündung kann auch als einzige Erscheinung einer Mumpsinfektion auftreten.

Die Schwellung und Entzündung des Hodens hält gewöhnlich vier bis sieben Tage an und kann nach ein bis zwei Monaten von einer Hodenatrophie gefolgt werden. Es kommt in der Regel nur dann zur Zeugungsunfähigkeit, wenn beide Hoden von der Entzündung betroffen waren. Das ist aber nur selten der Fall.

Um dieser Komplikation so weit wie möglich vorzubeugen, sollte der Kranke bis zur vollständigen Heilung Bettruhe einhalten. Bei einer Hodenentzündung sollten die Hoden mit einem Tragverband versehen mindestens 15 Tage lang ruhiggestellt werden. Es gibt auch eine wirksame Impfung gegen Mumps (siehe Kap. 57, S. 4/94ff.).

Den durch Gonorrhö und Tuberkulose verursachten Hoden- und Nebenhodenentzündungen, die auch zur Zeugungsunfähigkeit führen können, wird durch allgemeine Verhütungsmaßnahmen gegenüber Geschlechts- und Infektionskrankheiten (siehe S. 2/173) vorgebeugt.

Wenn die Krankheit bereits besteht, sollte sie so früh wie möglich ärztlich behandelt werden.

Hodentumoren

Hodenkrebs kommt sehr selten vor. Glücklicherweise macht er nur zwei Prozent aller beim Mann vorkommenden Krebserkrankungen aus, denn er ist als sehr bösartig einzustufen. Der Hoden kann von vielen verschiedenen Geschwulstarten befallen werden. Ebenso unterschiedlich ist die Gefährlichkeit und die Reaktion dieser Tumoren auf verschiedene Therapien.

Je nachdem, welches Gewebe im Hoden betroffen ist, werden die Hodentumoren in Tumoren der Keimzellen und Tumoren des Stützgewebes unterteilt.

- Die Tumoren der Keimzellen befallen die Zellen, die Fortpflanzungszellen (Gameten) produzieren. Sie gehören zu den aggressiven Krebsformen, die sich rasch ausbreiten. Bei dieser Tumorart scheint eine gewisse familiäre Belastung zu bestehen. Außerdem treten sie relativ häufig (fünf Prozent) bei einer Fehllage des Hodens auf (siehe S. 1/72). Über die Ursache dieser Tumorart gibt es zwar einige Vermutungen, tatsächlich weiß man aber nur wenig Genaues.

- Die Tumoren des Hodenstützgewebes betreffen die Leydigschen Zellen und die Sertoli-Zellen. Diese Tumoren sind überwiegend gutartig, können jedoch manchmal Steroide produzieren, die ihrerseits endokrine (die innere Sekretion von Drüsen betreffende) Syndrome hervorrufen. In diesem Zusammenhang kommt es oft zu einer weiblichen Brustbildung (Gynäkomastie).

- Sehr selten beobachtet man auch adenomartige Geschwülste, die die Müllerschen Gänge betreffen.

Häufigkeit und Symptome

Hodentumoren treten vorwiegend bei jungen Männern auf. Die Patienten suchen den Arzt auf, weil ihnen spontan oder nach einem Stoß eine Größenzunahme des Hodens aufgefallen ist. Die größte Zahl der Hodentumoren wird bei älteren Jugendlichen und jungen Erwachsenen beobachtet.

Die Häufigkeit von Hodentumoren ist bei schwarzen US-Amerikanern äußerst gering. Jüdische US-Amerikaner sind dagegen doppelt so häufig betroffen wie andere weiße nordamerikanische Männer. Die Ursache ist noch unbekannt.

Behandlung

Stellt der Arzt eine Auffälligkeit am Hoden fest, wird er Blut- und Urinuntersuchungen veranlassen, die gonadotropen Hormone bestimmen und Röntgen- und Ultraschalluntersuchungen anordnen. Lautet die Diagnose Krebs, sollte unverzüglich mit der Behandlung begonnen werden, denn sie kann in vielen Fällen lebensrettend sein.

Wie bei anderen Krebsformen besteht die medizinische Therapie auch hier in einer Operation, in Bestrahlungen und Chemotherapie.

3 - Männerkrankheiten
HODEN

Hydrozele und Hämatozele

Als Hydrozele (Wasserbruch) bezeichnet man Ansammlung von Flüssigkeit in der *Tunica vaginalis* des Hodens. Sie kann abgeschlossen sein oder eine Verbindung zum Bauchraum besitzen.

Die Erkrankung entsteht meist nach einer Tuberkulose, einer Syphilis oder Verletzung, kann aber auch angeboren sein. Sie äußert sich durch Schwellung einer Hodensackhälfte, die beim Tasten einen Eindruck hinterläßt, der als prall-elastisch bezeichnet wird, d. h. es zeigt sich zur gleichen Zeit ein praller, aber elastischer Druckwiderstand. Der flüssige Inhalt der Hydrozele kann blutig sein.

Hämatozele

Die Hämatozele (Blutbruch) ist eine Blutansammlung zwischen beiden Blättern der *Tunica vaginalis*. Sie bewirkt eine Vergrößerung des Hodens entsprechend der Größe des Blutergusses.

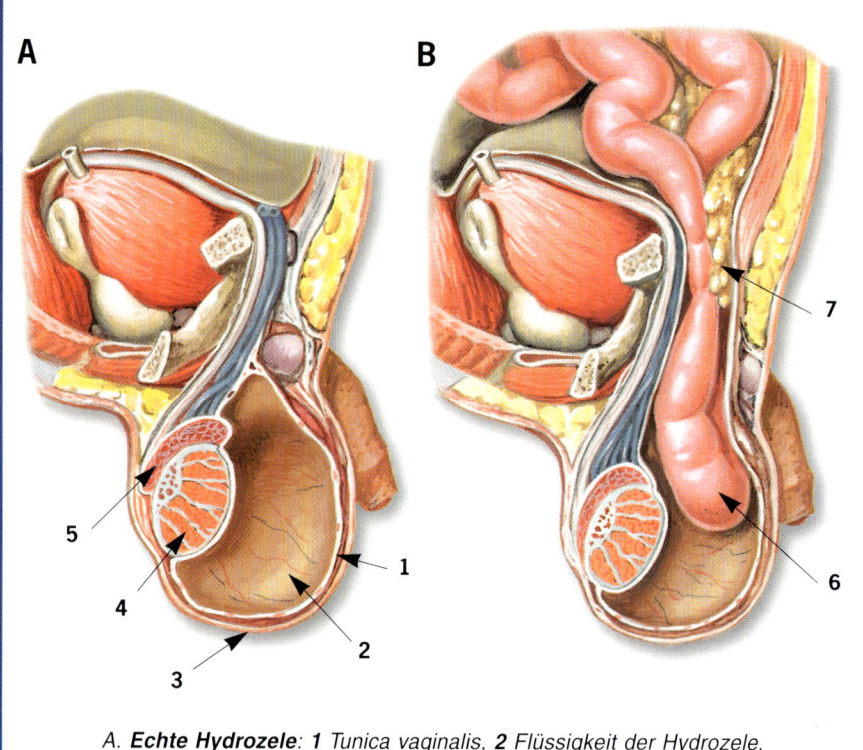

A. **Echte Hydrozele**: **1** Tunica vaginalis, **2** Flüssigkeit der Hydrozele, **3** Hodensackhaut, **4** Hoden, **5** Nebenhoden

B. **Hydrozele mit Darmschlinge**: **6** In den Beutel des Wasserbruchs eingebrochene Darmschlinge, **7** Leistenkanal

Behandlung

- **Hydrozele:** Die Krankheit sollte, um weiteren Komplikationen vorzubeugen, auf jeden Fall behandelt werden: durch einzunehmende Medikamente oder durch lokal verhärtende (sklerosierende) Injektionen. Bei einem einfachen chirurgischen Eingriff wird die Flüssigkeit durch Punktion entfernt, oder es wird die *Tunica vaginalis* des Hodens umgestülpt (invertiert).
- **Hämatozele:** Es erfolgt ein operativer Eingriff. Mit einer Nadel wird das angesammelte Blut durch Punktion abgesaugt.

Viele Männer – mehr noch als Frauen – zögern, zum Arzt zu gehen, wenn sie deutliche Krankheitszeichen wahrnehmen. Das schlimmste, was man tun kann, wenn man irgendwelche Beschwerden verspürt, ist, sie zu ignorieren. Handelt es sich um eine leichte Erkrankung, kann der Arzt den Patienten beruhigen. Ist es eine schwere Krankheit, gilt: Je früher sie festgestellt wird, desto größer sind die Heilungschancen.

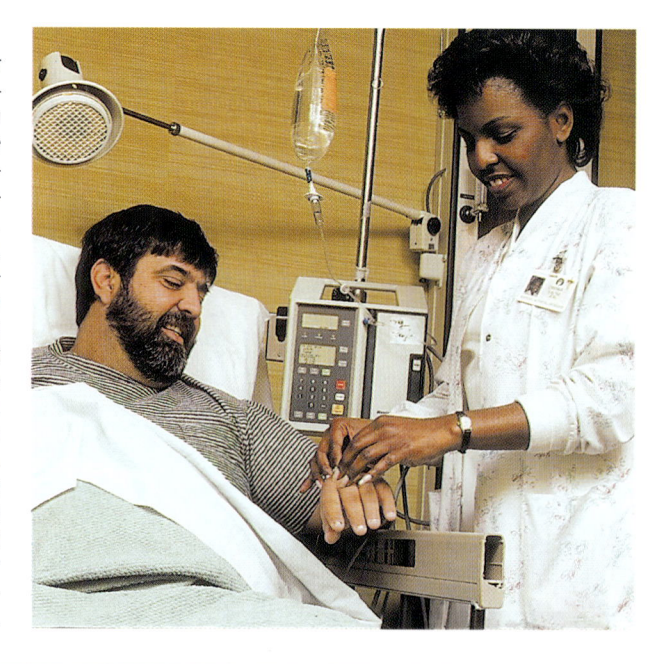

3 - Männerkrankheiten
HODEN

Krampfaderbruch

Unter Krampfaderbruch (Varikozele) versteht man eine krampfaderartige Erweiterung der Venen des Samenstranges, die oft mit Krampfadern der Beine und Hämorrhoiden einhergeht. Die Erkrankung kann auf einen Defekt der Venenwände zurückgehen, durch den Druck eines Tumors bedingt sein oder auf einer Thrombose der Nierenvene oder der unteren Hohlvene beruhen.

Die Varikozele ist an wurmartigen venösen Verklumpungen, die normalerweise am Boden des Hodensacks zu sehen und zu tasten sind, erkennbar. Sie werden eventuell von einem Spannungsgefühl und von Schmerzen, einem Schweregefühl und Unwohlsein begleitet. Manchmal stellt sich gleichzeitig Zeugungsunfähigkeit und Impotenz ein.

Behandlung

- Bei dem vorwiegend linksseitig auftretenden Krampfaderbruch ist die Abbindung oder das hohe Entfernen der Samenvene angezeigt. So verschwinden die Beschwerden und in 50 % der Fälle auch die Sterilität. Bei einem linksseitigen Krampfaderbruch muß unbedingt ein Nierentumor ausgeschlossen werden. Der Betroffene sollte also schnellstmöglich den Arzt aufsuchen
- Bei durch Druck oder Verschluß bedingter Varikozele sollte eine Röntgenaufnahme des gesamten Nierenbeckens (Infusionspyelographie) gemacht werden, die die Ursache des Verschlusses zeigen kann.
- In gutartigen Fällen oder solange noch über Behandlungsmaßnahmen entschieden wird, sollten Verstopfung und häufiger Geschlechtsverkehr vermieden werden.

Auf Gepökeltes, Wurstwaren, Kaffee, Tee, Alkohol und Rauchen sollte ganz verzichtet werden.

Ein Tragverband kann die Beschwerden lindern.

Regelmäßiges Kaffeetrinken kann körperliche Beschwerden verursachen und macht abhängig. Deshalb wird empfohlen, wenn möglich, ganz darauf zu verzichten.

Hodentorsion

Die Verdrehung des Hodens und des Samenstranges um die eigene Achse (Hodentorsion) ist ein Unfall mit sehr ernsten Folgen. Man kann einen Hoden verlieren, wenn die Verdrehung nicht innerhalb weniger Stunden nach ihrem Beginn operativ behandelt wird. Der Hoden stellt seine Funktion in 90 % der Fälle ein, wenn die operative Hilfe erst zehn Stunden nach dem Ereignis oder später einsetzt. Der Anteil kann auf 30 % reduziert werden, wenn innerhalb von fünf bis zehn Stunden nach Krankheitsbeginn operiert wird. Erfolgt ein Eingriff innerhalb der ersten fünf Stunden, liegt der Prozentsatz bei 20 %.

Während der Operation wird der Hoden in die ursprüngliche Lage zurückgelegt, und es wird für den vorher fehlenden Halt gesorgt. Es müssen beide Hoden behandelt werden, denn der ungenügende Halt ist meist beidseitig angelegt. Eine Hodentorsion tritt überwiegend bei Kindern auf.

Die Krankheitserscheinungen sind ein plötzlicher, sehr starker Schmerz in den Hoden mit Ausstrahlung in die Leiste und Erbrechen, ohne daß eine andere Erkrankung vorliegt. Der Hodensack ist geschwollen und sehr stark tastempfindlich.

Eine Hodentorsion kann auch bei Neugeborenen und Säuglingen auftreten. Besonders in diesen Fällen ist bei der Behandlung Eile geboten, da eine Verzögerung irreparable Folgen, einschließlich einer Zeugungsunfähigkeit, haben kann.

3 - Männerkrankheiten
HODEN

Hodenhochstand und Kryptorchismus

Ein Hodenhochstand liegt vor, wenn sich der Hoden auf seinem Weg zum Hodensack vor oder nach Erreichen des Leistenkanals an der Bauchwand, im kleinen Becken, im Damm oder am Boden der *Excavatio rectovesicalis* festsetzt.

Unter Kryptorchismus versteht man das Fehlen eines Hodens oder beider Hoden im Hodensack. Die größten damit verbundenen Gefahren sind bei beidseitigem Auftreten Zeugungsunfähigkeit und Eunuchismus.

Die Ursache beider Erkrankungen liegt in einer fehlerhaften Wanderung des Hodens durch den Leistenkanal vom Bauchinneren zum Hodensack, die im achten Monat der Embryonalentwicklung stattfindet. Der Hoden beendet seine Wanderung zu früh und bleibt im Bauchraum oder Leistenkanal liegen.

Es kann auch vorkommen, daß der Hoden bis zum Hodensack herabwandert, sich jedoch bei übermäßiger Beweglichkeit wieder in den Leistenkanal zurückzieht. Deshalb sollte der Arzt, bevor er die Diagnose Hodenhochstand stellt, das Kind mehrere Male im Stehen untersuchen.

Nach der Pubertät kann ein Hodenhochstand bewirken, daß nicht genügend bewegliche Spermien in der Samenflüssigkeit vorhanden sind (Azoospermie), was Zeugungsunfähigkeit bedeutet. Im Bauchraum ist es nämlich zu warm für eine gesunde Spermienentwicklung.

Abgesehen davon, daß kein Hoden im Hodensack vorhanden ist, macht sich dieser Defekt durch starken Druckschmerz im Leistenkanal bemerkbar. Außerdem kann ein falsch liegender Hoden Krebs entwickeln.

Behandlung

Wenn die Hoden eines Kindes bis zum fünften oder sechsten Lebensjahr noch nicht an die richtige Stelle herabgewandert sind, ist es erforderlich, maximal drei Monate lang eine Hormontherapie durchzuführen.

Bleibt diese Therapie erfolglos, sollte ein operativer Eingriff vorgenommen werden, der die Hoden herabzieht und an der richtigen Stelle fixiert. Ist das Herabziehen nicht möglich oder ist der Hoden bereits atrophiert (geschwunden), muß er entfernt werden, um eine bösartige Entwicklung zu verhindern.

Liegt gleichzeitig auch ein Leistenbruch vor, sollte das Kind vor Erreichen des dritten oder vierten Lebensjahres operiert werden.

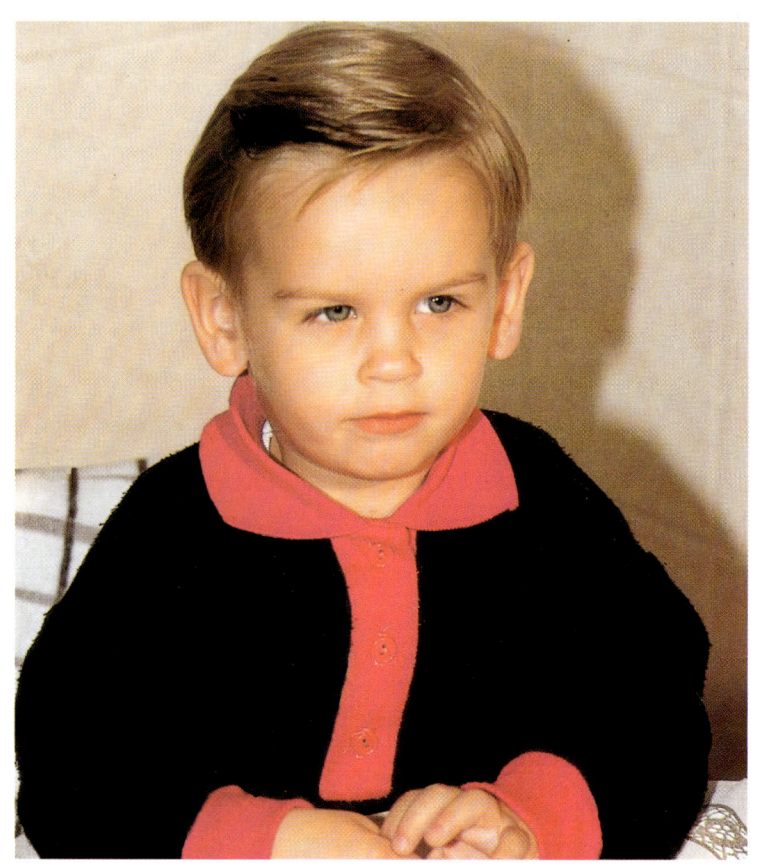

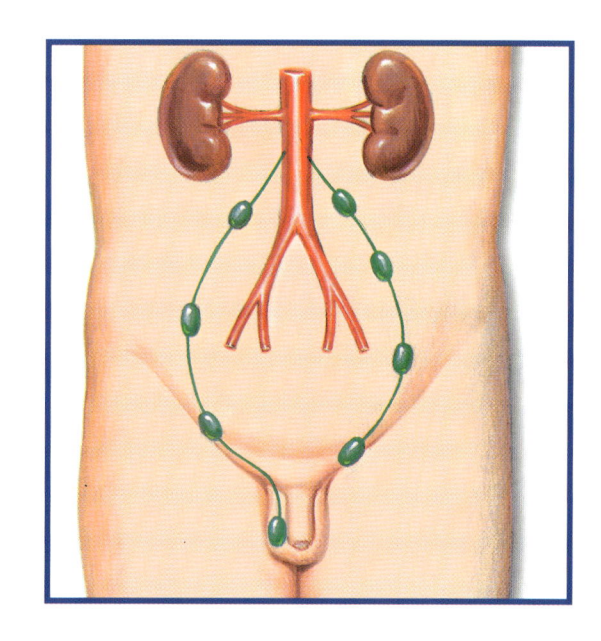

Wenn bei einem Jungen die Hoden bis zum fünften oder sechsten Lebensjahr noch nicht in den Hodensack heruntergewandert sind, wie dies in der Abbildung auf der linken Hodenseite (rechte Bildseite) der Fall ist, muß eine Hormonbehandlung oder eine Operation erfolgen. Wird die Krankheit nicht behandelt, kommt es zur Zeugungsunfähigkeit.

3 - Männerkrankheiten
PARASITEN

Erkrankungen durch Tropenparasiten

Bei diesen Krankheiten handelt es sich um typische Tropenkrankheiten. Gefährdet sind aber nicht nur die Bewohner tropischer Länder, sondern auch Reisende, die sich in den Tropen aufhalten.

Wenn nach einer Fernreise bei einer Person bestimmte Krankheitssymptome auftreten, muß im Rahmen der ärztlichen Untersuchung diese Möglichkeit bedacht werden. Nur so kann eine sinnvolle Therapie erfolgen.

Bilharziose oder Schistosomiasis

An erster Stelle wollen wir die Bilharziose der Harnwege erwähnen. Sie wird durch einen ca. 10-15 cm langen Plattwurm verursacht, der den wissenschaftlichen Namen *Bilharzia* oder *Schistosoma* (Pärchenegel) trägt. Ein Bad in verseuchten Gewässern reicht aus, um sich mit dem Parasiten zu infizieren. Folgende Symptome können bei der Bilharziose auftreten: Blut im Urin (Hämaturie), Schmerzen bei der Blasenentleerung (Dysurie), Verengung der Harnröhre mit Blutung, Nebenhoden- oder Prostata-Entzündung.

Die Krankheit wird durch Wurmeier im Harn und durch serologische Untersuchungen nachgewiesen.

Die Behandlung erfolgt medikamentös. Falls nötig, können Schäden auch operativ behoben werden.

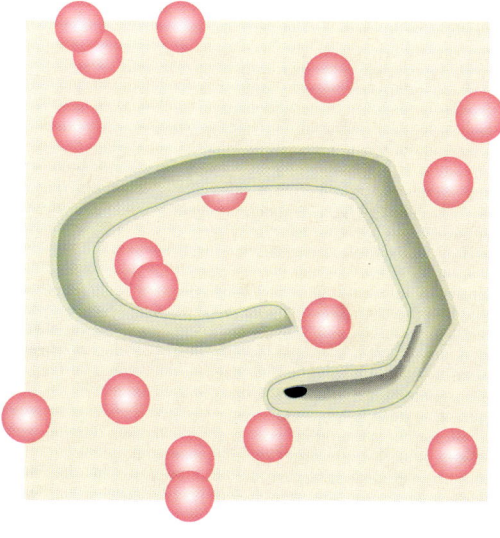

Ungereinigtes Wasser zu trinken bedeutet immer ein Risiko, sich mit Parasiten zu infizieren, ganz besonders in tropischen Ländern. Die Filariose ist eine Parasitenerkrankung, die normalerweise durch Mücken übertragen wird. In ihrer extremen Form kann sie zu einer Elefantiasis (enormes Anwachsen der Genitalien mit Hautverhärtung) werden. Die Zeichnung zeigt eine Mikroskopdarstellung des Parasiten der Filariose im Blut.

Drakunkulose

Diese Krankheit wird durch die Infektion mit dem Fadenwurm *Dracunculus medinensis* verursacht. Die Infektion erfolgt durch den Genuß von Trinkwasser, in dem sich Wurmlarven befinden.

Die infizierte Person verspürt unter Umständen keine konkreten Krankheitserscheinungen. Der weibliche Wurm (er kann bis zu 1 m lang werden) erscheint, nachdem er die Haut durchbohrt hat, an der Oberfläche des Körpers, und zwar besonders am Damm und am Hodensack.

Die einzige mögliche Behandlung besteht darin, den weiblichen Wurm schrittweise herauszuziehen, was sehr mühsam ist und lange dauert.

Vor diesen unangenehmen Folgen kann man sich nur durch Vorbeugung schützen. Allgemeine Vorbeugungsmaßnahmen bestehen darin, die Verseuchung von Trinkwasser global zu stoppen und selbst kein ungereinigtes Wasser zu trinken.

Filariose der Lymphe

Die Filariose der Lymphe wird hauptsächlich durch die Filaria *Wuchereria bancrofti*, einen 5-10 cm langen, runden Wurm (Fadenwurm), hervorgerufen. Die Übertragung der Krankheit findet durch Mückenstiche statt. Der Parasit setzt sich in den menschlichen Lymphwegen fest und blockiert sie.

Die Inkubationszeit der Krankheit kann mehrere Monate betragen. Krankheitserscheinungen sind Fieberschübe, Nesselausschlag und andere allergische Symptome.

Die Krankheit löst eine schmerzhafte Schwellung der Lymphgefäße (Lymphangitis) des Hodensacks, akute und chronische Hodenentzündungen, einen chylösen Hodenwasserbruch und das Auftreten von Milchsaft (Chylus) im Urin aus. Der Chylus ist eine milchige Flüssigkeit, die von den Lymphgefäßen bei der Verdauung aus dem Darm abtransportiert wird. Er besteht aus mit Fett angereicherter Lymphe. Da die Lymphgefäße durch die Würmer blockiert sind, tritt relativ häufig eine enorme Vergrößerung des Hodensacks (Elefantiasis) auf.

Bei der Frau löst die gleiche Krankheit krampfaderige Schwellungen der Beine und der großen Schamlippen aus.

Die Diagnose wird durch Nachweis von Filarien im Blut oder im Chylus oder durch serologische Reaktionen gestellt. Die Behandlung der Filariose der Lymphe erfolgt medikamentös; eventuell ist ein operativer Eingriff nötig.

Zur Verhütung der Krankheit sollten Insektenvernichtungsmittel und Moskitonetze eingesetzt werden, um den Kontakt mit Insekten, die den Erreger tragen, zu verhindern.

Für alle Reisenden

Wenn Sie in die Tropen reisen, sollten Sie abgesehen von der Durchführung der empfohlenen Impfungen einige allgemeine Vorsichtsmaßnahmen treffen:

- *Essen Sie kein rohes Gemüse, es sei denn, Sie haben die absolute Sicherheit, daß es nicht verseucht ist.*
- *Schälen Sie immer das Obst, das Sie essen.*
- *Trinken Sie kein Wasser oder andere Getränke, von denen Sie nicht sicher wissen, ob sie unbedenklich sind. Am besten ist es, in Flaschen abgefülltes Wasser zu trinken, das garantiert sauber ist.*
- *Baden Sie nicht in unbekannten stehenden oder fließenden Gewässern.*
- *Schützen Sie sich vor Insekten. Schlafen Sie in einem Zimmer, in dem keine Insekten sind, und verwenden Sie Moskitonetze.*

In warmen Ländern sollte man sehr vorsichtig mit dem Verzehr von Gemüse und Salat sein. Alle Gemüsearten, die sich nicht schälen lassen, sollten ausreichend erhitzt bzw. gut gegart werden, um alle Krankheitserreger sicher abzutöten.

3 - Männerkrankheiten
HAUT

Hauterkrankungen im Genitalbereich

Unter diesem Sammelbegriff finden sich einige Erkrankungen der Haut (Dermatosen), die die Geschlechtsorgane des Mannes (und der Frau) und ihre Umgebung betreffen können:

- **Phthirus pubis oder Pediculus pubis** ist ein grauer und ca. 1,5 mm langer Parasit, der im allgemeinen Sprachgebrauch Filzlaus genannt wird. Er hält sich in der Schambehaarung auf. Manchmal verläßt er diesen Bereich aber auch. Seine Eier befestigt er an den Schamhaaren.
- **Ekzeme** können in unterschiedlicher Ausprägung im Genitalbereich auftreten. Ihre Ursache kann anlagebedingt sein oder auf eine Allergie zurückgehen (durch Textil- oder Waschmittelunverträglichkeit usw.). Ekzeme entstehen ebenso in feuchten Kammern, die sich durch Körperwärme und übermäßige Schweißabsonderung bilden.
- **Die Schuppenflechte** zeigt scharf begrenzte, gerötete Hautflächen.
- **Der Lichen planus** verursacht große Hautblasen.
- **Talgdrüsenzysten und andere Hautveränderungen** treten manchmal auch an den männlichen Genitalien auf.

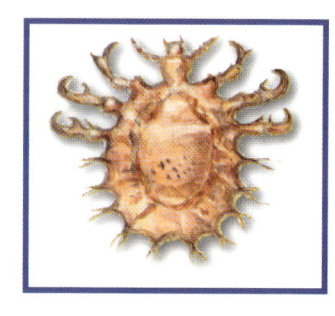

DIE FILZLAUS
Die Filzlaus wird durch Sexualkontakt oder durch verseuchte Kleidung übertragen. Sie verursacht starken Juckreiz und Kratzverletzungen im Genitalbereich. Mann und Frau können betroffen sein.

Behandlung

Zum Facharzt gehen
Die Behandlung dieser und anderer Hautprobleme hängt von der Erkrankung im Einzelfall ab und sollte von einem Facharzt vorgenommen werden.
Parasiten werden mit besonderen Seifen und Shampoos beseitigt. **Talgdrüsenzysten** werden chirurgisch entfernt.

Natürliche Behandlungsmethoden
Gegen **Ekzeme** können als natürliche, unterstützende Therapie Kamillen-, Eichenrinden- und Haferstrohbäder angewendet werden.

Die **Schuppenflechte** kann mit einer Salbe auf natürlicher Basis behandelt werden, die zu 50 % aus Magnesiumchlorid und zu 50 % aus Honig besteht. Ebenfalls hilfreich sind Bäder mit Salz aus dem Toten Meer, UV-Lichtbestrahlungen und Klimakuren am Toten Meer.

Eine allgemeine Besserung kann auch erzielt werden, indem 2mal pro Tag **Lehmwickel** auf die betroffenen Hautpartien gelegt werden. Nach Entfernung des trockenen Lehms sollte Olivenöl auf die erkrankten Hautpartien aufgetragen werden.

Wenn man über geeignete Voraussetzungen verfügt, kann man auch ein **Vollbad in lauwarmem Lehmwasser** nehmen (2 kg Lehm im Wasser einer Badewanne gelöst).

Auch die **Thalassotherapie** (Seewasserbehandlungen) in Form von Kompressen und Waschungen mit Meerwasser kann gute Heilungserfolge erzielen.

3 - Männerkrankheiten
HAUT

Genitaltuberkulose

Die Tuberkulose ist eine chronische ansteckende Krankheit. Sie wird durch den Erreger *Mycobacterium tuberculosis* verursacht, der vorwiegend die Lungen befällt, aber ebenso jedes andere menschliche Gewebe, auch die Geschlechtsorgane, angreifen kann.

Wirkungsvolle Maßnahmen zur Vorbeugung und erfolgreiche Behandlungsmöglichkeiten sowie die Verbesserung der allgemeinen Lebensbedingungen und der Hygiene haben der Tuberkulose, der „weißen Pest", den Schrecken genommen, den sie vor nicht langer Zeit noch verbreitete. Trotzdem kann man immer noch Fälle von Genitaltuberkulose beim Mann und bei der Frau beobachten. Sie werden meist durch eine ungenügend behandelte Lungentuberkulose verursacht.

Die Genitaltuberkulose tritt oft bei jungen Männern auf. Sie ist fast immer Begleiterscheinung einer Nierentuberkulose. Von der Niere aus gelangt sie über die ableitenden Harnwege, über die Lymphgefäße oder Blutgefäße zu den Geschlechtsorganen.

Die Erkrankung betrifft gewöhnlich die Nebenhoden, den Samenleiter, die Samenbläschen, die Prostata, die Harnröhre, die Hoden oder die Hodenscheide. Es entstehen Geschwüre, die sich verhärten und abheilen oder Abszesse bilden, aus denen sich häufig Fisteln entwickeln.

Behandlung

Bei der Genitaltuberkulose ist die Anwendung einer medikamentösen Therapie mit Antibiotika erfolgreich. Normalerweise werden nach Durchführung eines Empfindlichkeitstests durch ein Biogramm Isoniazid, Rifampicin und Ethambutol verabreicht, wenn keine Unverträglichkeit gegenüber diesen Antibotika besteht.

Die enormen Verbesserungen der allgemeinen Lebensbedingungen und der Hygiene im besonderen haben die Tuberkulose in allen ihren Formen stark zurückgehen lassen. In der jüngsten Zeit beobachtet man jedoch wieder einen Zuwachs dieser einst so gefürchteten Krankheit.

3 - Männerkrankheiten
FUNKTIONELLE

Pubertätsstörungen

Das bevorstehende Einsetzen und die Stärke der Pubertät können medizinisch durch die Messung des Serumspiegels der Hormone FSH und LH und der 17-Ketosteroide, die einen Hinweis auf die Produktion androgener Hormone geben, festgestellt werden. Eine solche Messung ist dann notwendig, wenn Störungen im normalen Verlauf der Pubertät auftreten oder aufzutreten drohen.

Wir wollen jetzt die möglichen Pubertätsstörungen beim Mann betrachten.

Sowohl bei einem verfrühten als auch bei einem verspäteten Pubertätsbeginn sollte man einen Arzt aufsuchen, um Klarheit über die Ursachen und über die mögliche Notwendigkeit einer Behandlung zu bekommen.

Anomalien der Brust

Die häufigsten Fehlentwicklungen der Brust beim Mann sind:

- einfache Fettdepots in der Brustdrüse
- schmerzhafte Knoten in der Größe einer kleinen Münze, besonders in der linken Brust, die den Beginn der Pubertät ankündigen
- Talgdrüsen, die im Warzenhof liegen und linsengroß werden
- eine deutliche Größenzunahme der Brüste (echte Gynäkomastie)

Diese Veränderungen der Brust, die normalerweise spontan wieder verschwinden, sollten trotzdem von einem Arzt beobachtet werden. Sie können nämlich gelegentlich ernste Ursachen haben, die dann eine genaue Diagnose und eine entsprechende Behandlung erforderlich machen.

Verspätetes Einsetzen der Pubertät

Eine Verzögerung der Pubertät läßt sich an einem kleinen Penis, einer langen Vorhaut, einem unterentwickelten Hodensack ohne dunkle Färbung, ohne Streifen und Falten erkennen.

Das verspätete Einsetzen der Pubertät kann unterschiedliche Ursachen haben:

- chronische Mangelernährung
- schwere Krankheiten, wie z. B. Herz- oder Nierenerkrankungen
- chronische Infektionen, wie z. B. Tuberkulose
- genetische Faktoren
- unterschiedliche endokrine Störungen mit Ursache in der Hirnanhangdrüse, der Schilddrüse, den Hoden oder der Bauchspeicheldrüse

Erblich bedingte Verzögerungen der Pubertät können normal und harmlos sein. Da es aber auch schwer diagnostizierbare und behandlungsbedürftige Formen erblich bedingter Pubertätsverzögerung gibt, sollte immer ein Arzt konsultiert werden.

Ist die Verzögerung hormonell bedingt, werden Hormonspiegelbestimmungen und weitere Untersuchungen durchgeführt, um die genaue Ursache festzustellen und eine geeignete Therapie einzuleiten.

Vorzeitiges Einsetzen der Pubertät

Wenn die Pubertät vor dem zehnten Lebensjahr eines Kindes einsetzt, sind eine Reihe von Untersuchungen angezeigt, um die Ursachen für das verfrühte Einsetzen der Entwicklung festzustellen.

Beim Jungen äußert sich die Frühreife durch das Wachsen des Penis, der das Aussehen eines erwachsenen Gliedes annimmt, und durch die Entwicklung der Hoden, die sich dunkel verfärben und behaart werden. Die Stimme ändert sich ebenfalls. Trotz aller genannten Veränderungen ist das Auftreten von sexuellem Verlangen eher eine Ausnahme.

Ursachen für das verfrühte Einsetzen der Pubertät sind:

- Störungen im zentralen Nervensystem
- Überfunktion der Nebennierenrinde
- Nebennierentumoren
- Hodentumoren
- Gehirntumoren

Wenn nach eingehender Untersuchung des Kindes keine Ursache für den verfrühten Beginn der Pubertät gefunden werden kann, spricht man von „essentieller" Frühreife. Ihre Prognose ist normalerweise günstig.

Weitere Störungen

Die vorzeitige Behaarung, die Fettsucht, die Magersucht, die Akne, die starke, krankhaft gesteigerte Absonderung der Talgdrüsen (Seborrhö) und die dissoziierte Pubertät haben beim Jungen und beim Mädchen dieselben Ursachen. Diese Störungen werden in Kapitel 6 ausführlich behandelt.

3 - Männerkrankheiten
FUNKTIONELLE

Spermatorrhö

Behandlung

Gesunde Lebensweise

Der Patient sollte starke psychische und körperliche Anstrengungen vermeiden.

Eine gesunde Lebensweise und Ernährung können grundsätzlich hilfreich sein (siehe die Empfehlungen zur „Prostatavergrößerung", S. 1/52ff.).

Außerdem sollte er genug schlafen, und zwar immer auf der Seite. Er sollte eine Weile sexuell enthaltsam leben.

Medikamente und Heilpflanzen

In bestimmten Fällen kann die Verschreibung eines Beruhigungsmittels erforderlich sein.

Die Einnahme des Medikaments sollte auf jeden Fall unter ärztlicher Aufsicht erfolgen.

Alternativ können Heilpflanzen mit beruhigender Wirkung verwendet werden.

Unter Spermatorrhö versteht man den wiederholten unwillkürlichen Abgang von Samenflüssigkeit ohne geschlechtliche Erregung, besonders beim Stuhlgang und beim Urinieren. Deshalb kann sie auch einfach als unwillkürlicher Samenabgang bezeichnet werden.

Normalerweise ist ein unwillkürlicher Samenabgang pro Woche beim Mann ohne Bedeutung. Manchmal kann sich jedoch hinter der Spermatorrhö eine Krankheit verbergen: z. B. eine Verletzung des Rückenmarks, eine Harnröhrenentzündung, eine Gonorrhö oder andere Krankheiten.

Auch allgemeine Müdigkeit oder psychisch bedingte Störungen kommen als Ursachen in Frage.

Die Spermatorrhö kann auf einer allgemeinen körperlichen Schwäche beruhen. Daher sind alle Maßnahmen zu empfehlen, die der Stabilisierung der Gesundheit und dem körperlichen Wohlbefinden dienen. Auf populäre Hausmittel wie einen „Krafttrunk" aus Traubensaft und Eigelb (siehe Foto) sollte wegen des hohen Cholesteringehalts des Eis jedoch besser verzichtet werden.

Hämospermie

Bei der Hämospermie befindet sich Blut in der Samenflüssigkeit. Wird die Hämospermie durch einen Defekt der Samenbläschen verursacht, wird sie „echte Hämospermie" genannt. Geht sie auf eine Erkrankung der Prostata zurück, bezeichnet man sie als „falsche Hämospermie". Hämospermie kommt vor bei Genitaltuberkulose, Genitaltumoren sowie akuter und chronischer Samenblasenentzündung.

Um einen Tumor auszuschließen, sollte sich der Arzt genau nach der Vorgeschichte des Patienten erkundigen. Er sollte eine rektale Untersuchung (durch den Mastdarm) durchführen, den Urin zytologisch und bakteriologisch untersuchen lassen, eine Röntgenkontrastdarstellung der ableitenden Harnwege und ggf. eine Röntgenaufnahme des Samenstrangs veranlassen. Falls nötig, leitet der Arzt eine Behandlung ein.

3 - Männerkrankheiten
ZEUGUNGSUNFÄHIGKEIT

Zeugungsunfähigkeit

Das Problem der Unfruchtbarkeit eines Paares ist kompliziert. Mitunter ist die Ursache aber auch sehr schnell diagnostiziert, und die Sterilität kann behoben werden.

Mehreren Untersuchungen zufolge ist die Sterilitätsrate in den letzten 25 Jahren um 300 % gestiegen. Man beobachtet heute, daß sie nicht nur in Deutschland, sondern auch in anderen Industrieländern weiter ansteigt.

In Deutschland sind etwa 10 % aller Ehepaare unfruchtbar. Mindestens die Hälfte dieser Ehepaare wünschen sich Kinder. Die Zahl ist wichtig, denn in einem Land mit 80 Millionen Einwohnern bedeutet das, daß etwa 1.200.000 Paare im fortpflanzungsfähigen Alter kinderlos bleiben, von denen zumindest 350.000 Paare Kinderwunsch haben.

Es wird empfohlen, ärztliche Hilfe in Anspruch zu nehmen, wenn ein Paar etwa ein Jahr lang unbeabsichtigt kinderlos geblieben ist.

Bewertung der Spermienanomalien

- Eine vollkommene Unbeweglichkeit der Spermien (Nekrospermie) bedeutet in jedem Fall Zeugungsunfähigkeit.
- Das Fehlen von Spermien (Azoospermie) ist ebenso ein Grund für eine irreversible (unheilbare) Zeugungsunfähigkeit.
- Die anderen Anomalien – mangelnde Beweglichkeit der Spermien (Asthenospermie) und verringerte Anzahl von Spermien (Oligospermie) – bedeuten nicht unbedingt absolute und bleibende Zeugungsunfähigkeit.
- Wenn die Spermien in ihrer Form stark verändert sind (Teratospermie), kann auch dies Zeugungsunfähigkeit bedeuten.

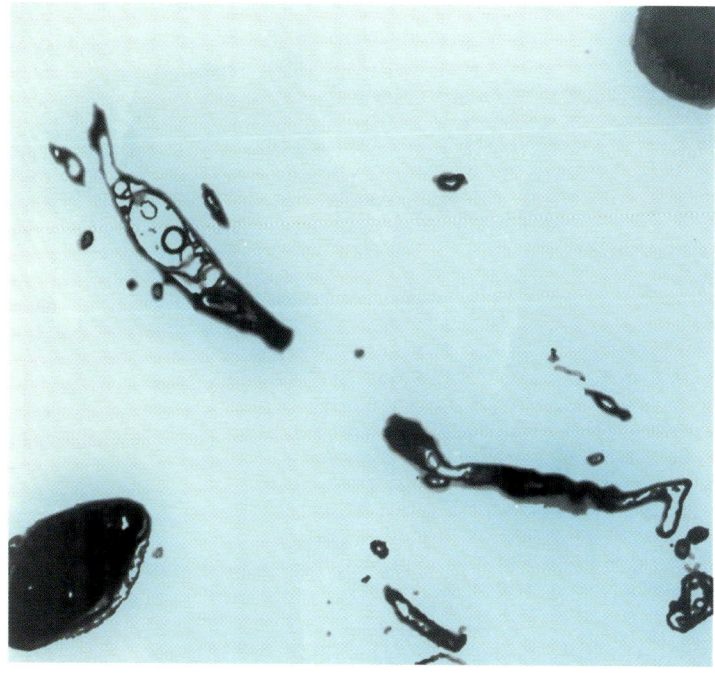

ELEKTRONENMIKROSKOPISCHE DARSTELLUNG DER FEINSTRUKTUR DER SPERMIEN:

Bei der vorliegenden Untersuchung konnten Mißbildungen der Köpfe (Bild oben: 9.500fach vergrößert, Bild rechts: 26.500fach vergrößert), des Mittelstücks und der Geißel der Spermien beobachtet werden. Es wurden auch Chromatinanreicherungen festgestellt, ein Zeichen ungenügender Reifung der Spermien.

Männliche Zeugungsunfähigkeit bedeutet, daß der Mann keine Kinder zeugen kann. Lange Zeit wollte man es nicht wahrhaben, daß ein Mann, der imstande war, Geschlechtsverkehr mit Samenerguß zu haben, zeugungsunfähig sein könnte. Heute weiß man jedoch, daß in einem Drittel aller Fälle von Unfruchtbarkeit die Ursache beim Mann, bei einem weiteren Drittel bei der Frau und beim restlichen Drittel bei beiden Partnern liegt. Im letzten Fall könnte jeder

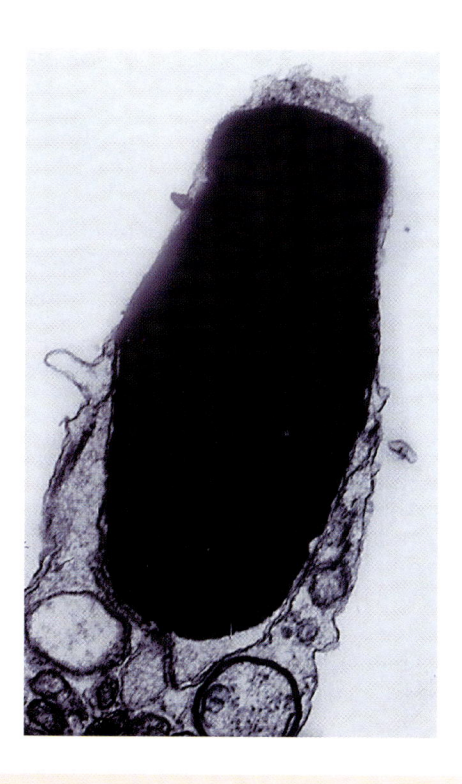

Ergebnisse des Spermiogramms bei Zeugungsunfähigkeit des Mannes

		Untersuchungsergebnisse		
Leiden	Besonderheiten der Spermien	Spermienanzahl (Millionen/ml)	Beweglichkeit (% normal)	Form (% normal)
NORMOSPERMIE	normal	> 40	> 60	> 60
AZOOSPERMIE	nicht vorhanden	0	0	0
OLIGOSPERMIE	verminderte Anzahl	< 40	ca. 60	ca. 60
ASTENOSPERMIE	verringerte Beweglichkeit	ca. 40	< 60	ca. 60
NEKROSPERMIE	vollkommen unbeweglich	ca. 40	0	ca. 60
TERATOSPERMIE	Mißbildungen	ca. 40	ca. 60	< 60

Man spricht von Normospermie, wenn die Zählung und Untersuchung der Spermien normale Ergebnisse liefert, wie in der ersten Zeile der obigen Tabelle dargestellt. Die Abweichungen von der Normospermie, die in den unteren Zeilen zu sehen sind, werden auf den nachfolgenden Textseiten besprochen. Ein normaler Samenerguß ergibt mehr als 2 ml (meistens 3-5 ml) Samenflüssigkeit. Pro Milliliter sind 60-150 Mio. Spermien vorhanden, von denen bis zu 40 % von Fehlbildungen betroffen sein können, ohne daß die Qualität der Samenflüssigkeit darunter leidet. Bei 37° C sollten nach 3 Stunden noch 60 % der Spermien beweglich sein. Der pH-Wert der Flüssigkeit schwankt zwischen 7,2 und 7,3. Weicht die Samenflüssigkeit in einem der in der Tabelle angeführten Parameter von der Norm ab, kann eventuell eine männliche Sterilität vorliegen.

Die Skizze rechts zeigt verschiedene Mißbildungen von Spermien (Riesenkopf, zu kleiner Kopf, doppelter Kopf, zwei Schwänze usw.) im Vergleich mit einem normalen Spermium (links oben).

Partner auch mit einem anderen Partner keine Kinder zeugen.

Die wichtigsten Ursachen für die Zeugungsunfähigkeit beim Mann sind:
- vollkommenes Fehlen oder eine stark verringerte Anzahl von Spermien,
- Anomalien oder Fehlbildungen der Spermien,
- Behinderungen im Austritt der Spermien oder
- das Unvermögen, den Geschlechtsverkehr zu vollziehen.

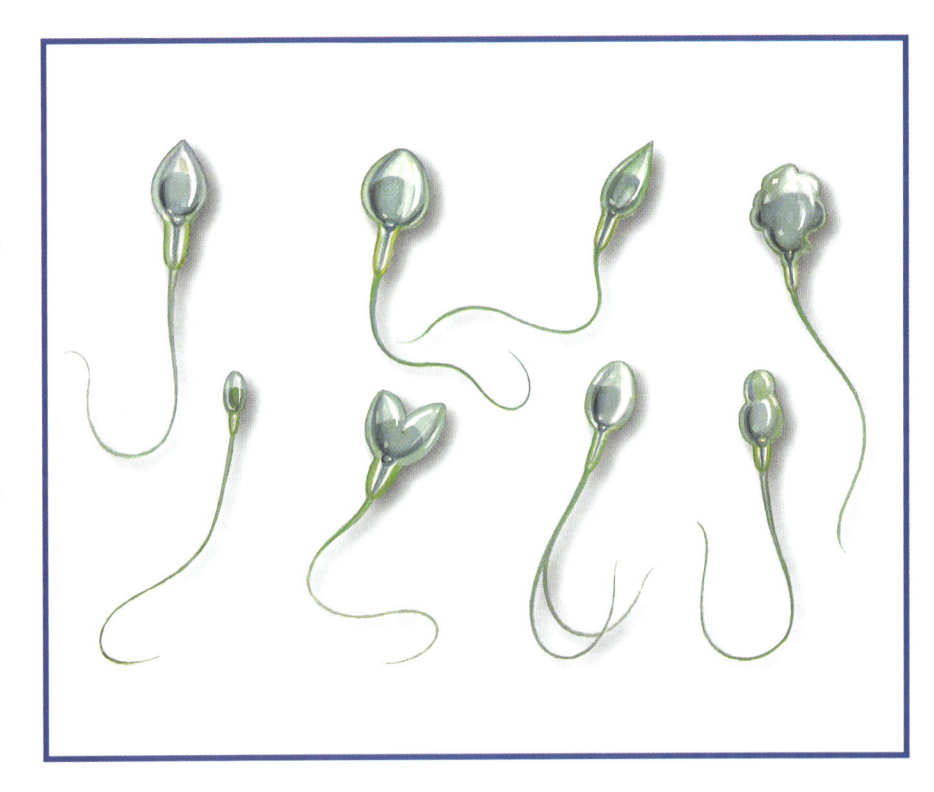

Da es sich um ein Thema von großem Interesse insbesondere für die Betroffenen handelt, wollen wir die Fälle, in denen eine Zeugungsunfähigkeit durch Fehlen von Spermien oder Veränderungen an den Spermien hervorgerufen wird, ausführlicher behandeln.

Azoospermie

Das vollständige Fehlen von Spermien in der Samenflüssigkeit wird Azoospermie genannt. Dieser Defekt kann durch eine Degeneration (Verfall) des spermienproduzierenden Keimepithels bedingt sein, die ihrer-

Diagnose der Zeugungsunfähigkeit beim Mann

Behutsames Vorgehen des Arztes

Bei der Untersuchung des männlichen Partners eines unfruchtbaren Ehepaares geht der Arzt gewöhnlich sehr behutsam vor. Denn nicht selten lehnt der Patient aus Angst, als der „Schuldige" abgestempelt zu werden, die Untersuchungen ab.

Zur Diagnose einer männlichen Zeugungsunfähigkeit gehört die Anamnese (Ermittlung der Vorgeschichte der Krankheit), eine körperliche Untersuchung und entsprechende Labortests.

Die Anamnese

Der Arzt erkundigt sich normalerweise beim Patienten nach möglichen Vorkrankheiten:

- eine normale oder durch Medikamente bewirkte Hodensenkung (siehe S. 1/72)
- Unfälle, Operationen aufgrund angeborener Fehlbildungen (siehe S. 1/66 und 1/84)
- Pubertätsstörungen (siehe S. 1/77)
- Krankheiten im Erwachsenenalter, wie Infektionen, besonders Mumps und Gonorrhö (siehe S. 1/68)
- Allgemeinerkrankungen, wie Diabetes, oder psychische Erkrankungen

Auch der Beruf des vermeintlich zeugungsunfähigen Mannes muß berücksichtigt werden. Streß, Erschöpfung oder Vergiftungen durch Blei oder andere Stoffe können sich auf die Zeugungsfähigkeit auswirken.

Außerdem hat das Rauchen negativen Einfluß auf die Zeugungsfähigkeit.

In bestimmten Fällen kann das Sexualverhalten des Mannes seine Zeugungsfähigkeit beeinflussen, insbesondere in Zusammenhang mit Impotenz und der Häufigkeit sexueller Kontakte.

Ärztliche Untersuchung

Die körperliche Untersuchung des Mannes umfaßt die Untersuchung der äußeren Geschlechtsorgane, d. h. des Gliedes, der Hoden und der Samenstränge.

Außerdem müssen die Prostata und die Brustwarzen, die, genauso wie bei der Frau, hormonell beeinflußt sind, beurteilt werden.

Bereits diese Untersuchungen können für die Diagnose entscheidend sein, wie z. B. bei der mumpsbedingten Hodenatrophie oder bei anderen Krankheiten. Fettsucht kann in Verbindung mit Drüsenfunktionsstörungen als mögliche Ursache einer Zeugungsunfähigkeit in Frage kommen.

Labortests

Häufig werden Laboruntersuchungen durchgeführt, um eine exakte Diagnose stellen zu können. Die gebräuchlichste und aussagekräftigste Laboruntersuchung ist die Erstellung eines Spermiogramms, d. h. die Beurteilung der Samenflüssigkeit (siehe S. 1/80).

Zunächst werden das Volumen, das Aussehen und die Zähflüssigkeit des Ejakulats sowie die Anzahl der Spermien, ihre Beweglichkeit, ihre Form und Reife untersucht. Ebenso kann man den Gehalt an weißen Blutkörperchen (Leukozyten), Fruktose, Zitronensäure, Prostaglandinen usw. bestimmen.

Gelegentlich ist es nützlich, sich anhand der Bestimmung der 17-Ketosteroide im Urin und der Gonadotropine im Serum genauen Einblick in die Funktion der Hoden und der Hirnanhangdrüse (Hypophyse) zu verschaffen. Auch die Untersuchung einer Gewebeprobe des Hodens, die durch eine Gewebeprobeentnahme (Biopsie) gewonnen wird, hilft in bestimmten Fällen weiter.

Eventuell muß auch der Karyotyp, d. h. der Chromosomensatz (siehe S. 1/196f.) des Mannes untersucht oder ein Antikörpersuchtest durchgeführt werden.

seits durch stark unterentwickelte männliche Geschlechtsdrüsen oder eine nach Mumps aufgetretene Atrophie (Schwund) der Hoden ausgelöst wurde (siehe S. 1/68).

Die Azoospermie kann auch auf einen Verschluß der Spermienausführungsgänge zurückzuführen sein, der z. B. von einer durch Gonorrhö, Tuberkulose oder andere Krankheiten ausgelösten Nebenhodenentzündung oder Samenleiterentzündung verursacht wurde.

Oligospermie

Oligospermie bedeutet, daß eine verringerte Anzahl von Spermien im Ejakulat (beim Samenerguß ausgestoßene Samenflüssigkeit) vorhanden ist.

Die Anzahl der Spermien pro Milliliter Samenflüssigkeit ist ein sehr wichtiger Faktor für eine Zeugung. Das Ejakulat des Mannes wird als normal bezeichnet, wenn sein Volumen mehr als 2 ml beträgt und wenn mehr als 40 Millionen Spermien darin enthalten sind.

Damit es sicher zu einer Zeugung bzw. Befruchtung kommt, müssen mindestens 30 Millionen Spermien in die Scheide gelangen und ca. 12.000 Spermien in die Gebärmutter (Uterus) eindringen.

Das Eindringen der Spermien in den Uterus kann, wenn der Zervixschleim am Muttermund sehr zäh ist, so stark erschwert werden, daß selbst

Behandlung der Zeugungsunfähigkeit

Die Behandlung der Zeugungsunfähigkeit beim Mann obliegt dem Urologen bzw. dem spezialisierten Andrologen, dessen Fachbereich zur Zeit noch genauer abgegrenzt wird.

Um eine männliche Zeugungsunfähigkeit oder eine weibliche Unfruchtbarkeit erfolgreich behandeln zu können, muß zunächst festgestellt werden, was die Ursache der Sterilität ist.

- Bei der **Azoospermie,** bei der gesunde Hoden Spermien produzieren, diese aber aufgrund einer Abflußbehinderung oder ganz selten aufgrund einer Fehlbildung nicht nach außen gelangen, können die Transportwege für die Spermien operativ wiederhergestellt werden. Bei dem Eingriff wird eine Verbindung zwischen Nebenhoden und Samenleiter (Anastomose) geschaffen. Die Erfolgsaussichten liegen bei etwa 40 %.
- Die **sekretorische Azoospermie,** die durch Hodenentzündungen (z. B. als Komplikation einer Mumpsinfektion) oder Verletzungen entsteht oder anlagebedingt ist, hat keine Behandlungsmöglichkeit, da die Hoden keine Spermien produzieren.

Neben den Azoospermien, die auf Funktionsstörungen der Hoden beruhen, gibt es andere, die ihren Ursprung auf einer „höheren" Ebene, in der Hypophyse (Hirnanhangdrüse) oder im Hypothalamus (Teil des Zwischenhirns), haben. Sie werden durch Gehirntumoren oder einen Mangel an Gonadotropinen (den Keimdrüsen vorgeschaltete Hormone) verursacht. In diesen Fällen kann eine Hormontherapie erfolgreich sein.

- Da bei der **Asthenospermie** (mangelnde Beweglichkeit der Spermien) und der **Oligospermie** (zu wenig Spermien) Samenkanälchen vorhanden sind, kann hier eine Hormontherapie, die die Samenkanälchen stimuliert, eingesetzt werden. Zusätzlich sollte der Betroffene darauf achten, daß die Temperatur der Hoden durch passende Kleidung möglichst niedrig gehalten wird. Spermien reagieren nämlich sehr sensibel auf eine erhöhte Temperatur. Aus diesem Grund werden sie außerhalb des Körpers, d. h. im Hodensack, produziert und gespeichert. Dort ist die Temperatur niedriger als im Inneren des Körpers.
- Beim Vorliegen eines **Krampfaderbruchs** (Varikozele) mit Veränderungen im Spermiogramm (Zählung und Beurteilung der Spermien) sollte die betroffene Vene entfernt werden. Bei der Hälfte der Paare kann man eine Besserung beobachten. In einem Drittel der Fälle kommt es zu einer Schwangerschaft.

Zusammen mit der Zeugungsunfähigkeit sollten auch **chronische Infektionen der Geschlechtsorgane** behandelt werden. Sie können nämlich das Keimepithel verändern, die Samenwege verschließen und die Zusammensetzung der Samenflüssigkeit stören.

Sind die Oligospermie und die Asthenospermie hormonell bedingt, können gonadotrope Hormone eingesetzt werden. Ihre Anwendung muß individuell angepaßt und dosiert werden. Der Einsatz von Testosteron ist riskant. Daher wird häufiger Mesterolon verwendet, das die Gonadotropinausschüttung nicht beeinflußt.

Etwa 10 % aller bekannten Fälle von Zeugungsunfähigkeit können zur Zeit nicht aufgeklärt und folglich nicht behandelt werden.

Wenn die Zeugungsunfähigkeit nicht heilbar ist, können Paare in bestimmten Fällen eine künstliche Befruchtung ausprobieren (siehe Kap. 33). Und falls alle Versuche scheitern sollten, besteht noch die Möglichkeit einer Adoption, die bereits vielen Kindern und Eltern Segen gebracht hat.

(Siehe auch „Unfruchtbarkeit" bei der Frau, Kap. 6, S. 1/138ff.)

funktionsfähige Samenzellen ihre Zeugungskraft verlieren.

Auf der anderen Seite können ungewöhnlich große Spermienkonzentrationen (Polyspermie) zusammen mit weiteren Faktoren ebenfalls störend wirken. Denn jede Samenzelle benötigt zu ihrer eigenen Ernährung eine ausreichend große Menge an Samenflüssigkeit, um sich nach dem Samenerguß im weiblichen Genitalkanal vorwärts bewegen zu können.

Asthenospermie, Nekrospermie und Teratospermie

Damit eine Befruchtung stattfinden kann, muß nicht nur eine ausreichende Anzahl an Spermien in ihrer natürlichen flüssigen Umgebung vorhanden sein.

Die Spermien müssen auch beweglich genug sein und sich geradlinig fortbewegen können. Anderenfalls erreichen sie ihr Ziel, die Eileiter der Frau, nicht.

- Eine mangelnde Beweglichkeit der Spermien im Ejakulat wird **Asthenospermie** genannt.

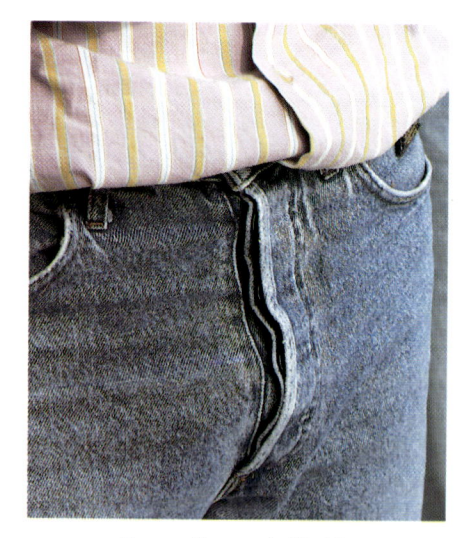

Eng anliegende Kleidung drückt auf die Hoden und erhöht durch die Reibung ihre Temperatur. Der Temperaturanstieg schädigt oder tötet die Spermien – mit der möglichen Folge der Zeugungsunfähigkeit.

Zusammensetzung der Samenflüssigkeit (Durchschnittswerte)

Frische Samenflüssigkeit

Volumen des Ejakulats: 3-5 ml

Farbe und Aussehen: Milchig weiße Flüssigkeit, etwas schillernd, zäh und fadenziehend. Je mehr Spermien vorhanden sind, um so milchiger erscheint die Flüssigkeit.

Gerinnung: Gerinnt sofort nach dem Samenerguß.

Verflüssigung: Sie beginnt wenige Minuten nach dem Samenerguß und ist nach etwa 15 Minuten beendet.

Samenflüssigkeit 15 Minuten nach dem Samenerguß oder später

pH-Wert:	7,2-8,0
Spezifisches Gewicht:	1,020-1,040
Gefrierpunkterniedrigung:	0,56-0,58°C pro Stunde
Zähflüssigkeit:	6,46 U (Wasser = 1 bei 20°C)
Leukozyten:	0 bis vereinzelte (<5.000/ml)
Spermien:	60-150 Millionen/ml
– Beweglichkeit:	mindestens 90%
– Form:	80-90 % normale Form

Chemische Zusammmensetzung

Trockensubstanz:	10-20 %
– Salze:	1-2 %
– Organische Stoffe:	8-10 %
– Proteine:	2-6 %
– In Äther lösliche Stoffe:	0,21 %
Proteine:	1,58-1,80 g/100 ml
Stickstoff:	55-80 mg/100 ml
Aminosäuren:	bis zu 100 mg/100 ml
Ergothionein:	1,5 mg/100 ml
Glutathion:	30 mg/100 ml
Spermin und Spermidin:	90-200 mg/100 ml
Harnstoff:	72 mg/100 ml
Fruktose:	200-520mg/100 ml (220 mg)

(Mengen unter 135 mg weisen auf eine evtl. Keimdrüsenunterfunktion hin)

Milchsäure:	36-51 mg/100 ml oder 4,0-5,6 mEq/l
Zitronensäure:	96-1.430 mg/100 ml
Cholesterin:	103 mg/100 ml
Phospholipide:	84 mg/100 ml
Cholin:	bis 2.120 mg/100 ml
Vitamin C:	13 mg/100 ml
Östrogene:	
– Östradiol	1 µg/100 ml
– Östron	6 µg/100 ml
– Östriol	3 µg/100 ml
Phosphor:	
– anorganisch	40-50 mg/100 ml
– in Säuren gelöst	95 mg/100 ml
Chlorid:	100-203 mg/100 ml
Natrium:	240-319 mg /100 ml
Kalium:	66-107 mg /100 ml
Kalzium:	21-28 mg /100 ml
Magnesium:	14 mg /100 ml
Kohlendioxyd:	41-60 vol%
Saure Phosphatase:	540-4.000 U King Armstrong
Alkalische Phosphatase:	0,1-1 U King Armstrong

Feste Körper: Neben den Spermien enthält die Samenflüssigkeit Riesenzellen, Sertoli-Zellen, Epithelzellen, einige Leukozyten, Prostatazellen, Lezithinkörperchen, Böttcher-Kristalle und Charcot-Neumann-Kristalle, Fettkristalle, Sperminphosphate, Hodenzylinder, Amyloidkörper, Schleim und Bakterien.

- Wenn die Spermien vollkommen unbeweglich sind, spricht man von **Nekrospermie**.
- Bei der **Teratospermie** weichen die Samenzellen von ihrer normalen Form ab. Es handelt sich meist um Spermatiden, d. h. nicht vollständig gereifte Samenzellen, deren Entwicklungsprozeß durch eine Störung unterbrochen worden ist.
- Es können auch Spermien mit **morphologischen Anomalien** (z. B. zwei Köpfe) auftreten.

Spermien mit solchen Veränderungen sind in der Regel auch im normalen Ejakulat vorhanden. Sie führen lediglich dann zur Zeugungsunfähigkeit, wenn ihre Konzentration sehr hoch ist.

Bestimmte Anomalien im Spermiogramm eines Mannes können erfolgreich behandelt werden. Über die Erfolgsaussichten sollte man mit dem Facharzt sprechen.

3 - Männerkrankheiten
VERLETZUNGEN

Verletzungen der Geschlechtsorgane

Verletzungen der Geschlechtsorgane betreffen in den meisten Fällen den Penis, den Hodensack, die Hoden und den Samenstrang. Auslöser sind oft:

- **Stöße**
- **Quetschungen**
- **Wunden**
- **Verdrehungen**

Die Verletzungen bewirken Schwellungen, innere Blutergüsse, Blutungen nach außen und Schmerzen.

Aller Vorsicht zum Trotz kommt es immer wieder zu Verletzungen der Geschlechtsorgane, sei es durch einen Verkehrsunfall oder beim Sport. Wenn die Verletzung schwer ist, muß Bettruhe eingehalten werden.

Behandlung

Gegen die Schmerzen und die Blutergüsse können Schmerzmittel und Kälte eingesetzt werden. Der Betroffene muß unbedingt Bettruhe einhalten. Außerdem sollte er einen eng anliegenden, nicht abschnürenden Tragverband anlegen.

Bei einem Harnröhrenriß, bei Hodenkrampfadern, bei geplatztem Hoden oder anderen Komplikationen kann ein operativer Eingriff notwendig werden.

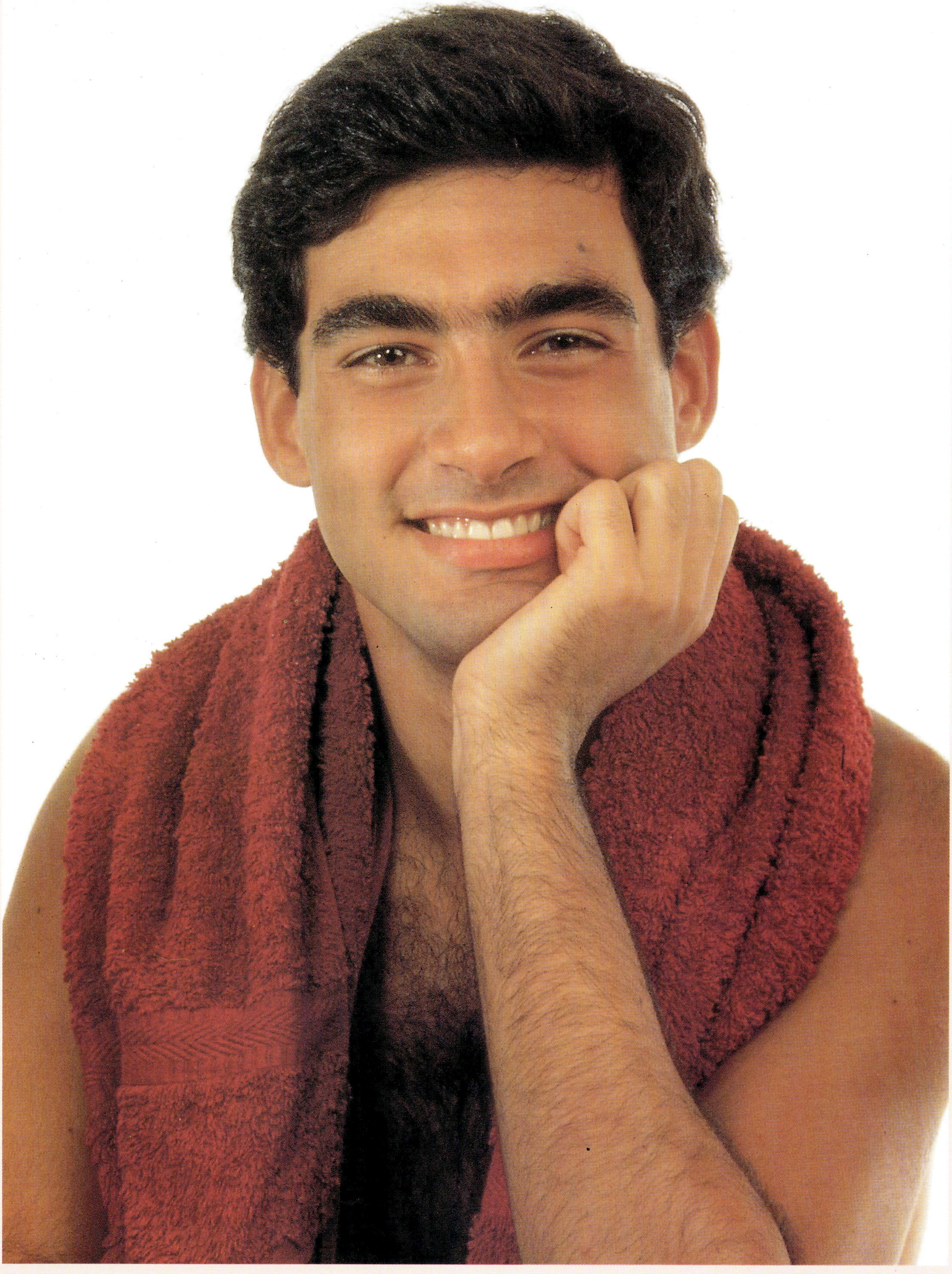

Verzeichnis der Kapitel

BAND 1

SEITE

4. Von der Eizelle zur Frau 88

5. Die weiblichen Organe und ihre Funktionen 100

6. Frauenkrankheiten 118

DIE GROSSE SAATKORN
GESUNDHEITSBIBLIOTHEK

MENSCH UND FAMILIE

Teil 2
Die Frau

„Deine Augen sind wie Tauben ... Weiß wie frischgeschorne Schafe ... glänzen prächtig deine Zähne ... Deine Wangen hinterm Schleier schimmern rötlich wie die Scheibe eines Apfels vom Granatbaum ... Deine Brüste sind zwei Zicklein, Zwillingsjunge der Gazelle, die in Blumenwiesen weiden ... Du bist lieblich, meine Freundin, und kein Fehler ist an dir!"

DER WEISE SALOMO

4 Von der Eizelle zur Frau

Im ersten Kapitel dieses Bandes haben wir gesehen, wie durch das Verschmelzen einer Eizelle von einer Frau mit einer Samenzelle von einem Mann ein männlicher Embryo entsteht und sich zum Jungen und erwachsenen Mann weiterentwickelt. Die Entstehung und Entwicklung eines weiblichen Embryos ist der des männlichen sehr ähnlich. Dennoch gibt es einige geschlechtsspezifische Unterschiede. Sie sollen im folgenden mit Bezug auf die Frau erklärt werden.

Bei der Befruchtung entsteht ein Mädchen, wenn eine Samenzelle, die ein X-Chromosom trägt (X-Chromosomen bestimmen das weibliche Geschlecht), eine Eizelle befruchtet.

Die unterschiedlichen Anfangsentwicklungsstadien der befruchteten Eizelle – Morula-, Blastula- und Gastrula-Stadium –, die bei beiden Geschlechtern identisch sind, wurden bereits in Kapitel 1 behandelt. Es empfiehlt sich, beim Lesen dieses Kapitels auch das, was dort über die Embryonalentwicklung gesagt wurde (S. 1/23ff.), zu berücksichtigen.

Im folgenden Text werden daher lediglich die Aspekte behandelt, die speziell die Entwicklung des weiblichen Embryos betreffen.

Das Hauptaugenmerk liegt dabei auf den anatomischen und physiologischen Gesichtspunkten der Entwicklung. Am Rande soll aber auch über den tieferen Sinn des Unterschieds zwischen Mann und Frau nachgedacht werden. Denn neben den Fakten aus Embryologie und Physiologie gibt es viele zusätzliche besondere Merkmale bei Mann und Frau, die zeigen, wie komplex der Mensch ist.

Vom Embryo zum Mädchen

Beim Mann haben die Harn- und Geschlechtsorgane, die sich aus dem Urogenitalwulst entwickeln, einen gemeinsamen Ausscheidungsweg. Bei der Frau sind diese beiden Systeme dagegen voneinander getrennt.

Wenn die Urkeimzellen in der noch neutralen Keimdrüse eintreffen und sich in der Rinde vermehren, entsteht der Eierstock. Die Entwicklung eines weiblichen Embryos verläuft einfacher als die eines männlichen. Auch ohne Produktion weiblicher Hormone ist bis zur Geburt sichergestellt, daß ein Mädchen heranreift, weil das genetische Geschlecht durch die XX-Chromosomen festgelegt ist. Selbst wenn nur ein einziges X-Chromosom vorhanden ist, entwickelt sich ein Mädchen, so zum Beispiel beim Turner-Syndrom. Zur vollen Entwicklung der Geschlechtsorgane und zur Einleitung der Pubertät ist die Produktion von Hormonen jedoch unbedingt notwendig.

Beim weiblichen Embryo entwickeln sich die inneren Geschlechtsorgane – die Eileiter, die Gebärmutter und die inneren zwei Drittel der Scheide – aus den Müllerschen Gängen. Da der weibliche Embryo keine Androgene (männliche Hormone) produziert, bilden sich die für den männlichen Embryo typischen Wolffschen Gänge spontan zurück.

Gestörte Geschlechtsentwicklung

Die Entwicklung des weiblichen Geschlechts kann durch Einwirken männlicher Sexualhormone in der Schwangerschaft gestört werden:

- von **innen**, durch krankhafte Produktion von Androgenen durch die Mutter oder den Fötus, oder
- von **außen**, durch Einnahme männlicher Hormone.

Dadurch kann es zu unterschiedlichen zwischengeschlechtlichen Erscheinungsformen kommen, die die Geschlechtsbestimmung des Kindes erschweren (siehe Kap. 22, S. 2/46ff.).

Die Geschlechtsdifferenzierung

In der achten Schwangerschaftswoche kann man unter dem Mikroskop erste Anzeichen für die Herausbildung eines Eier-

Forts. auf S. 92

Embryonale Entwicklung des menschlichen Genitalapparats

Undifferenziertes Stadium

Etwa in der fünften bis sechsten Entwicklungswoche des Embryos kann man unter dem Mikroskop bereits den Genitalapparat ausmachen. Man kann zu diesem Zeitpunkt allerdings noch nicht sagen, ob er männlich oder weiblich ist, ob ein Eierstock oder ein Hoden bzw. ein Penis oder eine Scheide vorhanden ist.

In der siebten Schwangerschaftswoche läßt sich mikroskopisch erkennen, ob Hoden oder Eierstöcke vorliegen.

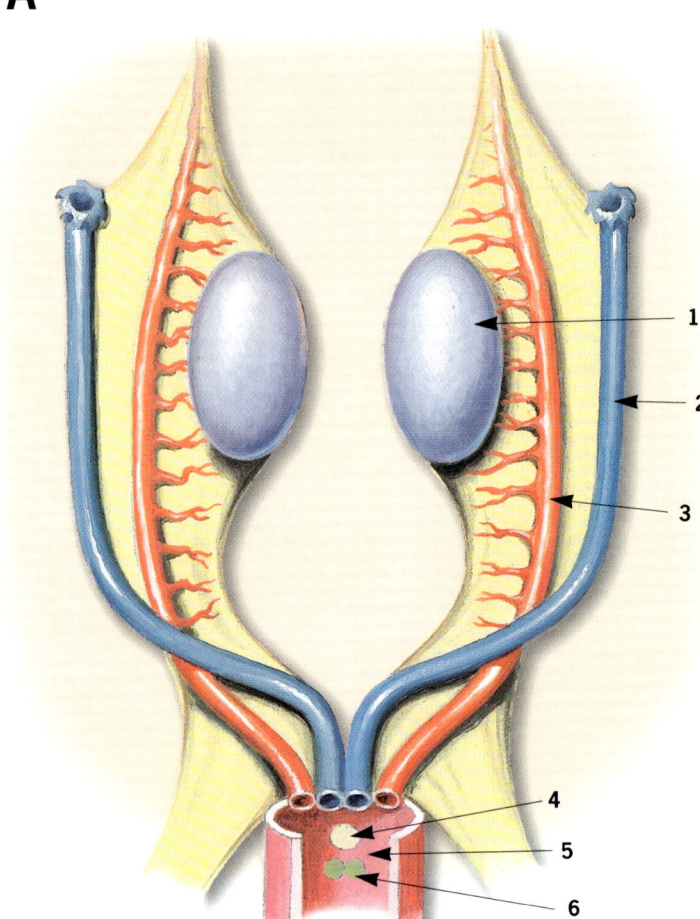

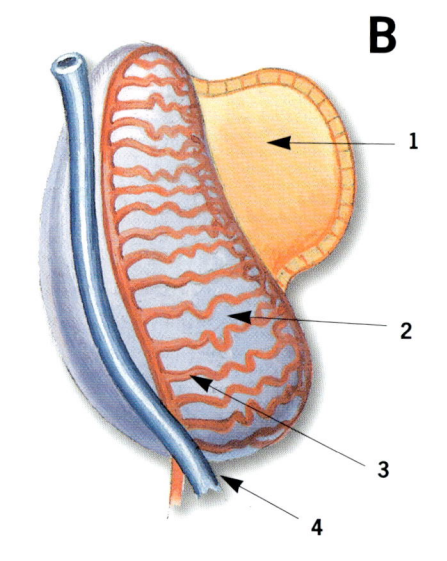

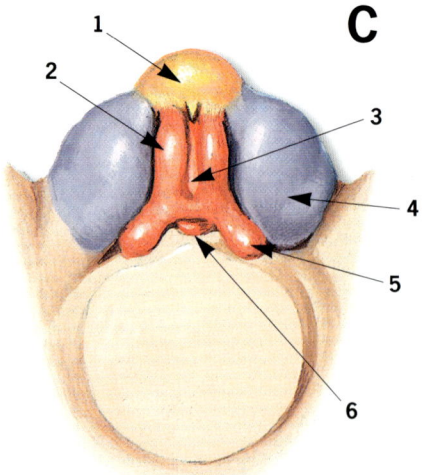

A. UNDIFFERENZIERTER GESCHLECHTSAPPARAT

1. Gonade oder Geschlechtsdrüse, 2. Müllersche Gänge, 3. Wolffsche Gänge, 4. Andeutung der Prostata oder des Skene-Gangs, 5. Sinus urogenitalis, 6. Andeutung der Bartholinschen bzw. Cowperschen Drüse.

B. UNDIFFERENZIERTE GESCHLECHTSDRÜSE

1. Geschlechtsdrüse, 2. Wolffscher Körper, 3. Wolffscher Gang, 4. Müllerscher Gang.

C. UNDIFFERENZIERTES ÄUSSERES GENITALE

1. Genitalwulst, 2. Harnröhrenfalte, 3. Sinus urogenitalis, 4. Genitalfalte, 5. Analdotter, 6. Analwulst.

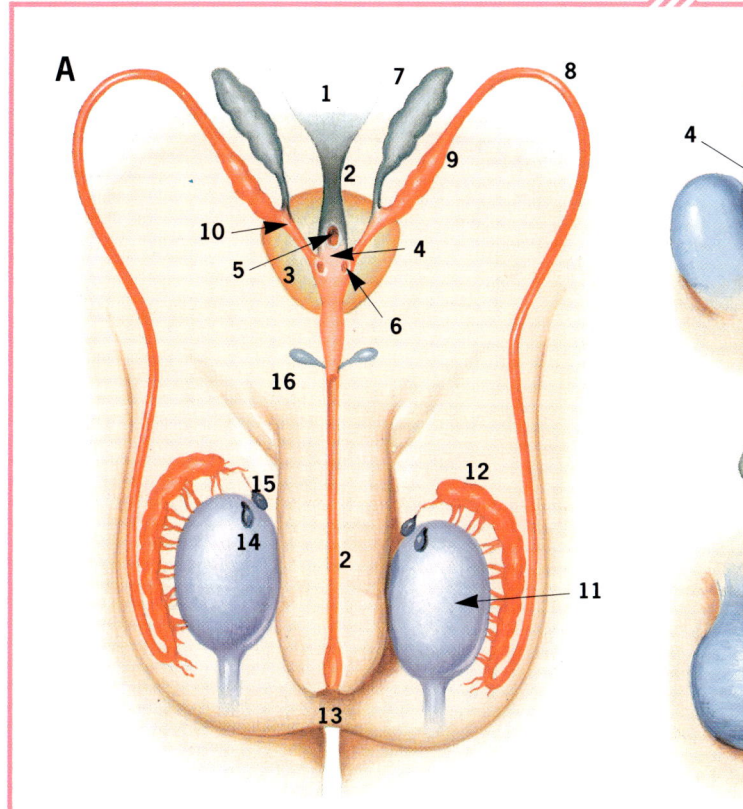

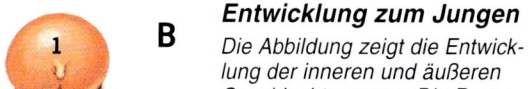

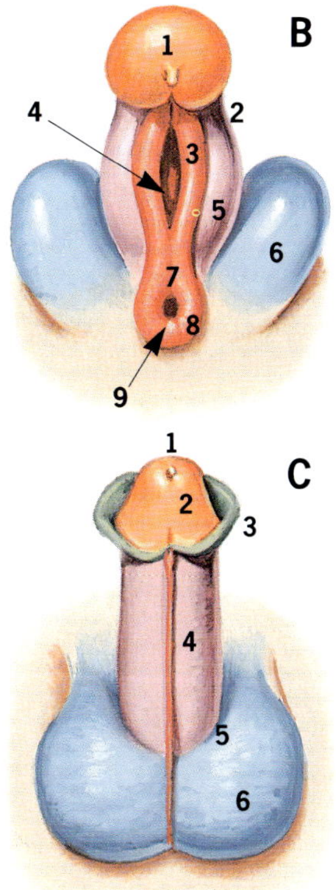

Entwicklung zum Jungen

Die Abbildung zeigt die Entwicklung der inneren und äußeren Geschlechtsorgane. Die Reste der Müllerschen Gänge, die sich beim Mann zurückbilden, sind der Appendix testis, Appendix epididymidis und Utriculus prostaticus.

A. Allgemeine Entwicklung:
1. Harnblase, 2. Harnröhre, 3. Prostata, 4. Samenhügel, 5. Öffnung des Utriculus prostaticus, 6. Ausführungsgänge der Samenkanäle, 7. Samenbläschen, 8. Samenleiter, 9. Ampulle des Samenleiters, 10. Spritzkanälchen, 11. Hoden, 12. Nebenhoden, 13. Harnröhrenöffnung, 14. Appendix testis, 15. Appendix epididymidis, 16. Cowpersche Drüse.

B. Anfangsstadium: 1. Eichel, 2. angedeutete Vorhaut, 3. Harnröhrenfalte, 4. Sinus urogenitalis, 5. Genitalfalte, 6. Genitalkranz, 7. teilweise verschmolzene Harnröhrenfalte, 8. Analwulst, 9. After.

C. Endstadium: 1. Harnröhrenausgang, 2. Eichel, 3. Vorhaut, 4. Peniskörper, 5. Verwachsung von Penis und Hodensack, 6. Hodensack.

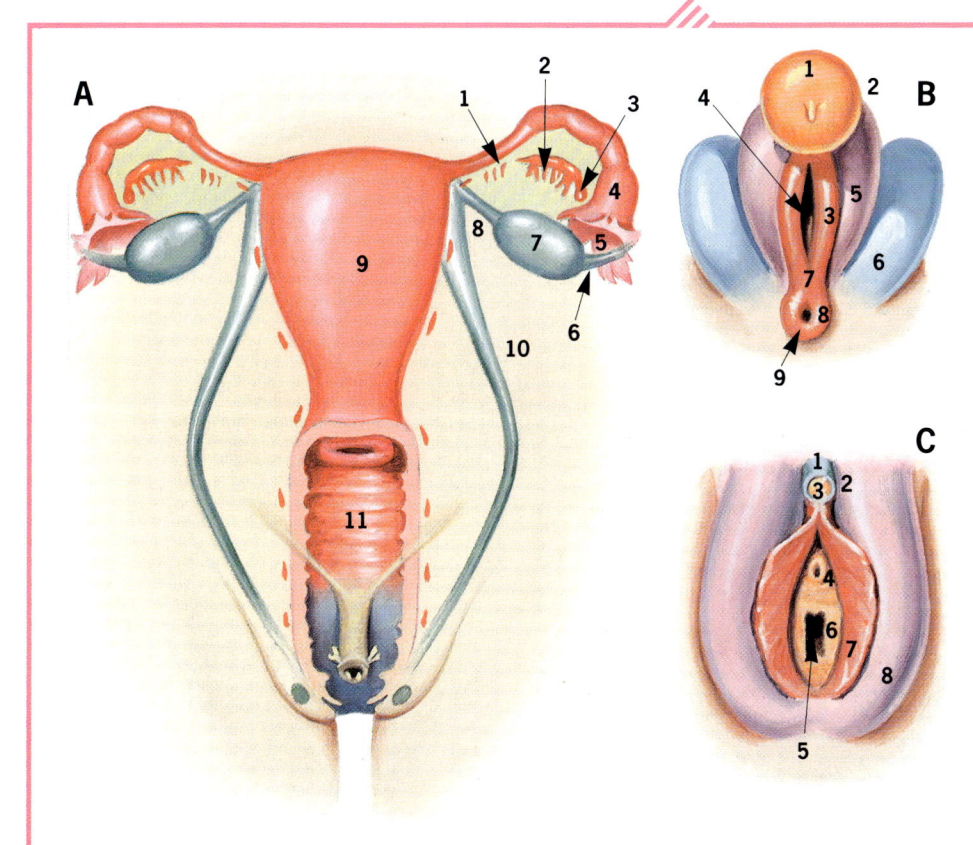

Entwicklung zum Mädchen

Die Entwicklung der Geschlechtsorgane ist schematisch dargestellt. In der achten Schwangerschaftswoche ist ein Eierstock unter dem Mikroskop erkennbar. Die Reste der zurückgebildeten Wolffschen Gänge sind das Rosenmüllersche Organ und die Gartner-Gänge.

A. Allgemeine Entwicklung:
1. Gartner-Gang, 2. Parovar, 3. Hydatide, 4. Eileiter, 5. Fimbrientrichter, 6. Aufhängeband des Eierstocks, 7. Eierstock, 8. Band zwischen Eileiterwinkel und Eierstock, 9. Gebärmutter, 10. Rundes Mutterband, 11. Scheide.

B. Anfangsstadium: 1. Eichel, 2. angedeutete Vorhaut, 3. Harnröhrenfalte, 4. Sinus urogenitalis, 5. Genitalfalte, 6. Genitalkranz, 7. teilweise verschmolzene Harnröhrenfalte, 8. Analwulst, 9. After.

C. Endstadium: 1. Klitoriskörper, 2. Vorhaut der Klitoris, 3. Klitoris, 4. Harnröhrenöffnung, 5. Scheide, 6. Jungfernhäutchen, 7. kleine Schamlippen, 8. große Schamlippen.

Forts. von S. 89

stocks erkennen. Die ersten Ansätze der Hoden entstehen während der siebten Schwangerschaftswoche, also etwas früher.

Die gesamten äußeren weiblichen Geschlechtsorgane entwickeln sich aus dem *Sinus urogenitalis*. Etwa in der 16. Schwangerschaftswoche ist das Geschlecht des Kindes im Mutterleib mit bloßem Auge erkennbar.

Wie bereits erwähnt, entwickeln sich die inneren Geschlechtsorgane der Frau aus den Müllerschen Gängen. Die Harnröhre, das äußere Drittel der Scheide und die Schamlippen gehen dagegen aus dem Urogenitalwulst hervor.

Genauso wie die Hoden verändern auch die Eierstöcke im Verlauf ihrer Entwicklung ihre Größe, Form und Lage.

Ungefähr in der zehnten Schwangerschaftswoche wandern die Eierstöcke vom oberen Teil der Bauchhöhle bis an den oberen Rand des kleinen Beckens herab. Bei der Geburt verlagern sie sich noch einmal geringfügig nach unten, bis sie ihre endgültige Lage im kleinen Becken erreicht haben.

Die Reste der zurückgebildeten Wolffschen Gänge werden Epoophoron oder Rosenmüllersches Organ genannt. Dieses Organ liegt zwischen den Eileitern und den Eierstöcken. Dort befinden sich auch Reste des Gartner-Ganges, der vom Epoophoron bis zur Scheide reicht und die Bildung von Zysten verursachen kann.

Von Anfang an Frau

Das Geschlecht des Mädchens wird, genauso wie das des Jungen, bei der Befruchtung festgelegt. Wenn man die ersten Entwicklungsschritte der befruchteten Eizelle unter dem Mikroskop beobachtet, kann man das Geschlecht des heranwachsenden Lebewesens bereits genau bestimmen.

Die Geschlechtsdifferenzierung des Embryos, d. h. das Auftreten von körperlichen Eigenschaften, die auf das eine oder andere Geschlecht hinweisen, kann ab der fünften Entwicklungswoche des befruchteten Eis (37 Tage oder später) unter dem Mikroskop beobachtet werden. Der Embryo ist zu dieser Zeit 14-16 mm groß.

Die Frau ist also von Anfang an eine Frau, genauso wie der Mann von Anfang an ein Mann ist, und sie bleibt eine Frau durch die unterschiedlichen Lebensabschnitte – Kindheit, Jugend, Geschlechtsreife, Wechseljahre und Alter – hindurch. Sie ist ein weibliches menschliches Wesen vom Beginn ihrer Existenz an, vom Augenblick der Zeugung bis zum Ende ihres Lebens.

Die Pubertät

Die Entwicklungsphase vom Auftreten der ersten sekundären Geschlechtsmerkmale bis zur Fortpflanzungsfähigkeit bezeichnet man als Pubertät. Sie dauert durchschnittlich vier Jahre und setzt beim Mädchen etwa zwei Jahre früher ein als beim Jungen. Die Phase, in der die hormonalen Veränderungen beginnen, bezeichnet man als Präpubertät (achtes bis zwölftes Lebensjahr). Die Pubertät selbst dauert beim Mädchen etwa vom zwölften bis zum 16. Lebensjahr. Es ist bisher nicht geklärt, durch welche Faktoren die Pubertät ausgelöst wird. Die Hypophyse (Hirnanhangdrüse) und „kindheitserhaltende Zentren" im Gehirn verhindern einen zu frühen Pubertätsbeginn. Auch andere Faktoren, wie Rasse, Klima, Ernährung und Zivilisationsstand, beeinflussen den Pubertätsbeginn. In den letzten Jahrzehnten hat er sich bei beiden Geschlechtern stetig vorverlagert.

In der Pubertät beginnt die Hirnanhangdrüse das follikelstimulierende Hormon FSH freizusetzen, das die Aktivität der Eierstöcke anregt. Die Eierstöcke fangen an, reife Follikel und Östrogene zu produzieren. Etwas später im Verlauf der Pubertät setzt die Hypophyse das luteinisierende Hormon LH frei, das die Produktion von Progesteron in den Eierstöcken auslöst. Diese Hormone der Hirnanhangdrüse und der Eierstöcke, die durch das GnRH (ein Hormon, das die Hirnanhangdrüse zur Produktion stimuliert) aus dem Hypothalamus (Teil des Zwischenhirns) reguliert werden, lösen den Menstruationszyklus aus und schaffen damit die Voraussetzungen für die Fortpflanzung.

Außerdem spielen die Hormone der Schilddrüse und der Nebennierenrinde eine Rolle in der Pubertät. Die Hormone der Nebennierenrinde sorgen z. B. dafür, daß die Schambehaarung wächst.

Schließlich haben auch genetische und Umweltfaktoren einen entscheidenden Einfluß auf den Zeitpunkt des Pubertätsbeginns.

Körperliche Veränderungen

Die Produktion von Östrogenen bewirkt ein Wachstum der inneren Geschlechtsorgane, vor allem der Gebärmutter und der Scheide.

Die Scheidenwände werden dicker, wodurch die Scheide flexibler und widerstandsfähiger wird. Je mehr Östrogen produziert wird, um so ausgeprägter ist diese Veränderung. Auch der nun höhere Säuregrad der Scheide ist unmittelbar von der Östrogenproduktion abhängig.

Die Figur des Mädchens wird aufgrund der von der Hirnanhangdrüse ausgeschütteten gonadotropen Hormone weiblicher.

Das LH regt die Progesteronbildung in den Eierstöcken an. In den Eierstöcken werden auch geringe Mengen des männlichen Hormons Testosteron gebildet. Das Follikelhormon beschleunigt das Wachstum der äußeren Geschlechtsorgane, besonders das der großen Schamlippen.

Östrogene und Progesteron regen gemeinsam das Wachstum und die Reifung der Brüste an.

Die Brüste und die äußeren und inneren Geschlechtsorgane verändern sich noch einmal durch Schwangerschaft, Geburt und Stillzeit.

Kap. 4: VON DER EIZELLE ZUR FRAU

Vorverlagerung des Menarchealters

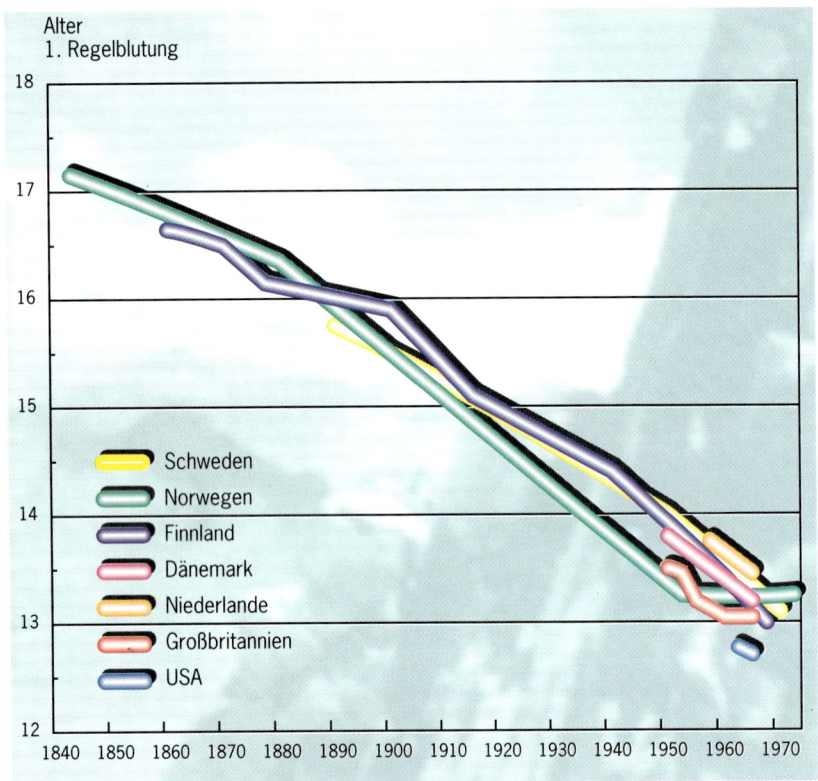

Alter 1. Regelblutung

Legende:
- Schweden
- Norwegen
- Finnland
- Dänemark
- Niederlande
- Großbritannien
- USA

Nach Masters und Johnson-Kolody, J.M. Tanner, L.I. Gardner und W.B. Saunders

In den Mittelmeerländern tritt die erste Regelblutung überwiegend im Alter von 11-13 Jahren auf. In noch wärmeren Ländern kann das Alter etwa zwei Jahre niedriger liegen. In sehr kalten Regionen kann das Menarchealter bei 16 Jahren oder später liegen. In den Vereinigten Staaten beträgt das Durchschnittsalter der ersten Regelblutung bei Frauen europäischer Abstammung 12,8 Jahre und bei schwarzen Frauen 12,5 Jahre. Es ist interessant zu beobachten, daß vor einem Jahrhundert in Europa die erste Regelblutung bei Mädchen im Durchschnitt erst mit 16 Jahren oder später erfolgte. Seitdem hat sich das Menarchealter immer weiter vorverlagert. Diese Vorverlagerung der ersten Regelblutung hat vornehmlich physikalische (Klima- oder Temperaturänderungen der Umgebung, Ernährung), soziale (gesellschaftliche und ökonomische Veränderungen) und möglicherweise auch psychische Ursachen (frühzeitige geistige Reifung, veränderte geistige Einstellung zur Sexualität). Heute stellt man fest, daß sich das Menarchealter aller westlichen Länder einander annähert. Das liegt wahrscheinlich an der Angleichung der Ernährungsgewohnheiten, der sexuellen Gewohnheiten und des Lebensstils im allgemeinen.

Das Wachsen der Scham- und Achselbehaarung wird von den Hormonen der Eierstöcke und vom adrenokortikotropen Hormon ACTH der Hirnanhangdrüse ausgelöst. Das ACTH fördert die Produktion männlicher Hormone (Androgene). Sie steigern die sexuelle Erregbarkeit der Frau. Deshalb werden sie zur Behandlung sexueller Luststörungen bei der Frau eingesetzt.

Die erste Regelblutung

Die erste Regelblutung oder Menstruation (Menarche) tritt im allgemeinen auf, bevor das Mädchen psychisch oder körperlich voll entwickelt ist. Die besonderen körperlichen Merkmale einer Frau sind erst ca. zwei Jahre nach der ersten Regelblutung vollständig ausgebildet. Danach wächst der Körper jedoch insgesamt weiter, und die Brüste werden größer. Die typisch weibliche Fetteinlagerung wird deutlich, die Schamhaare wachsen, und es lassen sich weitere körperliche und psychische Veränderungen beobachten.

In unseren Breiten, d. h. in Mitteleuropa, erfolgt die erste Regelblutung meist zwischen dem zwölften und 13. Lebensjahr. In den Mittelmeerländern tritt sie erstmalig im Alter zwischen elf und 13 Jahren auf. Dabei lassen sich selbst innerhalb eines Landes regionale Unterschiede feststellen. So kann man beobachten, daß die erste Menstruation im Norden Spaniens später erfolgt als im Süden des Landes. Je weiter man sich den Tropen nähert, um so früher, d. h. mit elf Jahren oder noch früher, tritt die erste Regelblutung auf. Bei den Eskimos dagegen erfolgt die erste Regelblutung mit 19, unter Umständen sogar erst mit 20 Jahren.

Die großen Unterschiede im ersten Auftreten der Regelblutung sind auf Umweltfaktoren wie Klima, Ernährung, Hygiene, und auf allgemeine Lebensgewohnheiten zurückzuführen, die den Körper beeinflussen. Selbst die Sexualerziehung, die

Der sexuelle Reifungsprozeß – Mädchen

Alter	äußere Merkmale	Anmerkungen
9-10	Entwicklung der Beckenknochen	
	Brustknospung	
10-11	Beginn der Schambehaarung	
11-12	Beginn des Wachstums der Geschlechtsorgane und der Achselbehaarung	
11-13	Erste Regelblutung	Das Auftreten der ersten Regelblutung bedeutet im allgemeinen nicht, daß das Mädchen fortpflanzungsfähig ist.
12-13	Rundung und dunkle Färbung der Brustwarzen	
13-15	Allgemeine Reifung des weiblichen Körpers	
	Größenzunahme der Brüste und der Hüftproportionen	
	Zunahme von Fetteinlagerungen	Das Körperfett konzentriert sich an bestimmten Körperzonen (Hüfte, Gesäß, Oberschenkel usw.).
15-17	Zyklen mit regelmäßigen Eisprüngen	In diesem Alter werden Mädchen normalerweise fortpflanzungsfähig (Ausnahmen mit früherer Fortpflanzungsfähigkeit sind möglich).

Der sexuelle Reifungsprozeß ist bei Mädchen früher abgeschlossen als bei Jungen (siehe Tabelle S. 1/31). Die Entwicklung, die im Mutterleib bei beiden Geschlechtern noch gleich verläuft, geht bei Jungen und Mädchen nach der Pubertät sowohl in körperlicher als auch in psychischer Hinsicht auseinander. Das heißt aber nicht, daß sich die Wege von Mann und Frau trennen, sie verlaufen vielmehr parallel und ergänzen sich.

die Mädchen erhalten, kann Einfluß darauf haben, wann die Regelblutungen einsetzen.

Jungen und Mädchen sollten möglichst frühzeitig über alle Fragen, die die Pubertät betreffen, aufgeklärt werden, so daß sie mit den zu erwartenden körperlichen Veränderungen vertraut sind. So läßt sich vermeiden, daß die Kinder unnötig überrascht oder erschreckt werden, und sie können diesem neuen Lebensabschnitt natürlich und positiv eingestellt entgegensehen. Wenn die Mutter mit der Tochter positiv und natürlich über die beginnende Geschlechtsreife und das Leben als Frau spricht, wird die heranwachsende junge Frau auch eine gesunde und positive Einstellung zu ihrer Entwicklung und ihrem Körper bekommen.

Vorzeitige Pubertät

Die von der Thymusdrüse und der Zirbeldrüse (Epiphyse) produzierten Stoffe hemmen die Geschlechtsentwicklung. Sie verhindern, daß die Geschlechtsreife allzu plötzlich eintritt, bevor der Körper seine Entwicklung abgeschlossen hat. Wenn diese Drüsen nicht normal funktionieren und ihre Bremswirkung dadurch eingeschränkt oder ausgeschaltet ist, setzt die Pubertät zu früh ein (siehe „Pubertätsstörungen", S. 1/124f.).

Die Geschlechtsreife

Das Einsetzen der Menstruation beim Mädchen bedeutet in der Regel nicht, daß es nun fortpflanzungsfähig ist, denn die hormonellen Regelkreise sind noch nicht voll funktionstüchtig. Die volle hormonelle Reife erlangt das Mädchen meist erst zwischen dem 15. und 17. Lebensjahr. In der Zeit der Pubertät finden nicht nur körperliche Veränderungen statt, auch die Psyche des Kindes ändert sich. Es tritt allmählich in den Kreis der Erwachsenen ein und versucht, dort seinen Platz zu finden. Das geht häufig mit erheblichen Gemüts-

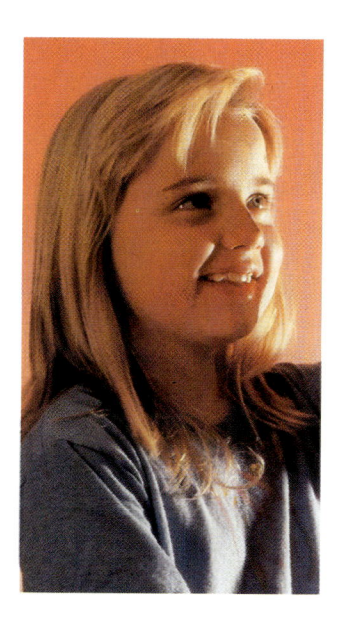

Kap. 4: VON DER EIZELLE ZUR FRAU

Klima, Lebensweise und verschiedene gesellschaftliche und ethnische Faktoren beeinflussen das neuroendokrine System der Frau und bestimmen das Alter der ersten und letzten Regelblutung. Frauen, die in kälteren Klimazonen leben, bekommen ihre erste und letzte Menstruation später als die Frauen, die in wärmeren Gebieten leben. Es entsteht der Eindruck, daß die Sonne, die das Wachstum der Pflanzen beschleunigt, auch die Reifung des Körpers der Frau verkürzt.

und Stimmungsschwankungen einher. Dieser Lebensabschnitt ist geprägt von Selbstfindung, Berufsausbildung und Partnersuche. Aufgrund der erlangten Geschlechtsreife kann es in diesem Alter bereits zu einer Schwangerschaft kommen. Körperlich ist die Zeit meist unproblematisch, da die Funktion der inneren Organe, Knochen, Muskeln und Nerven und die Hormonproduktion gut aufeinander abgestimmt sind.

Die Wechseljahre

Durch die gestiegene Lebenserwartung der Frau sind die Wechseljahre oder das Klimakterium heute eher in die Lebensmitte gerückt.

Sie umfassen einen Zeitraum von etwa zehn Jahren, der ungefähr zwischen dem 45. und 55. Lebensjahr der Frau liegt. Diese Zeit, oft auch als „kritische Jahre" bezeichnet, wird von den Frauen unterschiedlich erlebt.

Die Wechseljahre können in drei Abschnitte unterteilt werden:

- die Prämenopause
- die Menopause
- die Postmenopause

Hier wollen wir nur auf die Prämenopause und die Menopause eingehen. Beschwerden, die in den beiden Phasen auftreten können, werden in Kapitel 6 (S. 1/118ff.) behandelt.

Die Prämenopause

Diese Phase der Wechseljahre geht der Menopause, d. h. dem Ausbleiben der Regelblutung, um einige Monate oder sogar Jahre voraus.

Es beginnen anatomische und physiologische Rückbildungsprozesse, die von den Eierstöcken ausgelöst werden und das Leben der Frau sowohl körperlich als auch seelisch bestimmen.

MENSCH UND FAMILIE

BAND 1

In diesem Lebensabschnitt wird die Produktion von Eizellen in den weiblichen Eierstöcken eingestellt. Die Regelblutungen setzen sich aber noch einige Jahre lang fort. Da keine Eizellreifung mehr stattfindet, kann die Frau nicht mehr schwanger werden.

Die Menopause

Das Wort Menopause kommt aus dem Griechischen. Es setzt sich aus *menos* (Monat) und *pausis* (Stillstand) zusammen.

Die Zeit der weiblichen Geschlechtsreife umfaßt etwa 35 Jahre. Sie endet mit der Menopause, d. h. mit dem Ausbleiben der Regelblutungen. In jüngster Zeit beobachtet man, daß sich die Menopause immer weiter ins höhere Alter verschiebt. Bei vielen Frauen bleibt die Menstruation heute erst mit 50 Jahren aus.

Auslöser der Menopause

Daß sich die regelmäßigen monatlichen Blutungen bei einigen Frauen früher, bei anderen später einstellen, ist auf Faktoren wie Rasse, genetisches Erbe, Klima, Krankheit u. a. zurückzuführen.

Das Ausbleiben der Menstruation kann auch künstlich, durch einen operativen Eingriff oder durch Medikamente, ausgelöst werden, z. B. wenn die Eierstöcke entfernt werden mußten oder wenn sie mit Medikamenten oder Strahlen behandelt wurden.

Außerdem können psychische Faktoren, wie Streß, der Verlust eines geliebten Menschen oder starke psychische Spannungen, ein verfrühtes Ende der weiblichen Regelblutungen hervorrufen. Der Grund dafür ist, daß die Großhirnrinde, das Zwischenhirn (Dienzephalon), die Hirnanhangdrüse, die Eierstöcke und die anderen Organe des Körpers in einem engen Zusammenspiel funktionieren.

Ein vorzeitiges Ausbleiben der Menstruation kann auch auf körperliche oder geistige Erschöpfung, Fehl- oder Mangelernährung, schwere Erkrankungen oder andere Gründe zurückgehen.

Hormonelle Veränderungen in den Wechseljahren

Während der Wechseljahre geht die Bildung von Geschlechtshormonen (Östrogene und Gestagene) allmählich zurück; der Vorrat an Eizellen in den Eierstöcken ist langsam aufgebraucht. Zu Beginn des Klimakteriums kommt es häufig zu Zyklusstörungen, die sich manchmal über Jahre hinziehen. Die Umstellung des Körpers kann sich auch durch verschiedene Beschwerden wie Schlaflosigkeit, Hitzewallungen, Schwindel und Herzrasen bemerkbar machen. Oft treten die Symptome aber nur einzeln oder gar nicht auf.

Zusätzlich können Gereiztheit, depressive Verstimmungen, Phasen der Unzufriedenheit mit sich selbst und der Lebenssituation, Konzentrationsschwäche und Vergeßlichkeit auftreten.

Durch die nachlassende Östrogenproduktion kann es zum Hormonmangel in der Haut und in den Schleimhäuten kommen, was sich an verstärkter Trockenheit

Viele Frauen haben heute die negative Sicht der Wechseljahre – Verlust der Weiblichkeit, Rückgang des aktiven Lebens – abgelegt. Die Zeit nach den Wechseljahren birgt viele Möglichkeiten. Die Frau kann sich nun wesentlich intensiver im sozialen und beruflichen Bereich engagieren. Denn sie ist nicht nur von den Regelblutungen befreit, auch ihre Kinder sind nun älter und nehmen sie nicht mehr so sehr in Anspruch. Selbst die Sexualität kann vom Ausbleiben der Regelblutungen profitieren.

Gerade in der Zeit um die Menopause ist die regelmäßige Untersuchung durch einen Frauenarzt besonders wichtig, weil verschiedene tiefgreifende Veränderungen in der Physiologie der Frau Selbstkontrolle und ärztlichen Rat erfordern.

des Gewebes bemerkbar macht. Auch Haarausfall, eine Verminderung der Knochensubstanz und unwillkürlicher Harnabgang können durch den Hormonmangel bedingt werden. Die Blutungen werden unregelmäßig, was die Frau eventuell beunruhigt, da sie nicht weiß, ob sie noch schwanger werden kann. Gespräche mit dem Frauenarzt und ärztliche Untersuchungen können in unklaren Situationen weiterhelfen. Heute gibt es verschiedene Hormonpräparate, die einen Hormonmangel ausgleichen können. Sie enthalten Östrogene und Gestagene, die nahezu identisch mit den körpereigenen Hormonen sind. Eine Einnahme von Hormonpräparaten muß jedoch vom Frauenarzt verordnet und überwacht werden.

Beginn der Menopause

Wann die Menopause erfolgt, wann also die Regelblutungen ausbleiben, hängt u. a. eng mit der gelebten Sexualität der Frau zusammen.

Bei ledigen, sexuell inaktiven Frauen setzt die Menstruation früher aus als bei Witwen, und bei diesen wiederum früher als bei verheirateten Frauen mit regelmäßiger sexueller Aktivität.

In Ländern der gemäßigten Breiten bleiben die Regelblutungen etwa im Alter von 44-48 Jahren aus. Die Zeit um die Menopause wird von einer Reihe von Erscheinungen begleitet, die zwei bis vier Jahre anhalten und auf die wir in Kapitel 6 (S. 1/140) näher eingehen wollen.

Lediglich in etwa einem Viertel der Fälle wird beobachtet, daß die Regelblutung in den Wechseljahren relativ rasch aussetzt. Normalerweise kommt es über einen gewissen Zeitraum zu Unregelmäßigkeiten in der Blutungsstärke oder in den Zeitabständen zwischen den Regelblutungen. Bei sehr starken Blutungen oder bei Zwischenblutungen ist es ratsam, den Arzt aufzusuchen, um eine eventuell vorliegende Krankheit auszuschließen.

Positive Aspekte der Menopause

Obwohl nach dem Ausbleiben der Menstruation einige körperliche Veränderungen und Beschwerden (siehe „Beschwerden in den Wechseljahren", S. 1/140) auftreten können, bietet der nun beginnende Lebensabschnitt auch wesentliche Vorteile:

- **Das Ausbleiben der Regelblutungen.** Diese Veränderung wird vielfach als angenehm empfunden. Die bei manchen Frauen monatlich wiederkehrenden Beschwerden wie Müdigkeit, Unwohlsein, Übelkeit und mehr oder weniger stark ausgeprägte Schmerzen treten nicht mehr auf.
- **Unfruchtbarkeit.** Obwohl die nun eingetretene Unfruchtbarkeit von einzelnen Frauen als negativ empfunden wird, bedeutet sie in unserer Gesellschaft für die meisten Frauen doch eine Entlastung und Beruhigung. Eines der möglicherweise belastenden Probleme des Paares, die Familienplanung, erledigt sich automatisch.
- **Zunahme der Libido.** Bei manchen Frauen nimmt das sexuelle Verlangen, sei es aufgrund der Hormonumstellung oder aufgrund der Sicherheit, nicht mehr schwanger werden zu können, zu. Die Zurückhaltung gegenüber dem Partner schwindet, und der sexuelle Kontakt kann stärker genossen werden.
- **Bewegungsfreiheit.** Manch eine Frau hat des öfteren auf Ausflüge, Veranstaltungen und andere soziale Ereignisse verzichten müssen, weil sie unter besonders intensiven Menstruationsbeschwerden litt. Diese Unannehmlichkeiten gibt es jetzt nicht mehr.
- **Freizeit.** Die Monatsblutungen bleiben meist in einer Zeit aus, in der auch die Kinder unabhängig werden. Vielleicht sind die Kinder schon verheiratet. Die Hausarbeit reduziert sich beträchtlich. Auch wenn die Frau außer Haus arbeitet, verfügt sie nun über mehr Freizeit als früher. Viele Frauen nutzen diese Zeit sinnvoll für sich. Sie kümmern sich stärker um sich selbst, besuchen Fortbildungsveranstaltungen, treiben Sport, pflegen ihren Körper intensiver als vorher oder erweitern ihren Bekanntenkreis.
- **Vertiefung der Partnerbeziehung.** In diesem Lebensabschnitt bietet es sich an, die Beziehung zum Partner zu intensivieren oder neu zu gestalten. Die Frau sollte sich nicht zurückziehen oder gar vernachlässigen. Es ist ein idealer Zeitpunkt für beide Partner, sich stärker einander zu widmen und das gegenseitige Verständnis zu verbessern.

Eine ausgeglichene und aufgeschlossene Frau wird die Vorteile der neuen Lebensphase erkennen und positiv nutzen können. Sie wird weiterhin attraktiv, vielleicht sogar interessanter und fröhlicher als in früheren Lebensabschnitten sein.

5

DIE WEIBLICHEN ORGANE UND IHRE FUNKTIONEN

Die Anatomie und die Funktionsweise der Organe der Frau sind noch komplizierter als die des Mannes. Im Körper der Frau spielen sich die ersten und entscheidenden Lebensabschnitte eines jeden menschlichen Wesens, Mann oder Frau, ab. Auch nach der Geburt ist der Säugling noch einige Monate lang direkt von seiner Mutter abhängig. Jeder Mensch ist von der Zeugung bis lange nach der Geburt auf die Mutter angewiesen.

Das Becken der Frau

Das Becken der Frau ist grundsätzlich genauso aufgebaut wie das des Mannes. Es gibt jedoch einige anatomische Besonderheiten, denn Schwangerschaft und Geburt stellen bei der Frau spezielle Anforderungen an Statik und Funktion des Beckens.

Die Darmbeinschaufeln des weiblichen Beckens sind breit und ausladend, und die

Beckenneigung ist ausgeprägter als beim Mann. Der Schambogen ist flach.

Während das männliche Becken herzförmig angelegt ist, bilden Darmbein, Kreuzbein und Schambein bei der Frau eine querovale Öffnung, in die der Kopf des Neugeborenen eintreten kann.

Das **Becken** besteht aus folgenden Knochen:

- **Kreuzbein.** Das Kreuzbein ist ein unpaariger Knochen. Es wird durch vier bzw. fünf miteinander verschweißte Wirbel gebildet. Seine Verlängerung ist das Steißbein, das aus drei bzw. vier rudimentären Wirbeln besteht und bei der Geburt nachgibt, um das Austreten des Kopfes des Kindes zu erleichtern.
- **Beckenknochen.** Die seitlich des Kreuzbeins liegenden Beckenknochen bestehen aus drei miteinander verschweißten Knochen (Darmbein, Sitzbein, Schambein). Die Beckenknochen beider Seiten verbinden sich vorne in der Schambeinfuge.

Folgende **Bänder** befinden sich im Becken:

- Die **Schambeinbänder** oder **Koxofemoralbänder** verbinden die Schambeine untereinander und die Darmbeine mit den Oberschenkelknochen.
- Die **Lumbosakralbänder** verbinden das Kreuzbein mit den Lendenwirbeln.
- Die **Sakroiliakalbänder** verbinden das Kreuzbein mit den Darmbeinen.
- Die **Sakrospinal-** und **Sakrotuberalbänder** verbinden das Sitzbein und den Ischiasdorn mit Kreuzbein und Steißbein.

Die Beckenebenen

Die verschiedenen Ebenen des weiblichen Beckens spielen eine wichtige Rolle für den Geburtsverlauf. Wenn die Form und die Maße des Beckens durchschnittlich sind, wird die Geburt mit großer Sicherheit normal verlaufen. Bei starken Abweichungen von den normalen Maßen kann die Geburt dagegen erschwert werden oder auf natürlichem Weg gar nicht möglich sein. Anhand der Beckenebenen können der Geburtsfortschritt und die Lage des Kindes während der Geburt festgestellt werden.

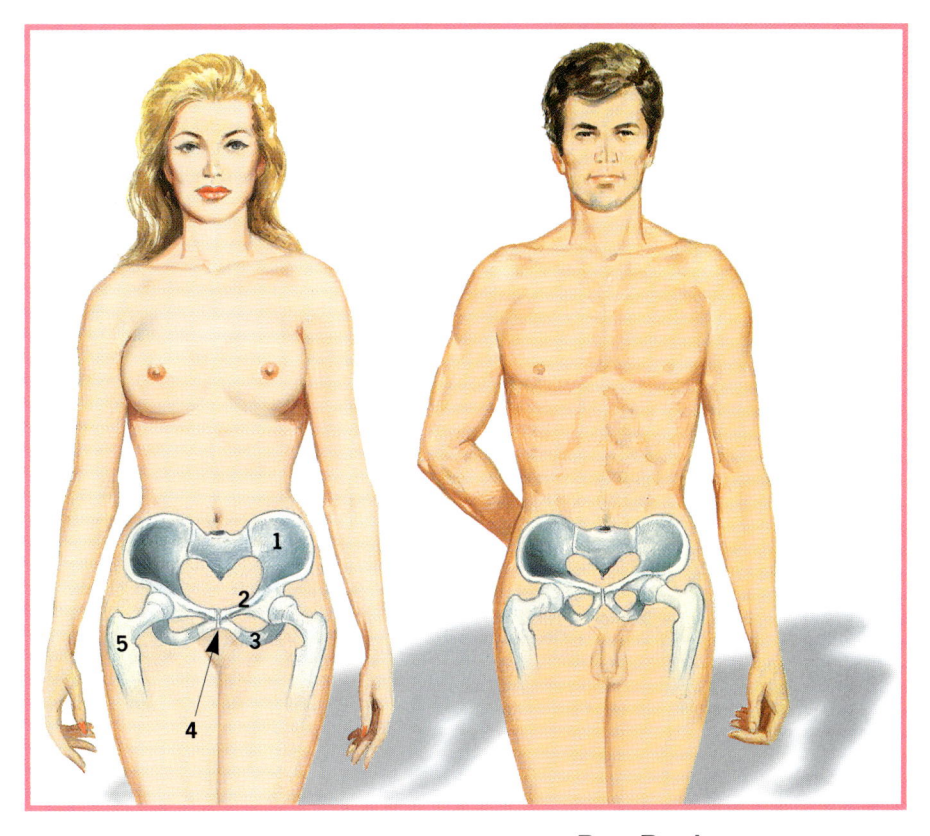

Im Rahmen der Vorsorgeuntersuchungen während der Schwangerschaft kann das Becken ausgemessen werden als Hinweis, ob die Geburt auf natürlichem Wege stattfinden kann oder nicht.

- **Obere Beckenebene** (Beckeneingangsraum). Die obere Beckenebene bildet den Übergang vom kleinen Becken, in dem die inneren Geschlechtsorgane (Eierstöcke, Eileiter und Gebärmutter) liegen, zum großen Becken, in das diese Organe während der Schwangerschaft verlagert werden. Die Maße der oberen Beckenebene sind: die Tiefe (ca. 11 cm), die für die Geburt wichtig ist; die Breite

Das Becken

Unterschiede zwischen Mann und Frau:

Das Becken der Frau ist breiter und offener als das des Mannes. Die Hüften der Frau sind daher in der Regel breiter als ihre Schultern. Beim Mann ist das Verhältnis genau entgegengesetzt. Die größeren Ausmaße des weiblichen Beckens schaffen perfekte Voraussetzungen für das Austragen eines Kindes.

Knochen des weiblichen Beckens:

1. Darmbein
2. Schambein
3. Sitzbein
4. Schambeinfuge
5. Oberschenkelknochen

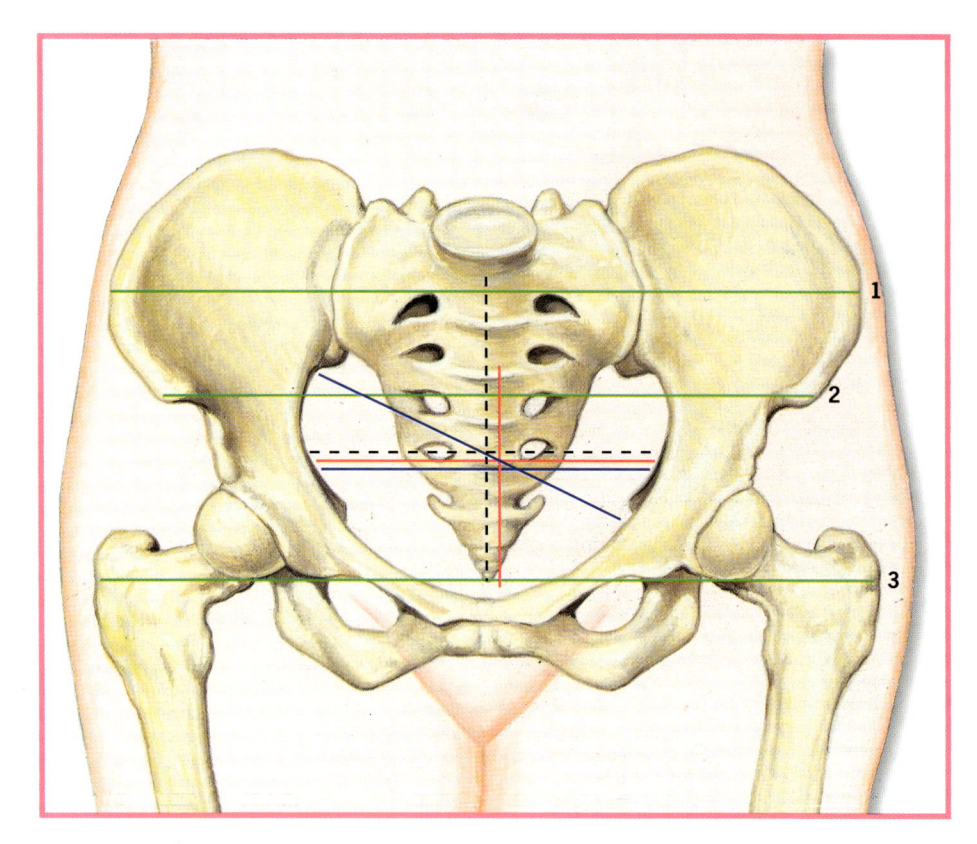

Kap. 5: DIE WEIBLICHEN ORGANE UND IHRE FUNKTIONEN

Maße des weiblichen Beckens
(Mittelwerte)

Außendurchmesser (in rot):
1. Abstand zwischen den Beckenschaufeln: 28 cm
2. Abstand zwischen den Darmbeindornen: 25 cm
3. Abstand zwischen den Oberschenkelknochen: 31 cm

Innendurchmesser:

Obere Ebene (in schwarz):
Von der Vorderseite des Kreuzbeingelenks bis zur Rückseite der Schambeinfuge: 11 cm; diagonal, vom Sakroiliakalgelenk bis zur Eminentia ileopectinea: 12,5 cm; quer: 13,5 cm.

Mittlere Ebene (in gelb):
Breite: 11,5 cm
Tiefe: 11,5 cm

Untere Ebene (in blau):
Tiefe: 8,5-11 cm
Diagonale: 11 cm
Breite: 11 cm

(ca. 13 cm) und die beiden Diagonalen (ca. 12 cm).

- **Mittlere Beckenebene** (Beckenhöhle). Sowohl die Tiefe als auch die Breite der Beckenhöhle sind mit 11,5 cm ungefähr gleich. Diese Beckenebene verursacht normalerweise keine Probleme. Der Kopf des Kindes bleibt bei der Geburt fast nie an dieser Stelle stecken.

- **Untere Beckenebene** (Beckenausgangsraum). Der Beckenausgangsraum ist von Knochen, Bändern und Muskeln umgeben. Er hat etwa die Form einer aus zwei Dreiecken bestehenden Raute. Die Breite beträgt hier ca. 11 cm, die Tiefe ca. 9 cm. Die Tiefe kann durch Nachgeben des Steißbeins während der Geburt um 1-2 cm zunehmen.

Vor der Geburt befindet sich der Kopf des Kindes im Beckeneingang. Während des Geburtsvorgangs senkt sich das Kind und dringt in die mittlere Beckenebene, die Beckenhöhle, vor. In der unteren Beckenebene, d. h. dem Beckenausgang, tritt der Kopf aus dem Körper der Mutter aus. Abgesehen von den erwähnten Ebenen gibt es noch die vier Ebenen nach Hodge, mit deren Hilfe der Geburtsvorgang verfolgt und beurteilt werden kann.

Äußere Beckenmaße

Anhand der Beckenmaße und durch Tasten des im Mutterleib liegenden Kindes läßt sich abschätzen, ob eine Geburt voraussichtlich normal verlaufen wird. Deshalb werden diese Untersuchungen von Ärzten und Hebammen routinemäßig durchgeführt.

Die wichtigsten äußeren Maße sind die Tiefe nach Baudelocque (20 cm), der Abstand zwischen den Beckenschaufeln (28 cm), der Abstand zwischen den Darmbeindornen (25 cm) und der Abstand zwischen den Oberschenkelknochen (31 cm).

Es ist auch wichtig, die Form der Michaelis-Raute und den Schambeinwinkel zu untersuchen, um beurteilen zu können, ob die Geburt auf natürlichem Weg stattfinden kann oder nicht.

Beckenmuskeln und Beckenboden

Das knöcherne Becken ist eine Art von „Muskel-Knotenpunkt". Eine ganze Reihe von Muskeln aus anderen Körperbereichen, z. B. aus dem Brustkorb und dem Unterleib, setzen am Becken an. Der Beckenboden selbst besteht auch aus verschiedenen Muskeln. Einige Muskeln, die sich im Unterleib befinden, bilden die Bauchpresse, die bei der Geburt eingesetzt wird. Wieder andere Muskeln schließen das Becken nach unten hin ab. Sie halten die Geschlechtsorgane an ihrem Platz und werden bei der Entbindung häufig stark strapaziert.

MENSCH UND FAMILIE

BAND 1

Der Muskel, der fast das gesamte Becken von unten verschließt, heißt *Musculus levator ani*. Sein innerer Teil wird *Musculus pubococcygeus* genannt. Er wölbt sich in das Innere des Körpers hinein. Durch eine Lücke im vorderen Bereich des Muskels treten die Harn- und Geschlechtsorgane aus. Einige kleine, in zwei Ebenen angeordnete Muskeln geben diesen Organen Halt und verschließen ihre Öffnungen. Von innen nach außen betrachtet liegt dort zunächst das *Diaphragma urogenitale*. Durch diesen Muskel tritt die Harnröhre hindurch. Er verschließt sie auch. Der Muskel umfaßt die Scheide, festigt ihre Lage und kann sie durch Kontraktion verschließen. Weiter vorne an der Oberfläche liegen der *Musculus ischiocavernosus*, der *Musculus bulbocavernosus* und der *Musculus transversus perinei profundus*.

Die Geschlechtsorgane

Die äußeren Geschlechtsorgane

Der äußere Teil der weiblichen Geschlechtsorgane, auch Vulva genannt, liegt vor den Muskeln des Beckenbodens. Hier befinden sich unter anderem die Austrittsöffnung der Harnröhre und der äußere Zugang zu den inneren weiblichen Geschlechtsorganen. Dazu gehören folgende Teile:

- **Schamberg.** Der *Mons pubis* oder Schamberg, der vorderste Teil der äußeren weiblichen Geschlechtsteile, ist eine Erhebung, die aus einem Fettpolster besteht und mit Einsetzen der Pubertät von den Schamhaaren verdeckt wird.
- **Große Schamlippen.** Die großen Schamlippen sind zwei große Hautfalten, die den Scheideneingang umschließen. Bei Mädchen und erwachsenen Frauen sind die Schamlippen normalerweise dick und widerstandsfähig und liegen einander an. Bei älteren Frauen werden sie schlaffer und sind leicht geöffnet.
- **Kleine Schamlippen.** Es handelt sich um zwei kleine Hautfalten, die innerhalb der großen Schamlippen liegen. Sie sehen – abhängig von Alter, Rasse und an-

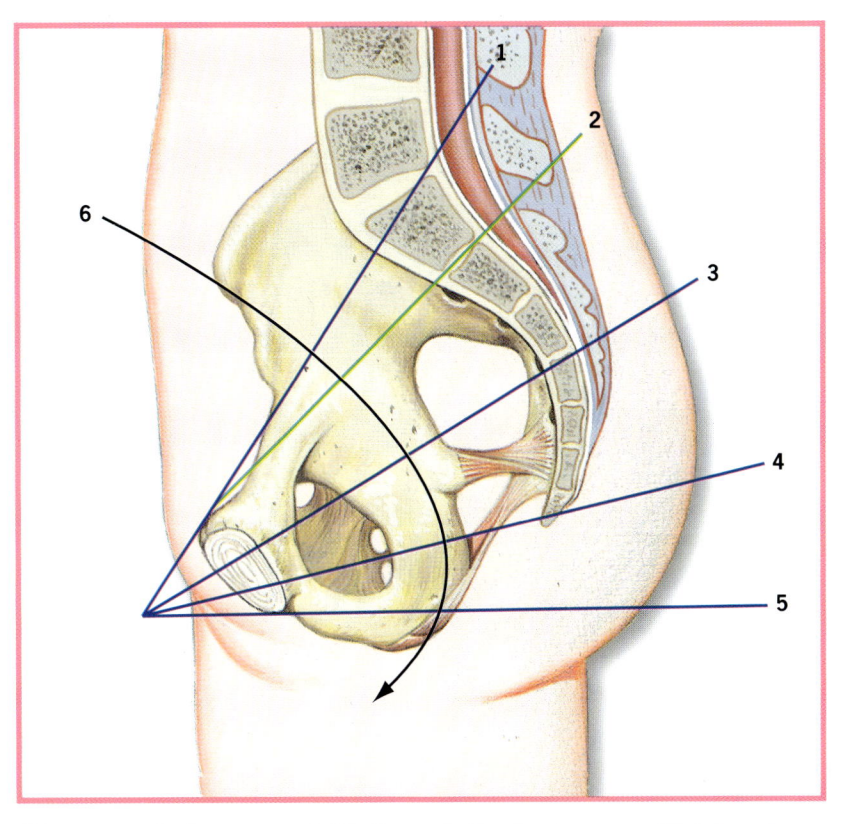

Ebenen, Achsen und Maße des weiblichen Beckens

Ebenen (in blau):

1. Linie zwischen Schambeinfuge und Promontorium: obere Ebene
3. Meyer-Linie: mittlere Ebene
4. Roederer-Linie: untere Ebene

Diese Linien kennzeichnen die Höhen oder Ebenen, die das Kind bei seiner Geburt durchlaufen muß.

Beckenneigung:

Anhand der waagerechten Linie **(5)** kann die Beckenneigung gemessen werden.

Außendurchmesser (Tiefe) nach Baudelocque (in rot):

Der durch die Schambeinfuge und den Dornfortsatz des fünften Lendenwirbels bestimmte Durchmesser **(2)** gibt Anhalt für das Maß der engsten und gleichzeitig wichtigsten Öffnung der oberen Beckenebene.

Geburtskanal (in schwarz):

Die gebogene Linie **(6)** zeigt den Weg, den das Kind während des Geburtsvorgangs durch alle Ebenen des Beckens der Mutter nimmt.

Kap. 5: DIE WEIBLICHEN ORGANE UND IHRE FUNKTIONEN

Lage der inneren weiblichen Geschlechtsorgane

Die Abbildung zeigt die Lage von:

1. Eierstöcken
2. Eileitern
3. Gebärmutter (Uterus)
4. Scheide

deren Faktoren – unterschiedlich aus. An ihrem vorderen Ende wachsen sie zusammen und umgeben die Klitoris. Bei sexueller Erregung wird im Bereich der kleinen Schamlippen eine Flüssigkeit gebildet, die den Geschlechtsverkehr erleichtert.

- **Klitoris** (Kitzler). Die Klitoris, ein kleines, nur wenige Millimeter großes Organ, hat eine für die sexuelle Stimulation sehr wichtige Funktion. Bei sexueller Erregung füllt sie sich mit Blut und wird, genau wie das männliche Glied, größer. Von allen anderen Geschlechtsorganen weiß man, daß sie neben der erogenen Funktion auch andere Funktionen haben. Die Aufgabe der Klitoris besteht allein darin, sexuellen Genuß zu bereiten. Sie erfüllt damit eine sehr wichtige Aufgabe für den reibungslosen Ablauf sexueller Beziehungen.

- **Harnröhrenöffnung.** Die Harnröhrenöffnung ist der Ausgang der Harnröhre, durch die der Urin ausgeschieden wird. Sie liegt zwischen den kleinen Schamlippen unterhalb des Kitzlers und oberhalb des Scheideneingangs.

- **Jungfernhäutchen** (Hymen). Das Jungfernhäutchen verschließt beim Mädchen den größten Teil des Scheideneingangs. Gewöhnlich reißt es beim ersten Geschlechtsverkehr ein. Im Laufe des Lebens, insbesondere nach mehreren Geburten, kann es fast vollständig verschwinden.

Die inneren Geschlechtsorgane

Zu den inneren Geschlechtsorganen der Frau gehören der im Körper gelegene Bereich der Scheide, die Gebärmutter, die Eileiter und die Eierstöcke.

- Die **Eierstöcke** oder weiblichen Geschlechtsdrüsen sind paarige, symmetrisch angeordnete, im Becken liegende Organe. Sie befinden sich rechts und links der Gebärmutter, mit der sie durch Bänder verbunden sind. In ihrer Größe und ihrem perlmuttfarbenen Aussehen ähneln sie einer Mandel.
- Die **Eileiter** sind zwei kleine Hohlorgane, die die Eierstöcke mit der Gebärmutter verbinden. Sie sind 10-12 cm lang und haben einen Durchmesser von 4-10 mm. Die Eileiter können sich leicht entzünden, was sehr schmerzhaft sein kann. Wenn eine Eileiterentzündung (Salpingitis) nicht rechtzeitig behandelt wird, können sich die Eileiter verschließen, und die Frau kann unfruchtbar werden.
- Die **Gebärmutter** (Uterus) hat die Form eines abgeflachten Kegels. Ihr schmaler, unterer Teil reicht in die Scheide hinein, die sich unten an die Gebärmutter anschließt. Die Gebärmutter besteht aus zwei Hauptteilen, dem Gebärmutterkörper und dem Gebärmutterhals, die durch den Isthmus, eine etwa 1 cm lange Enge am Übergang von Gebärmutterkörper zu Gebärmutterhals, verbunden sind. Die Gebärmutter ist 6-8 cm lang und 4-5 cm breit.
- Die **Scheide** ist das Organ, in das beim Geschlechtsverkehr das Glied eingeführt wird. Es handelt sich um ein Hohlorgan bzw. einen Schlauch, der mit der Gebärmutter verbunden ist. Im Ruhezustand ist die Scheide ein abgeflachtes Rohr von 7-12 cm Länge und 2-4 cm Breite. Die äußere Schicht der Scheide besteht aus spiralig angeordneter Muskulatur, die sehr dehnungsfähig ist. Beim Geschlechtsverkehr und bei der Geburt vermag sich die Scheide daher weit auszudehnen und kann erstaunliche Ausmaße annehmen.

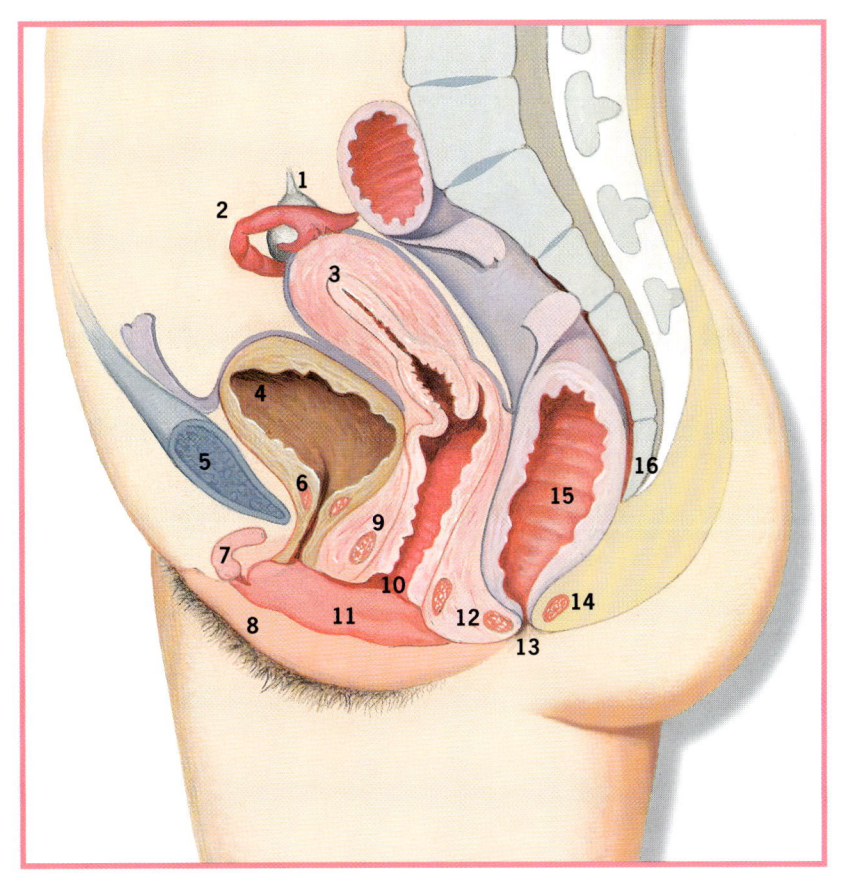

Längsschnitt der weiblichen Geschlechts- und Harnorgane:

1. Eierstock, **2.** Eileiter, **3.** Gebärmutter, **4.** Harnblase, **5.** Schambeinfuge, **6.** Schließmuskel der Blase, **7.** Klitoris, **8.** Große Schamlippen, **9.** Musculus bulbocavernosus, **10.** Scheide, **11.** kleine Schamlippen, **12.** Damm, **13.** After, **14.** Schließmuskel des Darms, **15.** Enddarm, **16.** Steißbein.

Ein Organ der weiblichen Geschlechtsorgane wollen wir besonders hervorheben, die Klitoris, allerdings nicht wegen ihrer Größe. Embryologisch entspricht die Klitoris dem männlichen Penis. Dieses kleine Organ weist eine sehr wichtige Besonderheit auf:

Es gibt kein anderes Geschlechtsorgan, dessen einzige Funktion es ist, sexuelle Lustgefühle hervorzurufen. Alle anderen Geschlechtsorgane einschließlich des Penis haben neben ihrer sexuell stimulierenden Funktion auch eine oder mehrere physiologische Funktionen.

Deshalb sollte jedes Paar dieses kleine Organ bei der Liebe berücksichtigen, damit die Frau den Sexualakt genauso wie der Mann genießen kann.

Harnblase und Mastdarm

Zusammen mit den inneren Geschlechtsorganen der Frau sollen zumindest die wichtigsten benachbarten Orga-

Kap. 5: DIE WEIBLICHEN ORGANE UND IHRE FUNKTIONEN

Die Brust und ihr Aufbau

Die weiblichen Brüste sind ein ganz besonderes Organ. Sie sind das Organ, das das Neugeborene nährt und die enge Verbindung zwischen Mutter und Kind nach der Geburt aufrechterhält. Auch für die Sexualität ist die weibliche Brust ein außerordentlich wichtiges Organ, das an der Erlangung von sexueller Erregung und Orgasmus maßgeblich beteiligt ist. Die Spannung und Sensibilität der Brust der erwachsenen Frau erhöhen oder verringern sich mit den Veränderungen des Hormonspiegels. Die zyklustypischen Hormonschwankungen und die sexuelle Lust sind eng miteinander verbunden.

In der Zeichnung ist die feine Struktur der weiblichen Brust erkennbar:

1. *Drüsenläppchen*
2. *Drüsenendstück*
3. *Milchgang*
4. *Milchsäckchen*
5. *Ausführungsgang*
6. *Brustwarze*
7. *Warzenhof*
8. *Fettgewebe*
9. *Großer Brustmuskel*
10. *Rippe*

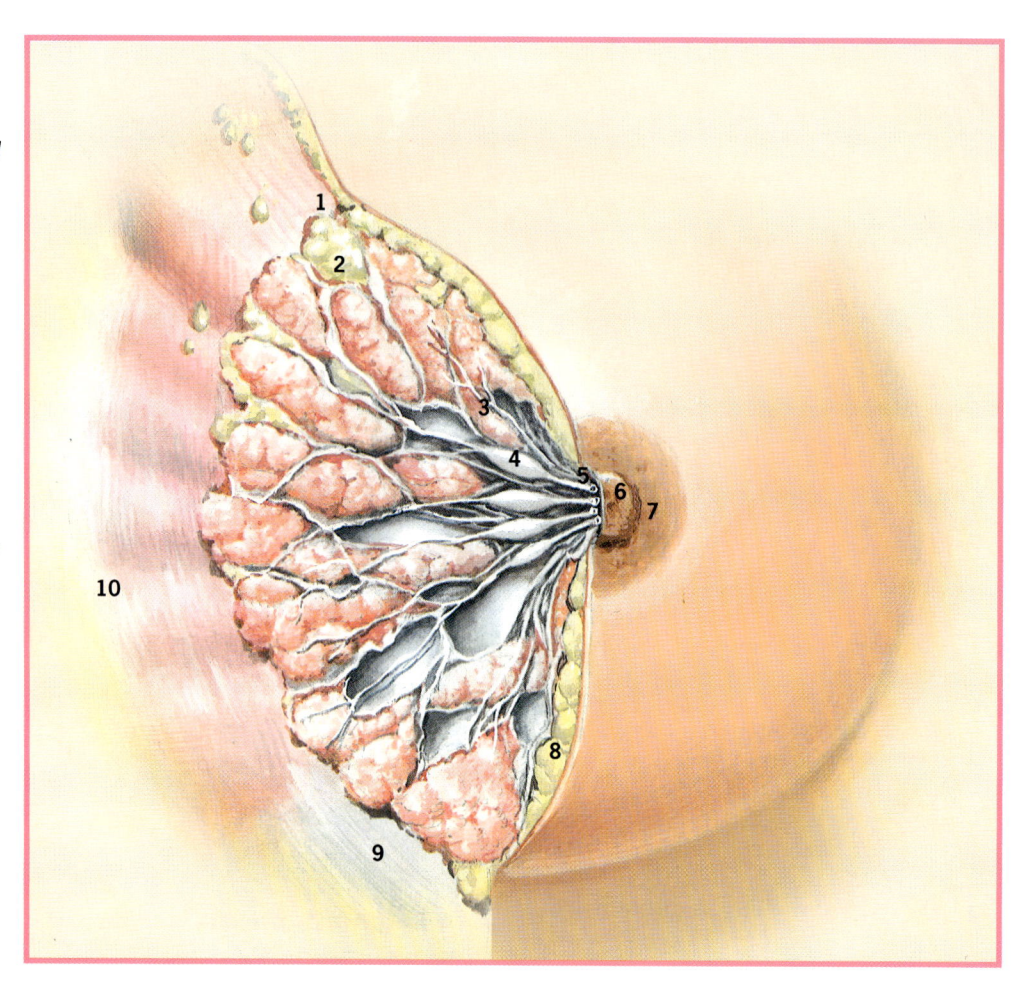

ne, die Harnblase und der Mastdarm, erwähnt werden.

- Die **Harnblase** liegt zwischen Schambein und Gebärmutter. Da sie sich in unmittelbarer Nähe der Geschlechtsorgane befindet, kann ihre Funktion durch Beschwerden oder Verletzungen der Geschlechtsorgane beeinträchtigt werden. Der Inhalt der Harnblase wird durch die etwa 3-5 cm lange Harnröhre entleert. Diese tritt im Scheidenvorhof zwischen Kitzler und Scheideneingang aus.

- Der **Mastdarm,** der letzte Abschnitt des Verdauungsapparates, verläuft zwischen Gebärmutter und Kreuzbein und endet im After (Darmausgang).

Die Brust

Die weibliche Brust ist ein paarig angelegtes Organ, das sich beidseits des Brustbeins auf dem Brustkorb (Thorax) befindet. Ihre Größe ist bei jeder Frau unterschiedlich. Bei der jungen Frau haben die Brüste eine fast kugelige Form. Der untere Teil ist stärker abgerundet als der obere.

Jede Brust setzt sich aus etwa 20-30 voneinander unabhängigen, kleinen Drüsen zusammen. Jede dieser Drüsen bildet ein Drüsenläppchen, *Lobus* genannt, das über einen Milchgang mit der Brustwarze verbunden ist. Unter der Brustwarze erweitern sich die Milchgänge zu Milchsäckchen, die in die Poren der Brustwarze münden.

Auf der Brust befindet sich eine Erhebung, die Brustwarze. Die Oberfläche der Brustwarze ist unregelmäßig. Ursache dafür sind die kleinen Vertiefungen, die durch die Ausgänge der Milchdrüsen entstehen. Die Farbe der Brustwarze ist dunkler als die der eigentlichen Brust. Der Hautbereich, der die Brustwarze umgibt, der Warzenhof, ist ebenso etwas dunkler. Er hat einen Durchmesser von 4-5 cm und ist von Montgomery-Drüsen umgeben, wodurch sich eine unebene Randfläche ergibt.

Funktionen der Organe

Die Funktionen der Eierstöcke

Schneidet man den Eierstock eines Neugeborenen in der Mitte durch und untersucht ihn unter dem Mikroskop, kann man zahlreiche Primordialfollikel erkennen, die sich im wesentlichen aus einem Oozyten, einer unreifen Eizelle, zusammensetzen. Beim Heranreifen der Eizelle und der sie umgebenden Zellen durch den Einfluß des Hormons FSH entstehen ein Primärfollikel und östrogenhaltige Follikelflüssigkeit. Der weitere Entwicklungsverlauf führt zur Bildung des Graafschen Follikels, eines reifen Eifollikels.

Jedesmal wenn ein Eisprung stattfindet und eine Eizelle – samt Follikelflüssigkeit – aus dem Eierstock austritt, kommt es zu einer kleinen Blutung, und es entsteht der Gelbkörper, der das Hormon Progesteron produziert. Wenn keine Schwangerschaft eintritt, bildet sich der Gelbkörper zwei Wochen später zum *Corpus albicans*, und danach in einem komplizierten physiologischen Vorgang zu einem bindegewebigen Körper zurück.

Die Eierstockhormone

Die Eierstöcke bilden Östrogene, Progesteron und Androgene (siehe Kap. 9, „Hormone und Sexualität", S. 1/204ff.).

- Die **Östrogene** werden so genannt, weil sie bei Tieren die Brunft (griech.-lat. *oestrus*) auslösen. Sie regen das Wachstum der inneren und der mittleren Schicht der Gebärmutter an. Im Gebärmutterhals (Zervix) bildet sich zum Zeitpunkt des Eisprungs unter Einfluß der Östrogene ein dünnflüssiger Schleim. In der Scheide bewirken sie, daß die inneren Schichten dicker und kräftiger werden. Das Östrogen ist das weibliche Hormon. Es verstärkt die Hautspannung und den Glanz der Haare, erhöht die Stimme und regt die Bildung weiblicher Körperformen an. Neben dem Einfluß auf die Körperfunktionen wirkt es auch auf die Psyche des Menschen.

- **Progesteron** wird ausschließlich in der zweiten Zyklushälfte gebildet, während Östrogene in beiden Zyklushälften vorhanden sind. Progesteron regt in den Eileitern die Produktion einer Flüssigkeit an, die die befruchtete Eizelle auf dem Weg zur Gebärmutter ernährt. Gleichzeitig baut es die Schleimhaut der Gebärmutter auf, so daß sich die Eizelle dort einnisten kann. Im Gebärmutterhals bildet sich durch das Progesteron ein zäher Schleim, der die Gebärmutterhöhle verschließt und schützt. In der Brust läßt es die Drüsenläppchen wachsen. Außerdem erhöht das Progesteron die Körpertemperatur. Diese typische Temperaturerhöhung in der zweiten Zyklushälfte wird bei der Messung der Basaltemperatur als Methode der Empfängnisverhütung (siehe Kap. 30, „Familienplanung. Empfängnisverhütung", S. 2/219ff.) ausgenutzt.

- **Androgene** sind männliche Hormone. Frauen verfügen über männliche Hormone, genauso wie Männer über weibliche Hormone verfügen. Allein die

Kap. 5: DIE WEIBLICHEN ORGANE UND IHRE FUNKTIONEN

Konzentrationen der Hormone sind unterschiedlich. Die Menge der Androgene, die die Frau produziert, erreicht dabei fast die des Mannes. Androgene bewirken die Entwicklung der Scham- und Achselbehaarung. Außerdem steigern sie das sexuelle Verlangen (Libido) der Frau. Sowohl nach den Wechseljahren, wenn die Regelblutung aufgehört hat, als auch nach einer Entfernung der Eierstöcke sind weiterhin Androgene im Körper der Frau vorhanden, die dann von den Nebennieren gebildet werden.

- **Prostaglandine** spielen eine wichtige Rolle bei der Fortpflanzung, auch wenn es sich bei ihnen nicht um Eierstockhormone handelt. Ihr Name geht auf den Umstand zurück, daß sie auch in der Prostata gebildet werden. Sie sind eng mit der Hormonproduktion der Eierstöcke und der Hirnanhangdrüse (Hypophyse) verbunden. Sie erhöhen den arteriellen Blutdruck, erweitern die Gefäße und stimulieren die Muskulatur der Gebärmutter und des Darms. Sie werden zur Einleitung der Geburt und beim Schwangerschaftsabbruch eingesetzt (siehe S. 2/267).

Eireifung und Eisprung

Die Aufgabe der Eierstöcke besteht einerseits darin, Hormone zu produzieren, und andererseits Eizellen zu bilden, aus denen, wenn sie durch eine Samenzelle befruchtet werden, ein neues Wesen entsteht.

Ein weiblicher Fötus hat bereits im fünften Entwicklungsmonat in beiden Eierstöcken etwa eine halbe Million Oogonien (in den Primordialfollikeln), die nach Reifung zu primären Oozyten und sekundären Oozyten werden.

Die Oozyten (unreife Eizellen) reifen in einem sehr langen Prozeß, der mindestens 15 und höchstens 45 Jahre umfaßt. Durch diese lange Reifungszeit können Erbschäden entstehen. So hat man festgestellt, daß degenerierte Eizellen Blasenmolen bilden können und daß mit zunehmendem Alter der Mutter häufiger Mongolismus beim Kind auftritt.

Funktionen der Eileiter, der Gebärmutter und der Scheide

- **Die Eileiter.** Ihre Aufgabe ist es, die Eizelle aufzufangen, durch ihre Gänge hindurchzutransportieren und sie bis zu ihrer Ankunft in der Gebärmutter zu ernähren. Das Ei wird im seitlichen Drittel der Eileiter mit dem Fimbrientrichter aufgefangen. Es wird von Substanzen ernährt, die durch den Einfluß des Östrogens in den Eileiterwänden produziert werden.

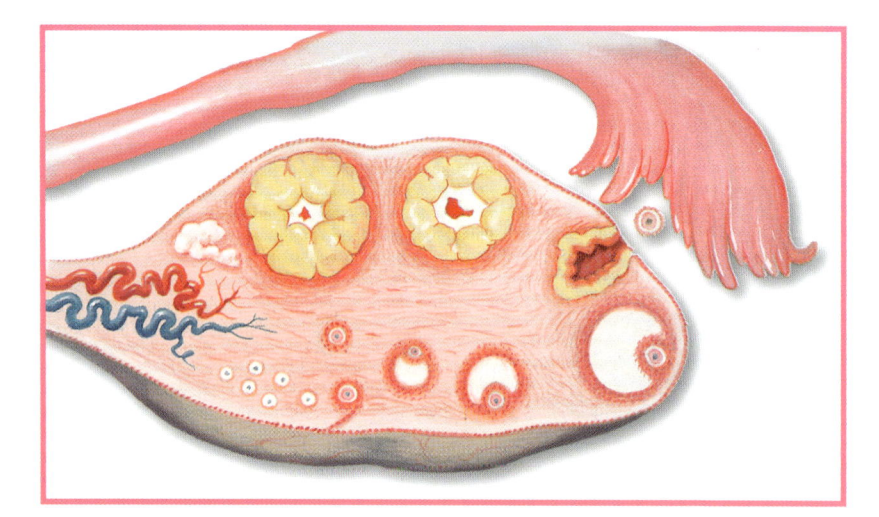

Längsschnitt durch den Eierstock

Im linken Teil der Abbildung sind eine Arterie (rot) und eine Vene (blau) zu sehen, die für den Blutzu- und -abfluß dieses Organs sorgen.

In der unteren Bildhälfte erkennt man verschiedene Reifephasen eines Follikels (gegen den Uhrzeigersinn) bis zu seiner vollständigen Reifung (rechter Bildrand). Deutlich sichtbar sind die Follikelflüssigkeit und die von einem Zellkranz umgebene Eizelle (blau). Die äußere Hülle des Follikels ist rot eingezeichnet. Anschließend platzt der Follikel, die Eizelle wird ausgestoßen und vom Eileiter aufgefangen.

Die unregelmäßigen (gelben) runden Strukturen sind Gelbkörper, die nach dem Eisprung Lutein (Gelbkörperhormon) produzieren.

Schließlich (links im Bild) bildet sich der Follikel vollständig zurück.

- Die **Gebärmutter.** Die mittlere Schicht der Gebärmutter, der Gebärmuttermuskel, setzt sich aus glatten Muskelfasern zusammen. Sie ist sehr kräftig und kann so ihrer Aufgabe gerecht werden, das Kind bei der Geburt nach außen zu befördern. Östrogene lösen eine Kontraktion, Gestagene ein Erschlaffen des Gebärmuttermuskels aus.

  Die innere Schicht der Gebärmutter, die Gebärmutterschleimhaut, vergrößert sich durch den Einfluß der Östrogene und produziert Nährstoffe durch den Einfluß der Gestagene. Diese innere Schicht unterliegt den Veränderungen des weiblichen Zyklus und wird, wenn keine Schwangerschaft eintritt, etwa alle vier Wochen abgestoßen. Im Fall einer Schwangerschaft nistet sich die Eizelle in der Gebärmutterschleimhaut ein und wird von ihr ernährt.

  Wir wissen heute, daß der Gebärmutterhals eine wichtige Rolle bei der Befruchtung spielt, denn er, und nicht die Scheide, funktioniert als Samenreservoir. Er nimmt die Spermien auf und ermöglicht es ihnen bis zu 60 Stunden lang, in die Gebärmutter und die Eileiter aufzusteigen, um eine Eizelle zu befruchten. Im Gebärmutterhals wird der Zervixschleim gebildet, der durch die Wirkung der Östrogene dünnflüssig, glasklar und fadenziehend wird. Durch den Einfluß der Gestagene wird der Zervixschleim zähflüssig und verschließt den Gebärmutterhals, so daß keine Keime in die höher gelegenen Bereiche des Genitaltrakts gelangen können.

- In den **Zellen der Scheidenwand** wird durch den Einfluß des Östrogens Glukogen gebildet, von dem sich die Döderlein-Bakterien ernähren. Die Bakterien stellen Milchsäure her, die das Wachstum vieler Krankheitserreger hemmt. Durch dieses Selbstreinigungssystem schützt die Scheide sich selbst und die höher gelegenen Geschlechtsorgane vor Infektionen.

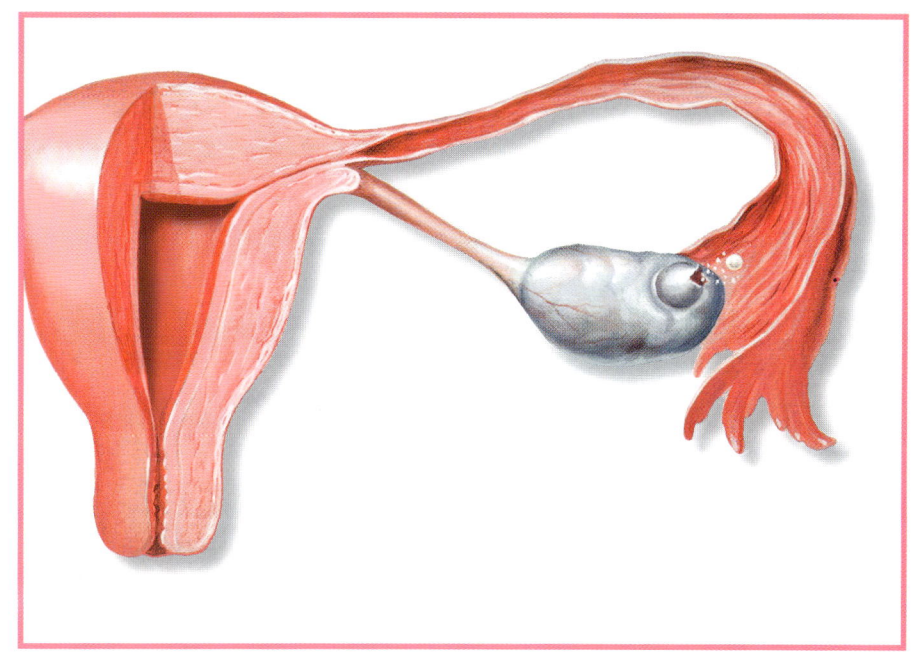

Dieses Bild gibt genau den Zeitpunkt des Eisprungs wieder. Wenn der Follikel reif ist, gerät der Inhalt unter Druck, außerdem wird der Rand, der in der Nähe der Eierstockoberfläche liegt, immer dünner. Vorwiegend durch hormonelle Wirkung kommt es zum Eisprung: Die Eizelle wird freigesetzt und vom Fimbrientrichter des Eileiters aufgefangen. Später bewegt sie sich durch den Eileiter bis zur Gebärmutter (links im Bild).

Funktionen der Brust

Auch wenn die Brust räumlich weit entfernt von den anderen Geschlechtsorganen liegt, ist ihre Verbindung mit diesen Organen und mit der Sexualität im allgemeinen doch deutlich erkennbar. Die Brüste dienen der sexuellen Stimulierung. Wenn sie berührt werden, wirkt sich das auch stimulierend auf die Geschlechtsorgane aus (Sexualfunktion). Selbst beim Stillen eines Kindes mit der Brust (Fortpflanzungsfunktion), kann man bei der Mutter Kontraktionen der Gebärmutter feststellen.

Die Brust des Mädchens unterscheidet sich von Geburt an von der des Jungen. In der Pubertät wird sie zum sekundären Geschlechtsmerkmal. Diese Entwicklung wird von den Hormonen der Eierstöcke (Östrogen und Progesteron) und der Hirnanhangdrüse (Prolaktin, TSH und andere) gesteuert.

Während der Schwangerschaft verändern sich die Brüste und stellen sich auf das Stillen ein.

Zu bestimmten Zeiten des weiblichen Zyklus und in der Schwangerschaft ver-

Psychische Auswirkungen des weiblichen Zyklus

größern sich die Brüste, und es kann ein Spannungsgefühl entstehen.

Die Menstruation

In den ersten Zyklustagen ist die Gebärmutterschleimhaut sehr dünn. Im Verlauf des Zyklus verändert sie sich stetig. Sie wird dicker, und ihre Oberfläche bereitet sich darauf vor, eine befruchtete Eizelle aufzunehmen und zu ernähren.

Wenn keine Befruchtung stattgefunden hat, bildet sich die Schleimhaut zurück und löst sich ab, wobei Risse in den Gefäßen und Drüsen entstehen, durch die sie mit der Gebärmutter verbunden war und mit Nährstoffen versorgt wurde. Dieses Geschehen löst unterschiedlich starke Blutungen im Inneren der Gebärmutter aus. Der Blutfluß reißt die abgelöste Schleimhaut mit, die durch die Scheide abfließt, bis die Gebärmutter alle Reste abgestoßen hat. Nach der Monatsblutung wird die Schleimhaut wieder zu einer dünnen Schicht, die bis zur nächsten Blutung langsam wächst. Dieser Prozeß wiederholt sich Zyklus für Zyklus etwa alle 28 Tage.

Es werden verschiedene Begriffe verwendet, um die Monatsblutung zu bezeichnen: Menstruation, Regel, Regelblutung, Periode, Tage usw.

Aus hormonellen und psychischen Gründen ermüden manche Frauen während der Periode schneller und verfügen über weniger Energie als an anderen Tagen. Es gibt jedoch Sportlerinnen, die gerade an diesen „Tagen" große Siege errungen haben. Kurz nach der Menstruation, wenn die Follikelreifung wieder beginnt, erreicht die Stimmung der Frau ihren Höhepunkt. Sie ist aktiv und optimistisch. Nach dem Eisprung, in der Gelbkörperphase, geht die Lebenskraft unter der Einwirkung des parasympathischen Nervensystems wieder zurück. Wenige Tage vor der Menstruation tritt gelegentlich das „prämenstruelle Syndrom" auf.

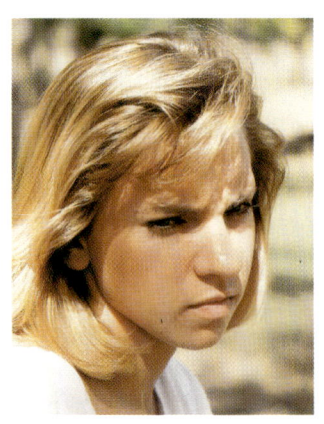

Aussehen und Menge

Die Farbe des Menstruationsblutes kann sich durch Beimengungen und Keime der Scheide verändern.

Die Blutungsdauer beträgt durchschnittlich vier bis fünf Tage. Der Blutverlust (Blut und Gebärmutterschleimhaut) liegt zwischen 25 und 100 ml pro Menstruation. Diese Menge entspricht etwa einem Verbrauch von vier bis sechs Binden oder Tampons pro Tag.

Der Verbrauch kann, abhängig vom verwendeten Hygieneartikel und der Wechselhäufigkeit, auf bis zu zehn Einheiten pro Tag heraufgehen und gilt dann immer noch als normal. Der tägliche Blutverlust und die Länge der Monatsblutung beeinflussen sich meist gegenseitig. So ist eine kurze Menstruation häufig mit stärkerem Blutverlust pro Tag verbunden als eine lange. Die Stärke der Regelblutung ist individuell sehr unterschiedlich.

Zusammen mit der Monatsblutung können sich an den Lippen Herpesbläschen und auf den Wangen oder der Stirn Pickel bilden. Es wird eine verstärkte Neigung zur Schweißbildung beobachtet. Schweiß und Atem riechen anders als an den übrigen Tagen.

Den Arzt interessieren normalerweise alle Einzelheiten des Menstruationsverlaufs. Sie können ihm wichtige Informationen über den Gesundheitszustand der Frau geben.

Mit den „Menstruationsstörungen" wollen wir uns im nächsten Kapitel beschäftigen (S. 1/126).

Die Zyklusphasen

Die erwähnten 28 Zyklustage entsprechen vier „biologischen Wochen", die bei jeder Frau anders sein können. Wenn diese vier Wochen mehr als sieben Tage haben, dauert der Menstruationszyklus

Die Basaltemperatur während des Menstruationszyklus

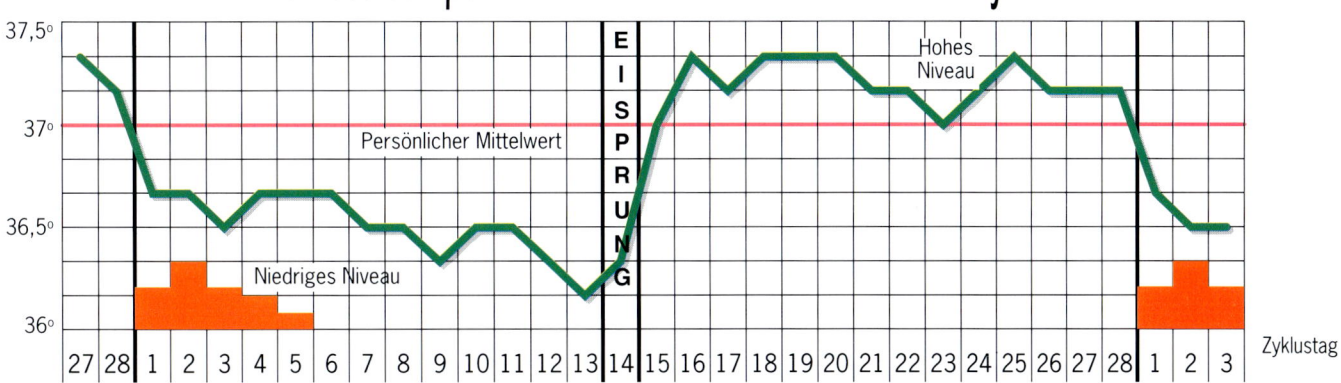

Die Graphik zeigt den Verlauf der Basaltemperatur während eines Menstruationszyklus. Die Höhe der Basaltemperatur hängt von der unterschiedlichen Hormonausschüttung in den einzelnen Zyklusphasen ab, die die Körperfunktionen und die Psyche der Frau beeinflussen.

30 Tage oder länger, wenn sie weniger als sieben Tage umfassen, ist der Zyklus kürzer. Es kommt auch relativ häufig vor, daß sich die Regelblutung um ein oder zwei Tage, manchmal auch länger, verzögert.

Abweichungen von den normalen Zykluslängen werden dann wichtig, wenn es bei einer Schwangerschaft um die Berechnung des Geburtstermins geht. Die Geburt kann im Rahmen des Normalen vor Ablauf der neun Kalender- bzw. zehn Mondmonate, sie kann auch erst einige Wochen nach Ablauf dieses Zeitraums einsetzen. Ein Zusammenhang zwischen Zykluslänge und Über- oder Unterschreitung des richtig berechneten Geburtstermins läßt sich nicht nachweisen.

Der Menstruationszyklus kann in vier Phasen unterteilt werden, die alle durch die körpereigene Hormonproduktion gesteuert werden: die präovulatorische Phase, die Ovulationsphase, die prämenstruelle Phase und die Menstruation.

Präovulatorische Phase

Die erste Phase des Menstruationszyklus ist die präovulatorische Phase, d. h. die Phase vor dem Eisprung. Während dieser Phase schüttet die Hirnanhangdrüse das Hormon FSH aus. Durch das FSH nimmt die Östrogenproduktion im Eierstock zu, und ein Follikel, der eine Eizelle enthält, beginnt heranzureifen.

Die im Eierstock produzierten Östrogene gelangen über den Blutkreislauf in die Gebärmutter und bewirken dort, daß die Schleimhaut wächst und reift. Bei der vorangegangenen Menstruation wurde diese Schicht zusammen mit Blut fast vollständig abgestoßen.

Die Östrogene wirken auch auf die Zervixdrüsen. Sie bilden den Schleimpropf, einen zähen Schleim, der die Gebärmutter verschließt und so Infektionen der höher gelegenen Geschlechtsorgane vorbeugt. Je höher die Östrogenkonzentration ist, desto flüssiger wird der Schleim. Etwa in der Mitte des Zyklus, wenn der Eisprung erfolgt, ist er am flüssigsten. Nur jetzt können die Spermien auf ihrem Weg zur Eizelle diese Barriere passieren. Der Schleim dient gleichzeitig als Nährsubstanz für die Spermien.

Wenn die höchste Östrogenkonzentration erreicht wird, ist auch die Scheidenschleimhaut am dicksten. Sie ist elastischer und kräftiger als vorher.

Die Produktion des Hormons LH bewirkt zusammen mit dem Östrogenanstieg, daß der Follikel platzt. Dadurch kommt es zum Eisprung.

Ovulationsphase

Die zweite Zyklusphase wird Ovulationsphase genannt. Ovulation (Eisprung) bedeutet, daß eine Eizelle aus dem Follikel herausspringt.

Physiologische Änderungen während des Menstruationszyklus

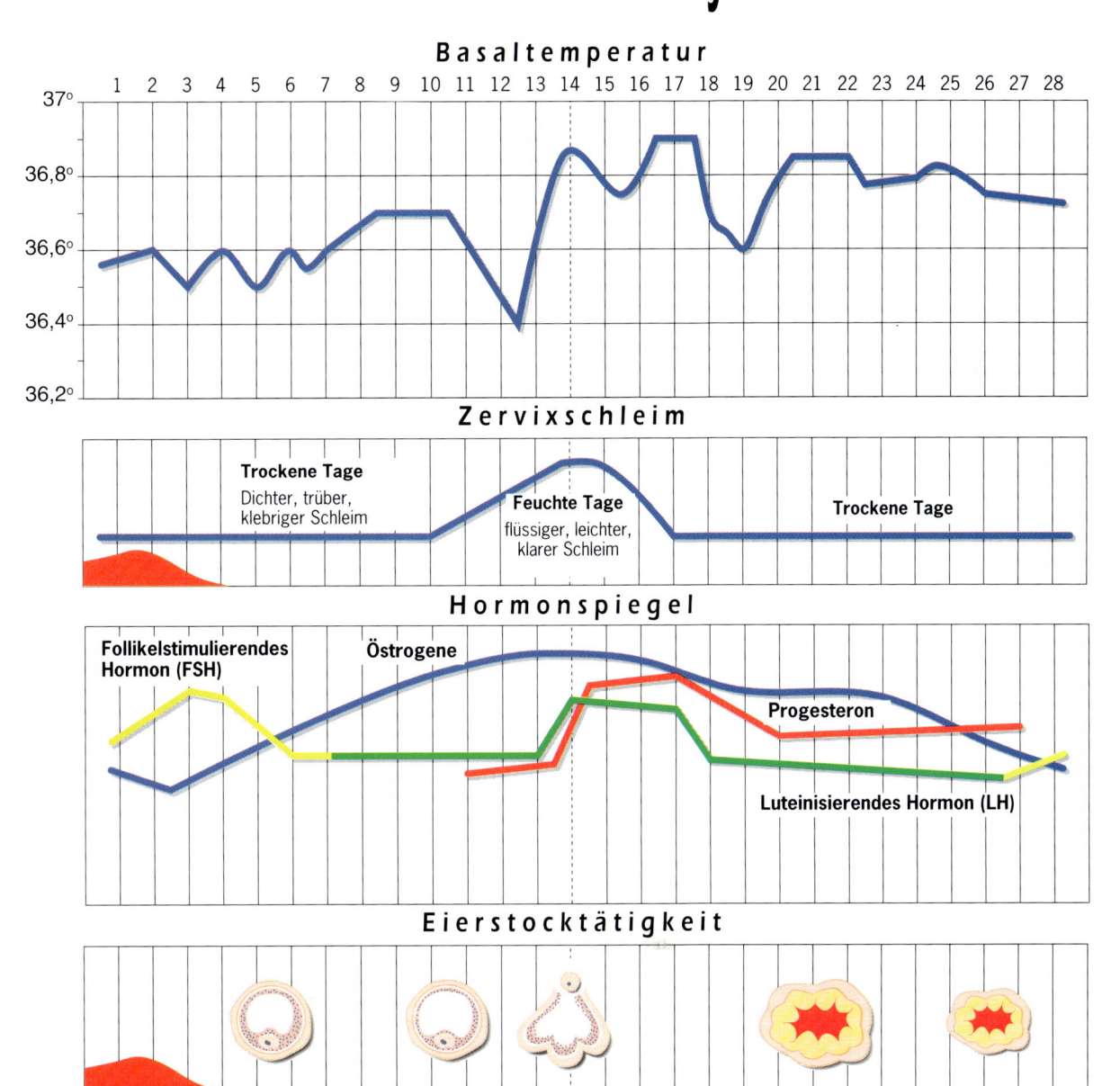

Basaltemperatur

Zervixschleim

Trockene Tage
Dichter, trüber, klebriger Schleim
Feuchte Tage
flüssiger, leichter, klarer Schleim
Trockene Tage

Hormonspiegel

Follikelstimulierendes Hormon (FSH)
Östrogene
Progesteron
Luteinisierendes Hormon (LH)

Eierstocktätigkeit

In der **ersten Graphik** wird der Verlauf der Basaltemperatur während eines Zyklus dargestellt. Die Abbildung zeigt einen typischen Kurvenverlauf, der jedoch von Frau zu Frau unterschiedlich aussehen kann (siehe Seite 2/224f.). Kurz vor dem Eisprung erfolgt häufig (nicht immer) ein ausgeprägter Temperaturrückgang. Dies ist deutlich an der Kurve erkennbar. Der Eisprung ist durch die gestrichelte Linie in der Zyklusmitte gekennzeichnet. Der gesamte Vorgang beruht auf der Wirkung von Hormonen.

Die **zweite Graphik** zeigt die Veränderungen des Zervixschleims im Verlauf des Zyklus. Während der unfruchtbaren Tage bildet der Schleim einen Pfropfen, der den Gebärmutterhals verschließt und den Zugang zur Gebärmutter versperrt. In den Tagen um den Eisprung wird der Schleim flüssig und fadenziehend. Die Spermien können ihn nun passieren.

Die **dritte Graphik** verdeutlicht die Veränderungen im Hormonspiegel, die im Verlauf des Zyklus stattfinden: Produktion der Hirnanhangdrüsenhormone FSH und LH, des Östrogens und des Progesterons. Ihre Wirkung wird im Text erklärt (siehe auch Kap. 9, S. 1/204ff.).

In der **vierten Graphik** sieht man, was im Verlauf eines Zyklus in den Eierstöcken geschieht. Ein Ei reift heran, der Follikel platzt (Eisprung) und bildet sich zum Gelbkörper zurück.

Der Eisprung findet, unabhängig davon, ob der Zyklus kurz oder lang ist, 14 Tage vor der Menstruation statt. Die präovulatorische Phase ist dagegen unterschiedlich lang. Wenn der Zyklus genau 28 Tage umfaßt, dauert sie 14 Tage, bei kürzerem oder längerem Zyklus verkürzt und verlängert sie sich entsprechend.

Dies ist eine sehr wichtige Information, wenn eine Frau schwanger werden oder eine Schwangerschaft verhüten will. Bei unregelmäßigem Zyklus läßt sich der Tag des Eisprungs durch Messung der Basaltemperatur und Untersuchung des Gebärmutterhalsschleims feststellen (siehe S. 2/219ff.).

Es kann aus verschiedenen Gründen (starke Gefühlsbewegungen, Einnahme von Medikamenten u. a.) vorkommen, daß nicht – wie meist üblich – eine Eizelle aus einem Eierstock springt, sondern daß aus jedem Eierstock je eine oder mehrere Eizellen springen. Diese Eizellen können an verschiedenen Tagen des gleichen Zyklus springen, wodurch eine Mehrlingsschwangerschaft entstehen kann. In seltenen Fällen kann Geschlechtsverkehr sogar einen vorzeitigen Eisprung auslösen, so daß eine Befruchtung an Tagen des Zyklus stattfinden kann, an denen es normalerweise nicht dazu kommt.

Prämenstruelle Phase

Die dritte Phase des weiblichen Zyklus wird prämenstruelle oder postovulatorische Phase genannt. Während dieser Phase reagiert die Hirnanhangdrüse auf den hohen Östrogenspiegel im Blut und schüttet das auf die Keimdrüsen wirkende Hormon LH aus. Das LH wird mit dem Blut bis zum Follikel transportiert, der platzt und die Eizelle freisetzt. Zudem bewirkt das LH, daß sich die Zellen des Follikels in den Gelbkörper umwandeln, d. h., daß sie Progesteron produzieren. Progesteron wirkt zusammen mit den Östrogenen auf die innerste Schicht der Gebärmutter und verändert sie so, daß sie eine befruchtete Eizelle aufnehmen und mit Nährstoffen versorgen kann. Das Progesteron dickt ebenfalls den Zervixschleim (Gebärmutterhalsschleim) ein, der die Gebärmutter verschließt und sie vor Einflüssen von außen schützt.

Auch die Scheidenschleimhaut verändert sich durch den Hormoneinfluß. Abstriche von der Scheidenschleimhaut können Aufschluß über die Hormonproduktion und die verschiedenen Zyklusphasen der Frau geben. Der Arzt verschafft sich so einen Überblick über die hormonelle Situation der Frau und empfiehlt, falls notwendig, eine Hormontherapie oder eine ähnliche Behandlung.

Wurde die Eizelle nicht befruchtet, verhindern hohe Östrogen- und Progesteronmengen, daß die Hirnanhangdrüse weiterhin FSH und LH bildet. Dadurch geht der Gelbkörper zurück, die Produktion von Östrogen und Progesteron wird eingestellt, und die Regelblutung beginnt.

Menstruation

In der letzten Phase des Zyklus, der Menstruation, lösen sich Teile der Gebärmutterschleimhaut, die bei ausgebliebener Befruchtung unbrauchbar geworden ist, von der Gebärmutter ab. Sie werden mit Blutbeimengungen durch den Gebärmutterhals und die Scheide nach außen abgestoßen.

Faktoren, die die Menstruation beeinflussen

Es wurde bereits gesagt, daß die erste Regelblutung in wärmeren Regionen eher erfolgt als in kälteren. Ernährung, Klima, Luftdruck, Arbeit und soziale Stellung sind ebenfalls Faktoren, die Periodenbeginn und Besonderheiten der Regelblutung beeinflussen (siehe S. 1/94f.).

Lediglich beim Menschen, beim Gorilla und bei einigen anderen Affenarten beobachtet man einen Zyklus mit Menstruation. Einige andere Säugetiere verfügen über ovarielle Zyklen, ein periodischer Blutverlust bei den Weibchen ist jedoch äußerst selten.

Es gibt Frauen, die überhaupt keine oder nur eine sehr schwache Menstruation haben, die aber trotzdem schwanger werden können.

Frauen, die im Gebiet des nördlichen Polarkreises leben, haben lediglich im Sommer Regelblutungen. Sie werden jedoch im Winter schwanger. Das liegt daran, daß eine Menstruation ohne Eisprung und ein Eisprung ohne Menstruation auftreten können.

Sowohl ein unregelmäßiger Zyklus als auch das Ausbleiben der Regelblutung können verschiedene Ursachen haben. Nicht zu unterschätzen ist die psychische Komponente.

Einfluß von Streß

Lang anhaltende Streßsituationen können den weiblichen Zyklus und die Menstruation nachhaltig stören. So beobachtet man relativ häufig, daß Internatsschülerinnen unter Zyklusstörungen leiden, die sich erst in den Ferien, wenn sie sich wieder zu Hause in ihrer gewohnten Umgebung aufhalten, normalisieren. Die Angst vor einer Schwangerschaft und die damit verbundene psychische Anspannung können ebenso Unregelmäßigkeiten im Zyklus bewirken.

Krankheit, Erschöpfung, Mangelernährung

Schwere Erkrankungen, starker körperlicher und psychischer Streß, längere Anstrengungen und Mangelernährung (sehr häufig in Entwicklungsländern oder im Krieg) können sich auf die Regelmäßigkeit und die Stärke der Menstruation auswirken. Im Extremfall bleibt sie vollkom-

Die Psyche beeinflußt die Abläufe im Körper der Frau. Psychische Belastungen können zu Unregelmäßigkeiten im weiblichen Zyklus führen und das Ausbleiben der Regel bewirken. Man hat beobachtet, daß Internatsschülerinnen nicht selten unter Zyklusstörungen leiden, die sich in den Ferien zu Hause meist wieder normalisieren.

Auswirkungen der Menstruation auf Körper und Psyche

- Kurz vor und während der Menstruation fühlen sich manche Frauen müde und niedergeschlagen.
- Nach der Regelblutung stellt sich der alte Elan wieder ein. Durch den Einfluß des Follikelhormons und des sympathischen Nervensystems findet die Frau zu ihrer vollen Form zurück.
- In der zweiten Zyklushälfte beherrscht das parasympathische Nervensystem die Vorgänge im Körper der Frau. Wenige Tage vor der Menstruation treten aufgrund des prämenstruellen Hormonabfalls gelegentlich Symptome wie Reizbarkeit, Rückenschmerz, Kopfschmerz, Unterleibsbeschwerden und andere leichte Beschwerden auf.
- Wassereinlagerungen führen vorübergehend zu einer Gewichtszunahme.

Menstruationshygiene

Die Menstruation ist ein natürlicher Vorgang im Leben der Frau. Einige Besonderheiten sind allerdings schon zu beachten, damit aus „den Tagen" ganz normale Tage werden.

Die Hygiene während der Menstruation hängt vom Reinlichkeitsbedürfnis jeder einzelnen ab. Als Richtschnur gilt jedoch: Den äußeren Genitalbereich nur mit Wasser, allenfalls mit einer milden Seife waschen. Auf Intimsprays oder parfümierte Reinigungsmittel sollte völlig verzichtet werden. Sie zerstören nur die Scheidenflora, also den natürlichen Schutzmantel vor Pilzen und Krankheitserregern. Die Folgen können unangenehme Reizungen oder gar Entzündungen sein.

Während der Menstruation sollte die Frau etwas stärker als sonst darauf achten, daß möglichst keine Erreger in die Gebärmutter gelangen, damit sie sich nicht in der Menstruationswunde festsetzen und dort Infektionen verursachen können.

men aus. Der weibliche Zyklus wird durch empfindliche Mechanismen gesteuert, die leicht aus ihrem Gleichgewicht zu bringen sind.

Psyche und Emotionen

Der Verlust eines geliebten Menschen, starke Emotionen oder psychische Probleme können sich auf den Zyklus auswirken und dazu führen, daß die Menstruation ausbleibt.

Eine Scheinschwangerschaft, d. h. eine eingebildetet Schwangerschaft bei Personen mit unerfülltem Kinderwunsch, kann ebenfalls dazu führen, daß die Regelblutungen der Frau vollständig aufhören.

Regelmäßiger Zyklus

Eine gesunde, ausgewogene Ernährung, ausreichende Bewegung, eine ruhige, ausgeglichene Lebensweise und nicht zuletzt eine positive Lebenseinstellung begünstigen in hohem Maße einen regelmäßigen Zyklus.

Was man tun kann und was nicht

Viele Dinge, die die Frau an anderen Tagen tut, kann sie auch während der Regelblutung tun. Sie kann ihrer normalen Tagesbeschäftigung weiterhin nachgehen.

Leichte, nicht übermäßig anstrengende Sportarten dürfen ausgeübt werden, wenn die Frau keine größeren Menstruationsbeschwerden hat. Regelmäßiger Sport vermag die Menstruationsbeschwerden zu lindern oder ihnen ganz vorzubeugen.

Während der Menstruation sollte die Frau jedoch möglichst auf intensive Behandlungsmaßnahmen, wie starke Medikation, Massagen, Wärmebehandlungen (Diathermie) und Wasserbehandlungen (Hydrotherapie), verzichten.

Binden und Tampons

Welche Form der Monatshygiene – Binden oder Tampons – die beste ist, muß jede Frau durch Probieren selbst herausfinden. Der Handel bietet verschiedene Produkte für die Monatshygiene der Frau an.

Binden gibt es in vielen verschiedenen Größen. Sie haben an der Rückseite einen Klebestreifen, der verhindert, daß die Binde im Slip verrutscht. Bei Binden entsteht eher Geruch als bei Tampons, weil sich das Blut an der Luft zersetzt.

Tampons gibt es ebenfalls in allen Größen. Sie bestehen aus gepreßter Watte und können auch von jungen Mädchen ohne Bedenken benutzt werden. Es empfiehlt sich, bei den ersten Perioden einen Mini-Tampon zu verwenden. Er ist dünner und kürzer als ein kleiner Finger und läßt sich problemlos in die Scheide einführen. Saugt sich der Mini-Tampon zu schnell voll, ist es sinnvoll, auf einen größeren umzusteigen. Für alle Tampons gilt: Sie können nicht in der Scheide verlorengehen. Denn jeder Tampon hat an einem Ende ein Haltebändchen, mit dem er leicht wieder aus der Scheide herausgezogen werden kann. Wenn sie richtig eingeführt werden, sind sie so bequem, daß man sie überhaupt nicht spürt. Tampons sollten nach Bedarf, spätestens alle acht Stunden gewechselt werden (Hinweise des Herstellers beachten).

Bei Infektionen der Scheide sollten Tampons nicht benutzt werden. Es ist zu empfehlen, im Verlauf der Regelblutung immer die kleinstmögliche Tampongröße zu verwenden und den Tampon nie zu lange liegen zu lassen, damit es nicht zu Komplikationen (wie z. B. im Extremfall zum toxischen Schock) kommt (siehe Kasten S. 1/127).

Die Menstruation beeinflußt den Alltag der Frau heute längst nicht mehr in dem Ausmaß wie früher.

6 FRAUENKRANKHEITEN

INHALTSVERZEICHNIS

Amenorrhö **136**
Ausfluß **145**
Bartholinitis **147**
Blutstau im kleinen Becken,
　s. Pelvic-congestion-Syndrom 135
Brust, Tumoren,
　s. Zysten und Tumoren der Brust 165
Brust, Zysten,
　s. Zysten und Tumoren der Brust 165
Brustkrebs,
　s. Zysten und Tumoren der Brust 165
Brustkrebs **166**
Dysmenorrhö **129**
Dysplasien am Gebärmutterhals ... **153**
Dystrophien der Vulva,
　s. Vulva, Veränderungen 146
Eierstöcke, Krebs, s. Zysten
　und Tumoren der Eierstöcke 161
Eierstöcke, Zysten, s. Zysten
　und Tumoren der Eierstöcke 161
Eierstockentzündung, s. Infektionen
　im inneren Genitalbereich 142
Eileiterentzündung, s. Infektionen
　im inneren Genitalbereich 142
Endometriose **158**
Entzündung der Harnblase,
　s. Harnblasenentzündung 163
Entzündung der Scheide (Vagina),
　s. Entzündung von Vulva
　und Scheide beim Mädchen 149
Entzündung der Vulva,
　s. Vulva, Veränderungen 146
Entzündung des Gebärmutterhalses,
　s. Gebärmutterhalsentzündung 153
Entzündung von Vulva und Scheide
　beim Mädchen **149**
Epispadie, s. Vulva, Veränderungen ... 146
Fehlbildungen der Geschlechtsorgane **152**

Fisteln **150**
Follikelzysten, s. Zysten
　und Tumoren der Eierstöcke 161
Galaktorrhö **169**
Gebärmutter, Fehlbildungen, s. Fehl-
　bildungen der Geschlechtsorgane ... 152
Gebärmutter, Fehllage, s. Rückwärts-
　neigung der Gebärmutter 157
Gebärmutter, Myome,
　s. Myome der Gebärmutter 154
Gebärmutter, Polypen,
　s. Polypen der Gebärmutter 156
Gebärmutter, Verklebung,
　s. Verklebung der Gebärmutter 157
Gebärmutterhals- und Gebärmutterkrebs . **159**
Gebärmutterhalsdysplasien,
　s. Dysplasien am Gebärmutterhals ... 153
Gebärmutterhalsentzündung **153**
Gebärmuttersenkung und -vorfall **155**
Gelbkörperzysten, s. Zysten
　und Tumoren der Eierstöcke 161
Genitaltuberkulose **145**
Harnblasenentzündung **163**
Harninkontinenz **162**
Hirsutismus, s. Vermännl. der Frau ... 125
Hypertrichose, s. Vermännl. der Frau ... 125
Hypospadie, s. Vulva, Veränderungen ... 146
Infektionen im inneren Genitalbereich ... **142**
Juckreiz im äußeren Genitalbereich .. **148**
Klimakterium, s. Wechseljahre 140
Krebs der Brust, s. Brustkrebs 166
Krebs der Eierstöcke, s. Zysten
　und Tumoren der Eierstöcke 161
Krebs der Gebärmutter, s. Gebär-
　mutterhals- und Gebärmutterkrebs ... 159
Krebs des Gebärmutterhalses, s. Gebär-
　mutterhals- und Gebärmutterkrebs ... 159
Menopause, s. Wechseljahre 140

Menstruation, ausbleibende,
    s. Amenorrhö *136*
Menstruation, schmerzhafte,
    s. Dysmenorrhö *129*
Menstruationsstörungen **126**
Menstruationsstörungen, s. Dysmenorrhö . *129*
Menstruationsstörungen, s. Amenorrhö . . . *136*
Milchfluß, s. Galaktorrhö *169*
Mittelschmerz, s. Unterleibsschmerzen *133*
Myome der Gebärmutter **154**
Ovarialtumoren, s. Zysten
    und Tumoren der Eierstöcke *161*
Pelvic-congestion-Syndrom **135**
Periode, ausbleibende, s. Amenorrhö *136*
Periode, schmerzhafte, s. Dysmenorrhö . . . *129*
PMS, s. Prämenstruelles Syndrom *128*
Polypen der Gebärmutter (Uterus) **156**
Prämenstruelles Syndrom **128**
Pubertätsstörungen **124**
Regelblutung, ausbleibende, s. Amenorrhö . *136*
Regelblutung, schmerzhafte,
    s. Dysmenorrhö *129*
Retroflexio uteri, s. Rückwärts-
    neigung der Gebärmutter *157*
Rückwärtsneigung der Gebärmutter **157**
Scheide, Fehlbildungen, s. Fehl-
    bildungen der Geschlechtsorgane *152*
Scheide, Tumoren und Zysten,
    s. Zysten und Tumoren der Scheide *150*
Scheidenentzündung, s. Entzündung von
    Vulva und Scheide beim Mädchen *149*
Scheidenentzündung **151**
Schmerzen bei der Regelblutung,
    s. Dysmenorrhö *129*
Schmerzen im Unterleib,
    s. Unterleibsschmerzen *133*
Senkung der Gebärmutter (Uterus), s.
    Gebärmuttersenkung und -vorfall *155*
Synechie, s. Verklebung der Gebärmutter . . . *157*
Tuberculosis genitalis,
    s. Genitaltuberkulose *145*
Tumoren der Eierstöcke, s. Zysten
    und Tumoren der Eierstöcke *161*
Tumoren der Gebärmutter (Uterus) und
    des Gebärmutterhalses, s. Gebärmutter-
    hals- und Gebärmutterkrebs *159*
Tumoren der Scheide (Vagina),
    s. Zysten und Tumoren der Scheide *150*
Unfruchtbarkeit **138**
Unterentwicklung des Genitalapparats . . . **158**
Unterleibsschmerzen **133**
Uterus, Fehlbildungen, s. Fehl-
    bildungen der Geschlechtsorgane *152*
Uterus, Fehllage, s. Rückwärts-
    neigung der Gebärmutter *157*
Uterus, Krebs, s. Gebärmutterhals-
    und Gebärmutterkrebs *159*
Uterus, Myome, s. Myome d. Gebärmutter . *154*
Uterus, Polypen, s. Polypen
    der Gebärmutter *156*
Uterus, Senkung, s. Gebärmutter-
    senkung und -vorfall *155*
Uterus, Verklebung,
    s. Verklebung der Gebärmutter *157*
Vagina, Entzündung, s. Entzündung von
    Vulva und Scheide beim Mädchen *149*
Vagina, Entzündung,
    s. Scheidenentzündung (Vaginitis) *151*
Vagina, Fehlbildungen, s. Fehl-
    bildungen der Geschlechtsorgane *152*
Vagina, Tumoren und Zysten, s. Zysten
    und Tumoren der Scheide *150*
Vaginitis, s. Entzündung von Vulva
    und Scheide beim Mädchen *149*
Vaginitis, s. Scheidenentzündung *151*
Verklebung der Gebärmutter **157**
Vermännlichung der Frau **125**
Virilismus, s. Vermännlichung der Frau . . *125*
Vulva, Entzündung beim Mädchen,
    s. Entzündung von Vulva und
    Scheide beim Mädchen *149*
Vulva, Veränderungen **146**
Wechseljahre **140**
Zervix, Dysplasien,
    s. Dysplasien am Gebärmutterhals *153*
Zervix, Entzündung,
    s. Gebärmutterhalsentzündung *153*
Zervix, Krebs, s. Gebärmutterhals-
    und Gebärmutterkrebs *159*
Zervizitis, s. Gebärmutterhalsentzündung . *153*
Zysten der Eierstöcke, s. Zysten
    und Tumoren der Eierstöcke *161*
Zysten der Vagina, s. Zysten
    und Tumoren der Scheide *150*
Zysten und Tumoren der Brust **165**
Zysten und Tumoren der Eierstöcke **161**
Zysten und Tumoren der Scheide **150**
Zystische Ovarialtumoren, s. Zysten
    und Tumoren der Eierstöcke *161*
Zystitis, s. Harnblasenentzündung *163*

Der weibliche Organismus und seine Funktionen sind äußerst komplex. Der Körper einer Frau kann zur gleichen Zeit zwei oder mehr eigenständige Organismen beherbergen. Vielleicht ist der weibliche Körper gerade wegen dieser größeren Komplexität auch resistenter gegenüber Krankheiten und kann sie leichter abwehren.

Genauso wie in Kapitel 3 mit der Überschrift „Männerkrankheiten" (S. 1/48ff.) sollen im vorliegenden Kapitel die häufigsten Frauenkrankheiten besprochen werden, das sind die Krankheiten, die Frauen aufgrund ihres Geschlechts betreffen können.

Es sei darauf hingewiesen, daß die Kapitel 28, „Sexuell übertragbare Krankheiten" und 29, „Aids" (S. 2/168ff.) auch Informationen über bestimmte Krankheiten der Frau enthalten.

Bei der Darstellung der Krankheiten war es unser Ziel, zu zeigen, wie die Frau ihre Heilung positiv beeinflussen und wie sie vor allem den Krankheiten vorbeugen kann.

Zusatzinformation

Da Sitzbäder zu den am häufigsten empfohlenen Naturheilmethoden in diesem Werk gehören, widmen wir dieser Methode und ihrer korrekten Anwendung die ganze folgende Seite.

An verschiedenen Stellen dieses und anderer Kapitel wird auf medizinische Tests und Diagnoseverfahren Bezug genommen. Daher informiert eine Übersicht (S. 1/122f.) über die wichtigsten Verfahren in der Gynäkologie.

Damit wollen wir allerdings nicht sagen, daß die traditionelle gynäkologische Untersuchung keinen Wert mehr hätte. Der Tastbefund, die körperliche Untersuchung der Patientin und die Erhebung der Krankengeschichte sind unerläßlich, damit der Arzt eine zuverlässige Diagnose stellen kann.

Sitzbäder

Zur Behandlung bestimmter Beschwerden werden Sitzbäder empfohlen.

Man kann sie zu Hause nehmen, denn man braucht für sie keine speziellen Geräte, und sie sind leicht anzuwenden.

Durchführung

Ideal ist, das Sitzbad in einer speziellen Badewanne zu nehmen. Aber auch eine kleine Plastikwanne, wie auf dem Foto, oder ein ähnlicher Behälter mit nicht zu hohen Rändern erfüllt in den meisten Fällen den Zweck.

Das Wasser sollte den oberen Teil der Oberschenkel und den Unterleib bis zum Bauchnabel bedecken.

Die Beine bleiben außerhalb der Wanne und werden leicht angewinkelt. Es ist hilfreich, sich mit den Füßen auf einer Fußbank abzustützen. So hängen die Beine nicht herab und sind vollkommen entspannt.

Man kann ein Sitzbad auf verschiedene Art und Weise nehmen. Die gängigsten Methoden sind:

- **kalt**: 15-20° C, maximal 15 Sekunden lang
- **warm**: 36-39° C, 10-15 Minuten lang
- **mit steigender Temperatur**: Man beginnt mit etwa 36° C und schüttet langsam warmes Wasser hinzu, bis eine Temperatur von 42° C erreicht wird, 15-20 Minuten lang.
- **mit Wasserdampf**
- **mit wechselnder Temperatur**: in zwei Wannen, eine mit 15-18° C, die andere mit 38-40° C warmem Wasser

Bei der letzten Art von Sitzbad beginnt man mit der warmen Wanne, in der man 4-5 Minuten bleibt. Danach wechselt man zur kalten Wanne. Dort bleibt man nur 5-10 Sekunden. Man wechselt zwei- bis dreimal die Wannen und schließt mit der kalten Wanne ab.

Vorsichtsmaßnahmen

Der Patient darf nicht unterkühlen. Daher sollte die Raumtemperatur nicht zu niedrig sein. Es ist angebracht, den Rumpf, eventuell auch die Beine und die Füße, mit Kleidung oder einer Decke vor Kälte zu schützen.

Das Wasser darf nicht extrem heiß oder kalt sein.

Personen, die starke hydrotherapeutische Anwendungen nicht gewöhnt sind oder die an einer Kreislauf-, Lungen- oder Nervenkrankheit, an Harnverhaltung, Blasen-, Gallen- oder Nierenkoliken oder -steinen oder Krämpfen im Bereich

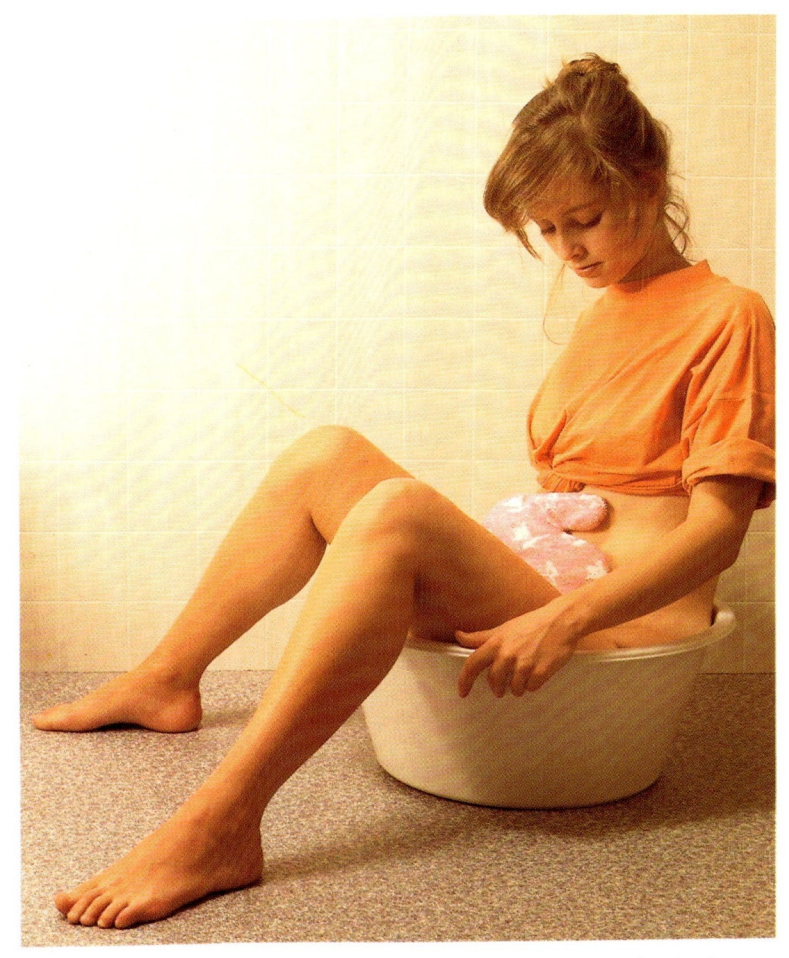

Sitzbäder gehören zu den wirksamsten hydrotherapeutischen Anwendungen, die es gibt, und sind sehr leicht zu Hause durchführbar. Da in der Reihe MENSCH UND FAMILIE zur Linderung von verschiedenen Beschwerden Sitzbäder empfohlen werden, geben wir hier einige wichtige Tips für ihre richtige Anwendung.

des Unterleibs leiden, sollten keine Sitzbäder und keine anderen Anwendungen mit kaltem oder heißem Wasser durchführen, es sei denn unter Kontrolle eines Arztes oder eines Physiotherapeuten mit Erfahrung in der Hydrotherapie.

Nach einem Sitzbad, insbesondere wenn es kalt war, sollte man sich hinlegen oder sich gut bekleidet etwas bewegen, damit man nicht unterkühlt. Wird einer Person nach einem Sitzbad, selbst mit warmem Wasser, nicht bald warm, bedeutet das, daß die Behandlung nicht richtig gewirkt hat. Sie sollte dann nicht wiederholt werden.

Gynäkologische Untersuchungsmethoden

- **Arteriographie, Venographie** und **Lymphographie.** Diese Röntgenuntersuchungen werden durchgeführt, um verschiedene Bereiche des Genitalbereichs näher betrachten zu können. Sie ergänzen die klinische Untersuchung und liefern dem Arzt wichtige Details für die Diagnosestellung.

- **Ausschabung der Gebärmutter** und **Strichkürettage.** Es handelt sich dabei um eine Voll- bzw. Teilentfernung der Gebärmutterschleimhaut oder des Gebärmutterinhalts. Damit kann die Hormonproduktion der Frau, besonders bei Sterilität oder bei Menstruationsstörungen, beurteilt werden. Außerdem ist es damit möglich, eine Tuberkulose oder einen Krebs der Gebärmutter und andere Erkrankungen zu entdecken. Das bei diesem Eingriff herausgenommene Material wird zur Untersuchung ins Labor weitergeleitet. Eine Strichkürettage kann ohne Narkose durchgeführt werden.

- **Basaltemperaturkurve.** Die Erstellung einer Basaltemperaturkurve ist vor allem nützlich, wenn der Zeitpunkt des Eisprungs bestimmt oder die Progesteronproduktion in der zweiten Zyklushälfte bewertet werden soll, wenn Verdacht auf eine Genitaltuberkulose besteht u. a. Damit die Methode wirklich aussagekräftig ist, muß die Körpertemperatur mindestens drei Monate lang jeden Tag unter gleichen Bedingungen (in Ruhe, immer zur gleichen Zeit) gemessen werden. Es gibt spezielle Thermometer, die das Ablesen erleichtern. Die Basaltemperaturkurve kann auch zur Familienplanung eingesetzt werden (siehe S. 2/219ff.).

- **Bestimmung des Hormonspiegels.** Eine Untersuchung des Spiegels verschiedener Hormone im Körper der Frau (FSH, LH, Östrogene, Progesteron, Androgene, Prolaktin) anhand einer Blutprobe kann auf bestimmte Erkrankungen aufmerksam machen

- **Biopsie.** Biopsien werden am gesamten Körper, auch am Gebärmutterhals, vorgenommen. Dabei wird aus einem verdächtig erscheinenden Gewebe eine Probe entnommen. Die Probe wird mit einer Spezialpinzette oder direkt mit dem Skalpell entnommen. Das gewonnene Gewebestückchen kommt danach zur Untersuchung in ein spezialisiertes Labor. Die Biopsie ist die sicherste Methode, um einen Tumor oder andere Gewebeveränderungen nachzuweisen oder auszuschließen.

- **Computertomographie.** Es handelt sich um eine röntgendiagnostische Untersuchung, bei der anhand von digitalisierten Bildern die Entwicklung krankhafter Veränderungen verfolgt werden kann.

- **Hysterographie** und **Hysterosalpingographie.** Anhand dieser Untersuchungsmethoden kann der Verlauf des weiblichen Genitalkanals beurteilt werden. Im Gegensatz zur Pertubation (siehe dort), bei der Kohlendioxyd in die inneren Geschlechtsorgane eingeblasen wird, injiziert man bei dieser Untersuchung eine Kontrastflüssigkeit. Bei der Hysterographie wird der Innenraum der Gebärmutter röntgenologisch betrachtet, bei der Hysterosalpingographie der Innenraum der Gebärmutter und der Eileiter. Es kann auch eine Röntgenaufnahme von dem Weg, den das Kontrastmittel zurückgelegt hat, angefertigt werden. Auf diese Weise kann man feststellen, ob genitale Fehlbildungen, Eileiterverengungen und -verschlüsse, Zysten, Tumoren, eine Endometriose usw. vorliegen.

- **Hysteroskopie** und **Mikrohysteroskopie.** Es handelt sich um eine Untersuchung, bei der die Gebärmutterhöhle und der gebärmutternahe Eileiterteil mit einem Endoskop (optisches Instrument zur Untersuchung von Körperhöhlen und zur Gewebsentnahme) mit 20facher, 60facher, manchmal sogar 150facher Vergrößerung betrachtet werden kann.

- **Kernspinresonanz-Tomographie.** Bei diesem, auch NMR genannten Verfahren werden kurze magnetische Impulse hoher Frequenz eingesetzt, um das Becken, Tumoren während der Schwangerschaft, Metastasen, den Hypothalamus, eine Fibrose der Brust, Fehlbildungen des Fötus u. a. zu untersuchen. Obwohl die Strahlen für den Menschen unschädlich sind, wird von dem Einsatz dieses Untersuchungsverfahrens in den ersten drei Monaten der Schwangerschaft abgesehen.

- **Kolposkopie.** Das Kolposkop ist ein Gerät mit einer Lupe, mit dem die Muttermund- und Scheidenschleimhaut vergrößert betrachtet werden kann.

- **Laparoskopie.** Die Laparoskopie ist eine Spiegeluntersuchung des Bauchraumes, bei der ein Endoskop (optisches Instrument mit Lichtquelle) durch die Bauchdecke hindurch in die Bauchhöhle eingeführt wird. So können krankhafte Veränderungen der Geschlechtsorgane und anderer Organe im Bauchraum entdeckt werden. Mit Hilfe endoskopischer Techniken können heute auch operative Eingriffe durchgeführt werden. Man spricht in diesem Zusammenhang auch von minimalinvasiver Chirurgie. Die Eingriffe sind kleiner und meistens weniger gefährlich für die Patientin als bei den herkömmlichen Operationstechniken. Es können praktisch alle Operationen mit dem Endoskop vorgenommen werden, obwohl bei gewissen Erkrankungen weiterhin die herkömmliche Chirurgie vorzuziehen ist.

- **Mammographie.** Die Mammographie ist eine röntgenologische Untersuchung der weiblichen Brust. Es werden strahlenempfindliche Platten benutzt, die belichtet werden. Die Untersuchung dient der Früherkennung von Geschwulstbildungen in der Brust. Sie ist eine wichtige gynäkologische Untersuchung.

- **Pertubation.** Bei der Pertubation werden bestimmte Gase in die Eileiter eingeblasen. Ziel der Untersuchung ist es, die Durchgängigkeit der Eileiter zu überprüfen. Sie wird vorrangig eingesetzt, um die Ursachen einer vorliegenden weiblichen Unfruchtbarkeit ausfindig zu machen.

Laparoskopie:
Die Laparoskopie ist ein Diagnoseverfahren, mit dem das Innere des Bauchraums untersucht werden kann. Dazu wird ein Laparoskop bzw. Endoskop, ein optisches Gerät mit Lichtquelle, per Punktion in den Bauchraum eingeführt. Auf diese Weise können verschiedene Erkrankungen diagnostiziert werden. Die Laparoskopie ist auch eine wichtige Untersuchung der Sterilitätsdiagnostik, wenn andere Untersuchungen zu keinem Ergebnis geführt haben. Außerdem können operative Eingriffe mit dem Endoskop durchgeführt werden, ohne daß ein großer Bauchschnitt notwendig ist. Eine Sterilisierung erfolgt meistens endoskopisch.

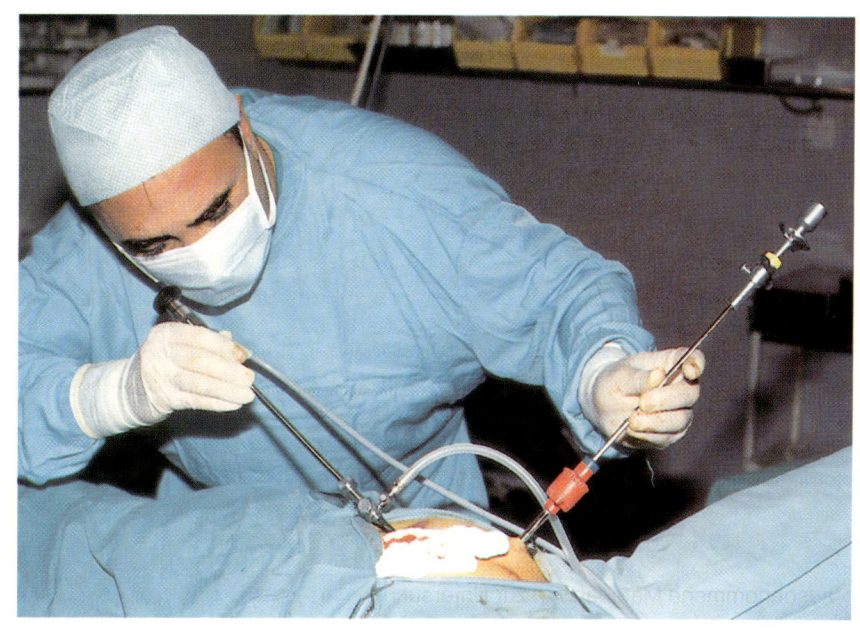

- **Scheidenabstrich.** Die Untersuchung der Scheidensekrete liefert dem Arzt viele wichtige Informationen, z. B. ob die Scheidenflora normal oder krank ist, wie die Eierstöcke funktionieren, ob Parasiten oder Krebszellen vorhanden sind (siehe unter „Zytodiagnostik" in dieser Übersicht).

- **Schillersche Jodprobe.** Sie wird angewendet, wenn Verdacht auf das Vorliegen krankhaft veränderten Gewebes im Bereich der Geschlechtsorgane besteht. Die auffälligen Bereiche werden mit einer chemischen Lösung bestrichen, die sich je nach den Eigenschaften des Gewebes mehr oder weniger anfärben. Wenn die Probe jodnegativ ausfällt, kann der Arzt eine Gewebeprobe (Biopsie) entnehmen oder weitere Untersuchungen anordnen.

- **Toluidinblau-Probe.** Bei diesem auch Collins-Test genannten Verfahren wird die Vulva, wenn Verdacht auf einen Tumor vorliegt, mit einer Farblösung (Toluidinblau) bestrichen. Die Entnahme einer Gewebeprobe zur weiteren Untersuchung (Biopsie) wird dadurch erleichtert.

- **Ultraschalldiagnostik.** Die Ultraschalldiagnostik ist ein modernes Verfahren, das Bilder des Körperinneren erstellt, die durch den Rückprall von Ultraschallwellen entstehen. Der große Vorteil dieser Untersuchungsmethode liegt darin, daß sie vollkommen unschädlich ist. Ultraschalluntersuchungen sind die wichtigsten begleitenden Untersuchungsmaßnahmen in der Schwangerschaft. Die medizinische Schwangerschaftsbetreuung ist heute ohne Ultraschall nicht mehr vorstellbar. Ultraschalluntersuchungen sind auch sehr wichtig zur Kontrolle der Stimulation der Eierstöcke, wenn für eine In-vitro-Fertilisation durch Punktion Eizellen entnommen werden sollen. In der Geburtshilfe stellt sie die wichtigste Untersuchung dar, in der Gynäkologie wird sie zusätzlich zur Abklärung der verschiedensten Erkrankungen durchgeführt.

- **Untersuchung des Zervixschleims.** Anhand der Untersuchung kann festgestellt werden, wie zähflüssig, wie stark fadenziehend und wie sauer (ph-Wert) der Gebärmutterhalsschleim ist. Diese Informationen sind für die Sterilitätstherapie sehr wichtig.

- **Urodynamik.** Genaue Untersuchung von Störungen beim Harnlassen zur Ermittlung einer geeigneten Therapie, bei der in bestimmten Fällen auf einen operativen Eingriff verzichtet werden kann. Sie wird bei einer Atrophie der Geschlechtsorgane nach der Menopause, bei Beschwerden im Vaginalbereich nach einer Schwangerschaft und bei Mißbildungen der Harnröhre angewandt.

- **Zystographie.** Es handelt sich um eine Röntgenkontrastdarstellung der Blase nach Einbringen eines Kontrastmittels mit einem Katheter in die entleerte Blase.

- **Zytodiagnostik.** Diese zur Krebsvorsorge gehörende Untersuchung liefert dem Facharzt viele Informationen, ist sehr einfach durchzuführen und schmerzlos. Bei der Untersuchung wird mit einem speziellen Instrument ein Abstrich entnommen. Die Beurteilung des Abstrichs liefert Informationen über die abgeschilferten Zellen der Scheide und über ein mögliches Vorliegen von Krebszellen (Probe nach Papanicolaou). Normalerweise werden drei Abstriche gemacht, einer vom Muttermund, einer vom Gebärmutterhalskanal und einer von der Scheide.

* * *

Siehe auch die Übersicht „Wichtige Verfahren der Sterilitätsdiagnostik bei der Frau" (S. 1/139).

6 - Frauenkrankheiten
FUNKTIONELLE STÖRUNGEN

Pubertätsstörungen

Bei einer vorzeitig einsetzenden Pubertät (*pubertas praecox*) machen sich die ersten Pubertätszeichen bereits vor dem achten Lebensjahr bemerkbar. Die Störung tritt auf, wenn das hormonelle Wechselspiel von Hypothalamus und Hirnanhangdrüse und der damit verbundene Anstieg der gonadotropen, die Keimdrüsen stimulierenden Hormone vorzeitig ausgelöst wird.

Ist das vorzeitige Einsetzen der Pubertät idiopathisch, d. h. ohne erkennbare Ursache, handelt es sich um eine Erbanlage, die eine vorzeitige Knochenreifung und ein frühes Körperwachstum bewirkt. Die Betroffenen erreichen jedoch nicht vollständig die normale Körpergröße.

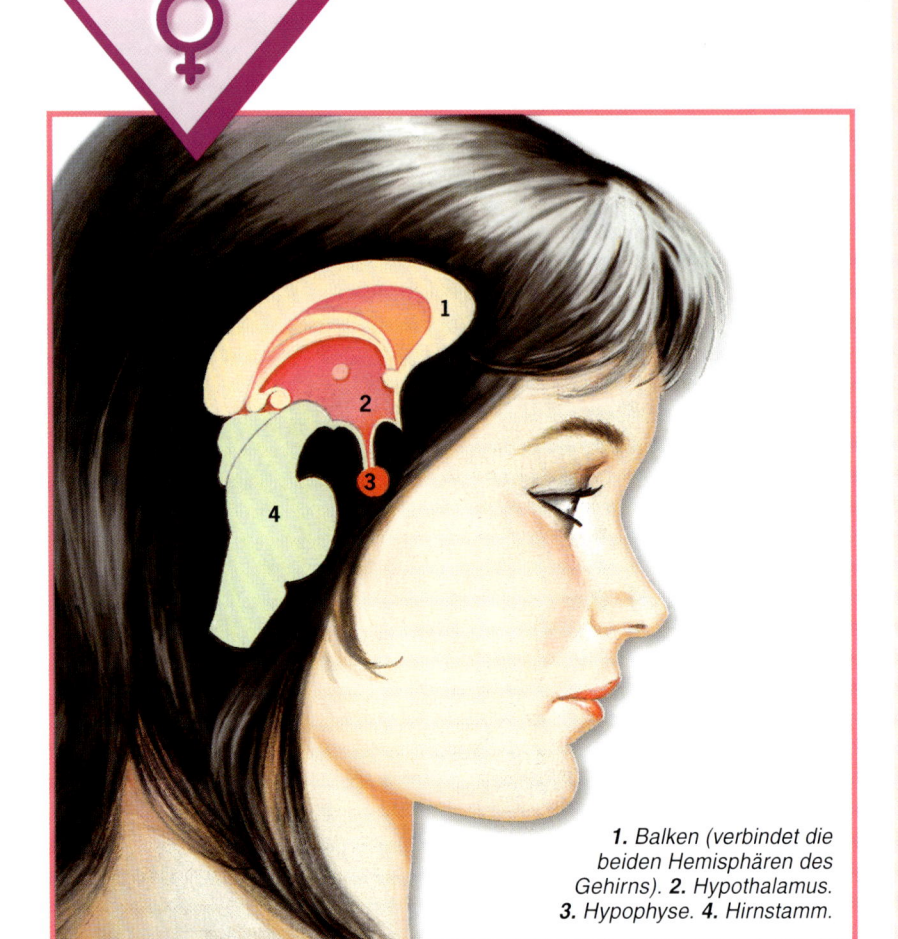

Das verfrühte Einsetzen der Pubertät kann auch durch verschiedene Vorgänge im Gehirn ausgelöst werden. Dies sollte vom Arzt untersucht werden.

Verspätetes Einsetzen der Pubertät

Wenn beim Mädchen bis zum 15. Lebensjahr noch keine Anzeichen für den Beginn der Pubertät zu erkennen sind, spricht man von einer verspäteten Pubertät. Wenn das Knochenalter unter elf Jahren liegt, handelt es sich um eine Geschlechtsunreife.

Die Pubertät kann sich, ohne daß eine krankhafte Ursache vorliegt, verzögern. Man nennt das einfache Pubertätsverzögerung. In diesem Fall verspäten sich ebenfalls das allgemeine Körperwachstum, das Knochenalter und die Entwicklung der sekundären Geschlechtsmerkmale. Sehr oft ist die Ursache erblich. Dann kann bereits bei der Mutter oder bei älteren Schwestern die gleiche Verzögerung vorgekommen sein.

Andere Pubertätsstörungen

- **Die frühzeitige Entwicklung der Brüste.** Beginnt die Brustknospung bereits einige Jahre vor der ersten Regelblutung, beruht dies auf einer übermäßigen Empfindlichkeit des Brustdrüsengewebes. Eine Behandlung dieser Störung ist nicht notwendig.

1. Balken (verbindet die beiden Hemisphären des Gehirns). 2. Hypothalamus. 3. Hypophyse. 4. Hirnstamm.

Neuroendokrine Faktoren beeinflussen unmittelbar das Einsetzen der Pubertät beim Mädchen. Der wichtigste auslösende Faktor ist die Reifung des Geschlechtszentrums im Hypothalamus, das die Hormonproduktion der Hirnanhangdrüse reguliert. Die Hirnanhangdrüse stimuliert die Eierstöcke, die ihrerseits die eigene Hormonproduktion aufnehmen.

Behandlung

- **Vorzeitige Pubertät:** Wenn die Ursachen für die Störung ermittelt worden sind und der Facharzt Auswirkungen auf die normale Entwicklung befürchtet, kann er eine Hormontherapie verordnen. Sie muß vorsichtig dosiert und ärztlich beobachtet werden.
- **Verspätete Pubertät:** Es dürfen keine Hormone eingesetzt werden, es sei denn, der Facharzt hält es für unbedingt notwendig. Eine Hormonbehandlung sollte jedoch keinesfalls vor dem 18. Lebensjahr beginnen.
- Es sollte ein Vorliegen **chronischer Erkrankungen** (Lunge, Herz, Nieren, Blut), eine **Hirnanhangdrüsen-** oder **Schilddrüseninsuffizienz** ausgeschlossen werden.

Natürliche Behandlung

Die naturheilkundliche Behandlung der Pubertätsstörungen ist grundsätzlich die gleiche wie beim *Pelvic-congestion*-Syndrom (siehe S. 1/135) und der schmerzhaften Regelblutung (Dysmenorrhö, siehe S. 1/129).

- **Ein frühzeitiger, vereinzelter Haarwuchs** kann auch unbehandelt bleiben. Er ist auf eine erhöhte Empfindlichkeit gegenüber den männlichen Hormonen (Androgene) im Blut zurückzuführen.

- **Fettsucht und Magersucht** können etwa zeitgleich mit der Pubertät auftreten und werden meist durch falsche Ernährung oder psychische Probleme verursacht. Selten sind Funktionsstörungen von Drüsen die Ursache. Bei falscher Ernährung ist die Einhaltung einer speziellen Diät notwendig. Bei psychischen Problemen ist psychologische Hilfe in Form von Gesprächen oder einer Therapie hilfreich.

- **Die dissoziierte Pubertät** äußert sich durch mangelnde Koordination in der Hormonausschüttung der Hypophyse und der Nebennieren. Letztere sind verantwortlich für den Haarwuchs, erstere für den Beginn der Aktivität der Keimdrüsen. Die Keimdrüsen sind wiederum für die Produktion von Hormonen und Keimzellen zuständig.

- **Blutungen** aus der Gebärmutter, schmerzhafte Regelblutungen und das Ausbleiben der Regelblutung (siehe S. 1/153, 1/129, 1/136) sind relativ häufige Probleme.

Vorsorge und Diagnose

Um Näheres über den bevorstehenden Beginn der Pubertät oder über Pubertätsstörungen zu erfahren, werden die Krankenvorgeschichte ermittelt, eine körperliche Untersuchung und Hormonanalysen durchgeführt.

Hormonanalysen

Die Hormone FSH und LH der Hirnanhangdrüse, die die Funktion der Keimdrüsen anregen, können im Urin oder im Blut bestimmt werden. Anhand der Ergebnisse kann man feststellen, ob die Werte dem tatsächlichen Alter der Patientin entsprechen oder nicht.

Dem Pubertätsbeginn geht eine Erhöhung der 17-Ketosteroide (Ausscheidungsprodukt der Nebennierenandrogene) voraus. Der Urin kann auch auf Phenolsteroide und Pregnandiol, Ausscheidungsprodukte des Follikelhormons bzw. des Gelbkörperhormons, untersucht werden. Sie sind sowohl für die Frau in der Pubertät als auch für die erwachsene Frau von Bedeutung.

Vermännlichung der Frau

In diesem Abschnitt geht es um drei Störungen, die sich in ihren Symptomen und Ursachen sehr ähnlich sind.

- **Hypertrichose.** Bei der Hypertrichose handelt es sich um einen krankhaft vermehrten Haarwuchs an Hautpartien, die bei Frauen auch im Normalfall behaart sind. Diese Form des starken Haarwuchses wird nicht – wie im Fall des Hirsutismus – durch männliche Hormone hervorgerufen, obwohl sie unterstützend wirken können.

- **Hirsutismus.** Unter Hirsutismus versteht man Haarwuchs in Hautbereichen, die normalerweise bei Frauen nicht behaart sind, z. B. im Gesicht, auf der Brust, auf dem Bauch, am Damm und in der Leistengegend. Dieser Haarwuchs wird direkt von Androgenen hervorgerufen.

- **Virilismus.** Als Virilismus bezeichnet man ein Krankheitsbild bei der Frau, bei dem es zu einer fortschreitenden Abnahme weiblicher und einer Zunahme männlicher Eigenschaften kommt. Die Regelblutungen bleiben aus, die Brüste verkleinern sich und die Fettdepots in der Hüftgegend nehmen ab. Die Muskulatur nimmt zu, der Kitzler vergrößert sich, und die Stimme verändert sich.

Ursachen

- **Hirsutismus** und **Virilismus** werden durch eine übermäßige Produktion männlicher Hormone in den Eierstöcken oder in den Nebennieren oder durch eine zu hohe Dosierung künstlich zugeführter Androgene hervorgerufen.

- Die **Hypertrichose** ist dagegen anlagebedingt.

Behandlung

Bei Vorliegen des beschriebenen Krankheitsbildes werden verschiedene Untersuchungen durchgeführt, um die genaue Ursache zu ermitteln. Eine Hormonbehandlung mit Östrogenen, Progesteron und Cyproteronacetat erweist sich oft als sehr wirksam.

6 - Frauenkrankheiten
FUNKTIONELLE STÖRUNGEN

Menstruationsstörungen

Schwankungen in der Menge des Blutverlusts, in der Häufigkeit und Regelmäßigkeit der Regelblutungen kommen im Leben einer Frau relativ oft vor. Etwa 70 % aller Frauen, die einen Gynäkologen aufsuchen, kommen aus einem der genannten Gründe.

Kleinere Abweichungen in der Regelblutung, die sich innerhalb gewisser Grenzen bewegen, sind im allgemeinen kein Anlaß zur Sorge.

Jede Frau hat ihren eigenen Menstruationsrhythmus, der sich in der gesamten Zeit ihrer Geschlechtsreife in ähnlicher Form wiederholt und meist nur kleinere Schwankungen aufweist.

Bei bestimmten Menstruationsbeschwerden kann eine Behandlung mit Hormonen für Abhilfe sorgen. Bei manchen Beschwerden ist jedoch die Anwendung natürlicher Heilmittel ausreichend. Dazu gehören z. B. Aufgüsse von Heilpflanzen wie Salbei, Himbeerblättern oder Greiskraut.

Behandlung

Hormonbehandlung

Bei schweren Menstruationsstörungen sollte ein Facharzt beurteilen, welche Ursache sie haben, ob eine Hormongabe notwendig ist und in welcher Dosierung und Verabreichungsart sie eingesetzt werden sollte.

Die Pharmaindustrie bietet eine breite Palette an wirksamen Hormonpräparaten an, die einfach zu handhaben sind. Wegen ihrer Gegenanzeigen sollten sie keinesfalls ohne ärztliche Verordnung eingenommen werden.

Eine Hormonbehandlung kann mit Depotpräparaten durchgeführt werden. Der Körper baut sie nur langsam ab, daher genügt eine einzige Spritze pro Zyklus.

Bestimmte Kombinationspräparate bewirken nach wenigen Einnahmetagen das Wiedereinsetzen von Regelblutungen, die (nicht aufgrund einer Schwangerschaft) ausgeblieben waren.

Ebenso gibt es Präparate, die Dauerblutungen zum Stillstand bringen können, zumindest in dem Zyklus, in dem die Präparate verabreicht werden.

Bei Dauerblutungen ist allerdings vor Einsatz einer hormonellen Therapie zunächst abzuklären, ob organische Veränderungen, wie Polypen oder Geschwüre, vorliegen. Sie bedürfen einer anderen Behandlung.

Natürliche Behandlung

- Bei verkürztem Zyklus oder zu starker Blutung: Je 25 g Eichenrinde (*Quercus robur/Quercus petraea*), Hirtentäschel (*Capsella bursa-pastoris*), Schafgarbe (*Achillea millefolium*) und Tormentillwurzel (*Potentilla tormentilla*). Abkochung aus 1 Eßlöffel der Mischung auf 1 Tasse Wasser, täglich 1-2 Tassen.

- Bei verlängertem Zyklus oder zu schwacher Blutung: 20 g Andorn (*Marrubium vulgare*), 30 g Melisse (*Melissa officinalis*), 20 g Raute (*Ruta graveolens*), 30 g Rosmarin (*Rosmarinus officininalis*). Aufguß aus 1 Eßlöffel der Mischung auf 1 Tasse Wasser, morgens und abends je 1 Tasse warm.

- Die Empfehlungen zur Ernährung entsprechen denen des *Pelvic-congestion*-Syndroms und der schmerzhaften Regelblutung (siehe S. 1/135, 1/129). Eine vegetarische Ernährung mit hohem Gehalt an Vitamin E und ungesättigten Fettsäuren ist vorteilhaft.

- Sehr **starke**, zu **häufig auftretende** und **lange Regelblutungen** sind überwiegend auf hormonelle Unregelmäßigkeiten – bedingt durch Funktionsstörungen der Eierstöcke – zurückzuführen.
- Im Gegensatz dazu werden **schwache**, **selten auftretende** und nur **kurz anhaltende Regelblutungen** wahrscheinlich durch einen Fehler in der inneren Drüsensekretion, und zwar möglicherweise eine ungenügende Produktion des Follikelhormons, verursacht.

Der Beginn der Regelblutungen mit 12-14 Jahren und ihr Ausklingen im Alter von ca. 50 Jahren sind Lebensphasen, in denen die meisten Frauen unregelmäßige Regelblutungen haben.

Menstruationsstörungen in den Wechseljahren

Menstruationsstörungen in den Wechseljahren sollten besonders aufmerksam beobachtet werden. Obwohl es ganz natürlich ist, daß in den Wechseljahren Unregelmäßigkeiten bei den Regelblutungen auftreten, kann doch im Einzelfall unklar sein, welche Ursache dafür verantwortlich ist.

Hinweis

Bestimmte Beschwerden können, auch wenn dies nicht häufig der Fall ist, Folgeerscheinungen von Krankheiten sein, die dringend behandelt werden müssen. Die Wirksamkeit der Behandlung hängt dabei nicht selten davon ab, wie frühzeitig mit ihr begonnen wird.

Bei Vorliegen von fleischwasserfarbenem Ausfluß sollte sofort ein Gynäkologe aufgesucht werden, unabhängig davon, ob eine Frau in den Wechseljahren ist oder nicht.

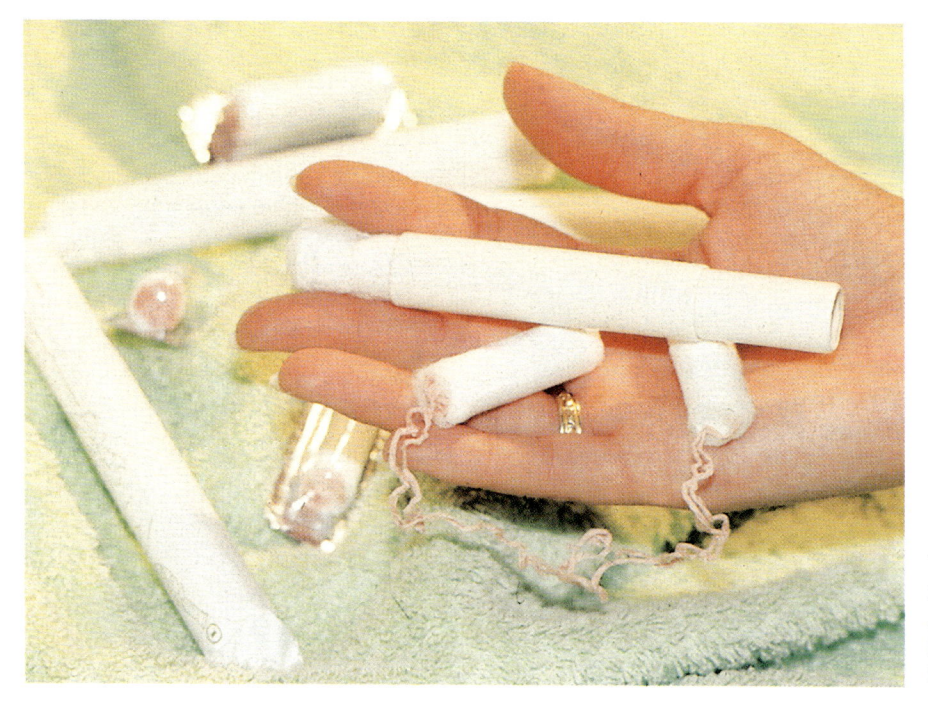

Beschwerden durch Tampons

Normalerweise beinhalten Tampons, wenn sie richtig benutzt werden und die Frau gesund ist, keine Risiken. Bei unsachgemäßer Anwendung können sie allerdings Beschwerden verursachen.

Hochsaugfähige Tampons können die Scheidenschleimhaut reizen und sich an ihr festsaugen. Das Entfernen kann dann schmerzhaft sein und die Scheide verletzt werden.

Tampons begünstigen die Entstehung von Infektionen, da sie durch das Aufsaugen der Scheidensekrete den pH-Wert (Säuregrad) der Scheide verändern. Im schlimmsten Fall kann es zu einem toxischen Schock kommen, der sich durch Fieber, Durchfall, Erbrechen und andere Beschwerden bemerkbar macht und sofort ärztlich versorgt werden muß.

Bei der Benutzung von Tampons sollten folgende Hinweise beachtet werden:
- *Es muß sichergestellt sein, daß keine Scheideninfektion vorliegt.*
- *Tampons müssen häufig genug gewechselt werden.*
- *Tampons sollte man nur mit frisch gewaschenen Händen einführen.*

Tampons sind sehr praktisch. Sie sollten jedoch mit Vorsicht angewendet werden, damit keine ernsthaften gesundheitlichen Probleme entstehen.

6 - Frauenkrankheiten
FUNKTIONELLE STÖRUNGEN

Prämenstruelles Syndrom

Als prämenstruelles Syndrom (PMS) bezeichnet man ein Krankheitsbild, das sich aus verschiedenen Beschwerden zusammensetzt, die an den Tagen vor der Menstruation auftreten. Fast ein Drittel aller Frauen, besonders Städterinnen und Frauen der höheren Einkommensschichten, leidet darunter.

Symptome

Das wichtigste Symptom ist der Blutstau im kleinen Becken und in den Brüsten. Die Brüste spannen und sind empfindlich. Manchmal schmerzen sie, sind heiß und fühlen sich knotig und unregelmäßig an. Der Unterleib ist geschwollen. Nach dem Aufstehen macht sich eine Spannung im Kopf oder eine Art Migräne bemerkbar.

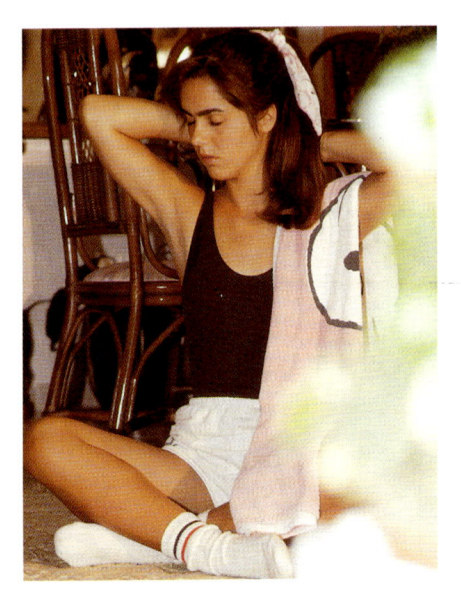

Das Gewicht nimmt leicht zu, die ausgeschiedene Harnmenge verringert sich, und Knöchel und Augenlider schwellen an. Hartnäckige Verstopfung, eine Reizung des Dickdarms, Durchfall, Heiserkeit, Asthmaanfälle, Luftnot bei Belastung, Herzklopfen und andere Beschwerden treten ebenfalls häufig auf.

Frauen, die unter dem prämenstruellen Syndrom leiden, sind während der genannten Tage reizbar und nervös und können sich nicht gut konzentrieren. Bei eher unausgeglichenen Frauen verstärken sich während dieser Tage depressive Gefühle. Die Neigung zu Selbstmord oder zu kriminellen Handlungen kann zunehmen. Während des prämenstruellen Syndroms steigt auch die Unfallrate (siehe Abbildung oben).

Unfälle während des Zyklus

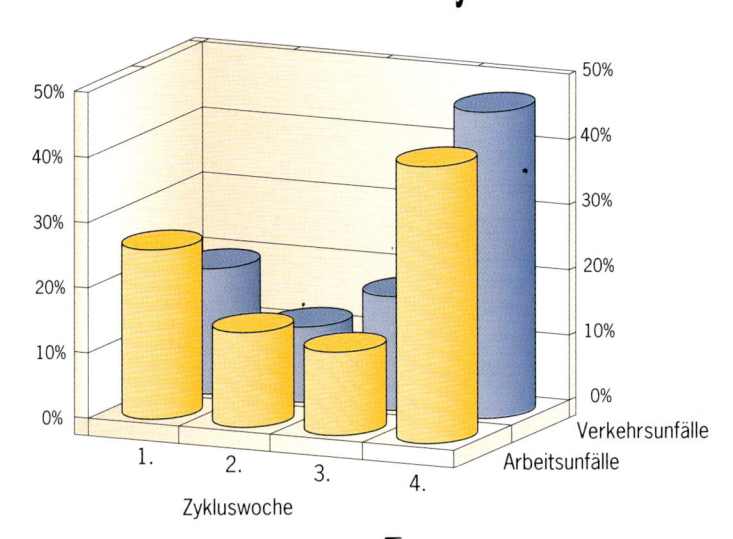

Untersuchungen haben gezeigt, daß sich sowohl Verkehrs- als auch Arbeitsunfälle von Frauen in der Woche vor der Regelblutung häufiger ereignen als in der übrigen Zeit des Zyklus. Die Ursache dafür sind bestimmte psychische und körperliche Beschwerden, das sogenannte prämenstruelle Syndrom, von dem manche Frauen betroffen sind.

Je bewegter das Leben einer Frau ist, desto größer ist die Wahrscheinlichkeit, vom prämenstruellen Syndrom betroffen zu sein. Entspannungsübungen sind ein gutes Mittel dagegen.

Behandlung

Die Beschwerden sind vermutlich auf eine verstärkte Salz- und Wassereinlagerung in den Geweben zurückzuführen, die indirekt durch Östrogene bewirkt wird. Eine sinnvolle Therapie bei sehr starken Beschwerden dürfte daher die Verabreichung von Progesteron sein, durch die das Hormongleichgewicht wiederhergestellt wird.

Es sollten keine harntreibenden Medikamente eingenommen werden, da durch die verstärkte Wasserausscheidung ein starker Kaliummangel entstehen kann.

In bestimmten Fällen können venenstärkende Medikamente hilfreich sein. Sie sollten zwischen dem zehnten und 25. Zyklustag eingenommen werden. Sie wirken gegen eine Überdehnung der Venen und beruhigen die Nerven.

Natürliche Behandlung

Die natürliche Behandlung des prämenstruellen Syndroms entspricht der des *Pelvic-congestion*-Syndroms (S. 1/135).

Siehe auch Schmerzhafte Regelblutung (Dysmenorrhö) (S. 1/129).

6 - Frauenkrankheiten
FUNKTIONELLE STÖRUNGEN

Dysmenorrhö (schmerzhafte Regelblutung)

Als primäre Dysmenorrhö bezeichnet man eine schmerzhafte Regelblutung, die als primäre Störung, d. h. seit der ersten Regelblutung, auftritt. Unter sekundärer Dysmenorrhö versteht man das Auftreten schmerzhafter Regelblutungen bei Frauen, die vorher über einen längeren Zeitraum keine Beschwerden dieser Art hatten.

Primäre Dysmenorrhö

Die Schmerzen strahlen in den Rücken aus oder erfassen den gesamten Unterleib. Kopfschmerzen, Übelkeit, Erbrechen und ein allgemeines Schwächegefühl können hinzukommen und in schweren Fällen dazu führen, daß selbst alltägliche Verrichtungen nicht mehr erledigt werden können. Die Schmerzen sind am Tag vor der Menstruation und am ersten Tag der Menstruation am stärksten und nehmen mit fortschreitender Regelblutung ab.

Forts. auf S. 132

Die essentielle Dysmenorrhö, d. h. das Auftreten starker Schmerzen bei der Regelblutung ohne bekannten Grund, kann in vielen Fällen durch natürliche Behandlungsmethoden, wie lauwarme Vollbäder, die eine Muskelentspannung bewirken, geheilt werden. Um die Beschwerden einer primären oder essentiellen Dysmenorrhö zu lindern, ist eine gesunde Ernährung, in der Pollen nicht fehlen sollte, hilfreich.

Gymnastik gegen die Dysmenorrhö
(schmerzhafte Regelblutung)

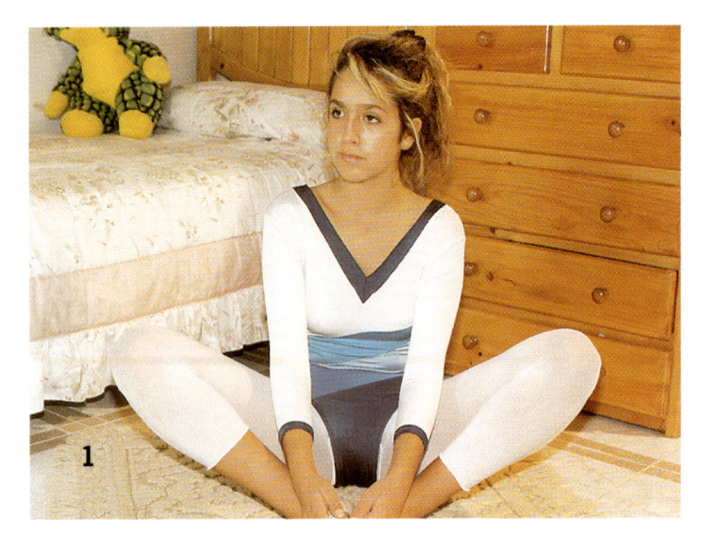

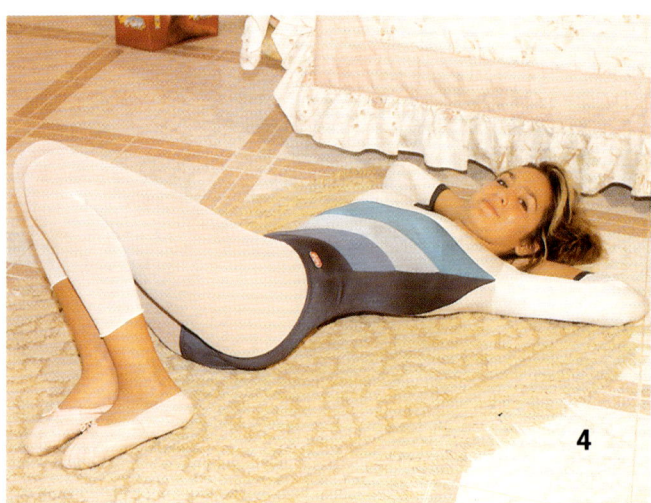

Jede Übung sollte mindestens 20mal wiederholt werden. Man kann zunächst mit 5-10 Wiederholungen beginnen und die Zahl langsam steigern. Die Übungen sollten 4-5mal pro Woche durchgeführt werden.

1. Knie drücken: Im Sitzen die Füße möglichst dicht an den Körper ziehen, die Knie nach außen zu Boden drücken, kurz halten (ca. 5 Sekunden), entspannen. Dabei entspannt atmen. Diese Übung verbessert die Durchblutung des Beckens und dehnt die Innenseiten der Oberschenkel.

2. Becken kippen: Vierfüßlerstand, Rücken parallel zum Boden halten, einatmen. Beim Ausatmen den Rücken nach oben runden, Kopf und Schultern fallen lassen, Becken aufrichten, Hüften strecken. Halten und entspannen. Diese Übung stärkt die Bauchmuskeln, verbessert die Beweglichkeit des Beckens, kräftigt die Wirbelsäule und lindert Rückenschmerzen.

3. Knie anziehen: Rückenlage, wechselseitig ein Bein strecken, das andere Knie an die Brust ziehen, halten und entspannen. Diese Übung entspannt eine verkrampfte Rücken- und Unterleibsmuskulatur und hilft bei Blähungen und Verstopfung.

4. Rücken dehnen: In Rückenlage Beine in den Knien beugen, geschlossen abwechselnd rechts und links zur Seite legen, ohne die Schultern vom Boden zu lösen. Die Knie sollten möglichst den Boden berühren. Diese Übung verbessert die Durchblutung des Beckens und dehnt die Bauch- und Rückenmuskulatur.

5. Becken schieben: In Rückenlage die Beine zum Po anstellen, einatmen. Hüften und Körper heben, ohne die Schultern vom Boden zu lösen, dabei ausatmen. Kein Hohlkreuz machen, mit den Füßen gut abstützen. Kurz halten, entspannen und zurück in die Ausgangsstellung. Diese Übung kräftigt die Oberschenkel- und Bauchmuskulatur, entspannt die Rückenmuskulatur und löst den Blutstau im Becken.

6. Becken spannen: Auf die Unterschenkel setzen, mit den Händen nach hinten abstützen, das Becken heben, die Hüften durchstrecken, kurz halten und entspannen. Diese Übung kräftigt die Bauchmuskulatur und dehnt die Becken- sowie die Oberschenkelmuskulatur. Die Spannung muß spürbar sein. Diese Übung löst einen Blutstau im Becken.

7. Eistellung: Hinknien, ganz eng „zusammenfalten", Kopf sinken lassen, Rücken und Schultern entspannen, tief ein- und ausatmen. Diese Übung für zwischendurch löst Muskelverspannungen und wirkt gegen Verstopfung.

8. Knie beugen: Aufrecht stehen, mit geradem Rücken die Beine in den Knien beugen, wieder aufrichten. Dabei keinesfalls so tief in die Knie gehen, wie auf dem Bild gezeigt. Diese Übung regt den Kreislauf an und kräftigt den Damm.

Forts. von S. 129

Normalerweise läßt sich durch eine Ultraschalluntersuchung und Tasten von der Scheide oder dem Darm aus feststellen, ob eine organische Ursache vorliegt, d. h. ob die Gebärmutter zu klein ist oder ob sie sich zu stark nach hinten bzw. nach vorne neigt.

Sekundäre Dysmenorrhö

Die sekundäre Dysmenorrhö kann ausgelöst werden durch Veränderungen in der Gebärmutter (Verklebungen, gutartige Geschwulste, Polypen usw.), Erkrankungen der anderen inneren Geschlechtsorgane (Eileiterentzündungen, Eierstockentzündungen usw.) oder Erkrankungen des Bauchfells (durch Endometriose). Auch psychische Ursachen (familiäre oder berufliche Probleme) kommen als Auslöser in Frage.

Behandlung

Primäre Dysmenorrhö

Anstelle der krampflösenden Medikamente, die früher verwendet wurden, werden heute Prostaglandinsynthesehemmer, Progesteron oder eventuell Kombinationspräparate (Antibabypille) – falls eine Empfängnisverhütung erwünscht sein sollte – eingesetzt.

Die Einnahme von Aspirin (Azetylsalizylsäure) gegen Menstruationsschmerzen scheint, obwohl das Medikament leicht gerinnungshemmend wirkt, ungefährlich zu sein.

Auf jeden Fall ist es ratsam, einen Arzt um Rat zu fragen, bevor man ein Schmerzmittel einnimmt.

Es gibt ein praktisch nebenwirkungsfreies natürliches Produkt, das Nachtkerzensamenöl (= *Oenothera biennis*). Es ist auf breiter Ebene erprobt worden und ein wirksames Mittel gegen jede Form von Unterleibsschmerzen bei der Frau.

Natürliche Behandlung der primären Dysmenorrhö

Bevor man zu Medikamenten greift, sollte man versuchen, die Beschwerden mit natürlichen Methoden in den Griff zu bekommen. Naturheilmittel reichen häufig bereits aus, um die Schmerzen zu lindern.

Eine Wärmflasche auf dem Bauch oder Rücken läßt die Beschwerden vielfach abklingen.

- **Hydrotherapie**:
Es gibt verschiedene wirksame hydrotherapeutische Mittel gegen Regelschmerzen:
Vollbäder: Warme Vollbäder entspannen die Muskulatur hervorragend. Dem Badewasser können Badesalze oder Heilkräuter (Schafgarbe, Kamille, Melisse) zugesetzt werden.
Sitzbäder: An den Tagen außerhalb der Menstruation nimmt man täglich 5-10 Minuten lang ein kaltes Sitzbad. Dabei massiert man den Unterleib in kreisenden Bewegungen mit einem Schwamm oder Waschlappen.
Es ist wichtig, daß der Körper nicht unterkühlt. Das gilt besonders für die Füße, die mit Strümpfen warmgehalten werden sollten. Nach dem Sitzbad wird der Unterleib mit einem weichen Handtuch aus Baumwolle abgerieben, bis er wieder warm wird.
Fünf Tage vor der erwarteten Regelblutung wird das tägliche kalte Sitzbad durch ein warmes Sitzbad ersetzt (siehe S. 1/121).
- **Thalassotherapie und Geotherapie**: An den Tagen außerhalb der Menstruation kann der Unterleib zudem mit Meerwasserumschlägen oder Lehmwickeln behandelt werden.
- **Heliotherapie**:
Auch Sonnenbäder tun dem Unterleib gut, jedoch nie länger als zweimal eine halbe Stunde pro Tag, anfangs sogar nur einige Minuten.
- **Phytotherapie**:
Es gibt verschiedene Heilkräuter, die Schmerzen während der Menstruation lindern. Im Handel werden eine ganze Reihe bewährter Mittel angeboten.
Eine mögliche Mischung könnte zu gleichen Teilen Beifuß (*Artemisia vulgaris*), Hirtentäschel (*Capsella bursa-pastoris*), Kamille (*Matricaria chamomilla*), Rosmarin (*Rosmarinus officinalis*) und Salbei (*Salvia officinalis*) enthalten. Auf 3-4 Eßlöffel der Mischung wird kochendes Wasser gegossen. Man läßt die Mischung erkalten und trinkt von ihr 1 Tasse pro Stunde, dann wenn der Schmerz am stärksten ist.
- **Diättherapie**:

Frauen, die unter einer schmerzhaften Regelblutung leiden, sollten viel Vollkornprodukte (besonders Weizen, Hafer und Mais), Nüsse (Walnüsse, Haselnüsse und Mandeln) und ganz besonders viel Obst und Gemüse – letzteres möglichst roh – verzehren. Zusätzlich sollten sie Datteln und Pollen essen.

Eine allgemein **gesunde Lebensweise** ist sehr zu empfehlen. Ausgleichssport, Mäßigung in der Arbeit, eine ausgewogene Ernährung und der Verzicht auf Giftstoffe (Rauchen, Alkohol, Kaffee, Tee usw.) verbessern die allgemeine Lebensqualität und lassen manche körperliche Beschwerden von allein verschwinden.

Siehe auch in Kapitel 5 die Empfehlungen zur „Menstruationshygiene" (S. 1/116f.).

Sekundäre Dysmenorrhö

Bei der sekundären Dysmenorrhö muß zunächst die Ursache der Beschwerden der Frau durch eine eingehende ärztliche Untersuchung ermittelt werden.

Die Behandlung richtet sich dann nach der jeweiligen Ursache der Schmerzen. Sie wird möglicherweise medikamentös erfolgen. Es kann aber auch eine Operation oder eine Psychotherapie notwendig sein.

6 - Frauenkrankheiten
FUNKTIONELLE STÖRUNGEN

Unterleibsschmerzen

Unterleibsschmerzen verursachen ein erhebliches Unwohlsein. Sie gehören daher zu den drei häufigsten Gründen, die eine Frau dazu veranlassen, den Frauenarzt aufzusuchen. Die anderen Gründe sind Ausfluß (S. 1/145) und Menstruationsstörungen (S. 1/126).

Unterleibsschmerzen sind nur ein Symptom. Sie können unterschiedliche Ursachen haben. Wir wollen, abgesehen von den schon behandelten Menstruationsschmerzen (S. 1/129), auf die wichtigsten Ursachen von Unterleibsschmerzen eingehen.

Mittelschmerz

Der durch den Eisprung bedingte Mittelschmerz tritt etwa in der Mitte des weiblichen Zyklus auf. Die betroffene Frau hat Schmerzen an der rechten oder linken Seite des Unterleibs, die sich jeden Monat abwechseln. Die Eierstöcke sind geschwollen, es besteht ein Luteinmangel. Häufig werden die Beschwerden begleitet von unregelmäßigen Regelblutungen und dem prämenstruellen Syndrom, auf das wir später eingehen wollen (siehe S. 1/128).

Die Beschwerden können durch die Einnahme von Ovulationshemmern (Antibabypille) beseitig werden, und zwar von Kombinationspräparaten aus Östrogenen und Gestagenen.

Vorsicht!

Bei akuten, starken Unterleibsschmerzen muß sofort ein Arzt benachrichtigt werden.

Vor dem Arztbesuch sollten keine Schmerzmittel eingenommen werden, denn das Verschwinden der Symptome kann die Diagnose erheblich erschweren.

Nicht selten lassen bestimmte Unterleibsschmerzen nach der Heirat und der Aufnahme regelmäßiger sexueller Beziehungen nach. Weitere typisch weibliche Unterleibsschmerzen verschwinden häufig nach der Geburt eines Kindes.

Andere Unterleibsschmerzen

Unterleibsschmerzen, die nicht auf die bereits genannte Ursache zurückgeführt werden können, sind zuweilen schwer zu diagnostizieren. Eine Ultraschalluntersuchung, eine Röntgenkontrastdarstellung der Gebärmutter und Eileiter (Hysterosalpingographie) oder eine Bauchspiegelung (Laparoskopie) (siehe S. 1/122) können in unklaren Fällen weiterhelfen und die Diagnosestellung erleichtern.

Schmerzen im Unterbauch können durch Erkrankungen anderer Organe ausgelöst werden. Sie können von der Wirbelsäule, von den Harnorganen, vom Darm (Blinddarmentzündung, Schleimhautentzündung des Dickdarms usw.) ausgehen, aber auch psychosomatisch bedingt sein.

Schmerzen, die beim Geschlechtsverkehr oder beim Versuch, ihn zu vollziehen, auftreten, werden in Kapitel 21, „Störungen der weiblichen Sexualität" (S. 2/26ff.), behandelt.

Behandlung von Unterleibsschmerzen

Chronische Unterleibsschmerzen können durch eine Wärmflasche, Ruhe und sexuelle Enthaltsamkeit gelindert werden. In bestimmten Fällen hilft wärmeerzeugende Kurzwellenbestrahlung. Bei akuten Unterleibsschmerzen sollte man gleichermaßen verfahren, aber mit Kälte: eine Eisblase auf den Bauch legen, Bettruhe einhalten und sofort einen Arzt benachrichtigen.

- **Akuter Unterleibsschmerz bei einer Schwangeren:**

  Wenn der Schmerz sehr intensiv ist, wie ein Messerstich empfunden wird, von Ohnmacht oder einer bräunlichen Schmierblutung begleitet wird, muß an die Ruptur eines Eileiters bei einer Eileiterschwangerschaft gedacht werden. Dann muß so schnell wie möglich eine Operation erfolgen.

- **Akuter Unterleibsschmerz bei einer Frau mit einer Zyste im Eierstock:**

  Wenn eine Patientin, bei der eine Eierstockzyste diagnostiziert worden ist, akute Unterleibsschmerzen bekommt, muß sie dringend operiert werden. Es liegt dann ziemlich sicher eine Stieldrehung der Zyste oder des Eierstocks vor.

- **Andere Ursachen:**

  Akute Unterleibsschmerzen können auch durch Gallen- oder Nierenkoliken, Magen-, Darm-, Blinddarm- oder Gallendurchbrüche, Bauchspeicheldrüsenentzündungen, Darminfarkte oder Bauchfellentzündungen ausgelöst werden. Es ist unbedingt ein Arzt hinzuzuziehen.

Es ist nicht immer leicht, die Ursache für Unterleibsschmerzen ausfindig zu machen. Es ist aber in jedem Fall angebracht, einen Arzt aufzusuchen. Er kann herausfinden, worauf die Schmerzen zurückzuführen sind, und der Patientin durch geeignete Behandlungsmaßnahmen Erleichterung verschaffen.

Prognose der Unterleibsbeschwerden

Bei manchen Frauen lassen die Unterleibsbeschwerden bei Aufnahme eines geregelten Sexuallebens und besonders nach der Geburt des ersten Kindes nach.

Diese Entwicklung ist aber nicht in jedem Fall zu erwarten.

6 - Frauenkrankheiten
FUNKTIONELLE STÖRUNGEN

Pelvic-congestion-Syndrom

Durch den unterschiedlichen Hormoneinfluß auf die Geschlechtsorgane der Frau kommt es zu einem ständigen Wechsel zwischen Blutzufluß bzw. -stau und Blutabfluß im kleinen Becken.

Beim Krankheitsbild des *Pelvic-congestion*-Syndroms kommt es zu einem Blutstau im kleinen Becken.

Der Blutstau kann verschiedene Ursachen haben: hormonelle (z. B. Anstieg des Östrogenspiegels), nervliche, anatomische (z. B. Gebärmuttervorfall), psychische und in der Sexualität liegende Ursachen (z. B. ein unbefriedigendes Sexualleben).

Wenn ein solcher Blutstau im kleinen Becken und in den Organen, die in ihm liegen, lang anhält, vergrößern sich die inneren Geschlechtsorgane, und die Venen erweitern sich.

Das *Pelvic-congestion*-Syndrom ist oft von starken, schmerzhaften Regelblutungen, Ausfluß und Schmerzen beim Sexualverkehr geprägt. Möglicherweise kann Geschlechtsverkehr überhaupt nicht durchgeführt werden.

Bei einem Blutstau im kleinen Becken können die Beschwerden in bestimmten Fällen durch die Aufnahme von viel Flüssigkeit – vor allem Wasser und Kräutertees – gelindert werden.

Behandlung

Zunächst muß die Ursache der Beschwerden ermittelt werden.

Ein geregeltes Leben und eine harmonische Familien- und Partnerbeziehung wirken sich positiv auf den Heilungsprozeß aus. Es ist auch wichtig, für genügend Freizeit, sportliche Betätigung und Ruhe zu sorgen.

In den meisten Fällen bewirken Entspannungsübungen eine deutliche Besserung. Hilfreich ist außerdem eine gute Darmtätigkeit.

In bestimmten Fällen ist eine Psychotherapie angebracht.

Natürliche Behandlung

- **Diättherapie:** Der Salzverzehr sollte reduziert werden. Eine zusätzliche Einnahme von Magnesium, Kalzium, Kalium und Zink erweist sich oft als hilfreich.

  Wer ihn gut verträgt, sollte reichlich rohen Knoblauch essen. Ansonsten kann man auf Knoblauchkapseln oder -konzentrate ausweichen.

  Es sollte ausreichend Vitamin B_6 (Pyridoxin), das reichlich in Bierhefe und Vollkorngetreide vorhanden ist, aufgenommen werden. Auch einige Trockenpflaumen, Rosinen und Nüsse sollten auf dem täglichen Speiseplan stehen.

- **Phytotherapie:** Im Rahmen einer Heilpflanzenbehandlung sollten pro Tag 3 Tassen Tee aus Melisse (*Melissa officinalis*), Basilikum (*Ocimum basilicum*) und Beifuß (*Artemisia vulgaris*) getrunken werden.

  Es sollte reichlich Wasser, besser noch Pfefferminztee (*Mentha pulegium*) getrunken werden. Es gibt auch verschiedene wirksame Präparate auf der Basis von Nachtkerzensamenöl (*Oenothera biennis*).

- **Hydrotherapie:** Beim *Pelvic-congestion*-Syndrom sind warme Sitzbäder sehr wohltuend. Damit die Temperatur nicht unter 40° C sinkt, sollte laufend warmes Wasser nachgegossen werden. Die Beine bleiben außerhalb des Behälters und werden mit warmen Strümpfen bekleidet. Rumpf und Arme sollten ebenfalls warm angezogen sein, um einer Unterkühlung vorzubeugen (siehe S. 1/121). Die Sitzbäder sollten morgens und abends 15 Minuten lang oder länger durchgeführt werden, bis die Beschwerden abgeklungen sind. Es ist besser, täglich nur ein Sitzbad in Ruhe zu nehmen, als zwei in Eile.

6 - Frauenkrankheiten
FUNKTIONELLE STÖRUNGEN

Amenorrhö (Ausbleiben der Regelblutung)

Unter primärer Amenorrhö versteht man das Nichteinsetzen der ersten Regelblutung. Junge Mädchen, die bis zu ihrem 16. Lebensjahr noch keine Regelblutung hatten, sollten den Frauenarzt aufsuchen, um die Ursache dafür zu klären.

Sekundäre Amenorrhö

Das Ausbleiben vorher bereits vorhandener Regelblutungen bezeichnet man als sekundäre Amenorrhö.

Zu diesem Zeitpunkt besteht kein Zweifel mehr an der Ursache für das Ausbleiben der Regelblutungen. In den ersten Wochen einer Schwangerschaft, der häufigsten Ursache für das Ausbleiben der Menstruation, ist dies allerdings meistens noch unklar.

Behandlung

Wenn die Regelblutung ausbleibt, sollte jede Frau am besten einen Gynäkologen aufsuchen, um die Ursache ermitteln zu lassen.

Vielfach ist das Ausbleiben der Regelblutung nur ein Symptom, eine Folge einer Erkrankung, und der Zyklus verläuft wieder normal, wenn diese Grundkrankheit geheilt worden ist.

Natürliche Behandlungsmethoden

In bestimmten Fällen kann das Ausbleiben der Regelblutung mit einer Kneippschen Abhärtungskur geheilt werden. Fey und Kaiser erzielten gute Ergebnisse mit abwechselnd angewendeten Massagen, Bädern und Blitzgüssen.

Auch die Sauna wird als unterstützende Behandlung der Amenorrhö empfohlen.

- Als **pflanzliche Behandlungsmaßnahme** empfiehlt sich ein Tee aus 10 g Ringelblume (*Calendula officinalis*), 10 g Wermut (*Artemisia absinthium*), 10 g Engelwurz (*Angelica archangelica*), 10 g Sellerie (*Apium graveolens*), 30 g Schafgarbe (*Achillea millefolium*), 30 g Beifuß (*Artemisia vulgaris*), 20 g Melisse (*Melissa officinalis*), 20 g Salbei (*Salvia officinalis*) und 20 g Rosmarin (*Rosmarinus officinalis*).

Es kommen 2 Eßlöffel dieser Mischung auf 1 Tasse. Die Mischung wird 1-2 Minuten auf niedriger Flamme gekocht und muß knapp 1/4 Stunde ziehen. Es werden 2 Tassen pro Tag zwischen den Mahlzeiten getrunken.

- **Diättherapie**: Zu empfehlen ist eine lacto-vegetarische Ernährung, d. h. eine Ernährung, die aus pflanzlichen Nahrungsmitteln und Milchprodukten besteht. Man sollte viel rohes Obst essen und viele natürliche Fruchtsäfte trinken. Nahrungszusätze wie Pollen, Gelée Royale, Zuckerrohrsirup, Weizenkeime und Bierhefe können sich positiv auswirken.

Vorsicht!

Alle Naturheilbehandlungen sollten, besonders wenn sie über einen längeren Zeitraum durchgeführt werden, ärztlich überwacht werden. Denn bestimmte Behandlungsformen sind für geschwächte oder kranke Menschen nicht geeignet.

Hydrotherapeutische Behandlungen können für Menschen schädlich sein, die nicht daran gewöhnt sind, die Herz-Kreislauf-Probleme haben, unter Atembeschwerden, Schwäche oder Blutarmut (Anämie) leiden.

In Kurorten und in Spezialeinrichtungen mit medizinischem Fachpersonal können hydrotherapeutische Anwendungen bequem und ohne unnötige gesundheitliche Risiken durchgeführt werden.

Gegen das Ausbleiben der Regel hilft viel trinken ... aber keinen Alkohol. Natürliche Fruchtsäfte sind am besten, vor allem wenn sie frisch aus Früchten der Saison zubereitet werden und so alle ihre ernährungsphysiologischen und stärkenden Eigenschaften behalten haben.

Für das Ausbleiben der Regelblutung gibt es verschiedene Ursachen. Die häufigste ist sicherlich das Vorliegen einer Schwangerschaft.

Zu den übrigen Ursachen der Amenorrhö gehören

- **schwere Erkrankungen** (Tuberkulose, Schilddrüsenunterfunktion, Leberzirrhose u. a.),
- das **Absetzen der Pille** und/oder die Einnahme verschiedener **Medikamente**,
- **Verklebungen** und **Verwachsungen der Gebärmutter-Innenwände** (Uterussynechien) aufgrund von Verletzungen, z. B. nach einer Ausschabung oder aufgrund von Infektionen, wie bei der Tuberkulose, können ebenfalls das Ausbleiben der Regelblutung bewirken.
- Eine Amenorrhö kann des weiteren durch Zysten oder Tumoren und andere Veränderungen der **Eierstöcke** verursacht werden.

ℹ Hochleistungssport

Bei Frauen, die sehr intensiv Bodybuilding oder anderen Hochleistungssport mit starker Muskelentwicklung betreiben und in Höchstform sind, beobachtet man nicht selten, daß die Regelblutungen ausbleiben. Das gleiche gilt für Frauen, die stark abgenommen haben oder magersüchtig sind.

Diese Art der sekundären Amenorrhö scheint auf einer Funktionsstörung des Hypothalamus (Teil des Zwischenhirns) zu beruhen. Sie bewirkt, daß sich die Produktion des Hormons GnRH, das die gonadotropen Hormone FSH und LH aus der Hirnanhangdrüse freisetzt, reduziert. Dadurch wird die Hormonproduktion in den Eierstöcken abgeschwächt, wodurch es zum Ausbleiben der Menstruation, eventuell sogar zu Unfruchtbarkeit kommen kann: Wenn der Anteil des Fettgewebes am Körpergewebe einen bestimmten Wert unterschreitet, schaltet der Organismus auf „Sparflamme" – unter Verzicht auf die Fortpflanzungsfunktion.

6 - Frauenkrankheiten
FUNKTIONELLE STÖRUNGEN

Unfruchtbarkeit

Bei einem Paar besteht Verdacht auf Unfruchtbarkeit oder Sterilität, wenn nach etwa einem Jahr regelmäßigen, ungeschützten Geschlechtsverkehrs noch keine Schwangerschaft eingetreten ist. Wenn weiterhin Kinderwunsch besteht, sollte sich das Paar nach Ablauf dieser Zeitspanne an einen Spezialisten wenden. Er wird beide Partner zu ihrer Krankenvorgeschichte befragen und sie gründlich untersuchen.

Stellt der Arzt eine Veränderung im Bereich der Gebärmutter (Gebärmutterhalsentzündung, Geschwülste o. ä.) fest, muß diese als erstes behandelt werden. Bei einer Patientin, die trotz vorhandenen Kinderwunsches nicht schwanger wurde, fand man z. B. lediglich einen winzigen Polypen, der den Muttermund verschloß. Nach Entfernung des Polypen wurde sie sofort im nächsten Zyklus schwanger. Manchmal ist die Ursache der Unfruchtbarkeit also relativ leicht zu beheben. Häufig sind jedoch umfassendere Untersuchungen notwendig.

Findet der Facharzt auf den ersten Blick keine Ursache für die Unfruchtbarkeit, wird er eine Reihe zusätzlicher Untersuchungen durchführen: Dazu gehört das Erstellen von Basaltemperaturkurven, ein Postkoital- oder Mukus-Penetrations-Test und das Spermiogramm (siehe Kasten auf der folgenden Seite).

Es ist ratsam, zwischen den Untersuchungsgruppen jeweils drei Monate Zeit vergehen zu lassen, weil die Untersuchungen für die Patientin sowohl körperlich als auch psychisch belastend sein können.

Voraussetzungen einer Befruchtung

Um die gesamte Problematik der Unfruchtbarkeit besser verstehen zu können, ist es sinnvoll zu erklären, welche Voraussetzungen gegeben sein müssen, damit eine Befruchtung stattfinden kann:
- *Es muß bei der Frau ein Eisprung erfolgen, auf den eine ausreichend lange und starke Gelbkörperbildung folgt.*
- *Der Samen des Partners muß normal sein.*
- *Die in die Scheide abgegebenen Spermien müssen den Zervixschleim durchdringen können und bis zum Eileiter gelangen.*
- *Die Befruchtung muß im eierstocknahen Drittel des Eileiters stattfinden.*
- *Das befruchtete Ei muß sich in der Gebärmutter einnisten können.*

Hinweis

Die Behandlung eines unfruchtbaren Paares ist grundsätzlich nicht einfach. Das Paar und der Arzt brauchen viel Geduld. Gelegentlich stellt sich der Erfolg aber auch sofort ein. Nur 23 % der unfruchtbaren Paare, die sich behandeln lassen, d. h. ein Fünftel bis ein Viertel der Paare, bleiben steril.

Siehe auch „Zeugungsunfähigkeit" beim Mann, S. 1/79ff.

Behandlung

Die Behandlung der weiblichen Unfruchtbarkeit richtet sich nach der Ursache:
- Hormonbehandlung, wenn kein Eisprung erfolgt.
- Medikamentöse Behandlung mit Antibiotika oder Kortikoiden und ein mikrochirurgischer Eingriff bei abnormen Eileitern.
- Einnahme von Östrogenen und Antibiotika bei zähem oder infiziertem Zervixschleim.
- Operation bei Tumoren, Fehlbildungen, Verklebungen oder Verwachsungen im Bereich der Geschlechtsorgane.
- Künstliche Befruchtung und In-vitro-Fertilisation. Dank dieser Techniken ist es möglich, bestimmte Formen von Unfruchtbarkeit zu behandeln, die früher nicht behandelt werden konnten (siehe Kap. 33, „Fortpflanzungsmedizin", S. 2/276ff.).

Wichtigste Verfahren der Sterilitätsdiagnostik bei der Frau

- **Die Basaltemperaturkurve.** Sie zeigt, ob es zum Eisprung kommt, besser gesagt, ob ein Gelbkörper vorhanden ist und wie die Hormonproduktion aussieht.
- **Die Untersuchung des Zervixschleims,** d. h. der Menge, Spinnbarkeit und Kristallisierung (Farntest).
- **Die Pertubation.** Durch Einblasen eines Gases in die Eileiter kann festgestellt werden, ob die Eileiter durchgängig sind.
- **Die Hysterosalpingographie,** eine Röntgenkontrastdarstellung der Gebärmutter und der Eileiter, gibt Aufschluß über die Form, Durchlässigkeit und Beweglichkeit der Gebärmutter und der Eileiter.
- **Die Laparoskopie** (Bauchspiegelung) ermöglicht es, die Eileiter von außen durch die Bauchdecke hindurch zu untersuchen. Mit Hilfe einer gefärbten Flüssigkeit kann ihre Durchgängigkeit geprüft werden. Auch die Eierstöcke können bei einer Bauchspiegelung auf das Vorliegen von Follikeln, Gelbkörpern, Zysten usw. untersucht werden.
- **Die Hysteroskopie,** eine endoskopische Betrachtung der Gebärmutterhöhle, kann z. B. auf Polypen in der Gebärmutter oder Verklebungen der Eileitermündungen hinweisen.
- **Hormonspiegelbestimmungen** informieren über die Drüsentätigkeit der Patientin.
- **Ultraschalluntersuchungen** liefern wertvolle Bilder von den inneren Genitalien und den Nachbarorganen.
- **Die Endometriumbiopsie,** eine Gewebeprobeentnahme aus der Gebärmutterschleimhaut, gibt Aufschluß über die Hormonproduktion der Frau. Eine histologische Untersuchung kann krankhafte Veränderungen der Gebärmutterschleimhaut (Polypen, Infektionen usw.) aufdecken.
- **Der Postkoitaltest nach Sims-Huhner** nach mindestens drei bis fünf und höchstens zwölf Tagen sexueller Abstinenz und der **gekreuzte Mukus-Penetrationstest** informieren über die Verträglichkeit des Zervixschleims der Frau mit den Spermien des Mannes. Der **In-vitro-Postkoitaltest** des Mexikaners Ruiz Velasco zeigt zusammen mit dem Spermiogramm, ob die Spermien die Eizelle erreichen können.
- **Eine Untersuchung auf eventuell vorhandene Antikörper gegen Spermien bei der Frau.** Die Antikörper bewirken, daß die Samenzellen verkleben.

Siehe auch Kasten „Gynäkologische Untersuchungsmethoden" (S. 1/122f.).

Faktoren, die die Fruchtbarkeit beeinträchtigen

Man weiß heute, daß die Fruchtbarkeit des Menschen durch Umwelteinflüsse in Mitleidenschaft gezogen werden kann. Dazu gehören z. B. chemische Mittel, wie sie in Reinigungen, Färbereien und bestimmten Labors verwendet werden, und andere Umweltgifte, mit denen manche Menschen in Kontakt kommen.

Auch übermäßiger Streß kann sich negativ auf die Fruchtbarkeit auswirken.

Der Wunsch nach einem Kind ist bei vielen Paaren, besonders seitens der Frau, sehr stark. Nicht selten werden daher die größten Anstrengungen unternommen und die größten Opfer gebracht, um sich diesen Wunsch erfüllen zu können.

6 - Frauenkrankheiten
FUNKTIONELLE STÖRUNGEN

Wechseljahre (Klimakterium)

Die Wechseljahre sind keine Krankheit. Allerdings werden sie in den meisten Fällen von Beschwerden begleitet, die es zu lindern gilt.

Beginn der Wechseljahre

Etwa im Alter von 45-46 Jahren können erste Symptome auftreten, die typisch für den Lebensabschnitt sind, der dem Ausbleiben der Regelblutungen (Menopause), vorausgeht.

Durch Schwankungen in der Hormonproduktion kommt es nicht selten zu Unregelmäßigkeiten in Dauer und Intensität der Regelblutungen. Zusätzlich können starke Regelschmerzen (Dysmenorrhö) (siehe S. 1/129) sowie Schmerzen und Schwellungen der Brust (Mastodynie) während der Menstruation auftreten. Aufgrund eines gestiegenen Östrogenspiegels kann sich das sexuelle Verlangen steigern.

Häufig verändern sich auch Gefühle und Verhalten der Frau. Sie leidet unter Reizbarkeit, innerer Unruhe und Gemütsschwankungen.

Alle diese beschriebenen Veränderungen werden aber von jeder Frau sehr unterschiedlich erlebt und ausgedrückt. Wie die Veränderungen empfunden werden, hängt von der Erziehung, der Gesellschaft und der Persönlichkeit jeder einzelnen Frau ab.

Beschwerden in den Wechseljahren

Die bekanntesten und am häufigsten auftretenden Beschwerden in den Wechseljahren sind Hitzewallungen, die auf Gefäßweitenveränderungen beruhen. Sie treten besonders im Gesicht und vor allem in der Nacht auf und werden von Schweißausbrüchen, besonders im Sommer oder beim Eintreten in beheizte Räume, begleitet.

Ebenfalls typisch für diese Zeit sind Schlaflosigkeit, Herzjagen, Kribbeln in den Armen und Beinen und gehäuftes Auftreten von Arthrose, insbesondere des Knies.

Möglicherweise verändert sich die Libido. Sexuelles Verlangen und Orgasmusfähigkeit können jedoch noch lange vorhanden sein, da es sich bei ihnen im wesentlichen um psychisch und emotionell gesteuerte Bereiche handelt.

Die Körperformen werden runder, im Bereich der Hüften vergrößern sich die Fettpolster. Die Brust wird entweder schlaffer oder durch stärkere Fetteinlagerung größer. Die Körperbehaarung nimmt insgesamt, besonders aber an Kinn und Oberlippe, zu.

Manche Frauen leiden unter Traurigkeit, Melancholie und verstärkter Reizbarkeit.

Häufigkeit der Beschwerden

Vielen Frauen, besonders denen, die auf dem Land leben, bereiten die Wechseljahre kaum Probleme. Etwa zwei Drittel aller Frauen sind jedoch von allen genannten Beschwerden oder von einem Teil davon betroffen.

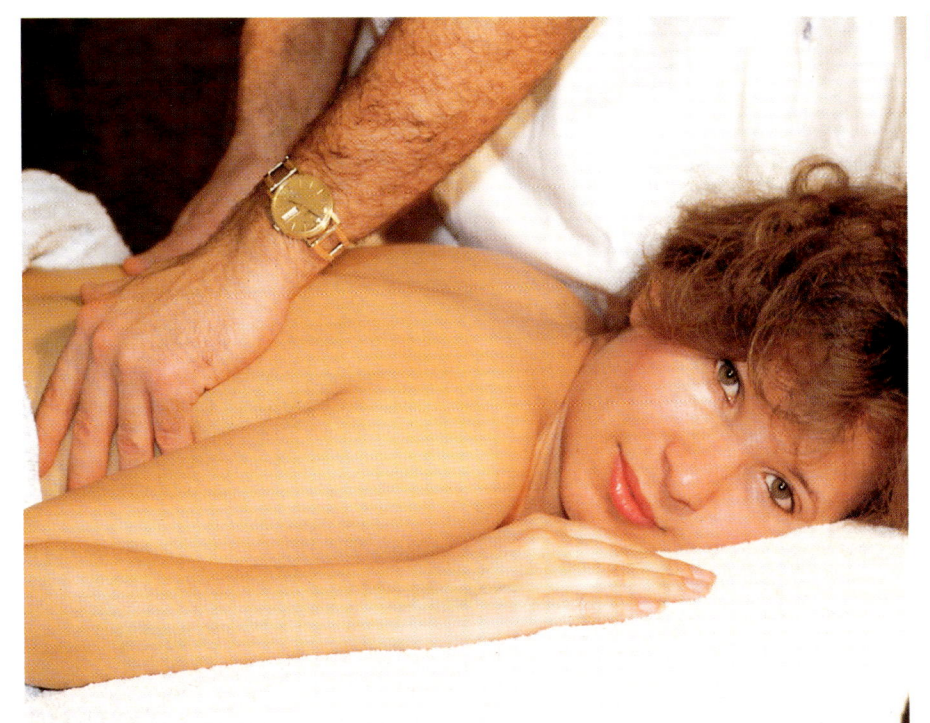

Eine gesunde Ernährung und genügend Bewegung sind unverzichtbar, um jederzeit und ganz besonders in den Wechseljahren in Form zu bleiben. Die typischen Beschwerden dieser Lebensphase können mit Bädern, Sauna und Massagen erträglicher gemacht werden.

Die Östrogene

Um die verschiedenen psychischen Störungen (Angstgefühl, innere Unruhe) und körperlichen Beschwerden (Osteoporose, Arteriosklerose, besonders der Herzarterien, Schwund der Geschlechtsorgane u. a.) während der Wechseljahre zu lindern oder ihnen vorzubeugen, und zum Erhalt der Vitalität der Frau wird vielfach eine Hormonbehandlung mit Östrogenen durchgeführt.

Es sollte ein Kombinationspräparat aus Östrogenen und Gestagenen eingesetzt werden, um möglichen Risiken der Hormonbehandlung (vor allem Brustkrebs) vorzubeugen. Der Gynäkologe sollte im Einzelfall entscheiden, ob eine Hormonbehandlung notwendig ist oder nicht.

Zur Zeit nimmt die Anwendung spezieller Östrogenpräparate in Form von Cremes oder Klebepflastern zu.

Behandlung der Beschwerden in den Wechseljahren

Bei der Behandlung von Beschwerden in den Wechseljahren hat sich die Einnahme von Östrogenen als geeignet erwiesen. Sie werden vom Facharzt verschrieben und können nur unter seiner Kontrolle eingenommen werden.

Natürliche Behandlung

- **Eine proteinarme Ernährung** ist bei den meisten nervlich und gefäßbedingten Beschwerden (Hitzewallungen) zu empfehlen: wenig Fleisch, sehr wenige Eier und wenig Hülsenfrüchte.
  Insgesamt ist ein mäßiges Eßverhalten angeraten. Auch der Verzehr von Gelée royale kann sich wegen seiner kräftigenden Eigenschaft positiv auswirken.
  Die Ernährung sollte ausgewogen, reich an Vitaminen (besonders A, B, E), essentiellen Fettsäuren und Spurenelementen (Kalzium, Eisen, Magnesium und Phosphor) sein.
- **Phytotherapie**: Es gibt verschiedene Heilpflanzenpräparate, die bei der Bekämpfung der Beschwerden in den Wechseljahren helfen können. Ihr Vorteil besteht darin, daß sie nicht die Nebenwirkungen gewöhnlicher Medikamente haben. Normalerweise werden sie in Form von Aufgüssen oder Extrakten angewendet.

  Die gebräuchlichsten Pflanzen sind Zypresse (*Cupressus sempervirens*), Römische Kamille (*Anthemis nobilis*), Stinkandorn (*Ballota nigra*), Schafgarbe (*Achillea millefolia*), Rosmarin (*Rosmarinus officinalis*) und Schneeball (*Viburnum prunifolium*).

  Zur korrekten Anwendung der Heilpflanzen sollte eine fachkundige Person (Arzt, Apotheker o. ä.) zu Rate gezogen werden.

- Sport, Schwitzen, hydrotherapeutische Anwendungen (Sauna, Wassertreten, Bäder, Schwimmen), Massagen und an einem Tag der Woche eine natürliche Obstsaftdiät sind wirksame Maßnahmen, um Beschwerden in den Wechseljahren zu lindern.

6 - Frauenkrankheiten
INFEKTIONEN

Infektionen im inneren Genitalbereich

Diese Entzündungen betreffen den gesamten inneren Bereich des Geschlechtsapparats der Frau. Man spricht in diesem Zusammenhang auch von den PID (*Pelvic Inflammatory Diseases*).

Entstehung

Eileiter- und Eierstockentzündungen lassen sich nach ihrer Entstehung in drei Gruppen einteilen:

1. Infektion über die Scheide, häufig durch Geschlechtsverkehr.

2. Ansteckung der Geschlechtsorgane über den Blutkreislauf durch einen Infektionsherd, der sich an anderer Stelle des Körpers befindet. Dies ist z. B. der Fall bei der Tuberkulose, die heute aber nur noch selten auftritt.

3. Infektion durch eine Wunde oder Verletzung an den Geschlechtsorganen. Geburtsverletzungen, eine Fehlgeburt oder ein Schwangerschaftsabbruch, die Verwendung der Spirale oder Tampons können Auslöser sein.

Verbreitung

Entzündungen im Bereich des Genitalapparats betreffen zunehmend jüngere Frauen: 60 % der erkrankten Frauen sind heute jünger als 25, 20 % sind jünger als 20 Jahre. Zwischen 60 und 80 % der Frauen sind noch kinderlos. Eine Gefahr der Entzündungen liegt darin, daß sie bei Befall der Eileiter oder der Eierstöcke, des Bauch- oder Beckenbauchfells oder des *Ligamentum latum* Unfruchtbarkeit oder Eileiterschwangerschaften verursachen können. Häufiger Partnerwechsel begünstigt Entzündungen im Genitalbereich.

Ursachen

Verursacher einer Infektion sind unterschiedliche Keime, die nicht selten auch gemeinsam auftreten:

- **Gonokokken**, **Spirochäten**, **Trichomonaden**, **Chlamydien**, **Mykoplasmen**, **Pilze**, **Herpesviren** u. a. bei den durch Sexualkontakt übertragbaren Krankheiten.

- **Tuberkelbazillen** bei Infektionen innerhalb des Körpers.

- **Staphylokokken**, **Streptokokken** und **Kolibakterien** bei Infektionen nach einer Geburt, einer Fehlgeburt oder einem Schwangerschaftsabbruch, durch Tragen einer Spirale, nach Untersuchungen oder Operationen.

Die Antibiotika, die zur Behandlung der Infektionen eingesetzt werden, sind heute häufig nicht mehr so wirksam, wie sie es einmal waren.

Hinzu kommt, daß die Symptome oft unklar sind, was die Behandlung zusätzlich erschwert. Bei entzündlichen Krankheiten der inneren Geschlechtsorgane sollte aber immer sofort eine Behandlung erfolgen.

Mit den Entzündungen der äußeren weiblichen Geschlechtsorgane und der Scheide befassen wir uns an anderer Stelle (S. 1/146). Hier geht es ausschließlich um Eileiter- und Eierstockentzündungen.

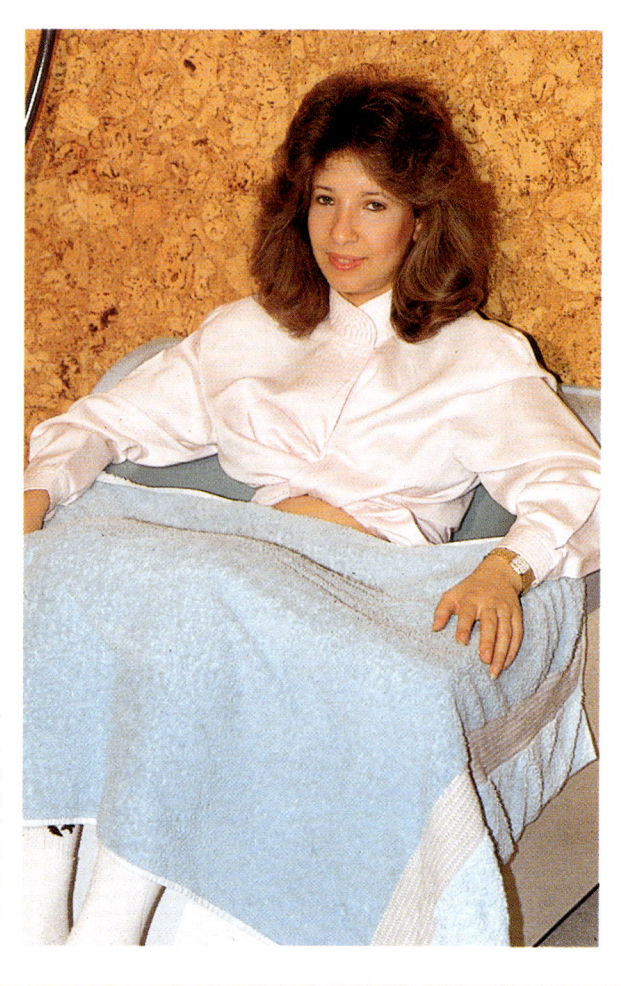

Kalte Sitzbäder (siehe S. 1/122) sind, wenn sie gut vertragen werden, bei der Behandlung von Infektionen im Genitalbereich hilfreich.

Symptome und Diagnose

Eine Entzündung der inneren Geschlechtsorgane macht sich durch anhaltenden, zeitweise starken, manchmal einseitigen Schmerz im Unterleib bemerkbar.

Übelkeit und Erbrechen, Probleme bei der Entleerung der Harnblase, Blasen- und Darmbeschwerden sind häufige Symptome. Die Temperatur steigt bis 40° C und mehr an. Das Tasten im Bereich der Scheide und des Unterleibs ist schmerzhaft.

Anhand von Laboruntersuchungen kann festgestellt werden, ob die Anzahl der weißen Blutkörperchen im Blut und die Blutsenkungsgeschwindigkeit erhöht sind. Die beste dia-

Nach neuesten Statistiken sind zunehmend jüngere Frauen von Infektionen im Genitalbereich betroffen.

Behandlung der Infektionen im inneren Genitalbereich

Ärztliche Behandlung

Zur Behandlung der Entzündungen werden Antibiotika und entzündungshemmende Medikamente eingesetzt. Es sollte strenge Bettruhe eingehalten werden.

Chronische Entzündungen werden medikamentös, mit Wärmebestrahlung (Kurzwellen) und operativ behandelt.

Bei jeder Entzündung der inneren Geschlechtsorgane ist es wichtig, daß der Darm gut funktioniert. Gegen Verstopfung sollte daher etwas unternommen werden.

Hydrotherapie

Die Hydrotherapie ist zur Behandlung von Entzündungen im Genitalbereich geeignet. Sie regt die Durchblutung an und unterstützt die Selbstheilungskräfte des Körpers.

Es können T-förmige Wickel, kalte Umschläge, Wassergüsse und Bäder angewendet werden.

Eine sehr wirksame und praktische hydrotherapeutische Anwendung sind kalte Sitzbäder. Diese Bäder sollte man aber nur dann einsetzen, wenn der Körper daran gewöhnt ist. Die übrigen Körperteile dürfen dabei nicht kalt werden.

Daher sollten die Sitzbäder nur in einem gut geheizten Raum durchgeführt werden. Den Rumpf und die Glieder dabei am besten warm abgedecken. Auch wenn man kalte Sitzbäder gut verträgt, dürfen sie nicht länger als 20 Minuten dauern (siehe S. 1/121).

Nach Wasseranwendungen ist es wichtig, sich gut abzutrocknen, denn Feuchtigkeit begünstigt das Wachstum zahlreicher Keime, besonders das von Pilzen.

Scheidenspülungen

Scheidenspülungen können bei bestimmten Entzündungen hilfreich sein. Sie gehören aber zu den Behandlungen, die nur ganz selten angezeigt sind. Wegen der möglichen Nebenwirkungen dürfen sie nur unter ärztlicher Kontrolle, meistens stationär, durchgeführt werden.

Die Spülungen werden gewöhnlich 2mal pro Tag mit gut abgekochtem Wasser durchgeführt, dem Heilkräuter oder andere Substanzen zugesetzt werden.

Zu empfehlen ist die Verwendung einer konzentrierten Mischung aus Beinwell (*Symphytum officinale*), Wegerich (*Plantago lanceolata / P. major P. media*) und Thymian (*Thymus vulgaris*) oder einer Mischung aus Eichenrinde (der Gattung *Quercus*), Johanniskraut (*Hypericum perforatum*) und Melisse (*Melissa officinalis*).

Auch die Blätter des Walnußbaums (*Juglans regia* L.) sind ein hervorragendes Heilmittel.

Des weiteren werden Zitrone und Essig für Scheidenspülungen eingesetzt.

Allgemeine Empfehlungen

Die Patientin sollte berücksichtigen, daß eine Einnahme von Pflanzenheilmitteln bei entzündlichen Erkrankungen der inneren Geschlechtsorgane im allgemeinen keine große Wirkung zeigt.

Eine gemäßigte sportliche Betätigung, die die Beckenmuskulatur stärkt und die Durchblutung dieses Bereichs anregt, ist zu empfehlen (siehe S. 2/41ff.).

gnostische Methode ist jedoch die Laparoskopie (siehe S. 1/122). Mit ihr können Flüssigkeitsproben entnommen und Behandlungsmaßnahmen (Absaugen von Sekreten, Einsatz von Medikamenten) eingeleitet werden.

Es müssen eine Blinddarmentzündung oder eine Eileiterschwangerschaft ausgeschlossen werden.

Heilungsaussichten

Die Heilungsaussichten sind günstig, wenn die Behandlung früh einsetzt. Anderenfalls kann es zu Komplikationen wie einer Ausbreitung auf Eileiter, Eierstöcke und das Bauchfell oder einer Venenentzündung der Gebärmutter und des kleinen Beckens kommen.

Wenn die Infektion chronisch wird, bleiben die Schmerzen und machen sich besonders beim Sexualverkehr bemerkbar. Ein Eileiterverschluß kann zu Unfruchtbarkeit führen. Bleiben Narben in den Eileitern zurück, kann eine Schwangerschaft außerhalb der Gebärmutter die Folge sein.

Ätherische Öle

Die Anwendung ätherischer Öle (Essenzen aus Heilpflanzen) zur Keimabtötung muß, auch wenn sie zum Teil hervorragend wirkt, genau überwacht werden.

Eine Überdosierung kann Nebenwirkungen wie Reizungen, Entzündungen oder die Bildung von Geschwüren auslösen.

Wir dürfen nicht vergessen, daß eine Therapie, unabhängig davon, ob sie natürlich ist oder nicht, hochwirksam und aggressiv sein kann. Es gibt nur sehr wenige Therapien, die überhaupt keine Gegenanzeigen und Nebenwirkungen haben.

Feuchtigkeit und Wärme fördern das Wachstum verschiedener pathogener Keime. Deshalb sollte man, um Infektionen im Genitalbereich vorzubeugen, nicht über lange Zeit nasse Badekleidung tragen.

Vorbeugung von Entzündungen der inneren weiblichen Geschlechtsorgane

Vorbeugen ist immer besser als heilen! Das bedeutet für Infektionen der weiblichen Geschlechtsorgane, daß ganz besonders bei Entbindung, Fehlgeburt oder Schwangerschaftsabbruch auf strenge Hygiene geachtet werden muß.

Empfängnisverhütende Mittel, insbesondere die Spirale, aber auch spermienabtötende Substanzen (Spermizide) und – in bestimmten Fällen – Kondome, sollten überlegt angewendet werden. Die wirksamste Maßnahme zur Vorbeugung von Krankheiten, die durch Sexualkontakt übertragen werden, ist der Verzicht auf Partnerwechsel.

Die Scheide ist für alle möglichen Krankheitserreger ein regelrechtes Eingangstor zum Körper. Richtige Hygiene des Schambereichs ist folglich ausgesprochen wichtig. Einige allgemeine Regeln zur Intimhygiene:

- *__Intimsprays__ sollten überhaupt nicht, Schaumbäder nur sehr selten angewendet werden. Der weibliche Intimbereich riecht nicht schlecht, wenn die normalen Regeln der Intimhygiene befolgt werden.*
- *Es ist besser, den Intimbereich __mit der Hand__ zu __waschen__ als mit einem Waschlappen, in dem sich allerlei Keime ansammeln können.*
- *Häufige __Scheidenspülungen__ zerstören die Scheidenflora und sollten deshalb nur auf ärztlichen Rat hin durchgeführt werden.*
- *Beim Waschen sollte immer __von vorn nach hinten__ gestrichen werden, damit keine Krankheitserreger vom Darm in die Scheide gelangen.*
- *Es sollten nur __hautneutrale Waschlotionen__ (ca. pH 5, keine alkalischen Seifen) für die Intimhygiene benutzt werden.*
- *Im Intimbereich sollte __kein feucht-kaltes Klima__ herrschen. Enge, synthetische Unterwäsche und das lange Tragen eines nassen Badeanzugs begünstigen die Entstehung von Infektionen der inneren Geschlechtsorgane.*
- *Die lokalen Hygienemaßnahmen sollten durch __allgemeine gesundheitsfördernde Maßnahmen__ ergänzt werden, denn bestimmte Infektionen im Geschlechtsbereich werden durch Erkrankungen anderer Organe ausgelöst.*

6 - Frauenkrankheiten
INFEKTIONEN

Ausfluß

Jede Frau hat normalerweise ein wenig Ausfluß, denn die inneren Geschlechtsorgane sondern stetig organische Substanzen ab. Dadurch erhalten sie sich in einem normalen, gesunden Zustand. Der Gebärmutterhals, die Scheide und die Drüsen im äußeren Schambereich scheiden fortwährend Sekrete aus. Sie werden von der Frau jedoch kaum wahrgenommen, da es sich nur um geringe Mengen handelt.

Man spricht von Ausfluß, wenn die Menge dieser an sich normalen Ausscheidungen übermäßig zunimmt. Der Ausfluß ist um so störender, je größer die Menge und je ungünstiger die Zusammensetzung und der Geruch sind.

Die häufigsten Ursachen für Ausfluß sind
- **Hormonmangel**,
- **entzündliche Erkrankungen** der Geschlechtsorgane,
- **Blutstauungen** in den Geschlechtsorganen,
- **Reizungen** und **psychisch-nervöse Zustände**.

Aussehen, Konsistenz und Farbe des Ausflusses können ganz unterschiedlich sein: Er kann zäh, flüssig, durchsichtig, weißlich, gelblich, grünlich, praktisch geruchlos bis stark übelriechend sein.

Behandlung

Bevor eine Behandlung erfolgt, muß die Ursache des Ausflusses geklärt und eine genaue Diagnose gestellt werden.

Die betroffene Frau sollte auf jeden Fall einen Arzt aufsuchen. Er kann am besten beurteilen, welche Behandlungsmaßnahmen sinnvoll sind. Wenn die Beschwerden durch eine Entzündung im Genitalbereich hervorgerufen werden, versucht er, den dafür verantwortlichen Erreger zu finden. Mit Hilfe eines Antibiogramms kann der Arzt das Antibiotikum auswählen, das am besten auf den spezifischen Erreger wirkt.

Bei Infektionen kann auch eine lokale Behandlung mit Spülungen oder Scheidenzäpfchen helfen, aber nur nach Verschreibung.

- Ist der Ausfluß **hormonell bedingt**, muß mit Hormongaben gegengesteuert werden.
- Wenn der Ausfluß **psychisch-nervöse Ursachen** hat, kann die Lösung des Problems in einer Verbesserung der sexuellen Beziehungen liegen.
- Wird der Ausfluß durch ein **Geschwür** am Muttermund oder im Gebärmutterhalskanal ausgelöst, muß dieses entfernt werden.
- Bei **blutigem Ausfluß** sollte die Frau sofort einen Arzt aufsuchen.

Für eine natürliche Behandlung eignen sich die gleichen Anwendungen, wie sie für die „Infektionen im inneren Genitalbereich" (S. 1/149) vorgeschlagen werden.

Genitaltuberkulose

Die Lungentuberkulose und die durch sie verursachte Genitaltuberkulose sind in der letzten Zeit stark zurückgegangen. Trotzdem ist die Erkrankung immer noch zu beobachten. Jede 30. unfruchtbare Ehe geht auf eine latente Tuberkulose zurück. Sie sollte deshalb bei der Sterilitätsdiagnostik nicht vergessen werden.

Wenn aufgrund der Krankenvorgeschichte eine Verdachtsdiagnose gestellt worden ist, kann eine Genitaltuberkulose durch folgende Untersuchungen nachgewiesen werden: eine Kultur des Menstruationsblutes oder der Sekrete des Gebärmutterhalses und der Gebärmutter, Entnahme von Gebärmutterschleimhaut (Endometriumbiopsie), eine Bauchspiegelung (Laparoskopie, siehe S. 1/122) und eine Röntgenkontrastdarstellung der ableitenden Harnwege nach intravenöser Gabe eines Kontrastmittels (intravenöse Pyelographie).

Behandlung

Die Krankheit kann mit Hilfe moderner Antibiotika äußerst wirksam behandelt werden. Die Mittel der ersten Wahl sind Isoniazid, Rifampicin, Streptomycin und Ethambutol. Sollten die Krankheitserreger gegenüber diesen Mitteln resistent sein, gibt es andere Mittel der zweiten Wahl.

6 - Frauenkrankheiten
VULVA UND SCHEIDE

Veränderungen der Vulva

Zu den wichtigsten Veränderungen der Vulva, d. h. dem äußeren Genitalbereich der Frau, gehören Dystrophien, Schamlippenkrebs, Fehlbildungen und Entzündungen.

Vulva-Dystrophien

Erkrankungen im äußeren Genitalbereich, die auf Gewebeveränderungen wegen einer Mangelversorgung des Gewebes zurückzuführen sind (Dystrophien), treten relativ häufig nach der Menopause auf. Sie machen sich durch Brennen oder Juckreiz bemerkbar.

Zu den häufigsten Formen gehören die atrophische und die hypertrophische Dystrophie.

- Bei der **atrophischen Dystrophie** schrumpft die Hautoberfläche der Schleimhaut der Vulva und verfärbt sich weißlich. Die Erkrankung muß medikamentös behandelt und in ihrem Verlauf beobachtet werden.

- Eine **Leukoplakie** macht sich durch eine Verhornung der Haut und den Schwund der elastischen Fasern der Schamlippen bemerkbar. Eine niedrigdosierte Kortison- und Östrogencreme kann hier helfen. Die Erkrankung sollte beobachtet werden. Eventuell muß man eine Hautprobe untersuchen.

Es gibt auch Gewebeveränderungen, die durch Viren hervorgerufen werden, wie z. B. beim *Herpes genitalis* (S. 2/191) oder bei den spitzen Kondylomen (S. 2/192).

Schamlippenkrebs

Schamlippenkrebs tritt äußerst selten auf. Meist sind ältere Frauen (zwischen 60 und 70 Jahren) davon betroffen. Symptome sind Rötung der Schamlippen und Juckreiz.

Es gibt verschiedene Krebsformen an den Schamlippen. Wenn die Er-

Wenn eine ältere Frau Gewebeveränderungen im äußeren Bereich der Geschlechtsorgane feststellt, sollte sie ihren Frauenarzt aufsuchen. Es könnte sich um eine Leukoplakie handeln, aus der sich Krebs entwickeln kann.

krankung früh erkannt und behandelt wird, sind die Heilungsaussichten sehr günstig. Das befallene Gewebe wird operativ entfernt oder bestrahlt.

Schamlippenkrebs macht 5 % aller Krebsarten des weiblichen Genitalapparats aus. Häufig ist die Leukoplakie eine Vorstufe von Krebs. Deshalb ist es sehr wichtig, sie zu behandeln. Andere Tumoren wie Sarkome oder Melanome treten nur selten auf.

Fehlbildungen der Vulva

Von den Fehlbildungen der Vulva sind die der Harnröhrenöffnung am wichtigsten:

- Bei der **Hypospadie** tritt die Harnröhre im Inneren der Scheide aus. Bei der **Epispadie** befindet sie sich oberhalb der Klitoris (Kitzler).

- Bei der **Kloake** tritt der After in der Scheide oder im Bereich des Scheidenvorhofs aus.

- Die **Klitorishypertrophie** ist eine penisartige Vergrößerung der Klitoris, die bei weiblichen Scheinzwittern (siehe S. 2/55) auftritt.

- Ein **Verschluß des Jungfernhäutchens** (siehe S. 1/152) macht sich durch Ausbleiben der Periode bemerkbar. Das Blut kann nicht aus der Scheide austreten. Es stellen sich eventuell krampfartige Bauchschmerzen ein.

Entzündungen der Vulva

Im Bereich der Haut und Schleimhäute der äußeren weiblichen Geschlechtsorgane befinden sich stets viele Bakterien. Entzündungen sind daher relativ häufig.

- **Bakterielle Infektionen.** An der behaarten Haut des Schambergs und der Schamlippen können durch Bakterien (Staphylokokken oder Streptokokken) Entzündungen entstehen. Sie werden mit keimtötenden Mitteln behandelt.
- **Pilzinfektionen.** Pilzinfektionen, die nicht nur im äußeren Genitalbereich, sondern auch in der Scheide anzutreffen sind, verursachen quälenden Juckreiz, Brennen und Schmerzen. Der Erreger heißt *Candida albicans*. Sie treten häufiger auf bei Diabetes, während der Schwangerschaft, bei Einnahme von Antibiotika und der Antibybapille und bei geschwächter Immunabwehr.

Virusinfekte der Vulva

Virusinfekte der Geschlechtsorgane werden überwiegend durch Sexualkontakt übertragen. Es handelt sich um folgende:

- **spitze Kondylome** oder **warzenförmige Papillome** (S. 2/192)
- **Herpes genitalis** (S. 2/191)
- Die **Elefantiasis** oder das **Lymphgranuloma inguinale**, auch Durand-Nicolas-Vavre-Krankheit genannt, wird von einem Virus des Typs Chlamydia ausgelöst.
- Die **tuberkulöse Vulvitis** tritt heute sehr selten auf.
- Die **Syphilis** macht sich in ihrem Primärstadium durch einen, selten mehrere geschwürig zerfallende Knoten am äußeren Genitale (*Ulcus durum*) (S. 2/182) bemerkbar: Es bilden sich an der Außenseite der großen Schamlippen, am Damm und an der Innenseite der Oberschenkel flache Erhebungen, die wie Bläschen aussehen.
- Die **gangränöse Vulvitis** (Entzündung im äußeren Scheidenbereich mit Absterben von Gewebe) ist bei jungen Frauen und Mädchen durch eine Immunschwäche bedingt. Bei älteren Frauen wird sie häufig durch anaerobe Bakterien an einem fortgeschrittenen Krebsherd auslöst.
- **Juckreiz im äußeren Scheidenbereich** (siehe S. 1/148). Viele Erkrankungen des äußeren Genitalbereichs der Frau machen sich durch Juckreiz bemerkbar. Häufig ist die Psyche mitbeteiligt. Die Behandlung richtet sich nach der Ursache.

Bartholinitis

An der Innenseite der kleinen Schamlippen münden zwei Drüsen, die ein wasserklares Sekret bilden. Es dient der Befeuchtung des Scheideneingangs beim Geschlechtsverkehr.

Diese Bartholinschen Drüsen, insbesondere ihre Ausführungsgänge, können sich entzünden und Abszesse (Eiterherde) bilden.

Die betroffene Schamlippe ist gerötet, schwillt an und schmerzt. Die Keime steigen über die ableitenden Kanälchen der Drüse auf und gelangen so bis in die Drüse. Dort lösen sie die schmerzhafte Entzündung aus. Es bildet sich ein eitriges Sekret. In diesem Fall handelt es sich um eine akute Bartholinitis.

Bei einer chronischen Entzündung kommt es zum Verschluß der ableitenden Kanälchen der Drüse. Da der Eiter nicht abfließen kann, werden die Beschwerden heftiger. Die Schmerzen nehmen zu, die Patientin hat Fieber, es bildet sich ein Abszeß.

Der Abszeß kann hasel- bis walnußgroß oder noch größer werden und damit den gesamten äußeren Scheidenbereich in seinen Funktionen beeinträchtigen.

Behandlung

Die beste natürliche Behandlung besteht in der Anwendung von Kälte. Sie lindert die Schmerzen und läßt das Gewebe abschwellen. Waschungen mit einem Aufguß aus Thymian (*Thymus vulgaris*) oder Nußbaumblättern (*Juglans regia*) können auch helfen.

Damit die Krankheit jedoch vollständig ausheilt, sollte sie mit Sulfonamiden oder Antibiotika behandelt werden. Möglicherweise muß der Abszeß eröffnet und eine Spülung vorgenommen werden.

6 - Frauenkrankheiten
VULVA UND SCHEIDE

Juckreiz im äußeren Genitalbereich

Im äußeren Genitalbereich der Frau kann sich aus verschiedenen Gründen ein Juckreiz oder Brennen bemerkbar machen. Bettwärme intensiviert den Juckreiz häufig. Heftiges Kratzen des betroffenen Bereichs ruft Schwellungen, Entzündungen und Farbveränderungen hervor.

Zu den zahlreichen Auslösern von Juckreiz gehören mangelnde oder übertriebene Intimhygiene, infektiöser Ausfluß, Verwendung nicht geeigneter Binden und unsachgemäß durchgeführte Scheidenspülungen.

Auch eine Leukoplakie (weißliche Flächen, siehe S. 1/146), eine Kraurose (atrophische, trockene Haut) und Krebs im Bereich der äußeren Geschlechtsorgane verursachen Juckreiz.

Schließlich gehören noch Parasiten, toxisch bedingte Hautveränderungen und Diabetes zu den Verursachern von Juckreiz in diesem Bereich des Körpers.

All diese Formen von Juckreiz werden symptomatisch genannt, da sie die sekundäre Erscheinung einer anderen Erkrankung sind. Der Juckreiz läßt nach, wenn die Ursache behandelt wird.

Wenn keine eindeutige organische Ursache für den Juckreiz festzustellen ist, spricht man von essentiellem Juckreiz. Liegt ein essentieller Juckreiz vor, beobachtet man häufig auch eine psychisch-nervöse Veranlagung und eine Rückbildung der Eierstöcke.

Wegen des hohen Gehalts an Beta-Karotin ist Möhrensaft zur Behandlung von Juckreiz im äußeren Genitalbereich geeignet. Er dient ebenso der Behandlung aller Erkrankungen der Haut oder der Schleimhäute.

Behandlung

Die Patientin sollte sich vorwiegend vegetarisch ernähren und dabei reichlich Vitamin A bzw. Beta-Karotin zu sich nehmen. Sie sollte viele Karotten essen. In bestimmten Fällen kann es vorteilhaft sein, zusätzlich künstlich hergestelltes Vitamin A einzunehmen.

Der Verzehr aller Fleischsorten sollte auf ein Minimum reduziert werden. Statt dessen sollte die betroffene Frau reichlich Obst und frisches Gemüse essen. Auf Alkohol, Tee, Kaffee, scharfe Gewürze und Schokolade sollte sie verzichten.

Der Arzt verschreibt Medikamente zur Behandlung der betroffenen Hautpartien; dazu gehört normalerweise auch eine Salbe zur lokalen Anwendung.

In bestimmten Fällen erweist sich die lokale Anwendung von Lehm oder Gerbstoff zur Linderung des Juckreizes als wirksam.

Auch Sitzbäder mit wechselnder Temperatur unterstützen die Heilung. Sie werden 2mal pro Tag 2-3 Minuten kalt und 10-15 Minuten warm durchgeführt (siehe S. 1/121).

Darüber hinaus gelten die allgemeinen Hygienemaßnahmen, die zur „Behandlung der Infektionen im inneren Genitalbereich" (S. 1/143) angeführt werden.

Die Form von Juckreiz, die bei Schwangeren und bei Jugendlichen vor der Regelblutung auftritt, muß vom Arzt gesondert behandelt werden.

6 - Frauenkrankheiten
VULVA UND SCHEIDE

Entzündung von Vulva und Scheide beim Mädchen

Eine Entzündung von Vulva und Scheide (Vulvovaginitis) tritt beim Mädchen aus zwei Gründen relativ häufig auf:

1. Die Scheide ist wegen der noch geringen Östrogenproduktion weniger widerstandsfähig als in höherem Alter. Östrogene stärken die Scheidenwände und unterstützen die Selbstreinigung der Scheide.
2. Die Scheide kann aufgrund ungenügender Hygiene im Bereich der Nachbarorgane (z. B. der Klitoris oder des Afters) mit Smegma- bzw. Kotresten verunreinigt werden.

Die Krankheit tritt meist kurz vor Beginn der Pubertät auf und macht sich durch einen nichtentzündlichen, flüssigen bis zähflüssigen Ausfluß bemerkbar. Der Ausfluß kann eventuell von einem Brennen oder von Juckreiz begleitet werden.

Anhand von Untersuchungen läßt sich feststellen, ob eine Infektion vorliegt durch:

- **gewöhnliche Erreger**: Staphylokokken, Streptokokken usw.
- **Parasiten**
- **Fremdkörper**
- **Gonokokken** (Ansteckung in der Familie)
- **Pilze**
- **Trichomonaden**

Behandlung

Die Krankheit wird lokal behandelt. Man verwendet zur Reinigung eine pH-hautneutrale Seife und nimmt ein Sitzbad mit verdünntem Antiseptikum. Der Facharzt für Kinderheilkunde verschreibt die notwendigen Medikamente.

Als natürliche Behandlung sind warme Sitzbäder (siehe S. 1/121) und Umschläge, Wickel und Kompressen im Bereich des Unterbauchs zu empfehlen.

Holunderblütentee (*Sambucus nigra*), 20 g Holunderblüten pro Liter Wasser, kann ebenfalls die Heilung beschleunigen. Die Patientin trinkt einen Monat lang täglich einen Liter Tee über den Tag verteilt.

Holunderblüten. Ein Aufguß aus den Blüten des Holunders ist ein natürliches Heilmittel, das bei Vorliegen einer Entzündung von Vulva und Scheide empfohlen wird.

6 - Frauenkrankheiten
VULVA UND SCHEIDE

Zysten und Tumoren der Scheide

Es gibt verschiedene Arten von Zysten und Tumoren, die in der Scheide auftreten können. Ein Gynäkologe sollte abklären, ob es sich um gutartige oder bösartige Veränderungen handelt.

- **Gutartige Tumoren**: Zu den gutartigen Tumoren gehören die **Papillome**, die normalerweise sehr klein sind, die **Fibrome** und die **Fibromyome**.
- **Gutartige Zysten** sind z. B. die **Gartner-Gang-Zysten**, die zuweilen in den Überresten der Wolffschen Gänge entstehen.
- Das **Diäthylstilböstrol-Syndrom**: Es handelt sich um eine Endometriose – dabei wuchert Gebärmutterschleimhaut in der Scheide – in Verbindung mit einem *Clear-cell*-Adenokarzinom.

Das Syndrom betrifft Töchter von Frauen, die in den ersten Monaten der Schwangerschaft Diäthylstilböstrol – entweder zum Schutz der Schwangerschaft oder als Antibabypille – eingenommen haben. Diäthylstilböstrol wird seit langem nicht mehr eingesetzt, so daß keine neuen Krankheitsfälle auftreten können.

- **Bösartige Tumoren**: Bösartige Tumoren der Scheide können aus sich heraus in der Scheide entstehen oder Metastasen (Tochtergeschwülste) bösartiger Tumoren eines anderen Organs sein.

Der eigentliche **Scheidenkrebs** tritt relativ selten auf. Ein **Sarkom** bei einem Mädchen oder einer jungen Frau hat keine sehr gute Prognose, weil es sehr früh über Lymph- und Blutbahnen metastasiert. Zu den Tumoren, die Metastasen in der Scheide setzen können, gehören das **Adenokarzinom** (Karzinom des drüsenbildenden Gewebes) der Gebärmutterschleimhaut und das äußerst bösartige **Chorionepitheliom** mit seiner weinroten Farbe.

Die Behandlung bösartiger Scheidentumoren ist vom Einzelfall abhängig. Sie besteht meist aus Operation, Chemotherapie und Bestrahlung.

Fisteln

Fisteln im Bereich der Harnorgane oder des Enddarms entstehen durch Gewebeschwund oder Verletzungen dieser Organe. Als Folge kann eine Verbindung zwischen Blase, Harnröhre oder Enddarm und Scheide entstehen. Bei Fisteln im Bereich der unteren Harnorgane kann es daher zum Abgang von Urin durch die Scheide, bei Fisteln im Bereich des Darms zum Abgang von Gasen oder Stuhl durch die Scheide kommen.

Fisteln entstehen vielfach durch Verletzungen, nach Operationen oder als Nachwirkung einer Bestrahlung.

Manchmal geht die Entstehung solcher Fisteln auf einen langdauernden Geburtsvorgang zurück, bei dem der Kopf des Kindes die Scheide, die Gebärmutter und die Harnorgane übermäßig lange gegen die Beckenknochen drückt. Der starke Druck führt zu einer verminderten Durchblutung des Organgewebes. Es stirbt ab und wird nach etwa acht Tagen abgestoßen. Dann erst tritt der beschriebene unwillkürliche Urin- oder Stuhlabgang auf.

Ganz kleine Fisteln heilen häufig von selbst ab. Größere Fisteln müssen operativ entfernt werden. Das ist nicht immer leicht, weil sie manchmal schlecht zugänglich sind.

Vorbeugung

Die Entstehung von Fisteln kann am besten durch eine gute Geburtshilfe, eine korrekte Anwendung chirurgischer und strahlentherapeutischer Techniken und durch Meiden anderer Verletzungsrisiken verhindert werden. Dank der Fortschritte in der Geburtshilfe kommen geburtsbedingte Fisteln heute nur noch selten vor.

6 - Frauenkrankheiten
VULVA UND SCHEIDE

Scheiden-entzündung (Vaginitis)

Scheidenentzündungen entstehen bei Mädchen, wenn aufgrund eines Östrogenmangels Krankheitserreger wirksam werden können.

Die Scheidenentzündung (Vaginitis) ist eigentlich eine Entzündung der Scheidenschleimhaut. Sie tritt bei erwachsenen, gesunden Frauen nur sehr selten auf, denn die Scheide verfügt über Schutzmechanismen, die durch Hormone aufrechterhalten werden.

Voraussetzungen für die Entstehung einer Scheidenentzündung sind ein geschädigtes Gewebe (Östrogenmangel) und ein ausreichend aggressiver Krankheitserreger.

- **Scheidenentzündung durch Östrogenmangel.** Östrogenmangel begünstigt die Verbreitung von Keimen. Am häufigsten betroffen sind daher junge Mädchen, ältere Frauen (*Kolpitis senilis*), Frauen ohne Eierstöcke oder mit gestörter Eierstockfunktion. Im Rahmen der Behandlung der Krankheit müssen der Erreger und der Östrogenmangel bekämpft werden.
- **Virusbedingte Scheidenentzündungen** können lange Zeit unbemerkt bleiben. Deshalb kann ein Neugeborenes bei der Geburt angesteckt werden. Gelegentlich macht sich die Krankheit durch Ausfluß bemerkbar. Juckreiz tritt kaum auf. Die häufigsten Viren sind *Herpes simplex hominis* Typ I und II, *Varicella zoster*, Zytomegalie-Viren und Viren der Gruppe Chlamydia. Zur Bekämpfung der Viren gibt es spezielle Präparate (Azyklovir u. a.).
- **Pilzbedingte Scheidenentzündungen.** Die Candida-Mykosen sind Pilzerkrankungen, die durch einen Pilz der Gattung *Candida* hervorgerufen werden. Es gibt 50 Varianten des Candida-Pilzes. Pilzerkrankungen sind heute weit verbreitet. Antibiotika (ganz besonders Tetrazyklin und Akromyzin), Diabetes und eine Schwangerschaft begünstigen die Ansiedlung von Pilzen in der Scheide.

Die Erkrankung macht sich durch gerötete Scheidenwände, weißliche Beläge in der Scheide, Juckreiz und Brennen bemerkbar. Sie kann mit Antimykotika (Nystatin, Amphoterizin B) behandelt werden.
Der Partner ist in die Behandlung mit einzubeziehen.

- Die **Trichomonadeninfektion** ist eine Scheidenentzündung, die durch einen geißeltragenden Einzeller verursacht wird. Bei 20 % der Frauen bereitet sie keine Beschwerden. Sie wird heute als sexuell übertragbare Krankheit eingestuft (siehe S. 2/187). Krankheitssymptome sind schaumiger Ausfluß, Brennen und starker Juckreiz.

Manchmal treten gleichzeitig einer Blennorrhö (eitrige Schleimabsonderung) und andere Geschlechtskrankheiten auf.

Eine Trichomoniasis wird diagnostiziert, indem ein Abstrich unter dem Phasenkontrastmikroskop beurteilt wird.
Die Krankheit wird mit Metronidazol behandelt.
Der Partner muß mitbehandelt werden, um einen „Ping-Pong-Effekt" zu verhindern (siehe Kasten auf S. 2/171).

- **Andere Formen der Scheidenentzündung**: Die primäre und die sekundäre Scheidenentzündung bei Vorliegen einer Syphilis (harter Schanker), der weiche Schanker, die Tuberkulose, die granulöse und die zystische Scheidenentzündung sowie die durch das Bakterium *Gardnerella vaginalis* verursachte Scheidenentzündung gehören in diese Kategorie. Sie können hier nicht näher beschrieben werden.

Behandlung

Bei einer Scheidenentzündung sollte wegen der Ansteckungsgefahr kein Geschlechtsverkehr stattfinden und verstärkt auf die Intimhygiene geachtet werden. Zur Reinigung im Intimbereich ist eine pH-hautneutrale Seife geeignet.

Es kommen alle natürlichen Behandlungsmethoden in Frage, die bei der „Behandlung der Infektionen im inneren Genitalbereich" (S. 1/143) genannt werden.

6 - Frauenkrankheiten
VULVA UND SCHEIDE

Fehlbildungen der Geschlechtsorgane

Wir wollen an dieser Stelle die wichtigsten Fehlbildungen des weiblichen Genitalapparats erläutern. Dazu gehören Fehlbildungen der Gebärmutter, der Scheide und des äußeren Genitalapparats.

- **Fehlbildungen der Gebärmutter.** Fehlbildungen in diesem Bereich treten relativ häufig auf. 2 % aller Frauen sind davon betroffen. Die Ursache sind angeborene Entwicklungsdefekte der Müllerschen Gänge. Es gibt viele verschiedene Arten von Fehlbildungen. Meist wird der Arzt auf sie aufmerksam, wenn gynäkologische oder geburtshelferische Probleme auftreten, wie z. B. Menstruationsstörungen, Schwierigkeiten beim Geschlechtsverkehr, Unfruchtbarkeit, wiederholte Fehlgeburten, eine Frühgeburt oder eine schwere Geburt. Bei Fehlbildungen dieser Art ist in der Regel ein operativer Eingriff notwendig.

- **Fehlbildungen der äußeren Geschlechtsorgane.** Die Ursache für die Entstehung von Fehlbildungen im äußeren Bereich der weiblichen Geschlechtsorgane ist die gleiche wie bei den Fehlbildungen der Gebärmutter. Es handelt sich in den meisten Fällen um defekte Ausführungsgänge des Darms oder der Harnwege, Fehlbildungen der Klitoris oder des Jungfernhäutchens und um eine Vermännlichung der weiblichen Geschlechtsorgane.

Siehe auch „Fehlbildungen der Vulva" (S. 1/146).

- **Fehlbildungen der Scheide.** Auch Fehlbildungen der Scheide sind angeboren. Entweder fehlt die Scheide ganz, oder es fehlen einzelne Scheidewände in der Scheide. Die Scheidewände sind durch eine Operation leicht zu korrigieren. Ist überhaupt keine Scheide vorhanden, ist die Operation komplizierter. Die moderne Medizin verfügt aber über Möglichkeiten, eine künstliche Scheide anzulegen.

- **Verschlossenes Jungfernhäutchen.** Wenn das Jungfernhäutchen vollständig zugewachsen ist, ist kein Geschlechtsverkehr möglich. Dieses Krankheitsbild tritt gar nicht selten auf, kann aber durch eine kleine Operation leicht behoben werden.

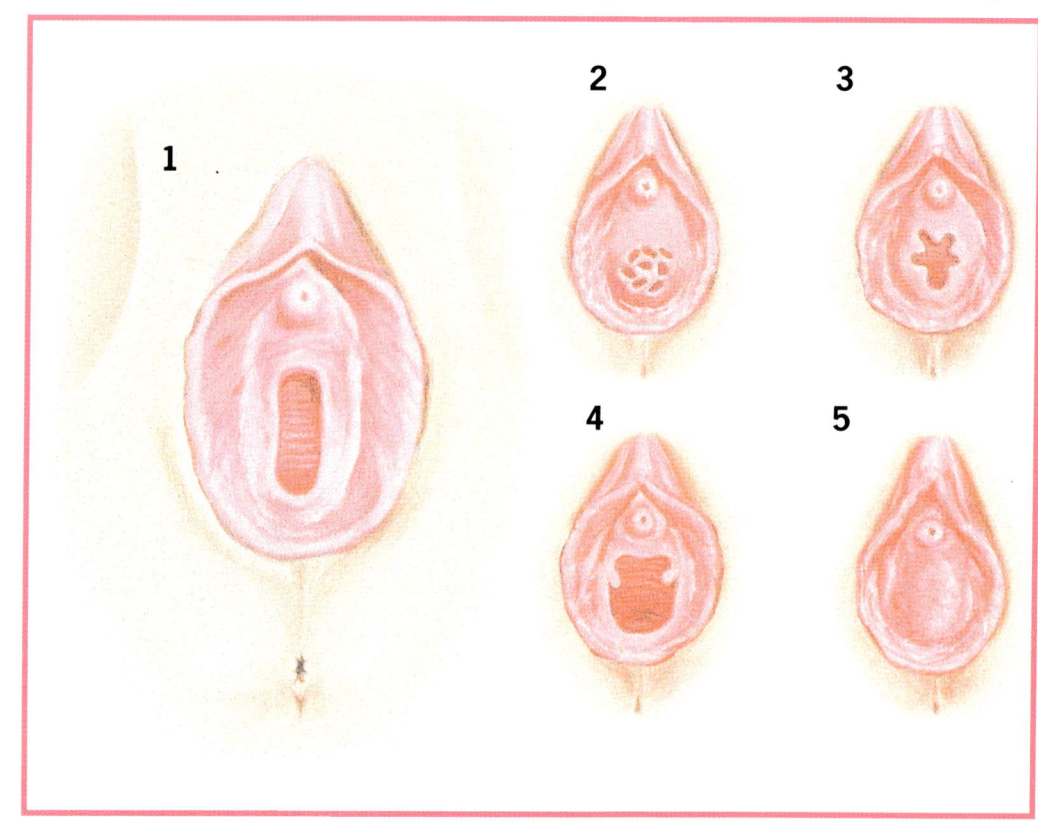

Hinweis

Bei Vorliegen einer Fehlbildung ist zunächst eine gründliche Untersuchung notwendig, denn häufig treten gleichzeitig weitere Defekte, besonders im Bereich der Harnorgane, auf. Diese müssen so früh wie möglich erkannt werden, um Komplikationen vermeiden zu können.

1. Jungfernhäutchen (Hymen)

2. Siebförmiges Jungfernhäutchen: Statt des normalen, ringförmigen Häutchens liegt hier eine siebförmig durchlöcherte Membran vor. Wenn lediglich zwei Öffnungen im Jungfernhäutchen vorhanden sind, spricht man von einem zweigeteilten Jungfernhäutchen.

3. Jungfernhäutchen nach erstem Geschlechtsverkehr

4. Jungfernhäutchen nach mehreren Entbindungen

5. Verschlossenes Jungfernhäutchen: Es handelt sich um eine genitale Fehlbildung, bei der die natürliche Öffnung des Jungfernhäutchens fehlt. Hier ist ein operativer Eingriff erforderlich.

6 - Frauenkrankheiten
GEBÄRMUTTER

Gebärmutterhalsentzündung (Zervizitis)

Die Zervizitis ist eigentlich eine Entzündung der Schleimhaut des Gebärmutterhalses. Es gibt eine akute und eine chronische Gebärmutterhalsentzündung.

Folgende Erreger sind bekannt:
- **Gonokokken** bei sexueller Übertragung (siehe S. 2/176ff.)
- **Streptokokken** nach Entbindung oder Schwangerschaftsabbruch
- **Enterokokken** bei ungenügender Hygiene im Bereich des Afters
- **Mykoplasmen** bei rezidivierenden Entzündungen
- **Herpesviren** und Viren, die Kondylome hervorrufen (s. S. 2/191f.)

Die Erreger verbreiten sich im Gebärmutterhals bei einem schlechten Allgemeinzustand der Person, bei ungenügender Hygiene im Genitalbereich, durch Sexualkontakte oder unerkannte Geburtsverletzungen.

Symptome und Diagnose

Das wichtigste Symptom einer Gebärmutterhalsentzündung ist zäher oder eitriger Ausfluß. Daneben können Unterleibsschmerzen, Rückenschmerzen, Schmerzen während der Menstruation und beim Geschlechtsverkehr auftreten. In manchen Fällen schmerzt auch die Blase, und es besteht Juckreiz. Das Allgemeinbefinden kann sich verschlechtern.

Für die Diagnosestellung müssen die Sekrete der Harnröhre, der Bartholinschen und der Skeneschen Drüsen, der Ausfluß und der Zervixschleim untersucht werden. Es sollte Blut analysiert werden, um Syphilis oder Chlamydien auszuschließen.

Neben einer Untersuchung der Scheidenschleimhaut und der Gebärmutterhöhle sollten zum Ausschluß von Tumoren auch Abstriche der Scheide und des Muttermundes untersucht werden (siehe S. 1/123).

Behandlung

Eine Gebärmutterhalsentzündung sollte, falls es sich um eine bakterielle Infektion handelt, mit einem entsprechenden Antibiotikum allgemein und lokal behandelt werden.

Die Behandlung der Krankheit ist wichtig, weil Komplikationen und Dysplasien auftreten können (siehe unten).

Kalte hydrotherapeutische Anwendungen verbessern die Durchblutung und können, wenn sie gut vertragen werden, die Behandlung einer Gebärmutterhalsentzündung unterstützen. Normalerweise führt man sie in Form von Sitzbädern durch (siehe S. 1/121).

Dysplasien am Gebärmutterhals

Dysplasien, d. h. Veränderungen an Organen aufgrund einer gestörten formalen Gewebsentwicklung, treten meist am Muttermund (Portio), dem Teil des Gebärmutterhalses, der in die Scheide hineinragt, auf. Sie werden von der Frau häufig gar nicht bemerkt, es sei denn, sie entzünden sich.

Das Auftreten von zähflüssigem Ausfluß oder von Schmierblutungen nach Geschlechtsverkehr oder nach einer gynäkologischen Untersuchung kann ein Hinweis auf eine Dysplasie sein.

Bei Betrachtung des Muttermundes sieht man einen weißen, leuchtenden Fleck (Leukoplakie) (siehe S. 1/146). In anderen Fällen ist der äußere Rand des Muttermundes gerötet. Weitere Untersuchungen, wie z. B. die Schillersche Jodprobe und eine Entnahme einer Gewebeprobe (Biopsie), das sicherste Mittel zur Abklärung auffälliger Veränderungen, helfen dem Arzt, die Diagnose zu stellen und eine bösartige Gewebeveränderung zu bestätigen oder auszuschließen.

Krebsvorbeugung

Die richtige Behandlung von Entzündungen (siehe oben) und Dysplasien des Gebärmutterhalses ist die beste vorbeugende Maßnahme gegen die Entstehung von Gebärmutterhalskrebs. Deshalb ist es wichtig, hier besonders aufmerksam zu sein.

Behandlung

Bei leichten Veränderungen genügt es, das Gewebe durch Kryotherapie (Vereisung) oder durch Diathermie (Hochfrequenzströme) abzutragen.

Nach einer Elektroresektion (elektrochirurgische Entfernung von Gewebe) ist es möglich, das betroffene Gewebe mikroskopisch zu untersuchen.

Es können auch Laserstrahlen eingesetzt werden. Sie lassen das Gewebe verdampfen. Der behandelte Bereich heilt bei dieser Methode gut ab, so daß fast keine Narben bleiben.

6 - Frauenkrankheiten
GEBÄRMUTTER

Myome der Gebärmutter

Das Gebärmuttermyom wird auch als Fibrom oder Fibromyom bezeichnet. Es handelt sich um eine vorwiegend aus glatten Muskelfasern bestehende gutartige Geschwulst. Etwa 8 % der Frauen, die bei einem Frauenarzt in ärztlicher Behandlung sind, haben ein Myom. Bei Autopsien findet man bei jeder vierten Frau ein Myom. Häufig sind diese gutartigen Geschwülste nicht größer als eine Haselnuß.

Nach ihrer Lage in der Gebärmutter unterscheidet man:

- **submuköse Myome**, die nach innen in die Gebärmutterhöhle wachsen und Dauerblutungen auslösen können,
- **intramurale Myome**, die innerhalb der Muskelwand der Gebärmutter wachsen und starke Menstruationsblutungen bewirken, und
- **subseröse Myome**, die in den Unterleib hinein wachsen und keine Blutungen verursachen.

Das Myom tritt am häufigsten nach dem 30. Lebensjahr auf. Nach dem Klimakterium bildet es sich meist langsam zurück. Schwarze Frauen leiden häufiger als Frauen anderer Rassen an dieser Erkrankung. Bei der Erkrankung spielt ein erblicher Faktor eine Rolle, der mit der endokrinen Drüsentätigkeit, insbesondere einer erhöhten Östrogenproduktion, in Zusammenhang steht.

Die Größe eines Myoms schwankt zwischen der eines Hirsekorns und eines Kindskopfes. Nur in Einzelfällen wird ein Myom noch größer. Oft entwickeln sich mehrere Myome gleichzeitig an verschiedenen Stellen der Gebärmutter.

Symptome und Entwicklung

Die Beschwerden, die Myome verursachen, hängen von der Art und der Lage der Geschwulste ab. Die wichtigsten Anzeichen für das Vorliegen eines Myoms sind Blutungen, ein ausgeprägtes Schweregefühl im Unterbauch, Schwierigkeiten beim Wasserlassen und manchmal ein vergrößerter Bauchumfang.

Myome können das ganze Leben lang unentdeckt bleiben. Sie können jedoch auch Komplikationen wie Blutungen (submuköse Myome), Quetschungen, Stieldrehungen oder Infektionen (submuköse oder polypenartige Myome) verursachen.

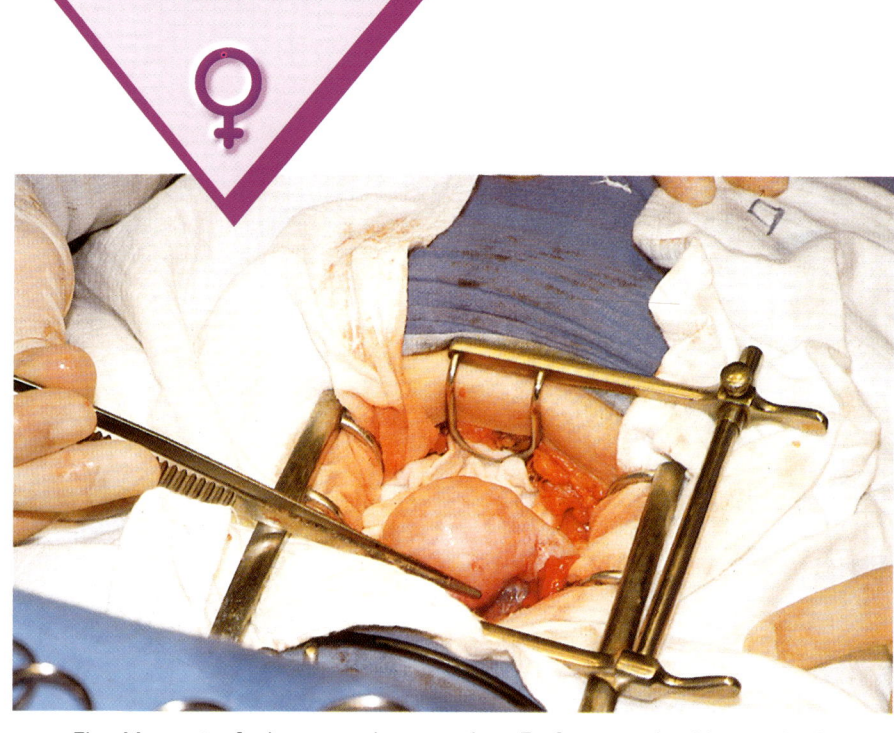

Eine Momentaufnahme von der operativen Entfernung eine Myoms durch die Bauchdecke hindurch. Das Myom ist ein gutartiger Tumor, der häufig auftritt. Die Entstehungsursachen sind unbekannt, obwohl man weiß, daß Östrogene das Wachstum von Myomen beeinflussen.

Es kommt relativ selten vor, daß sich ein Myom spontan zurückbildet oder daß sich daraus Krebs entwickelt.

Komplikationen durch Myome im Rahmen einer Schwangerschaft hängen von der Größe und Lage der Myome ab. Die Komplikationen, die in dieser Situation am häufigsten beobachtet werden, sind Fehlgeburten oder schwere Geburten.

Behandlung

Die Behandlung richtet sich nach der Beurteilung durch den Gynäkologen. Myome können operativ entfernt werden.

Bei hormonell bedingten Myomen kann eine Behandlung mit Hormonen, die die Produktion der Keimdrüsen oder der Hirnanhangdrüse eindämmen, das Wachstum des Myoms aufhalten.

Natürliche Behandlung

Wegen ihrer allgemein stärkenden Wirkung sind hydrotherapeutische Anwendungen hilfreich. Dazu gehören z. B. kalte Sitzbäder, Bäder mit Wasserstrahlmassage und Sauna.

Es wird eine vegetarische Kost mit reinen Rohkosttagen (z. B. einmal pro Woche ein Rohkosttag) empfohlen. Das entschlackt und reinigt den Körper.

6 - Frauenkrankheiten
GEBÄRMUTTER

Gebärmuttersenkung und -vorfall

Dieses Krankheitsbild konnte man früher recht häufig beobachten. Dank einer wesentlich besseren Geburtshilfe ist es heute jedoch viel seltener geworden. Wenn man von einer Gebärmuttersenkung oder – in der extremen Ausprägung – von einem Gebärmuttervorfall spricht, muß man daran denken, daß sich dabei auch alle in der näheren Umgebung liegenden Organe, wie Blase, Darm, Scheide, Eileiter und Eierstöcke, senken.

Die Gebärmutter wird durch die Bänder des kleinen Beckens nur unzureichend in ihrer normalen Lage gehalten. Richtigen Halt geben ihr die Muskeln des Beckenbodens. Erst wenn dieser Halt nachläßt, werden die Bänder, die eigentlich eine Art Reservezügel sind, beansprucht.

Ursachen

Es gibt zwei Mechanismen, die eine Senkung bzw. einen Vorfall der Gebärmutter verursachen:

Bei jüngeren Frauen kann die Erkrankung auf nicht rechtzeitig versorgte Risse im Beckenboden zurückgehen, die bei einer Geburt entstanden sind. Der Halt der Organe durch den Beckenboden fehlt. Sie können frei aus dem Becken heraustreten.

Auch wenn keine Risse im Beckenboden vorhanden sind oder wenn vorhandene Risse genäht wurden, kann es zu einer mehr oder weniger deutlichen Senkung der Geschlechtsorgane kommen. Das ist der Fall, wenn die Muskeln bei einer Geburt überdehnt wurden oder wenn sie sich durch rasch aufeinander folgende Geburten nicht genügend erholen konnten. Aus diesem Grund wird in der Geburtshilfe der Dammschnitt ausgeführt, denn er verkürzt die Austreibungsphase des Kindes und ver-

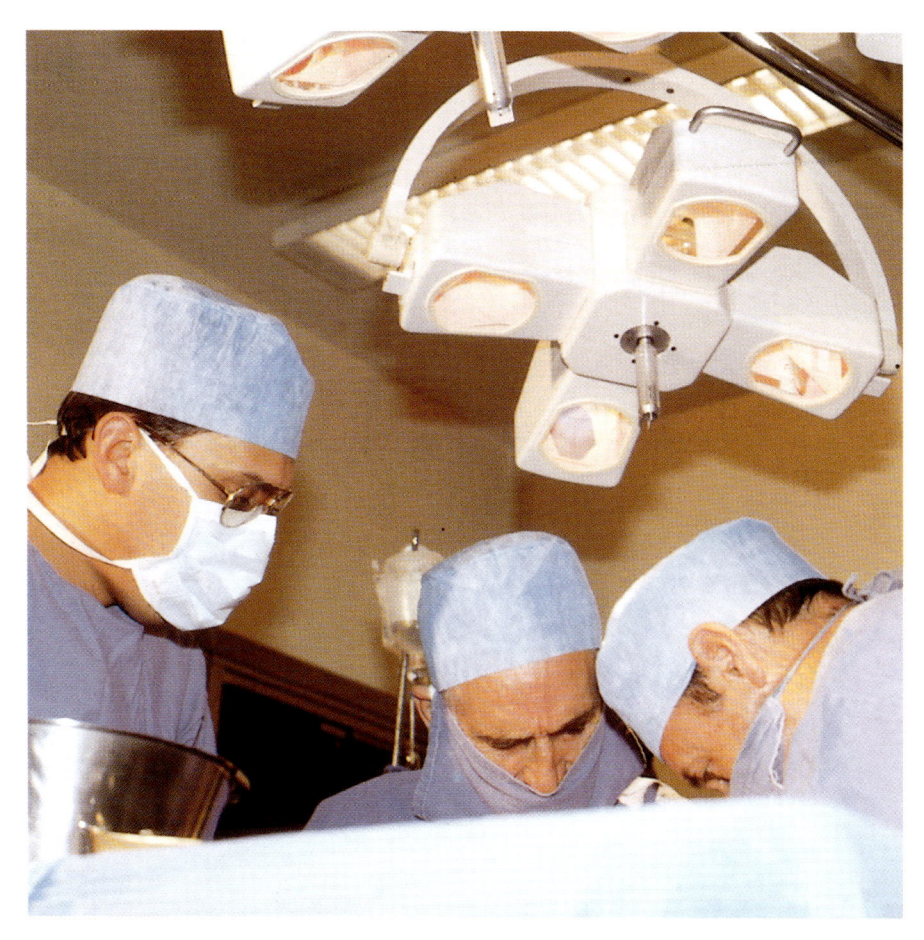

In der Mitte des Bildes ist Dr. Isidro Aguilar, Autor der Reihe MENSCH UND FAMILIE, bei einem operativen Eingriff zu sehen.

hindert, daß die Muskeln überdehnt werden oder an einer ungünstigen Stelle reißen.

Eine Gebärmuttersenkung kann auch erst im Alter auftreten, und zwar sowohl bei Frauen, die Kinder zur Welt gebracht haben, als auch bei kinderlosen Frauen.

Zwar sind es meist Geburten, die das Krankheitsbild verursacht haben, jedoch treten im Alter andere Faktoren hinzu. Nach dem Klimakterium verkleinern sich die Geschlechtsorga-

ne. Sie rutschen dadurch leichter nach unten. Außerdem bilden sich die Bänder und die Muskulatur zurück. Sie verfügen nicht mehr über ausreichende Kraft, die Organe in ihrer normalen Lage zu halten. Eine Abnahme des Körpergewichts begünstigt die Entstehung dieses Krankheitsbildes zusätzlich.

Wenn sich zusammen mit der Gebärmutter auch die vordere Scheidenwand senkt und die Blase mit nach unten zieht, spricht man von

1 / 155

einer Blasensenkung (Zystozele). Wird die hintere Scheidenwand zusammen mit dem Mastdarm herabgezogen, handelt es sich um eine Mastdarmsenkung (Rektozele).

Wenn beide Scheidenwände herabgezogen werden, dann liegt eine Gebärmuttersenkung mit Blasen- und Mastdarmsenkung vor. Manchmal können Gebärmuttersenkung, Blasen- und Mastdarmsenkung auch unabhängig voneinander auftreten. Der Darmbruch (Enterozele) ist ein Bruch des Douglasraums zwischen Mastdarm und Blase bzw. Gebärmutter, der sich mit der hinteren Scheidenwand senkt.

Symptome und Diagnose

Die allgemeinen Symptome der Erkrankung ergeben sich durch die Senkung der Blase und des Mastdarms und das Heraustreten der betroffenen Organe vor die Scheide.

Behinderungen beim Wasserlassen und bei der Darmentleerung und als Folge Entzündungen der Blase und Stuhlverstopfung treten häufig auf.

Damit rasch eine sichere Diagnose gestellt, eine Prognose der Krankheit formuliert und geeignete Behandlungsmaßnahmen eingeleitet werden können, sollten die folgenden Untersuchungen durchgeführt werden: eine Röntgenkontrastdarstellung der ableitenden Harnwege nach intravenöser Gabe eines Kontrastmittels (intravenöse Urographie), eine Röntgenkontrastdarstellung der Blase nach Einbringen eines Kontrastmittels mit einem Katheter (Zystographie), urodynamische Untersuchungen und Krebsvorsorgeabstriche (siehe S. 1/123).

Behandlung

Die Therapie dieser Krankheit ist oft sehr erfolgreich.

Konservative Maßnahmen, wie z. B. das Anlegen eines Stützrings in der Scheide, sollten nur dann angewendet werden, wenn es echte Gegenanzeigen für eine Operation gibt.

Die Operation ist je nach Alter der Patientin und je nach Situation unterschiedlich. Der operierende Gynäkologe wird bei der Wahl des Eingriffs immer das Alter der Patientin, den allgemeinen Gesundheitszustand und ihr Sexualleben berücksichtigen.

Eine operative Korrektur bringt oft gute Ergebnisse, weshalb zu empfehlen ist, sie so früh wie möglich durchführen zu lassen.

Polypen der Gebärmutter

Man unterscheidet bei den Polypen der Gebärmutter zwischen Polypen des Gebärmutterkörpers und Polypen des Gebärmutterhalses.

- **Polypen des Gebärmutterkörpers** sind meistens gutartig und haben eine zähflüssige oder bindegewebige Struktur. Sie entstehen vorwiegend in der Gebärmutterschleimhaut, und zwar bei erhöhtem Östrogenspiegel. Sie verursachen starke Blutungen während der Menstruation oder auch zwischen den Regelblutungen. Nur ganz selten schmerzen sie.

Mit Hilfe einer endoskopischen Untersuchung der Gebärmutterhöhle (Hysteroskopie) und einer Ultraschalluntersuchung kann die Diagnose bestätigt werden.

- **Polypen des Gebärmutterhalses** sind rötliche Gewebeteile der Größe einer Erbse, Bohne oder größer, die meist im Inneren des Gebärmutterhalses entstehen und manchmal aus dem Muttermund herausragen.

Diese Polypen bluten häufig nach körperlicher Anstrengung oder nach Geschlechtsverkehr. Sie sind drüsig aufgebaut und in den meisten Fällen gutartig. Normalerweise sind sie durch einen Gewebestrang mit ihrer Basis verbunden.

Behandlung

Polypen in der Gebärmutter müssen operativ entfernt werden, sei es durch eine Ausschabung oder, bei sehr großen Polypen, durch eine operative Eröffnung der Gebärmutter. Der herausgenommene Polyp muß mikroskopisch untersucht werden, damit festgestellt werden kann, ob er tatsächlich gutartig ist.

Die Behandlung von Polypen, die sich am Gebärmutterhals befinden, ist einfach. Sie lassen sich leicht ablösen. Nach der operativen Entfernung sollte an der Stelle, an der sie gesessen haben, eine Elektrokoagulation (Zerstörung von Gewebe durch Hochfrequenzströme) durchgeführt werden, damit das gesamte erkrankte Gewebe vernichtet wird. Die Behandlung mit Naturheilmitteln entspricht der der „Myome der Gebärmutter" (siehe S. 1/154).

6 - Frauenkrankheiten
GEBÄRMUTTER

Rückwärtsneigung der Gebärmutter (Retroflexio uteri)

Normalerweise neigt sich die Gebärmutter im Körper in einem stumpfen Winkel nach vorne. Gleichzeitig bildet sie einen zweiten, nach vorne offenen Winkel, und zwar zwischen Gebärmutterhals und Gebärmutterkörper. Bei jeder fünften Frau läßt sich jedoch feststellen, daß die Gebärmutter nach hinten abgeknickt ist.

Man spricht von *Retroversio*, wenn der Muttermund nach oben und vorne gerichtet ist, und von *Retroflexio*, wenn die Gebärmutter nach hinten abgeknickt ist.

Die Lageveränderungen der Gebärmutter können angeboren sein, nach einer Geburt oder infolge von krankhaften Veränderungen, wie Myomen (gutartigen Geschwülsten des Muskelgewebes), einer Endometriose (einer verschleppten Gebärmutterschleimhaut außerhalb der Gebärmutter) oder Infektionen, entstehen.

Häufig merkt die Frau nicht, daß sich ihre Gebärmutter in einer Fehllage befindet. Die Abknickung nach hinten kann – besonders im Stehen – Beschwerden im Unterbauch oder im Rücken bereiten. Die Fehllage kann auch starke, schmerzhafte Blutungen und Beschwerden beim Geschlechtsverkehr verursachen. Wenn sich die Gebärmutter bis zum dritten Schwangerschaftsmonat nicht aufgerichtet hat, kann es zu Schwierigkeiten bei der Blasenentleerung oder zu einer Fehlgeburt kommen, oder die Gebärmutter kann im kleinen Becken eingeklemmt werden.

Behandlung

Wenn keine Beschwerden vorliegen, braucht die Fehllage nicht korrigiert zu werden. Bei geringen Beschwerden können Medikamente eingesetzt werden, bei starken Beschwerden ist eine Operation zu empfehlen.

Verklebung der Gebärmutter (Synechie)

Eine Synechie der Gebärmutter ist eine Verklebung der Innenwände des Gebärmutterkörpers oder -halses.

Die Ursache kann eine Infektion (Tuberkulose) oder Verletzung, insbesondere durch eine nicht kunstgerechte Ausschabung der Gebärmutter (Asherman-Fritsch-Syndrom) sein.

Es besteht Verdacht auf eine Verwachsung der Gebärmutter, wenn bei einer Frau die Blutungsstärke nachläßt, Regelblutungen ausbleiben, ein Schwangerschaftsabbruch erfolgt ist oder Unfruchtbarkeit vorliegt und gleichzeitig die oben beschriebene Vorgeschichte zutrifft.

Zur Bestätigung der Diagnose wird eine endoskopische Untersuchung der Gebärmutterhöhle (Hyteroskopie) und eine röntgenologische Untersuchung der Gebärmutter (Hysterographie) durchgeführt. Die Krankheit wird operativ behandelt, d. h. die Verklebungen werden getrennt.

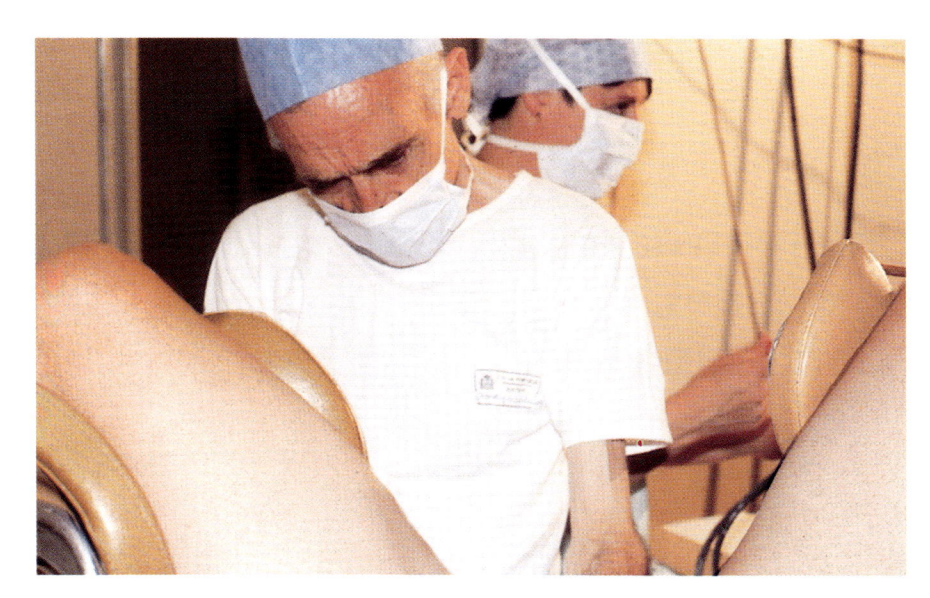

Nach einem Schwangerschaftsabbruch entstehen relativ häufig Verklebungen der Gebärmutterinnenwände.

6 - Frauenkrankheiten
GEBÄRMUTTER

Endometriose

Bei der Endometriose findet sich versprengte Gebärmutterschleimhaut auf verschiedenen Organen im Unterbauch, wie den Geschlechtsorganen oder der Blase, aber auch auf dem Darm oder dem Bauchfell. Die Inseln aus Gebärmutterschleimhaut stellen sozusagen Mini-Gebärmütter dar. Sie reagieren auf die hormonellen Schwankungen des weiblichen Zyklus und folgen ihm bis hin zur monatlichen Ablösung.

Dadurch kommt es zu erheblichen Menstruationsbeschwerden (Dysmenorrhö) mit steigender Intensität, eventuell auch zu Dauerschmerzen und Schmerzen beim Geschlechtsverkehr. Nach der Menopause gehen die Beschwerden zurück. Die häufigsten Komplikationen der Endometriose sind Eileiterschwangerschaften und Unfruchtbarkeit.

Es gibt verschiedene Vermutungen über die Entstehung von Endometrioseherden. Man ist sich jedoch nicht ganz sicher, wie es zu diesem Krankheitsbild kommt.

Behandlung

Die Behandlung durch den Facharzt sieht eine Hormontherapie, einen operativen Eingriff oder eine Kombination aus beiden vor.

Als begleitende natürliche Behandlung der Endometriose werden, wenn der Körper es gut verträgt, abwechselnd kalte und warme Sitzbäder empfohlen (siehe S. 1/121).

Unterentwicklung des Genitalapparats

Eine Unterentwicklung der Geschlechtsorgane macht sich bei der Frau durch eine zu kleine Gebärmutter bemerkbar. Das Verhältnis von Gebärmutterkörper zu Gebärmutterhals ist dabei im Vergleich zu einer normalen Gebärmutter genau umgekehrt. Die Gebärmutter ist möglicherweise nach links und stark nach vorn abgeknickt. Dieser ausgeprägte Knick verursacht u. a. Menstruationsschmerzen.

Zu den allgemeinen Symptomen der Krankheit gehört ein kindlicher Körperbau. Besondere Merkmale sind Kleinwuchs, zierliche Glieder, geringe Fettdepots, weiche, blasse Haut, wenig ausgeprägter Haarwuchs, seidene Haare und kleine Hände. Häufig liegt auch eine schlechte Durchblutung des Körpers vor, die sich durch kalte Hände und Füße und die Entstehung von Frostbeulen bemerkbar macht.

Behandlung

Eine gesunde, ausgewogene Ernährung ist eine wichtige Maßnahme zur Vorbeugung der Krankheit. Darüber hinaus sollte regelmäßig eine geeignete Sportart betrieben werden.

Genügend Ruhe und Freizeit sind wichtig.

Medikamente, die die normale Entwicklung der Geschlechtsorgane unterstützen, können nur von einem Facharzt verschrieben werden.

6 - Frauenkrankheiten
GEBÄRMUTTER

Gebärmutterhals- und Gebärmutterkrebs

Man unterscheidet zwischen Krebs des Gebärmutterkörpers und des Gebärmutterhalses. Da sich beide Krebsarten in ihren Eigenschaften unterscheiden, werden sie getrennt behandelt.

Gebärmutterhalskrebs

In der westlichen Welt erkranken ca. 3 % aller Frauen an Gebärmutterhalskrebs. Die Krankheit tritt am häufigsten bei Frauen zwischen 45 und 55 Jahren auf, die Kinder geboren haben.

Eine Untersuchung an 12.000 kanadischen Ordensschwestern ergab keinen einzigen Fall der Erkrankung. Jüdische Frauen sind achtmal seltener davon betroffen als andere Frauen. Dies wird von Fachleuten auf die rituelle Beschneidung (Zirkumzision) der jüdischen Männer zurückgeführt. Auch moslemische Frauen, deren Männer ebenfalls beschnitten sind, erkranken viel seltener als andere Frauen an Gebärmutterhalskrebs.

Ursachen und Entwicklung

Folgende Faktoren begünstigen die Entstehung des Gebärmutterhalskarzinoms: Gewebeveränderungen und Verletzungen am Gebärmutterhals, hohe Zahl von Schwangerschaften, häufige Entzündungen in der Scheide und am Gebärmutterhals, frühe Aufnahme sexueller Beziehungen und viele Sexualpartner. Der letzte Faktor spielt bei Prostituierten zusammen mit der Herpesinfektion, die als sexuell übertragbare Krankheit gilt (siehe S. 2/191) eine gewisse Rolle.

Obwohl diese Krebsform in der letzten Zeit zunehmend bei jüngeren Frauen beobachtet wird, ist aufgrund besserer Hygiene und verstärkter Bemühungen um Früherkennung insgesamt eine abnehmende Tendenz zu beobachten. Dagegen steigt die Häufigkeit von Gebärmutterkörperkrebs und Brustkrebs.

Die Ausbreitung des Gebärmutterhalskrebses ist meist lokal begrenzt. Fernmetastasen treten erst spät auf, so

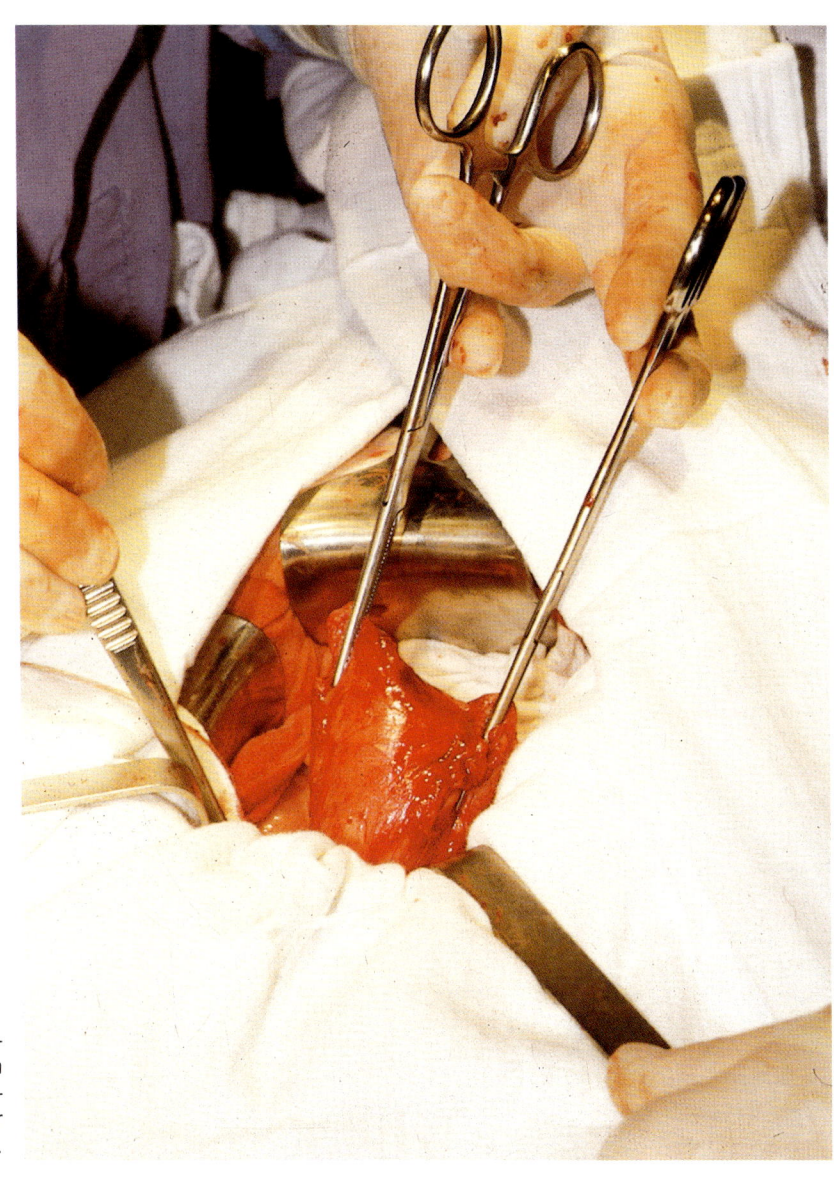

Abdominale totale Hysterektomie. Die Operation besteht in der totalen Entfernung der Gebärmutter und des Gebärmutterhalses.

Behandlung

Gebärmutterhalskrebs

Der Gebärmutterhalskrebs kann im Frühstadium mit Hilfe folgender medizinischen Untersuchungsmethoden erkannt werden: Zelluntersuchung eines Abstriches vom Muttermund, Untersuchung der Scheide mit einem Vergrößerungsglas (Kolposkopie), endoskopische Untersuchung der Gebärmutterhöhle (Hysteroskopie) sowie Entnahme und Untersuchung einer Gewebeprobe (Biopsie, siehe S. 1/122).

Zur Behandlung dieser Krebsform genügt oft die Durchführung einer kleine lokalen Operation am Gebärmutterhals. Dabei wird ein kegelförmiger Gewebeteil, der die Zellveränderungen erfaßt, aus dem Muttermund entfernt (Konisation).

Bei Frauen, die keinen Kinderwunsch mehr haben, und bei Frauen über 40 Jahre wird möglicherweise ein größerer Gewebebereich oder die gesamte Gebärmutter operativ entfernt.

Wenn der Krebs weiter fortgeschritten ist oder bereits Nachbargewebe befallen hat, macht er sich durch leichte, kaum wahrnehmbare Blutungen bemerkbar, die bei Anstrengung oder Kontakt (Stuhlgang, Geschlechtsverkehr) ausgelöst werden. Ausfluß, der mit Blutbeimengungen eine typische Fleischwasserfarbe hat, ist ebenfalls ein Spätsymptom. In einem sehr weit fortgeschrittenen Stadium riecht der Ausfluß stark. Schmerzen treten nur im Endstadium der Krankheit auf.

Bei frühzeitiger Erkennung kann die Krankheit äußerst erfolgreich behandelt werden. Wenn die Krankheit bereits fortgeschritten ist, sind die Heilungschancen wesentlich schlechter.

Gebärmutterkörperkrebs

Die Behandlung des Gebärmutterkörperkrebses richtet sich nach der Größe des Tumors und dem Allgemeinzustand der Patientin. Normalerweise besteht sie aus einer Kombination aus einer mehr oder weniger radikalen Operation, dem Einsatz von Gestagenen, Chemotherapie und Bestrahlungen.

---

daß die Erkrankung bei frühzeitiger Erkennung vielfach völlig geheilt werden kann.

Im Anfangsstadium bereitet das Gebärmutterhalskarzinom meist überhaupt keine Beschwerden. Deshalb ist es wichtig, daß jede Frau regelmäßig die Vorsorgeuntersuchungen wahrnimmt.

Gebärmutterkörperkrebs

Gebärmutterkörperkrebs entsteht in der Gebärmutterschleimhaut. Er entwickelt sich in einem höheren Alter als der Gebärmutterhalskrebs. Häufig sind Frauen betroffen, die unregelmäßige Regelblutungen hatten.

Weitere Risikofaktoren sind: Unfruchtbarkeit, Zuckerkrankheit (Diabetes), Bluthochdruck und Fettsucht.

Symptome und Diagnose

Die auffälligsten Symptome dieser Krebsart sind Blutungen und eitriger, übelriechender Ausfluß.

Folgende diagnostische Verfahren kommen in Frage: Abstriche von Gebärmutterhals und -schleimhaut, eine endoskopische Untersuchung der Gebärmutterhöhle (Hysteroskopie) und die Ausschabung zur mikroskopischen Beurteilung der gesamten Gebärmutterschleimhaut (siehe S. 1/122).

Früherkennung von Gebärmutterhalskrebs

Obwohl eine frühe Diagnose gute Heilungsaussichten garantiert, gehen immer noch zu viele Todesopfer auf das Konto dieser Krankheit. Deshalb sollte sich jede Frau in regelmäßigen Abständen gynäkologisch untersuchen lassen. Immerhin ist die Erkrankung in ihrem Anfangsstadium in über 80 % der Fälle, und im zweiten Stadium noch in fast 50 % der Fälle heilbar.

Sexuell aktive Frauen sollten bis zu ihrem 60. Lebensjahr jährlich eine Vorsorgeuntersuchung durchführen lassen, bei der ein zytologischer Abstrich gemacht wird.

Bei unauffälligen Untersuchungsergebnissen reicht eine Untersuchung pro Jahr. Frauen mit auffälligen Befunden sollten in kürzeren Abständen zur Kontrolle kommen.

Oftmals verursacht bereits eine einfache Entzündung am Muttermund schon einen auffälligen zytologischen Abstrich. Nach Behandlung der Entzündung erhält man in solchen Fällen wieder normale Werte.

Risikofaktoren sind: Aufnahme regelmäßigen Geschlechtsverkehrs vor dem 17. Lebensjahr, fünf oder mehr Kinder, erstes Kind vor dem 20. Lebensjahr, häufiger Partnerwechsel, wiederholte Infektionen im Genitalbereich und niedrige soziale Stellung.

Frauen, die keine Gebärmutter mehr haben, sollten trotzdem weiterhin jährlich eine Früherkennungsuntersuchung vornehmen lassen, denn bei diesen Untersuchungen werden auch Vulva, Scheide, Eierstöcke, Eileiter, Darm und Brüste untersucht.

6 - Frauenkrankheiten
EIERSTÖCKE

Zysten und Tumoren der Eierstöcke

Die Eierstöcke sind Organe, in denen sich relativ häufig Zysten bilden. Die Erkrankung zeigt unterschiedliche Symptome und Erscheinungsformen.

Aufgrund ihrer Anatomie und ihrer Funktionen sind die Eierstöcke sehr komplizierte Organe. Zahlreiche unterschiedliche Zysten und Tumoren können in ihnen entstehen. Möglicherweise sind die Eierstöcke die Organe der Frau, die die größte Vielfalt an Krankheitsbildern des gesamten Körpers aufweisen.

Eierstockzysten sind meist gutartig, aber weil sie entarten können, sollten sie in jedem Fall behandelt werden.

Eierstockzysten werden nach ihrem Inhalt definiert. Sie können funktionell (Follikelzysten oder Gelbkörperzysten) oder organisch sein.

Follikelzysten

Die normale Funktion der Eierstöcke bewirkt, daß sich jeden Monat in der Zyklusmitte zwei Zysten in den Eierstöcken bilden, in der ersten Zyklushälfte eine Follikelzyste, die am 14. Tag platzt, und in der zweiten Zyklushälfte eine Gelbkörperzyste, die sich nach wenigen Tagen zurückbildet.

Diese ganz normalen Zysten können sich aber übermäßig vergrößern. Es stellen sich Symptome ein, die auf eine erhöhte Hormonmenge oder auf eine verlängerte Wirkzeit der Hormone als Folge der Funktionsveränderung zurückzuführen sind.

Es kann auch vorkommen, daß mehrere Follikel gleichzeitig heranreifen, keiner von ihnen jedoch vollständig ausreift (polyzystisches Ovar) oder mehr als 1 cm groß wird (2 cm sind normal). Dadurch vergrößert sich der Eierstock insgesamt.

Gelbkörperzysten

Gelbkörperzysten entstehen, wenn der Gelbkörper, der in der zweiten Zyklushälfte mit Hormonen angefüllt ist, bestehen bleibt und größer wird. Er kann die Größe eines Hühnereis oder sogar eines Apfels annehmen.

Während Follikelzysten abnorm häufige und starke Regelblutungen verursachen, bewirken Gelbkörperzysten, daß die Regelblutungen nur noch selten oder gar nicht mehr einsetzen, so daß eine Schwangerschaft vermutet werden könnte.

Zystische Ovarialtumoren

Zystische Ovarialtumoren können untergliedert werden in:
- seröse Tumoren
- muzinöse Tumoren
- endometrioide Tumoren
- klarzellige Tumoren
- Dermoidzysten

Im Gegensatz zu den funktionellen Zysten werden die zystischen Tumoren nicht durch den weiblichen Hormonzyklus hervorgerufen. Häufig werden Zysten durch Zufall bei einer ärztlichen Untersuchung entdeckt. Manchmal sind ein Schweregefühl oder Ziehen im Unterbauch, Regel-

Diese Eierstockzyste war gutartig und wog, auch wenn es unglaublich scheint, nicht weniger als 60 Kilogramm.

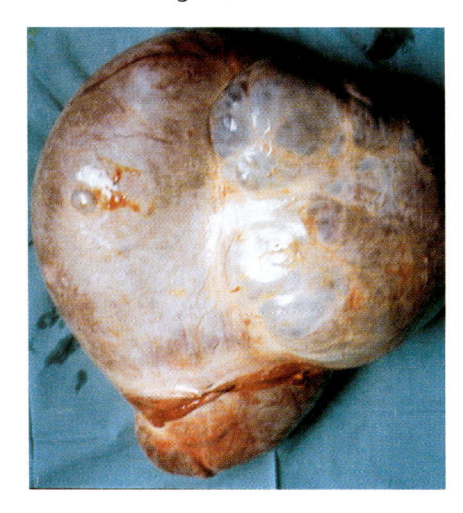

blutungsstörungen, Sterilität, Schwierigkeiten bei der Blasenentleerung oder andere Beschwerden Symptome der Krankheit.

Abgesehen vom Tasten kann der Arzt auch technische Hilfsmittel, wie Ultraschall, eine röntgenologische Untersuchung der Gebärmutter (Hysterographie) und die Betrachtung der inneren Geschlechtsorgane mit einem Kaltlicht-Endoskop (Laparoskopie), zur Diagnosefindung einsetzen (siehe S. 1/122).

„Teer"- oder „Schokoladenzysten" enthalten Blutabbauprodukte, die an Teer oder Schokolade erinnern. Sie treten bei Endometriose auf.

Komplikationen

Zu den Komplikationen, die Zysten und zystische Ovarialtumoren hervorrufen können, gehören die Stieldrehung und die Entartung zu einem bösartigen Tumor. Weniger häufig treten Zerreißungen, Infektionen, Einblutung einer Zyste und Druck auf Nachbarorgane auf. In der Schwangerschaft und bei der Geburt können Zysten ernsthafte Beschwerden verursachen. Deshalb sollten sie behandelt werden.

Behandlung

Die Zystenarten werden je nach Beurteilung durch den Facharzt hormonell oder operativ behandelt.

Zystische Ovarialtumoren müssen operativ entfernt werden, weil sie zu etwa einem Drittel zu Krebs entarten.

Die unterstützende natürliche Heilbehandlung ist die gleiche wie die bei „Zysten und Tumoren der Brust" (siehe S. 1/165).

6 - Frauenkrankheiten
HARNBLASE

Harninkontinenz

Harninkontinenz, d. h. der unfreiwillige Harnabgang aus der Blase, ist eine relativ häufig auftretende Erkrankung. Für die Frau ist sie mit beträchtlichen Unannehmlichkeiten verbunden.

Der Verschluß der Blase wird durch zwei Schließmuskeln kontrolliert. Der eine besteht aus glatten Muskelfasern aus der mittleren Gewebeschicht der Blase, der andere aus quergestreifter Muskulatur aus dem *Musculus levator ani*. Der quergestreifte Muskel läßt sich willentlich steuern, der glatte Schließmuskel nicht. Er setzt sich aus zwei gabelförmigen Muskelsträngen zusammen, die in entgegengesetzter Richtung verlaufen und in deren gebogenem Teil die obere und die untere Hälfte der Harnröhre liegen. Wenn sie kontrahieren, schnüren sie die Harnröhre zu. Bei der Harninkontinenz ist diese Verschlußfunktion geschwächt.

Ursachen

Die Verschlußfunktion der Harnröhre kann durch folgende Ursachen unterschiedlich stark gestört sein:

- **Angeborene Inkontinenz.** Bei dieser Form der Inkontinenz liegt eine gestörte Nervenversorgung der Blase vor. Sie behindert den vollständigen Verschluß der Harnröhre. Ursachen können eine Wirbelsäulenspalte, eine zu kurze oder zu breite Harnröhre und andere Fehlbildungen sein.
- **Erworbene Inkontinenz.** Diese Art der Inkontinenz entsteht oft infolge von Geburten, bei denen es zu Rissen oder Überdehnungen des Blasenverschlußsystems gekommen ist. Wenn die Inkontinenz nach den Wechseljahren auftritt, unabhängig davon, ob eine Frau Kinder geboren hat oder nicht, liegt die Ursache in einer Schwäche des Verschlußapparats. Die Erkrankung kann hormonell bedingt sein oder durch eine Entzündung ausgelöst werden.
- **Andere Ursachen.** Äußerst selten entsteht Harninkontinenz nach einer Dehnung der Harnröhre (Tasten), Ausleuchten der Blase (Zystoskopie) oder dem Zertrümmern von Blasensteinen von der Harnröhre aus (Lithotripsie).

Symptome und Diagnose

Das Leitsymptom der Harninkontinenz ist der unfreiwillige Harnabgang. Wenn die Blase voll ist, fließt der Urin aus der Harnröhre. Die Frau schafft es häufig nicht, rechtzeitig die Toilette zu erreichen, wenn die Blase voll ist. Husten, Lachen oder Niesen können einen unfreiwilligen Harnabgang auslösen, auch wenn die Blase nicht voll ist.

Der Zustand bedeutet ständiges Unbehagen und kann die normale Lebensgestaltung erheblich beeinträchtigen.

Zur Diagnosestellung wird eine seitliche Röntgenkontrastdarstellung der Harnröhre und Harnblase (Zystourethrographie) durchgeführt und – zur Messung der Druckverhältnisse der Schließmuskeln – eine Blasendruckmessung (Zystotonometrie).

Die Zeichnung zeigt einen Schnitt durch den Beckenboden mit seinen drei Muskelschichten. Zur Behebung der Harninkontinenz muß der Musculus pubococcygeus gekräftigt werden, oder es wird eine Operation durchgeführt.

Behandlung

Die Behandlung der Harninkontinenz kann schwierig sein und ist nicht immer erfolgreich. Der Erfolg ist um so größer, je früher sie einsetzt.

Die nervlich bedingte Harninkontinenz und die echte Blasenatonie (Schwächung der Spannung der Harnblasenmuskulatur) werden medikamentös behandelt. In anderen Fällen ist zu empfehlen, die Schließmuskeln mit der Kegel-Methode (siehe S. 2/41ff.) zu trainieren.

Vielfach können die Beschwerden durch einen operativen Eingriff behoben werden.

Neuere Behandlungsmethoden mit elektrisch gesteuerten Geräten sind einfach, angenehm und sehr erfolgversprechend.

6 - Frauenkrankheiten
HARNBLASE

Harnblasen-entzündung (Zystitis)

Die Harnröhre der Frau ist, wenn man sie mit der Harnröhre des Mannes vergleicht, relativ kurz und dick. Bakterien aus der Scheide oder dem Darm können daher bei der Frau wesentlich leichter zur Blase aufsteigen. Frauen erkranken aus diesem Grund häufiger als Männer an einer Harnblasenentzündung (Zystitis).

Zudem kann sich eine Entzündung des benachbarten Gebärmutterhalses auf die Harnblase übertragen. Die Harnröhre kann auch durch Schwangerschaft und Geburt verletzt werden und sich später entzünden.

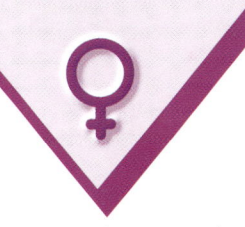

Auslöser einer Blasenentzündung sind überwiegend Kolibakterien (in 80 % der Fälle). Möglich ist aber auch eine Infektion durch Streptokokken, Staphylokokken, Gonokokken oder Tuberkelbakterien.

Symptome

Typische Krankheitszeichen einer Blasenentzündung sind Schmerzen im Bereich der Harnblase, brennende Schmerzen beim Harnlassen (Dysurie) und ständiger Harndrang (Pollakisurie) mit nur geringem Harnabgang.

Möglich sind auch eine Ausscheidung eitrigen Harns (Pyurie) und eine Ausscheidung blutigen Harns (Hämaturie).

Die Zystitis ist eine Entzündung der Harnblase, die durch eine bakterielle Infektion ausgelöst wird. Neben der direkten Bekämpfung der Bakterien durch spezielle Medikamente unterstützt eine gesunde Ernährung den Heilungsprozeß und verhindert einen Rückfall. Der Speiseplan sollte reichlich Rettich und Sellerie enthalten. Sie wirken harntreibend. Gerste und Papaya sollten wegen ihrer entzündungshemmenden Wirkung gegessen werden und Porree, weil er keimtötend und abführend wirkt.

Behandlung der Harnblasenentzündung

Allgemeine Maßnahmen

Eine Harnblasenentzündung bedarf der Behandlung, denn insbesondere eine chronische Blasenentzündung kann schwerwiegende Spätfolgen haben.

Die Entzündung läßt sich lokal durch Anwendung von Wärme (Kompressen, Wickel, Umschläge und Sitzbäder) behandeln. In schweren Fällen ist eventuell Bettruhe und die Einnahme eines Antibiotikums erforderlich.

Ergänzende Maßnahmen

Eine gut funktionierende Verdauung ist sehr wichtig. Der Darm sollte täglich entleert werden. Man sollte viel trinken (mindestens 3-4 Liter Flüssigkeit pro Tag), am besten gutes Mineralwasser.

Wenn der Urin alkalisch ist, empfiehlt sich eine Einnahme von Natriumbikarbonat. Am ersten Tag wird alle 2 Stunden 1 Teelöffel der Substanz in einem halben Glas Wasser aufgelöst eingenommen, am zweiten Tag alle 3-4 Stunden und am dritten Tag alle 5-6 Stunden.

Ohne ärztliche Überwachung sollte diese Behandlung nicht länger als 3 Tage durchgeführt werden.

Bei Blasenentzündungen mit saurem Urin sollte verdünnter Saft aus rohem Porree und Zitronensaft getrunken werden.

Diättherapie

Eine gesunde Ernährung beeinflußt ganz wesentlich den Heilungsprozeß. Empfehlenswert ist vegetarische Kost. Schädliche Substanzen wie Kaffee, Tee, Alkohol, Gepökeltes und Wurstwaren sollten gemieden werden. Auch auf das Rauchen sollte man verzichten.

Allgemein gilt:

- **Rettich** und **Sellerie** wirken harntreibend.
- **Gerste** und **Papaya** hemmen Entzündungen im Bereich der Harnwege.
- **Porree** wirkt keimtötend wegen seines hohen Gehalts an alkalischen Salzen und fördert die Verdauung.

Diese Nahrungsmittel sollten daher reichlich verzehrt werden.

Phytotherapeutische Behandlung

Es gibt verschiedene Heilpflanzen, die keimtötende und harntreibende Wirkung haben und mit denen eine Blasenentzündung sehr gut behandelt werden kann.

Bei der Anwendung bestimmter Pflanzen ist jedoch Vorsicht geboten. In jedem Fall sollte man vor der Einnahme mit seinem Arzt oder Apotheker sprechen.

Die Bärentraube hat einen hohen Tanningehalt und wird daher nicht von jedem gut vertragen. Man sollte sie nicht über einen langen Zeitraum einnehmen.

Wacholderbeeren dürfen nicht bei Nierenentzündungen oder in der Schwangerschaft eingenommen werden.

Die wichtigsten Heilpflanzen für die Behandlung einer Harnblasenentzündung sind:

- **Birke** (*Betula alba* = *B. pendula* = *B. verrucosa*). Es werden pro Tag 3 Tassen Tee aus Birkenblättern getrunken. In jede Tasse kommen 2-3 frische oder getrocknete Blätter, die mit kochendem Wasser übergossen werden. Der Tee muß 10 Minuten lang ziehen.

- **Wilder Sellerie** (*Apium graveolens*). Auf 1 Tasse Tee kommt ein Stückchen frischer oder 1 Eßlöffel zerkleinerter, trockener Sellerie. Man läßt ihn einige Minuten kochen, siebt ihn, wenn er erkaltet ist, und trinkt ihn. Es werden 2-3 Tassen pro Tag getrunken.

- **Wacholder** (*Juniperus communis*). Es werden pro Tag 4-5 frische Beeren gekaut. Um einen Tee zuzubereiten, nimmt man 2-3 getrocknete, leicht geriebene Beeren pro Tasse. Die Beeren werden mit kochendem Wasser übergossen und müssen 15 Minuten ziehen. Es werden 2 Tassen pro Tag getrunken.

- **Hauhechel** (*Ononis spinosa*). Pro Tasse werden 2 Teelöffel gemahlene Wurzeln oder Kraut mit kochendem Wasser übergossen. Der Aufguß muß 15 Minuten lang ziehen. Es werden 3-4 Tassen pro Tag getrunken.

- **Bärentraube** (*Arctostaphylos uva-ursi*). Man nimmt 4-6 Teelöffel getrocknete Blätter, übergießt sie mit 1/2 Liter kaltem oder lauwarmem Wasser und läßt sie die ganze Nacht über ziehen. Man trinkt morgens und abends je 1 aufgewärmte Tasse.

- **Bruchkraut** (*Herniaria glabra*). Das frische Kraut, das wirksamer ist als das getrocknete, wird über Nacht in Wasser eingeweicht. Davon werden über den Tag verteilt 3 Tassen getrunken. Wenn man nicht über die frische Pflanze verfügt, wird der Heiltee mit 1-2 Teelöffeln der getrockneten Pflanze pro Tasse hergestellt. Sie werden in kochendes Wasser geschüttet, wo man sie eine halbe Stunde lang ziehen läßt. Es werden ebenso 3 Tassen pro Tag getrunken.

Man kann Heiltees aus Mischungen der genannten Heilpflanzen zubereiten oder die verschiedenen Tees einzeln zu sich nehmen.

Im Handel werden eine Reihe wirksamer Präparate mit geeigneten Mischungen gegen Blasenentzündungen angeboten.

6 - Frauenkrankheiten
BRUST

Zysten und Tumoren der Brust

Die Brust der Frau unterliegt den Schwankungen in der Produktion weiblicher Hormone und verändert sich dadurch fortwährend. So wird sie vor der Regelblutung fester, vergrößert sich in der Schwangerschaft und erschlafft in den Wechseljahren. In der Stillzeit können Entzündungen in der Brust entstehen. Die Brust kann auch von Verletzungen oder von Infektionen, wie Tuberkulose oder Syphilis (siehe S. 2/180ff.), betroffen sein. Die verschiedenen Einflüsse, die auf die Brust einwirken, können zu unterschiedlichen Krankheitsbildern führen, deren genauer Verlauf häufig nur sehr schwer vorhersehbar ist.

Bei Vorliegen von Narben, Einziehungen, großen oder kleinen Knoten, bei Austritt von Flüssigkeit oder Blut aus den Brustwarzen usw. sollten ärztliche Untersuchungen durchgeführt werden, um festzustellen, ob es sich um eine Funktionsstörung des Organs oder eine gutartige oder bösartige Veränderung handelt.

Behandlung

Die Behandlung gutartiger Veränderungen der Brust bereitet keine größeren Schwierigkeiten:

Abszesse werden gespalten, Tuberkulose und Syphilis werden gesondert behandelt. Bei funktionellen Zysten erfolgt eine Behandlung mit Hormonen, Knoten oder andere Veränderungen werden operativ entfernt.

Vielfach können unterstützende Maßnahmen wie Massagen, Sonnenbäder, Lehmwickel und Wasserstrahlbehandlungen mit wechselnder Temperatur eingesetzt werden.

Diättherapie

Die Ernährung sollte reichlich Obst, Gemüse und Vollkornprodukte enthalten.

Zu empfehlen ist, den Verzehr von Fleisch und allen Nahrungszusätzen auf ein Minimum zu reduzieren.

Eine Fastenkur oder eine Rohkostdiät entschlackt und erfrischt. Fastenkuren sollten allerdings ohne ärztliche Überwachung nicht länger als drei Tage durchgeführt werden.

Siehe auch den Abschnitt über „Brustkrebs" (S. 1/166).

Den Arzt sofort aufsuchen!

Auch gutartige Tumoren können Komplikationen hervorrufen, wenn ihr Wachstum nicht aufgehalten wird, und müssen deshalb behandelt werden.

Wie sollte sich eine Frau verhalten, wenn sie eine Veränderung an der Brust, z. B. einen Knoten, Hauteinziehungen, den Austritt von Blut oder anderen Flüssigkeiten aus der Brustwarze feststellt?

Sie sollte sofort zum Arzt gehen. Er wird die Patientin mit der Verdachtsdiagnose einer gutartigen funktionellen Störung (einer reinen Störung des Organs, nicht einer krankhaften Veränderung des Organs), einer gutartigen organischen Veränderung (Zysten, Abszesse usw.) oder einer sonstigen verdächtigen Veränderung zum Frauenarzt überweisen.

In den meisten Fällen stellt sich heraus, daß es sich um keine gravierende Erkrankung handelt. Ist sich der Arzt unsicher, wird er weitere Untersuchungen durchführen, um zu einer genauen Diagnose zu gelangen.

Auch im schlimmsten Fall, wenn eine bösartige Veränderung vorliegt, muß die Prognose nicht schlecht sein. Sie ist heute weitaus günstiger als noch vor einigen Jahren. Je früher ein Tumor erkannt und behandelt wird, um so besser sind die Heilungsaussichten.

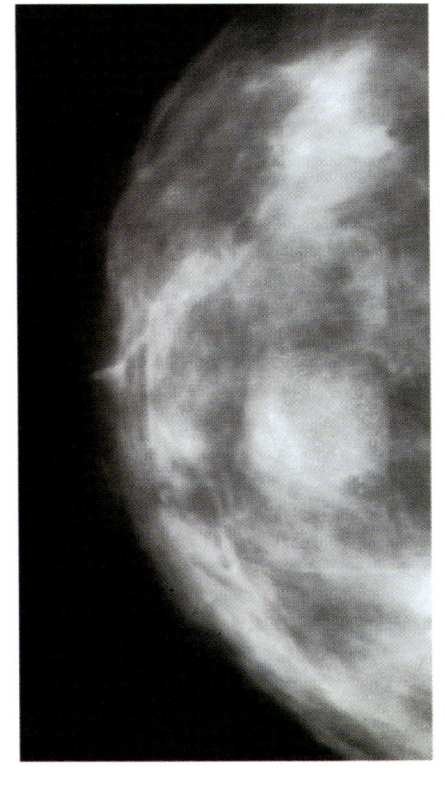

Auf dieser Mammographie (siehe S. 1/122) ist als heller Schatten eine gutartige Bindegewebszyste zu sehen. Obwohl die Zyste gutartig ist, sollte sie kontrolliert, evtl. sogar operativ entfernt werden.

6 - Frauenkrankheiten
BRUST

Brustkrebs

Statistisch gesehen erkrankt jede 15. Frau an Brustkrebs (Mammakarzinom). Die Krankheit tritt gehäuft zwischen dem 45. und 70. Lebensjahr auf, jedoch steigt der Anteil jüngerer Frauen (unter 40 Jahren) und liegt mittlerweile bei ca. 35 %. Brustkrebs ist sehr selten bei Frauen unter 25 Jahren und tritt nach Robbins und Cotran häufiger auf bei:

1. Älteren Frauen. Die Häufigkeit steigt ab dem 50. Lebensjahr deutlich an, flacht für fünf Jahre ab und nimmt danach in abgeschwächter Form erneut zu.
2. Frauen, die ihr erstes Kind in fortgeschrittenem Alter (älter als 30 Jahre) bekommen haben.
3. Kinderlosen Frauen.
4. Frauen, bei denen die Regel in den Wechseljahren spät ausgesetzt hat (nach dem 50. Lebensjahr).
5. Frauen, bei denen die erste Regelblutung vor dem 13. Lebensjahr einsetzte.
6. Dicken Frauen.
7. Frauen, in deren Krankenvorgeschichte Brustkrebs, Eierstockkrebs oder Gebärmutterkrebs aufgetreten

Forts. auf S. 168

Behandlung

Je früher der Brustkrebs erkannt und behandelt wird, desto besser sind die Heilungsaussichten und desto größer ist die Chance, daß die Brust nicht vollständig entfernt werden muß.

Gewiß sind in den westlichen Industrieländern 25 % aller Fälle von Brustkrebs inoperabel, da sie bereits weit fortgeschritten sind. Aber fast die Hälfte der an Brustkrebs erkrankten Frauen kann nach der Behandlung ohne größere Komplikationen weiterleben.

Eigenuntersuchung der Brust

Trotz aller medizinischen Fortschritte werden die meisten Krebserkrankungen der Brust (85 %) beim Abtasten der Brust durch den Arzt oder die Frau selbst entdeckt. Dabei ist ein einzelner, unscharf begrenzter, derber, schlecht beweglicher und meist schmerzloser Knoten festzustellen.

Die Technik der Eigenuntersuchung der Brust ist einfach und wird durch die Bildreihe verdeutlicht.

IM STEHEN VOR DEM SPIEGEL:

1. Beobachten Sie, ob die Brustwarzen sich gleichen und auf der gleichen Höhe liegen. Bei allen paarigen Organen können mehr oder weniger deutliche Unterschiede auftreten. Wichtig ist, ob sich die Brust in der letzten Zeit verändert hat.
2. Beobachten Sie mit angehobenen Armen und seitlich vor dem Spiegel stehend, ob die Brüste irgendeine Verformung oder Unregelmäßigkeit zeigen.
3. Drehen Sie sich zum Spiegel.
4. Untersuchen Sie Ihre Brustwarzen auf Krusten oder Wunden, Verformungen oder Dellen.

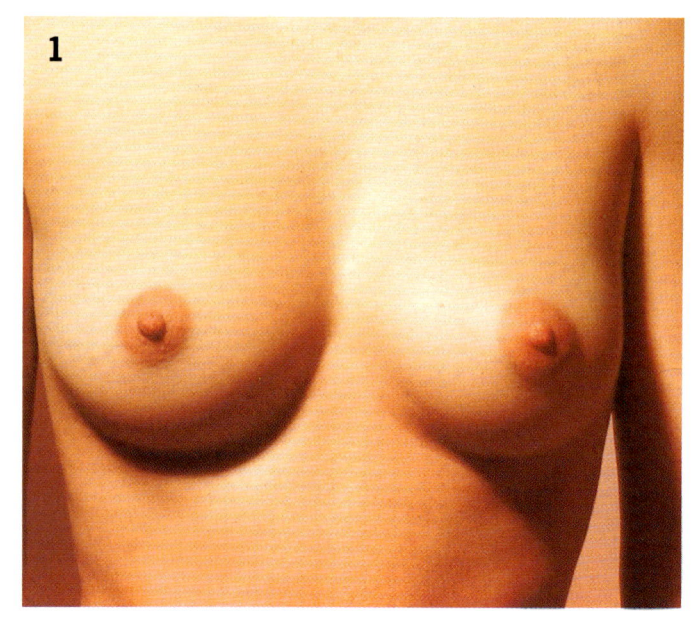

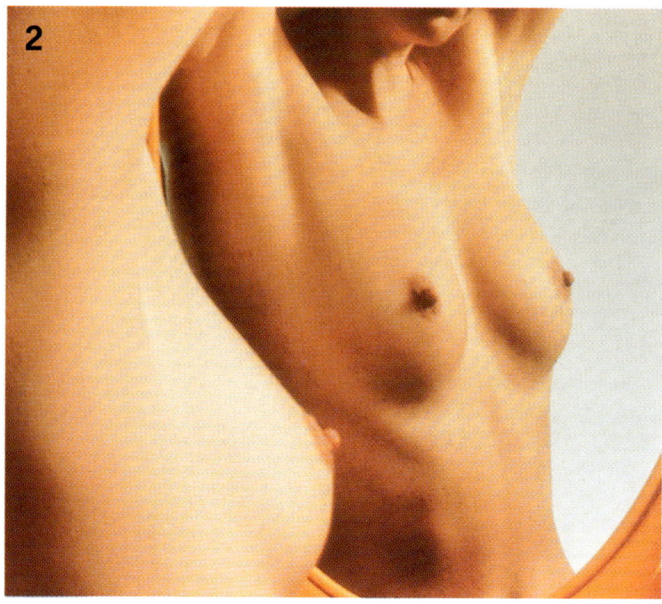

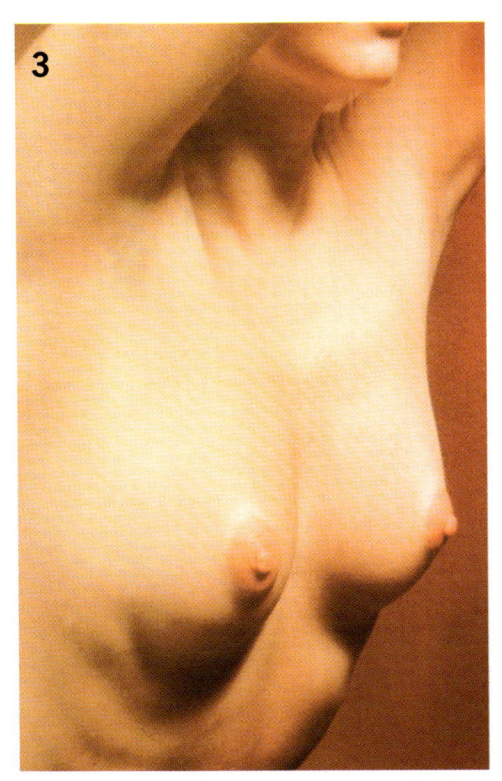

ABTASTEN IM LIEGEN:

5. Tasten Sie Ihre Brüste mit der flachen Hand ab, und zwar bis in die Achselhöhlen. Vorher sollten Sie ein Kissen unter Ihre Schultern gelegt haben. Benutzen Sie die rechte Hand, um die linke Brust abzutasten, und die linke Hand, um die rechte Brust abzutasten.
6. Das Tasten sollte mit kleinen, kreisenden Bewegungen über die ganze Brust durchgeführt werden. Es sollte keine Haut zwischen den Fingern eingeklemmt werden, weil dadurch der Eindruck entstehen kann, daß kleine, unregelmäßige Knötchen getastet werden, die in Wirklichkeit normales Gewebe sind.

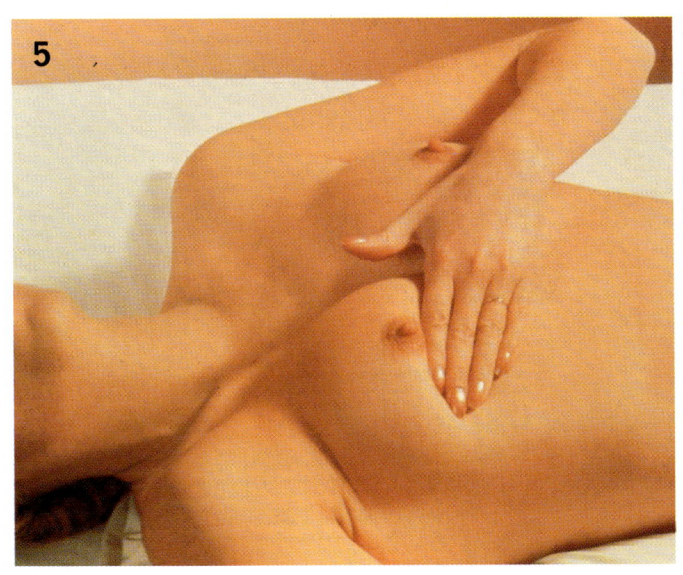

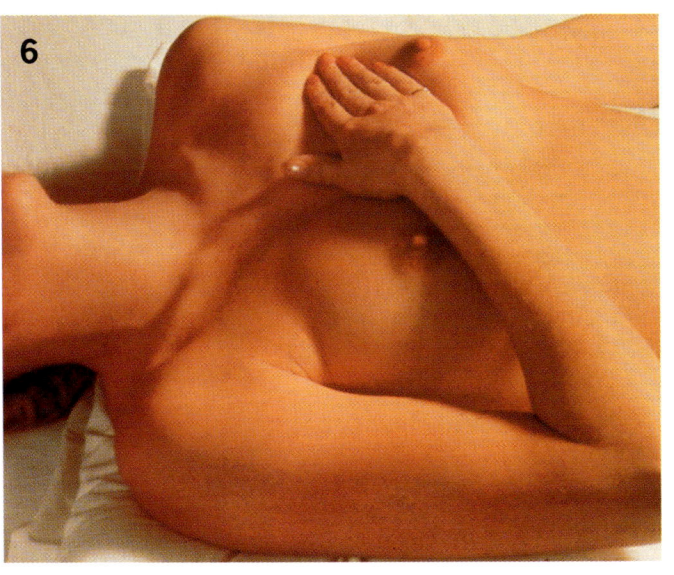

Früherkennung

Die meisten Brustkrebserkrankungen werden von der Patientin selbst oder vom Arzt beim Abtasten der Brust entdeckt. Es ist ein meistens nicht schmerzhafter, isolierter, unregelmäßiger, harter und schlecht beweglicher Knoten zu fühlen.

Es ist jeder Frau zu empfehlen, regelmäßig etwa eine Woche nach der Menstruation ihre Brust abzutasten, so wie es auf den Fotos gezeigt wird.

Noch besser ist es, wenn jede erwachsene Frau ihre Brust in regelmäßigen Abständen vom Arzt untersuchen läßt. Dies ist um so wichtiger, je mehr der genannten Risikofaktoren auf sie zutreffen.

Eine wirksame Vorbeugung von Brustkrebs ist heute nicht mehr unmöglich. Die beste Vorsorgeuntersuchung ist die Mammographie. Das ist eine Röntgenuntersuchung der Brust. Im Alter zwischen 40 und 60 Jahren sollte etwa alle ein bis zwei Jahre eine Basismammographie durchgeführt werden. Bei familiärer Belastung sollte ab dem Alter von 35 Jahren etwa alle zwei Jahre eine Mammographie erstellt werden.

Forts. von S. 166

ist (Brustkrebs ist allerdings seltener bei Frauen mit Gebärmutterhalskrebs in der Vorgeschichte).
8. Frauen, die unter Mukoviszidose, insbesondere Epithelhyperplasie, leiden.
9. Frauen mit Brustkrebs in der Familie. Eine Frau, deren Mutter und/oder Schwester vor Ausbleiben der Menstruation in den Wechseljahren Brustkrebs hatten, hat ein 50faches Brustkrebsrisiko.

Der Brustkrebs zeigt derzeit steigende Tendenz. Er macht 25 % aller weiblichen Krebserkrankungen aus und ist die häufigste Todesursache bei Frauen zwischen 35 und 55 Jahren.

Jede Frau sollte gut über die Risikofaktoren informiert sein. Je mehr dieser Faktoren auf sie zutreffen, um so aufmerksamer sollte sie sein.

Ursachen

Wie bei den meisten Krebsarten ist auch beim Brustkrebs nicht genau bekannt, wodurch er ausgelöst wird. Es wird angenommen, daß hormonelle Faktoren eine Rolle spielen. Interessant ist, daß Milchkühe, die fast jedes Jahr kalben, kaum Euterkrebs haben.

Eine mögliche Verursachung durch Viren wird noch untersucht.

Entwicklung des Brustkrebses

In seinem Anfangsstadium macht sich Brustkrebs häufig durch kleinste Kalkherde in der Mammographie bemerkbar.

Nach neuesten Untersuchungen wächst der Brustkrebs meistens zunächst langsam. Erst etwa sieben bis acht Jahre nach seiner Entstehung erreicht er eine Größe von fünf Millimetern. Er ist dann deutlich in der Mammographie sichtbar.

Nach etwa zehn Jahren wird der Brustkrebs tastbar. Der Erfolg der Früherkennung durch Abtasten der Brust relativiert sich dadurch.

Eine um zwölf Monate früher gestellte Diagnose kann die Wahrscheinlichkeit der Entstehung von Metastasen um 30 bis 40 % verringern.

Siehe auch „Zysten und Tumoren der Brust" (S. 1/165).

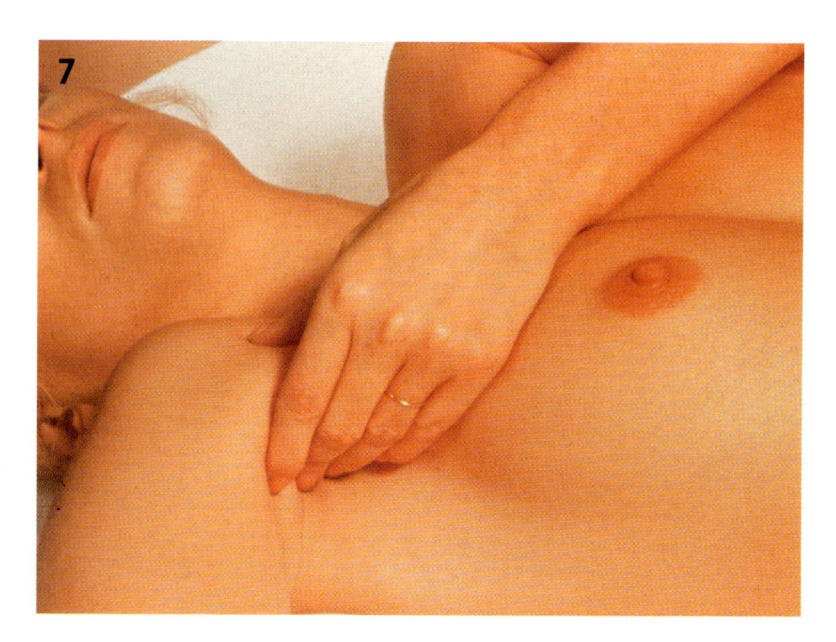

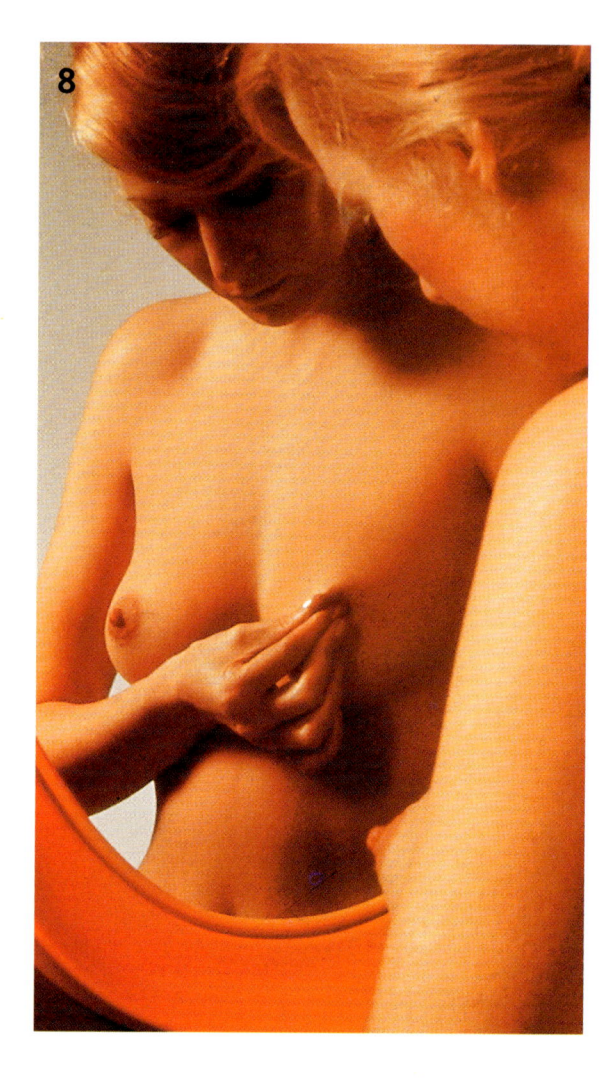

ZUSÄTZLICHE UNTERSUCHUNG:

7. Bevor Sie aufstehen, tasten Sie die Lymphknoten in der Achselhöhle ab. Es geht darum festzustellen, ob die Lymphknoten eventuell entzündet oder verändert sind.
8. Zum Schluß drücken Sie Ihre Brustwarzen, um zu sehen, ob Flüssigkeit austritt.

Nach dem 30. Lebensjahr sollte die Eigenuntersuchung jeden Monat etwa vier bis fünf Tage nach der Menstruation durchgeführt werden.

Jede auch noch so kleine Veränderung sollte vom Arzt untersucht werden.

6 - Frauenkrankheiten
BRUST

Galaktorrhö

Als Galaktorrhö bezeichnet man das Austreten einer milchartigen Flüssigkeit aus der Brust außerhalb der Stillzeit.

Die Brust produziert in diesem Fall ein milchähnliches, kaseinhaltiges Sekret. Zusammen mit dem Milchfluß können Menstruationsstörungen mit Ausbleiben der Regelblutung, Unfruchtbarkeit durch fehlenden Eisprung oder durch zu kurze Phasen des Gelbkörpers, fehlende sexuelle Appetenz und Symptome eines Hirnanhangdrüsentumors (Kopfschmerzen, Sehstörungen) auftreten.

Ursachen

Zu den allgemeinen Ursachen der Galaktorrhö gehören verschiedene Drüsenfunktionsstörungen und psychischer Streß. Spezielle Ursachen sind das Amenorrhö-Galaktorrhö-Syndrom nach einer Geburt, Tumoren und die Einnahme bestimmter Medikamente, die auf das Zentralnervensystem wirken. Dazu gehören z. B. Medikamente gegen zu hohen Blutdruck, Psychopharmaka und die Kombination von Östrogenen, Gestagenen und Cimetidin.

Behandlung

Die Krankheit wird (bei einem Tumor) operativ behandelt. Wenn ein Medikament die Beschwerden ausgelöst hat, muß es abgesetzt werden.

Bei funktionellen Hyperprolaktinämien (erhöhte Produktion des Hormons Prolaktin unbekannter Ursache) wird Bromokriptin gegeben.

Die Galaktorrhö ist, wie ihr Name (von griechisch „galaktos", Milch, und „rhoia", Fluß) sagt, ein Milchfluß. Die Produktion von Milch ist hier aber nicht durch das Stillen bedingt.

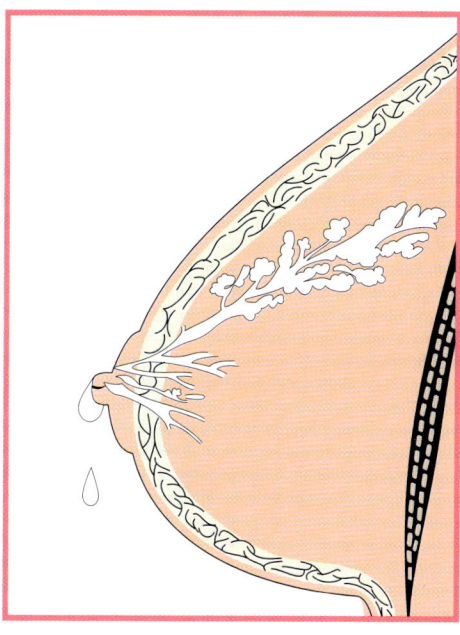

Verzeichnis der Kapitel

BAND 1

SEITE

7. Einführung in die Problematik der Sexualität 172
8. Die Fortpflanzung des Menschen 192
9. Hormone und Sexualität 204
10. Geschlechterpsychologie 214
11. Sich verlieben, Liebe und Partnerschaft . . . 236
12. Die erotischen Gefühle und ihre Nervenleitungen 258
13. Das sexuelle Vorspiel 268
14. Der Liebesakt 284
15. Die sexuellen Reaktionen 304
16. Die sexuelle Potenz 318
17. Der Mensch im Spiegel seiner Sexualität . . 328
18. Sexualität in Kindheit und Alter 346
19. Störungen der Sexualität 362

BAND 2

20. Störungen der männlichen Sexualität 10
21. Störungen der weiblichen Sexualität 26
22. Störungen der Geschlechtsentwicklung . . . 46
23. Selbstbefriedigung 60
24. Sexuelle Beziehungen vor der Ehe 74
25. Abweichendes Sexualverhalten 88
26. Sexuelle Belästigung, Vergewaltigung und Inzest 122
27. Prostitution und Pornographie 146
28. Sexuell übertragbare Krankheiten 168
29. Aids 196
30. Familienplanung: Empfängnisverhütung . . 214
31. Sterilisation 250
32. Der Schwangerschaftsabbruch 262
33. Fortpflanzungsmedizin 276
34. Leben ohne Sexualpartner 294
35. Ehebruch und Scheidung 308
36. Ehekonflikte und wie man sie löst 330

DIE GROSSE SAATKORN
GESUNDHEITSBIBLIOTHEK

MENSCH UND FAMILIE

Teil 3
Sexualität

„Zuerst freuen sie sich sehnsüchtig darauf, anschließend zehren sie stundenlang davon: wahrscheinlich festigt keine andere auch noch so großartige Erfahrung die Partnerbeziehung stärker als der eheliche Liebesakt."

NACH TIM LAHAYE

Einführung in die Problematik der Sexualität

Daß Sexualität heute kein Tabuthema mehr ist, ist vor allem auf gesellschaftliche Umstände zurückzuführen. Der breitere Zugang zur Bildung, größere persönliche Freiheiten und der zunehmende Einfluß der Massenmedien haben die Sexualität in der öffentlichen Diskussion zu einem der wichtigsten Themen gemacht.

Bis vor gar nicht langer Zeit existierte Sexualität in der westlichen Welt „offiziell" überhaupt nicht, und wenn man über sie sprach oder schrieb, dann nur hinter vorgehaltener Hand und mit Hilfe von Umschreibungen.

Das hat sich heute völlig verändert.

Die Medien in ihrer Funktion als Spiegel mehrheitlicher Interessen räumen dem Thema Sexualität großen Platz ein. Auch die Kunst – Literatur, Film und Fernsehen – behandelt Sexualität in vielen ihrer Produktionen oder betrachtet sie zumindest als unentbehrliche Zutat.

Sexualität, das Wichtigste

Sexualität interessiert die meisten Menschen. Zusammen mit dem Thema Finanzen liegt sie an erster Stelle der Unterhaltungsthemen.

Bei Umfragen in verschiedenen europäischen Ländern wurden als die beiden wichtigsten Unterhaltungsthemen in der Familie oder mit dem Partner Sexualität und Gefühle sowie Finanzielles genannt. Politik, Kultur, weltanschauliche Überzeugungen und der Beruf machen nicht einmal die Hälfte aller Unterhaltungsthemen aus.

Auch unter Freunden ist die Sexualität das Thema, über das am meisten gesprochen wird, allerdings zu gleichen Teilen mit Politik, Weltanschauung, Beruf sowie kulturellen und gesellschaftlichen Themen (siehe nächste Seite).

Meinung und Wissen

Das bedeutet jedoch nicht, daß jeder, der seine Meinung zum Thema Sexualität äußert, tatsächlich genug darüber weiß.

Sexuelle Aufklärung und die Bedeutung der Erotik sind Jahrhunderte lang unbekannt gewesen bzw. ignoriert worden. Dagegen werden heute über die Medien häufig stark verzerrte Informationen vermittelt. Sie verwirren die Menschen und schaffen ein Klima übermäßiger sexueller Stimulierung.

Information ohne Manipulation

Inmitten dieser Informationsflut finden sich natürlich auch ernsthafte Studien, die die Tatsachen objektiv und ohne Sensationslust untersuchen und nicht nur Teilaspekte berücksichtigen.

Ohne Information kann es keine fundierte Meinung geben. Wenn die Meinung nicht auf soliden Argumenten fußt, dann handelt es sich um Manipulation.

Nicht alles, was gesagt und geschrieben wird, ist ausreichend geprüft worden.

Die Informationen über Sexualität, die den Massen, besonders den Jugendlichen, geboten werden, sind mit Vorsicht zu bewerten. Aussagen über Sexualität sollten wertneutral und wohlüberlegt formuliert werden, damit sie keine Vorstellungen entstehen lassen, die sich negativ auswirken und abweichendes Verhalten verursachen können.

Die erotisierte Gesellschaft

Verschiedentlich wird von seiten der Massenmedien für die nahe Zukunft eine vollkommen erotisierte Gesellschaft vorhergesagt, und es wird für ihre Verwirklichung gekämpft, als gelte es, dieses Ziel mit allen Mitteln durchzusetzen.

Aber, ist unsere Gesellschaft nicht von jeher erotisiert gewesen? Sind nicht etwa Sexualität und ihre Ausdrucksformen schon seit Beginn der Menschheit dagewesen?

Leidenschaftliche Liebe und Ehe, Verbrechen aus Eifersucht und Tausende anderer Erscheinungsformen der Sexualität hat es seit jeher gegeben.

Die sexuelle Revolution

Was aber können die Ziele derer sein, die sich für eine übermäßig erotisierte Gesellschaft einsetzen? Wollen sie sich persönlich bestätigen, oder wollen sie die Vorstellungen einer bestimmten Gruppe durchsetzen?

Zumindest sollte es nicht so sein, denn jede uneigennützige gesellschaftliche Bewegung kann nur das Wohl der Allgemeinheit im Auge haben.

Die Frage ist, ob eine übermäßig betonte Sexualität wirklich ein geeignetes Heilmittel für die Krankheiten unserer Gesellschaft ist.

Die Überbetonung des Erotischen, die „sexuelle Revolution", ist unter anderem vermutlich auch darauf zurückzuführen, daß vielen Menschen sinngebende, zukunftsweisende Ziele fehlen.

Ein Bedürfnis des Menschen

Die zunehmende Erotisierung der Gesellschaft ist möglicherweise eine Reak-

Die Menschen sprechen über das, was ihr Herz bewegt, was sie interessiert. Ein Thema, über das viel gesprochen wird, ist Sex. Aber nur wenige sprechen in angemessener Form und mit ausreichendem Wissen darüber. Wie auch in anderen Bereichen, sollten wir uns zunächst gut informieren, bevor wir uns äußern.

Kap.7: EINFÜHRUNG IN DIE PROBLEMATIK DER SEXUALITÄT

Unterhaltungsthemen:

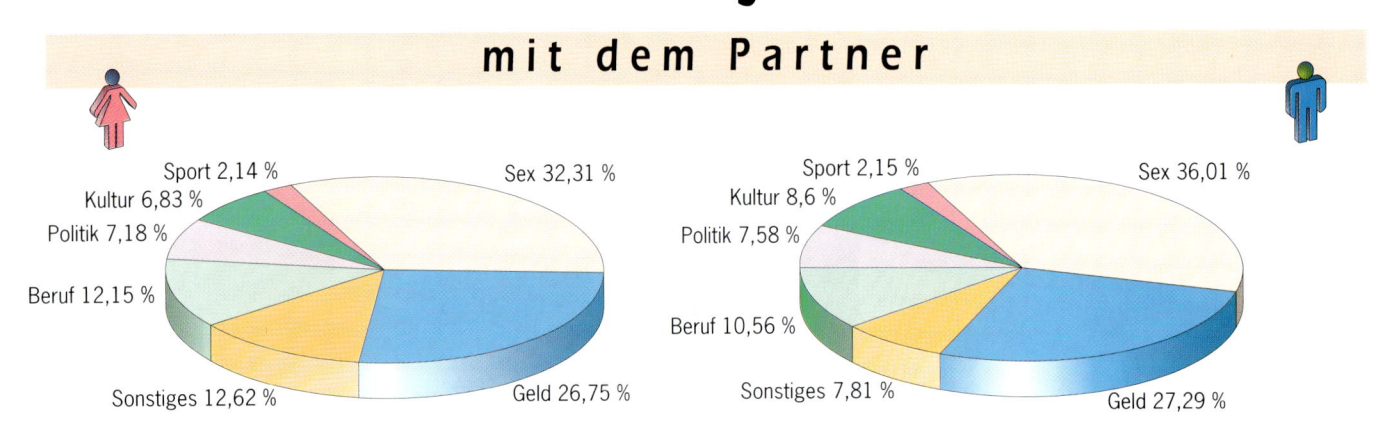

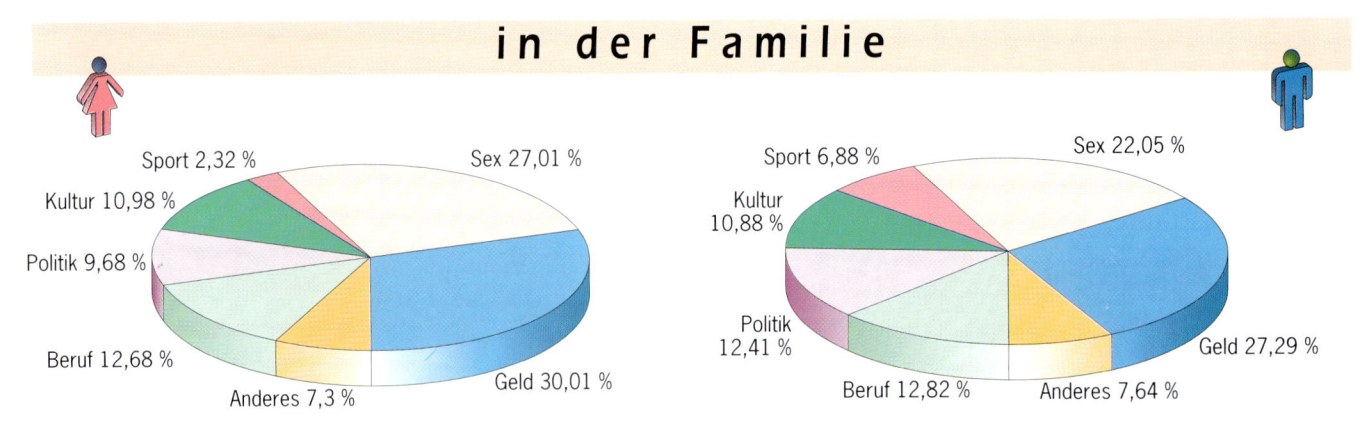

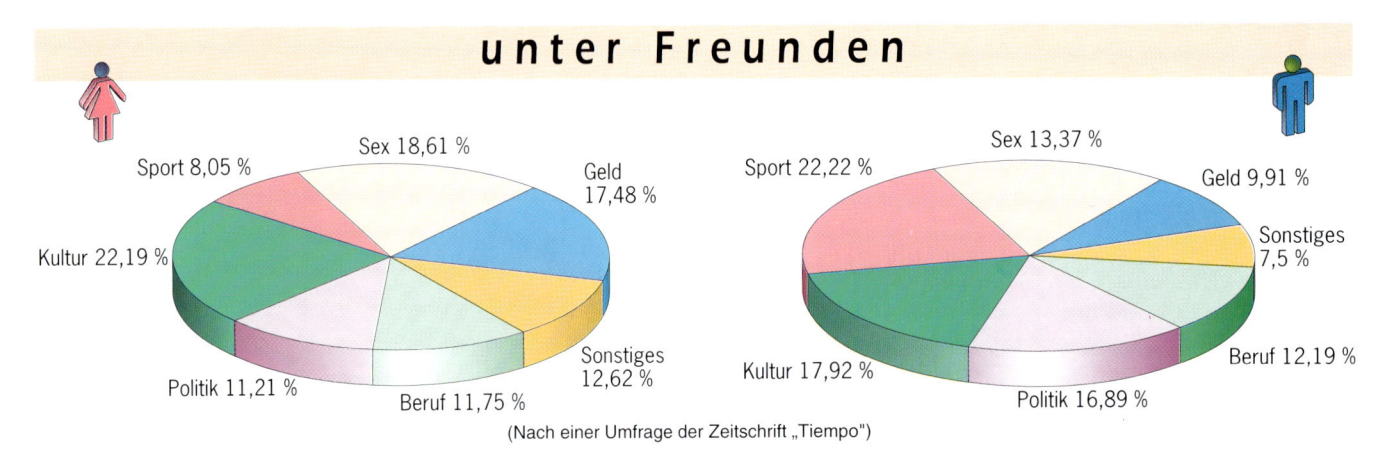

mit dem Partner

Frau: Sport 2,14 % | Kultur 6,83 % | Politik 7,18 % | Beruf 12,15 % | Sonstiges 12,62 % | Geld 26,75 % | Sex 32,31 %

Mann: Sport 2,15 % | Kultur 8,6 % | Politik 7,58 % | Beruf 10,56 % | Sonstiges 7,81 % | Geld 27,29 % | Sex 36,01 %

in der Familie

Frau: Sport 2,32 % | Kultur 10,98 % | Politik 9,68 % | Beruf 12,68 % | Anderes 7,3 % | Geld 30,01 % | Sex 27,01 %

Mann: Sport 6,88 % | Kultur 10,88 % | Politik 12,41 % | Beruf 12,82 % | Anderes 7,64 % | Geld 27,29 % | Sex 22,05 %

unter Freunden

Frau: Sport 8,05 % | Kultur 22,19 % | Politik 11,21 % | Beruf 11,75 % | Sonstiges 12,62 % | Geld 17,48 % | Sex 18,61 %

Mann: Sport 22,22 % | Kultur 17,92 % | Politik 16,89 % | Beruf 12,19 % | Sonstiges 7,5 % | Geld 9,91 % | Sex 13,37 %

(Nach einer Umfrage der Zeitschrift „Tiempo")

In der Partnerschaft und in der Familie ist die Sexualität der am häufigsten thematisierte Bereich. Es schließt sich das Geld als Gesprächsthema an.

Diese beiden Bereiche machen mehr als die Hälfte aller Gesprächsthemen bei Frauen und Männern aus. Bis zum 30. Lebensjahr ist Sex das Hauptthema der Gespräche, danach spricht das Paar genauso häufig über Geld. Innerhalb der Familie drehen sich die Gespräche an erster Stelle um das Finanzielle und an zweiter Stelle um Sex. Unter Freunden überwiegen kulturelle bzw. sportliche Themen, obgleich die Sexualität auch hier einen großen Raum einnimmt.

tion auf den Wunsch oder das Bedürfnis des Menschen, über etwas Faßbares, etwas real Existierendes, Materielles, Fühlbares zu verfügen. Etwas zu besitzen, das ihm nicht entrinnt, das ihn innerlich befriedigt und ihm das Gefühl gibt, Herr einer Sache zu sein, die ihm niemand nehmen oder streitig machen kann.

Dem Leben einen Sinn geben

Die Triebfeder der Sexualität liegt im Menschen selbst. Er kann sie einsetzen, sie nach Belieben genießen und sie – zumindest dem Anschein nach – besser als andere Bereiche seines Lebens kontrollieren.

So glaubt der Mensch, über ein Mittel zu verfügen, das seiner Existenz einen Sinn verleiht.

In der Tat bewegt sich die Sexualität in einem so persönlichen und intimen Bereich, der so sehr von anderen menschlichen Bereichen abgetrennt ist und auf so einfache Weise Befriedigung bietet, daß der Mensch Gefahr läuft, in ihr ein Ziel um ihrer selbst willen zu sehen, ein alles überragendes Ideal.

Starke Emotionen

Der Mensch hat das natürliche Verlangen, sich von etwas ergreifen zu lassen, seinen Geist von etwas Großem, ihm Übergeordnetem bewegen zu lassen.

Wenn dieses Verlangen nicht befriedigt wird, greift er häufig auf den Teil des Körpers zurück, der allein durch mechanische Aktion körperlich-psychische Emotionen erzeugen kann.

Wenn der Geist den Körper nicht zu bewegen vermag, bewegt der Körper den Geist durch das Sexuelle.

Sex als Ersatz

Es hat den Anschein, daß die uns überflutende Welle der Sexualitätsverherrlichung eine Art von Ersatz für die geistigen Werte ist, die unsere Gesellschaft verworfen hat, ohne sie durch bessere Werte ersetzt zu haben. Sexualität kann aber nicht das Allheilmittel für gesellschaftliche Probleme sein. Sexualität ist lediglich ein Teil der menschlichen Persönlichkeit und des gesellschaftlichen Interesses.

Es muß aber anerkannt werden, daß eine bewußt gelebte und gesteuerte Sexualität die Entwicklung und das Glück des einzelnen Menschen und durch diesen auch der Familie und der Gesellschaft begünstigt.

Um glücklich sein zu können, muß der Mensch jeden Tag neue Emotionen erleben oder bereits erlebte Emotionen erneuern. Die Sexualität ist ein Bereich des Menschen, der solch starke Gefühle vermittelt. Deshalb hat der Mensch das Bedürfnis, diese Gefühle zu zweit oder allein in der Sexualität auszuleben.

Information und Bildung

Gegenwärtig wird in den westlichen Ländern reichlich Information über die Sexualität angeboten.

Kap. 7: EINFÜHRUNG IN DIE PROBLEMATIK DER SEXUALITÄT

Es ist wichtig, sich ausreichende Kenntnisse über die körperlichen Vorgänge der Sexualität anzueignen. Kinder, und besonders Heranwachsende, müssen darüber hinaus auch lernen, ihre Sexualität in einem bestimmten Maß unter Kontrolle zu halten.

Die Lehrpläne der Schulen beinhalten je nach Klassenstufe eine zunehmende Vermittlung von Kenntnissen der menschlichen Anatomie, der Entwicklung und Funktion der Geschlechtsorgane.

Ein elf- bis zwölfjähriges Kind, das regelmäßig den Unterricht besucht, kennt heute ganz selbstverständlich Begriffe wie Eisprung, Menstruation, Geschlechtsverkehr, Befruchtung usw.

Eltern sei geraten, ihre eigenen Kenntnisse auf diesem Gebiet zu vertiefen, um mögliche Fragen ihrer Kinder in geeigneter Form beantworten zu können.

Aber nicht nur, wenn ihre Kinder bereits in dem erwähnten Alter sind, sondern von deren frühester Kindheit an sollten Eltern eine Sexualerziehung vermitteln können, die sich jederzeit an den Bedürfnissen des Kindes ausrichtet (s. Kap. 66, S. 4/326ff.).

Eine geeignete Sexualerziehung

Wir verfügen zwar über genügend Informationen über Sexualität, dennoch kann ihr Inhalt nicht immer als geeignet bezeichnet werden.

Manchmal beschränkt sich die Sexualerziehung auf die Vermittlung rein biologischer oder anatomischer Fakten. Es kommt auch vor, daß Lehrer mit unzureichender Ausbildung in diesem Bereich tätig sind oder daß ungeeignete Methoden angewendet werden.

So kann sexuelle Aufklärung, sei es bewußt oder unbewußt, eher ein „Verziehen" als ein „Erziehen" bewirken. Anstatt konstruktiv zu wirken, wird destruktiv gegen grundlegende gesellschaftliche Überzeugungen, Gefühle und Gewohnheiten angegangen.

Das ist ein schwerer Fehler, denn die sensible und noch formbare Seele des jungen Menschen erleidet dadurch großen Schaden.

Körper und Geist

Genauso besorgniserregend ist eine Sexualerziehung, die das rein Geschlechtliche vom Psychisch-Affektiven trennt.

Diese Art der Sexualerziehung wird möglicherweise deshalb häufig praktiziert, weil es einfacher ist, die rein physiologischen Vorgänge wissenschaftlich, übersichtlich und überzeugend darzustellen, als über die psychologischen Vorgänge und die Gefühle zu reden.

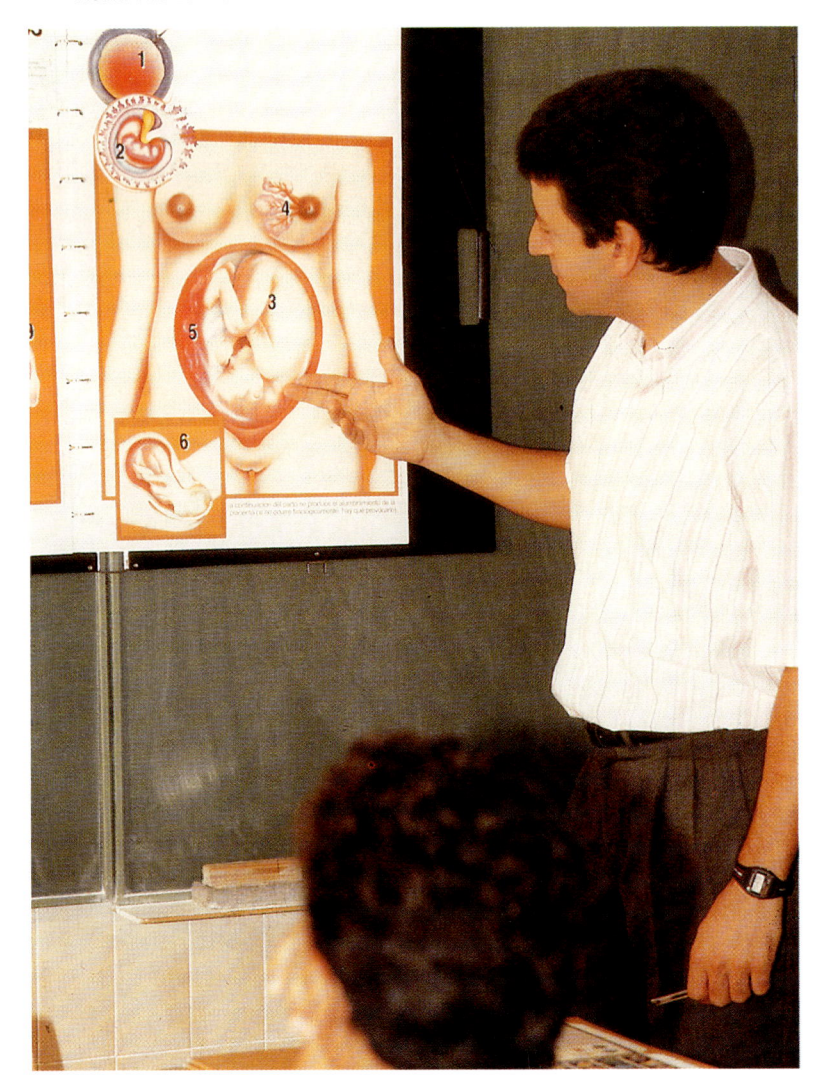

Für viele Menschen scheint Sexualität überhaupt nur dann einen Sinn zu haben, wenn sie unmittelbar Vergnügen bereitet. Sexualität ist dann ein Selbstzweck, sie existiert nur um ihrer selbst willen.

Wissen wir schon alles?

Während früher eine mehr oder weniger unfreiwillige Unwissenheit über Sexualität herrschte, scheint das Thema heute alle Lebensbereiche zu beherrschen. Und wir glauben, sehr viel über Sexualität zu wissen.

Dabei wird unterschlagen, daß tatsächlich nur die physiologischen Abläufe dieser so wichtigen menschlichen Funktion genau bekannt sind.

Über ihre psychologischen Aspekte wissen wir weit weniger, und sie sind häufig sehr widersprüchlich.

So ergibt sich die paradoxe Situation, daß es, obwohl wir besser als je zuvor über die körperlichen Vorgänge der Sexualität infomiert sind und Sex im Übermaß praktizieren, immer mehr sexuell unbefriedigte Menschen gibt.

Diese Tendenz wird nicht nur in den Themen in Literatur und Film, sondern auch in verschiedenen soziologischen Untersuchungen deutlich.

Unbefriedigende Sexualität

Die berühmte Verfasserin des „Hite-Reports", Shere Hite, stellt in ihrem dritten Buch „Frauen und Liebe" (siehe S. 1/334) fest, daß 95 % der nordamerikanischen Frauen von ihrem Sexualpartner psychisch und emotional gequält werden. 79 % der Frauen bezweifeln, daß es sich lohnt, sich im Leben an erster Stelle für den Erhalt einer Partnerschaft einzusetzen.

98 % der befragten 4.500 Nordamerikanerinnen gaben an, sich „grundlegende Veränderungen" in ihren Liebesbeziehungen zu wünschen.

Angesichts dieser Vorstellungen bei Frauen ist anzunehmen, daß sich viele Männer auch nicht zufrieden fühlen.

Schlechte Zeiten für Beziehungen

Zu dieser pessimistischen Ansicht Shere Hites druckte die Zeitschrift „Time" folgenden Kommentar des Soziologen Amitai Etzioni von der George-Washington-Universität ab:

„Die heutige Zeit ist nicht leicht für die Geschlechter (...) Die alten Rollen werden abgelehnt, und jeder muß allein zurechtkommen, was nicht einfach ist."

Joyce Maynard, Autorin von „Domestic Affairs" [Häusliche Angelegenheiten] äußert sich ähnlich. Sie ist der Ansicht, daß die USA ein Land von „erschöpften Frauen" seien.

Die Schule hat entscheidenden Einfluß auf die Entwicklung der Kinder. Noch stärker ist jedoch der Einfluß des Elternhauses. Deshalb sollten Eltern ihre Erziehungs- und Orientierungsfunktion sehr ernst nehmen. Wenn Eltern Fragen zur Sexualität als Freunde und nicht als Überlegene beantworten, werden ihnen ihre Kinder vertrauen.

Eine gute Ausbildung ist notwendig, um in allen Bereichen des Lebens erfolgreich zu sein. Sie ist unverzichtbar für ein so wichtiges und kompliziertes Unterfangen wie die Gründung einer Familie. Kein Partner, Mann oder Frau, sollte eine Ehe eingehen, ohne vorher seinen „Führerschein" dafür gemacht zu haben. Nur so kann das hohe „Unfallrisiko" auf ein Mindestmaß reduziert werden.

Nach Meinung der Schriftstellerin sind die Frauen deshalb unzufrieden, weil sie versuchen, etwas zu bekommen, was unerreichbar ist, außer vielleicht dienstags abends in der „Cosby-Show".

Was Sexualität nicht bieten kann

Die Menschen scheinen in der Sexualität etwas zu suchen, das sie ihnen nicht bieten kann. Vielleicht erwarten sie mehr von ihr, als sie geben kann, oder vielleicht wissen sie tatsächlich nicht, was Sexualität alles umfaßt und wofür sie gut ist.

Ohne geeignete Vorbereitung auf die Ehe und ohne ausreichende Sexualerziehung stolpern Ehepaare nicht selten über Schwierigkeiten, die sie vorübergehend oder dauernd unglücklich machen.

Äußerst schwerwiegende Folgen können auch entstehen, wenn körperlich reife, jedoch psychisch und emotional noch unreife Paare heiraten, ohne sich der Belastung und der großen Verantwortung bewußt zu sein, die eine Ehe mit sich bringt.

Die in unserer Gesellschaft praktizierte Sexualerziehung scheint nicht sehr erfolgreich zu sein, denn es gelingt ihr nicht, zufriedene Menschen hervorzubringen.

Obwohl es immer mehr sexuelle Aktivitäten gibt und sie für jeden leicht zugänglich sind, nehmen sexuelle Gewalt (siehe Kap. 26, S. 122ff.) und die ständige Suche nach neuen Empfindungen durch immer zweifelhaftere Praktiken unaufhörlich zu (siehe z. B. S. 2/104ff.).

Die Frau von heute

Daß Sexualerziehung unbedingt notwendig ist, hat zudem einen weiteren, wichtigen Grund: die Gleichberechtigung von Mann und Frau.

Bis vor noch nicht langer Zeit wußten viele Frauen kaum etwas über Sexualität und stellten diesbezüglich auch keine hohen Ansprüche. Der Mann dagegen sah sich in der Rolle dessen, der in der Part-

Die aktive Beteiligung der Frau an gesellschaftlichen Aufgaben, der Einsatz ihres Potentials für die Gemeinschaft ist sehr wichtig. Dabei zeigt sich die Frau auch in verantwortungsvollen Positionen als durchaus fähig, und es wäre wünschenswert, wenn noch mehr Frauen Aufgaben dieser Art übernähmen. Beispiele sind so bekannte und einflußreiche Frauen unserer Zeit wie Mutter Teresa, Golda Meir, Margaret Thatcher und Indira Gandhi.

nerschaft die sexuellen Praktiken anregte und bestimmte und sich alle Rechte und Privilegien nahm.

Heute hat sich vieles geändert. Die Frau weiß mehr und verlangt mehr. Der Mann muß ebenfalls mehr wissen und sich darauf einstellen, daß er dazu verpflichtet ist, seine Partnerin zufriedenzustellen. Sonst kann er seine Achtung, sein Ansehen und – wer weiß – vielleicht auch seine Partnerin verlieren.

Die Frau hat sich aus ihrer früheren Zurückgezogenheit befreien können dank
- besserer Bildung,
- größerer Möglichkeiten der Berufstätigkeit außerhalb des Hauses und
- der feministischen Befreiungsbewegung.

Es gibt Frauen, die die gleichen Ämter innehaben, die gleichen Berufe ausüben und Tätigkeiten verrichten wie Männer. Moderne Haushaltsgeräte ermöglichen es der Frau, sich selbst und der Gesellschaft mehr Zeit zu widmen. Durch die modernen Verhütungsmittel sind Frauen außerdem von der Last ungewollter Schwangerschaften befreit worden, weshalb sie weniger Kinder haben als ihre Mütter und noch weniger als ihre Großmütter.

All dies hat dazu beigetragen, daß sich Frauen immer mehr der Bevormundung, ja häufig der Versklavung durch den Mann entziehen.

Da Frauen zudem durch die modernen Kommunikationsmittel über Sexualität informiert werden, möchten sie das, was die Sexualität ihnen bieten kann, kennenlernen und ausprobieren.

Vieles hat sich verändert

Diesbezüglich sehr aufschlußreich sind die Ergebnisse einer Untersuchung, die der deutsche Soziologe Ulrich Clement an Studierenden von 13 Universitäten in Deutschland durchführte.

Von den befragten Studentinnen gaben 91 % an, sexuelle Beziehungen zu haben, von den männlichen Studenten 86 %. Vor zwei Jahrzehnten waren es noch 65 % der

Kap.7: EINFÜHRUNG IN DIE PROBLEMATIK DER SEXUALITÄT

Es gibt nur wenige Wege außer der Ehe, die zum Glück führen. Das Leben auf der Erde wurde von Anfang an so angelegt, daß es in der Beziehung von Mann und Frau gemeinsam erlebt und weitergegeben wird. Die beste Grundlage der Gesellschaft ist die Familie. Wenn diese Grundlage ins Wanken gerät, läuft die gesamte Gesellschaft Gefahr, sich aufzulösen.

männlichen und 56 % der weiblichen Studierenden. 26 % der Studentinnen gaben an, mehr als zehn Partner gehabt zu haben. Von 24 % der männlichen Studenten wurde diese Zahl erreicht.

Der Beitrag der Wissenschaft

Die Philosophie, die Biologie, die Medizin und vor allem die Sexualwissenschaft haben gezeigt, wie intensiv Frauen Sexualität und Erotik genießen können. Bis vor kurzer Zeit war diese Möglichkeit den meisten Männern und selbst den Frauen völlig unbekannt.

Es ist erwiesen, daß die Frau das Liebesspiel körperlich und geistig in dem gleichen Maße genießt wie der Mann. Deshalb glauben wir, daß Paare sich über die sexuellen Möglichkeiten der Frau informieren sollten, damit sowohl der Mann als auch die Frau dadurch gemeinsames Glück erleben können.

Ethische Aspekte der Sexualität

Die früher eher strenge Sexualmoral ist einer zunehmenden Liberalisierung unterworfen.

Menschen, die behaupten, jede Sexualmoral sei überflüssig, machen es sich zu leicht. Die bestehenden Probleme werden durch die Durchsetzung einer solchen Ansicht auf jeden Fall nicht weniger.

Wir glauben, daß jede menschliche Handlung eine ethische Bedeutung hat und wollen deshalb die aktuellen Meinungen zu diesem Thema zumindest anreißen.

Die naturalistische Ethik

In unserer Gesellschaft ist eine Meinungsrichtung stark vertreten, die ihre Ethik auf biologische oder natürliche Tatsachen gründet.

Wir wollen sie naturalistisch nennen, damit es zu keiner Verwechslung mit der Ethik bzw. dem Naturgesetz der Scholastiker kommt.

Die naturalistische Ethik stützt sich auf die These, daß der Mensch ein höher entwickeltes Tier ist und daß seine Triebe und sein Verhalten den gleichen Gesetzen unterliegen wie die Triebhandlungen und das Verhalten der Tiere.

Unserer Meinung nach führt diese Einstellung nicht nur bei Anwendung auf die Sexualität in eine Sackgasse. Sie kann nämlich keine Antwort auf wesentliche gesellschaftliche Probleme geben:

- Sollen wir etwa akzeptieren, daß nur der Stärkere den größten Nutzen hat?
- Muß die Gesellschaft die Aggressionen des Kräftigeren oder des besser Ausgestatteten dulden?
- Ist alles, was allgemein verbreitet ist, natürlich, normal oder gut?
- Anders formuliert: Bietet uns die naturalistische Ethik Lösungen für Probleme

wie sexuelle Nötigung, Vergewaltigung, Sadismus und Inzest?

Es könnten noch viele weitere Fragen gestellt werden, die ebensowenig beantwortet werden können, solange man sich auf eine Ethik beruft, in der das Gesetz des Stärkeren gilt, in der der große Fisch den kleinen frißt.

Die Situationsethik

Einer der größten Befürworter der Situationsethik ist Joseph Fletcher, der die Hälfte seines Buches „Situational Ethics" [Situationsethik] Fragen der Sexualmoral widmet. Er wendet sich gegen starre Regeln und schlägt vor, jedes ethische Problem abhängig von den vorliegenden Umständen und Situationen zu lösen.

Noch vor Fletcher sagte Kierkegaard, der bekannte christlich-existentialistische Philosoph: „Bestimmte Umstände rechtfertigen die Aufhebung der moralischen Regeln."

Nach der Situationsethik kann je nach Situation alles zulässig oder unzulässig sein. Im Grunde handelt es sich vielleicht nur um eine neue Formulierung dessen, was bereits die Griechen sagten: „Der Mensch ist das Maß aller Dinge."

Das Problem ist nur: welcher Mensch? Ich? Der Durchschnittsmensch? Eine Mehrheit von Menschen?

Kann dieses Maß als gerecht und objektiv angesehen werden? Wird es ein dauerhaftes Maß sein? Wer entscheidet über den Geltungsbereich seiner Anwendung?

Nietzsche war der Ansicht, daß der „Supermensch" alle moralischen Regeln ablegen könne. Wir fragen dagegen: Gibt es diesen „Supermenschen" überhaupt, oder wird es ihn je geben?

Eine solch extreme Subjektivität wie die der Situationsethik birgt das gleiche Risiko wie die naturalistische Ethik. Die stärkere Gruppe setzt schließlich ihre Position durch und respektiert keine abweichenden Meinungen.

Die Situationsethik berücksichtigt nicht, daß der Mensch von Natur aus egoistisch ist, daß er häufig stärker seinen eigenen Bedürfnissen als seinem Gewissen folgt und daß er Grenzen hat.

Gerade wegen unserer menschlichen Begrenztheit brauchen wir gültige, objektive Prinzipien, die von außen kommen und uns für unser Verhalten den Weg weisen.

Der Mensch ist von Natur aus durch bestimmte Umstände beeinflußbar. Diese Umstände haben einen intensiveren Einfluß auf ihn als er auf sie.

Deshalb ist es sinnvoll, über allgemeine, eindeutig festgelegte Normen zu verfügen, die weder von den veränderlichen und unvorhersehbaren äußeren Umstän-

Ein erfülltes, glückliches Sexualleben ist ein guter Ausgangspunkt für die Verwirklichung der einzelnen Person und des Paares. Deshalb zerbricht eine Ehe nicht so leicht, wenn die Partner ein gemeinsames, abwechslungsreiches Sexualleben führen.

Die sexuelle Beziehung festigt die Liebe, die Mann und Frau vereinigt. Die Liebe wiederum ist unverzichtbar für den vollständigen Genuß der Sexualität.

den noch von den nicht weniger veränderlichen und unvorhersehbaren Umständen in unserem Inneren abhängen.

Die protestantische Kirche

In den verschiedenen protestantischen Gemeinden werden andere Moralvorstellungen vertreten als in der römisch-katholischen Kirche.

Bereits Luther verwarf den Gedanken, das Zölibat (Ehelosigkeit aus religiösen Gründen), das für katholische Geistliche verpflichtend ist, sei höher zu werten als die Ehe.

Calvin verwies darauf, daß die Apostel und die ersten Bischöfe die Freiheit besaßen, zu heiraten, und daß Sexualität etwas Heiliges und Ehrbares sei.

Beide Reformatoren betonten, wie bereits Aristoteles, daß die Ehe etwas ganz Normales ist, daß die eheliche Beziehung nichts Schlechtes in sich birgt und nicht als Sünde zu werten ist.

Die katholische Kirche

Es ist lange her, daß katholische Geistliche sich äußerten wie Ambrosius, der meinte, Verheiratete müßten eigentlich erröten angesichts des Zustands, in dem sie leben, oder wie Augustin, der den Geschlechtsverkehr als eine sündhafte Tat betrachtete.

In jüngster Zeit hat die katholische Kirche eine paar kleine Schritte vorwärts getan und die eisernen Fesseln ihrer Morallehre gelockert. Ihre theoretischen Konzepte haben sich langsam geändert, auch wenn sie in mancher Hinsicht immer noch sehr streng sind. Vielleicht orientieren sich deshalb in vielen katholischen Ländern immer weniger Menschen an den Vorstellungen ihrer Kirche bezüglich der Sexualmoral.

In Spanien befolgen nur 26 % derer, die sich als Katholiken bezeichnen, die Moralregeln ihrer Kirche.

Die Bibel und Sexualität

Sowohl Katholiken als auch Protestanten leiten ihre sexualmoralischen Grundsätze aus ihrer Interpretation der Bibel ab. Tatsächlich ist für die westliche Gesellschaft, obgleich sie sich durch zahlreiche Einflüsse von ihren Wurzeln entfernt hat, immer noch die Bibel, die Heilige Schrift der jüdisch-christlichen Tradition, der Bezugspunkt in vielen Fragen.

Wenn man sich mit der Bibel beschäftigt, stellt man fest, daß sie ganz deutlich und natürlich über Erotik spricht. Aus dem Schöpfungsbericht und seinen Folgen, wie die Bibel (Altes Testament, Evangelien und Briefe) ihn darstellt, leiten praktisch alle Christen ab, daß Gott Liebe, Ehe und Sexualität zum Wohl des Menschen geschaffen hat.

Ein ganzes Buch in der Bibel ist der Verherrlichung der ehelichen Liebe gewidmet: Es ist das Hohelied Salomos im Alten Testament. So vielfältig interpretierbar dieses Lied auch immer sein mag, es bleibt in allererster Linie ein Lied über die Schönheit und die Freuden der Liebe zwischen Mann und Frau.

Jesus selbst zeigt an keiner Stelle der Bibel Ablehnung gegenüber der Sexualität. Sein erstes Wunder vollbringt er ausgerechnet bei einer Hochzeit. Es ist auch bemerkenswert, wie barmherzig er sich gegenüber der Ehebrecherin verhält. Er verurteilt sie nicht, sondern setzt sich für ihre Rehabilitierung und gesellschaftliche Wiedereingliederung ein.

Sexuelle Harmonie

Harmonie in der Sexualität trägt in hohem Maß zu einer ausgeglichenen Partnerschaft bei. Sie beugt Problemen vor, beseitigt Spannungen und bereitet körperliches, psychisches und emotionales Behagen. Obwohl Mann und Frau rein biologisch für sich allein ein jeweils vollständiges menschliches Wesen darstellen, sind sie doch für eine Beziehung zueinander angelegt.

In dieser Hinsicht sind sie zwei sich ergänzende Wesen und erreichen so, indem sie in völligem gegenseitigen Verständnis und gänzlicher Harmonie zu einem einzigen Wesen verschmelzen, ihre höchste individuelle Verwirklichung.

Es mag widersprüchlich klingen, aber die Erfahrung zeigt, daß vollkommene Individualität erst zu zweit erreicht wird.

Auch wenn beide Komponenten eines Paares – Mann und Frau – bereits vollständige Wesen sind, gibt erst die Vereinigung ihren Persönlichkeiten einen ganz neuen Ausdruck. Der Theologe Camafort sagte einmal, die körperliche Vereinigung gehe über den Körper hinaus und werde zu einer Vereinigung der Seelen.

In einem von Monsignore Duchêne herausgegebenen Werk, an dem sich mehrere herausragende Theologen, Geistliche und Laien beider Geschlechter beteiligt haben, heißt es, die sexuelle Erfahrung der Lust sei wichtig, um die Lebensqualität des Paares und jedes einzelnen Partners zu verbessern.

Der Sexualwissenschaftler Zwang fügt hinzu, daß sie auch für das Fortbestehen der Einheit wichtig sei. Dieser Gesichtspunkt sollte in einer Zeit zunehmender Scheidungen stärker berücksichtigt werden.

Liebe und Sexualität

Die Sexualität ist eine Funktion des Menschen, an der anatomische, physiologische, psychische, geistige und soziale Elemente beteiligt sind, die für das jeweilige Geschlecht charakteristisch sind. Diese besonderen Eigenschaften werden bereits sehr früh im Leben eines Kindes sichtbar.

Bereits bei der Befruchtung wird das Geschlecht des neuen Wesens festgelegt, das sich später unter dem Einfluß der geschlechtsspezifischen Hormone entwickeln wird (siehe S. 1/26f.). Es wird ein geschlechtliches Wesen sein, das seine besondere Aufgabe zur Erhaltung der Art und zum lustvollen Erleben der Sexualität ausüben wird.

Verschiedene Formen der Liebe

Bisher hat niemand genau sagen können, was Liebe ist.

Es sind verschiedene Definitionen formuliert worden, von denen allerdings keine als umfassend und exakt genug bezeichnet werden kann.

Kap. 7: EINFÜHRUNG IN DIE PROBLEMATIK DER SEXUALITÄT

Braucht Sexualität Grenzen?

Sollten Jugendliche Sex haben können, wann immer sie wollen?

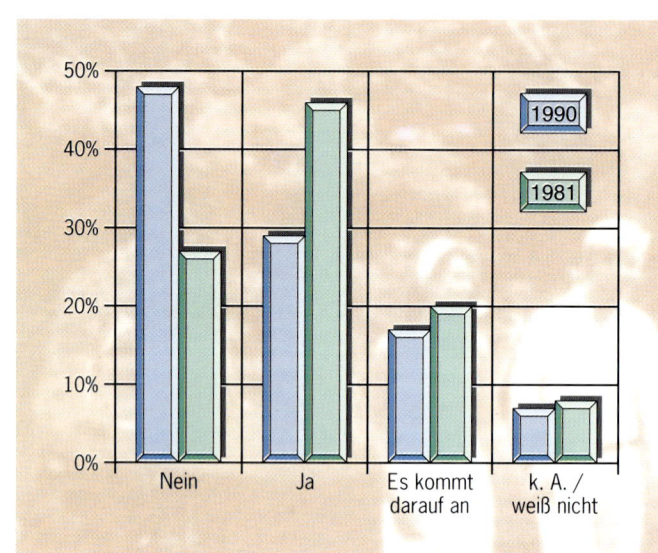

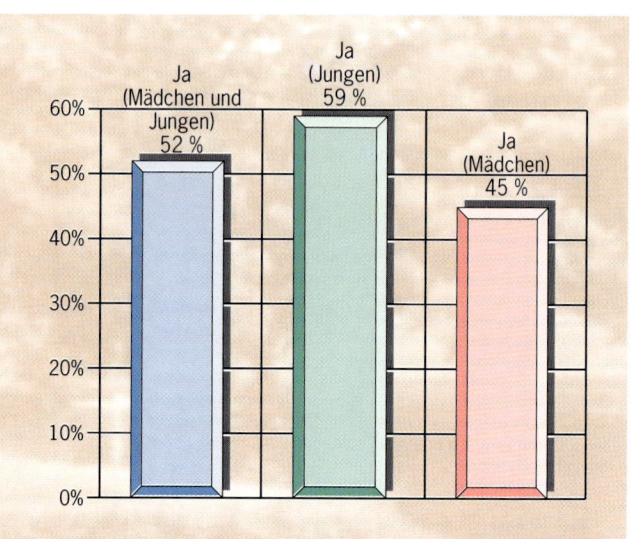

Die Santa-María-Stiftung veröffentlicht in regelmäßigen Abständen die Ergebnisse soziologischer Studien über die spanische Gesellschaft, insbesondere über das Verhalten der Jugend. Die in der Graphik dargestellten Ergebnisse stammen aus dem Bericht der Stiftung „Spanische Jugendliche 1994", der auf einer Befragung Jugendlicher (15-24 Jahre) männlichen und weiblichen Geschlechts basiert.

Die Autoren des Berichts bewerten die erhobenen Daten wie folgt: „Daß sich das Postulat der sexuellen Freiheit auch auf den Bereich des persönlichen Verhaltens auswirkt, wird dadurch bestätigt, daß die Mehrheit der Jugendlichen der Ansicht ist, man könne Sex haben, wann immer beide Partner dies möchten. Es wird aber auch deutlich, daß von dem Ausmaß der Akzeptanz sexueller Freiheit keine Rückschlüsse auf das tatsächliche Verhalten der Jugendlichen gezogen werden können, denn 34 % der Jugendlichen meinen, daß es auch wichtig sei, bei der eigenen Sexualität Selbstbeherrschung zu üben. Bei den Mädchen ist ein etwas höherer Anteil als bei den Jungen davon überzeugt, daß Selbstbeherrschung wichtig sei. Das ist verständlich, wenn man bedenkt, daß die weibliche Sexualität innerhalb der traditionellen Sexualmoral stärker als die männliche auf eine Identifizierung mit Restriktionen in der Sexualität konditioniert ist."

Obwohl es schwierig ist, wollen wir dennoch versuchen, die Liebe zu definieren oder zumindest gegenüber anderen Erscheinungsformen des Lebens abzugrenzen.

Es gibt eine weit verbreitete Klassifizierung der Liebe, von der wir glauben, daß sie uns helfen kann, die Liebe besser zu verstehen. Sie unterscheidet drei Arten der Liebe, die mit den griechischen Begriffen *Agape*, *Philia* und *Eros* bezeichnet werden. Wir fügen eine vierte Art hinzu, *Sarkikos*, die unserer Meinung nach den Begriff der Liebe noch besser verständlich macht.

- **Agape.** Das ist die rein geistige, perfekte und ohne Eigennutz gelebte Liebe. Sie entspringt der Beziehung des Menschen zu seinem Schöpfer, ist besonders auf Gott und die Familie gerichtet und umfaßt selbst die Feindesliebe.
Sie ist die Liebe als Prinzip, d. h. sie hängt nicht von äußeren Umständen und auch nicht davon ab, ob sie erwidert wird oder nicht. *Agape* ist die völlig selbstlose Liebe, die fähig ist zu geben, ohne zu nehmen.

- **Philia.** Das ist die Liebe der Freundschaft. Sie steuert die Zuneigung unter Freunden. Sexualität spielt bei ihr keine Rolle. Sie ist die Liebe der guten Beziehungen und des Zusammenlebens von Menschen gleichen oder unterschiedlichen Geschlechts. Sie beruht auf gemeinsamen Interessen und Neigungen. *Philia* ist die Liebe, bei der die Gefühle überwiegen.

184 / 1

- **Eros.** *Eros* bezeichnet die Liebe, die durch das Verlangen der Sinne entsteht. Sie hat eine körperliche, aber nicht immer geschlechtliche Ausrichtung, die oft auch von einer psychischen Komponente begleitet wird. *Eros* ist die Liebe, die gewöhnlich zwischen Individuen unterschiedlicher Geschlechter aufgrund gegenseitiger Anziehung entsteht.
- **Sarkikos.** Diese Art der Liebe ist die rein fleischliche Lust. Ihr Ziel ist rein körperlich. Sie verwirklicht sich für sich und durch sich selbst. *Sarkikos* steht im Gegensatz zur *Agape*.

Liebe und Leidenschaft

Liebe und Leidenschaft sind ganz unterschiedliche Dinge. Die Leidenschaft wird im Wörterbuch als „Zustand des Leidens", als „Verwirrung oder Gemütsbewegung des Geistes" und als „lebhafte Zuneigung einer Person zu einer anderen" bezeichnet.

In seinem ersten Brief an die Korinther widmet der Apostel Paulus das 13. Kapitel einer Aufzählung und Kommentierung der Eigenschaften der Liebe, ohne besondere Klassifizierungen oder Abgrenzungen vorzunehmen.

Für Paulus bedeutet Liebe Geduld, vollkommene Güte, Freude an Wahrheit und Gerechtigkeit und das Ablegen von Stolz, Neid, Bosheit, Egoismus, Ungerechtigkeit und Eifersucht. Die Liebe verzeiht und glaubt alles, sie erwartet und erträgt alles, sie ist dauerhaft und endet nie.

In seinem bekannten Essay „Die Kunst des Liebens" faßt Erich Fromm die Liebe nicht als lediglich persönliche Beziehung auf, sondern als ein besonderes Verhalten eines reifen Charakters, das sich auf unterschiedliche Weise offenbart:

- Bruderliebe
- Mutterliebe
- erotische Liebe
- Selbstliebe
- Gottesliebe

Fromm definiert die Liebe so:

„Reife Liebe ist eine Vereinigung, bei der die eigene Integrität und Individualität bewahrt bleibt. Liebe ist eine aktive Kraft im Menschen. Sie ist eine Kraft, die die Wände niederreißt, die den Menschen von seinem Mitmenschen trennen, eine Kraft, die ihn mit anderen vereinigt. (…) In der Liebe kommt es zu dem Paradoxon, daß zwei Wesen eins werden und trotzdem zwei bleiben."

Erscheinungsformen der Liebe

Wenn die Liebe da ist, freut sich der liebende Mensch über die körperlichen Eigenschaften und das Wesen der geliebten Person. Diese Begeisterung kann so groß sein, daß sie sich als geistige oder körperliche Ekstase ausdrückt.

Die Liebe kann sehr unterschiedlich definiert werden. Wenn sie echt ist, weist sie auf jeden Fall die beiden folgenden Merkmale auf, die Paulus für wichtig hielt: „Sie sucht nicht das ihre (…) und sie hört nicht auf (…)" Deshalb bedeutet einander lieben auch teilen.

Sex ohne Liebe

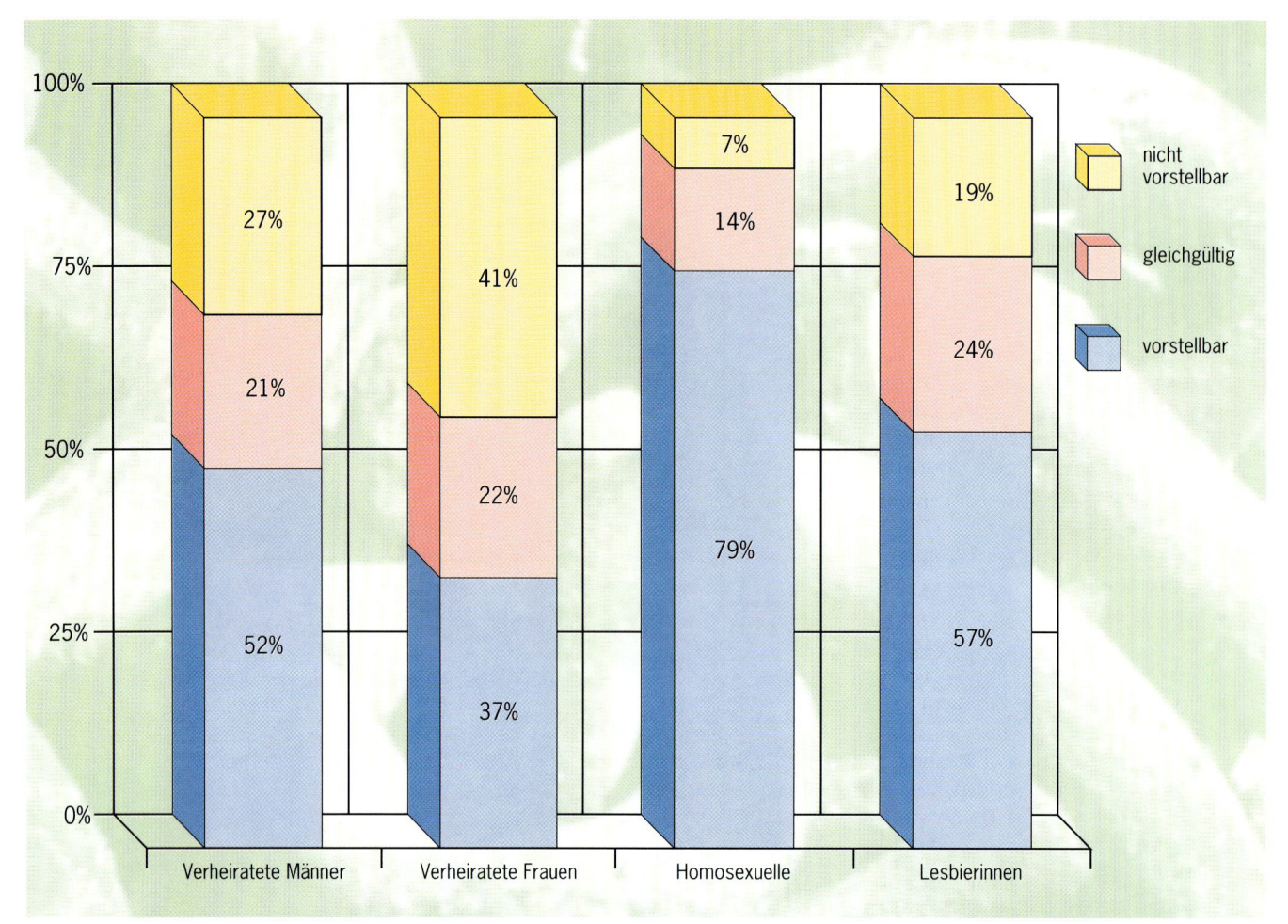

Chart data:

	Verheiratete Männer	Verheiratete Frauen	Homosexuelle	Lesbierinnen
nicht vorstellbar	27%	41%	7%	19%
gleichgültig	21%	22%	14%	24%
vorstellbar	52%	37%	79%	57%

Nach „American Couples" [Amerikanische Paare], Ph. Blumstein/P. Schwartz (zitiert nach Masters und Johnson)

Obwohl unserer Meinung nach eine sexuelle Beziehung ohne affektive Komponente unvorstellbar ist, gibt es viele Männer und Frauen, die es für möglich halten, das rein Geschlechtliche vom Emotionalen zu trennen. Es fällt auf, daß der Anteil derer, die diese Ansicht vertreten, bei homosexuellen Männern und Frauen im Vergleich zu heterosexuellen Personen wesentlich höher ist. Die Abbildung zeigt auch, daß sich insgesamt mehr Männer als Frauen Sex ohne Liebe vorstellen können.

Der Verliebte kann seinen Schlaf und seinen Appetit verlieren, wenn seine Liebe erwidert wird, und erst recht, wenn sie nicht erwidert wird.

Wir alle kennen die Situation des jungen oder nicht mehr ganz so jungen Menschen – Mann oder Frau –, dessen Leben sich in allen Bereichen total verändert, wenn ihn Amors Pfeil trifft.

Liebe bedeutet immer Unruhe, Erregung, Sehnsucht, Verlangen, den unerklärlichen Wunsch, etwas zu bekommen, das nur die geliebte Person besitzt.

Die Unruhe, die der Verliebte verspürt, ist das Gefühl des „Nicht-Besitzens" von Geist oder Willen des Objekts der Verliebtheit und der körperlich-geschlechtlichen Vereinigung als Höhepunkt.

Wird die Liebe erwidert, kommt es normalerweise zur Vereinigung der Liebenden, bei der sich die Liebe entfaltet, tiefe Wurzeln schlägt und das Leben beider Partner verschönert.

Dieses Wachstum erfordert viel Verständnis und Hingabe, was sich jedoch für die Ehepartner auszahlt, weil es sich bis in die intimsten Bereiche ihrer Liebesbeziehung positiv auswirkt.

Wenn die Liebe nicht erwidert wird, kann die Beziehung nicht glücklich werden.

Wie wäre es sonst zu erklären, daß so viele Ehepartner einander untreu werden und daß so viele Frauen die sexuellen Beziehungen zu ihren Ehemännern als unbefriedigend empfinden?

Es kann zwar nicht geleugnet werden, daß eine rein platonische Liebe den Menschen auch zu befriedigen vermag. Die Biologie, die niemals Seele, Geist und Körper trennt, verlangt jedoch, daß sich in der heterosexuellen Liebe die körperlichen Impulse mit den seelischen Sehnsüchten vereinen oder einander sehr nahe kommen.

Wir meinen damit die menschliche, nicht die tierische Biologie.

Der alles dominierende Instinkt des Tieres darf im allgemeinen nicht auf die gleiche Ebene mit den Gefühlen oder mit dem Geist gestellt werden. Beim Menschen vereinigen sich Psyche und Geist im Körper, in dem sich alle Gemütsverfassungen ausdrücken.

Der Sexualtrieb

Triebe können definiert werden als die Fähigkeit oder der natürliche Impuls, gewisse zielgerichtete Handlungen auszuführen, ohne daß sie von Instanzen wie der Intelligenz oder dem Willen, die normalerweise das Überleben von Individuum und Art sichern, kontrolliert werden.

Dieser Impuls ist angeboren, vererbbar, automatisch und Mensch und Tier gemeinsam. Beim Tier kann der Instinkt nicht unterdrückt oder beeinflußt werden, wie z. B. im Fall der Biene, die an den Blumen saugt, um Honig zu produzieren, oder der Schwalbe, die ihr Nest immer auf die gleiche Weise baut.

Triebkontrolle

Der Mensch hingegen kann seine Triebe kontrollieren, unterdrücken oder umlenken.

Das trifft auch auf den Sexualtrieb zu, obwohl er, weil er der Lebens- und Arterhaltung dient, einer der stärksten Triebe ist. Der Mensch kann sogar einen so starken Trieb wie den Selbsterhaltungstrieb ausschalten, was lange Hungerstreiks oder Fastenkuren deutlich machen.

Der Sexualtrieb treibt ein Geschlecht praktisch unwiderstehlich dazu an, die Vereinigung mit dem anderen Geschlecht zu suchen. Dieser Trieb ist Mensch und Tier gemeinsam. Beim Menschen jedoch spielen Psyche und Geist zusätzlich eine große Rolle, und der Trieb kann durch den Willen beherrscht, kontrolliert und auch umgeformt werden.

Fortpflanzungstrieb

Früher nannte man den Sexualtrieb Fortpflanzungstrieb. Die Änderung des Begriffes erfolgte möglicherweise als Reaktion auf eine bestimmte religiöse Denkweise, nach der eine nicht zum Zweck der Fortpflanzung eingesetzte Sexualität eine Sünde sei, die zum Sittenverfall führe.

Es stellt sich die Frage, ob die Sexualität um ihrer selbst willen eine Berechtigung hat und wie dies zu begründen ist.

Der Selbsterhaltungstrieb bringt uns dazu, zu essen und zu trinken. Dabei empfinden wir Genuß. Dieser Genuß verstärkt wiederum den triebgesteuerten Impuls. Wenn es nicht so wäre, würden wir wahrscheinlich verhungern, ohne es zu bemerken.

Die Biene „fliegt" instinktiv auf die Blume. Der Mensch kann seine Instinkte kontrollieren und mit dem Verstand lenken. Das gilt auch für den Sexualtrieb.

Kap.7: EINFÜHRUNG IN DIE PROBLEMATIK DER SEXUALITÄT

Die Natur hat den Menschen mit der Fähigkeit ausgestattet, jederzeit sexuell aktiv zu sein, obwohl die Frau nicht zu jeder Zeit schwanger werden kann. Unserer Meinung nach ist das der deutliche Beweis dafür, daß eine sexuelle Aktivität, die ausschließlich dem Zweck der Fortpflanzung dient, unnatürlich ist. Der Mensch muß selbst entscheiden, wann und wie Sex angebracht ist, sei es zur Fortpflanzung oder zur Bereicherung der Partnerbeziehung.

Warum sollten wir nicht akzeptieren, daß das sinnliche, psychische und geistige Erleben, das den Sexualakt begleitet, die treibende Kraft ist, die das Überleben der Art gewährleistet?

Gäbe es nicht den starken Sexualtrieb, die Erotik und den Genuß beim Geschlechtsverkehr und Orgasmus, würden viele Menschen gänzlich auf die Fortpflanzung verzichten oder sie beträchtlich einschränken. Der Sexualtrieb erfüllt somit einen ganz wichtigen Zweck.

Was ist der Sinn der Sexualität?

Die Frage mag seltsam klingen. Dennoch kann sie nicht so seltsam sein, da Philosophen und Wissenschaftler sie immer wieder stellen. Was ist der Sinn der Sexualität? Wozu dient sie?

Sigmund Freud, der Vorreiter der wissenschaftlichen Erforschung der Sexualität, definierte Sexualität nicht. Er beschränkte sich darauf, ihren großen Einfluß auf den Menschen zu beschreiben.

Für Ricoeur, Professor an der Universität von Paris, ist sie ein Rätsel, „denn wir wissen nicht, was sie bedeutet ... Letztlich wissen zwei Menschen, die sich umarmen, nicht, was sie tun. Sie wissen nicht, was sie wollen und was sie suchen."

Und Endokimov fügt hinzu, daß „die Sexualität bisher nicht zufriedenstellend erklärt worden ist und auch wohl nie werden wird".

Es gibt einige jüngere Wissenschaftler, die der Frage etwas genauer nachgegangen sind, obgleich auch ihre Antworten manchmal äußerst vage sind.

Lorenz und McDougall stellen fest, daß die Sexualität, wie auch die anderen triebgesteuerten Handlungen, von emotionalen und subjektiven Erscheinungen begleitet wird. Sexualität dient dem Individuum dazu, Lust- oder Genußempfindungen zu erleben.

Der bewußte Wunsch nach sexuellem Genuß ist ein ausgesprochen menschliches Bedürfnis, das weit über die Erfordernisse der Fortpflanzung hinausgeht. Das Verlangen nach einem Orgasmus aus rein körperlichen und psychischen Gründen verdrängt quantitativ jeden anderen menschlichen sexuellen Impuls.

Der Sexualwissenschaftler Wilhelm Reich schätzt den Orgasmusbedarf eines Mannes während eines normalen Lebens (70 Jahre) auf etwa 5.000 sexuelle Kontakte, wohingegen die Fortpflanzungskontakte nur im Ausnahmefall 15 erreichen.

Zusammenfassend kann der Zweck der Sexualität folgendermaßen beschrieben werden: Manchmal ist es die Fortpflanzung, aber überwiegend das Erleben sexuellen Genusses.

Sexualität ohne Fortpflanzung?

Die Natur hat den Menschen mit erotischer Anziehungskraft ausgestattet, um die Erhaltung der Art sicherzustellen. Da die Sexualität der Arterhaltung dient, kann man sich als Philosoph, Moralist, frommer Mensch oder auch als Atheist fragen, ob es tatsächlich rechtens ist, sie auch ohne Fortpflanzungsabsicht einzusetzen.

Damit geraten wir direkt in das vieldiskutierte Thema, ob Sexualität von der Fortpflanzung getrennt werden darf oder nicht.

Dies ist ein Problem, das nicht ausschließlich die christliche Kultur und andere Religionen betrifft, die diese Trennung ablehnen. Anhänger der östlichen Religionen – des Konfuzianismus, des Buddhismus und des Hinduismus – glauben, daß die Sexualität nicht von ihrem Fortpflanzungsziel losgelöst werden sollte.

Die Heilige Schrift

Um die verschiedenen Positionen zu diesem Thema einordnen zu können, lohnt sich ein Blick in die Bibel.

Interessanterweise finden wir an keiner Stelle der Bibel den kleinsten Hinweis darauf, daß Sexualität ohne Fortpflanzungsabsicht verboten ist oder abgelehnt werden sollte.

Im Gegenteil, es sind Anzeichen dafür zu finden, daß sie akzeptiert und indirekt sogar empfohlen wird.

In der revidierten Fassung der Lutherbibel heiß es im mosaischen Gesetz zum Beispiel:

„Wenn jemand sich kurz vorher eine Frau genommen hat, soll er nicht mit dem Heer ausziehen, und man soll ihm nichts auferlegen. Er soll frei in seinem Hause sein ein Jahr lang, daß er fröhlich sei mit seiner Frau, die er genommen hat."
(5. Mose 24,5)

Und in seinem ersten Brief an die Korinther empfiehlt der Apostel Paulus:

„Entziehe sich nicht eins dem andern, es sei denn eine Zeitlang, wenn beide es wollen, damit ihr zum Beten Ruhe habt; und dann kommt wieder zusammen, damit euch der Satan nicht versucht, weil ihr euch nicht enthalten könnt."
(1. Korinther 7,5)

Zu jeder Zeit

Wir haben bereits erwähnt, daß der Mensch ein geschlechtliches Wesen ist. Er ist das mit Organen ausgestattet, die unter dem mächtigen hormonellen und neurologischen Einfluß ihre zweifache Aufgabe, die der Erotik und der Fortpflanzung, erfüllen.

Die geschlechtliche Beschaffenheit des Menschen, die Hormonproduktion und

Gewiß dient die Sexualität der Fortpflanzung. Daß die Frau nur an wenigen Tagen im Monat empfängnisbereit ist und daß sie selbst dann sexuelles Verlangen verspürt, wenn sie bereits schwanger ist, beweist, daß die Sexualität darüber hinaus weiteren Zielen dient. Dazu gehört vor allem das Erzeugen angenehmer Gefühle bei Mann und Frau.

Kap. 7: EINFÜHRUNG IN DIE PROBLEMATIK DER SEXUALITÄT

Jeder Mensch hat das Bedürfnis nach psychisch-physischer Nähe in der Sexualität. Was man bisher noch nicht genau abschätzen kann, ist, wie dieses Bedürfnis nach Nähe am besten befriedigt werden kann und welche Rolle die erotische Liebe dabei spielt.

weitere Faktoren schaffen einen sexuellen Spannungszustand, der ihn dazu treibt, den affektiven, geistigen und körperlichen Kontakt mit dem anderen Geschlecht zu suchen. Diese Spannung findet ihre größte Erfüllung im sexuellen Genuß, der in der körperlichen Vereinigung zweier Wesen, die einander lieben, gipfelt.

Wenn ein Paar sich Kinder wünscht oder nichts dagegen hat, welche zu bekommen, gibt es kein Problem. Im ersten Fall, erfüllt sich die Hoffnung, wenn eine Schwangerschaft eintritt. Im zweiten Fall ist es kein Unglück, wenn es zu einer Schwangerschaft kommt.

Probleme können in einer sexuellen Beziehung entstehen, wenn Kinder aus irgendwelchen Gründen nicht erwünscht sind.

Tiere kommen nur zu bestimmten Jahreszeiten in Brunst. Dies ist beim Menschen anders. Der Mann ist normalerweise fast immer zum Geschlechtsverkehr bereit und ebenso die Frau. Das scheint zu belegen, daß der Mensch im Gegensatz zum Tier nicht nur zum Zweck der Fortpflanzung Geschlechtsverkehr hat, sondern auch, um ausschließlich körperlichen und psychischen Genuß zu erleben.

Die Natur scheint uns durch die Tatsache, daß eine schwangere Frau, die ihre

Fortpflanzungsaufgabe längst erfüllt hat, weiterhin das Verlangen nach Sex verspürt, zeigen zu wollen, daß der Wunsch nach geschlechtlicher Vereinigung ohne Fortpflanzungsabsicht normal ist. Oft ist das sexuelle Verlangen in der Schwangerschaft sogar ausgeprägter als vorher.

Allerdings erfährt nicht nur die Befriedigung des Sexualtriebs, sondern auch das psychische und geistige Bedürfnis nach Zuneigung, Verständnis, Kommunikation und Hingabe als Ausdruck einer tiefen und wahren Liebe in der sexuellen Vereinigung seinen Höhepunkt.

Enthaltsamkeit

Unabhängig von dem bisher Gesagten ist der Mensch aber auch in der Lage, sexuell enthaltsam zu leben. Dies wird von vielen Menschen praktiziert.

Man kann der sexuellen Verführung widerstehen, wenn man sich nicht dauernd einer Erregung aussetzt. Anderenfalls garantiert selbst der stärkste eiserne Wille nicht, daß man den inneren Drang nach sexueller Befriedigung unter Kontrolle behalten kann.

Dazu empfiehlt der Apostel Paulus folgendes:

„Aber um Unzucht zu vermeiden, soll jeder seine eigene Frau haben und jede Frau ihren eigenen Mann. Entziehe sich nicht eins dem andern. Den Ledigen und Witwen sage ich: Es ist gut für sie, wenn sie bleiben wie ich. Wenn sie sich aber nicht enthalten können, sollen sie heiraten; es ist besser zu heiraten als sich in Begierde zu verzehren." (1. Korinther 7,2-9).

Die Gründe, die der Apostel hinzufügt, machen deutlich, daß er eine Ausübung der Sexualität ohne Fortpflanzungsabsicht billigt.

Ein vernünftiger Gedanke

Sexualität ist nichts Verwerfliches. Warum auch sollte eine so natürliche und vielseitige menschliche Funktion verwerflich sein?

Sie sollte allerdings, wie alle menschlichen Funktionen, wohlüberlegt eingesetzt werden, damit dieses wertvolle Gut nicht Unruhe und Zerstörung anstiftet. Der angemessenen Nutzung dieser kostbaren Gabe werden wir uns deshalb im weiteren noch verschiedentlich widmen.

8 Die Fortpflanzung des Menschen

Fortpflanzung kann definiert werden als die Fähigkeit von Lebewesen, durch Hervorbringen ähnlicher Wesen ihre Art zu erhalten. Tote Materie wächst nicht und vermehrt sich nicht. Die Fähigkeit, sich zu vermehren und zu wachsen, ist ausschließlich ein Merkmal der Lebewesen, d. h. der Pflanzen, der Tiere und des Menschen.

Beim Menschen wird – im Gegensatz zum Tier – die Fortpflanzung nicht nur durch Instinkte oder Naturgesetze gesteuert. So hat eine Frau in den meisten entwickelten Ländern im Durchschnitt nur knapp zwei Kinder, was darauf zurückzuführen ist, daß der Mensch seine stärksten Instinkte kontrollieren, umlenken oder sogar unterdrücken kann.

Deshalb müssen bei der Beschäftigung mit dem Thema, auch wenn die physiologischen und biologischen Gesichtspunkte der Fortpflanzung sehr wichtig sind, die psychologischen, ethischen und sozialen Komponenten, die erstere beeinflussen, ja sogar ganz ausschalten können, mitberücksichtigt werden.

Nach der jüdisch-christlichen Tradition gehören der Fortpflanzungstrieb und der Sexualtrieb, bei denen es sich um zwei unterschiedliche Triebe handelt, zum Wesen des Menschen und gehen direkt auf den Akt der Erschaffung des Menschen zurück, bei dem es hieß: „Seid fruchtbar und mehret euch."

Die Fähigkeit, sich fortzupflanzen, ist ein wesentliches Merkmal der Lebewesen, das beim Menschen nicht nur durch Naturgesetze gesteuert wird.

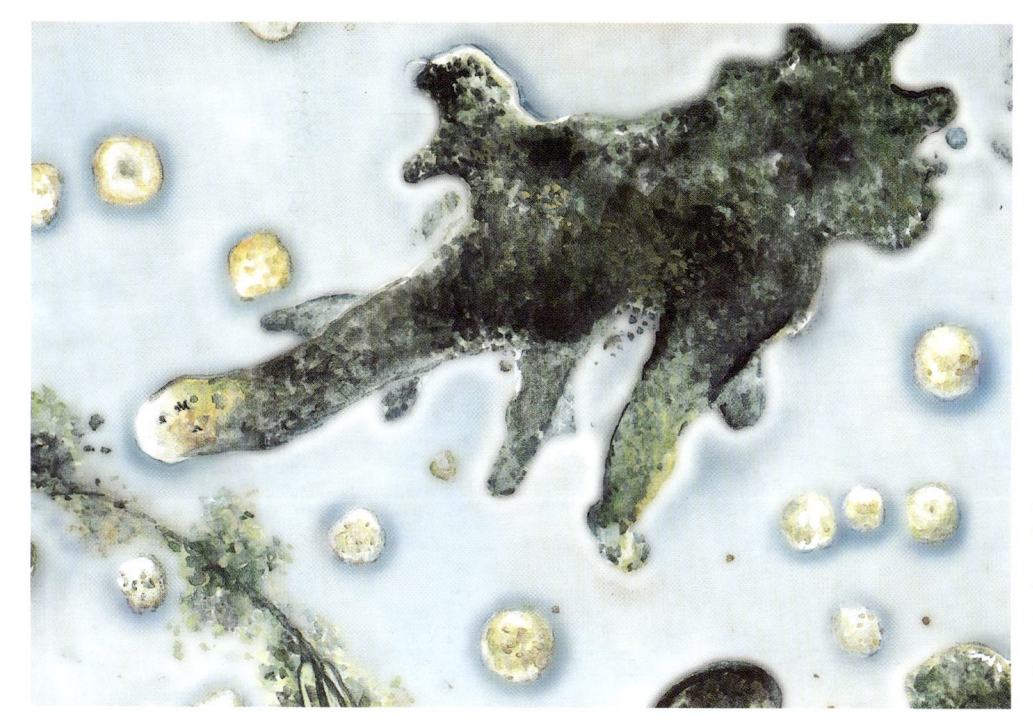

Die Amöbe, ein mikroskopisch kleiner Einzeller, lebt in Salz- und Süßwasser und in Feuchtgebieten. Sie vermehrt sich durch Teilung, auch Mitose genannt. Auf diese Art vermehren sich auch die Zellen des menschlichen Körpers. Es ist eine ungeschlechtliche Fortpflanzungsart.

Unterschiedliche Fortpflanzungsarten

Wir wollen den einzelnen Menschen als biologische Grundeinheit definieren.

Jedes Individuum erlangt, wenn es ausgewachsen ist, seine ganz spezielle Form. In diesem Augenblick hört das Größenwachstum auf. Wenn die Lebewesen unaufhörlich weiter wüchsen, würden sie monströse Ausmaße annehmen.

Um das zu verhindern, wird bei niederen Lebewesen, wie z. B. bei der Amöbe, zu einem bestimmten Zeitpunkt die Teilung eingeleitet. Es entstehen zwei neue Lebewesen.

Bei höher entwickelten Lebewesen findet die Arterhaltung in einem wesentlich komplizierteren Fortpflanzungsprozeß statt.

Ungeschlechtliche Fortpflanzung

Bei der ungeschlechtlichen Fortpflanzung ist keine Beteiligung unterschiedlicher Geschlechter erforderlich. Auf diese Art vermehrt sich die bereits erwähnte Amöbe, ein einzelliges Tier, das sowohl im Süßwasser als auch im Salzwasser und in feuchten Böden lebt.

Mitose

Wenn die Amöbe ausgewachsen ist, teilt sich ihr Kern. Ihr Zellkörper verlängert sich und schnürt sich in der Mitte ab, wobei er die Form einer Sanduhr annimmt. Zellkern und Zellkörper teilen sich an der Abschnürung in zwei Tochteramöben.

Diese Art der Fortpflanzung wird Mitose genannt. Auch die Zellen des menschlichen Körpers vermehren sich durch Mitose, wobei Form und Art der Tochterzellen jeweils von Form und Art der Zellen des Ausgangsgewebes abhängen.

Wenn sich bei der Mitose eine menschliche Zelle in zwei neue Zellen teilt, spalten sich die Chromosomen der Zelle und bilden zwei Gruppen mit je 46 Chromosomen. Beide Hälften der Ausgangszelle enthalten je eine dieser Gruppen und werden so zu kompletten neuen Zellen.

Bei der Vermehrung der Keimzellen dagegen, der Meiose, teilen sich die Chromosomen in einer ersten Zellteilung paar-

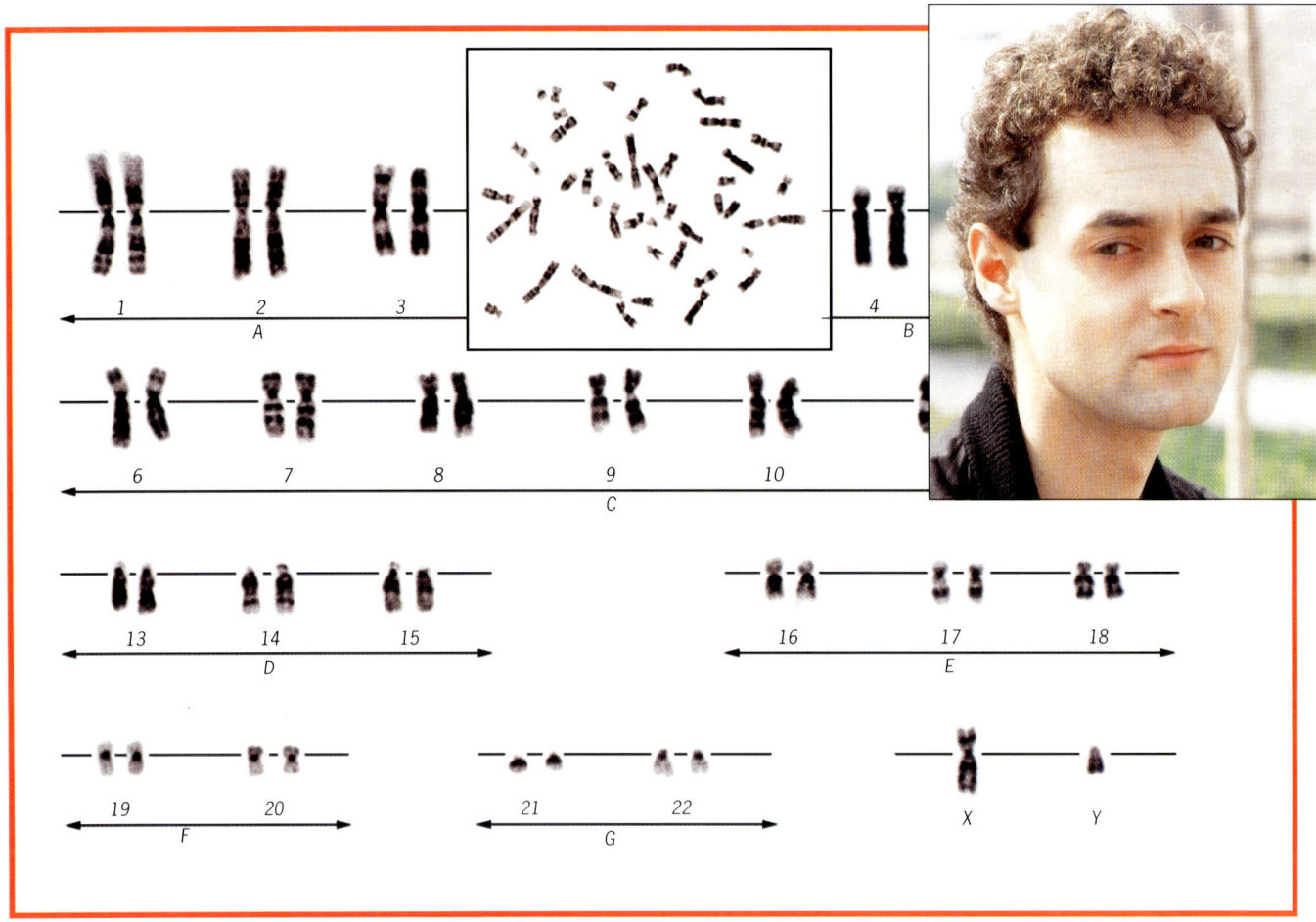

Die mit Hilfe eines Mikroskops fotografierten Chromosomen werden paarweise geordnet und numeriert, so daß der Karyotyp untersucht und mögliche Anomalien festgestellt werden können.

Der Karyotyp ist das besondere Erscheinungsbild des Chromosomensatzes eines bestimmten Individuums.

Der einzige Unterschied zwischen einem weiblichen und einem männlichen Karyotyp liegt im Chromosomenpaar 23, das aus zwei

Der Karyotyp

Gonosomen (Geschlechtschromosomen) besteht. Sie bestimmen das Geschlecht.

Auf dem hier abgebildeten Foto ist der Karyotyp eines gesunden Mannes zu sehen. Er wird abgekürzt als „46, XY" bezeichnet. Das bedeutet: Der Kern jeder Zelle seines Organismus enthält 46 Chromosomen, von denen ein Paar, die Gonosomen, XY sind.

Der normale Karyotyp einer Frau, der auf der nächsten Seite zu sehen ist, wird abgekürzt als „46, XX" dargestellt.

weise in zwei Gruppen von jeweils 23 Chromosomen. In einer zweiten Zellteilung teilen sie sich nochmals.

Gemischte Fortpflanzung

Bei der gemischten oder alternierenden Vermehrung pflanzt sich die Art teils geschlechtlich, teils ungeschlechtlich fort.

So verhält es sich z. B. mit den Bienen. Die Königin produziert je nach Bedarf entweder Arbeiterinnen aus befruchteten Eiern (geschlechtliche Fortpflanzung) oder Drohnen aus unbefruchteten Eiern (ungeschlechtliche Fortpflanzung oder Entwicklung von unbefruchteten Eiern).

Geschlechtliche Fortpflanzung

Die geschlechtliche Fortpflanzung ist sowohl im Tierreich als auch im Pflanzenreich verbreitet. Sie erfolgt durch Verschmelzen von Zellen, die Gameten genannt werden. Eine davon ist männlich, die andere weiblich.

Die beiden Fortpflanzungszellen können aus demselben Organismus stammen. Pflanzen besitzen Staubfäden mit männlichen Zellen, die den Pollen tragen, und Stempel mit weiblichen Befruchtungszellen.

Die meisten Tiere, Männchen und Weibchen, verfügen über Gameten.

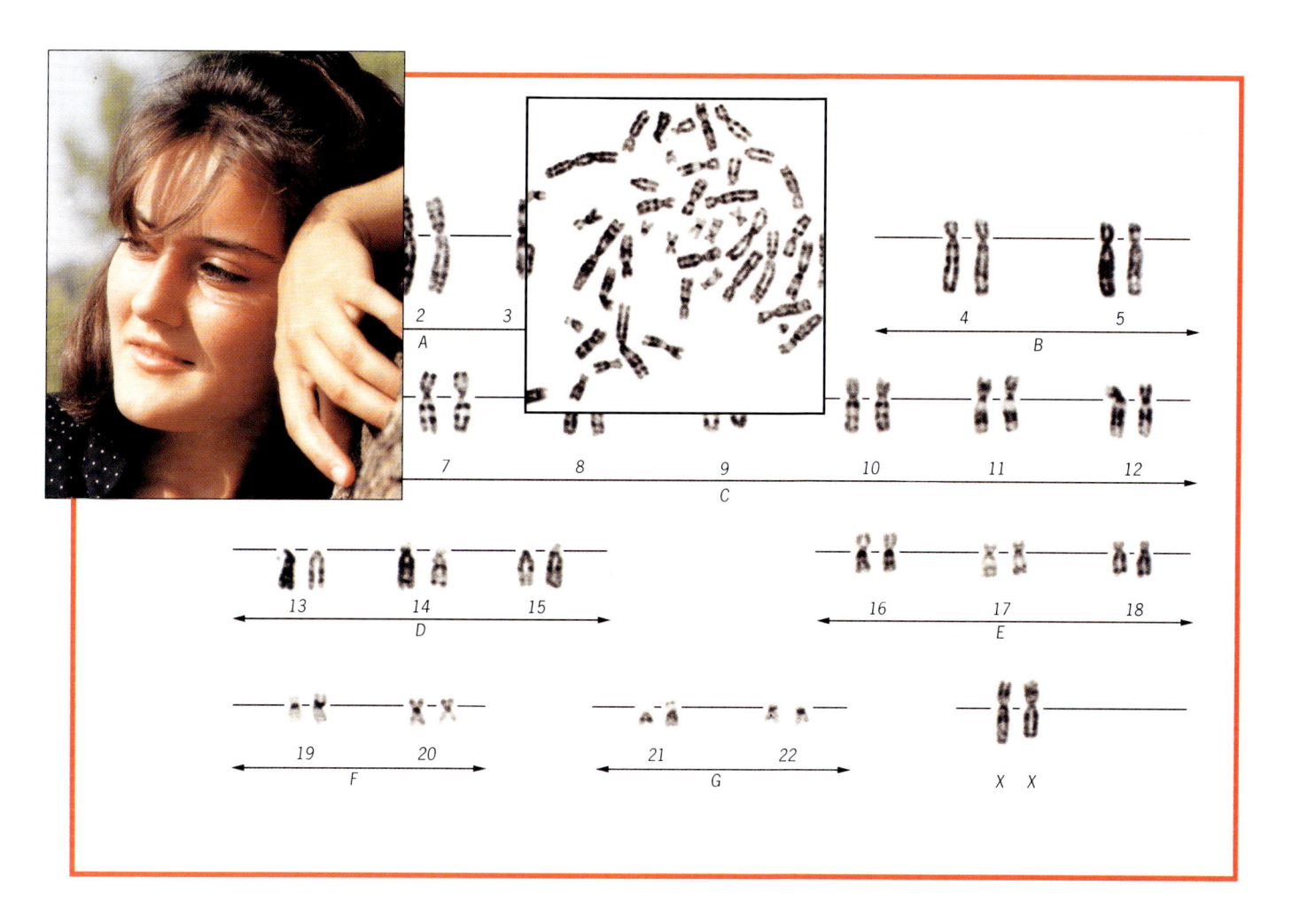

Fortpflanzung des Menschen

Gene und Chromosomen

Die Gameten oder Fortpflanzungszellen beim Menschen sind

- die männliche **Samenzelle** und
- die weibliche **Eizelle**.

Beide besitzen einen haploiden Chromosomensatz.

Haploid heißt – gegenüber diploid –, daß nur die Hälfte der Chromosomen vorhanden ist. Die Zahl der Chromosomen im diploiden Chromosomensatz ist bei jeder Art konstant.

Jede einzelne menschliche Körperzelle trägt 46 Chromosomen. Dies ist die Zahl des diploiden Chromosomensatzes des Menschen. Gameten tragen dagegen nur einen haploiden Chromosomensatz, d. h. 23 Chromosomen.

Bei der Befruchtung vereinigen sich zwei Gameten mit haploidem Chromosomensatz und bilden eine Zelle mit diploidem Chromosomensatz von 46 Chromosomen. Wäre dies nicht so, würde sich bei jeder Befruchtung die Anzahl der Chromosomen verdoppeln.

Jedes Chromosom besteht aus zahlreichen Genen. Die Gene sind die Träger der Erbmerkmale eines jeden Individuums. Durch ihre Vereinigung bringen sie ein Wesen mit einmaligen Eigenschaften und Merkmalen hervor.

Dank der durch den Vater und die Mutter nach den Vererbungsregeln weitergegebenen Eigenschaften wird der neue Mensch ein einzigartiges Wesen.

In den Genen und Chromosomen sind außerdem alle Informationen, die für das Wachstum und die Entwicklung des Embryos wichtig sind, angelegt.

Jede Tier- oder Pflanzenart verfügt über eine ganz bestimmte Anzahl an Chromosomen. Beim Menschen sind dies, wie bereits gesagt, 46, die sich aus zwei Paaren zu je 23 zusammensetzen. Davon sind 22 Paare Autosomen (nicht geschlechtsspezifische Chromosomen) und 1 Paar Gonosomen (geschlechtsspezifische Chromosomen).

Die männliche Fortpflanzungszelle trägt ein X- oder Y-Chromosom und bestimmt damit das Geschlecht des neuen Wesens. Zur Darstellung der Chromosomenformel des Menschen wird normalerweise folgende Schreibweise benutzt:

- **Mann**: 46, XY
- **Frau**: 46, XX

Anordnung der Chromosomen

Die Chromosomen (aus dem Griechischen *kromo*, Farbe, und *soma*, Körper) befinden sich im Zellkern und werden so genannt, weil sie sich mit bestimmten Farbstoffen anfärben lassen.

Mit dem Elektronenmikroskop können sie sichtbar gemacht werden, wobei der günstigste Augenblick in der Mitte der Mitose liegt. Zur Beobachtung der Chromosomen benutzt man eine Blutzellkultur oder eine Kultur aus anderen Geweben.

Die Chromosomen setzen sich aus aneinandergereihten Genen zusammen, die aus Abschnitten der Desoxiribonukleinsäure (DNS) bestehen.

Die DNS hat die Form einer Doppelhelix, die durch Querstränge zusammengehalten wird. Die Seitenstränge der Doppelhelix werden im Wechsel durch ein Phosphat- und ein Zuckermolekül gebildet. Die Querstränge bestehen aus Purinbasen (Guanin und Adenin) und Pyrimidinbasen (Zytosin und Thymin) (siehe Abb. S. 3/20).

Die Chromosomen unterscheiden sich voneinander durch die mannigfaltigen Kombinationen der Bestandteile ihrer Zucker- und Phosphatketten und durch ihre komplexe, aber streng geordnete Verkettung.

Jedes Chromosom ist lediglich wenige Mikrometer (Tausendstel Millimeter) lang und kann durch ein Lichtmikroskop beobachtet werden.

Wenn die Chromosomen fotografiert und die Aufnahmen vergrößert werden, können sie ausgeschnitten und nach ihrer Größe geordnet werden, wie die Abbildungen auf Seite 1/195 und 1/196 zeigen. Das erleichtert ihre Untersuchung.

Der Karyotyp

Der Karyotyp eines Individuums (die Gesamtheit der Chromosomen) wird anhand der unter dem Mikroskop erkennbaren Eigenschaften der Chromosomen bestimmt.

Bei der Untersuchung der Chromosomen können Abweichungen der normalen Strukturen oder der Zahl der Chromosomen erkannt werden. Es genügt, wenn man der Person, die untersucht werden soll, Zellen (Blut, Knochenmark, Haut, Hoden) entnimmt und eine Kultur anlegt. Man beschleunigt damit ihre Teilung, hält sie aber mitten in der Mitose auf, um die Untersuchung der Zellen mit speziellen Substanzen zu erleichtern. Nicht alle Abweichungen an Chromosomen müssen das Leben eines Menschen stark beeinträchtigen.

Eine relativ häufige Anomalie ist die Trisomie 21, die zum Down-Syndrom, auch Mongolismus genannt, führt. Die Betroffenen haben an der 21. Stelle statt des normalen Chromosomenpaares drei gleiche Chromosomen (siehe S. 3/27).

Es können auch Karyotypen mit 69 (Triploidie) und 92 Chromosomen (Tetraploidie) in Gruppen von drei oder vier Chromosomen vorkommen. Sie sind aber sehr selten und führen meist zu einer Fehl- oder Totgeburt (siehe S. 3/28).

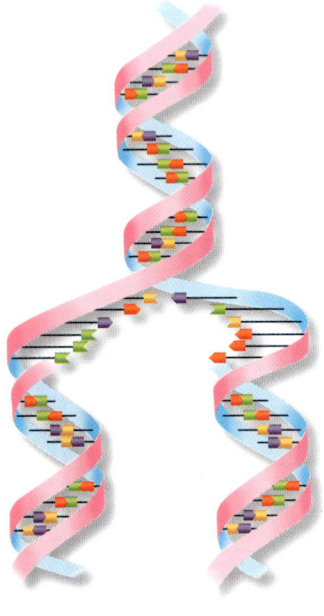

DNS-Strang

MENSCH UND FAMILIE

BAND 1

Die Geschlechtsfestlegung

*Das Geschlecht des Kindes wird bei der Befruchtung festgelegt.
Die Samenzelle, die in die Eizelle eindringt, trägt ein X-oder Y-Geschlechtschromosom. Im ersten Fall wird das Geschlecht des Kindes weiblich (XX), da die Eizelle ein X-Geschlechtschromosom trägt. Im zweiten Fall wird durch die Vereinigung eines Y-Geschlechtschromosoms der Samenzelle mit dem X-Chromosom der Eizelle festgelegt, daß der neue Mensch ein Junge wird (XY).*

Der Karyotyp eines Embryos kann bereits vor der Geburt durch eine Untersuchung abgeschilferter Hautzellen erstellt werden.

Die Zellen werden durch eine Fruchtwasserentnahme (Amniozentese, siehe S. 3/82) gewonnen.

Anhand einer Untersuchung dieser Embryozellen kann festgestellt werden, ob beim Kind ein genetischer Defekt vorliegt.

Ausführliche Informationen über verschiedene genetische Anomalien und weiter Erläuterungen zu Vererbungsprinzipien sind in Kapitel 37 (S. 3/12ff.) zu finden, das sich mit den Voraussetzungen für einen gesunden Nachwuchs beschäftigt.

Geschlechtsfestlegung und -differenzierung

Die Geschlechtsfestlegung und die Geschlechtsdifferenzierung sind zwei unterschiedliche Dinge.

Es gibt zwei wichtige Momente in der Entstehung des Geschlechts eines neuen Menschen. Der erste ist der, in dem die aus den Keimzellen stammenden weiblichen und männlichen Vorkerne miteinander verschmelzen.

In diesem Moment wird das Geschlecht des Kindes festgelegt. Entscheidend für

Verhältnis Jungen zu Mädchen bei der Geburt

Land	Jungen	Mädchen
Japan	105,9	100
Australien	105,8	100
Deutschland	105,7	100
Italien	105,5	100
Mexico	105,3	100
Rußland	105,3	100
USA	105	100
Österreich	105	100
Belgien	104,9	100
Schweden	104,5	100
Schweiz	104,5	100

Würden nicht mehr Jungen als Mädchen geboren werden, wäre das Verhältnis von erwachsenen Männern zu Frauen unausgeglichen, denn die Sterberate ist bei Männern, besonders in Kindheit und Alter, höher als bei Frauen. Die Abbildung macht deutlich, daß in allen Ländern etwa 4-6 % mehr Jungen als Mädchen zur Welt kommen. Die Anzahl der späteren Witwen liegt dagegen um das drei bis vierfache höher als die der Witwer.

die Ausrichtung des Geschlechts ist, ob die männliche Keimzelle ein X- oder ein Y-Chromosom enhält.

Die Geschlechtsdifferenzierung, die ab der fünften Entwicklungswoche des Embryos im Mutterleib stattfindet, kann anhand der Geschlechtsmerkmale zunächst durch das Mikroskop und später mit bloßem Auge beobachtet werden.

Welches Geschlecht – männlich oder weiblich – sich entwickelt, wurde bereits bei der Zeugung festgelegt.

Die Gameten

Die meisten Körperzellen vermehren sich durch Mitose. Durch diese Vermehrungsart entstehen neue Zellen, die die gleiche Anzahl an Chromosomen haben wie die Mutterzellen.

Bei der Vermehrung der Keimzellen in den Hoden und in den Eierstöcken stellt sich ein interessantes Phänomen ein. Es findet eine Reduktion der Chromosomen statt. Eizelle und Spermium reduzieren ihren doppelten (diploiden) Chromosomensatz von 46 Chromosomen auf den einfachen (haploiden) Chromosomensatz von 23 Chromosomen. Das ist die bereits erwähnte Meiose.

Die haploide Samenzelle bildet bei der Verschmelzung mit der haploiden Eizelle die erste Zelle eines neuen Wesens (Zygote), die in ihrem Kern die für den Menschen typischen 46 Chromosomen enthält.

Das genetische Geschlecht

Seit den Studien von Barr und Bertram ist es wesentlich einfacher geworden, das Geschlecht eines Embryos zu bestimmen. Barr und Bertram entdeckten bei weiblichen Zellen an der Zellkernmembran im Inneren des Zellkerns ein Chromatinkörperchen, das sich als ein X-Chromosom erwies. Dadurch ist es möglich geworden, Chromatin-positive Zellen (= weiblich) von Chromatin-negativen Zellen (= männlich) zu unterscheiden.

Bei männlichen Föten dürfen nicht mehr als 10 % Chromatin-positive Zellen gefunden werden. Die sogenannte genetische, chromosomale oder Kernbestimmung nach Barr ist relativ einfach durchzuführen. Es werden Bindegewebszellen (Fibroblasten), weiße Blutkörperchen (Leukozyten) oder abgeschilferte Zellen aus der Mundschleimhaut des Fötus untersucht.

Diese Untersuchung ist sehr hilfreich, wenn es darum geht, ein mögliches Vorliegen von Intersexualität abzuklären (siehe S. 2/50ff.).

Wahl des Geschlechts auf Wunsch der Eltern?

Wir wollen die Frage, ob Eltern das Geschlecht ihres Kindes bestimmen können sollten, nicht allein aus Neugier stellen, sondern weil mit ihr zahlreiche ethische und rechtliche Probleme verbunden sind.

Wahl des Geschlechts

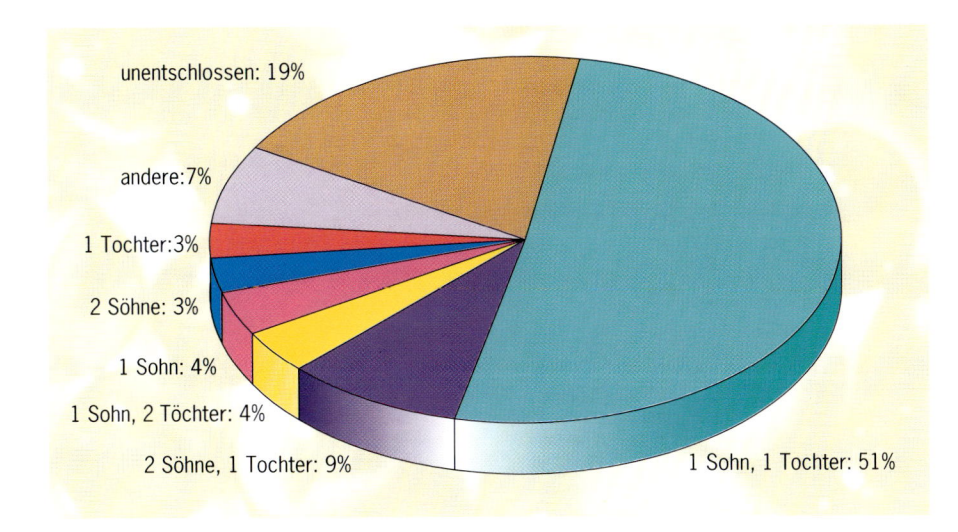

- unentschlossen: 19%
- andere: 7%
- 1 Tochter: 3%
- 2 Söhne: 3%
- 1 Sohn: 4%
- 1 Sohn, 2 Töchter: 4%
- 2 Söhne, 1 Tochter: 9%
- 1 Sohn, 1 Tochter: 51%

Die Graphik zeigt die Ergebnisse einer Umfrage des Demoskopischen Instituts Allensbach. Es wurde nach der gewünschten Zahl der Kinder und nach dem Wunsch bezüglich des Geschlechts der Kinder gefragt. Die Ergebnisse machen deutlich, daß der Anteil der Personen, die sich ausschließlich auf ein Geschlecht festlegen, äußerst gering ist. Über die Hälfte der Befragten hätte gern einen Jungen und ein Mädchen. Wenn die Wünsche der Befragten in Erfüllung gingen, ergäbe sich insgesamt ein leichter Überhang von 8 Jungen auf 100 Kinder.

Ein alter Wunsch

Der Wunsch, das Geschlecht des Kindes bestimmen zu können, ist schon sehr alt. Bereits Empedokles (fünftes Jahrhundert v. Chr.) und Aristoteles (viertes Jahrhundert v. Chr.) schlugen Methoden vor, mit denen es möglich sein sollte, dieses Ziel zu erreichen.

Sicherlich ist es gut verständlich und menschlich, daß viele Eltern gern das Geschlecht ihres zukünftigen Kindes wählen würden. Mit den neuen medizinischen Reproduktionstechniken ist es heute bereits theoretisch möglich, dies zu tun; gesetzlich erlaubt ist es jedoch nicht.

Die Frage ist, ob es sinnvoll und ethisch vertretbar ist, diese Techniken tatsächlich anzuwenden.

Das Geschlecht eines Kindes nach Belieben bestimmen zu können, bedeutet einen tiefen Eingriff in die Schöpfung Gottes, der mit großen Risiken für die gesamte Menschheit verbunden ist. Jedes Ehepaar, Mann und Frau, das sich Kinder wünscht, sollte sich dessen bewußt sein und versuchen, seine Kinder mit dem Geschlecht, mit dem sie zur Welt kommen, als vollwertige Wesen zu akzeptieren.

Junge oder Mädchen

Der Wunsch nach einem bestimmten Geschlecht und einer bestimmten Geschlechterkonstellation bei mehreren Kindern in der Familie ist von Person zu Person und von Gesellschaft zu Gesellschaft ganz unterschiedlich.

In der westlichen Welt wünschen sich viele Ehepaare ein „Pärchen", d. h. einen Jungen und ein Mädchen (siehe oben).

Der übertriebene Wunsch nach einem bestimmten Geschlecht beim Kind kann dagegen zu extremen Grausamkeiten führen.

So weiß man, daß es Monarchen gegeben hat, die ihre Frauen verstießen, weil sie keine männlichen Nachkommen zur Welt brachten. Das war nicht nur grausam, sondern auch ignorant. Denn heute ist bekannt, daß das Geschlecht nicht von der Frau, sondern wesentlich vom Mann bestimmt wird (siehe S. 1/197).

In manchen Ländern, z. B. in China, werden weibliche Neugeborene vielfach sofort nach der Geburt getötet. Dies ist darauf zurückzuführen, daß aus bevölkerungspolitischen Gründen die „Ein-Kind-Familie" propagiert wird und gleichzeitig

Forts. auf S. 202

Wenig verläßliche Methoden

Die Methode nach Stalkow

Stalkow, Physiologe an der Fakultät für Naturwissenschaften in Paris, machte sich einen gewissen Namen durch die These, daß durch die Einhaltung einer bestimmten Diät die Zeugung eines Jungen oder eines Mädchens gezielt beeinflußt werden könne.

Die Diät sollte entweder zu einer Ansäuerung oder zu einer Alkalisierung des Körpers der Frau führen und damit die Lebensfähigkeit der männlichen bzw. weiblichen Keimzellen beeinflussen. So sollte bei dem Wunsch nach einem Jungen eine Diät eingehalten werden, die den Körper alkalisch macht, und bei dem Wunsch nach einem Mädchen eine Diät, die den Körper ansäuert.

Diese Vorstellungen erinnern an ältere Empfehlungen, die Scheide anzusäuern oder alkalischer zu machen, je nachdem, ob ein Mädchen oder ein Junge gewünscht wird.

Die Methode nach Hatzold

Spermien, die das Y-Chromosom tragen, sind leichter und beweglicher als Spermien, die das X-Chromosom tragen. Erstere erreichen folglich den Ort der Befruchtung schneller und zahlreicher als letztere. Spermien mit dem X-Chromosom sind dagegen langlebiger als Spermien mit dem Y-Chromosom. Der deutsche Wissenschaftler Hatzold folgerte daraus, daß der Zeitpunkt der natürlichen oder künstlichen Befruchtung zusammen mit dem Zeitpunkt des Eisprungs das Geschlecht der Frucht beeinflussen könnte.

Nach der Methode nach Hatzold sollen Paare, die sich einen Jungen wünschen, am Tag des Eisprungs miteinander Verkehr haben, damit die Spermien mit den Y-Chromosomen im Vorteil sind. Wenn ein Mädchen gewünscht wird, sollte das Paar zwei bis drei Tage vor dem erwarteten Eisprung Verkehr haben, damit eine möglichst hohe Zahl von Spermien mit dem X-Chromosom, die ja kräftiger sind und länger leben, in Kontakt mit der Eizelle kommt.

Der Nachteil dieser Methode ist, daß das Paar den genauen Tag des Eisprungs im voraus kennen muß, was auch bei längerer Beobachtung des weiblichen Zyklus nicht einfach ist. Der Erfinder der Methode sagt selbst: „Paare, die nicht die Geduld aufbringen, den Zyklus der Frau mindestens acht bis zehn Monate zu beobachten, sollten nicht versuchen, das Geschlecht vorauszuplanen."

Methoden wie die Bestimmung der Basaltemperatur und andere Verfahren, die den Eisprung anzeigen (siehe Kap. 30, S. 2/219), sind für das genaue Kennenlernen des Zyklus hilfreich.

Zunächst hieß es, die Hatzoldsche Methode zeige bemerkenswerte Erfolge. Mindestens in 80 % der Fälle werde das erwünschte Geschlecht erhalten. Spätere Untersuchungen kamen jedoch auf eine Rate von nur 65 %. Heute wird diese Methode genauso wie die von Stalkow kaum noch angewendet.

* * * * *

Obwohl diese und ähnliche Methoden zu bestimmten Zeiten sehr populär waren, hat sich schließlich keine von ihnen auf internationaler medizinischer Ebene durchsetzen können.

Die Erfolge, die sie – wenn überhaupt – aufzuweisen hatten, waren nur gering, und die Methoden basierten auf wenig zuverlässigen medizinischen Annahmen.

Die neuesten Methoden
zur Wahl des Geschlechts

In vielen Ländern ist es gesetzlich verboten, Techniken zur Wahl des Geschlechts des zukünftigen Kindes anzuwenden, es sei denn, es liegen medizinische Gründe vor.

In einigen Ländern, wie in den Niederlanden oder in Großbritannien, existieren jedoch Rechtslücken, die von manchen Kliniken genutzt werden.

Spezialkliniken

Nach der spanischen Wochenzeitschrift „Tiempo" (23.10.95) gibt es in einigen Ländern, wie in den USA, in Großbritannien und den Niederlanden, bereits zahlreiche Kliniken, die Hilfe bei der Wahl des Geschlechts des zukünftigen Kindes anbieten. In den Niederlanden gibt es eine Klinik mit dem Namen „Gender Clinic". Sie ist in den Mittelpunkt einer polemischen Auseinandersetzung geraten weil sie z. B. mit folgendem Slogan Werbung für ihren Service gemacht hat:

„Wird es ein Junge oder ein Mädchen? Endlich können Sie selbst das Geschlecht Ihres Kindes auswählen."

Nach Aussagen der Klinik liegt die Wahrscheinlichkeit, einen Jungen zu zeugen, bei 80 %, die Wahrscheinlichkeit, ein Mädchen zu zeugen, bei 60 %, wenn sich ein Paar in der Klinik behandeln läßt.

In der Klinik wird, wie in den meisten anderen dieser Art auch, die umstrittene Methode des amerikanischen Arztes Ericsson (siehe S. 1/202) angewandt.

Die Nachfrage von Paaren, die das Geschlecht ihres Kindes selbst bestimmen wollen, ist zur Zeit so groß, daß ein Millionengeschäft in diesem Bereich entstanden ist.

In-vitro-Fertilisation

Alle Methoden zur Geschlechtswahl des zukünftigen Kindes, die bisher angewendet worden sind, haben sich als ineffizient oder als sehr unsicher erwiesen.

Zur Zeit wird in verschiedenen Forschungszentren an Methoden gearbeitet, die im Rahmen einer In-vitro-Fertilisation eingesetzt werden können. Dabei geht es im wesentlichen darum, das Geschlecht eines Embryos vor dem Einpflanzen in die Gebärmutter der Frau zu bestimmen. Dr. Bartolomé Beltrán von der Dexeus-Klinik in Barcelona beschreibt das Verfahren folgendermaßen:

„Das Verfahren besteht darin, anhand einer Blastomere (einer Zelle) eines durch In-vitro-Fertilisation entstandenen Embryos dessen Geschlecht zu bestimmen und danach den Embryo mit dem gewünschten Geschlecht in die Gebärmutter der Frau zurückzugeben. Um die erforderlichen Informationen zu erhalten, muß mittels Sonden, die mit Immunfluoreszenzen markiert sind, ein Karyotyp erstellt werden (siehe S. 1/196). Dieses Verfahren darf allerdings nur bei Paaren eingesetzt werden, bei denen die Gefahr der Weitergabe einer Erbkrankheit durch ein Geschlechtschromosom besteht. Das beste Beispiel dafür ist die Bluterkrankheit (siehe S. 3/27), die von Frauen weitergegeben wird, an der aber nur Jungen erkranken."

Spermienselektion

Gegenwärtig wird auch an neuen Methoden zur Spermienselektion geforscht, von denen man sich eine größere Verläßlichkeit erhofft. Dazu sagt Dr. Simón Marina, in Spanien ein Vorreiter im Bereich der Reproduktionsmedizin:

„Wir stehen noch ganz am Anfang mit unseren Erkenntnissen. Das Ziel ist nicht die Wahl des Geschlechts im Rahmen der In-vitro-Fertilisation, sondern die Entwicklung von Methoden zur exakten Trennung des männlichen Samens in weibliche und männliche Spermien, die dann nach Wunsch des Paares per Insemination in die Gebärmutter der Frau gegeben werden. Die Verfahren, die heute zur Spermienselektion angewendet werden, sind nicht präzise genug. Es gibt aber vielversprechende neue Ansätze auf diesem Gebiet."

Dr. Pedro Barri, Leiter des Dexeus-Instituts in Barcelona, erklärt:

„Zur Zeit wird an einem neuen Verfahren zur Spermienselektion geforscht. Es kann aber noch nicht in die Praxis umgesetzt werden, da es sich noch in der Experimentalphase befindet. Wenn diese Forschung weitergeführt wird, können wir möglicherweise eine ziemlich verläßliche Methode erhalten. Aber heute müssen wir uns damit abfinden, daß es diese Methode noch nicht gibt."

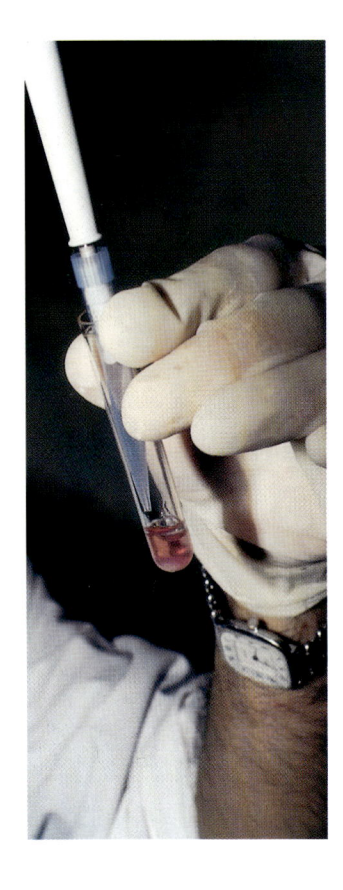

Forts. von S. 199

die Vorstellung verbreitet ist, in einer Familie müsse wenigstens ein Junge vorhanden sein.

Methoden der Geschlechtswahl

An dieser Stelle soll ein Überblick über die vorhandenen Möglichkeiten der Einflußnahme auf das Geschlecht des Kindes gegeben werden.

Spermienselektion

Da die X- und Y-Chromosomen unterschiedlich groß sind, weicht auch ihr Gewicht um 3-4 % voneinander ab. Daraus folgerte man in den sechziger Jahren, daß durch Sedimentation und Zentrifugation der Spermien die Träger des X-Chromosoms von den Trägern des Y-Chromosoms getrennt werden könnten.

Man hat auch versucht, die Spermien durch elektromagnetische Felder nach ihrer elektrischen Ladung zu trennen. Bei Untersuchungen mit Kühen konnten diese Annahmen aber nicht bestätigt werden.

Die Methode nach Ericsson

Ericsson und seine Mitarbeiter entwickelten eine andere Methode zur Selektion von Spermien. Die Methode basiert auf der Feststellung, daß die Spermien je nach dem Geschlechtschromosom, das sie tragen, bestimmte Medien schneller oder langsamer durchdringen.

Der männliche Samen wird bei dieser Methode durch drei Albuminschichten unterschiedlicher Dichte geleitet.

Die Spermien durchdringen die unterschiedlichen Schichten im Reagenzglas, bis sie auf dem Boden ankommen. Die „männlichen" Spermien mit dem Y-Chromosom sind bereits am Boden des Reagenzglases angelangt, wenn die etwas schwereren, langsameren „weiblichen" Spermien mit dem X-Chromosom sich noch in der Mitte befinden.

Mit einer Kanüle kann dann die unterste Schicht abgesaugt werden. Sie enthält ca. 80 % Spermien mit männlichem Y-Chromosom. Wenn ein Mädchen gewünscht wird, wird das Verfahren in leicht veränderter Form eingesetzt, so daß ein Samen mit hohem Gehalt an X-Chromosom-Trägern erhalten wird.

Die Methode nach Ericsson kann allerdings nur bei einer künstlichen Befruchtung angewendet werden.

Man sprach bei dieser Methode zunächst von Erfolgen um die 80 %. Spätere, groß angelegte Untersuchungen in Samenbanken ergaben allerdings, daß nicht alles so einfach ist, wie man zunächst angenommen hatte.

Obwohl die Spermien des Mannes das Geschlecht des Kindes bestimmen, hat man feststellen können, daß sich die Eizelle auf noch nicht völlig geklärte Weise in letzter Instanz die Samenzelle aussucht, die ihr am besten „gefällt".

Gegenwärtig wird der Erfolg dieser Methode auf 70 % geschätzt. Siehe auch „Die neuesten Methoden zur Wahl des Geschlechts" auf S. 1/201.

Embryonenselektion

Bei der In-vitro-Fertilisation mit anschließender Behandlung der Embryonen kann das Geschlecht des Embryos bestimmt und ausgewählt werden, noch bevor er in die Gebärmutter der Mutter eingepflanzt wird.

Diese Technik hat eine Fehlerquote, die praktisch gleich null ist. Sie ist jedoch noch nicht ausgereift. Nach Angaben des Leiters der Abteilung für Geburtshilfe und Gynäkologie des Dexeus-Instituts, Santiago Dexeus, der ein Vorreiter in der künstlichen Befruchtung in Spanien ist, „kann sie noch nicht eingesetzt werden, da ein reales Verletzungsrisiko für den Embryo besteht".

Andererseits sind weder in Deutschland noch in anderen europäischen Ländern derartige Methoden zur Wahl des Geschlechts gesetzlich erlaubt. Eine Ausnahmen bilden Fälle von bestimmten Erbkrankheiten (siehe S. 2/25).

Einem Krankenhaus in London wurde ausnahmsweise erlaubt, Experimente an Frauen vorzunehmen, die aufgrund erblicher Weitergabe fehlerhafte Gene am X-Chromosom hatten. In solchen Fällen tritt die entsprechende Erbkrankheit bei 50 % der männlichen Nachkommen auf, während alle weiblichen Nachkommen gesund sind und nur ein Teil von ihnen wiederum die Krankheit weitergibt.

So wurden weibliche Embryos ausgewählt und in die Gebärmutter ihrer Mütter eingepflanzt.

Es gibt also einige wenige Frauen, die von Beginn ihrer Schwangerschaft an das Geschlecht ihres Kindes mit Sicherheit kennen.

Diskussion um die Anwendung eines Gesetzes

Kürzlich machten die spanischen Medien einen Fall bekannt, der eine heftige öffentliche Diskussion auslöste.

Ein Gericht in Barcelona hatte einer Mutter von fünf Söhnen erlaubt, Methoden der Geschlechtswahl zu verwenden.

Der Richter betonte, daß es sich um einen Einzelfall handele. Er habe die psychische Verfassung der Frau beurteilt, die schwer depressiv geworden sei, als ihr fünfter Sohn geboren wurde, obwohl es in diesem Leben ihr sehnlichster Wunsch sei, ein Mädchen zu bekommen.

Die spanische Gesetzgebung ist diesbezüglich eindeutig:

Techniken zur künstlichen Befruchtung werden vorrangig zur medizinischen Behandlung der Unfruchtbarkeit angewendet. Sie dürfen auch in der Verhütung und Behandlung erblich bedingter Krankheiten eingesetzt werden. Außerdem sollen sie nur bei volljährigen Frauen angewendet werden, die sich zudem in guter körperlicher und psychischer Verfassung befinden. Als schwerwiegende Zuwiderhandlung werden u. a. Eingriffe zur Auswahl des Geschlechts oder die Anwendung genetischer Verfahren mit nicht therapeutischem oder nicht zulässigem therapeutischem Ziel gewertet.

Deshalb ist es verständlich, daß sich trotz des menschlichen Mitgefühls, das der Fall wecken konnte, zahlreiche Stimmen gegen die offensichtlich gesetzwidrige richterliche Entscheidung erhoben.

Marcelo Palacios, Leiter des „Unterausschusses für Bioethik im Europarat" und Mitverfasser des Gesetzes zu künstlichen Befruchtungstechniken in Spanien, kritisierte den Richterspruch so:

„Ist die Frau in schlechter psychischer Verfassung, darf sie diese Techniken nicht in Anspruch nehmen, ist sie in guter Verfassung, ist das Argument des Richters hinfällig."

Nachdem die Staatsanwaltschaft in Barcelona gegen das Urteil Berufung eingelegt hatte, untersagte der Richter später selbst die Ausführung seines vorausgegangenen Urteils.

9

HORMONE UND SEXUALITÄT

Alle Funktionen des menschlichen Körpers werden vom Gehirn gesteuert. Das Gehirn ist seinerseits auf Hormone angewiesen, damit es Befehle aussenden kann und damit alle Organe gut funktionieren.

Die Hauptaufgabe der Hormone besteht darin, bestimmte biochemische Reaktionen im Körper zu beschleunigen oder abzuschwächen, unter anderem natürlich auch die biochemischen Vorgänge, die für die Sexualität wichtig sind.

Zum besseren Verständnis der menschlichen Sexualität ist es wichtig, den Wirkungsmechanismus der Hormone, auch wenn er kompliziert ist, zumindest in groben Zügen kennenzulernen.

Die Drüsen

Drüsen sind Organe, die aus Stoffen, die ihnen mit dem Blut zugeführt werden, eigene Substanzen herstellen können, die sie anschließend in den Blutkreislauf oder nach außen absondern.

Die Drüsen werden unterteilt in:

- **Exokrine Drüsen**. Sie sondern die von ihnen produzierten Stoffe nach außen ab, nicht in den Blutkreislauf. Die bekanntesten sind die Magendrüsen, die Darmdrüsen, die Speicheldrüsen, die Talgdrüsen und die Schweißdrüsen.
- **Endokrine Drüsen**. Sie geben die produzierten Stoffe in das Blut des Körpers ab. Dazu gehören u. a. die Hirnanhangdrüse (Hypophyse), die Keimdrüsen, die Nebennieren, die Schilddrüse und die Nebenschilddrüsen.

Wir wollen uns hier besonders mit den Drüsen beschäftigen, die für die Sexualität wichtig sind. Da der menschliche Körper eine funktionelle Einheit darstellt, sollen aber auch andere an der menschlichen Sexualität beteiligte Drüsen berücksichtigt werden.

Die von den endokrinen Drüsen produzierten Substanzen werden Hormone genannt. Ihr Name kommt vom griechischen Verb *hormao*, das „erregen" oder „bewegen" bedeutet.

Hormone sind chemische Botenstoffe, die von bestimmten Geweben im Körper des Menschen oder des Tieres in geringen Mengen produziert und über die Blutbahnen zu anderen Geweben transportiert werden, wo sie unterschiedliche Prozesse auslösen.

Die Bedeutung der Hormone

Die Bedeutung der endokrinen Drüsen und der von ihnen produzierten Hormone wird deutlich, wenn man sieht, welche Veränderungen eine Kastration, wie sie bei bestimmten Haustieren durchgeführt wird, bewirkt.

Kastration bei Tieren

Wird ein Hahn kastriert, verändert sich sein gesamtes Äußeres.

Sein feuriger, emporgerichteter Hahnenkamm wird schlaff, und ein Teil seines Gefieders verliert den Glanz. Er ist nicht mehr so streitsüchtig, vermeidet Auseinandersetzungen. Er kräht nicht mehr, er verhält sich ruhig und zahm.

Wird die Kastration nach dem zweiten oder dritten Lebensmonat durchgeführt, behält der Hahn zwar seine ursprüngliche Körperform, sein Kopf verändert sich aber und wird, wie auch sein Verhalten, ähnlich dem eines Huhns.

Wenn man ein Huhn kastriert, werden sein Gefieder und sein Sporne denen eines kastrierten Hahns ähnlich.

Die Kastration rückgängig machen

Pflanzt man den kastrierten Tieren ihre Geschlechtsdrüse (Hoden bzw. Eierstock) wieder ein, bilden sich alle ursprünglichen Eigenschaften zurück.

Beim Männchen wächst der Hahnenkamm wieder und nimmt die alte Form an. Es kräht wieder, wird kampflustig, entwickelt wieder große Sporne, und sein Gefieder bekommt neuen Glanz.

Auch das Gefieder und die Sporne des Huhns nehmen wieder das vorherige Aussehen an.

Geschlechtsinversion

Pflanzt man dagegen dem kastrierten Tier die Drüse des anderen Geschlechts ein, findet eine Geschlechtsinversion statt.

Der kastrierte Hahn, dem Eierstockgewebe eingepflanzt wird, verwandelt sich in eine Art Henne mit Muttergefühlen.

Das kastrierte Huhn, dem Hodengewebe eingepflanzt wird, wird zu einer Art Hahn. Der Hahnenkamm wächst, und es wird kampflustig.

Trotz aller hormonell bedingten Veränderungen bleibt das Huhn selbstverständlich ein Huhn, und der Hahn bleibt ein Hahn, denn die genetische Struktur beider Geschlechter bleibt bestehen.

Das Geschlecht wird mit dem Erbgut

Hormone haben großen Einfluß auf den Körper, auch wenn sie nur in geringen Mengen von den endokrinen Drüsen in den Blutkreislauf abgegeben werden. Würde der Hahn auf dem Foto kastriert werden, würde sich sein Aussehen durch den Verlust der Produktion männlicher Hormone stark verändern. Hormone sind sehr vielseitige und wirkungsvolle chemische Botenstoffe des Körpers. Ein Hormonmangel oder -überschuß hat daher in der Regel starke Auswirkungen auf den Körper und seine Funktionen.

Alle Hormone kommen bei beiden Geschlechtern vor, allerdings in verschiedenen Verhältnissen. Wenn man also von „weiblichen" oder „männlichen" Hormonen spricht, so sind die Hormone gemeint, die bei dem jeweiligen Geschlecht vorherrschen.

weitergegeben; es ändert sich nicht im Laufe des Lebens eines Tieres oder Menschen.

Kastration beim Menschen

Beim Menschen kann es unter bestimmten Umständen notwendig werden, eine Kastration, d. h. eine operative Entfernung der Keimdrüsen oder deren Funktionsausschaltung mit anderen Mitteln, vorzunehmen.

Eine Kastration kann beim Mann erforderlich sein, wenn z. B. seine Geschlechtsorgane bei einem Unfall verletzt worden sind oder wenn ein bösartiger Hodentumor vorliegt, der nur durch operative Entfernung der gesamten Hoden unschädlich gemacht werden kann.

Mit der Einnahme von Testosteron kann den Auswirkungen der Kastration auf die sekundären Geschlechtsmerkmale, wie den Klang der Stimme und die Körperbehaarung, entgegengewirkt werden.

Die Geschlechtsorgane eines kastrierten Mannes verändern sich durch die Einnahme von Testosteron. Die Prostata, die Samenbläschen, die Nebenhoden usw. werden stimuliert.

Männliche und weibliche Hormone

Die Hormone spielen im komplizierten System der Sexualität und der menschlichen Fortpflanzung eine wichtige Rolle. Man kann sagen, daß die Produktion von Hormonen eine wesentliche Voraussetzung für alle Abläufe ist, die mit der Sexualität zu tun haben. Würden keine Hormone gebildet, wäre eine Fortpflanzung unmöglich.

Zwar ist das Hormonsystem an allen Vorgängen im Körper beteiligt, wir wollen uns aber nur mit den Bereichen befassen, die die Sexualität unmittelbar betreffen.

Die Östrogene und das Progesteron (Gelbkörperhormon) sind die weiblichen Hormone. Sie werden beide in den Eierstöcken gebildet.

Östrogene werden sowohl in der ersten als auch in der zweiten Zyklushälfte der Frau produziert. Das Progesteron wird nur in der zweiten Zyklushälfte gebildet.

Die Androgene, die männlichen Geschlechtshormone, werden beim Mann von den Interstitialzellen der Hoden produziert. Diese Zellen befinden sich zwischen den Samenkanälchen und in der Nebennierenrinde.

Wie bereits in Kapitel 5 über die weiblichen Organe und ihre Funktionen erwähnt wurde, produzieren die Eierstöcke und die Nebennierenrinde der Frau ebenfalls Androgene. Allein die Menge der gebildeten Hormone, d. h. ihre Quantität, nicht ihre Qualität, macht den Unter-

Wirkung des Testosterons

Vor der Geburt

- Herausbildung der Wolffschen Gänge (Rückbildung der Müllerschen Gänge)
- Entwicklung der männlichen Geschlechtsdrüsen
- Herausbildung des äußeren männlichen Genitalapparats
- Herausbildung des männlichen Geschlechtszentrums
- Entwicklung der zentralnervösen Strukturen, die das männliche Verhalten prägen
- Herausbildung der männlichen Milchdrüsen

Nach der Geburt

- Reifung und Vermehrung des Hodenepithels
- Reifung und Funktionserhalt der Prostata und der Samenbläschen
- Herausbildung und Erhalt der männlichen Behaarung
- Funktion der Talgdrüsen
- Stoffwechsel: Anabole Wirkung.
- Pubertärer Wachstumsschub, Knochenreifung (Verschluß der Epiphysenfugen) und Erhalt einer normalen Knochensubstanz
- Zunahme der Libido und der Potenz
- Steuerung der Ausschüttung gonadotroper Hormone durch negative Rückmeldung auf den Hypothalamus

Vor der Geburt beeinflußt das Testosteron unmittelbar die Geschlechtsentwicklung des Fötus. Nach der Geburt sorgt das Hormon dafür, daß die männlichen Funktionen reifen, daß sich die Geschlechtsmerkmale herausbilden, und daß die Libido erhalten bleibt.

---

schied zwischen Mann und Frau aus (siehe S. 1/210).

Die Androgene der Hoden werden genau wie die Hormone der weiblichen Eierstöcke aus Cholesterin gebildet (Steroidhormone).

Die Experimente von Brown-Séquard

Der französische Physiologe Brown-Séquard (1817-1894), Professor für Experimentalmedizin, untersuchte anhand von Experimenten am eigenen Körper als erster die Hormonproduktion der Hoden.

Er erforschte, wie sich die Kastration, das Injizieren von Drüsenextrakten oder von Hormonen dieser Drüsenextrakte und die Durchführung von Transplantationen auswirken.

Zwischen dem 15. und dem 30. Mai 1889 injizierte sich Brown-Séquard sechsmal wässrige Extrakte aus Hunde- und Meerschweinchenhoden.

Die Ergebnisse seines Selbstversuchs teilte er umgehend der Gesellschaft für Biologie mit.

In seinem Bericht sagte er, seine Energie habe zugenommen, und „andere Kräfte, die zwar noch nicht verlorengegangen waren, aber doch nachgelassen hatten, sind spürbar stärker geworden".

Hypothalamus und Hirnanhangdrüse

Die Hirnanhangdrüse oder Hypophyse steuert die Funktion einer großen Anzahl von endokrinen Drüsen und produziert selbst auch direkt Hormone.

Die Eierstöcke und die Hoden müssen von der Hirnanhangdrüse hormonell angeregt werden, damit sie ihre eigenen Hormone ausschütten.

Die Hypophyse befindet sich an der Unterseite des Gehirns. Dort ist sie in eine Vertiefung der Schädelbasis eingebettet, die als Türkensattel bezeichnet wird. Obwohl sie sehr wichtige Aufgaben zu erfüllen hat, ist sie nicht größer als eine Haselnuß und wiegt nur 0,5 g. Sie ist in drei Lappen aufgeteilt: den Vorderlappen, den Mittellappen und den Hinterlappen. Jeder Lappen hat eigene Aufgaben:

- Der **Hypophysenvorderlappen** produziert die Hormone, die die Hormonausscheidung der Schilddrüse (TSH), der Nebennierenrinde (ACTH), der Geschlechtsdrüsen (FSH und LH), der Milchdrüsen (PRL = Prolaktin) und das Körperwachstum (STH) anregen.

Die Wirkung der Hormone auf die Organe

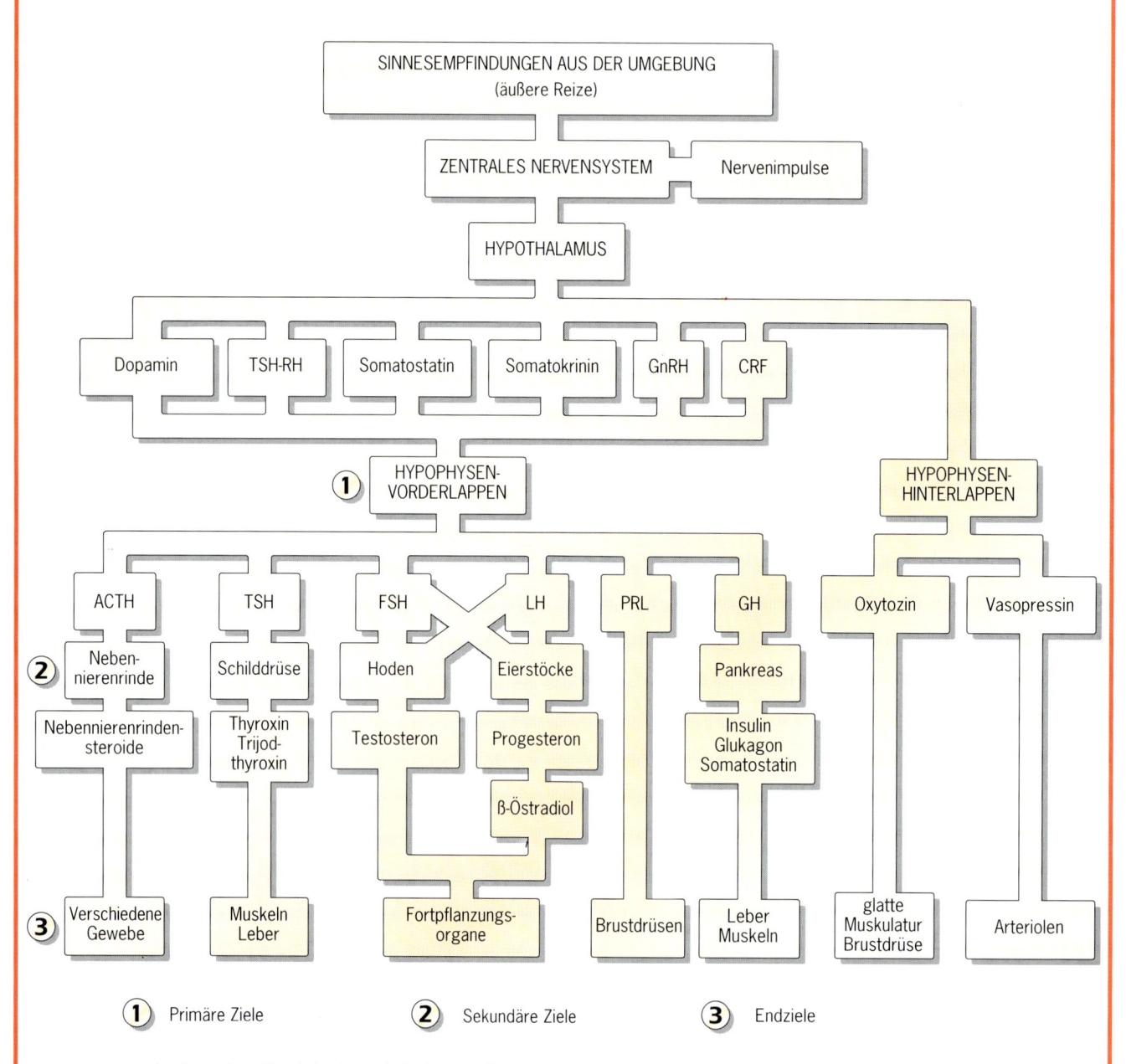

```
SINNESEMPFINDUNGEN AUS DER UMGEBUNG
(äußere Reize)
        │
ZENTRALES NERVENSYSTEM ─── Nervenimpulse
        │
   HYPOTHALAMUS
        │
┌────┬────┬────┬────┬────┬────┐
Dopamin  TSH-RH  Somatostatin  Somatokrinin  GnRH  CRF
                    │                              │
         ① HYPOPHYSEN-              HYPOPHYSEN-
            VORDERLAPPEN              HINTERLAPPEN
```

	ACTH	TSH	FSH	LH	PRL	GH	Oxytozin	Vasopressin
②	Nebennierenrinde	Schilddrüse	Hoden	Eierstöcke		Pankreas		
	Nebennierenrindensteroide	Thyroxin Trijodthyroxin	Testosteron	Progesteron ß-Östradiol		Insulin Glukagon Somatostatin		
③	Verschiedene Gewebe	Muskeln Leber	Fortpflanzungsorgane		Brustdrüsen	Leber Muskeln	glatte Muskulatur Brustdrüse	Arteriolen

① Primäre Ziele ② Sekundäre Ziele ③ Endziele

In dieser Graphik wird schematisch dargestellt, wie das neuroendokrine System des Menschen funktioniert. Wenn die Sinnesorgane bestimmte Reize erhalten, antwortet das ZNS (Zentrale Nervensystem) mit der Sendung von Impulsen zum Hypothalamus, der die Botschaft durch Hormone an die Hirnanhangdrüse (Hypophyse) weitergibt.

Die Hypophyse schüttet nun ihrerseits Hormone aus, die die in der Graphik sekundär genannten Ziele erreichen, wo sie wiederum für die Produktion bestimmter Hormone sorgen, die auf die eigentlichen Zielorgane wirken: verschiedene Organe und Gewebe, unter anderem die Geschlechtsorgane (siehe Tabelle S. 1/212f.).

- Der **Hypophysenmittellappen** wird dem Hypophysenvorderlappen zugerechnet und produziert das melanotrope Hormon (MSH), das die Pigmentbildung der Haut steuert.
- Der **Hypophysenhinterlappen** speichert das Hormon Oxytozin, das die Kontraktion der Gebärmutter und den Milchfluß auslöst, und das Vasopressin, das gefäßverengend und harnstauend wirkt. Beide Hormone werden vom Hypothalamus gebildet.

Wir wollen auf die Funktion der Hormone, die unmittelbar mit der Sexualität zu tun haben, näher eingehen. Das sind die gonadotropen Hormone (FSH und LH), die Einfluß auf die weiblichen und männlichen Keimdrüsen haben.

Rückkoppelung oder „Feedback"

Wenn die Geschlechtshormone (Androgene, Progestagene und Östrogene) und andere Hormone einen bestimmten Spiegel im Blut erreichen, stellt die Hirnanhangdrüse die Produktion der Hormone FSH und LH, die die Hormonproduktion in den Keimdrüsen stimulieren, ein. Sinken dagegen die Hormonwerte im Blut ab, so schüttet die Hirnanhangdrüse erneut die stimulierenden Hormone FSH und LH aus.

Diese physiologische Regulierung, die ähnlich einem Thermostat arbeitet, läuft gleichzeitig auf unterschiedlichen Ebenen ab und wird Rückkoppelung oder Feedback genannt (siehe S. 1/211).

Die Steuerung durch das Zwischenhirn

Die Hypophyse wird vom Hypothalamus aus gesteuert, einem Organ, das im Zentrum des Zwischenhirns (Dienzephalon) liegt und mit dem gesamten Zentralnervensystem verbunden ist.

Zwischen Hypophyse und Hypothalamus besteht eine doppelte Verbindung:

Nervenzellen, deren Zellkörper im Hypothalamus liegen, reichen mit ihren Ausläufern bis in den Hypophysenhinterlappen. Dort speichern sie ihre Hormone und schütten sie aus, wenn Nervenimpulse aus der Hypophyse dazu auffordern.

Außerdem gibt es ein Blutgefäßsystem, die Blutgefäße des Hypophysenstiels, das beide Organe direkt miteinander verbindet. So gelangen die im Hypothalamus ausgeschütteten RH (*Releasing Hormones*) und die IF (*Inhibiting Factors*) direkt in die Hypophyse, wo sie sofort produktionsanregend oder -hemmend auf die Hypophysenhormone wirken.

Uns interessiert hier besonders das sogenannte *Gonadotropin Releasing Hormone* (GnRH), der Stoff, der gleichzeitig das follikelstimulierende Hormon (FSH) und das luteinisierende Hormon (LH) freisetzt.

Die Freisetzung von Prolaktin wird normalerweise durch das Somatostatin und

Forts. auf S. 213

Freude und Traurigkeit, Angst und Mut, Lust und Liebe hängen alle auf die eine oder andere Art mit den Hormonen zusammen.

Kap. 9: HORMONE UND SEXUALITÄT

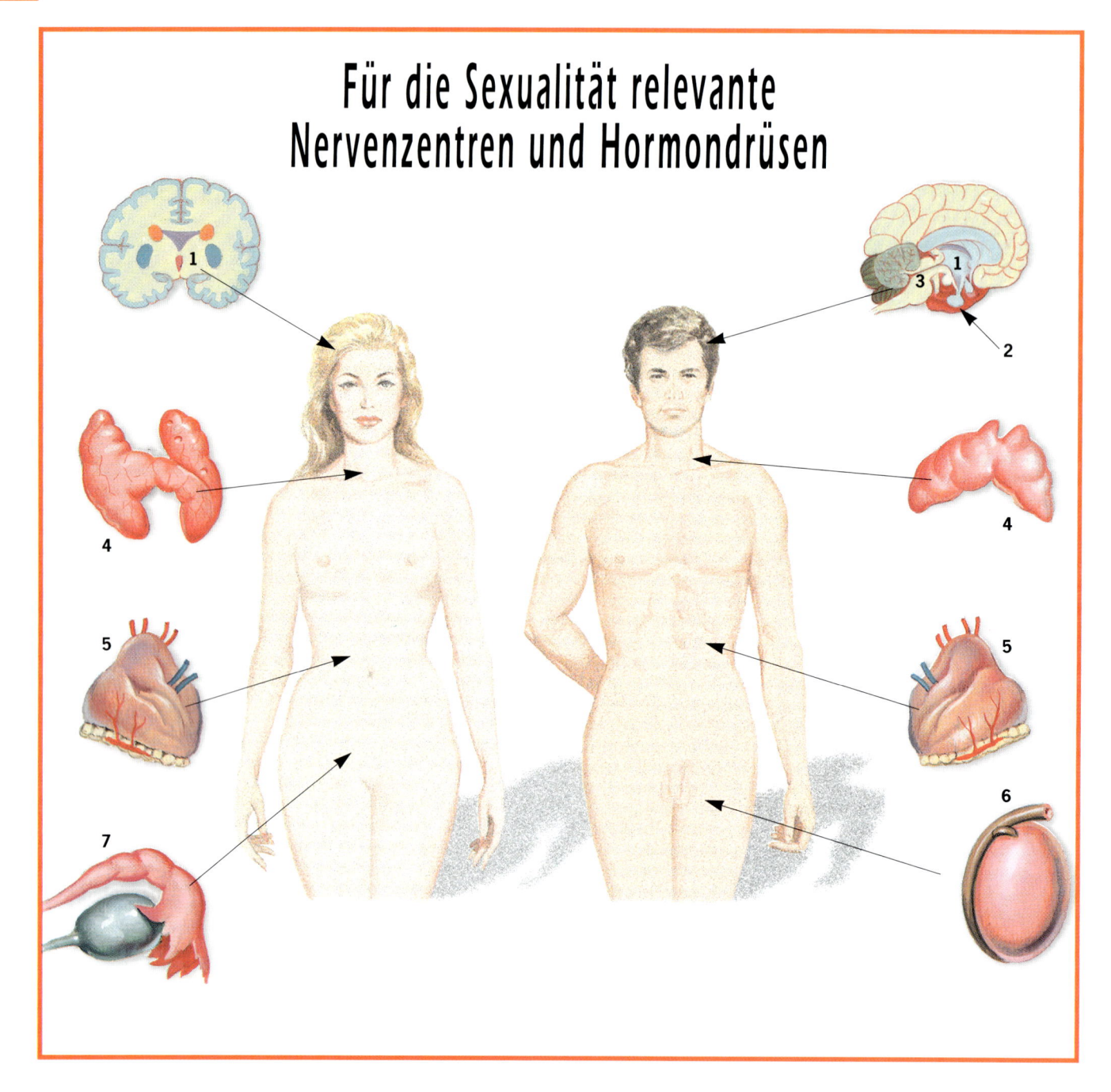

Für die Sexualität relevante Nervenzentren und Hormondrüsen

1. HYPOTHALAMUS: Steuerndes Drüsenorgan, das verschiedene Hormone produziert, die wiederum die Freisetzung bzw. Hemmung anderer bewirken.

2. HYPOPHYSE: Vermittelndes Organ, das stimulierende, wachstumsfördernde, pigmentierungsfördernde, antidiuretische Hormone und Oxytozin produziert oder speichert.

3. EPIPHYSE: Auch Zirbeldrüse genannt, kontrolliert den Beginn der Pubertät und hemmt das Geschlechtsnervenzentrum.

4. SCHILDDRÜSE: Produziert Hormone, die Wachstum und Stoffwechsel anregen, wirkt zusammen mit den Follikeln der Eierstöcke.

5. NEBENNIEREN UND NEBENNIERENRINDE: Diese Drüsen produzieren Östrogene, Progesteron, Androgene, Kortison, Adrenalin und andere Stoffe.

6. HODEN: Produzieren Androgene und Östrogene.

7. EIERSTÖCKE: Synthetisieren Östrogene, Progesteron und Androgene.

Wie man sieht, ist das menschliche Hormonsystem bei beiden Geschlechtern gleich. Es gibt lediglich konkrete organische Unterschiede (z. B. die Hoden gegenüber den Eierstöcken), die jedoch zu keinen qualitativen, sondern lediglich zu quantitativen Unterschieden in der Hormonproduktion führen.

Rückkoppelung
(Feedback)

♂

- Gemütszustand
- Urteilsvermögen
- Sehvermögen
- → HÖHERE GEHIRNFUNKTIONEN
- Geruchssinn
- Streß
- Tastsinn

Hypothalamus
— GnRH →
Hypophyse
— LH, FSH →
Hoden (Leydigsche Zellen | Samenkanälchen)
Samenzellen
Testosteron

♀

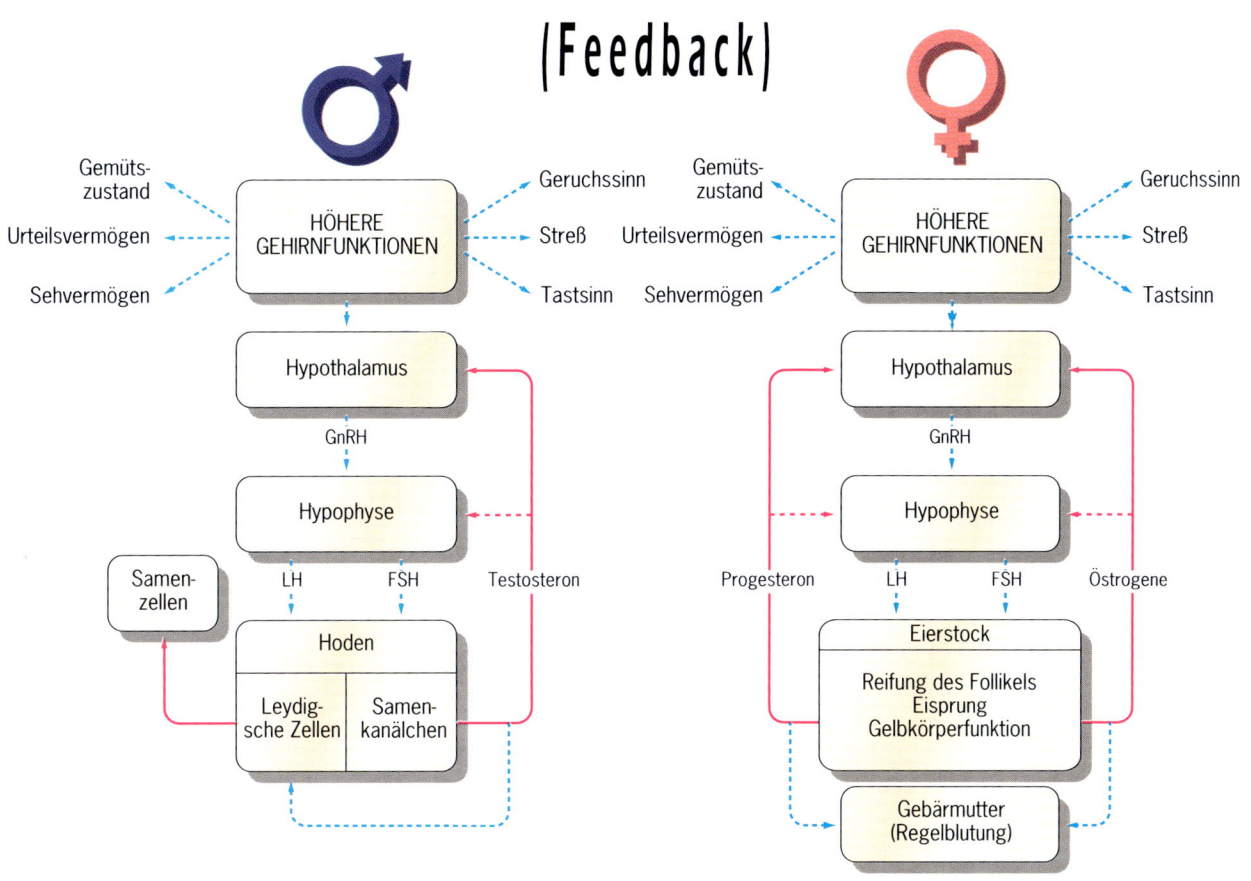

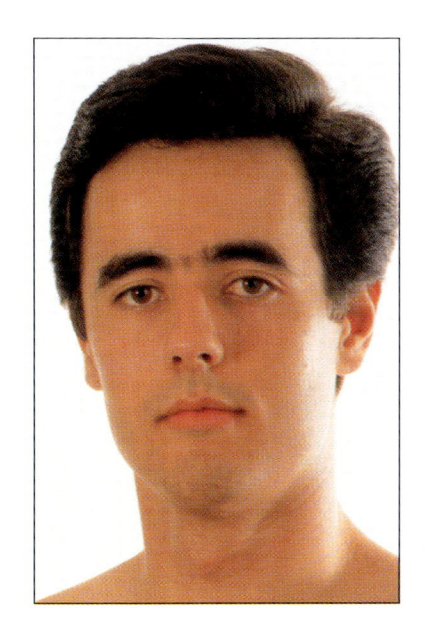

- Gemütszustand
- Urteilsvermögen
- Sehvermögen
- → HÖHERE GEHIRNFUNKTIONEN
- Geruchssinn
- Streß
- Tastsinn

Hypothalamus
— GnRH →
Hypophyse
Progesteron — LH, FSH — Östrogene
Eierstock
Reifung des Follikels
Eisprung
Gelbkörperfunktion
Gebärmutter (Regelblutung)

In den beiden Graphiken sind die Wege dargestellt, auf denen die sensorischen Reize bei Mann und Frau zu einer Produktion von Hormonen führen.

Es sind die Hormone dargestellt, die für das jeweilige Geschlecht am wichtigsten sind, obwohl bei beiden Geschlechtern alle Hormone vorkommen.

Die rote Linie stellt die Rückkoppelung dar, die ähnlich wie ein Thermostat funktioniert. Sie verhindert, daß der Spiegel der Sexualhormone im Blut zu hoch oder zu niedrig ist. Mit gestrichelten Linien sind die weniger wichtigen Verbindungen in diesem System gekennzeichnet.

Die Hormone und ihre Funktionen (1)

Drüse	Hormone	Zielorgane und -gewebe	Wichtigste Funktion
ADENOHYPOPHYSE (HYPOPHYSEN-VORDERLAPPEN)	Wachstumshormon (Somatotropin, STH)	Leber, Nieren	Anregung der Proteinsynthese und Bildung von Somatomedin
		Muskeln, Knochen	Förderung des Wachstums und des Mineralstoffwechsels
	Prolaktin (PRL)	Brustdrüsen	Milchproduktion und -ausschüttung
	Luteinisierendes Hormon (LH) oder Interstitialzellen-stimulierendes Hormon	Eierstock	Ausschüttung von Östrogen und Progesteron
		Interstitialzellen	Ausschüttung von Testosteron
	Thyreotropin (TSH, Schilddrüsen-steuerndes Hormon)	Fettgewebe	Freisetzung von Fetten
		Schilddrüse	Bildung und Freisetzung von Thyroxin und Trijodthyronin
	Follikel-stimulierendes Hormon (FSH)	Eierstock	Reifung der Follikel, in Verbindung mit LH Progesteronfreisetzung
		Hoden	Reifung der Samenkanälchen; Spermatogenese
	Nebennierenrinden-stimulierendes Hormon (ACTH)	Gelbkörper	Progesteronfreisetzung
		Nebennierenrinde	Produktion und Ausschüttung von Nebennierensteroiden
HYPOPHYSEN-MITTELLAPPEN	Melanozyten-stimulierendes Hormon (MSH)	Melanozyten	Pigmentierung der Haut
NEUROHYPOPHYSE (HYPOPHYSEN-HINTERLAPPEN)	Oxytozin	Gebärmuttermuskel	Wehen
		Brustdrüse	Milchfluß
	Vasopressin (harnstauendes Hormon, ADH)	Nierenkanälchen	Wasserresorption
HYPOTHALAMUS	Somatostatin	Hypophysenvorderlappen	Hemmung der Produktion von TSH und Prolaktin
	Somatokrinin	Hypophysenvorderlappen	Stimulierung der Produktion von TSH
	Thyreotropin Releasing Hormone (TSH-RH)	Hypophysenvorderlappen	Freisetzung von TSH und Prolaktin
	Dopamin	Hypophysenvorderlappen	Hemmung der Produktion von Prolaktin
	Gonadotropin Releasing Hormone (GnRH)	Hypophysenvorderlappen	Förderung der Produktion von LH und FSH
	Corticotropin Releasing Hormone (CRF)	Hypophysenvorderlappen	Förderung der Freisetzung von ACTH
	MSH Releasing Hormone (MRH)	Hypophysenmittellappen	Förderung der Freisetzung von MSH
	MSH-hemmendes Hormon (MIF)	Hypophysenmittellappen	Hemmung der Freisetzung von MSH

Die Hormone und ihre Funktionen (2)

Drüse	Hormone	Zielorgane und -gewebe	Wichtigste Funktion
FOLLIKEL DES EIERSTOCKS	Östrogene: Östradiol, Östron, Östriol	Brust, Gebärmutter, Scheide	Reifung und normaler Zyklusverlauf
GELBKÖRPER IN DEN EIERSTÖCKEN	Progestagene: Progesteron und andere	Knochen, Gehirn, Haarzwiebeln	Entwicklung der sekundären Geschlechtsmerkmale
		Endometrium	Vorbereitung auf die Einnistung der Eizelle
EIERSTÖCKE	Relaxin	Becken, Gebärmutterhals	Beckenentspannung, Dehnung des Gebärmutterhalses
HODEN UND NEBENNIERENRINDE	Androgene: Testosteron, Dihydrotestosteron	Prostata, Samenbläschen	Reifung und normale Funktion
EPIPHYSE (ZIRBELDRÜSE)	Melatonin	Hypophyse	Hemmung der Geschlechtsentwicklung
SCHILDDRÜSE	Thyroxin, Trijodthyronin	fast alle Gewebe	Erhöhung der Grundgeschwindigkeit des Stoffwechsels

In dieser Übersicht werden alle Hormone der Hypophyse (Hirnanhangdrüse), des Hypothalamus, der Eierstöcke und der Hoden aufgeführt. Es werden außerdem einige Hormone erwähnt, die von anderen Organen produziert werden, wenn sie für die Sexualität relevant sind. Daneben werden die Zielorgane oder -gewebe der Hormone und ihre wichtigsten Funktionen angegeben. Zum besseren Verständnis des komplizierten neuroendokrinen Mechanismus siehe die Graphik auf Seite 1/208 (siehe auch S. 1/210f.). Die Abkürzungen der Hormone entsprechen den englischen Bezeichnungen, weil diese am häufigsten verwendet werden.

Forts. von S. 209

durch das Dopamin (früher auch als PIF bezeichnet) blockiert. Nur in der Schwangerschaft produziert die Hypophyse das Hormon TSH-RH, früher auch PRF genannt, das eine Freisetzung von Prolaktin bewirkt.

Der Hypothalamus reagiert außerdem auch auf verschiedene sensorische und emotionale Reize (Licht, Geruchswahrnehmungen usw.), die seine Funktion beeinflussen.

Schilddrüse und Zirbeldrüse

Die Schilddrüse und die Zirbeldrüse (Epiphyse) sind unmittelbar an der Steuerung der Sexualfunktionen beteiligt. Deshalb müssen sie bei einer umfassenden Untersuchung der Sexualität des Menschen mit berücksichtigt werden.

Eine Unterfunktion der Schilddrüse kann bewirken, daß die Eierstöcke unreife Follikel produzieren oder daß sie sich zurückbilden. Sie kann auch zu Unfruchtbarkeit, Fehlgeburten und Problemen in der Schwangerschaft führen.

Die Zirbeldrüse spielt auch in der Pubertät eine Rolle. Ist ihre Produktion abgeschwächt, reifen die Geschlechtsdrüsen vorzeitig, und das Körperwachstum wird beschleunigt.

10 GESCHLECHTERPSYCHOLOGIE

„Der größte Unterschied zwischen Männern und Frauen ist der, daß die Männer verrückt und die Frauen dumm sind." Zu dieser Ansicht gelangte Rebecca West.

Es heißt, daß ein Redner, nachdem er über das heikle Thema der Unterschiede zwischen Mann und Frau gesprochen hatte, abschließend sagte: „Im Grunde gibt es zwischen Mann und Frau nur einen ganz kleinen Unterschied." Einer der Zuhörer konnte sich nicht zurückhalten und rief zum allgemeinen Vergnügen: „Es lebe dieser kleine Unterschied!"

Es gibt eine Fülle von Sprichwörtern, Witzen und Anekdoten über die Unterschiede zwischen den beiden Geschlechtern. Oft sind sie aus der Beobachtung vermeintlich typischer Verhaltensweisen oder aus der Weitergabe alter stereotyper Muster entstanden.

Nach einem solchen Muster, frei nach Schiller, muß der Mann „hinaus ins feindliche Leben", und drinnen im Haus „waltet die züchtige Hausfrau, die Mutter der Kinder."

Man streitet sich darüber, ob die erkennbaren psychosexuellen Unterschiede zwischen Mann und Frau, also die auf dem Geschlecht beruhenden Unterschiede im Empfinden und Verhalten, rein biologische Ursachen haben, d. h. genetisch vorprogrammiert sind, oder ob Erziehung, Kultur und Gesellschaft dafür verantwortlich sind. Und wenn sowohl die Gene als auch die Umwelt beteiligt sind, dann lautet die Frage: Welcher Faktor hat den größeren Einfluß?

Es kann hier nicht darum gehen, alte stereotype Verhaltensmuster zu bekräftigen und weiterzugeben, sozusagen die Frauen zurück an den Herd schicken zu wollen und in den Männern die alten heroischen Jagdinstinkte zu wecken. Vielmehr sollte versucht werden, das jeweils andere Geschlecht in seiner Ganzheitlichkeit und seinem besonderen Wesen zu verstehen und anzunehmen. Dies erfordert geradezu das Aufbrechen der gewaltsam auf Personen übertragenen Stereoptypen.

Nur so wird aber das eigentlich Männliche und das eigentlich Weibliche einer Person für sie selbst und den anderen entdeckbar und kann sich durch die Bejahung des Geschlechts und das Finden der Geschlechterrolle entfalten.

Psychologische Unterschiede

Früher war man der Ansicht, die Psyche des Mannes und der Frau seien so verschieden voneinander wie ihre äußeren körperlichen Merkmale. Heutige Ansichten sind differenzierter. Der bekannte Sexualwissenschaftler Henry H. Ellis spricht z. B. von einer „sich ergänzenden Unähnlichkeit".

Simone de Beauvoir, Partnerin von Jean Paul Sartre und prominente Vorkämpferin für die Emanzipation der Frau, beschäftigt sich in ihrem bekannten Werk „Das andere Geschlecht" mit weiblichen Verhaltensweisen. Sie zieht darin den Schluß, daß das Verhalten der Frau vor allem durch Erziehung und durch soziale und wirtschaftliche Faktoren bedingt ist.

Gina Lombroso, eine andere bekannte Feministin, beschreibt die besonderen Eigenschaften des weiblichen Geschlechts und hebt sie als besonders lobenswert hervor.

Auf dem Weg zur Beseitigung der Geschlechtsunterschiede?

Ellis geht in seinem Buch „Man and Woman" [Mann und Frau] von einer körperlichen und psychischen Gegensätzlichkeit von Mann und Frau aus, die auf ihre organischen Geschlechtsunterschiede zurückzuführen ist. Er vermutet, daß die heutigen gesellschaftlichen Einflüsse, insbesondere das seßhafte Leben, körperliche und psychische Veränderungen beim Mann bewirken, die ihn typisch weiblichen Eigenschaften immer näher bringe. Auch die Frau neige aufgrund zunehmender Berufstätigkeit außer Haus und dem damit verbundenen Kontakt zu vielen Männern sowie durch den harten beruflichen Konkurrenzkampf dazu, sich mehr und mehr männlichem Verhalten anzugleichen.

Wenn man sich einmal auf der Straße umsieht oder Modejournale und Zeitschriften durchblättert, beobachtet man tatsächlich einerseits die scheinbare Neigung der Männer, früher ausschließlich als weiblich definierte Gebräuche anzunehmen (lange Haare, Ohrringe, Kleidung) und andererseits den Versuch der Frauen, sich durch früher ausschließlich Männern vorbehaltene Kleidung, Sportarten, Berufe und Gewohnheiten ihren Platz in der Männerwelt zu erobern.

Man könnte nun vorschnell daraus schließen, die von der Natur gewollten Unterschiede verwischten sich bis zur Unkenntlichkeit. Die zunehmende öffentliche Akzeptanz von Transvestitentum und Homosexualität kann diesen Verdacht dann nur noch bestärken.

Verschiedene Theorien

Untersucht man die Problematik der Geschlechterpsychologie, stellt man fest, daß es verschiedene Theorien gibt, die die Ursache der oben angesprochenen Unterschiede und ihre Auswirkungen auf die Beziehungen zwischen den Geschlechtern zu erklären versuchen. Zu den wichtigsten gehören die von Sigmund Freud, Mathilde und Mathias Warting und Margaret Mead.

Nur das Geschlecht

Sigmund Freud, der Vater der Psychoanalyse, begründete die weiblichen und männlichen psychologischen Eigenschaften mit dem Kastrations- bzw. Ödipuskomplex. Er führte diese Eigenschaften auf die organischen Unterschiede der Geschlechter zurück.

Für Freud und andere Psychoanalytiker gehören alle Gefühle und menschlichen Triebe zum Sexualtrieb oder sind diesem zumindest untergeordnet.

Er führte den Begriff der „Libido" als Synonym für sexuelle Kraft oder Energie ein. Die Libido oder der Lebenstrieb, dem Freud streng „die Bedeutung der sexuellen Energie" zusprach, wird von anderen Psychoanalytikern und Philosophen als eine undifferenzierte psychische Energie aufgefaßt.

Für Carl Jung ist die Libido vergleichbar mit dem Lebensimpuls des Universums.

Freud ist der Ansicht, daß der Sexualtrieb nicht über unbegrenzte Energiereserven verfügt. Demnach bleibt, wenn zu viel Energie für sexuelle Betätigung verbraucht wird, zu wenig Energie für schöpferische, geistige und intellektuelle Leistungen übrig.

Obwohl Freud Entscheidendes und Bleibendes über die Komplexität menschlicher Motivation ausgesagt hat, gelten seine Thesen in der Geschlechterpsychologie heute als überholt.

Der Einfluß der Gesellschaft

In ihrem Werk „Die weiblichen Merkmale im Patriarchat und die männlichen Merkmale im Matriarchat" formulieren Mathilde und Mathias Warting folgende These:

Als männlich oder weiblich werden die Eigenschaften des Geschlechts bezeichnet, das in einer bestimmten Gesellschaft dominiert.

Eine Eigenschaft, die in einem Matriarchat als weiblich aufgefaßt wird, gilt in einem Patriarchat als männlich.

Demnach sind männlich und weiblich lediglich gesellschaftliche Eigenschaften ohne Beziehung zum biologischen Geschlecht.

Austauschbare Eigenschaften

Die Anthropologin Margaret Mead untersuchte drei Eingeborenenstämme in Neuguinea: die Arapesh in den Bergen, die Mundugumor an den Flüssen und die Chambuli an den Seen. In ihrem Werk „Sex and Temperament in Three Primitive Societies" [Geschlecht und Temperament in drei primitiven Gesellschaften] stellt sie aufgrund ihrer Untersuchungen fest, daß alle in einer bestimmten Gesellschaft normalerweise als weiblich geltenden Eigenschaften in einer anderen Gesellschaft bei beiden Geschlechtern vorgefunden werden können. Das gleiche gilt auch für die typisch männlichen Eigenschaften.

Sie beobachtete, daß bei den Arapesh sowohl Männer als auch Frauen herzlich und zärtlich waren. Bei den Mundugumor dagegen waren beide Geschlechter gewalttätig und aggressiv. Bei den Chambuli stellte sie fest, daß die Männer den Frauen unterworfen waren. Dort führten die Frauen die Familie. Sie waren es auch, die jagten und fischten.

Männlich und weiblich von Beginn an?

Unserer Meinung nach ist die Ursache für Männlichkeit und Weiblichkeit relativ einfach festzustellen. Wir beziehen uns auf die Schöpfungsgeschichte, wie sie in der Bibel festgehalten worden ist.

Bevor Zivilisationen und Völker, ja sogar Stämme und Familien existierten, gab es den Menschen. Er wurde als persönliches Gegenüber Gottes, als Mann und Frau geschaffen.

Mann und Frau haben also eine ursprüngliche geschlechtliche Identität, die unter dem Urteil „sehr gut" steht. Gott hat es so gewollt. Die Geschlechterrollen bei der Fortpflanzung sind festgelegt. Der Mann spendet den Samen, und die Frau bringt die Kinder zur Welt.

Über Jahrhunderte hindurch hat man allerdings auch die sozialen Rollen aus der Schöpfung ableiten wollen. Man hat in dem Mann das Oberhaupt der Familie, den Stärkeren, den Ernährer, und in der Frau die Untergeordnete, die zu Beschützende, die Schwächere gesehen.

Viele Gesellschaften haben sich dabei guten Gewissens auf die Bibel berufen. Ein genaues Lesen des biblischen Schöpfungsberichts zeigt uns aber, daß der Mann in der Frau sein Gegenüber finden soll und die Frau ihr Gegenüber im Mann

Von Anfang an haben Frauen und Männer bestimmte organische und psychische Eigenschaften, die sie deutlich voneinander unterscheiden. Männer fühlen, riechen, hören, sehen und denken anders als Frauen. Das bedeutet nicht, daß ein Geschlecht dem anderen überlegen ist. Ganz im Gegenteil, Mann und Frau ergänzen sich wunderbar. Wenn ein Mann und eine Frau sich körperlich und seelisch vereinigen, werden sie daher zum wirklich vollkommenen Menschen.

ÜBEREINSTIMMUNGEN UND ABWEICHUNGEN

Nach Tim LaHaye sind in dieser Graphik die zehn Merkmale, die Männlichkeit bzw. Weiblichkeit bestimmen, ihrer Wichtigkeit nach aufgelistet worden. Es wird deutlich, daß – ähnlich wie bei den Hormonen (siehe S. 1/218f.) – ein Merkmal für sich allein nicht männlich oder weiblich ist, sondern daß der Grad der Ausprägung und die Bedeutung, die es für ein bestimmtes Geschlecht hat, das typisch Männliche bzw. Weibliche ausmachen. Die hier vorgenommene Generalisierung soll dazu dienen, das andere Geschlecht besser verstehen zu können, nicht einen bestimmten Mann oder eine bestimmte Frau beschreiben.

Männlichkeit		Weiblichkeit
1. Charakter	←——————→	1. Charakter
2. Persönlichkeit	←——————→	2. Persönlichkeit
3. Führungsqualität	– VERSCHIEDEN –	3. Häusliche Wärme
4. Produktivität	– VERSCHIEDEN –	4. Mutterschaft
5. Mut	– VERSCHIEDEN –	5. Hingabe
6. Verstand, Intelligenz	⤫	6. Gefühle
7. Gefühle	⤫	7. Verstand, Intelligenz
8. Morphologie	←——————→	8. Morphologie
9. Sexualität	←——————→	9. Sexualität
10. Humor und Spaß am Spiel	– VERSCHIEDEN –	10. Fürsorge für die Kinder

und daß beide gleichwertig und mit derselben Würde ausgestattet sind.

Wenn beide Partner von gleichem Wert sind und dieselbe Würde haben, kann eine Rollenverteilung aber nicht in einer einseitigen Zuweisung eines Partners an den anderen in Form eines Befehls ergehen, sondern bedarf der liebevollen Abwägung, die sich auch nach den Lebensumständen richtet, z. B. ob Kinder da sind oder nicht.

Ähnlichkeit bedeutet nicht Gleichheit

Im Gefolge der Französischen Revolution von 1789 wurden die „Declaration des Droits de la Femme" [Erklärung der Rechte der Frau] und wenig später (1792) die „Vindication of the Rights of Women" [Verteidigung der Rechte der Frau] von Mary Wollstonecraft veröffentlicht.

Seitdem nehmen Frauen immer mehr Positionen ein, die bislang lediglich Männern vorbehalten waren. Manche künstlich aufgestellten Grenzen zwischen dem Weiblichen und dem Männlichen wurden so aufgehoben, und den Partnern wurde eine neue Chance eingeräumt, ihre sozialen Rollen zu finden.

Mittlerweile hat es sich auch bei den Männern herumgesprochen, daß Frauen ebenso leistungsfähig sind wie sie. Wissenschaftler wie der Philosoph Julián Marías und der Gynäkologe José Botella Llusiá belegen dies äußerst überzeugend in ihren Werken „La mujer en el siglo XX" [Die Frau im 20. Jahrhundert] und „Esquema de la vida de la mujer" [Lebensentwurf der Frau].

Von Geburt an

Die Unterschiede zwischen männlich und weiblich sind nach Ansicht mancher Biologen und Psychologen jedoch nicht nur in den erlernten Verhaltensweisen von Männern und Frauen zu suchen, sondern auch in ihrer biologischen Grundstruktur.

Man kann z. B. beobachten, daß Kinder sich in bestimmten Bereichen, die scheinbar nicht erlernt sind, je nach Geschlecht unterschiedlich verhalten.

Der Psychiater Erik Erikson stellte fest, daß zehn- bis zwölfjährige Jungen und Mädchen unterschiedlich spielen.

MENSCH UND FAMILIE

BAND 1

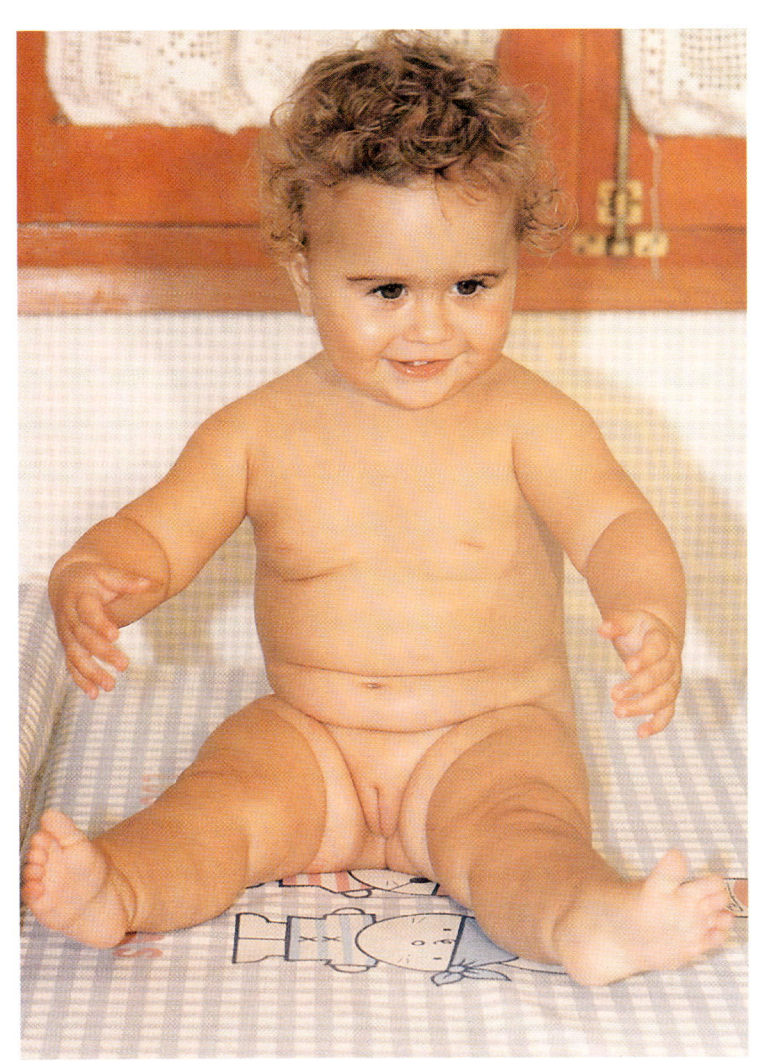

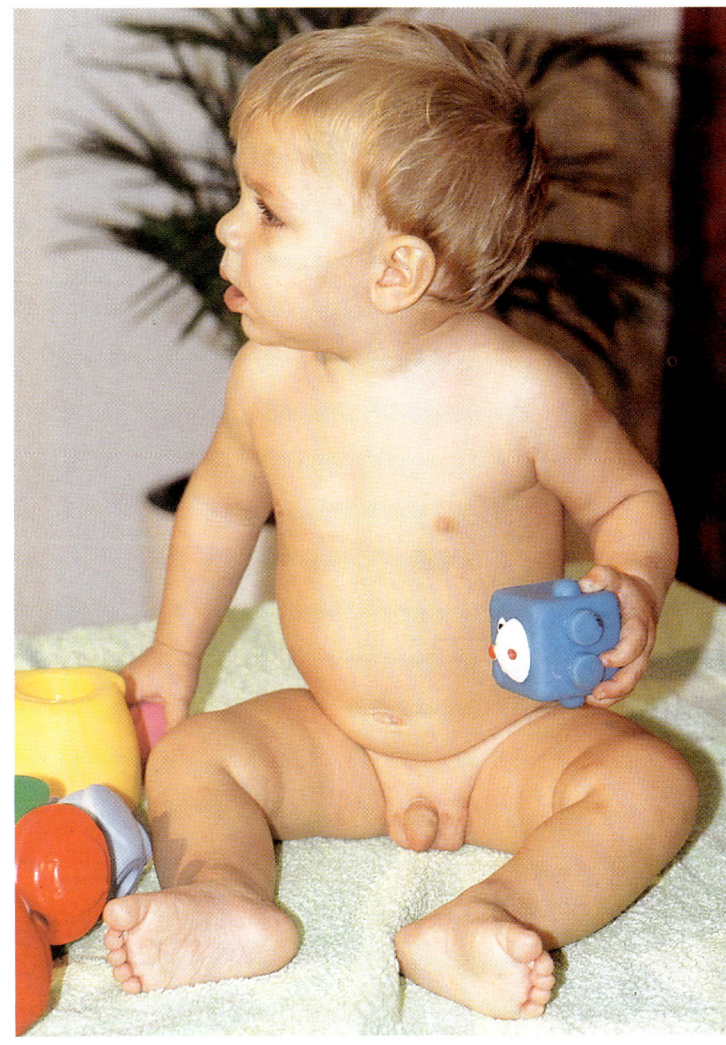

- **Mädchen** spielen Spiele, in denen eher Detailliebe und Ruhe vorherrschen.
- **Jungen** neigen dagegen zum Aufbauen und Zerstören, zu mehr oder weniger gewalttätigen Aktionen und zu dauernder Bewegung.

Erikson erkennt eine gesellschaftliche Komponente des Verhaltens der Kinder an, lehnt aber äußere Einflüsse als einzige Erklärung für die Unterschiede ab.

Männer und Frauen sind sich in ihren körperlichen und psychischen Eigenschaften sehr ähnlich. Sie haben vieles gemeinsam, aber sie sind nicht gleich, denn Ähnlichkeit ist nicht Gleichheit.

Vergleichende Geschlechterpsychologie

Bereits in der Schwangerschaft, ja in den ersten Zellen, kann das Geschlecht des Kindes durch das Mikroskop erkannt werden.

Das ursprüngliche Geschlecht ist durch die Chromosomen festgelegt und unveränderlich. Es prägt den Menschen für das ganze Leben.

Auf die gleiche Weise sind alle körperlichen und psychischen geschlechtlichen

Mit zunehmendem Alter werden die anatomischen und physiologischen Unterschiede zwischen den Geschlechtern – genau wie die psychischen – immer deutlicher. Vor allem der unterschiedliche Umgang mit Gefühlen bei Mann und Frau dürfte entscheidend durch Gesellschaft und Kultur beeinflußt werden. Man geht heute jedoch davon aus, daß die Unterschiede im Denken und Empfinden auch genetisch bedingt sind.

Kap. 10: GESCHLECHTERPSYCHOLOGIE

Hausarbeit

Wieviel Prozent der Zeit, die in Ihrem Haushalt der Hausarbeit gewidmet wird, bringen Sie auf?

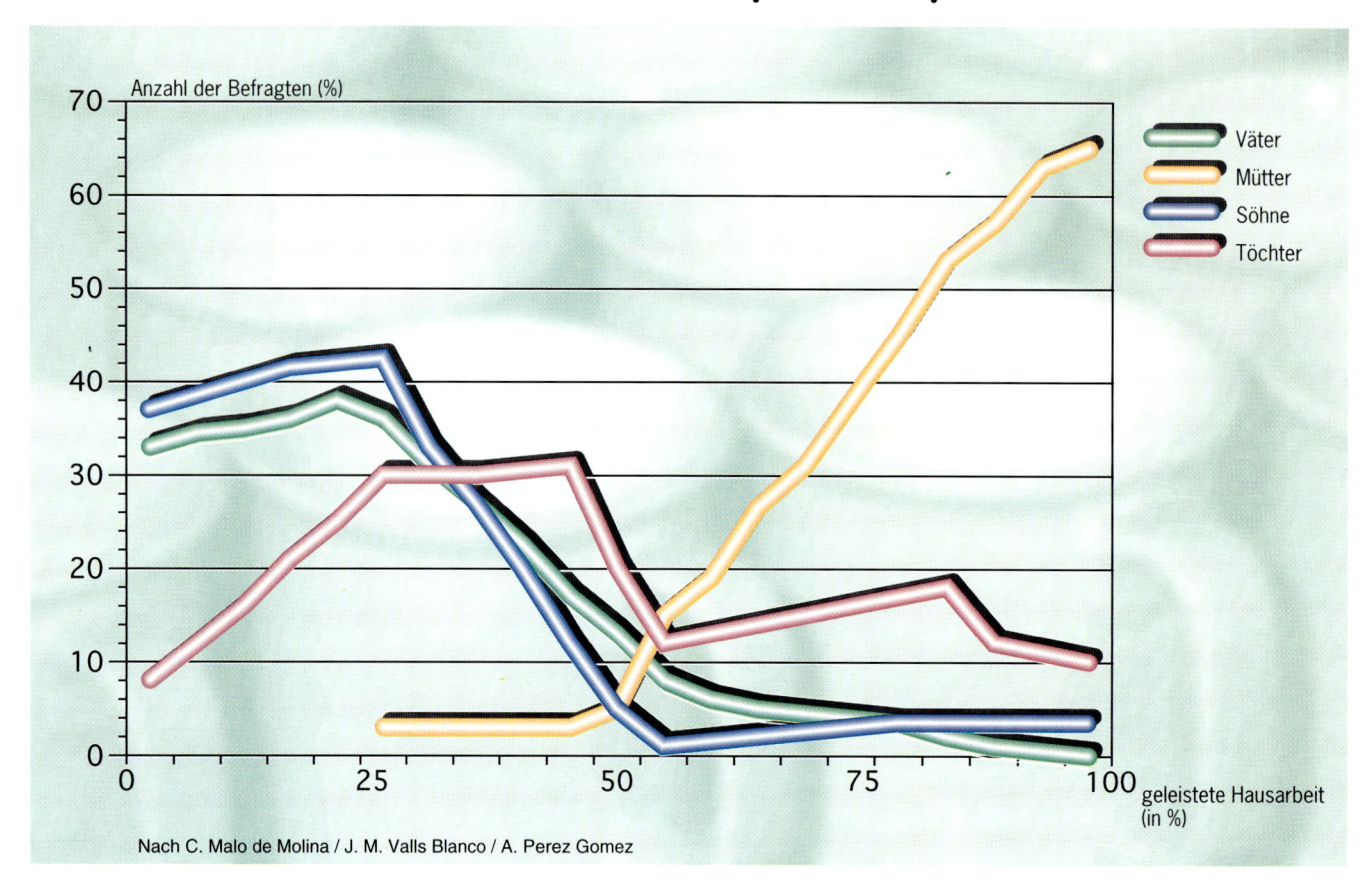

Anzahl der Befragten (%)

Legende:
- Väter
- Mütter
- Söhne
- Töchter

geleistete Hausarbeit (in %)

Nach C. Malo de Molina / J. M. Valls Blanco / A. Perez Gomez

Diese Umfrage im Rahmen einer soziologischen Untersuchung von Carlos Malo de Molina und Mitarbeitern zeigt, daß trotz aller gesellschaftlichen Fortschritte die Frau immer noch den größten Teil der Hausarbeit übernimmt.

In derselben Untersuchung wird außerdem deutlich, daß knapp 46 % der spanischen Familienmitglieder (ausgenommen die Mütter) der Meinung sind „mehr im Haus tun zu müssen", während knapp 45 % meinen, sie täten bereits genug ...

Eigenschaften von Anfang an in den Genen der Chromosomen festgelegt (siehe S. 1/26ff. und 1/88ff.).

Die natürlichen Veranlagungen werden von soziokulturellen Faktoren und der Erziehung verstärkt oder abgeschwächt.

Normalerweise wird die geschlechtliche Identität im Alter von zwei bis drei Jahren erlangt und ist mit sechs oder sieben Jahren gefestigt. Wenn dies nicht gelingt, entsteht eine Spannung zwischen innerem Erleben und Fühlen und den äußeren Geschlechtsmerkmalen. Der Mensch, der äußerlich ein Mann ist, fühlt sich innerlich vielleicht als Frau, und umgekehrt. Das Finden der eigenen Geschlechtsidentität ist daher eine der Hauptaufgaben in der Kindheit und Jugend.

Die Unterschiede zwischen den Geschlechtern werden bis zu einem gewissen

Grad auch von den Hormonen aus den endokrinen Drüsen bestimmt.

Mann und Frau verfügen zwar über die gleichen Hormone, aber die Mengen der ausgeschütteten Hormone sind unterschiedlich. So kommen die anatomischen, physiologischen und psychologischen Unterschiede, die sich in den primären und sekundären Geschlechtsmerkmalen ausdrücken, zustande.

Obwohl alle Vereinfachungen unvollständig sind und nie ganz der Wahrheit entsprechen, sind sie doch nützlich, um einen Überblick zu bekommen. So haben wir versucht, die Ausführungen über die Geschlechterpsychologie möglichst einzugrenzen, ohne dabei einen Verlust an Präzision hinnehmen zu müssen.

Selbstverständlich finden sich die meisten, wenn nicht alle der erwähnten Merkmale mehr oder weniger stark ausgeprägt und mit individuellen Abweichungen bei beiden Geschlechtern. Ebenso gibt es immer wieder Ausnahmen hinsichtlich der Aspekte, die wir behandelt haben. Das bedeutet aber nicht, daß bestimmte Verallgemeinerungen dadurch ihren Wert verlieren.

Julián Marías sagt: „Der Mann ist auf die Frau bezogen. Darin besteht das ‚Mann-Sein'. Genauso bedeutet, Frau zu sein, auf den Mann bezogen zu sein."

Im folgenden wollen wir die wichtigsten Gemeinsamkeiten und Unterschiede der beiden Geschlechter vergleichend untersuchen.

Weiblichkeit – Männlichkeit

Das Wesen der Weiblichkeit der Frau liegt, wie bereits gesagt wurde, grundsätzlich in ihrer natürlichen Anlage. Es ist durch die Chromosomen genetisch festgelegt und wird durch Hormone aktiviert.

Die körperlichen, psychischen und geistigen Eigenschaften bilden die Einheit Frau und verleihen ihrer Persönlichkeit

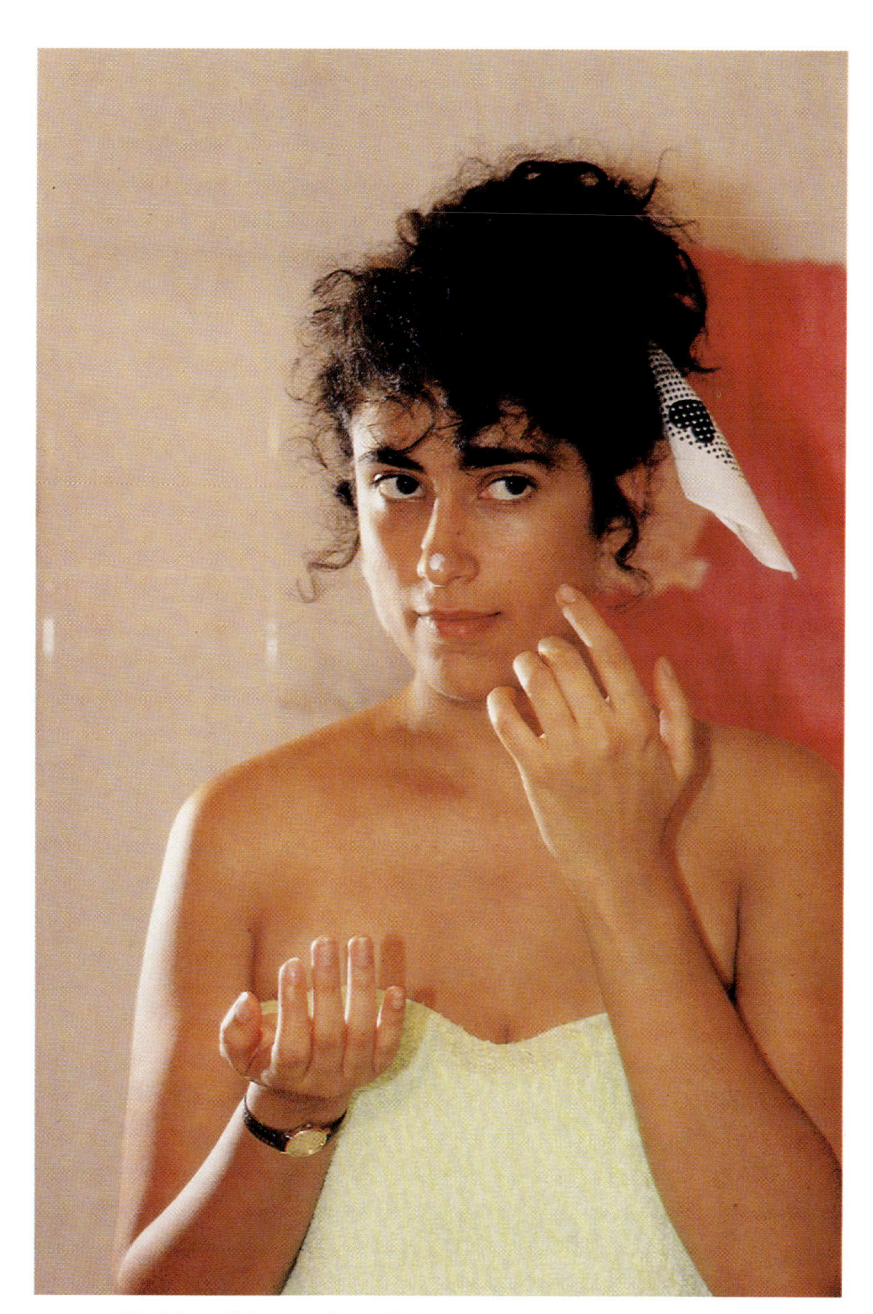

Die körperlichen und psychischen Unterschiede zwischen Mann und Frau bewirken, daß beide unterschiedliche Neigungen, Vorlieben und Fähigkeiten haben. Außerdem hat jeder Mensch sein eigenes Temperament, und jeder hat eine andere Erziehung gehabt. Daher müssen sich Mann und Frau um gegenseitiges Verständnis bemühen, wenn die gemeinsame Beziehung für beide befriedigend und erfüllend sein soll.

Kap. 10: GESCHLECHTERPSYCHOLOGIE

Obwohl der Mann über größere Muskelkraft verfügt als die Frau, stirbt er eher als sie und wird leichter krank als sie. Möglicherweise ist der Mann durch den gesellschaftlichen Druck, der auf ihm lastet, und durch seine körperliche und psychische Konstitution anfälliger für Krankheiten. Außerdem schädigen Männer ihren Körper durch Rauchen, reichlichen Alkoholkonsum, unnötige Kraftproben und ein ungeordnetes Sexualleben im Durchschnitt immer noch stärker als Frauen.

frische Farben. In einem nur scheinbar schwachen Körper ruht die Kraft, die für die Bewältigung der unterschiedlichen Herausforderungen im Leben benötigt wird.

Anerkannte Psychologen wie Schwarz betrachten als Hauptmerkmal der Weiblichkeit die Geschlechtsfunktion. Schwarz sagt:

„Die Biologie stellt sich uns als die beste Orientierung dar, denn jedes wichtige weibliche Merkmal gehört zu der Geschlechtsfunktion der Frau oder ergibt sich aus ihr."

Einige Beispiele sollen hier genügen:

- Während der gesamten Geschlechtsreife bekommt die Frau jeden Monat ihre Menstruation mit körperlichen und seelischen Begleiterscheinungen, die die gesamte Person betreffen.

- Die Geburt eines Kindes verändert das Leben der **Frau** grundlegend. Die relativ lange Zeit der Schwangerschaft, die Stillzeit, die Fürsorge für das Baby und Kleinkind lassen eine enge Beziehung zwischen Kind und Mutter entstehen.

- Der **Mann** spürt die Auswirkungen der eigenen Sexualität im täglichen Leben nicht derart deutlich. Selbst die unwillkürlichen Samenergüsse sind kurz, treten meist in der Nacht auf und unterliegen keinem bestimmten Lebenszyklus. Der Mann befruchtet die Eizelle der Frau, und da endet bereits seine direkte körperliche Teilnahme an der weiteren Entwicklung des neuen Lebens, das er geschaffen hat.

Die notwendige Hinwendung des Mannes und Vaters zu dem neuen Leben ist deshalb vor allem psychisch motiviert und muß in der Regel erst „erlernt" werden.

Selbstverständlich ist beim Mann das Geschlecht auch in jede seiner Zellen eingraviert. Dennoch erlebt der Mann seine Sexualität häufiger isoliert von anderen Aspekten seines Lebens und seines Kör-

Stimmung
Schwankungen im Verlauf eines Monats

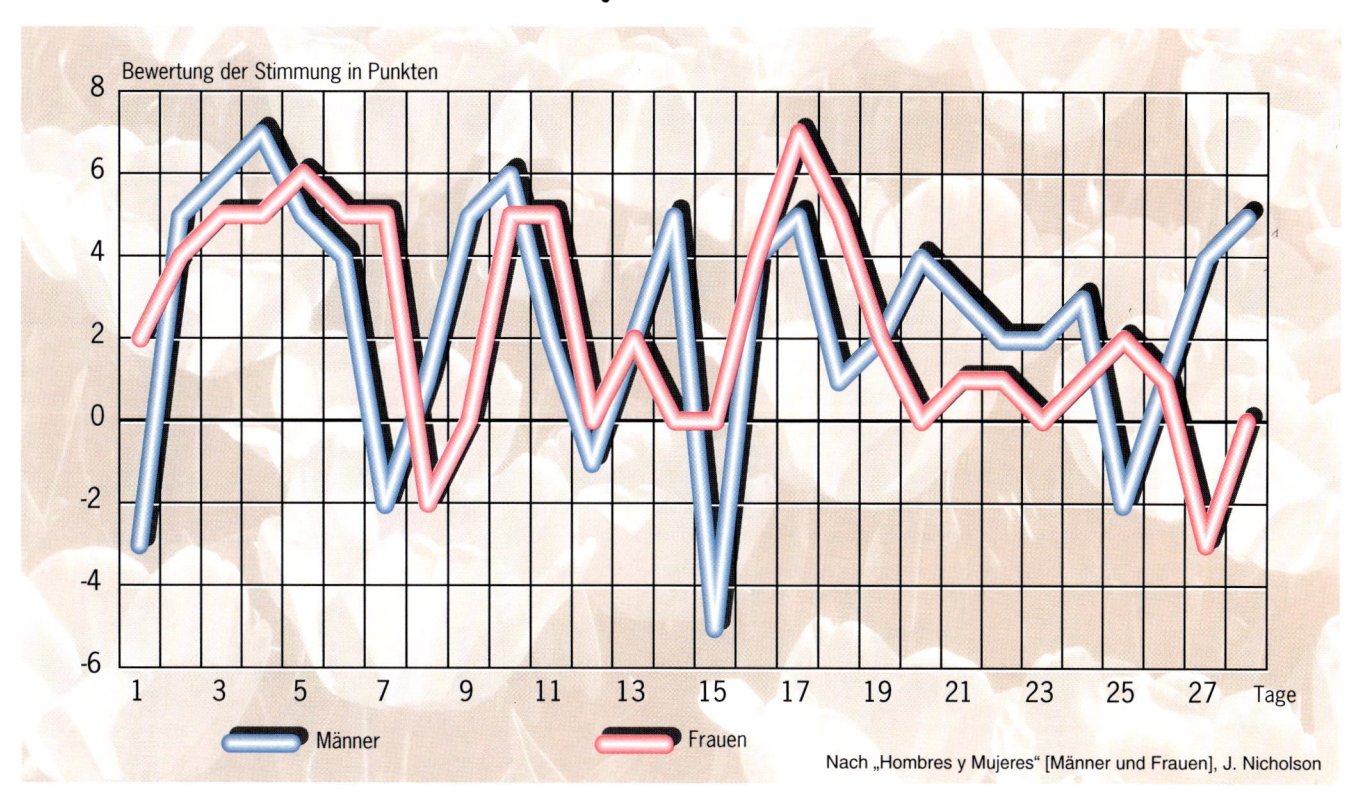

Bewertung der Stimmung in Punkten — Männer / Frauen

Nach „Hombres y Mujeres" [Männer und Frauen], J. Nicholson

In einer Untersuchung wurden durch Selbsteinschätzung Stimmungsschwankungen bei Ehepaaren erhoben (Werte von -10 bis +10). Die Durchschnittswerte beider Geschlechter sind in der Graphik dargestellt. Bei der Frau werden die Schwankungen unter anderem vom Menstruationszyklus beeinflußt (siehe S. 1/110). Beim Mann scheint es auch hormonelle Zyklen von acht bis 30 Tagen Dauer mit Schwankungen des Testosteronspiegels im Blut zu geben. Wenn der Spiegel hoch ist, werden Stimmungsschwankungen mit Neigung zur Depression oder je nach Fall auch Neigung zur Aggressivität beobachtet.

pers. Er kann sie leichter als die Frau von anderen Erlebnissen trennen.

Organische Besonderheiten

Bei der Betrachtung der Körperformen ist festzustellen, daß es trotz vieler Gemeinsamkeiten gewisse Unterschiede zwischen Mann und Frau gibt. Zu den Organen, die sich vollständig unterscheiden, gehören die Geschlechtsorgane und – etwas weniger stark ausgeprägt – die Brüste.

Der **Mann**

- ist **größer** als die Frau (im Durchschnitt um 7 %),
- ist **kräftiger** als sie (um ca. 30 % ohne Training),
- **wiegt** aufgrund größerer Muskelmasse **mehr** als die Frau (30-40 % mehr Muskelmasse) und
- hat **weniger Fettgewebe** als die Frau (Männer: 12 % Fettgewebe, Frauen: 25 %).

Außerdem:

- Der **Rücken** des Mannes ist breiter als der weibliche Rücken, und seine **Hüfte** ist schmaler.
- Die **Knochen** des Mannes sind dicker und schwerer.
- Mit der Pubertät beginnt beim Mann normalerweise der **Bartwuchs**, und seine **Stimme** wird tiefer, was bei der Frau aufgrund unterschiedlicher hormoneller Gegebenheiten nicht geschieht.

Im Fall der **Frau**:

- Da der weibliche Körper einen höheren Gehalt an **Fettgewebe** hat, sind die **weiblichen Formen** abgerundeter.
- Die **Haut** ist feiner, und die Gesichtszüge sind weicher als beim Mann.
- Die **Stimme** der Frau ist nach der Pubertät im allgemeinen deutlich höher als die des Mannes.

Auswirkungen der Unterschiede

Die erkennbaren Unterschiede zwischen Mann und Frau wirken sich auf unterschiedliche Art und Weise in den verschiedenen Lebensbereichen aus.

Im folgenden wollen wir einige Aspekte dieses Themas behandeln.

Ein schwaches sogenanntes „starkes" Geschlecht

Es ist interessant, daß, obwohl die äußere Erscheinung dies nicht vermuten läßt, der weibliche Organismus im allgemeinen widerstandsfähiger gegen Krankheiten, Belastungen und Streß ist als der männliche.

Psychisch zeigen sich Frauen häufig belastbarer, gemäßigter und ausgeglichener als Männer.

In schwierigen Lagen brechen Männer paradoxerweise schneller zusammen, und die Frau ist diejenige, die weiter kämpft.

Das liegt vermutlich daran, daß die Frau ihre Gefühle, auch wenn sie widersprüchlich sind, besser wahrnehmen und äußern kann als der Mann. Sie muß nicht fürchten, von der Gesellschaft abgelehnt zu werden.

Vom Mann wird dagegen erwartet, daß er, auch wenn er verunsichert ist und die Orientierung verloren hat, Sicherheit ausstrahlt. Er darf seine Unsicherheit nicht zeigen. Dadurch setzt er sich aber höheren Belastungen und Streß aus und verkraftet große Krisen schlechter.

Gefühle verbergen

Depressionen sind bei Frauen häufig besser therapierbar, weil sie sie nicht verbergen müssen und sich eher nach Hilfe umsehen.

Allzu viele Männer meinen dagegen, sie müßten nicht nur den depressiven Zustand aus eigener Kraft überwinden, sondern sie fühlen sich durch den gesellschaftlichen Druck auch gezwungen, die Spannung zu ertragen, die das Verbergen der Depressionssymptome um des eigenen und des sozialen Images willen mit sich bringt.

Verstand und Intelligenz

Die lange gesellschaftliche Ausgrenzung der Frau hat zu der verbreiteten Vorstellung geführt, Frauen könnten lediglich Aufgaben als Mutter und Hausfrau kompetent ausüben.

Bis vor kurzem glaubte man selbst in fortschrittlichen Ländern, die Frau sei dem Mann intellektuell unterlegen. Man war sogar der Meinung, daß wirklich verantwortungsvolle Aufgaben nicht in Hände von Frauen übergeben werden sollten.

Das Wahlrecht der Frau bei politischen oder anderen Wahlen in den westlichen Ländern ist erst eine Errungenschaft dieses Jahrhunderts.

Die vermeintlich weibliche Unterlegenheit ist jedoch durch zahlreiche Untersuchungen widerlegt worden. Frauen, die Ämter mit großer politischer oder sozialer Verantwortung innehaben, zeigen keine schlechteren Arbeitsergebnisse als ihre männlichen Kollegen.

Es ist interessant, daß ausgerechnet zwei Frauen im größten Zentrum für Intelligenztests der Vereinigten Staaten die höchsten je gemessenen Werte erreichten. Sie erzielten Quotienten von 200 und 201 (der Durchschnitt der USA liegt bei 100). Zumindest sollte dies die Theorie einer mittelmäßigen weiblichen Intelligenz widerlegt haben.

Stärken und Schwächen

Leona E. Tyler befaßt sich in ihrem Buch „Psychologie der menschlichen Unterschiede" mit einer großen Zahl wissen-

Das Geistige, das Soziale und vor allem die Zärtlichkeit besitzen für die Frau einen hohen Stellenwert. Eigenschaften wie Friedfertigkeit, Verständnis und Selbstlosigkeit sind bei Frauen häufiger anzutreffen als bei Männern. Aufgrund der mit dem weiblichen Geschlecht verbundenen Mutterschaft haben Frauen oft ein stärkeres Sicherheitsbedürfnis als Männer, allerdings weniger aus Angst um sich selbst als aus dem Verantwortungsgefühl den Kindern gegenüber.

schaftlicher Untersuchungen, aus denen folgendes abgeleitet werden kann:

Männer haben ihre Stärken in Bereichen wie:

- mathematisches Denken
- räumliches Denken (z. B. Architektur)
- Technik
- Mechanik

Frauen sind dagegen stärker in Bereichen wie:

- Spracherwerb und Erlernen von Fremdsprachen
- Erinnerungsvermögen
- Detailwahrnehmung
- Motorik

Unterschiedliche berufliche Orientierung

Daraus ergibt sich eine größere Vorliebe der **Männer** für Bereiche wie:

- Mechanik
- Mathematik
- Naturwissenschaften

Viele **Frauen** bevorzugen dagegen eine Beschäftigung in Bereichen wie:

- Literatur
- Musik
- Kunst
- Soziales

Bei allen Klassifizierungen muß aber betont werden, daß es sich um Beobachtungen in einer immer noch von Männern dominierten Welt handelt.

Sie sagen vielleicht mehr aus über die Kultur, in der sich Männer und Frauen bewegen, als über ihre Genstruktur und die daraus resultierenden Unterschiede.

Männer sollen zum Beispiel besser analytisch und objektiv denken können als Frauen. Sie verspüren offenbar intensiver den Wunsch, etwas zu leisten und vorwärtszukommen.

Sie lassen sich aber auch leichter durch berufliche Ziele einnehmen, die dann zum Mittelpunkt der persönlichen Ver-

wirklichung werden. Ihr Privatleben wird eher durch den Beruf und die Karriere in Mitleidenschaft gezogen.

Gefühle

Häufig wird davon gesprochen, daß Frauen im Bereich des Psychischen und Emotionalen sensibler sind als Männer, was sich in der Realität auch zu bestätigen scheint.

Frauen erfassen ein Problem in der Regel ganzheitlich und können es oft schneller lösen als der Mann.

Sie verstehen das Problem, verinnerlichen es und finden eine globale Lösung, weil sie sich stärker auf die Analyse der Personen als auf die Analyse des eigentlichen Problems konzentrieren.

Die Frau registriert zudem nicht nur die Handlungen an sich, sondern auch deren Motivation, das Subjektive. Sie scheint eher vom Ganzen auszugehen, um zum Detail zu kommen.

Der Mann geht dagegen eher analytisch vor. Er geht vom Detail aus, um auf das Ganze zu kommen. Deshalb braucht er länger, um die Ursachen eines Problems zu ermitteln und es zu lösen.

Weibliche Emotionalität

Frauen galten schon immer als gefühlsbetonter als Männer, weil sie ihre Gefühle offener zeigen. Sie weinen und lachen eher.

Bestimmte Gefühlsschwankungen werden bei der Frau durch physiologische Veränderungen (Pubertät, Menstruation, Schwangerschaft, Wechseljahre) ausgelöst. Vielleicht ist dies auch der Grund für die größere gesellschaftliche Toleranz gegenüber den Gefühlsäußerungen der Frau.

Männliche Aggressivität

Wenn Gefühlsbetontheit als eine typisch weibliche Eigenschaft angesehen wird, dann ist Aggressivität ein Merkmal, das meistens mit männlichem Verhalten assoziiert wird.

Viele Männer zeigen sich im täglichen Umgang kämpferisch und dominierend.

Hattwick machte eine Untersuchung an 579 Kindern zwischen zwei und vier Jahren. Er beobachtete, daß Jungen sich häufiger als Mädchen stritten, wobei es meistens um Besitzansprüche ging.

Die bekannte Psychologin Charlotte Bühler faßt es folgendermaßen zusammen:

„Männer sind aggressiver, selbstsicherer, härter und haben weniger Angst. Sie sind aber auch rücksichtsloser in ihrem Verhalten. Frauen sind mitfühlender, zurückhaltender, gefühlsbetonter, moralisierender und emotioneller."

Der Schein trügt

Das bedeutet aber nicht, daß der Mann in seinem Inneren weniger emotionale Höhen und Tiefen hat als die Frau.

Die eher zur Schau getragene Selbstsicherheit im Verhalten der Männer bedeutet nicht unbedingt stärkere psychische Stabilität.

Auch wenn die biologischen Zyklen des Mannes noch wenig erforscht sind und ihr Vorhandensein strittig ist, kann nicht davon ausgegangen werden, daß das seelische Empfinden des Mannes ausgeglichener ist als das der Frau.

Auf diesen Umstand bezieht sich auch der Engländer John Nicholson, Professor für Psychologie, in seinem bekannten Werk „Männer und Frauen".

Seiner Ansicht nach liegt einer der Gründe für die höhere Lebenserwartung der Frauen in der Tatsache, daß sie ihre Gefühle nicht „in sich hineinfressen", sondern sie herauslassen, wodurch schädliche Spannungszustände abgebaut werden.

Damit eine Partnerschaft harmonisch sein kann, müssen die Partner ihre körperlichen und psychologischen Unter-

Die Entwicklung und das Empfinden von Sexualität ist bei Jungen und Mädchen unterschiedlich. Bei Mädchen ist die Sexualität oft in stärkerem Maße vergeistigt als bei Jungen und hat eine emotionale, romantisierende Komponente. Jungen konzentrieren sich dagegen manchmal stärker auf das rein Körperliche. Auch der gesamte Reifungsprozeß in der Pubertät verläuft bei Mädchen anders als bei Jungen: Körperlich und geistig sind die meisten Mädchen in ihrer Entwicklung den Jungen zunächst voraus. Später gleicht sich dieser Unterschied jedoch wieder aus.

Kap. 10: GESCHLECHTERPSYCHOLOGIE

Häufigkeit sexueller Aktivität

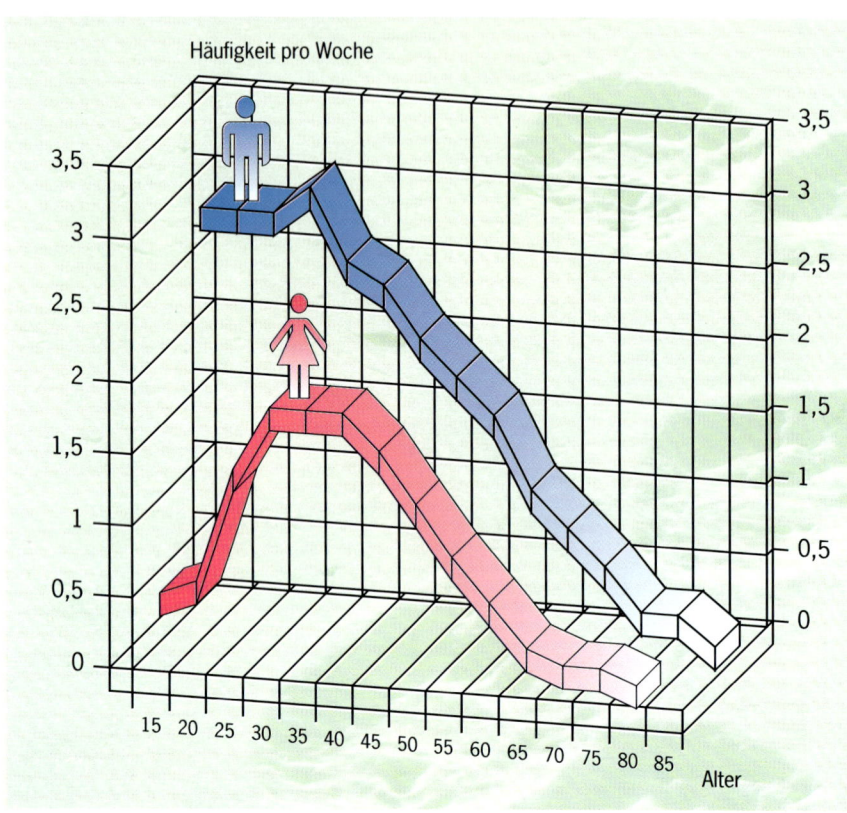

Häufigkeit pro Woche

Alter

Nach Kinsey, Bearbeitung von J. Nicholson in „Hombres y Mujeres" [Männer und Frauen]

Über 18 Jahre lang untersuchte Alfred Kinsey die sexuellen Gewohnheiten von mehr als 10.000 erwachsenen US-Bürgern. Er erhielt die in der Graphik dargestellten Werte, die zeigen, daß die sexuellen Aktivitäten der Männer, seien es heterosexuelle Kontakte, homosexuelle Kontakte oder Selbstbefriedigung, in allen Altersgruppen etwas stärker ist als bei Frauen. Heute, etwa 40 Jahre nach der Veröffentlichung von Kinseys Untersuchungsergebnissen, ist jedoch eine zunehmende Angleichung in der Häufigkeit sexueller Betätigung von Männern und Frauen festzustellen.

schiede kennen und akzeptieren. Und je besser sie sie kennen, um so leichter wird es sein, sie zu verstehen und anzunehmen.

Glücklicherweise sind alle diese Unterschiede nicht gegensätzlich. Sie ergänzen sich. Was den Körper betrifft, ist dies eindeutig. Hinsichtlich der Psyche ist es auf den ersten Blick nicht ganz so eindeutig, aber deswegen nicht weniger zutreffend.

Kontaktfähigkeit, moralische Einstellung und Religiosität

Frauen sind in der Regel kontaktfähiger als Männer. Sie leben friedfertiger und sind anpassungsfähiger. Sie lösen Konflikte häufiger durch Verhandeln als durch Gewalt.

Auch wenn angeblich Unterschiede in den weiblichen und männlichen Moralvorstellungen beobachtet worden sein sollen, ist nicht bewiesen, daß sich das ethische Urteilsvermögen beim Mann nach anderen Kriterien richtet als bei der Frau.

Allerdings scheint die Konfliktbewältigung unterschiedlich zu sein. Männer neigen eher zu offener Aggression oder Gewalt. Dies wird auch deutlich durch den Umstand, daß die Gefängnisse in weit höherem Ausmaß von Männern belegt sind als von Frauen.

Auch gibt es für Männer und Frauen verschiedene gesellschaftliche Normen. Das gleiche Verhalten eines Mannes und einer Frau kann durchaus unterschiedlich beurteilt werden, wobei hier die jeweils herrschenden Moralvorstellungen einer Gesellschaft eine große Rolle spielen.

Mit Blick auf Geschlechtsunterschiede in der Religiosität von Mann und Frau ist behauptet worden, daß die Frau eine stärkere Beziehung zur Religion habe als der Mann. Religiosität ist jedoch etwas sehr Persönliches, und mit Verallgemeinerungen sollte in diesem Bereich stets vorsichtig umgegangen werden.

Daß in unserer Gesellschaft mehr Frauen den Glauben praktizieren, ist vielleicht eher auf die Fähigkeit der Frau, Gefühle auszudrücken, und auf ihre größere Kontaktfähigkeit zurückzuführen als auf eine stärkere Spiritualität.

Religiosität kann, wie jedes andere intime Gefühl, von beiden Geschlechtern gleich tief empfunden werden, auch wenn sie nach außen hin quantitativ und qualitativ unterschiedlich gezeigt wird.

Es mag sein, daß Frauen, die an eine Rolle der Abhängigkeit und des Verzichts gewöhnt sind, durch den Glauben bedingte Einschränkungen leichter akzeptieren. Möglich ist auch, daß das Praktizieren des Glaubens Frauen besonders stark anspricht, weil es dem menschlichen Grundbedürfnis nach Sicherheit und Stabilität entgegenkommt.

Sexualität

Vom Mann wurde früher behauptet, er habe einen stärkeren Sexualtrieb als die Frau. Heute müssen wir unser Urteil dahingehend revidieren, daß der Sexualtrieb des Mannes lediglich offener, aggressiver und besitzergreifender ist.

Nach Kinsey wird das Sexualverhalten des Mannes von sinnlichen und gedanklichen Reizen, von der Erinnerung an Erlebtes und von bestimmten Assoziationen mit Gegenständen, die mit bereits Erlebtem verbunden sind, bestimmt.

Kinsey beobachtete, daß mehr Männer als Frauen nach der Betrachtung erotischer Darbietungen masturbierten oder erotische Träume hatten.

Die Frau braucht dagegen stärker als der Mann auch einen affektiven, persönlichen Kontakt zur sexuellen Stimulation. Ihre

Wie das Bild zeigt, bieten sich der Frau heute weitaus mehr Möglichkeiten in der Mode als noch um die Jahrhundertwende. Das breite Angebot an bequemer und praktischer Kleidung kommt den Lebensumständen der modernen Frau durchaus entgegen. Sich als Frau sportlich zu kleiden, heißt in den meisten Fällen natürlich nicht, daß dahinter die Absicht steht, den Mann in seiner biologischen und geschlechterpsychologischen Funktion nachahmen zu wollen. Das gleiche läßt sich auch für den Mann sagen.

Männer sind häufig zurückhaltender in der Äußerung ihrer Gefühle als Frauen. Daher sind sie anfälliger für Ängste und Depressionen.

Sexualität ist ganzheitlicher, auf mehr Sinne verteilt, dabei aber nicht weniger intensiv.

Insgesamt läßt sich feststellen, daß sexuelle Lust und sexuelles Verhalten individuell sehr unterschiedlich sind und auch vom Alter des Menschen und soziokulturellen und anderen gesellschaftlichen Einflüssen abhängen.

Aufhebung der Unterschiede

Wenn man sich heute einmal umsieht, hat man das Gefühl, daß sich Männer und Frauen in ihrem Aussehen und der Art, sich zu kleiden, immer ähnlicher werden.

Die Frage ist, ob die Angleichung der Geschlechter tatsächlich sinnvoll ist.

Sicherlich ist sie in vielen Bereichen durchaus als positiv zu werten. Es ist z. B. gut, wenn Männer sich weniger gehemmt fühlen, ihre Gefühle zu äußern und Spannungen abbauen können, ohne einen Verlust ihres Ansehens fürchten zu müssen.

Es ist auch positiv, wenn Frauen in der Öffentlichkeit selbstbewußter auftreten, wenn sie ihre Gaben und Befähigungen erkennen und sich dementsprechend stärker in die Gesellschaft einbringen.

Viele organische und psychische Störungen wie Infarkte, Geschwüre und Depressionen blieben Männern und Frauen erspart, würden sie sich gegenseitig fördern, anstatt sich rivalisierend zu bekämpfen.

Nachahmung nicht zu empfehlen

Dagegen sollten Bedenken angesichts einer drohenden „Vermännlichung" der Frau (siehe Kasten auf der folgenden Seite), wie Nicholson sie darstellt, nicht ignoriert werden.

Den Männern kann man im Grunde genommen das gleiche sagen wie den Frauen: Wenn sie das weibliche Geschlecht nachahmen wollen, dann sollten sie sich möglichst auf die positiven Eigenschaften konzentrieren.

MENSCH UND FAMILIE
BAND 1

Hinweis

„Frauen sind jetzt möglicherweise einer neuen Gefahr ausgesetzt.

Mit zunehmender Berufstätigkeit in Bereichen, die früher reine Männerdomänen waren, treten Anzeichen auf, daß Frauen auf Streß ähnlich wie Männer reagieren.

Nach Erkenntnissen des ‚American National Institute of the Heart, Lungs and Blood' [Amerikanisches Bundesinstitut für Herz-, Lungen- und Kreislauferkrankungen] ist bei Frauen, die berufstätig sind und zwei oder mehr Kinder haben, mittlerweile die gleiche Häufigkeit streßbedingter Herzerkrankungen festzustellen wie bei Männern.

Das Institut beobachtete auch, daß Frauen der Risikogruppe weniger gut Ärger äußern konnten als die Frauen, die nicht außer Haus arbeiteten, und als die Männer."

J. Nicholson: „Hombres y Mujeres" [Männer und Frauen]

Gegenseitige Bereicherung

Eines ist sicher: Die zunehmende Angleichung der Geschlechter wird wohl nie alle Unterschiede zwischen Mann und Frau ausmerzen können, da diese, wie bereits gesagt, im biologischen Grundgerüst des menschlichen Körpers festgelegt sind. Eine vollständige Angleichung weiblicher und männlicher Eigenschaften wäre zudem nicht eine Bereicherung, sondern eher ein Verlust.

Auf die Frage, ob es je eine geschlechtlich einheitliche Gesellschaft, in der lediglich anatomische Unterschiede zwischen Männern und Frauen vorhanden sind, geben wird, antwortet Jerome Kagan mit folgender Überlegung:

„Vielleicht werden die Unterschiede vollständig überwunden werden, und die Gesellschaft wird sich auf einen Zustand zubewegen, bei dem das Geschlecht einer

Wie sehr brauchen sich Mann und Frau! Ihr Mitgefühl und Verständnis, ihre ausgeprägte Liebesfähigkeit machen sie füreinander zu einer unentbehrlichen Stütze, von der Geburt bis zum Tod. Wie schwer fällt es doch einem Menschen, die letzte Strecke seines Lebens ohne den Partner an seiner Seite zurückzulegen, der den bisherigen Weg mit ihm gegangen ist.

Kap. 10: GESCHLECHTERPSYCHOLOGIE

Mädchen brauchen ihre Mutter als Vorbild für die Entwicklung einer geschlechtlichen Identität. Für Jungen ist sie eine Orientierung, weil sie sich von ihr abgrenzen können. Der Vater ist ebenso wichtig für seine Kinder, auch wenn die Erziehung immer noch fast ausschließlich den Müttern zugeschrieben wird.

Person keine Rolle mehr spielt, außer was das Kinderbekommen betrifft. (...)

Aber man müßte sich fragen, ob eine solche Gesellschaft ihre Mitglieder wirklich zufriedenstellen würde."

Werden sich die Geschlechter, wenn sie sich nicht mehr ergänzen, weiterhin anziehend finden?

Wird es sich lohnen, eine Beziehung aufzubauen, die lediglich körperliche Befriedigung bietet?

Eine Gesellschaft ohne Geschlechtsunterschiede

Nach Meinung des Psychiaters Martin Symonds wäre die vollkommene Angleichung der Geschlechter eine Katastrophe, denn Kinder brauchen immer Vorbilder, mit denen sie sich identifizieren und gegen die sie sich als Kontrast auflehnen können:

„Niemand kann sich mit einem Tintenklecks identifizieren. Eine Welt, in der es nur ein Geschlecht gibt, wäre eine Umgebung ohne Reibungspunkte, in der niemand reifen könnte."

Vielleicht liegt das bereits traditionelle Mißverständnis, das Freud mit seinem vermeintlichen Kastrationskomplex lediglich unterstützte, darin, daß Unterschied fälschlicherweise mit Unzulänglichkeit verwechselt wird.

Weitere praktische Folgerungen

Im Verlauf der Ausführungen dieses Kapitels wurde bereits zu verschiedenen Gedanken Stellung genommen.

Wir möchten noch einige Schlußbemerkungen hinzufügen, die sich aus dem bereits Gesagten herleiten lassen und die auch auf eigener Erfahrung basieren.

Weit mehr als nur der Körper

Wir haben gesehen, daß die Sexualität bei der Frau weniger deutlich sichtbar und aggressiv, dafür aber um so tiefer und umfassender ist. Sie ist im Innersten ihres Wesens verwurzelt.

Wenn sich die Frau also dem Mann sexuell hingibt, dann bietet sie im allgemeinen viel mehr als nur ihren Körper, viel mehr als nur eine Gelegenheit zum Vergnügen.

Den Wunsch der Partnerin nach sexueller Vereinigung zu ignorieren oder sich ihr zu verweigern, kann bedeuten, sie unter Umständen tief in ihrer Persönlichkeit und in ihrer Weiblichkeit zu verletzen.

Höhepunkt der Liebe

Wenn das körperliche, psychische und emotionale Auf und Ab der Pubertät vorüber ist, werden die junge Frau und der junge Mann ihre Sehnsüchte auf den jeweils anderen konzentrieren, der ihrem inneren Bilde entspricht.

Liebe und Sexualität werden geweckt. Und die sexuelle Vereinigung kann zum Höhepunkt der Beziehung der Partner werden. Die erotischen Erlebnisse der Liebe werden Mann und Frau psychisch, körperlich und sexuell reifen lassen.

Wechselseitiges Bedürfnis

Die Frau ist auf den Mann hin angelegt. Mit ihm soll die menschliche Verwirklichung der Partnerschaft und die Erhaltung der menschlichen Art erreicht werden.

Ebenso ist der Mann auf die Frau hin angelegt. Er braucht sie, nicht nur, weil er sein Leben einer Frau verdankt, sondern um sich zu verewigen, um sein Bedürfnis nach Transzendenz zu befriedigen. Er braucht die Frau besonders in den beiden extremen Lebensabschnitten, der Kindheit und dem Alter. Auch wenn dies auf den ersten Blick nicht so scheint, akzeptieren und ertragen Frauen das Altern im allgemeinen besser als Männer.

Menschsein heißt demnach nicht, isoliert Mann oder Frau sein, sondern sich als Mann und Frau begegnen. Die tiefste Begegnung erfolgt in einer lebenslangen Partnerschaft, die von Liebe und Achtung getragen ist.

Allerdings ist diese lebenslange Gemeinschaft in der Form einer Ehe keine Bedingung für ein erfülltes Leben als Mann oder Frau, wie viele Beispiele alter und junger Singles zeigen. Es ist auch eine absolute Bejahung der eigenen Person und Geschlechtlichkeit möglich, ohne in einer festen Partnerbeziehung zu leben. Wichtig ist, daß die Begegnung mit dem anderen Geschlecht nicht ängstlich vermieden, sondern als Bereicherung der eigenen Person erfahren wird.

Hier passen die Worte des Apostels Paulus gut, der an den biblischen Schöpfungsbericht dachte, als er schrieb:

„Vor dem Herrn ist allerdings die Frau nichts ohne den Mann und der Mann nichts ohne die Frau. Zwar wurde die Frau aus dem Mann geschaffen; aber der Mann wird von der Frau geboren" (1. Korinther 11,11.12).

Temperament –

Temperament und Verhalten

- Das Temperament setzt sich aus den emotionalen, instinktiven und affektiven Eigenschaften zusammen, die im Augenblick der Geburt bereits im Individuum vorhanden sind und sein natürliches Verhalten steuern, noch bevor Erziehung und Umwelt sein Verhalten beeinflussen.
- Das Verhalten einer Person wird nicht nur von ihren Nervenzentren bestimmt, sondern auch vom Hormonsystem. Beide hängen eng zusammen. So kann eine Unterfunktion der Hypophyse Trägheit verursachen, eine Unterfunktion der Schilddrüse psychische Verlangsamung und eine Unterfunktion der Nebennieren Depressionen. Im Gegensatz dazu verursacht eine Überfunktion der Hypophyse häufig Herrschsucht, und eine Überfunktion der Schilddrüse sorgt für übertriebene Impulsivität, während eine Überfunktion der Nebennieren zu Aggressivität führen kann.

Das Temperament legt uns nicht fest

Man hat bis vor nicht langer Zeit geglaubt, der Mann sei Gefangener seines Temperaments, und dieses das Ergebnis eines rein erblichen Determinismus.

Heute wird der Determinismus nur noch selten vertreten. Man ist vielmehr der Meinung, daß der erzieherische Einfluß der Familie, die soziokulturelle Umgebung und die Persönlichkeit des Individuums die geerbte Veranlagung tiefgreifend verändern können.

Die Formung des Charakters

Folglich dürfen die unterschiedlichen Temperamente nicht überbewertet werden, indem man alle Züge und Eigenheiten des individuellen Charakters auf sie zurückführt. Das Temperament ist nur die Grundlage, auf der die Persönlichkeit aufbaut.

Die tatsächlich vorhandenen, durch die Veranlagung festgelegten Züge bilden hingegen eine geeignete Grundlage für Änderungen, die durch die Erziehung – allerdings nicht durch bloße Anhäufung von Kenntnissen – und durch persönliche Bestrebungen zur Vervollkommnung der Persönlichkeit erfolgen können.

Diese möglichen familiären, sozialen, kulturellen und persönlichen Änderungen formen den Charakter, der das Temperament und seine durch die genannten Faktoren bedingten Veränderungen beinhaltet.

- Wenn das Temperament die jedem Individuum durch Vererbung weitergegebene Veranlagung ist, sich auf bestimmte Art und Weise zu verhalten, dann ist der Charakter die dieser temperamentbedingten Basis durch Erziehung und Umwelt auferlegte Prägung.
- Man könnte den Charakter definieren als die Art und Weise, wie der einzelne denkt, fühlt und liebt, wodurch er sich ethisch und moralisch von anderen Individuen unterscheidet.
- Zusammenfassend ist der Charakter das erblich festgelegte, durch unterschiedliche Umweltfaktoren modifizierte Temperament.

Charakter und Persönlichkeit

Charakter und Persönlichkeit sind Begriffe, die oft synonym gebraucht werden. Beide Begriffe können jedoch gegeneinander abgegrenzt werden. Heute neigt man dazu, den Begriff des Charakters innerhalb eines breiteren Rahmens zu verstehen, und zwar mit Bezug auf die Persönlichkeit, die die Bereiche Physiologie, Morphologie, Fähigkeiten, Intelligenz, Temperament, Interessen, Geschmack und Vorlieben umspannt. Die Komplexität des Themas würde den Rahmen dieses Buches allerdings sprengen.

Temperament und Liebe

Die Sexualität ist ein so sensibler Bereich, der eine derart grundlegende Rolle in der Persönlichkeitsbildung spielt, daß es hier weitaus schwieriger fällt zu verallgemeinern als in anderen Gebieten.

Wenn wir vom Temperament als von Geburt an vorhandene Eigenschaften ausgehen, aufgrund derer jede einzelne Person dazu neigt, unterschiedlich auf verschiedene Reize zu reagieren, können wir das Temperament auf diese Weise mit der Liebe in Beziehung setzen.

Die charakterologischen Abgrenzungen, die eine Person von der anderen unterscheiden können, haben wir noch nicht vorgenommen. Um über diese Frage zu entscheiden, müßte man das, was man als den persönlichen sexuellen Koeffizienten bezeichnen könnte, isolieren, was nicht einfach zu sein scheint. In der Zwischenzeit werden wir die Unterschiede anderen Faktoren zuschreiben müssen, als da wären die Erziehung oder die soziokulturelle Umwelt.

Javier de las Heras zeigt uns in Anlehnung an die traditionelle Klassifizierung von Kretschmer in der „Guía práctica de psicología" von Vallejo-Nágera die Einstellung der drei Grundtemperamente gegenüber der Liebe.

Charakter – Liebe

José Ortega y Gassett: „Ich bin ich und meine Umstände."

Das schizothyme Temperament

Menschen mit einem schizothymen Temperament (was man häufig beim asthenischen Typus findet) sind oft spontan, begeisterungsfähig, sensibel und ausgeglichen und neigen zur Abstraktion. Im Gespräch bedienen sie sich gerne der Ironie und sind fasziniert von paradoxen Zusammenhängen.

In ihren Beziehungen sind sie eher zurückhaltend bis zurückgezogen.

Was die Liebe betrifft, behandeln sie sie mit großer Ernsthaftigkeit in ihren affektiven und emotionalen Beziehungen zum Partner. Gleichzeitig sind sie sehr leidenschaftlich.

In ihren sexuellen Beziehungen können sie von höchster Gefühlskälte zu extremer Überempfindlichkeit übergehen. Diese Wechsel in Haltung und Handeln zeigen sie nicht immer nach außen, was den Partner, der sie nur schwer begreifen kann, verunsichert.

Es fällt ihnen nicht leicht, engere Beziehungen mit anderen Personen, einschließlich des eigenen Partners, einzugehen, da sie sich bemühen, auf Distanz zu bleiben. Gelingt es jedoch, die Mauer aus Zurückhaltung und Gefühlskälte zu durchbrechen, erreichen ihre Liebesbande große Festigkeit und Tiefe.

Das zyklothyme Temperament

Menschen mit einem zyklothymen Temperament (das oft mit dem pyknischen Typ einhergeht) zeichnen sich vor allem dadurch aus, daß sie relativ leicht von einer euphorischen Stimmung in Traurigkeit und Niedergeschlagenheit verfallen. Sie sind leicht besorgt, mit sich selbst aber in der Regel zufrieden und sehr sozial.

Sie sind sehr kommunikativ, stehen ihrem Partner bei und bieten ihm eine aufrichtige, vorbehaltlose Liebe an.

In ihren sexuellen Beziehungen geben sie sich natürlich und sehr zärtlich. Zyklothyme Liebhaber passen sich leicht den Vorlieben und dem Geschmack des Partners an, ohne dabei die eigene Persönlichkeit aufzugeben. Ihr Sinn für Humor ist für die Bewältigung des täglichen Lebens sehr hilfreich und mildert die unausweichlichen Zusammenstöße, die in einer engen, dauerhaften Lebensgemeinschaft wie der Ehe hin und wieder vorkommen.

Ihre Stimmung kann durch die Gemütsschwankungen zwischen „himmelhochjauchzend und zu Tode betrübt" manchmal beeinträchtigt werden.

Das aktive Temperament

Die Menschen mit diesem Temperament (die dem athletischen Typ zugeordnet werden) sind natürlich aktiv, wenn auch manchmal mit einem Hang zur Spiritualität. Sie sind ziemlich fordernd, und die meisten werden leicht wütend. Sie sind Freunde von schnellen, gelegentlich auch übereilten Entschlüssen. Sie repräsentieren den Unternehmertyp, der das Risiko und die Macht sucht.

Sie sind häufig sehr treue Sexualpartner, was eine gute Voraussetzung für die harmonische Entwicklung der individuellen und der partnerschaftlichen Persönlichkeit ist.

Diese günstigen Voraussetzungen werden hin und wieder durch ihre leichte Erregbarkeit und ihre manchmal heftigen Reaktionen gestört.

TYPOLOGISCHE KLASSIFIZIERUNG NACH KRETSCHMER

Die traditionelle Typologie unterscheidet folgende Typen von Individuen:

- Den **leptosomen** oder **asthenischen** Typ: große und schlanke Gestalt. Asthenische Frauen weisen häufig eine erhöhte Östrogen-Produktion auf. Oft sind sie von ihrer Konstitution her nicht zur Mutterschaft fähig.
- Den **pyknischen** Typ: rundlicher, gedrungener Körperbau. Pyknische Frauen haben in der Regel einen hohen LH-Spiegel und werden leicht schwanger.
- Den **athletischen** Typ: kräftiger, gut proportionierter Körperbau. Bei Frauen dieses Typs ist der Hormonspiegel ausgeglichen.

*Bei Frauen unterscheidet man weiterhin den **dysplastischen** Typ und den **maskulinen** Typ.*

Es versteht sich, daß auch bei einer sehr kompletten und modernen Typologie nie davon ausgegangen wird, daß es Menschen gibt, die einen Typus oder ein Temperament in Reinform verkörpern.

Jeder Mensch ist eine Mischung verschiedener Temperamente, auch wenn das eine oder andere bei ihm vorherrscht.

11 Sich verlieben, Liebe und Partnerschaft

Trotz gegenläufiger gesellschaftlicher Tendenzen wünschen sich die meisten Jugendlichen, später einmal zu heiraten und eine Familie zu gründen. In der westlichen Welt wird als Basis für die Ehe die Liebe zweier Menschen zueinander angesehen und deren Wunsch, das Leben zusammen zu verbringen.

Arrangierte Ehen

In vielen Ländern der Welt werden Ehen auch heute noch nicht durch ein verliebtes Paar, freiwillig und ohne weitere Einmischung Dritter geschlossen. Die meisten Ehen kommen durch ein Abkommen oder eine Absprache zwischen zwei Parteien, überwiegend zwischen den Eltern der Eheleute, zustande. Diesen Absprachen liegen vorrangig wirtschaftliche Erwägungen zugrunde; die Meinung der Eheleute wird dabei kaum berücksichtigt.

In fast allen nichtwestlichen oder nicht westlich geprägten Gesellschaften hat die Frau keine, und der Mann nur sehr wenige Rechte. Es sind die Eltern oder die Ältesten, die für sie entscheiden.

In den meisten westlichen Ländern hat die Ehe nach Jahrzehnten des Prestigeverlustes wieder an Attraktivität gewonnen. Das ist verschiedenen Umfragen zu entnehmen. Die Zahl der Jugendlichen, die beabsichtigen zu heiraten, steigt heute wieder kontinuierlich an. Gleichzeitig nimmt der Anteil derer ab, die eine Partnerbeziehung ohne Trauschein vorziehen.

MENSCH UND FAMILIE

BAND 1

Freie Wahl

Wir glauben, daß es für den Menschen besser ist, wenn er selbst entscheiden kann, welchen Mann bzw. welche Frau er heiraten möchte. Natürlich bedeutet das auch, daß er die damit verbundene Verantwortung übernehmen muß. Die Verbindung zwischen einem Mann und einer Frau ist aber gewiß um so dauerhafter, je tiefer die Liebe ist.

Zunahme von Scheidungen

Dagegen hat sich die zunehmende Zahl von Ehescheidungen heute zu einem großen Problem entwickelt. In einigen westlichen Ländern hat die Scheidungsrate bereits derartige Ausmaße erreicht, daß die gesamte Institution Ehe und damit eine Grundlage der Gesellschaft zerstört zu werden droht.

Waren die Partner, deren Ehe scheiterte, nicht verliebt, als sie heirateten? Liebten sie sich zu Beginn, und hörte die Liebe später auf?

Oder haben sie etwa die anfängliche Verliebtheit mit anderen Gefühlen verwechselt?

Kann die „echte" Verliebtheit von der „falschen" Verliebtheit unterschieden werden?

Die Attraktivität der Ehe

Eine alleinstehende Person wird von breiten Teilen der Gesellschaft immer noch als eine Art Versager angesehen, es sei denn, sie hat sich z. B. aus religiösen Gründen dazu entschlossen, unverheiratet zu bleiben.

Aber nicht nur die Gesellschaft denkt so. Auch viele Alleinstehende empfinden ähnlich, wenn auch nicht mehr so ausgeprägt, da das Single-Dasein in der letzten Zeit zu einer neuen Lebensart aufgewertet worden ist.

Dennoch hat die Ehe, obwohl sie häufig beschimpft wird, ihre Anziehungskraft nicht verloren. Damit ist allerdings die Ehe, nicht etwa das andere Geschlecht gemeint!

Gemeint ist das, was Alejandra Ferrándiz und Vicente Verdú sehr treffend in ihrem Buch „Noviazgo y matrimonio en la burguesía española" [Verlobung und Ehe im spanischen Bürgertum] als „die Liebe zur Hochzeit" bezeichnen.

In dem Buch werden Ergebnisse einer offiziellen Umfrage in Spanien angeführt. Die Umfrage ergab, daß über die Hälfte der jungen Frauen die Erfüllung ihres Lebens in einer Familiengründung sehen, wohingegen sich nur 18 % Erfüllung allein durch einen Beruf versprechen. Bei den jungen Männern lagen die Zahlen entsprechend bei 36 und 35 %.

Das Beste im Leben

Bei der gleichen Umfrage wurde die Frage gestellt: „Welches ist dein sehnlichster Wunsch im Leben?" 52 % der Mädchen antworteten: „Heiraten und Kinder

Es hat den Anschein, daß nicht nur die gesellschaftlichen Einflüsse, sondern auch biologische Ursachen ausschlaggebend dafür sind, daß für viele Frauen Mutterschaft und Familie sehr wichtige Faktoren der persönlichen Selbstverwirklichung darstellen.

Kap. 11: SICH VERLIEBEN, LIEBE UND PARTNERSCHAFT

Die Anziehung des anderen Geschlechts

haben". Lediglich 12 % gaben als Wunsch an: „beruflicher Erfolg".

Bei den männlichen Befragten war dagegen die häufigste Antwort: „Beruflicher Erfolg" (30 %). Sie wurde gefolgt von „Heiraten und Kinder haben" (24 %) und „gesellschaftlicher und finanzieller Wohlstand" (19 %).

Später durchgeführte soziologische Untersuchungen stellten keine Abweichungen bei den Angaben fest. Dieser Trend gilt auch für andere Länder.

Ferrándiz und Verdú kommentieren die Untersuchungen folgendermaßen:

„In einer von Vance Packard durchgeführten, weitaus radikaleren Umfrage an Universitäten mehrerer westlicher Länder wurde festgestellt, daß lediglich 15 % der nordamerikanischen, 26 % der englischen und 29 % der norwegischen jungen Frauen die Frage, ob sie sich ein erfülltes Leben ohne Ehe vorstellen könnten, mit ‚Ja' beantworteten.

Eine nordamerikanische Studentin sagte: ‚Wenn man mit anderen Studentinnen auf dem Universitätscampus zusammenlebt, spürt man, daß viele den Wunsch nach einer Ehe haben. Die Luft ist derart mit solchen Gedanken überladen, daß man sich davon mitreißen läßt, auch wenn die eigenen beruflichen Vorstellungen sich schwer mit einer Ehe vereinbaren lassen.'"

Eheleben und Familie üben also insgesamt eine starke Anziehungskraft auf Männer und eine noch stärkere auf Frauen aus.

Sicherlich ist der Wunsch nach einem ehelichen Zusammenleben mit dem Partner zum Teil auf gesellschaftliche und erziehungsbedingte Einflüsse zurückzuführen. Man kann jedoch davon ausgehen, daß sich hinter dieser Konditionierung ein tiefes biologisches Bedürfnis des Menschen verbirgt, nämlich der Wunsch nach Nähe zum anderen Geschlecht.

Tiere werden durch instinktive Impulse zur Vermehrung angetrieben, wenn sie auf einen Artgenossen des anderen Geschlechts treffen. Viele Tiere verfügen über wahre Verführungskünste – Tänze, Zeigen der Farbenpracht des Gefieders oder Fells, Gesang, Gurren – als Vorspiel zur sexuellen Vereinigung.

Beim Menschen spielt das überaus komplizierte Nervensystem mit seinen intellektuellen, emotionalen und sinnlichen Fähigkeiten eine große Rolle in der Sexualität. Die Hormone sind ebenfalls sehr wichtig. Sie sind an der körperlichen Reifung des einzelnen beteiligt, dessen sexuelle Spannung als Heranwachsender zunimmt und befriedigt werden will (siehe Kapitel 9, „Hormone und Sexualität", S. 1/204ff.).

Das Bedürfnis zu lieben und geliebt zu werden

In der Pubertät stellen sich beim Heranwachsenden besondere seelische und körperliche Empfindungen ein. Einerseits möchte er sich dem anderen Geschlecht annähern, andererseits empfindet er die für das Alter noch typische Ablehnung gegenüber dem anderen Geschlecht. Die biologische Absicht, die sich hinter dieser Entwicklung verbirgt, ist die sexuelle Vereinigung, mit der körperliche, psychische und geistige Bedürfnisse des Menschen befriedigt werden.

Männer und Frauen haben ein unermeßliches Bedürfnis, zu lieben und geliebt zu werden, mehr noch, als allein sexuelle Spannung abzubauen.

Deshalb suchen Menschen im Gegensatz zu Tieren nicht nur geschlechtliche Befriedigung, sondern auch die Sicherheit einer stabilen Beziehung, in der psychi-

MENSCH UND FAMILIE

BAND 1

„Was war der Grund für Ihre erste Heirat?"

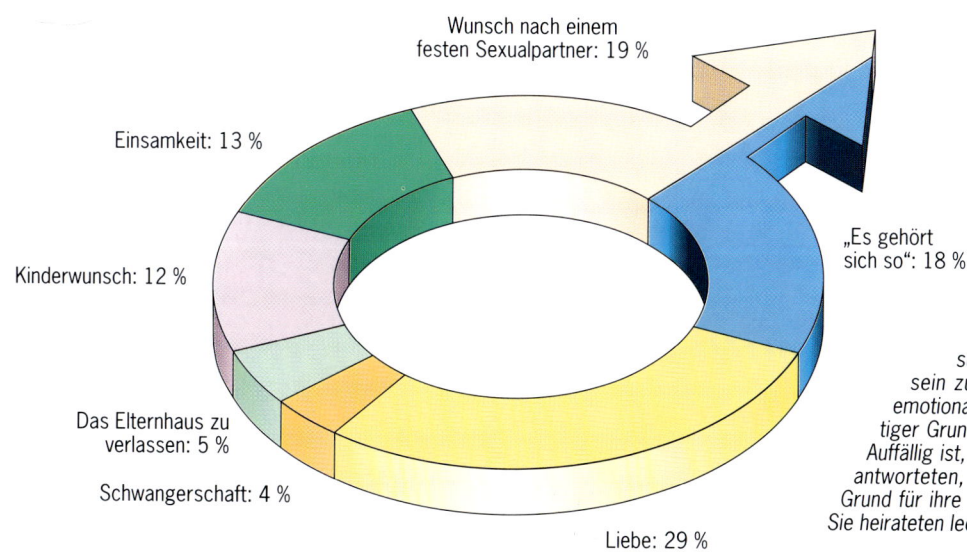

- Wunsch nach einem festen Sexualpartner: 19 %
- Einsamkeit: 13 %
- Kinderwunsch: 12 %
- Das Elternhaus zu verlassen: 5 %
- Schwangerschaft: 4 %
- Liebe: 29 %
- „Es gehört sich so": 18 %

Die Daten aus den Hite-Reporten geben trotz aller Einschränkungen (siehe S. 1/333f.) Anhaltspunkte zum besseren Verständnis der Ansichten der „liberal" eingestellten Gesellschaftsschichten zur Sexualität.

In diesem Fall verfügen wir nicht über vergleichbare Daten von Frauen, es steht aber fest, daß nordamerikanische Männer die Liebe weiterhin als wichtigsten Grund für eine Eheschließung betrachten ... Natürlich müßte man noch untersuchen, was die von Shere Hite Befragten unter Liebe verstehen.

Aber immerhin zeigen die Untersuchungsergebnisse, daß Hingezogensein zu einem anderen Menschen und die emotionale Übereinstimmung mit ihm als wichtiger Grund für eine Heirat angesehen werden. Auffällig ist, daß von denen, die Hites Fragen beantworteten, fast ein Fünftel keinen bestimmten Grund für ihre erste Eheschließung nennen konnte. Sie heirateten lediglich „weil es sich so gehört".

Kap. 11: SICH VERLIEBEN, LIEBE UND PARTNERSCHAFT

Daß wir uns vom anderen Geschlecht unwiderstehlich angezogen fühlen, ist ein biologischer Instinkt und wird durch genetische und organische Faktoren hervorgerufen. Kulturelle Bedingungen können dies lediglich fördern oder dämpfen. Man kann natürlich gegen die Natur angehen. Dies birgt jedoch immer ein Risiko, das von jedem Menschen sorgsam abgewogen werden sollte.

sche und emotionale Bedürfnisse befriedigt werden können.

Der Zweck der menschlichen Sexualität

Bei den Tieren hat die sexuelle Anziehung nur einen Zweck, und zwar die Erhaltung der Art. Tiere kommen nur in Brunst, wenn dieser Zweck auch erreicht werden kann, d. h. wenn die Fortpflanzung gewährleistet ist. Beim Menschen ist das Ziel der sexuellen Vereinigung das „Ein-Fleisch-Werden", das Erreichen des Höhepunkts, an dem Mann und Frau eine vollkommene Einheit bilden.

Die durch den Sexualtrieb ausgelöste Anziehungskraft des anderen Geschlechts hat eine organische, eine gefühlsmäßige und und geistige Grundlage, die durch gesellschaftliche Einflüsse lediglich verstärkt oder abgeschwächt wird.

Was für eine Grundlage ist das? Woher kommen Zuneigung, Liebe und Leidenschaft? Wo befinden sie sich, und wie vergehen sie?

Bereits William Shakespeare ließ in „Der Kaufmann von Venedig" eine seiner Figuren fragen:

„Sag mir, wo die Liebe wohnt, im Herzen oder im Kopf?"

Heute weiß man, daß drei eng miteinander verbundene und voneinander abhängige Bereiche des Gehirns die Sexualität steuern: der Paläokortex, der Mesokortex und der Neokortex.

Paläokortex oder instinktives Gehirn

Das instinktive Verhalten wird vorwiegend vom Hypothalamus gesteuert, der in der Mitte des Gehirns liegt und sich aus grauen Zellen zusammensetzt.

Er koordiniert das vegetative Nervensystem und verarbeitet die Informationen aus allen Organen und Körperbereichen. Er reagiert auf Situationen, indem er beispielsweise die Temperatur oder den Blutdruck steigen oder fallen läßt.

Der Hypothalamus steuert die wichtigsten Instinkte (Flucht, Aggressivität, sexuelle Lust, usw.) und ist strukturell und biochemisch mit dem Mesokortex (Bereich der Gefühle) und dem Neokortex (Hirnrinde), in dem sich die sogenannten höheren Funktionen befinden, verbunden.

Er produziert Hormone und Hormoninduktoren, die Hormonausschüttungen auslösen (siehe S. 1/207f.). In ihm werden Empfindungen wie Verliebtheit und sexuelle Unruhe mit den zugehörigen Folgen wie Sehnsucht und Schmerz ausgelöst.

Mesokortex oder emotionales und affektives Gehirn

Der Bereich des Gehirns, in dem die Gefühle ansässig sind und der wegen seiner Beziehung zur Nase auch „Riechhirn" genannt wird, setzt sich aus verschiedenen, in Form eines Teilkreises (Limbus) angeordneten Strukturen zusammen. Dieser Bereich des Gehirns beherbergt das *Septum*, wo sich das Orgasmuszentrum befindet. Dieses Zentrum kann unabhängig von Bewußtsein und Willen funktionieren.

Der Einfluß des affektiven und emotionalen limbischen Systems begünstigt oder behindert die Entstehung sexueller Erregung.

Der emotionale Hirnbereich und der instinktive Hirnbereich können unabhängig von den höheren Gehirnstrukturen aktiv werden. Das gilt insbesondere für gefährliche Situationen, in denen sie autonom entscheiden, welches Verhalten wirklich notwendig ist.

Neokortex oder intelligentes Gehirn

Der dritte Bereich des Gehirns, in dem sich die Intelligenz befindet, überzieht die Gehirnmasse an ihrer Oberfläche.

Er regelt die Anpassung an die Umgebung und mißt und vergleicht Gefühle mit den intelligenten Erinnerungen des Gedächtnisses.

Es ist der Bereich der Logik und der Vorausschau.

Er erarbeitet Werturteile und kontrolliert das sexuelle Verhalten dadurch, daß er es kritisch prüft, weiterentwickelt oder verfeinert (z. B. Ablehnung von Inzest und Homosexualität).

Wirkungsweise und Wirkungsbereich des Gehirns

Das Zusammenspiel dieser drei Gehirnschichten mit dem übrigen Nervensystem und mit dem ganzen Körper wird zu einem beträchtlichen Teil von Überträgersubstanzen und Hormonen gesteuert. Diese Stoffe rufen Gefühle, Empfindungen und Wünsche hervor und steuern Verhaltensweisen.

Deshalb sprechen wir in diesem Zusammenhang besser vom neuroendokrinen System, nicht allein vom Nervensystem. Denn Nervenimpulse und Hormonausschüttungen steuern gemeinsam alle organischen Aktivitäten, und damit auch die Sexualität.

Bedeutet das aber, daß alle mentalen Vorgänge – die Freude, das Denken, der Wille – rein chemisch ausgelöst werden, ohne daß die Seele daran beteiligt ist?

Vorsichtige Biologen wagen nicht, dies zu behaupten. Wir wollen es deshalb auch nicht tun.

Sexuelle Reaktionen beider Geschlechter

Lange Zeit wurde davon ausgegangen, Frauen würden auf sexuellem Gebiet langsamer und weniger intensiv als Männer reagieren.

Selbst auf internationalen Tagungen zum Thema konnte man noch vor einiger

In so komplizierten und sensiblen Angelegenheiten wie der Liebe machen feine Unterschiede viel aus. Auch wenn es ähnlich aussehen mag, ist es doch ein erheblicher Unterschied, ob zwei Menschen sich gegenseitig gefallen, ob sie sich mögen oder ob sie sich lieben. Echte Verliebtheit beinhaltet alle drei Nuancen.

Kap. 11: SICH VERLIEBEN, LIEBE UND PARTNERSCHAFT

Zeit Psychologen antreffen, die bezweifelten, daß Frauen die gleiche sexuelle Erregung empfinden könnten wie Männer.

Der bekannte Sexualforscher Kinsey zeigte im Jahr 1950 Männern und Frauen erotische Fotografien und Zeichnungen. Während die Männer durch die Betrachtung der Fotos stärker als die Frauen erregt wurden, war die Erregung bei der Betrachtung von Liebesfilmen bei beiden Geschlechtern gleich stark. Kinsey schloß damals daraus, Frauen seien weniger erregbar als Männer.

Untersuchungen neueren Datums an deutschen Studierenden ergaben, daß Männer durch den Anblick erotischer Fotografien von Frauen stark erregt werden und Frauen beim Anblick von Darstellungen des Geschlechtsakts eine gleich intensive Erregung wie die Männer verspüren.

Heute weiß man daher, daß die Intensität der sexuellen Stimulation bei Männern und Frauen sehr ähnlich sein kann.

Erregungszeichen

Auf die oben genannte Stimulierung reagierten die Männer mit einer Erektion oder Teilerektion.

Die Frauen reagierten auf die gleichen Reize mit besonderen Empfindungen an den Brüsten oder im Scheidenbereich, wie Wärme, Pulsieren, Juckreiz und mehr oder weniger ausgeprägter Lubrifikation (Feuchtwerden) der Scheide.

Kinsey bewertete den Grad der sexuellen Erregung durch Befragung der Versuchsteilnehmer. Auf diese Weise blieben leichte Erregungen unerfaßt.

Wenn heute Studien dieser Art durchgeführt werden, werden quantitative Methoden zur Bestimmung der Erregung eingesetzt. Plethysmographen werden am Penisschaft angepaßt und messen das Volumen und den Blutdruck sowie die Intensität der Erektion.

Bei Frauen wird ein Photoplethysmograph in die Scheide eingeführt. Er registriert den Spannungszustand durch Messung der arteriellen Pulsfrequenz und des in die Gefäße der Scheide angeschwemmten Blutvolumens.

Man beobachtet heute eine immer stärkere Angleichung der Geschlechter hinsichtlich der Intensität ihrer sexuellen Reaktionen.

Die sexuellen Möglichkeiten

Da der Mensch außerordentlich kompliziert ist, findet ein Paar manchmal gar nicht leicht zusammen. Nur unter ganz außergewöhnlichen Bedingungen kann ein Mann mit einer beliebigen Frau und eine Frau mit einem beliebigen Mann regelmäßig und mit Befriedigung sexuell verkehren.

Ungünstige Faktoren

Zu den Faktoren, die sich negativ auf das Sexualleben auswirken, gehören körperliche oder sexuelle Unreife. Die Unreife zeigt sich an einer geringen Körpergröße, an ungenügend ausgebildeten Brüsten (der Busen besitzt für Männer große Anziehungskraft und ist eine wichtige erogene Zone der Frau) und an unterentwickelten Geschlechtsorganen. Weitere negative Faktoren sind vorpubertäres Alter, in dem Triebe und Reize nur wenig ausgeprägt sind, und weit fortgeschrittenes Alter (Falten, graue Haare, usw.).

Es ist sehr schwierig, die tatsächlichen sexuellen Möglichkeiten eines bestimmten Menschen genau vorherzubestimmen.

Günstige Faktoren

Günstige Faktoren sind z. B. gutes Aussehen, Gesundheit und Attraktivität (*sex appeal*). Der Blick, bestimmte Körperhaltungen sowie Tonfall und Klang der Stimme spielen auch eine große Rolle bei der sexuellen Verführung.

Große männliche oder weibliche Geschlechtsorgane, besonders die Brüste der Frau, haben aber nicht unbedingt etwas mit Sinnlichkeit und Erotik zu tun und lassen erst recht nicht auf Geschicklichkeit in der Liebe schließen.

Frauenhelden und Impotente

Einer der weltweit bekanntesten spanischen Mythen, „Don Juan" oder der Frauenheld, wird häufig in der Psychologie verwendet, um ein typisch männliches Verhaltensmuster zu bezeichnen, das aber auch bei manchen Frauen zu beobachten ist.

Der Frauenheld versucht im Übermaß, das andere Geschlecht zu erobern, ohne daß es dabei zu einer stabilen Beziehung kommt. Das Interesse an der eroberten Frau bzw. dem eroberten Mann schwindet, sobald die Eroberung gelungen ist.

Dabei läßt sich feststellen, daß der Frauenheld nicht unbedingt der beste Mann in der Liebe ist.

Manchmal beruht ein solches Verhalten nämlich gerade auf dem bewußten oder

Es gibt viele Männer und Frauen, die stolz auf die Zahl ihrer Eroberungen sind. Wer jedoch eine einzige „Eroberung" aus echter, tiefer Liebe gemacht hat, braucht keine anderen mehr. Er oder sie hat nicht einmal mehr das Verlangen danach.

Kap. 11: SICH VERLIEBEN, LIEBE UND PARTNERSCHAFT

Wenn man verliebt ist, zählt die körperliche Anziehung sehr viel. Noch wichtiger für eine dauerhafte Liebe ist aber die intellektuelle, charakterliche und ideologische Übereinstimmung der Partner.

unbewußten Versuch, eigene sexuelle Unzulänglichkeiten zu verbergen.

Interessant ist in diesem Zusammenhang der Fall eines Geistlichen, der der Verführung Minderjähriger angeklagt wurde. Angesichts des auf ihn ausgeübten Drucks gestand er, daß er impotent war.

Eine ähnliche Geschichte wird von drei sexuell aggressiven Kriegshelden erzählt, die auch impotent waren.

Nach den Statistiken zu urteilen, ist die Impotenz heute ein Leiden, das immer mehr jüngere Männer befällt.

Die wichtigsten Ursachen der Impotenz sind Schädigungen des Körpers durch Giftstoffe und Streß.

Auch andere Störungen der Sexualität treten Untersuchungen zufolge relativ häufig auf. Dazu gehören der vorzeitige Samenerguß, der ein Problem für die partnerschaftliche Beziehung sein kann, oder das verminderte sexuelle Verlangen bei der Frau.

Diese beiden Phänomene scheinen weiter verbreitet zu sein als vermutet.

Impotenz und frühzeitiger Samenerguß bei Männern und reduziertes Sexualverlangen bei Frauen sind häufig nur schwer erkennbar. Die Betroffenen verhalten sich nämlich nach außen genauso wie alle anderen und erscheinen manchmal sogar durch die bereits erwähnten kompensatorischen Verhaltensweisen sexuell aktiver als andere Menschen.

Gesunde Menschen mit stabiler Psyche und ausreichender Hormonproduktion verfügen hingegen normalerweise über alle notwendigen Mittel, um in der Liebe erfolgreich zu sein. Dafür spricht allein die Tatsache, daß die Erdbevölkerung stetig ansteigt.

Das Verliebtsein

Es ist schwer, sich über die Bedeutung des vielsagenden Begriffs „Verliebtsein" zu einigen.

María Dueña schreibt im „Guía práctica de psicología" [Praktischer Leitfaden für Psychologie]:

„Liebe zu geben und zu nehmen ist eine höhere Fähigkeit, über die der Mensch verfügt. Gleichzeitig braucht der Mensch diese Fähigkeit ganz dringend, denn ein Leben ohne Liebe ließe eine Leere in einem wichtigen Bereich seiner Psyche entstehen."

Um sein psychisch-emotionales Gleichgewicht aufrechterhalten zu können, muß der Mensch sich in jemanden oder, wenn kein Mensch da ist, in etwas verlieben können.

MENSCH UND FAMILIE
BAND 1

Was denken Männer über die Liebe?

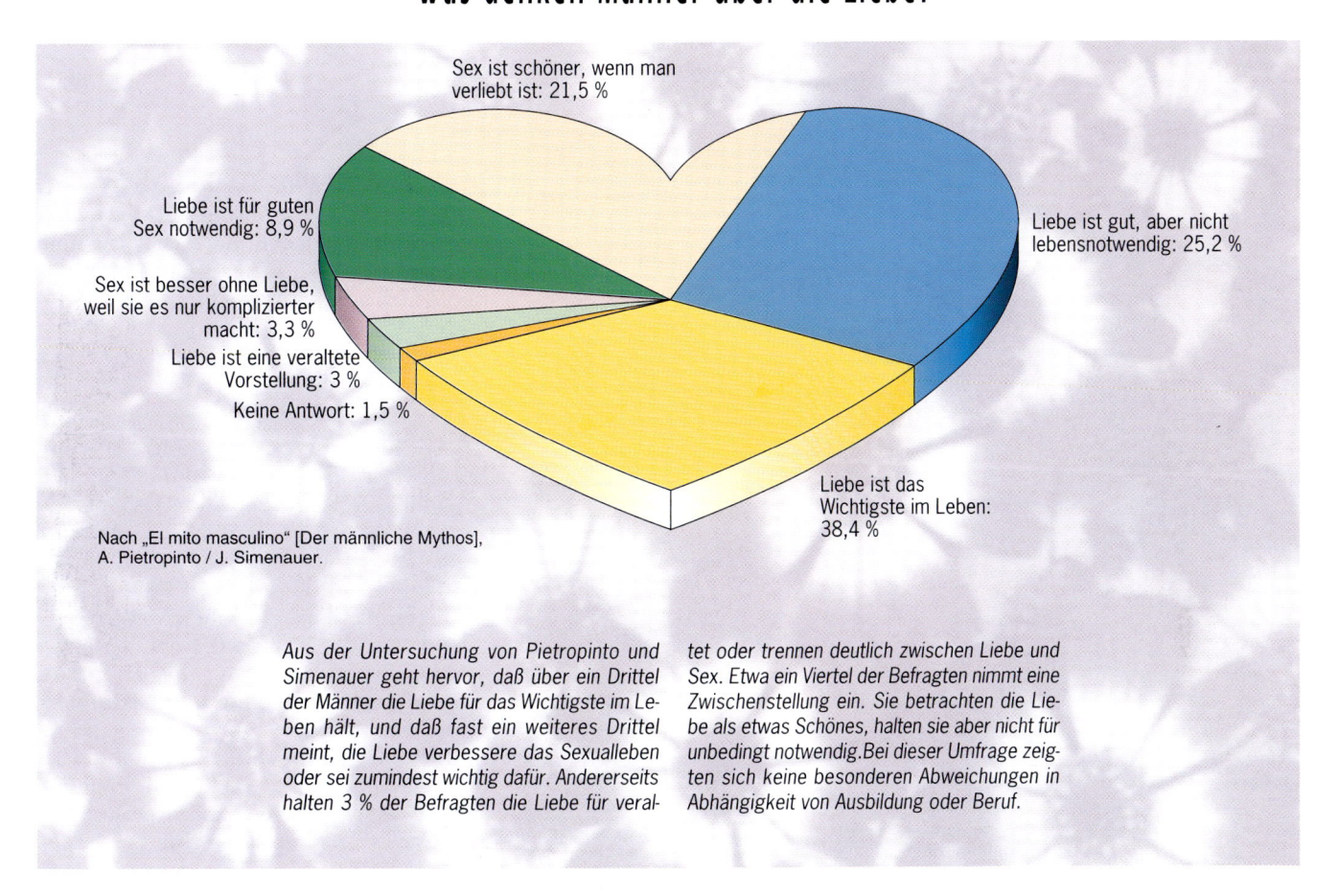

Sex ist schöner, wenn man verliebt ist: 21,5 %

Liebe ist für guten Sex notwendig: 8,9 %

Sex ist besser ohne Liebe, weil sie es nur komplizierter macht: 3,3 %

Liebe ist eine veraltete Vorstellung: 3 %

Keine Antwort: 1,5 %

Liebe ist gut, aber nicht lebensnotwendig: 25,2 %

Liebe ist das Wichtigste im Leben: 38,4 %

Nach „El mito masculino" [Der männliche Mythos], A. Pietropinto / J. Simenauer.

Aus der Untersuchung von Pietropinto und Simenauer geht hervor, daß über ein Drittel der Männer die Liebe für das Wichtigste im Leben hält, und daß fast ein weiteres Drittel meint, die Liebe verbessere das Sexualleben oder sei zumindest wichtig dafür. Andererseits halten 3 % der Befragten die Liebe für veraltet oder trennen deutlich zwischen Liebe und Sex. Etwa ein Viertel der Befragten nimmt eine Zwischenstellung ein. Sie betrachten die Liebe als etwas Schönes, halten sie aber nicht für unbedingt notwendig. Bei dieser Umfrage zeigten sich keine besonderen Abweichungen in Abhängigkeit von Ausbildung oder Beruf.

Die Fähigkeit, sich zu verlieben, ist ein menschliches Potential, das eingesetzt werden muß. Es kann nicht unbegrenzt ruhen. Mit anderen Worten, es wird entweder ausgelebt oder unterdrückt.

Schwer definierbar

Das Ausmaß der Liebe, des Verliebtseins, kann nicht mit einem Metermaß gemessen werden, es kann nicht auf einer Waage gewogen und nicht mit einer mathematischen Formel ausgedrückt werden.

Das Verliebtsein ist ein an sich objektives und existentielles, aber in seiner quantitativen Festlegung und im persönlichen Erleben doch subjektives Geschehen.

Man könnte auch sagen, sich zu verlieben bedeutet, „den Kopf zu verlieren", für den anderen zu allem bereit zu sein, ihn zu bewundern, ihn zu lieben, zu geben und zu nehmen.

Sich zu verlieben bedeutet aber noch viel mehr:

Es bedeutet, an etwas Schönem zu hängen, das wir gern mögen, das unsere Gedanken und Gefühle ausfüllt, das uns vollständig durchdringt und begeistert, das uns glücklich oder aber vollkommen unglücklich macht, wenn es nicht erwidert wird.

Sich zu verlieben heißt, zu wissen, oder zumindest zu spüren, daß wir den Menschen gefunden haben, von dem wir schon immer geträumt haben, der zu unserem Wesen paßt, der unsere Sehnsüchte erfüllt, der die Suche beendet, mit dem wir uns gegenseitig ergänzen, der uns das Gefühl gibt, wirklich „Mensch" zu sein.

Kap. 11: SICH VERLIEBEN, LIEBE UND PARTNERSCHAFT

Eine „Anomalie der Aufmerksamkeit"

Der spanische Philosoph und Essayist Ortega y Gasset sagte einmal, das Verliebtsein sei „eine Anomalie der Aufmerksamkeit", bei der ein Mensch sich auf eine andere Person konzentriert, sich immer wieder mit dem Herzen und mit dem Verstand an sie wendet. Normalerweise ist die Aufmerksamkeit eines Menschen weit aufgefächert, auf viele Themen gerichtet. Beim Verliebten konzentriert sie sich auf etwas ganz Bestimmtes. Sie richtet sich auf die Person, in die er verliebt ist. Stendhal nannte das auch „Kristallisierung": Wenn jemand sich verliebt, neigt er dazu, in der geliebten Person alles Gute, Edle und Positive zu sehen, was in einem Menschen vorhanden sein kann. So verliebt er sich nicht in die eigentliche Person, sondern in eine Idealfigur, wobei die reale Person nur eine Art Grundlage bildet. Man könnte das auch als „sich in die Liebe verlieben" bezeichnen.

„Aber das ausschlaggebende Moment des Verliebtseins ist das Gefühl, ‚sich ein Leben ohne den anderen Menschen nicht vorstellen zu können'. Kurz gesagt: sich zusammen in die Zukunft zu projizieren, jemanden gefunden zu haben, der ein wesentlicher Teil des eigenen Lebens sein wird. Vom Verliebtsein geht man dann auf die partnerschaftliche oder eheliche Liebe über, die von Zuwendung, Hingabe, dem Bedürfnis, zu teilen und zusammen in dieselbe Richtung zu blicken, geprägt sein sollte. Auf lange Sicht benötigt die menschliche Liebe schließlich den Willen zur Verbesserung und die Verpflichtung zum Erhalt der Treue und zum Fortbestehen der Beziehung."

Das alles bedeutet, sich zu verlieben, und noch viel mehr, auch wenn wir das gesamte Ausmaß der Liebe nicht vollständig in Worte fassen können.

Im weiteren sollen verschiedene Aspekte des Verliebtseins noch etwas genauer untersucht werden.

Körperliche Anziehung und Liebe

Bei oberflächlicher Betrachtung des Themas könnte man meinen, die körperliche Anziehung sei der ausschlaggebende Faktor, um sich verlieben zu können. Das ist aber, abgesehen von der Liebe auf den ersten Blick, nicht zutreffend.

Die Liebe kann die sogenannte Gefühlsliebe sein, die aus den Sinneseindrücken hervorgeht. Es gibt aber auch die Einstellungsliebe, die in den höchsten Sphären der Empfindungen und der Intelligenz entsteht. Erstere ist stärker biologisch, weniger rational oder menschlich ausgerichtet. Letztere ist stärker menschlich und rational geprägt, hat aber auch eine biologische Komponente, die im Leben immer notwendig ist.

Natürlich darf auch die Bedeutung der gegenseitigen körperlichen Anziehung nicht unterschätzt werden.

Ursachen der Anziehung

Der Mechanismus, der bewirkt, daß sich zwei Menschen unterschiedlichen Geschlechts angezogen fühlen, wird allerdings durch viele Einzelheiten in Kombination (Stimme, Bewegungen, Blick, Lächeln, bestimmtes Verhalten, gemeinsame Interessen usw.) ausgelöst. Daran ist auch der Körper beteiligt.

Jeder Mensch fühlt sich durch bestimmte körperliche Eigenschaften anderer Menschen angezogen oder abgestoßen.

Viele Paare, deren Beziehung ein Leben lang hält, fühlten sich zunächst durch ihr Äußeres, durch bestimmte Bewegungen, durch die Art, wie sie sich kleideten, zueinander hingezogen.

Die gegenseitige Anziehung kann aber nur fortbestehen, wenn sich echte Liebe entwickelt, und zwar um so mehr, je höher der Anteil an Einstellungsliebe ist, und um so weniger, je stärker diese Liebe von Gefühlen bestimmt wird.

Psychologische Faktoren

Die meisten Menschen haben einen bestimmten Typ, in den sie sich vorzugsweise verlieben, der über die Eigenschaften verfügt, die dem eigenen Geschmack und den eigenen Sehnsüchten entsprechen.

Jede Frau bevorzugt unbewußt den Männertyp, der zu ihrer individuellen Persönlichkeit paßt.

So werden viele Männer an ihr vorbeiziehen, die sie nicht beachtet, die ihr Interesse und ihre Zuneigung nicht wecken können. Sie verliebt sich erst dann, wenn sie den Mann trifft, von dem sie glaubt, daß er perfekt zu ihr paßt.

Der Mann empfindet ähnlich. Auch er hat seinen „Typ" Frau. Es ist sehr unwahrscheinlich, daß er sich in eine Frau verliebt, die nicht zu seinem bevorzugten Frauentyp gehört.

Daß wir uns verlieben, liegt vor allem daran, daß wir den anderen mit seinen besonderen Merkmalen als einen Teil entdecken, der unserer eigenen Person fehlt, als ein Teil, der perfekt oder nahezu perfekt in unser charakteristisches Muster paßt.

Ich bin es und kein anderer, der verliebt ist, und dem – mit den Worten von Julián

Forts. auf S. 249

Verliebtsein! Was gibt es Schöneres? Doch Verliebte sind oft blind und können die Person, in die sie verliebt sind, nicht kritisch sehen. Paare müssen über diese erste Phase der Liebesbeziehung hinauskommen, damit die Liebe ein Fundament bekommt und nicht zu einer reinen Selbsttäuschung wird.

Kap. 11: SICH VERLIEBEN, LIEBE UND PARTNERSCHAFT

Worauf Männer bei ihrer zukünftigen Ehefrau Wert legen

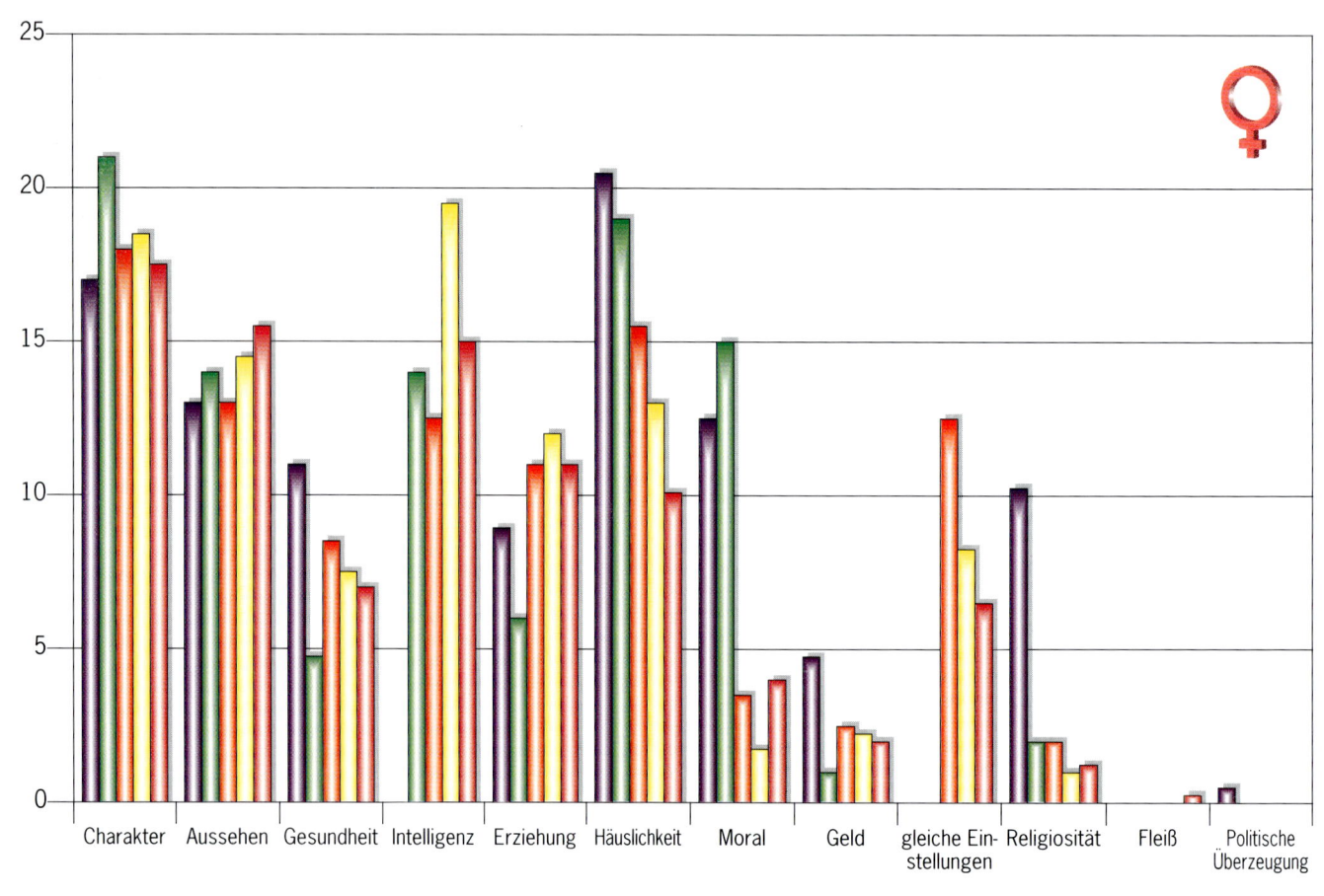

	1960
	1968
	1975
	1977
	1982

Kategorien: Charakter, Aussehen, Gesundheit, Intelligenz, Erziehung, Häuslichkeit, Moral, Geld, gleiche Einstellungen, Religiosität, Fleiß, Politische Überzeugung

Die Santamaría-Stiftung veröffentlicht in bestimmten Zeitabständen soziologische Berichte über die spanische Jugend, die sehr aufschlußreiche Daten enthalten. Uns interessieren die Daten, die sich auf Eigenschaften beziehen, die beim späteren Liebespartner als wünschenswert eingestuft werden. Den in diesen Berichten veröffentlichten Umfragen nach haben die Vorlieben der jugendlichen Bevölkerung möglicherweise eine Entwicklung von der Vorherrschaft der Ethik zur Vorherrschaft der Ästhetik durchlaufen.

Die jungen Männer wünschen sich in erster Linie eine Frau mit einem angenehmen Charakter, Intelligenz, hausfraulichen Qualitäten und Kinderliebe. Im Vergleich zu früher scheinen moralische Werte heute ihre führende Stellung eingebüßt und einem attraktiven Äußeren den Vorrang gegeben zu haben.

Für die jungen Frauen ist dagegen das attraktive Äußere des zukünftigen Mannes nicht so wichtig wie die Intelligenz. Es ist interessant, daß sowohl für Männer wie für Frauen Geld kein entscheidender Faktor ist, obgleich die Finanzen anderen Umfragen zufolge eines der wichtigsten Gesprächsthemen sein sollen (siehe S. 1/174). Die Bewertung der Erziehung und des Charakters scheint im Laufe der Zeit nur geringen Schwankungen zu unterliegen.

(Eine Antwort erscheint für ein bestimmtes Jahr nicht in der Graphik, wenn dieser Bereich in der Umfrage nicht als Antwort vorgesehen war.)

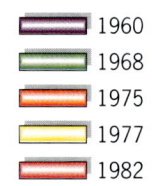

Worauf Frauen bei ihrem zukünftigen Ehemann Wert legen

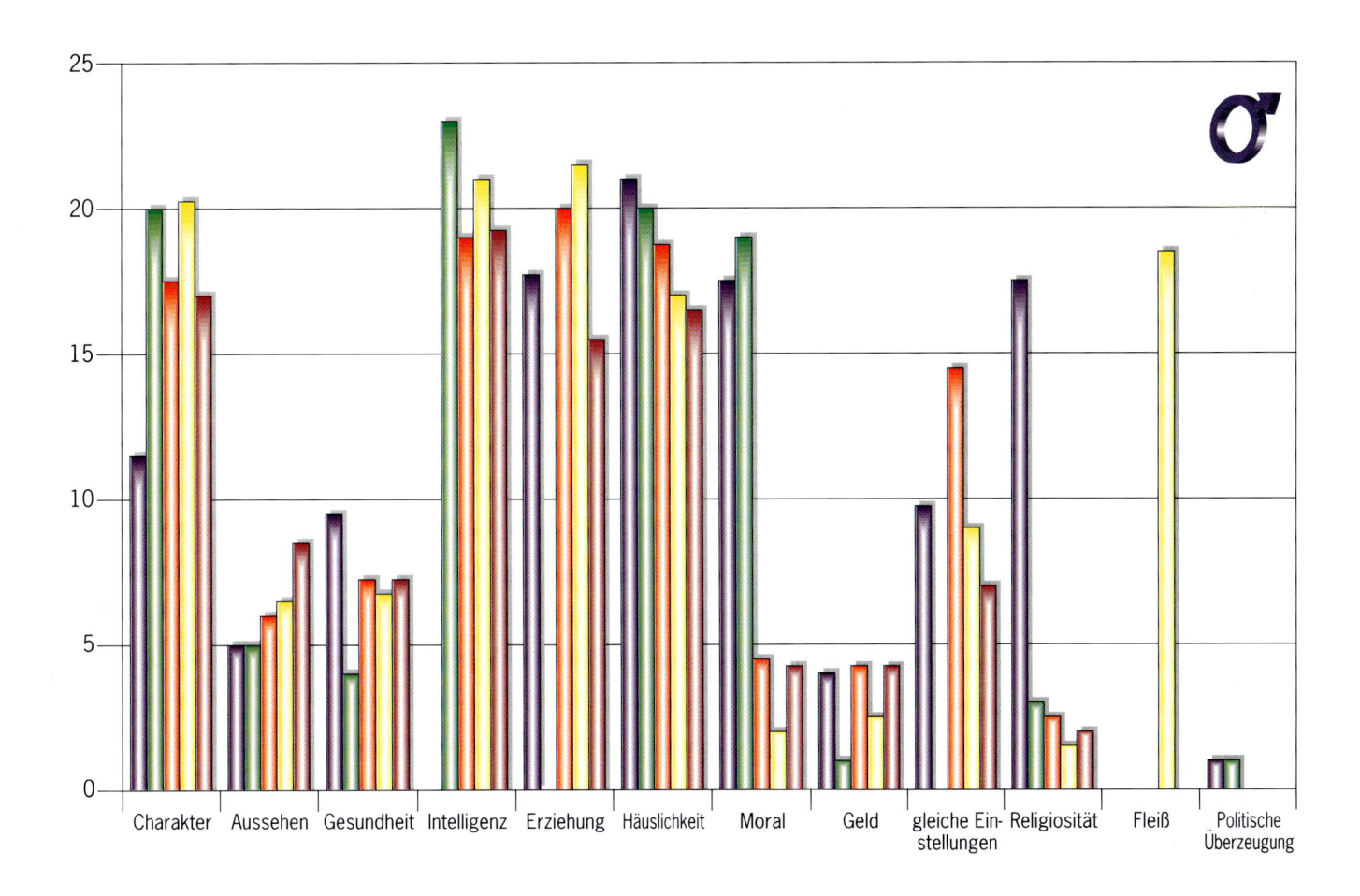

Forts. von S. 247

Marías – das Privileg des Menschen zuteil wird, der auf dem Höhepunkt seines geschlechtlichen Lebens angekommen ist.

Das, was anziehend wirkt

Der Mann ist äußerst empfänglich für die Schönheit der Frau. Natürlich ist das Schönheitsideal in verschiedenen Kulturen und Gesellschaftsgruppen und sogar innerhalb desselben Kulturkreises sehr unterschiedlich.

Jared Diamond erzählt dazu folgende Geschichte:

„Eines Tages (...) erläuterten mir einige Männer des Stammes der Foré in einem Lager im Westen von Neuguinea ihren Geschmack bezüglich Frauen: ‚Die hübschesten Frauen sind die des Stammes der

Die Natur hat es so eingerichtet, daß Männer für die weibliche Schönheit empfänglich sind. Das bedeutet natürlich nicht, daß alle Männer die gleiche Vorstellung von Schönheit haben. Das Schönheitsideal ist nicht nur von Kulturkreis zu Kulturkreis und von Epoche zu Epoche unterschiedlich, es ist auch eine persönliche Geschmacksache. Und über Geschmack läßt sich bekanntlich nicht streiten ...

Foré', sagten sie. ,Sie haben eine wunderschöne schwarze Haut, schwarze, krause Haare, volle Lippen, breite Nasen und kleine Augen. Sie riechen ausgesprochen gut, und ihre Brüste und Brustwarzen haben genau die richtige Größe.' Und sie fügten hinzu: ,Die Frauen anderer Stämme in Neuguinea sind weniger attraktiv, und weiße Frauen sind einfach abstoßend.

Vergleichen Sie doch ihre weißen Frauen mit einem unserer Foré-Mädchen', sagten sie. ,Ihre Haut ist weiß wie die eines kranken Albinos. Ihre Haare sind glatt und manchmal gelblich wie verdorrtes Gras oder sogar rötlich wie die giftige Geiferschlange. Ihre Lippen und ihre Nasen sind schmal wie die Schneide einer Axt. Ihre Augen sind groß wie die einer Kuh. Sie riechen abstoßend, wenn sie schwitzen, und ... ihre Brüste und Brustwarzen taugen nicht.' ,Glauben Sie mir', sagte der freundlichste Mann der Gruppe, ,wenn Sie sich einmal eine Frau kaufen wollen, und sie soll hübsch sein, dann denken sie an die Foré-Mädchen.'"

Bereits Charles Darwin stellte fest, daß alle Völker, die er kennenlernte, Chinesen, Afrikaner, amerikanische Eingeborene, Polynesier usw., ihr eigenes Aussehen als Schönheitsideal voraussetzten.

Für den Mann ...

Im allgemeinen sind es wohl die besonderen weiblichen Merkmale, die ein Mann anziehend findet. Dazu gehören die Stimme, das Lächeln, anmutige Bewegungen, die besondere weibliche Intelligenz und Güte.

Alle diese Qualitäten werden natürlich auf die eine oder andere Weise auch von der Gesellschaft mitbestimmt.

Eine reife, selbstsichere Frau, die ihre weiblichen Reize einzusetzen weiß, ist – auch wenn sie nach den geläufigen Schönheitsvorstellungen nicht besonders hübsch ist – viel attraktiver als eine umwerfende Schönheit, deren Charakter und Persönlichkeit im Widerspruch zu der scheinbaren Weiblichkeit ihres gutgebauten Körpers stehen.

Vielleicht heißt es deshalb, daß „die Hübsche gern das Glück der Häßlichen hätte".

Für die Frau ...

Die Frau fühlt sich häufig nicht allein durch das Aussehen eines Mannes angezogen.

Sie weiß, daß es besser ist, anderen Attributen mehr Bedeutung beizumessen, z. B. der Energie, dem Mut, der Geschicklichkeit, der Intelligenz, der Ausdauer in der Verfolgung eines Zieles, der Ehrlichkeit und der Männlichkeit – nicht des Männlichkeitskultes. Diese Werte sind wesentlich dauerhafter und verläßlicher als regelmäßige Gesichtszüge und beeindruckende Muskeln.

Ziehen sich Gegensätze an?

Es wird viel darüber diskutiert, ob man einen Mann oder eine Frau mit möglichst ähnlichen oder gegensätzlichen Charaktereigenschaften heiraten sollte.

Weiter unten werden wir uns genauer mit dieser Frage befassen. Zunächst wollen wir schauen, was sich wirklich anzieht, Gegensätze oder Ähnlichkeiten.

Das geistige Bild

Jeder Mensch verfügt offenbar über ein inneres Modell des Partners. Das innere Modell ist das geistige Bild, das man von Personen oder Dingen hat. Wenn dieses geistige Bild nicht existierte, könnten wir bekannte Menschen oder unseren Besitz nicht wiedererkennen.

Wir haben ein geistiges Bild von der Realität, von dem, was wir für ein gutes Essen, eine schöne Landschaft oder ein gut erzogenes Kind halten, und eben das Bild des idealen Partners oder der idealen Partnerin. Dieses Idealbild wird auch durch gesellschaftliche und kulturelle Einflüsse geprägt, aber es gibt auch viele Hinweise darauf, daß es durch unser Erbgut beeinflußt wird, wenn nicht gar in ihm festgelegt ist.

Auf der Suche nach dem Bekannten

Psychologen befassen sich mit dieser Frage bereits seit längerer Zeit und haben festgestellt: Die meisten Paare bestehen aus Partnern, die sich in ihrem Verhalten und in ihren Anschauungen, ja sogar hinsichtlich ihrer körperlichen Beschaffenheit ähneln.

Die Ähnlichkeit kann mit dem sogenannten Korrelationskoeffizienten mathematisch errechnet werden. Der Koeffizient geht von plus eins für totale Übereinstimmung bis minus eins für absolute Gegensätzlichkeit. Null bedeutet, daß kein Verhältnis vorhanden ist.

Beim durchschnittlichen Ehepaar liegt der Koeffizient für Ideologie und Religion bei 0,9, für Persönlichkeitszüge bei 0,4 und für körperliche Ähnlichkeit bei 0,2. Bei den Körpermerkmalen wurde von der Größe und Form der Ohrläppchen, der Farbe, Größe und Form der Augen, dem Augenabstand bis hin zum Körpertyp gemessen.

Wie der Vater oder die Mutter

Zusammen mit zahlreichen anderen Ergebnissen breit angelegter Untersuchungen machen diese Zahlen deutlich, daß der Mensch dazu neigt, jemanden zu heiraten, der ihm ähnlich ist. Am ähnlichsten sind jedem Menschen seine Eltern und Geschwister. Deshalb ist die Vorstellung,

Man könnte meinen, Schönheit sei ein absoluter Wert. In Wirklichkeit ist aber auch das Schönheitsideal dem Wandel des Geschmacks unterworfen. Während in den fünfziger Jahren üppige Frauen mit markanten Zügen und Bewegungen als Idealbild galten, hält man heute eine möglichst einfache Natürlichkeit für schöner.

Es gibt verschiedene Arten, sich zu verlieben, aber nur eine davon kann das Paar gegen die Unwägbarkeiten des Lebens wappnen und eine dauerhafte Basis für die Beziehung bilden. Gemeint ist die Art der Verliebtheit, bei der ein harmonisches Gleichgewicht zwischen der körperlichen Anziehung, der emotionalen Zuneigung sowie der geistigen Übereinstimmung besteht, bei der beide Partner in der Lage sind, sich gegenseitig zu ergänzen und bei der keine zu großen Unterschiede im Wege stehen.

daß der junge Mann eine Frau sucht, die seiner Mutter ähnlich ist, und die junge Frau einen Mann, der ihrem Vater ähnlich ist, gar nicht so abwegig.

Der Ursprung des inneren Bildes

Unser inneres Bild vom Partner wird zunächst von uns selbst bestimmt.

Es gibt kein anderes Maß, mit dem die Welt so natürlich, schnell und unbewußt bewertet werden kann, wie den Menschen selbst.

Der Mensch vergleicht andere mit den Personen, die ihm am nächsten stehen und mit denen er am längsten zusammengelebt hat. Wenn jemand ein gutes Verhältnis zu seiner Familie und zu sich selbst hat, ist es ganz natürlich, daß er sich ein inneres Bild nach dem Vorbild der Familie schafft.

Ähnliche Paare

Also bestätigt sich das, was wir bereits beobachtet haben, nämlich daß große Männer große Frauen heiraten, schlanke Frauen eher leichte Männer bevorzugen und dicke Männer eher mollige Frauen suchen.

Diese Beobachtung konnte mit Hilfe empirischer Untersuchungen auch wissenschaftlich bestätigt werden.

Freilich gibt es viele Ausnahmen dieser Regel. Aber bei den meisten festen Beziehungen kann man doch feststellen, daß sich die Regel bestätigt.

Die Empfehlung, möglichst einen Partner der gleichen Religion, des gleichen Kulturkreises, mit ähnlichem Bildungsniveau und ähnlichen Interessen zu heiraten, basiert folglich nicht auf reiner Spekulation oder auf rassischen Vorurteilen.

Damit soll aber auch nicht gesagt werden, daß eine Ehe von Partnern, die nicht in allen genannten Punkten übereinstimmen, zum Scheitern verurteilt ist. Im Gegenteil, gewisse Gegensätze beleben den Ehealltag und bewirken, daß sich die Partner gegenseitig ergänzen.

Drei Arten, sich zu verlieben

Alle Arten des Sich-Verliebens, die zwischen zwei Menschen unterschiedlichen Geschlechts vorkommen, können in drei Grundformen eingeteilt werden, je nachdem, welche Komponente, das Geistige, das Rationale oder das Körperliche, überwiegt.

- **Geistig**. Die geistige Verliebtheit entsteht auf der Basis gedanklicher Ideale, die man zu verwirklichen sucht.
  Ebenso wie man auf körperlicher Ebene

vom Pfeil des Amor getroffen werden kann, ist es möglich, auf geistiger Ebene davon getroffen zu werden. Hier wirkt die tiefe geistige Verbundenheit anziehend.

- **Rational**. Bei der rationalen oder verstandesmäßigen Verliebtheit sind die Motive besser auszumachen als bei der geistigen Verliebtheit. Hier wirkt der Impuls, der durch die Persönlichkeit des anderen Menschen mit ihren körperlichen, psychischen, kulturellen und anderen Merkmalen ausgelöst wird. Dies ist sicherlich die am weitesten verbreitete Art, sich zu verlieben. Bei ihr gibt es klare Gründe dafür, warum man den anderen attraktiv findet und warum er oder sie liebenswert ist.
- **Körperlich**. Die körperliche Art, sich zu verlieben, wird normalerweise „Liebe auf den ersten Blick" genannt. Es ist die unbewußte Entdeckung der erotischen Idealvorstellung, die vollkommen unabhängig von Überlegungen moralischer oder geistiger Art geschieht. Oft passiert es ganz plötzlich. Diese Art der Verliebtheit entspricht der Liebe *sarkikós* (siehe S. 1/185).

Das Besondere an ihr ist, daß sie unerwartet und sehr intensiv auftritt. Da diese Art der Verliebtheit sehr starke Auswirkungen haben kann, wollen wir näher darauf eingehen.

Auswirkungen der „Liebe auf den ersten Blick"

Die „Liebe auf den ersten Blick", die körperliche Art, sich zu verlieben, wirkt sich auf die gesamte Persönlichkeit des oder der Verliebten aus.

Obwohl Mann und Frau die Auswirkungen der „Liebe auf den ersten Blick" gleich intensiv verspüren, kann die Frau die äußeren „Symptome" anscheinend besser kontrollieren als der Mann. Dieses Verhalten wird vermutlich durch bestimmte gesellschaftliche Erwartungen hinsichtlich des Rollenverhaltens von Mann und Frau verstärkt.

Derjenige, der sich verliebt hat, verändert sich. Er vibriert, ja zittert sogar. Unruhe verbreitet sich im ganzen Körper, er spürt einen Kloß im Hals und weiß nicht, was er zu dem Menschen, in den er verliebt ist, sagen soll. Er zögert in seinem Handeln, Angst ergreift ihn – Angst hinzuschauen, Angst zu sprechen, Angst zu handeln.

Wenn die Verliebtheit sehr stark wird, fürchtet sich der Verliebte vor Nähe zu der geliebten Person, aber er möchte auch nicht weit entfernt von ihr sein. Seine Seele ist durcheinander, der Verstand urteilt nicht mehr, und die Kontrolle über den eigenen Körper versagt. Dies ist die Leidenschaft, die leidenschaftliche Liebe, die Liebe Phädras für Hippolyt in Racines Tragödie, die Leidenschaft der Frau des Potiphar für Joseph im 1. Buch Mose.

Diejenigen, die die Liebe zwischen Mann und Frau vor allem als eine Jagd betrachten, bei der man Eroberungen macht, wissen nicht, daß echte Liebe in erster Linie aus Hingabe besteht. Die gegenseitige Hingabe der Partner ist das stärkste Band, das zwei Menschen verbinden kann, auch wenn es dem unwissenden Eroberer schwach erscheinen mag.

Kap. 11: SICH VERLIEBEN, LIEBE UND PARTNERSCHAFT

Der Schein trügt bekanntlich oft – dies gilt auch und besonders in der Liebe! Wenn man sich in einen anderen Menschen verliebt, fühlt man sich unter Umständen nicht aus echter Liebe, sondern nur körperlich zu ihm hingezogen. Auch das andere Extrem, d. h. die Vereinigung eines Mannes und einer Frau aus rein rationalen – wie etwa gesellschaftlichen oder ökonomischen – Gründen, die sogenannte Vernunftehe, ist keine wirkliche Liebe. Die Grundlage der Verbindung ist in beiden Fällen schwach und führt deshalb in den seltensten Fällen zu einer glücklichen Ehe.

Gewöhnung und Abhängigkeit

Bei der körperlichen Verliebtheit wird das sogenannte emotionale Gehirn in Verbindung mit dem instinktiven Gehirn angeregt (siehe S. 1/240). Dadurch kommt es zu Herzklopfen, Blutdruckerhöhung und kalten und heißen Schauern. Der Hypothalamus (Teil des Zwischenhirns) löst die Ausschüttung von Substanzen wie Dopamin, Adrenalin und Noradrenalin aus. Sie können nach Meinung bestimmter Fachleute „Gewöhnung und Abhängigkeit" hervorrufen.

Falsches Verliebtsein

Alle diese Symptome können, wenn sie sehr ausgeprägt sind, den Verliebten oder die Verliebte irreführen.

Weder rein körperlich noch rein rational

Das echte Verliebtsein sollte daher nicht mit einem Zustand verwechselt werden, in dem es um die rein sinnliche oder körperliche Anziehung geht.

Natürlich ist auch das andere Extrem, die Neigung zu rein verstandesmäßigen Entscheidungen, bei denen emotionale und geistige Aspekte der Liebe ausgeschaltet werden, nicht zu empfehlen.

Solche Entscheidungen führen zu einer sogenannten Zweckehe. Eine rein verstandesmäßig geplante Ehe basiert aber auf falscher Liebe und wird überwiegend aus gesellschaftlichen oder wirtschaftlichen Gründen, wie gute berufliche Position des Partners, Reichtum u. a., geschlossen.

Von keinem zuviel oder zuwenig

Wenn zwei Menschen sich ineinander verlieben, können ursprünglich körperliche Motive ausschlaggebend gewesen sein.

Es können auch psychologische Faktoren, wie Erziehung, Sympathie, Intellekt usw., die Liebe entfacht haben.

Freilich können auch moralische oder religiöse Motive, wie Aufrichtigkeit, Mitgefühl oder Güte vorgelegen haben. In diesem Fall ist die Liebe auch nicht echt, denn sie ist unvollständig.

Alle genannten Motive, einschließlich der gesellschaftlichen und wirtschaftlichen Motive, sind an sich nicht verwerflich. Schädlich für eine beständige, echte Liebe zwischen einem Mann und einer Frau ist nur, wenn eines der Motive zum Hauptbeweggrund für die Eheschließung wird.

Sich nicht selbst betrügen

Wenn das der Fall ist, handelt es sich entweder um Unverantwortlichkeit und Unvernunft, oder es ist überhaupt keine Liebe vorhanden.

Die Liebe wurde durch eine kühl kalkulierte Entscheidung ersetzt, ganz egal, ob sie nun durch die geistigen Qualitäten oder den materiellen Besitz des Partners angeregt wurde.

Wenn man sich mit beiden Fällen beschäftigt, stellt man fest, daß eine Heirat ohne den Verstand genauso verantwortungslos ist wie eine Heirat, die nur durch den Verstand geleitet wird.

Die eigenen Motive sind mitunter aber schwer zu durchschauen. Fast immer gibt es neben den subjektiv empfundenen anziehenden Eigenschaften der Person, in die man sich verliebt hat, auch objektive Qualitäten, die dem „Verliebten" gegenüber anderen Personen und sich selbst als ausreichende Rechtfertigung für die getroffene Entscheidung dienen können.

Aber auch wenn man die anderen nicht immer täuschen kann, **sich selbst** kann man betrügen und möglicherweise sogar zum Scheitern bringen.

Empfindsamkeit, nicht Empfindlichkeit

Damit also echte Liebe entstehen kann, dürfen weder die körperliche noch die geistige Anziehung, noch kalte Überlegung an erster Stelle stehen. Wie im Leben überhaupt muß auch hier die Vernunft das Gleichgewicht mit den natürlichen körperlichen und geistigen Impulsen halten.

Mit wenigen Worten ausgedrückt:

Empfindsamkeit, aber nicht übertriebene Empfindlichkeit; Gefühle, aber nicht krankhafte Sentimentalität; Vernunft, aber nicht kalte, egoistische Berechnung. In der Liebe sollten reine, loyale und un-

„Ist es wirklich Liebe?"

Antworten Sie mit Ja, wenn die Aussage auf Sie zutrifft, und mit Nein, wenn sie nicht zutrifft. Seien Sie dabei möglichst ehrlich! Es geht nicht darum, ein Spiel zu gewinnen, sondern darum, sich etwas genauer kennenzulernen und die eigenen Gefühle besser einschätzen zu können.

1. Ich habe das Gefühl, daß er/sie der perfekteste Mensch ist, den ich je kennengelernt habe. Ja Nein

2. Ich erlaube ihm/ihr, Freundschaften mit Menschen zu pflegen, mit denen ich nicht befreundet bin. Ja Nein

3. Die Probleme meines Partners sind mir nach meinen eigenen Problemen am wichtigsten. Ja Nein

4. Es stört mich, wenn sich jemand für meine/n Freund/in oder meine/n Frau/Mann interessiert. Ja Nein

5. Ich sage meinem/meiner Partner/in oft schöne Sachen, auch wenn es nicht notwendig ist. Ich zeige ihm/ihr ausdrücklich meine Dankbarkeit für das, was er/sie tut, auch wenn es eigentlich seine/ihre Pflicht ist. Ja Nein

6. Ich versuche, nicht zu kritisch zu sein, und bin immer bereit, meine eigenen Fehler einzugestehen, wenn ich auf sie aufmerksam werde. Ja Nein

7. Ich liebe ihn/sie stärker, wenn wir zusammen sind, als wenn wir getrennt sind. Ja Nein

8. Was das Geld betrifft, sind wir uns in wichtigen Dingen einig und in den meisten weniger wichtigen Dingen ebenso. Ja Nein

9. Ich glaube, daß ich die sexuellen Wünsche meines Partners kenne, und ich bemühe mich aufrichtig, sie zu befriedigen. Ja Nein

10. Manchmal spreche ich mit meinen besten Freunden über Einzelheiten aus meinem Intimleben. Ja Nein

Die Auswertung des Tests finden Sie auf der nächsten Seite.

Richtige Antworten:
Test Seite 253

1. Nein		6. Ja
2. Ja		7. Nein
3. Ja		8. Ja
4. Nein		9. Ja
5. Ja		10. Nein

Geben Sie einen Punkt für jede richtige Antwort. Beurteilen Sie sich anhand der nebenstehenden Angaben selbst.

AUSWERTUNG

0 bis 4 Punkte:
Ihre Gefühle scheinen wirklich nicht allzu tief zu sein. Versuchen Sie herauszufinden, ob Ihre Gefühle auf echter Liebe basieren oder vielleicht nur vorübergehend sind.

5 bis 7 Punkte:
Sie sind möglicherweise auf dem Weg zu einer festen und tiefen Liebesbeziehung. Auf jeden Fall sollten Sie sich über ihre Gefühle klar werden, um Ihre affektive Beziehung zum Partner weiter zu verbessern.

8 bis 10 Punkte:
Gratulation! Sie scheinen wirklich zu lieben. Vergessen Sie aber nicht, daß das Geheimnis einer guten Zweierbeziehung nicht darin besteht, den geeigneten Partner zu finden, sondern sich zu bemühen, der geeignete Partner zu sein.

eigennützige Gefühle, die durch die Vernunft kontrolliert werden, gepflegt werden.

Eine Angelegenheit von zwei Menschen

Es ist sehr schwer herauszufinden, was für eine Art des Sich-Verliebens am besten ist oder wie man sich möglichst vernünftig verliebt. Wesentlich komplizierter wird die Sache, wenn man berücksichtigt, daß zwei Menschen daran beteiligt sind.

Die Liebe ist eine komplizierte Angelegenheit, weil es bei ihr nicht nur um die auserwählte Person geht, sondern auch um die Person, die auswählt.

Es ist nicht einfach, sich selbst zu akzeptieren (der Mensch ist sich selbst sein schlimmster Feind). Noch schwieriger ist es für zwei Menschen, die nicht nur körperlich, sondern auch in ihrer psychischen Struktur grundlegend verschieden sind, einig zu werden.

Der Versuch lohnt sich dennoch, auch wenn er nur teilweise gelingt.

Die beste Art, sich zu verlieben

Wenn wir nun eine Rangordnung der verschiedenen Arten von Liebe aufstellen sollten, dann nähme die geistige Liebe den ersten Platz ein, weil sie das vergängliche Materielle niedrig und das beständige Geistige hoch bewertet.

Die körperliche Liebe ist eine scheinbar solide Festung, aber die Jahre nagen an ihr und werden sie schließlich zerstören.

Geistige Werte festigen sich im Laufe der Zeit, denn sie können im Gegensatz zu den körperlichen Werten wachsen und sich verbessern.

Aber reicht es für die Liebe und für eine Ehe aus, wenn eine Beziehung überwiegend auf geistigen Werten basiert?

Die Antwort ist ein klares Nein, es sei denn, es gesellt sich zu den geistigen Werten ein Mindestmaß an körperlicher Anziehung zum Partner; obwohl man zugeben muß, daß auch in unförmigen Körpern wunderschöne Seelen sein können.

Die Liebe, die allein auf der körperlichen Anziehung basiert, muß versagen, da das Körperliche – wie bereits gesagt – äußerst unbeständig ist.

Und wenn die ganze Beziehung auf das Körperliche fixiert ist, wodurch wird sich das Paar weiterhin verbunden fühlen, wenn es einmal nicht mehr so schön ist wie zu Beginn seiner Liebe?

Ideal ist also eine besonnene Liebe, die das Herz anregt, wenn kaltes, rationales Kalkül sich breitmacht, und die es bremst, wenn seine Neigungen nicht angemessen erscheinen. In der Liebe sollten körperliche, psychische, geistige, gesellschaftliche und wirtschaftliche Faktoren harmonisch und gleichgewichtig miteinander kombiniert werden.

Ein gemeinsames Ziel

Liebe ist unverzichtbar. Ein Mensch kann nicht reifen, wenn er keine Liebe erfährt, d. h. reine Liebe, selbstlose Liebe, gebende Liebe, mit einem Wort: echte Liebe.

Damit aber echte Liebe existieren kann, damit man geben kann, muß jemand da sein, der nimmt.

Das Privileg, wählen zu dürfen

Die echte Liebe ist nicht biologisch-leidenschaftlich, sondern biologisch-rational. Nur so kann sie Früchte tragen und ewig halten.

Glücklicherweise können junge Männer und Frauen heute ihren Ehepartner selbst wählen. Früher war das nicht möglich. Ein Raub, ein Kauf oder die Eltern entschieden über den Ehepartner, wie dies in bestimmten Kulturen auch heute noch praktiziert wird.

Den Partner selbst wählen zu können, ist – auch wenn dies häufig nicht erkannt wird – ein großes Vorrecht, vorausgesetzt, man wählt gut.

Rat annehmen

Die Wahl der Person, mit der man das gesamte Leben verbringen will, ist eine höchst wichtige Angelegenheit. Daher sollte man ruhig vorher Experten um Rat fragen.

Natürlich sollte man zu wirklichen Experten gehen, zu denen, die Erfahrung haben, und zwar positive, glückliche Erfahrung.

Wenn diese Experten, denen man vertraut, zudem Freunde oder besser noch die Eltern sind, dann hat man ideale Berater gefunden. Ihre Empfehlungen können sehr wertvoll sein.

Der Sarg der Liebe?

Warum scheitern so viele Ehen?

Sicher nicht, weil „die Ehe der Sarg der Liebe" ist, sondern weil die Ehe nicht auf einem Fundament der Großzügigkeit und der gegenseitigen Hingabe errichtet wurde.

Es gab da etwas, sicher ... ein Gefühl, eine Zuneigung.

Aber das genügt nicht.

Gemeinsames Ziel

Saint-Exupéry sagte einmal:

„Liebe bedeutet nicht, daß sich zwei Menschen ihr ganzes Leben lang gegenseitig anschauen, sondern daß sie beide in die gleiche Richtung schauen."

Um aber ein ganzes Leben lang in die gleiche Richtung blicken zu können, muß echte Liebe da sein, ja, sie ist unverzichtbar. Echte Liebe, die aus einer Verliebtheit entsteht, die sowohl vom Kopf als auch vom Herzen kommt.

Jedes Paar wird in seinem Eheleben trotzdem zahlreiche Hindernisse überwinden müssen.

Deshalb haben wir ein großes Kapitel dem Thema „Ehekonflikte und wie man sie löst" (Kap. 36, S. 4/330ff.) gewidmet.

12 DIE EROTISCHEN GEFÜHLE UND IHRE NERVENLEITUNGEN

Die menschliche Sexualität ist schwer zu erfassen, weil ganz unterschiedliche Aspekte an ihr beteiligt sind. Sexualität beinhaltet grundsätzlich eine körperliche Komponente; sie wird jedoch vom Gehirn und vom Nervensystem gesteuert.

Im Gehirn wiederum laufen nicht nur rein biochemische Reaktionen ab. Vorgänge im Körper wirken sich auf die Psyche aus, und die Psyche beeinflußt den Körper, ganz besonders in der Sexualität.

Das Wissen über die Zusammenhänge zwischen Körper und Seele ist allerdings immer noch bruchstückhaft. Daher ist es schwer, die Abläufe, die im Körper stattfinden, genau zu verstehen.

Dennoch wollen wir versuchen, die allgemeinen Grundzüge dieser Abläufe darzustellen, deren Kenntnis für eine bessere Gestaltung des Sexuallebens sehr wichtig ist.

Ganz gleich, was der Mensch tut, es ist immer schwierig, geistige und körperliche Aktivitäten klar voneinander zu trennen. Was die Liebe betrifft, so sollte man gar nicht erst versuchen, eine solche Trennung vorzunehmen. Echtes und vollständiges Liebesglück ist immer eine ausgeglichene Mischung aus geistiger Verbundenheit und sinnlichem Vergnügen.

Unterschiede zwischen Mann und Frau

Der Mann empfindet seine Sexualität vor allem in den Geschlechtsorganen. Auf sie, in denen alle geschlechtlichen Empfindungen zusammenströmen, konzentriert er sein sexuelles Lustempfinden.

Bei der Frau ist stärker als beim Mann (siehe Abbildung S. 1/261) der gesamte Körper am Geschlechtsakt beteiligt. Die Empfindungen sind zwar im Genitalbereich am stärksten, aber der gesamte Körper wird zu einer Quelle der Lust. Die Frau kann während eines Geschlechtsakts einen oder mehrere Orgasmen haben.

Nach dem Orgasmus ermüden die sensiblen Nervenenden. Erst nach der jetzt eintretenden Refraktärphase (Erholungsphase), in der keine Stimulierung möglich ist, können sie erneut in Erregung versetzt werden.

Die Refraktärphase

Die Refraktärphase, d. h. die Zeit, in der die Organe nicht auf sexuelle Reize reagieren, dauert bei der Eichel des Penis wesentlich länger als bei Klitoris und Scheide. Die Dauer der Phase wird, wie alle anderen menschlichen Körperfunktionen, von den allgemeinen biologischen Merkmalen des Mannes und der Frau und von den speziellen Eigenschaften jedes einzelnen Menschen bestimmt.

Bei der Frau existiert die Refraktärphase praktisch gar nicht. Sie kann nach einem Orgasmus erregt bleiben und bei demselben Geschlechtsakt weitere Orgasmen haben, vorausgesetzt, die Scheide wird weiterhin stimuliert. Für den Mann ist es dagegen kaum möglich, während eines Geschlechtsakts eine oder zwei Refraktärphasen zu durchlaufen und zwei oder gar drei Orgasmen hintereinander zu bekommen.

Das Maximum der Erregbarkeit und der Orgasmusfähigkeit wird beim Mann mit etwa 20, bei der Frau mit etwa 30 Jahren erreicht.

Zentren und Nervenleitungen der Sexualität

Der ganze Mensch – Seele, Geist und Körper – ist am sexuellen Geschehen beteiligt. Äußere Empfindungen von der Körperoberfläche (erogene Zonen) und innere körperliche und psychische Empfindungen (Füllung der Samenbläschen, Phantasien oder Erinnerungen) werden vom Nervensystem aufgenommen und zusammengeführt. Zum Nervensystem gehören sowohl der Bereich der Beziehungen (Gehirn, Rückenmark und Nervenwurzeln) als auch der vegetative

Forts. auf S. 262

Die erogenen Zonen

Die primären erogenen Zonen, durch deren Stimulierung ein Orgasmus ausgelöst werden kann, sind die Geschlechtsorgane. Die sekundären erogenen Zonen können aber ebenso angenehme erotische Empfindungen hervorrufen, die eine körperliche Annäherung und gegebenenfalls den Geschlechtsakt vorbereiten bzw. erst ermöglichen. Die Frau besitzt zahlreiche sekundäre erogene Zonen. Bei einer entsprechenden Einstimmung ist nahezu der gesamte weibliche Körper erogen.

Erogene Zonen (aus dem Griechischen *eros*, Liebe, Verlangen, und *gennao*, produzieren, entstehen lassen) sind die Körperbereiche, die erotische Empfindungen auslösen, wenn äußere Reize, insbesondere körperlicher Kontakt mit dem Partner, auf ihre Haut- oder Schleimhautoberfläche einwirken. Solche Zonen gibt es beim Mann und bei der Frau. Bei der Frau sind es allerdings mehr als beim Mann.

Die erogenen Zonen werden in primäre und sekundäre erogene Zonen unterteilt. Primäre erogene Zonen sind die Stellen, die bei Stimulation zum Orgasmus, dem Höhepunkt der geschlechtlichen Erregung, führen. Die sekundären erogenen Zonen, mit Ausnahme der weiblichen Brüste, können bei Stimulation allein keinen Orgasmus herbeiführen, wirken aber unterstützend.

Sowohl körperlich als auch psychisch ist es wichtig, daß das erotische Vorspiel damit begonnen wird, zunächst die sekundären erogenen Zonen zu stimulieren. Dadurch werden die primären erogenen Zonen in Erregung versetzt, was den Geschlechtsverkehr erst ermöglicht.

PRIMÄRE EROGENE ZONEN

Die erogenen Zonen sind deshalb so empfindlich, weil sie über Nervenkörperchen, auch Krause-Finger-Körperchen genannt, verfügen, die auf Berührung, Druck, Reibung und Temperatur reagieren und Lustgefühle hervorrufen. Sie werden deshalb auch Lustkörperchen genannt. Diese Körperchen, die sich besonders im Genitalbereich konzentrieren, befinden sich sowohl in der weiblichen Klitoris als auch im männlichen Glied. Wenn diese Körperchen einmal erregt worden sind, sind die Reize der sekundären erogenen Zonen, die zur allgemeinen Stimulierung beitragen, nur noch zweitrangig.

Der Mann besitzt eine einzige primäre erogene Zone, die Eichel. Insbesondere der Rand der Eichel und die Gegend um das Bändchen sind sehr sensibel. Die Frau verfügt dagegen über zwei primäre erogene Zonen, die Klitoris und die Scheide. Beide weiblichen primären erogenen Zonen können bei Stimulation einzeln oder gemeinsam – wenn das nervliche und funktionelle Zusammenspiel zwischen beiden Zonen perfekt ist – einen Orgasmus auslösen.

Wenn die Scheide beim Geschlechtsverkehr durch den Penis stimuliert wird, wird dadurch auch indirekt die Klitoris erregt. Da die Klitoris über Hautfältchen mit den kleinen Schamlippen verbunden ist, wirken die rhythmischen Bewegungen beim Geschlechtsverkehr wie eine Massage auf sie.

Die primären erogenen Zonen können erst dann Lustgefühle hervorrufen, wenn die Geschlechtsorgane in einen Schwellungszustand versetzt worden sind. Beim Mann wird der Penis steif, bei der Frau die Klitoris. Die Scheide wird feucht und öffnet sich, und der Scheideninnenraum erweitert und verlängert sich.

Damit die Erregung nicht wieder zurückgeht, sondern steigt und zu einem Orgasmus führt, müssen die Berührungen oder die Reibung, die die Erregung ausgelöst haben, aufrechterhalten bleiben. Die beste Stimulierung entsteht sicherlich beim Geschlechtsakt selbst durch die Reibung des Penis in der Scheide. Wenn die Stimulierung nicht erwünscht ist oder nicht ausreicht, wird der Geschlechtsakt dagegen als unangenehm oder sogar schmerzhaft empfunden.

SEKUNDÄRE EROGENE ZONEN

Mit der Stimulierung der sekundären erogenen Zonen wird beabsichtigt, eine erste sexuelle Erregung des Körpers auszulösen, um damit sozusagen den Weg für die anschließende Stimulierung der Geschlechtsorgane zu ebnen (*Starter*-Effekt). Zudem beeinflussen die sekundären erogenen Zonen die primären Zonen dadurch, daß sie mehrere Reflexe auslösen.

Ganz ohne die direkte Reizung der Geschlechtsorgane, d. h. der primären erogenen Zonen, ist es normalerweise sehr schwierig, die Voraussetzungen für einen sexuellen Höhepunkt zu schaffen.

Das Vorspiel

Die sekundären erogenen Zonen können – im Gegensatz zu den primären – ohne Vorbereitung stimuliert werden. Es sind Körperteile, die aus rein körperlicher Sicht jederzeit erregbar sind. Als Vorbereitung auf einen sexuellen Kontakt sollten deshalb zunächst diese Zonen stimuliert werden, damit sie als ein *Starter* die primären erogenen Zonen in erotische Spannung versetzen.

Auch bei vielen Tierarten ist eine solche Vorbereitung des Geschlechtsverkehrs durch das Männchen üblich, so z. B. bei den Tauben. Ein plötzlicher oder brutaler Überfall ist sowohl bei Tieren als auch beim Menschen gefährlich und hat nichts mit einem gelungenen Geschlechtsakt gemein. Ganz besonders gilt das für den Menschen, bei dem ja die Psyche und der Geist ganz wesentlich an der Sexualität beteiligt sind.

Lage und Eigenschaften

Man unterscheidet die erogenen Zonen auch nach ihrer Lage und nach ihren besonderen Eigenschaften:

- **Genitale Zone**. Beim Mann die gleitfähige Außenhaut des Penis, besonders die Unterseite, dort wo sie sich mit dem Hodensack verbindet.

  Bei der Frau sind das die Innenseite der großen Schamlippen, die Innen- und Außenseiten der kleinen Schamlippen, der Scheideneingang, der Harnröhrenwulst und der Muttermund, also der Teil des Gebärmutterhalses, der in die Scheide hineinragt.

- **Paragenitale und Perigenitale Zone**. Je weiter wir uns von den Geschlechtsorganen entfernen, um so mehr nimmt die erotische Stimulationsfähigkeit ab.

  Bei den direkt anliegenden Organen ist sie noch relativ hoch.

  Beim Mann ist das die Haut am hinteren Ansatz des Hodens, bei der Frau die Haut des Dammes und des Afters und die Innenseiten der Oberschenkel in der Nähe der Scheide.

- **Nichtgenitale Zonen**. Auch wenn die sexuelle Erregbarkeit der Körperteile abseits der Geschlechtsorgane relativ gering ist, ist sie keinesfalls zu vernachlässigen.

  Je mehr körperliche und geistige Bereiche beider Sexualpartner am Geschehen beteiligt sind, um so vollständiger, umfassender und erfüllender werden der Liebesakt und sein Wert als intimer, persönlicher Höhepunkt der Partnerschaft.

  Die nichtgenitalen erogenen Zonen des Mannes sind die Leisten, der Unterbauch und die Haut auf der Vorderseite des Oberkörpers, die durch die Berührung mit den weiblichen Brüsten besonders erregt wird.

Bei der Frau sind es die Brüste im allgemeinen und die Brustwarzen im besonderen. Die Brustwarzen sind besonders wichtige erogene Zonen. Ihre Stimulierung kann für sich allein zu einem Orgasmus führen.

Am Körper der Frau gibt es eine Stelle, die so sensibel ist, daß sie der genitalen Zone zugeordnet werden könnte. Es ist die Innenseite der Oberschenkel oberhalb des Knies. Vermutlich kennt die Frau diesen Punkt, mit dem sie ihren Partner beim Geschlechtsakt an sich drückt, bewußt oder unbewußt.

Die sensibelsten Bereiche im Gesicht sind die Lippen, die Oberlider, die Ohren, der Hals und der Nacken. Am Oberkörper sind die Seiten am empfindlichsten. Auch der Bauch ist normalerweise ein ziemlich sensibler Bereich. Am Rücken sind die Nierengruben, die Gesäßfalte und die höchste Erhebung des Gesäßes die empfindlichsten Stellen.

An den Extremitäten sind die Hand- und die Fußflächen, die Zwischenfingerräume, die Vorderseite der Handgelenke, die Innenseite der Oberarme und die Achselhöhlen besonders erogen.

Man kann sagen, daß nahezu die gesamte Körperoberfläche der Frau erogen ist. Hinzu kommt, daß die Frau eine höherere psychologische Empfänglichkeit für Erotisches hat als der Mann. Sie ist daher eigentlich weitaus tauglicher für die Liebe als er. Und darauf haben weder der Wille noch das Bewußtsein Einfluß.

Der G-Punkt

Eine ganz besonders erregbare Stelle bei der Frau ist der G-Punkt oder Gräfenberg-Punkt.

Man nimmt an, daß dieser Punkt sich an der vorderen Wand der Scheide befindet und beim Geschlechtsverkehr durch den Penis stimuliert werden kann. Er sitzt etwa an der Stelle, wo sich beim Mann die Prostata befindet, also unter der Blase. Eine Stimulierung dieser Stelle empfindet die Frau als hocherotisch.

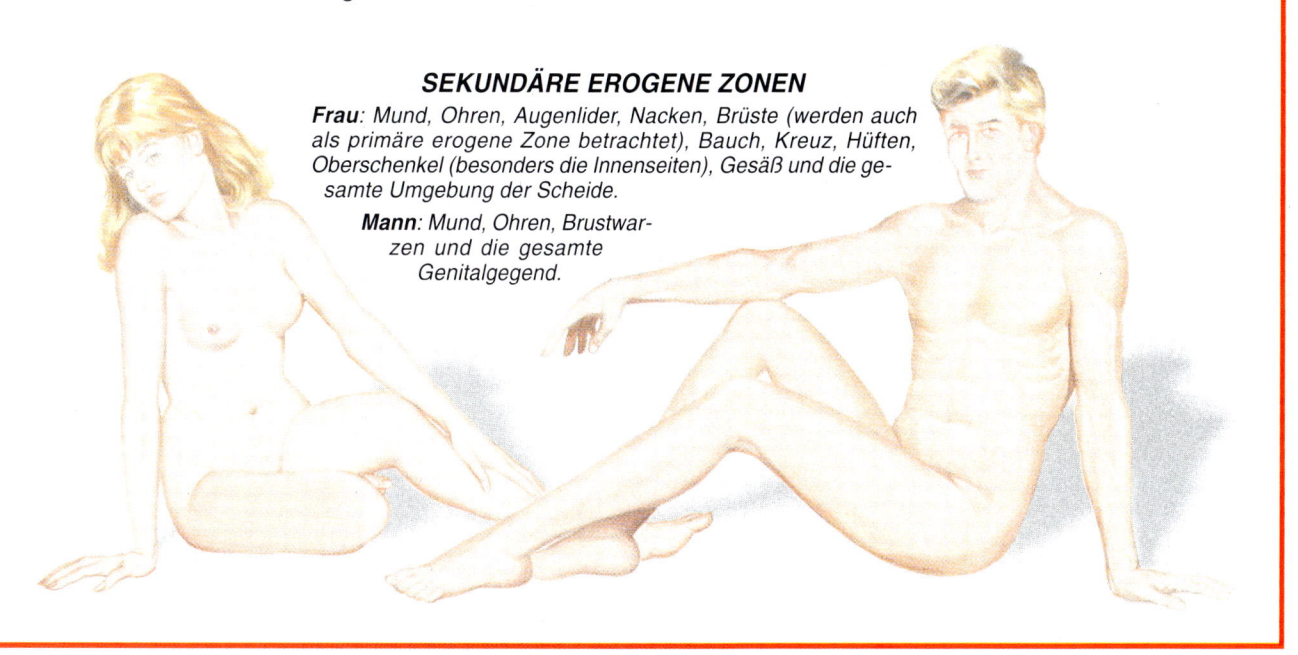

SEKUNDÄRE EROGENE ZONEN

Frau: Mund, Ohren, Augenlider, Nacken, Brüste (werden auch als primäre erogene Zone betrachtet), Bauch, Kreuz, Hüften, Oberschenkel (besonders die Innenseiten), Gesäß und die gesamte Umgebung der Scheide.

Mann: Mund, Ohren, Brustwarzen und die gesamte Genitalgegend.

Forts. von S. 259

Bereich, der aus dem autonomen Nervensystem besteht (sympathisches und parasympathisches Nervensystem).

Rückenmarkszentren und wichtige Reflexe

Wenn die Reize aus den verschiedenen Teilen des Körpers aufgenommen worden sind, werden sie im Gehirn gebündelt. Das Gehirn arbeitet die passenden Reaktionen aus, die vom Bewußtsein und Willen kontrolliert werden können oder teil- bzw. vollautomatisch ablaufen.

Im Bereich der Sexualität, wie auch bei anderen körperlichen Abläufen, können Reaktionen ausgelöst werden, ohne daß Befehle vom Gehirn daran beteiligt sind: die Reflexe. Selbst die in diesem Zusammenhang entstehenden Empfindungen müssen nicht unbedingt das Gehirn erreichen, da sie aus den autonomen Zentren des Rückenmarks kommen.

Das ist z. B. der Fall, wenn man mit der Hand eine heiße Fläche berührt und sie sofort unbewußt zurückzieht.

Die autonomen Zentren des Rückenmarks sind direkt mit den Nerven, die die Informationen und Befehle weiterleiten, und mit den höheren Gehirnzentren, die die Reaktion auf den Reiz bewußt steuern können, verbunden. In unserem Beispiel würde das bedeuten, daß die Hand willentlich weiter der Hitze ausgesetzt werden kann, auch wenn sie dadurch verletzt wird.

Die einfachste automatische Reaktion auf einen Reiz ist der Grundreflex des Rückenmarks. Eine Motoneuronenzelle gibt den Handlungsbefehl. Der Befehl verläßt das automatische Zentrum und erreicht das Organ. Das Organ führt den Befehl aus.

Im Bereich der Sexualität sind die bekanntesten und wichtigsten Reflexe die drei folgenden:

- die **Erektion** des Penis und der Klitoris sowie die **Öffnung** und das **Feuchtwerden** der Scheide
- der **Orgasmus**
- der **Samenerguß** (Ejakulation)

Funktion des Nervensystems bei der Erektion

Die Erektion wird von den Rückenmarkszentren ausgelöst, die vom Gehirn kontrolliert werden.

Mit kontrollieren ist hier nicht befehlen, sondern eher registrieren gemeint, denn die Erektion kann tatsächlich nicht willentlich ausgelöst oder gesteuert werden.

Die vegetativen Rückenmarkszentren der Erektion bestehen aus zwei Zentren. Das erste ist ein gefäßerweiterndes Zentrum im Bereich des zweiten bis fünften Kreuzbeinwirbels (S_2-S_5, Sakralzentrum).

Die Axone bzw. Nervenfortsätze dieses Zentrums folgen dem Verlauf der Erektionsnerven, die eine Erweiterung der Arterien des Penis und der Klitoris hervorrufen. Das bewirkt eine Schwellung und Versteifung der Organe.

Das zweite Zentrum ist ein gefäßverengendes in Höhe des ersten und zweiten Lendenwirbels (L_1-L_2 Lendenzentrum). Seine Axone folgen dem Verlauf der Nerven, die neben den Wirbeln liegen.

Zum Reflexsystem der Erektion gehören:

- die **körperliche Stimulierung** der äußeren Geschlechtsorgane, die mittels empfindlicher Nervenkörperchen durch die *Nervi pudendi* geleitet wird
- das **Nervenzentrum** im Rückenmark der Lendenwirbelsäule
- die **motorische Nervenleitung**, d. h. die Eckardtschen Erektionsnerven des *Plexus hypogastricus*

Normalerweise dominiert der gefäßverengende Impuls. Die Blutgefäße sind verengt, d. h. die Geschlechtsorgane befinden sich in Ruhestellung und sind schlaff.

Erweitern sich die Gefäße, z. B. nach Berührungsreiz, der von den *Nervi pudendi* den Zentren zugeleitet wird, wird der gefäßverengende Impuls unterdrückt. Der Penis des Mannes wird steif, die Scheide der Frau wird feucht und öffnet sich, und der Scheideninnenraum verlängert sich und wird größer.

Die Segmentzentren des Rückenmarks verfügen über eine gewisse Selbständigkeit. Sie können sozusagen „hinter dem Rücken" der höheren Gehirnzentren agieren. So kann beispielsweise während des

Bei der Frau ist stärker als beim Mann der ganze Körper an der sexuellen Erregung beteiligt, denn sie verfügt über sehr viele erogene Zonen und ist durch ihre psychischen Eigenschaften stärker empfänglich für Stimulation. Eine erfüllte Sexualität bewegt immer Körper, Geist und Seele des Menschen.

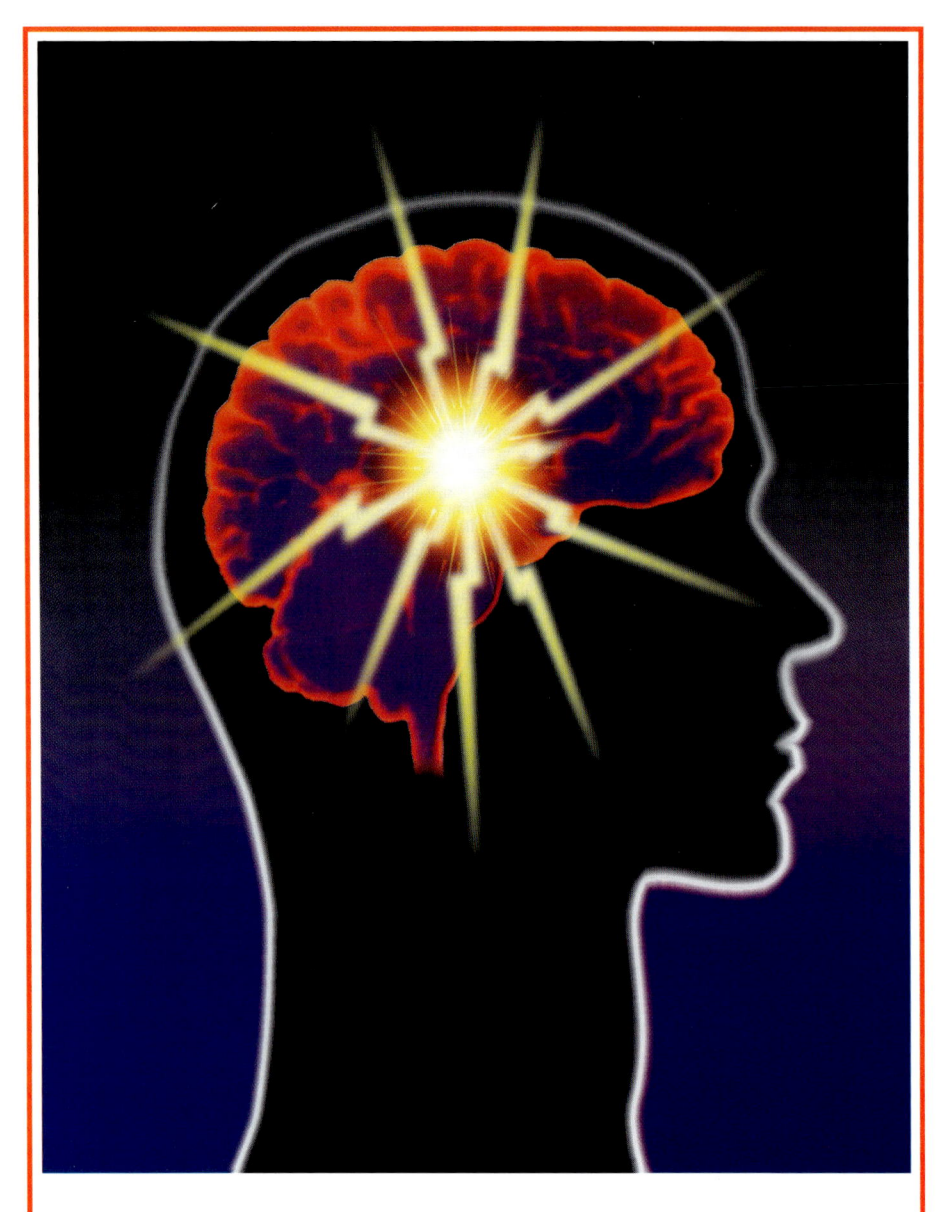

Kap. 12: DIE EROTISCHEN GEFÜHLE UND IHRE NERVENLEITUNGEN

In Wirklichkeit sehen wir weder mit den Augen, noch hören wir mit den Ohren. Wir hören und sehen mit dem Gehirn.

Daher kommt es, daß ein Mensch mit gesunden Augen und intakten Sehnerven bzw. gesunden Ohren und Hörnerven, nicht hören und sehen kann, wenn das zuständige Gebiet im Gehirn verletzt oder anderweitig beeinträchtigt ist.

Genauso verhält es sich mit unseren übrigen Sinneswahrnehmungen, dem Tastsinn, dem Geschmacks- und Geruchssinn.

*In diesem Sinne ist das Gehirn auch **das wichtigste Sexualorgan**. Die sexuelle Aktivität ist eine subtile Kombination aus organischen und psychisch-affektiven Empfindungen, die das Gehirn im Einklang mit verschiedenen physiologischen Abläufen, mit persönlichen Erfahrungen und bewußten wie unbewußten Erinnerungen interpretiert und verarbeitet.*

*Das Gehirn reagiert auf äußere und innere Reize mit Befehlen an das Hormon- und Nervensystem des Körpers, die ihrerseits eine Reihe von Aktionen und Reaktionen auslösen. Bis zu einem gewissen Punkt kann der Mensch diese bewußt kontrollieren und steuern. Wenn der Punkt aber überschritten wird, kommt es unweigerlich zum **Orgasmus**.*

Schlafs ein Samenerguß (mit Erektion und Orgasmus oder nicht) erfolgen. Genauso kann die Frau im Schlaf unbewußt die für den Geschlechtsverkehr typischen Beckenbewegungen ausführen.

Erotische Träume im Schlaf können durch die spezifische Hirnaktivität einer Person gefördert werden. Sie treten eher dann auf, wenn ein Mensch sexuelle Beziehungen unterhält, sich gedanklich erotischen Vorstellungen hingibt und dabei der Phantasie freien Lauf läßt. Das gilt sowohl für den Mann wie für die Frau.

Das Empfindungssystem ist mit den höheren Zentren der Großhirnrinde verbunden. Daher ist es möglich, daß bestimmte Einflüsse stimulierend oder hemmend auf die Sexualität wirken und sekundär die Aktivität der Rückenmarkszentren beeinflussen.

Diese Einflüsse kommen aus den Sinnesorganen, dem Gedächtnis und der Phantasie. Die Persönlichkeit und die Wünsche eines Menschen können so die sexuelle Erregung verstärken, abschwächen oder auch ganz unterdrücken.

Funktion des Nervensystems beim Samenerguß

Beim Samenerguß oder der Ejakulation wird der Samen, der sich in den Ausführungsgängen der Geschlechtsorgane des Mannes befindet, nach außen abgegeben. Unter normalen Bedingungen erfolgt der Samenerguß – nach Erregung des Penis durch Geschlechtsverkehr, Masturbation oder andere Einwirkung – durch einen Reflex, der vom Rückenmark ausgelöst wird.

Das Lendenzentrum oder sekretorische Zentrum steuert die Speicherung des Spermas im Harnröhrenabschnitt der Prostata. Dieser Abschnitt wird an beiden Enden durch Schließmuskel geschlossen

Forts. auf S. 266

Nervenleitungen und Erektion

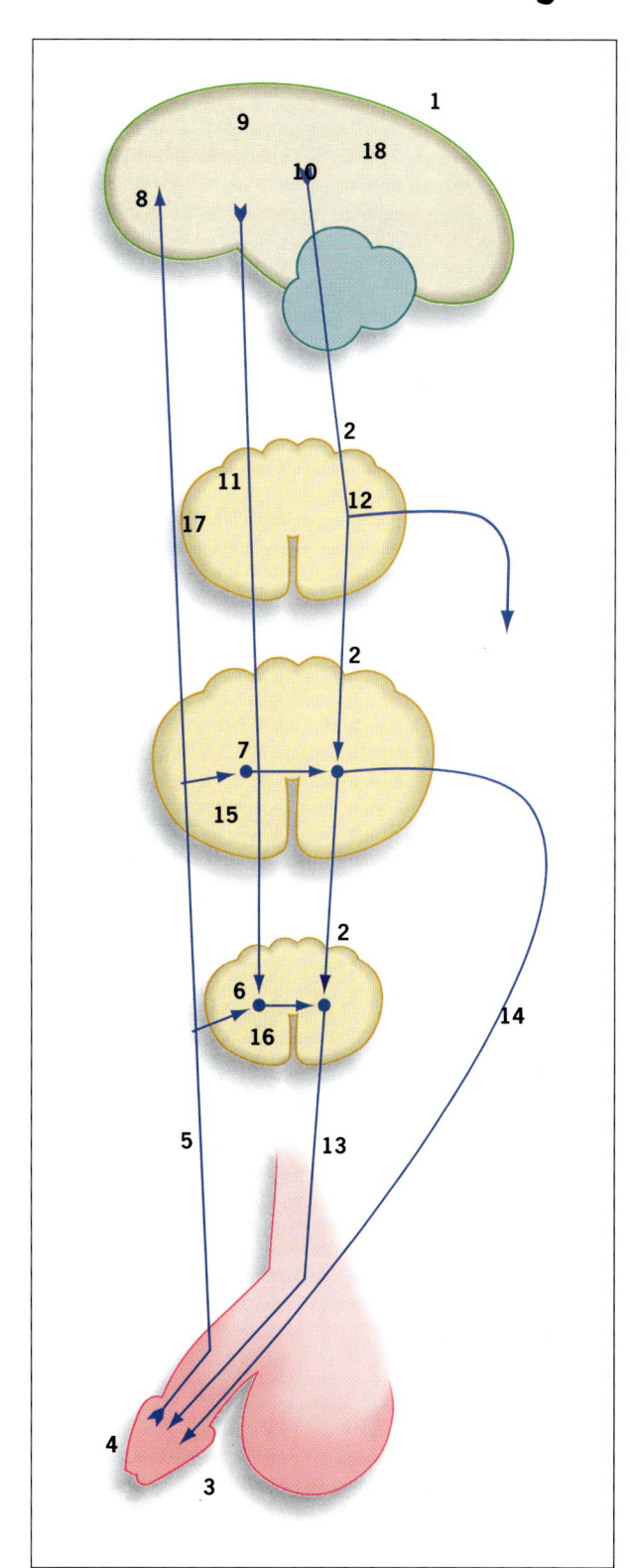

1. **Gehirn**: Im Gehirn laufen die äußeren und inneren Reize zusammen, die bewußt und gewollt oder partiell oder ganz unwillkürlich sein können.

2. **Rückenmark** (Querschnitt): Im Rückenmark laufen die Nervenbahnen zum Gehirn und zu den Geschlechtsorganen.

3. **Männliche Geschlechtsorgane**

4. **Eichel**

5. **Nervus Pudendus**: In den primären und sekundären erogenen Zonen entstehen die Reize, die vom Nervus Pudendus weitergeleitet werden und die Erektion bewirken.

6. Gefäßerweiterndes **Erektionszentrum im Kreuzbein** (S_2-S_5): Hier nimmt die Erektion ihren Ursprung.

7. Gefäßverengendes **Zentrum im Brust-Lendenwirbelbereich**: Es sorgt zu gegebener Zeit für die Erschlaffung.

8. **Gehirnrinde**: Sie registriert, was passiert.

9. **Rhinenzephalon**: Die äußeren oder inneren sinnlichen Reize (Erinnerungen, Phantasien), die im Gehirn die Erektion auslösen, passieren zunächst dieses „emotionale Gehirn".

10. **Hypothalamus**: Er leitet die Reize über die efferenten Bahnen weiter.

11./12. **Efferente Nervenbahnen**: Diese Nervenbahnen leiten die Impulse nun zu den Rückenmarkszentren, die wiederum Befehle über bestimmte Nerven (13, 14) an das Geschlechtsorgan schicken.

13. **Erektionsnerv**

14. **Präsakraler Nerv**

15. **Zentrum der sexuellen Motorik** (L_1-L_3): Steuert die Bewegungen und die unwillkürlichen Kontraktionen der Beckenbodenmuskulatur.

16. **Ejakulationszentrum** beim Mann (S_2-S_5): Es sichert den Samenerguß.

(17. **Nervenzentrum** für die weibliche Brust)

18. **Orgasmuszentrum im Gehirn**

Forts. von S. 264

gehalten, durch den glatten Schließmuskel der Blase und den quergestreiften Schließmuskel der Prostata. Das Lendenzentrum löst auch die Kontraktion der glatten Muskelfasern der Ausführungsgänge der Geschlechtsorgane und der glatten Muskeln der Drüsenwände aus.

Das Sakralzentrum steuert das Ausstoßen des Spermas aus dem Penis. Dabei werden die Muskeln des vorderen Dammbereichs alternierend und synchron kontrahiert, wodurch sich der Verschluß des quergestreiften Schließmuskels öffnet, während sich der glatte Schließmuskel der Blase stark anspannt. Somit wird verhindert, daß Sperma in die Blase zurückfließt oder gleichzeitig Urin abgegeben wird. Der Samen wird dabei stoßweise durch die Harnröhre herausgepreßt.

Die beteiligten Rückenmarkszentren werden vom Gehirn kontrolliert. Es kann einen Samenerguß fördern oder hemmen. Hat die Erregung jedoch ein bestimmtes Maß erreicht, haben Befehle vom Gehirn keine Wirkung mehr. Der Samenerguß kann dann nicht mehr aufgehalten werden.

Funktion des Nervensystems beim Orgasmus

Die zum Gehirn führenden Nervenleitungen entspringen in den primären oder sekundären erogenen Zonen, die als Rezeptoren der Reize wirken.

Die Reize werden über die aufsteigenden Leitungen weitergegeben: einerseits über den *Nervus pudendus* und den *Plexus pudendus*, andererseits über neurovegetative Leitungen.

Da alle genannten Nervenleitungen eng miteinander vernetzt sind, ist der gesamte Mechanismus höchst kompliziert:

Auf ihrem Weg zum Thalamus (Hauptteil des Zwischenhirns) schließen sich den erotischen Botschaften, die von den Nervenleitungen des Sympathikus und des Rückenmarks übermittelt werden, weitere Informationen an. Sie kommen von den sekundären erogenen Zonen des Körpers, bei der Frau ganz besonders von den Brüsten, und durchlaufen die zwischen den Rippen liegenden Interkostalnerven.

Die Informationen erreichen die Empfangszentren des Hypothalamus (unter dem Thalamus liegender Teil im Zwischenhirn), die für Aufnahme der Gefühle zuständig sind. So verschmelzen instinktive Impulse mit Gefühlen wie Sehnsucht und dem Bedürfnis nach Liebe.

Wenn die Informationen das verlängerte Mark durchlaufen, können z. B. Ängste eine Art „Kurzschluß" bei der Nervenübertragung bewirken und damit angenehme sexuelle Empfindungen blockieren. Ein Beispiel dafür ist, wenn eine Frau, die in einer sonst harmonischen Beziehung lebt, beim Geschlechtsverkehr fürchtet, schwanger zu werden.

Auf einer höheren Ebene werden die im Hypothalamus produzierten Empfindungen vom Riechhirn (Rhinenzephalon) verfeinert. Dieser Vorgang wird von Faktoren wie den äußeren Umständen, in denen sich das Paar in dem Augenblick befindet, vom Verhalten des Partners usw. beeinflußt, die die sexuelle Erregung steigern oder stören können.

An ähnlicher Stelle im Rhinenzephalon befindet sich auch das Orgasmuszentrum. Es liegt am oberen Bogen des limbischen Systems. Im unteren Bogen befindet sich das Aggressivitätszentrum. Das Orgasmuszentrum funktioniert ohne aktive Beteiligung des Bewußtseins.

Der Orgasmus ist die abschließende, explosive Reaktion auf eine Aufeinanderfolge von kleineren Reflexen, deren Zentren in unterschiedlichen Ebenen der Hirn-Rückenmarks-Achse (Zentralnervensystem) liegen.

Das Verlangen nach einem Orgasmus entsteht ganz bewußt auf der höchsten Ebene des Neokortex (Teil der Großhirnrinde). Nur der Mensch verfügt über diese Ebene. Von dort aus wird auch die sexuelle Aktivität gesteuert. Das Zentrum für bewußte Information über die Geschlechtsorgane befindet sich im *Lobus paracentralis*. Obwohl dieses Zentrum keinen Orgasmus hervorrufen kann, kann es ihn je nach Einfluß unterschiedlicher Komponenten begünstigen oder behindern. Wenn ein bestimmter Punkt erreicht worden ist, kann dieses Zentrum den Orgasmus jedoch nicht mehr verhindern.

Besondere Orgasmusreflexe der Frau

Die Frau verfügt über eigene Zentren für die weiblichen Funktionen:

- ein **dorsales Rückenmarkszentrum** für die Reaktionen der **Brüste**
- ein **Rückenmarkszentrum** für den **klitoridalen Orgasmus**, das sich am dritten Kreuzbeinwirbel (S_3) befindet
- ein **dorsales Zentrum** für den **vaginalen Orgasmus**, das zwischen dem elften Brustwirbel und dem ersten Lendenwirbel (Th_{11}-L_1) liegt

Diese besonderen Zentren dienen der Sicherstellung von Reaktionsfähigkeit, Erregbarkeit und Orgasmusfähigkeit der Frau. Da beim Mann andere Bedingungen vorliegen, benötigt er diese Zentren nicht.

Während die Frau über zwei Orgasmuszentren, eines für die Scheide und eines für die Klitoris, verfügt, ist beim Mann nur ein Orgasmuszentrum vorhanden. Der weibliche Orgasmus kann sowohl isoliert aus einem der beiden Zentren herrühren als auch gemeinsam aus beiden kommen.

13 DAS SEXUELLE VORSPIEL

Bisher haben wir die Sexualität eher aus theoretischer Sicht betrachtet. Die Theorie ist nützlich, um die Besonderheiten von Körper und Psyche bei sich selbst und beim Partner kennenzulernen. Nun ist die Zeit gekommen, um zur Praxis überzugehen.

Wir befinden uns an der Schwelle zum schönsten Erlebnis in der Beziehung zwischen einem Mann und einer Frau, die sich lieben – wenn es unter den richtigen Voraussetzungen stattfindet.

Zu den notwendigen Voraussetzungen gehört das theoretische Wissen über Sexualität und den Geschlechtsakt. Darüber ist bereits gesprochen worden.

Das erotische Vorspiel, das vor dem Geschlechtsakt stattfindet, ist Thema dieses Kapitels. Es ist sehr wichtig für das Erleben einer erfüllenden Vereinigung.

Auch Befürwortern sexueller Aufklärung und Erziehung mag es auf den ersten Blick unverständlich erscheinen, warum ein ganzes Kapitel dem Vorspiel des Liebesakts gewidmet werden soll.

Bei genauer Betrachtung und unter Berücksichtigung der psychisch-emotionalen Verschiedenheit von Mann und Frau in der Sexualität erkennt man jedoch, daß die Vorbereitung des Geschlechtsakts in mancher Hinsicht genauso wichtig ist wie der Geschlechtsakt selbst. Aus diesem Grund soll das Vorspiel möglichst ausführlich behandelt werden.

MENSCH UND FAMILIE

BAND 1

Sexuelle Spannung und Verlangen

Sexuelle Spannung kann definiert werden als eine Unruhe oder Rastlosigkeit, die im Menschen aufgrund seiner biologischen Beschaffenheit unfreiwillig und unbewußt vorhanden ist. Diese besondere Art der Rastlosigkeit bewirkt, daß sich der Mensch zu einer Person des anderen Geschlechts hingezogen fühlt.

Die sexuelle Spannung ist ein Teil, nicht mehr und nicht weniger, der Lebenskraft, des geschlechtlichen Verlangens im weitesten Sinne, das den Menschen bestimmt und ihn zum Liebesakt und zur Arterhaltung antreibt.

Von Geburt an

Der Mensch verfügt bereits von Geburt an über dieses Kapital. Er wird mit dieser Energiequelle für sexuelle Spannung bereits geboren. Sie produziert die sexuelle Begierde in dem Maße, wie der Mensch sie benötigt.

Die sexuelle Spannung ist also von den ersten Lebenstagen bis zum Lebensende im Menschen vorhanden. Schon beim Säugling gibt es Anzeichen einer unbewußten sexuellen Spannung, die das ganze Leben lang bestehen bleibt. Natürlich kann man auch hier mehr oder weniger stark ausgeprägte individuelle Unterschiede beobachten. Das ist ganz normal.

Sexuelles Verlangen

Nach der traditionellen Definition ist „Verlangen" das „starke, willentliche Streben, eine Sache zu verstehen, zu besitzen oder sich an ihr zu erfreuen". Das deutsche Wort entspricht dem lateinischen Begriff *desidium*, der im umgangssprachlichen Latein für sexuelles Verlangen oder Begierde stand.

Um sexuelles Verlangen ausleben zu können, muß jeder Mensch einen gewissen Schwellenwert erreichen. Danach wird das geschlechtliche Individuum dazu angetrieben, die körperliche Erregung zu befriedigen.

Zunächst ist der Wunsch nach sexuellem Kontakt nur unbewußt und kaum spürbar vorhanden. Erst ein äußerer Reiz, der durch innere, individuelle Faktoren begünstigt wird, macht ihn dem Individuum bewußt.

Hier liegt der Unterschied zwischen sexueller Spannung und sexuellem Verlangen.

Kap. 13: DAS SEXUELLE VORSPIEL

Die sexuelle Spannung oder Lust zieht Menschen unterschiedlichen Geschlechts zueinander hin. Ein Blick, ein Lächeln, eine Bewegung oder das leise Flüstern der geliebten Person regen das sexuelle Verlangen an.

Unterschied zwischen sexueller Spannung und sexuellem Verlangen

- **Sexuelle Spannung** ist die Summe verschiedener physischer und biologischer Kräfte, die im Menschen ein Gleichgewicht schaffen und zu einem bestimmten Zeitpunkt aktiv werden.
- **Sexuelles Verlangen** ist der bewußte, durch Gefühle und den Geist hervorgerufene Antrieb des Menschen zur Befriedigung seiner sexuellen Bedürfnisse.

Daher kann man auch sagen, daß sexuelles Verlangen dann ensteht, wenn auf der Grundlage der sexuellen Spannung eine Stimulierung erfolgt.

Phantasie ist wichtig

Obwohl die biologische Konditionierung in der menschlichen Sexualität eine große Rolle spielt, sind das Wichtigste doch die gleichzeitig beteiligten psychischen und emotionalen Komponenten.

Der Mensch verfügt über ein höchst kompliziertes Nervensystem, das nicht nur auf äußere Reize reagiert, sondern auch auf mentale Vorstellungen, die völlig abstrakt sein können.

Das bedeutet, daß der Mensch von einem abstrakten, rein virtuellen Konzept genauso stark angeregt werden kann wie von etwas Materiellem, Konkretem.

Daher reicht häufig allein die Phantasie aus, um sexuelle Spannung und sexuelles Verlangen auszulösen.

Bei einem schlechten Gemütszustand kann aber auch die gegenteilige Situation eintreten: bis sich der emotionale Zustand der betroffenen Person nicht wieder normalisiert hat, zeigen Reize keine Wirkung, egal wodurch sie ausgelöst werden.

Viel Feingefühl

Eine sexuelle Annäherung ist daher unpassend und zum Scheitern verurteilt, wenn sie nicht in einer gelassenen Atmosphäre stattfindet und wenn kein ausreichendes Vertrauen zwischen den Partnern vorhanden ist.

Wenn menschliche Sexualität wirklich schön sein soll, darf sie nicht in einer Situation ausgelöst werden, in der Angst, Bedrückung oder andere Störfaktoren vorherrschen.

Je enger die gefühlsmäßige Verbundenheit der Partner ist, um so stärker wird das sexuelle Verlangen und um so größer der Genuß dieser tiefen Vereinigung zweier Herzen, zweier Seelen und zweier Körper sein.

Die rein körperliche Vereinigung, bei der lediglich das Geschlechtliche bestimmend ist, und die Vereinigung, bei der sowohl Körper als auch Geist beteiligt sind, machen daher den Unterschied zwischen Tier und Mensch aus. Der Mensch ist das einzige Wesen der Schöpfung, das nach Beständigkeit und Transzendenz strebt.

Auslösende Faktoren

Der menschliche Körper kann durch unmittelbare Kontakte, wie Berührung oder Reibung, sowie durch bestimmte, hauptsächlich hormonell bedingte physiologische Zustände, die einen Blutstau in den inneren und äußeren Geschlechtsorganen begünstigen, sexuell erregt werden.

Physische und physiologische Auslöser

Zu den physischen Auslösern sexueller Erregung gehören in erster Linie die körperliche Stimulation durch den Partner, aber auch z. B. eng anliegende Kleidung und sportliche Aktivitäten wie Fahrradfahren oder Reiten.

Alle diese Situationen und viele mehr können sexuelles Verlangen, Erektionen, selbst einen Orgasmus mit Samenerguß auslösen.

Im physiologischen Bereich ist die Stimulierung zu erwähnen, die durch den Eisprung und den prämenstruellen Blutstau in den weiblichen Geschlechtsorganen verursacht wird.

Die genannten Beispiele mögen manchem unglaubwürdig erscheinen. Es handelt sich jedoch um bekannte und beweisbare Tatsachen.

Es ist möglich, daß eine vollständige Trennung zwischen Verstand und Willen auf der einen Seite und Phantasie und Gefühlsempfindungen auf der anderen Seite eintritt.

Automatismen

Es gibt eine Reihe körperlicher Mechanismen, die reflexartig und automatisch ausgelöst werden.

Jeder weiß, daß einem nicht erst beim Anblick appetitlicher Speisen, sondern bereits bei dem Gedanken daran der Speichel im Mund zusammenlaufen kann und von den Verdauungsdrüsen Magensäfte abgesondert werden.

Wenn die sensiblen Bereiche des Körpers unbewußt erregt werden, leiten sie ihre Reize über Nervenbahnen an die übergeordneten Zentren, eventuell nur an das Rückenmark, weiter und bewirken bewußte oder unbewußte Reflexe wie Erektion, Samenerguß oder Orgasmus.

Das erklärt die Bedeutung visueller und auditiver Reize oder von Literatur mit realem oder fiktivem Inhalt für die Stimulierung des sexuellen Verlangens.

Individuelle Voraussetzungen

Jede Art der Stimulation wird von der Persönlichkeit, dem Charakter und der Erotisierungsbereitschaft des einzelnen Menschen verstärkt oder gemäßigt. Die Erotisierungsbereitschaft einer Person ist stark abhängig von der Häufigkeit und der Intensität ihrer sexuellen Aktivität.

So erfolgt eine Erektion beim Mann nach längerer Zeit sexueller Abstinenz durch einen viel schwächeren Reiz als in Zeiten intensiver sexueller Aktivität.

Auch die körperliche, psychische und emotionelle Harmonie zwischen den Partnern und die Stabilität ihrer Beziehung fördern das Entstehen und die Befriedigung sexuellen Verlangens. Die körperliche und emotionale Ausgeglichenheit unterstützt eine positive Entwicklung in allen Lebensbereichen, auch in dem so komplizierten und empfindlichen Bereich der Sexualität.

Die allergrößten musikalischen Werke beginnen zart, piano. Dann folgen intensivere Takte, bis zum fortissimo. In der Liebe und in der Musik besteht die Kunst darin, mit einem Vorspiel, das Körper und Seele einstimmt, zu beginnen und, wenn beide Wesen, beide Körper, auf die leidenschaftliche und nicht mehr aufzuhaltende Verschmelzung vorbereitet sind, ins crescendo zu steigern und dabei höchste Leidenschaft auszudrücken.

Notwendigkeit und Bedeutung des Vorspiels

Das Präludium (Vorspiel, aus dem Lateinischen *praeludere* = vor dem Spielen) ist das, was dem eigentlichen „Spiel" vorangeht. Gleichzeitig bereitet es die Partner darauf vor, das eigentliche „Spiel" intensiver genießen zu können.

Wichtig für die Frau ...

Im ersten Hite-Report über die weibliche Sexualität zeigte sich, daß die meisten Frauen (70 %) der Ansicht waren, der Sexualpartner genieße den eigentlichen Geschlechtsakt stärker als die beteiligten Zärtlichkeiten.

Interessant ist jedoch, daß 20 % der befragten Frauen meinten, die Männer hätten genausoviel Spaß an den Zärtlichkeiten wie am Geschlechtsverkehr. 10 % waren sogar der Meinung, ihre Partner würden das Vorspiel stärker genießen als den eigentlichen Geschlechtsverkehr.

Noch aussagekräftiger sind die Antworten auf die Frage: „Was bereitet Ihnen beim Sex das größte Vergnügen?" Der Orgasmus belegte bezeichnenderweise erst den dritten Platz, und zwar hinter „emotionale Intimität, Zärtlichkeit, Nähe, mit der geliebten Person Gefühle teilen" an erster Stelle und „Zärtlichkeiten, Gefühle und körperliche Berührungen" an zweiter Stelle.

Zum besseren Verständnis der psychischen Aspekte der weiblichen Sexualität dient auch die Antwort, die auf die Frage gegeben wurde, was Frauen beim Sex das größte Vergnügen bereitet, nämlich „den Mann zufriedenzustellen, ihm alles zu geben".

... und für den Mann

Im Hite-Report über Sexualität wurde Männern die Frage gestellt: „Haben Sie soviel Vorspiel beim Sex, wie Sie gerne hätten?" 29 % der anonym Befragten und 60 % der nicht anonym Befragten antworteten mit „Nein".

Das Ergebnis macht deutlich, daß auch der Mann das Vorspiel wünscht und es genießt, obwohl er es nicht so sehr benötigt wie die Frau.

Alle Menschen

Die genannten Untersuchungsergebnisse sind jedoch nicht unumstritten, denn sie basieren auf einer nicht ausreichend großen und repräsentativen Zahl von Befragten.

Eine von Carlos Malo de Molina kürzlich in Spanien durchgeführte wissenschaftliche Studie bestätigt die Ergebnisse wiederum:

Auf die Frage, wie wichtig das Vorspiel sei, antworteten

- **63 %** der Männer und **68 %** der Frauen, es sei **sehr wichtig**,
- **26 %** bzw. **23 %**, es sei **wichtig**,
- **8 %** der Männer und **4 %** der Frauen, es sei **nicht sehr wichtig**, und
- weniger als **2 %** der Männer und Frauen, es sei **überhaupt nicht** oder nur **wenig wichtig**.

Bei der gleichen Erhebung sagten etwa 30 % der Befragten zwischen 18 und 40 Jahren, sie hielten den eigentlichen Geschlechtsakt nicht für unbedingt notwendig, um sexuelle Befriedigung zu erlangen.

Unentbehrlich

Das Vorspiel ist nicht nur angenehm, sondern bis auf ganz seltene Ausnahmen auch unentbehrlich.

Zweck des Vorspiels ist es, die Lust zu steigern und die Geschlechtsorgane und die ganze Person auf eine genußvolle körperliche und gefühlsmäßige Vereinigung vorzubereiten und zu konzentrieren.

Das Vorspiel ist notwendig, damit zwei Menschen alles vergessen, was sie trennt, und sich auf das konzentrieren, was sie verbindet; damit alle Alltagsprobleme aus ihren Gedanken verschwinden und sie sich voll auf das gemeinsame Erlebnis einlassen können.

Tatsächlich braucht der Penis eine Weile, bis er genügend fest geworden ist (Erektion), um leicht in die Scheide eingeführt werden zu können.

Auch die Scheide braucht Zeit, um sich zu öffnen und feucht zu werden (Lubrifikation) und den Penis ohne Schwierigkeiten aufnehmen zu können.

Mit Feingefühl

Das, was über die für den Geschlechtsakt notwendige Vorbereitung, besonders der weiblichen Scheide, gesagt worden ist, ist nicht nur reine Theorie.

Unwissenheit über diese Vorgänge kann schwerwiegende Folgen haben.

So werden nicht wenige Fälle von Blutungen mit zum Teil tödlichem Ausgang durch Verletzung des Scheidengewölbes oder der Klitoris durch ungeschickt oder brutal ausgeführten Geschlechtsverkehr berichtet.

Vor allem beim ersten Geschlechtsverkehr – aber auch danach – ist es daher äußerst wichtig, daß der Mann vorsichtig und behutsam vorgeht.

Feingefühl ist im intimen Bereich immer notwendig, nicht nur wegen der Verletzungsgefahr, sondern weil sich jede Art von Brutalität negativ auf die Frau und damit auch auf ihre Beziehung zum Mann auswirken kann.

Die Frau kann zum Beispiel eine generelle Abneigung gegen intime Kontakte entwickeln, die eine normale Sexualbeziehung beeinträchtigen oder sogar ganz unmöglich machen.

Die ersten Male

Wenn das Vorspiel für die sexuelle Vereinigung im allgemeinen schon sehr wichtig und notwendig ist, dann ist es für die ersten Male absolut unverzichtbar.

Das Vorspiel gibt der Frau genügend Zeit, den notwendigen Erregungszustand für den Sexualakt zu erlangen.

Wenn der Augenblick gekommen ist, in dem das Einführen des Penis erfolgen kann, dann wird es schon erwartet und gewünscht.

Häufig ist die Ursache für das Ausbleiben eines Orgasmus bei der Frau ein fehlendes oder nicht völlig ausreichendes Vorspiel.

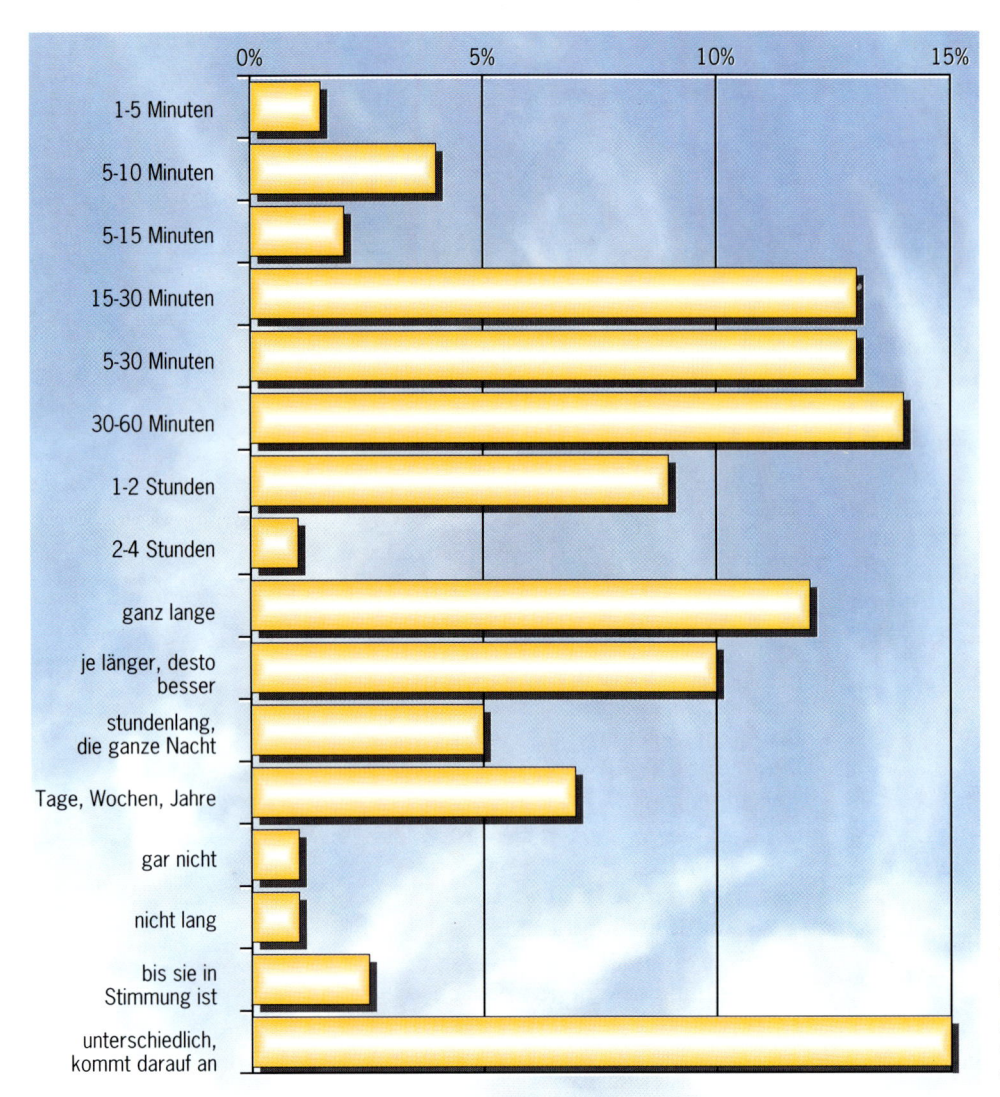

„Wie lange sollte das Vorspiel dauern?"

Dauer	%
1-5 Minuten	~1
5-10 Minuten	~4
5-15 Minuten	~2
15-30 Minuten	~13
5-30 Minuten	~13
30-60 Minuten	~14
1-2 Stunden	~8
2-4 Stunden	~1
ganz lange	~12
je länger, desto besser	~10
stundenlang, die ganze Nacht	~5
Tage, Wochen, Jahre	~6
gar nicht	~1
nicht lang	~1
bis sie in Stimmung ist	~3
unterschiedlich, kommt darauf an	~15

Nach dem Hite-Report über die männliche Sexualität haben die meisten Männer am liebsten ein Vorspiel, daß zwischen fünf Minuten und „ganz lange" dauert. Ein ganz besonderes Verständnis von Vorspiel müssen diejenigen Männer haben, die Tage, Wochen oder Jahre als bevorzugte Dauer angaben.

Zeitpunkt und Gestaltung

Der günstigste Zeitpunkt für das Vorspiel ist: immer.

Das Vorspiel sollte ständig im Leben eines Paares stattfinden. Diese Behauptung mag übertrieben erscheinen. Sie ist es aber nicht.

Das Verlangen lebendig erhalten

Das Verhalten der Partner zueinander sollte derart einfühlsam und immer darauf ausgerichtet sein, den Partner zufriedenzustellen, daß bei beiden fortwährend der Wunsch besteht, sich mit dem Partner sexuell zu vereinigen.

Das ist besonders wichtig für die Frau, die die Sexualität nicht allein auf ihre geschlechtliche Komponente reduziert.

Das bedeutet natürlich nicht, daß ein andauernder Zustand sexueller Erregung aufrechterhalten werden soll. Das wäre sowohl aus psychischer wie auch aus körperlicher Sicht unmöglich.

Die eigentliche Vorbereitung auf einen wirklich erfüllenden und gelungenen Geschlechtsakt beginnt jedoch bereits viel früher als das Vorspiel selbst. Sie umfaßt alle Handlungen im täglichen Leben eines Paares.

Es gibt allerdings bestimmte Phasen, in denen das sexuelle Verlangen der Frau stärker als sonst ist, in denen sie sexuell leichter erregbar ist (Eisprung, Zeit vor der Regelblutung, während der Menstruation). Dann darf das Vorspiel etwas kürzer oder weniger intensiv sein, oder es kann eventuell sogar ganz darauf verzichtet werden.

Die Dauer

Bezüglich der Dauer des eigentlichen Vorspiels gibt es, wie bei allen psychisch-biologischen Reaktionen, keine festen Regeln.

Sie hängt vor allem vom Temperament, von der psychischen Vorbereitung und vom sexuellen Erregungszustand des einzelnen Partners ab.

Das Vorspiel kann von null Minuten bis unbegrenzt dauern.

Wenn keine geeigneten Bedingungen vorliegen, kann das Vorspiel für einen oder beide Partner völlig wirkungslos bleiben.

Jeder Partner kann dem anderen während des Vorspiels oder schon vorher seine Wünsche und Bedürfnisse mitteilen, so daß sich das Paar darüber einigen kann, was die geeignete Dauer des Vorspiels ist.

Die Graphik links, basiert auf Daten des Hite-Reports und zeigt die bevorzugte Dauer des Vorspiels bei Männern. Der Geschmack der von Shere Hite befragten Männer scheint den weiblichen Wünschen zu entsprechen.

Zum Vergleich die gewünschte Vorspiellänge bei nordamerikanischen Frauen:

- **0-5** Minuten: 2 %
- **5-15** Minuten: 36 %
- **15-30** Minuten: 48 %
- **mehr als 30** Minuten: 14 %

Die geeignete Gestaltung

Normalerweise ist das Vorspiel, wie das Wort bereits sagt, das, was der vollständigen sexuellen Vereinigung vorausgeht.

Deshalb können wir es nicht isoliert betrachten, obgleich wir es wegen seiner Bedeutung hier gesondert besprechen.

Jeder körperliche Reiz (Sehen, Hören, Riechen, Fühlen, Schmecken) fördert das Gelingen des Vorspiels.

Je stärker und intensiver diese Reize in Kombination mit den psychologischen Reizen sind, um so kürzer kann das Vorspiel ausfallen.

So sind z. B. das Betrachten des Partners beim Ausziehen, die Wahrnehmung der besonderen Körperformen des anderen Geschlechts, die Berührung der nackten Körper Faktoren, die das Vorspiel wirksam unterstützen.

Selbstverständlich gibt es eine grundlegende Voraussetzung, ohne die das Vorspiel unmöglich eine positive Dynamik entwickeln kann. Beide Partner müssen den Wunsch und das körperliche und emotionale Bedürfnis zur vollständigen intimen Vereinigung verspüren.

Es braucht wohl nicht erwähnt zu werden, daß die gegenseitige Zustimmung der Partner zum Geschlechtsverkehr unerläßlich für dessen befriedigende Ausführung sind.

Psychisch-affektive Vorbereitung

Eine der häufigsten Klagen von Frauen, die Psychologen und Sexualwissenschaftler zu hören bekommen, ist folgende:

Der jeweilige Partner stürzt sich beim Geschlechtsverkehr praktisch überfallartig auf die Frau. Er versteht nicht, daß sie ein Bedürfnis nach Zärtlichkeit, Verständnis und Vorbereitung hat. Sie empfindet sein Verhalten dagegen als vollkommen unerotisch.

Es gibt viele Männer, die nicht wissen, daß ihre Partnerin in einer vollkommenen, nicht rein geschlechtlichen, sondern alle Bereiche umfassenden menschlichen Beziehung lebt. Sie braucht das Gefühl

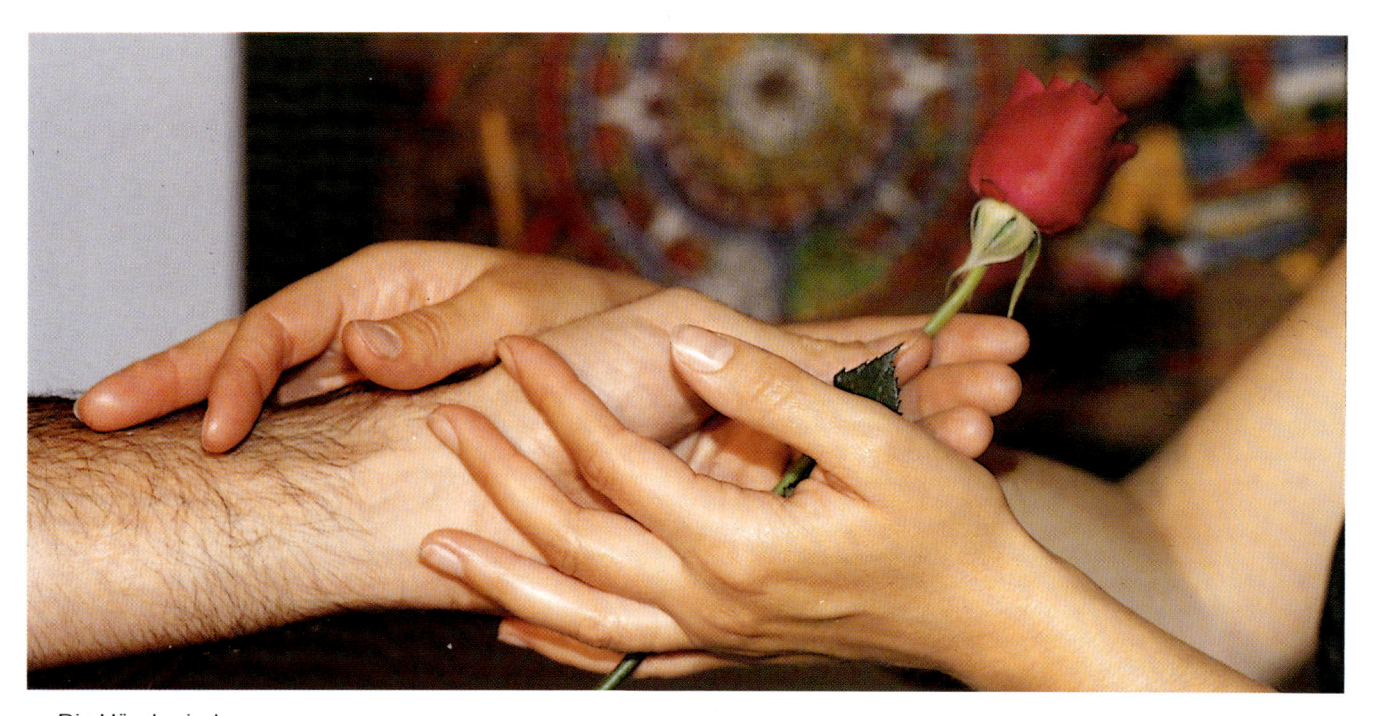

Die Hände sind von zentraler Bedeutung für die körperliche Annäherung. Mit ihnen erkundet man Schritt für Schritt den Körper des anderen. Die Hände berühren, sie erregen, sie bereiten den ganzen Körper auf die Liebe vor. Es sind die Hände, die die „Liebesarbeit" durchführen. Geschickte Hände sind im Alltag sehr nützlich – für das Liebesspiel sind sie unentbehrlich.

der Zuneigung, das Gefühl, geliebt zu werden und begehrt zu sein, mehr als den reinen Geschlechtsakt und Orgasmus.

Immer wieder von neuem

Ein französischer Autor schreibt: „La femme, avant d'être baisée doit être courtisé" (Bevor sich eine Frau küssen läßt, muß man ihr den Hof machen.).

Das trifft genau zu. Die Frau wünscht sich in der Sexualität eine Atmosphäre der Zuneigung und Feinfühligkeit. Sie möchte bewundert werden, sie möchte die Bestätigung erhalten, daß sie geliebt wird, daß sie begehrenswert ist, daß ihr Körper dem Mann gefällt, daß der Wunsch, sie zu besitzen, ihn unwiderstehlich zu ihr hinzieht und ihm unbeschreiblichen Genuß beschert, den er immer wieder mit ihr erleben und teilen möchte.

Das, was dir gefällt

Auch die Frau sollte die Wünsche und Bedürfnisse ihres Mannes beachten.

Meist weiß sie intuitiv, was ihm gefällt: bestimmte Worte, Blicke, Gesten, Bewegungen, ihre Aufmachung usw.

Gelegentlich kommt es vor, daß eine Frau sich in ihrem Sexualleben immer mehr vom Partner zurückzieht. Ein solches Verhalten kann auf eine falsche Sexualerziehung, allgemeine Müdigkeit, Monotonie in der ehelichen Sexualbeziehung, Partnerschaftsprobleme oder andere Ursachen zurückzuführen sein.

Eine verständnisvolle Ehefrau sollte versuchen, alle Faktoren, die ihr Sexualleben stören, auszuschalten und herauszufinden, was ihren Mann glücklich macht.

Initiative und Phantasie

Die Frau sollte sich nicht scheuen, eine aktive Rolle in der sexuellen Beziehung zu übernehmen und auch einmal selbst die Initiative zu ergreifen.

Sie sollte frei über ihre Liebe zu ihrem Mann und über die Gefühle, die seine Zärtlichkeiten bei ihr bewirken, sprechen.

Mann und Frau sollten ihre Phantasie einsetzen und sich gegenseitig mit etwas Neuem überraschen, das beiden gefällt.

Die Frau sollte versuchen, die Wünsche ihres Mannes zu verstehen und zu erfüllen, und ihm gleichzeitig deutlich sagen, was sie von ihm erwartet.

Wir sind fest davon überzeugt, daß frei und spontan geäußertes Verständnis und die Liebe das beste Aphrodisiakum sind.

Der Ort und die Atmosphäre

Das Vorspiel und der Höhepunkt der sexuellen Vereinigung sollten sich möglichst in einer ruhigen Atmosphäre abspielen. Beide Partner sollen sich voll auf den Liebesakt konzentrieren können.

Manche Paare bevorzugen eine dunkle Atmosphäre oder schwaches Licht.

Andere fühlen sich wohl mit leiser Musik im Hintergrund.

Die Einrichtung des Raumes und das Aussehen der Partner (Kleidung, Aufmachung, Parfüm) sind ebenfalls wichtig.

Gewohntes und Überraschendes

Das bedeutet nicht, daß ein sexuelles Angebot unter bestimmten Umständen, z. B. wenn es überraschend und in einer ungewohnten oder eigentlich ungeeigneten Umgebung kommt, nicht reizvoll sein kann.

In allen Lebensbereichen des Menschen können sich sowohl ein ständiger Wechsel als auch monotone Wiederholungen negativ auswirken. Ständiger Wechsel bewirkt Instabilität und Unsicherheit, wogegen monotone Wiederholung, auch der angenehmsten Dinge, zu Übersättigung und Langeweile führen kann.

Auf jeden Fall sollte man sich für den Liebesakt genügend Zeit nehmen. Nur dann wird er befriedigend sein und nach Wiederholung verlangen. Eile ist der erklärte Feind einer Liebesbeziehung, ganz besonders für die Frau.

Der Körperkontakt

Die Hand ist ein perfekter Körperteil. Sie kann für das, was der spanische Philosoph und Schriftsteller Ortega y Gasset treffend als „Liebesarbeit" bezeichnete, höchst wirksam eingesetzt werden. Dies gilt besonders für das sexuelle Vorspiel.

Der Liebesakt beginnt in seiner körperlichen Phase immer mit Berührungen durch die Hände.

Zärtlichkeiten

Zunächst werden vor allem die sekundären erogenen Zonen gestreichelt.

Die Zärtlichkeiten sollten besonders zu Beginn ruhig und sanft durchgeführt werden. Mit steigender Erregung nimmt die Intensität der Berührungen beider Partner automatisch zu.

Häufig ergreift der Mann die Initiative, während viele Frauen anfangs eine eher passive Rolle übernehmen.

Wenn sich das Vorspiel befriedigend entwickelt, beteiligt sich auch die Frau meist aktiv und intensiv am Vorgang oder ergänzt, wenn nötig, nicht so gut koordinierte Bewegungen des Mannes, was besonders bei den ersten Malen der Fall ist. Hier gibt es natürlich keine verbindlichen Regeln. Jedes Paar wird selbst herausfinden, was ihm am besten gefällt.

Praktisch der gesamte Körper der Frau ist erogen. Besonders sensibel sind jedoch – abgesehen von den Brüsten, auf die wir später zurückkommen werden – die Augen, die Ohren, der Nacken, die Innenseiten der Oberschenkel oberhalb der Knie und der Po und seine Umgebung.

Lustvolle sexuelle Erlebnisse können dazu führen, daß man an seinem Körper ganz neue erogene Zonen entdeckt. Jedes Paar findet am besten für sich selbst heraus, wo es auf Berührungsreize am stärksten reagiert.

Zärtlichkeiten an den erogenen Zonen können auch mit den Lippen durchgeführt werden.

Damit sind wir bei der Bedeutung des Mundes für das Liebesspiel und für die Steigerung der erotischen Spannung, die zur optimalen Vorbereitung auf den Geschlechtsverkehr beiträgt, angelangt.

Mit Küssen auf die Wange, auf den Mund und die Brust drückt der Mensch die steigende Intensität seiner Lust aus. Der Mund mit Lippen und Zunge ist einer der empfindlichsten Körperteile. Form und Lage ermöglichen ständigen direkten Kontakt zum Partner.

Der Kuß

Wir kennen den Kuß als Ausdruck der Liebe in zwischenmenschlichen Beziehungen: zwischen Eltern und Kindern, zwischen Geschwistern, Verwandten, Freunden und Verliebten.

Das ist ganz natürlich, denn der Mund bzw. die Lippen sind einer der sensibelsten Bereiche des Körpers. Man braucht nur an die Kinder zu denken. Bevor ihr Tastsinn voll ausgebildet ist, führen sie alle Gegenstände an die Lippen und lutschen daran herum, um sie zu identifizieren und weil es ihnen Genuß bereitet.

Psychologen gehen davon aus, daß das Rauchen trotz seiner bekannten gesundheitsschädlichen Wirkung so beliebt ist, weil es Vergnügen bereitet, die Lippen mit irgend etwas zu berühren.

Verlangen und Leidenschaft durch den Kuß

Auch essen wir mit dem Mund, und es heißt:

„Ich habe dich zum Fressen gern".

Es gibt Anthropologen, die soweit gehen, daß sie im Kuß ein Überbleibsel des Kannibalismus sehen. In bestimmten Gesellschaften, in denen der Kuß im wesentlichen aus einem Aneinanderreiben der Nasen besteht, könnte man auch von einem Beschnuppern mit anschließendem „Schmecken" des Partners sprechen.

Sowohl Wangenküsse als auch Küsse auf andere Körperteile, insbesondere Mundküsse, lassen durch ihre Häufigkeit, Intensität, Zärtlichkeit und durch unterschiedliche Ausdrucksformen auf das Ausmaß der Erotik, der Liebe und der Leidenschaft zwischen den Küssenden schließen.

Mit einem Kuß sagen die Person, die küßt, und die Person, die geküßt wird, sehr viel über ihre Persönlichkeit und ihre Gefühle zueinander aus. Denn beim Kuß zwischen Verliebten, wie auch bei anderen erotischen Handlungen, erhält man automatisch etwas, wenn man gibt, und man gibt, wenn man etwas erhält.

An der Art des Küssens bemerken beide Partner genau, wann ein Übergang von Zärtlichkeit oder Zuneigung zu erotischer Liebe stattfindet und von dort zu sexueller Spannung und Begierde, die dem Vorspiel vorausgeht.

Deshalb läßt Salomo die Sulamith als erstes folgende Worte sagen, mit denen sie ihre Sehnsucht nach Vereinigung mit ihrem Geliebten ausdrückt: „Er küsse mich mit dem Kusse seines Mundes; denn deine Liebe ist lieblicher als Wein." (Hoheslied 1,2).

Die Brüste

Wir wollen noch einmal das Hohelied Salomos zitieren, denn bereits in diesem dreitausend Jahre alten biblischen Buch wird von der erotischen Bedeutung der weiblichen Brüste gesprochen. Der biblische Liebhaber sagt:

„Siehe, meine Freundin, du bist schön! (...) Deine Lippen sind wie eine scharlachfarbene Schnur (...) Deine beiden Brüste sind wie junge Zwillinge von Gazellen, die unter den Lilien weiden." (Hoheslied 4,1.3.5).

Zu den guten Wünschen, die der weise König in einem seiner Sprüche für seinen Sohn äußert, gehört der folgende Spruch:

„Freue dich an der Frau, die du jung geheiratet hast. Sie soll dir viele Kinder schenken! Anmutig wie eine Gazelle ist sie. Ihre Brüste sollen dich immer berauschen, in ihren Armen kannst du dich selbst vergessen! Mein Sohn, willst du wirklich dein Glück bei einer anderen suchen und dich an den Brüsten einer Fremden berauschen?" (Sprüche 5,18-20).

In der Schöpfung hat alles seinen Sinn. So befinden sich die Brüste der Frau an der vordersten Stelle des Körpers, dort wo sie am deutlichsten auffallen. Ihre Glattheit, Festigkeit, Konturen, Schönheit und Sensibilität machen sie zusammen mit ihrer nährenden Funktion zu einem bewundernswerten und begehrenswerten Körperteil.

Hohe Sensibilität der Brüste

Weil die weiblichen Brüste so sensibel sind, spielen sie eine wichtige Rolle im Liebesspiel.

Die Feinfühligkeit der weiblichen Brüste ist eng mit dem Menstruationszyklus verbunden und verändert sich regelmäßig mit ihm.

Die Brüste werden durch Berührung sehr schnell erregt. Ihr empfindlichster und damit am stärksten erregbarer Teil ist die Brustwarze, die reflektorisch auf fast jede Liebkosung an irgendeiner Stelle des Körpers reagiert.

Die weiblichen Brustwarzen haben die Besonderheit, bei direkten oder indirekten Zärtlichkeiten sowie bei sexueller Lust größer zu werden und sich aufzurichten. Mit anderen Worten: Sie geraten in Erektion.

Deshalb werden die Brustwarzen gelegentlich als primäre, nicht als sekundäre erogene Zonen betrachtet.

Wenn die Frau in geeigneter Stimmung ist, empfindet sie es normalerweise als äußerst angenehm, wenn ihre Brüste leicht gestreichelt werden, sie kann dadurch sogar zum Orgasmus kommen. Die anderen sekundären erogenen Zonen sind allein nicht in der Lage, einen Orgasmus auszulösen.

Deshalb ist es sehr wichtig, daß der Mann beim Liebesspiel die Brüste der Frau berücksichtigt, wenn er seine Partnerin optimal befriedigen möchte.

Auch beim Mann können Brust und Brustwarzen zu den erogenen Zonen gehören. Ihre sexuelle Erregbarkeit ist jedoch meist geringer als bei der Frau.

Die verbale Verständigung beim Vorspiel

Da Mann und Frau unterschiedlich viel Zeit und unterschiedliche Methoden zur sexuellen Stimulierung benötigen, um in eine optimale Verfassung für den Höhepunkt der Vereinigung zu gelangen, ist es sehr wichtig, daß die verbale Verständigung zwischen ihnen gut funktioniert (siehe S. 2/366ff., 2/364).

Gefühle ausdrücken

Gefühle sind nicht vollständig, wenn sie nicht in Worte gefaßt werden.

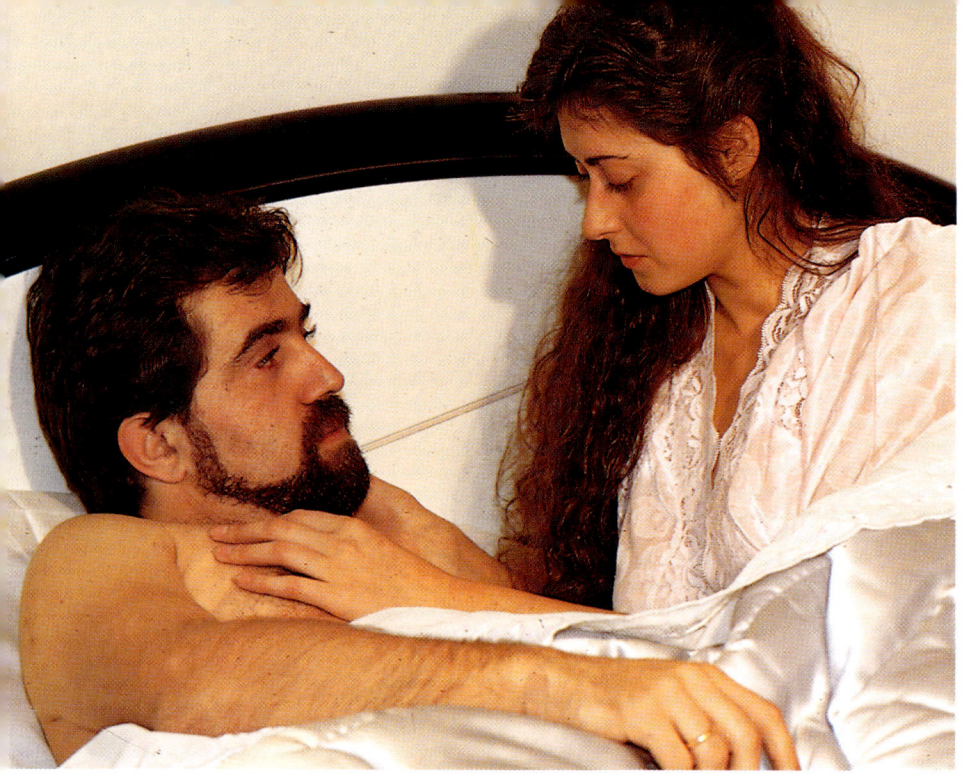

Kommunikation, echter gegenseitiger Austausch, ist der Schlüssel zum Erfolg einer Ehe und der Garant einer dauerhaften Partnerschaft. Auch im Bett ist das Miteinandersprechen wichtig. Gleichzeitig sollte man sich bemühen, die Bedeutung der Bewegungen, der Stimme und der Blicke im Verhalten des Partners richtig deuten zu lernen.

Psychologen und Anthropologen sind der Auffassung, daß wir erst durch die Fähigkeit zu sprechen wirklich zu Menschen werden.

Genauso wichtig wie die quantitative ist die qualitative Seite eines erlebten Gefühls, und die läßt sich nur durch Worte ausdrücken.

Gefühle, die nicht in Worte gefaßt werden, bleiben stets in einem gefährlichen Zustand der Zweideutigkeit. Sie benötigen das Wort, um beschrieben zu werden.

Sprechen und zuhören

Beim Vorspiel muß die Frau sich ganz auf ihre Gefühle konzentrieren können, damit sie ihrem Partner den Fortschritt ihrer sexuellen Stimulation mitteilen kann. Dies sollte nicht nur durch Blicke und Zärtlichkeiten, sondern direkt und konkret durch Worte geschehen.

Ohne Dialog kann der Partner nicht wissen, was der andere möchte, ob das, was er tut, angenehm ist, oder ob es als unangenehm oder sogar abstoßend empfunden wird.

Komplimente

Die meisten Frauen mögen Komplimente, wenn sie nicht völlig unglaubwürdig klingen.

Der Mann braucht seiner Frau nicht zu sagen: „Du bist die schönste Frau."

Es reicht, wenn er ihr glaubwürdig erklärt: „Für mich bist du die hübscheste aller Frauen."

Der beste Zeitpunkt, um Komplimente zu machen, ist das Vorspiel. Für eine Frau gibt es nichts, was sie stärker anregt.

Der Mann reagiert dagegen am stärksten, wenn die Frau ihm sagt, wie sehr sie es wünscht, daß er sie streichelt, sie berührt, sie küßt usw. und sie besitzt.

Ehrlichkeit und Spontaneität

Es ist natürlich nicht notwendig, während des Vorspiels eine ernste, tiefgehende Unterhaltung zu führen. Es muß auch kein zusammenhängendes Gespräch sein.

Es geht lediglich darum, daß Mann und Frau sich frei fühlen, das zu sagen, was sie gerade denken oder fühlen, so daß sie sich gemeinsam über den sexuellen Genuß freuen können, den sie empfangen und geben.

Verbale Verständigung bedeutet aber nicht, einfach das zu äußern, was man selbst fühlt und denkt. Dazu gehört auch, aufmerksam auf das zu achten, was der Partner einem mitteilt.

Fortwährende Kommunikation

Kommunikation oder verbale Verständigung ist nur dann echt, wenn sie dauernd in zwei Richtungen funktioniert.

Der Dialog in einer Partnerschaft darf sich nicht auf das unzusammenhängende Gespräch im Bett beschränken. Er muß sich fortwährend entwickeln und über alltägliche Gesprächsthemen hinausgehen.

Er sollte alle Gesichtspunkte des Zusammenlebens erfassen.

Die entscheidende Kommunikation findet aber zu einem anderen Zeitpunkt als beim Vorspiel statt, bei dem Gedanken, Gefühle und Worte stark verzerrt sind.

Schlußphase und Höhepunkt

Nachdem sich das Paar intensiv geküßt und genügend Zeit damit verbracht hat, die sekundären erogenen Zonen – und besonders die weiblichen Brüste – zu streicheln, sollten auch die primären erogenen Zonen stimuliert werden.

Bei der Frau

Bei der Frau ist die Klitoris (Kitzler) die erregbarste Stelle des Körpers. Bei ausreichender Stimulierung der Klitoris wird ein Orgasmus ausgelöst.

Der Mann, der seine Partnerin vollständig befriedigen möchte, sollte stets daran denken, daß die meisten Frauen nur durch gleichzeitige Stimulierung der Klitoris einen Orgasmus erreichen.

Physiologisch läuft jeder weibliche Orgasmus nach denselben Reflexmustern ab, unabhängig davon, ob er allein durch Stimulation der Klitoris oder der Brust oder durch den Geschlechtsverkehr selbst ausgelöst wird.

Beim Orgasmus reagieren Scheide und Klitoris in übereinstimmenden physiologischen Mustern und sind demzufolge keine verschiedenen biologischen Einheiten.

Beim Mann

Beim Mann sind die Zonen, die lustvolle Empfindungen auslösen, die Hoden und der Penis.

Besonders erregend ist die Berührung oder der Druck auf die Eichel und die Reibung oder der Druck am Rand der Eichel sowie an dem dünnen Gewebeband, das die Unterseite der Eichel mit der Vorhaut verbindet.

Wenn der Druck auf die Eichel eine bestimmte Stärke übersteigt, verursacht er dagegen starke Schmerzen. Deshalb sollten Hoden und Penis nur ganz vorsichtig berührt werden.

Die Zärtlichkeiten in dieser und in den vorangehenden Phasen dienen dazu, den Penis steif zu erhalten. Wenn der Mann fühlt, daß die Zärtlichkeiten einen Samenerguß auslösen können, sollte er es seiner Partnerin mitteilen, damit es nicht vorzeitig geschieht.

In dieser Schlußphase des Vorspiels konzentrieren sich die Zärtlichkeiten fast ausschließlich auf die Geschlechtsorgane, obgleich sie fast immer von Küssen auf den Mund oder auf andere Körperteile, wie z. B. die weiblichen Brüste und die Brustwarzen, begleitet werden.

Wenn es gelingt, diese Phase auf mindestens zehn, besser noch 20 Minuten auszudehnen, wird der nachfolgende Orgasmus um so intensiver sein.

Körperkontakte mit dem Mund

Die Berührung des gesamten Körpers mit dem Mund ist äußerst erregend und befriedigend.

Wenn eine Berührung der Geschlechtsorgane durch den Mund in der Phase unmittelbar vor dem Höhepunkt stattfindet, kann sie allerdings aus verschiedenen Gründen als unangenehm empfunden werden. Die Entscheidung, ob Kontakte zwischen Mund und Geschlechtsorganen stattfinden, sollte vom Ehepaar gemeinsam getroffen werden.

In seinem Buch „Das von Gott verordnete sexuelle Vergnügen" empfiehlt Dr. Ed Wheat, daß Kontakte zwischen Mund und Geschlechtsorganen während des Vorspiels immer im gegenseitigen Einvernehmen beider Partner geschehen sollten.

Wenn sich die Erregung dem Höhepunkt nähert, macht sie sich durch den starken Wunsch nach geschlechtlicher Vereinigung, durch das Öffnen und Feuchtwerden der Scheide und des Schei-

Forts. auf S. 283

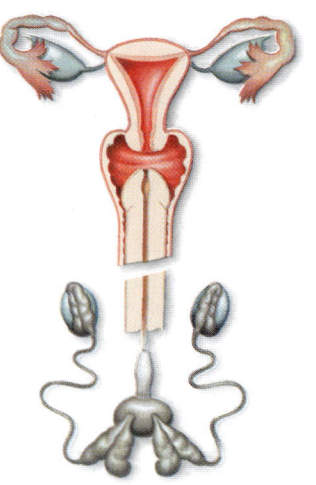

siehe S.1/289

Kap. 13: DAS SEXUELLE VORSPIEL

Drei große Momente in der Liebe

Vorspiel

Die Liebenden bieten sich einander an, angetrieben von einer beinahe übernatürlichen Kraft. Zärtliche Worte und sanftes Streicheln intensivieren die Gefühle des Paares und verbinden die Partner auch auf geistiger Ebene. Der Mann begehrt die Frau wegen ihrer körperlichen Harmonie und die Frau den Mann wegen seiner besonderen Männlichkeit. Dies führt zum unwiderstehlichen Wunsch nach Vereinigung.

Vereinigung

Bei der sexuellen Vereinigung verbinden sich Seele, Geist und Körper der Liebenden, und aus zwei Individuen entsteht durch die Kraft der Liebe eine Einheit. Die Partner fühlen höchste Freude und Erfüllung in der vollkommenen, rückhaltlosen Hingabe.

Nachspiel

Nachdem das sexuelle Verlangen erfüllt worden ist, empfindet das Paar seine Verbundenheit besonders intensiv und kann sich ganz fallen lassen. Die Partner liegen glücklich zusammen und sind bereit, alles dafür zu tun, ihre Liebe weiter zu festigen.

Forts. von S. 281

deneingangs, durch die Bereitschaft der Beckenmuskeln und durch die vollständige Erektion des Penis bemerkbar. Es kommt der Zeitpunkt des eigentlichen Geschlechtsverkehrs. Als wichtigem Ereignis an sich und Höhepunkt des ganzen Geschehens wird ihm ein eigenes Kapitel gewidmet.

Umsetzung in die Praxis

Verbindet man die erläuterten theoretischen Kenntnisse mit den eigenen Beobachtungen und der Kenntnis über den Partner, so gelingt es bestimmt, leicht zum Höhepunkt des sexuellen Liebesspiels zu gelangen.

Mit gesundem Menschenverstand

Mit Liebe, Übung und ein wenig gesundem Menschenverstand kann das Vorspiel vielleicht sogar verkürzt werden, wenn beide Partner es wünschen.

Es heißt, daß die Frau etwas mehr Zeit braucht als der Mann, um den Höhepunkt im Liebesakt zu erreichen. Offenbar ist das bei vielen Frauen tatsächlich so.

Es gibt jedoch ebenso viele Fälle, in denen die Frau den Orgasmus gemeinsam mit dem Mann oder sogar früher als er erlebt.

Um den Höhepunkt zu erreichen

Für einen gleichzeitig bei Mann und Frau auftretenden Orgasmus müssen allerdings verschiedene Voraussetzungen erfüllt sein.

Der Mann muß den Samenerguß zurückhalten können, und er muß über ausreichendes Geschick im Liebesspiel verfügen. Beides läßt sich durch Übung erlernen.

Bei der Frau spielen noch weitere Faktoren eine Rolle: die vorhandene Intensität der Lust, Zeitpunkt des Menstruationszyklus, ausreichend enstspannter Körper und Geist, günstige psychische und Umweltbedingungen u. a.

Individuelle Besonderheiten

Jede einzelne Person hat, was Zärtlichkeiten und erogene Zonen anbelangt, besondere Vorlieben.

Es empfiehlt sich, den Partner zu beobachten und zu befragen, um seine Wünsche kennenzulernen.

Es gibt Männer, die nichts Besonderes empfinden, wenn ihre Geschlechtsorgane gestreichelt werden, die aber in höchste Erregung geraten, wenn sie ihre Partnerin streicheln.

Es gibt auch Frauen, die ohne vorbereitende körperliche Zärtlichkeiten erstürmt werden wollen, aber ohne ein ausgedehntes Vorspiel der Gefühle nicht zum Geschlechtsverkehr übergehen können.

Wie in jeder menschlichen Beziehung spielen auch in intimen Beziehungen eine Menge persönlicher, individuell unterschiedlicher Faktoren eine Rolle.

Um alle Eigenheiten des Partners kennenlernen zu können, muß das Paar eine kontinuierliche Kommunikation pflegen.

Eine solche Kommunikation funktioniert allerdings während des Liebesspiels nicht, wenn sie nicht auch im Alltag praktiziert wird. Daher halten wir das Kapitel 36, „Ehekonflikte und wie man sie löst", S. 2/330ff., für eines der wichtigsten Kapitel der Reihe MENSCH UND FAMILIE.

14 DER LIEBESAKT

Wenn vom Liebesakt, der intimsten sexuellen Begegnung zwischen Mann und Frau, die Rede ist, wird manchmal auch einfach und passend gesagt, zwei Menschen „lieben sich".

Der Begriff „sich lieben" ist eine zugleich knappe und aussagekräftige Definition dessen, was rein technisch als Geschlechtsverkehr (Koitus) bezeichnet und häufig mit den verschiedensten vulgären bis euphemistischen Ausdrücken umschrieben wird.

Allerdings nur unter der Voraussetzung, daß man dem Wort „Liebe" seine erhabene Bedeutung beimißt, denn heute scheint damit immer häufiger das absolute Gegenteil gemeint zu sein: „Egoismus".

Viele Menschen verstehen unter „Liebe" die Suche nach der eigenen Befriedigung, dem Vergnügen, was eine völlig unmenschliche Geschlechtlichkeit beinhaltet.

Diese „Liebe" bietet sehr wenig oder gar nichts, nicht einmal die Garantie für eine Mindesthaltbarkeit.

Wir meinen, wenn wir von dem „Liebesakt" im Sinne von „Geschlechtsverkehr" sprechen, einen Akt vollständiger, selbstloser Hingabe als Höhepunkt einer zwischenmenschlichen Beziehung, in der beide Partner aktiv und fortwährend nach Verständnis füreinander suchen.

Es ist noch kein Meister vom Himmel gefallen. Auch die allernatürlichste menschliche Beziehung, die Liebe, will erlernt und geübt werden.

Reicht Liebe, um „sich zu lieben"?

Genügt es für den Liebesakt, wenn sich beide Partner aufrichtig lieben?

Reicht Liebe aus, damit sich eine sexuelle Beziehung zufriedenstellend entwickelt?

Selbstverständlich ist Liebe dafür unverzichtbar. Denn der Liebesakt ist weder mit dem reinen Fortpflanzungsakt, der – zum richtigen Zeitpunkt ausgeführt – meist erfolgreich ist, noch mit der reinen Befriedigung eines körperlichen Bedürfnisses gleichzusetzen.

Der Liebesakt ist nur dann wirklich befriedigend, wenn es bei seiner Ausführung auch zu einer geistigen Vereinigung der Partner kommt.

Notwendig, aber nicht ausreichend

Besonders zu Beginn der sexuellen Aktivität oder wenn bei einem Partner organische Anomalien vorliegen, reicht Liebe allein nicht für ein reibungsloses Funktionieren des Sexuallebens aus.

Selbst wenn es keine organischen Störungen gibt, sind Geschmack und Gewohnheiten beider Partner normalerweise nicht gleich. Für das Paar gilt es, sich hier gegenseitig kennenzulernen und sich eventuell entgegenzukommen.

In einer vollkommenen sexuellen Beziehung darf die Befriedigung der Gefühle, aber auch die des Körpers nicht zu kurz kommen. Die Liebe ist dabei eine notwendige und wesentliche, aber nicht ausreichende Voraussetzung.

Sicherlich möchte man, wenn man seinen Partner wirklich liebt, ihm nur das Beste geben, und man verhält sich so, wie es ihm angenehm ist.

Auf diese Weise treten Probleme viel seltener auf, sind harmloser und leichter zu lösen.

Lernen zu lieben

LaHaye ist der Ansicht, daß alle bedeutenden Tätigkeiten im Leben nur durch Übung erlernt werden. Warum sollte es bei der Liebeskunst anders sein?

Der erwachsene Mensch verfügt über das notwendige sexuelle Verlangen und die Fähigkeit zum Geschlechtsverkehr, aber die Kunst zu lieben muß er erlernen, sie ist nicht angeboren.

Das Sprechen ist z. B. eine absolut natürliche Tätigkeit. Der Mensch besitzt die Organe, die dafür notwendig sind. Er muß aber erst sprechen lernen. Und je besser er es erlernt, um so „natürlicher", korrekter und schöner wird seine Ausdrucksweise sein, obwohl die Entwicklungsmöglichkeiten eines Menschen natürlich auch

Die Menschheit hat sich weit von ihren ursprünglichen, natürlichen Lebensverhältnissen entfernt, so daß der Mensch heute wieder lernen muß, sich angemessen zu ernähren. Das Gleiche gilt auch für die Kunst des Liebens.

stark durch Erbfaktoren beeinflußt werden.

Wenn man die Kunst des Liebens beherrscht, lassen sich viele Probleme lösen und vermeiden. Dadurch wird die sexuelle Beziehung verbessert.

Wie in jeder Kunst ist allerdings auch beim Liebesakt die Technik, wie man Gefühle äußert und teilt, ausschlaggebend. Vorausgesetzt, die Gefühle sind vorhanden, denn die technisch begabtesten Liebhaber oder Liebhaberinnen sind, wenn sie ihren Körper ohne ihr Herz anbieten, wie technisch perfekte Gemälde, Skulpturen oder Melodien, die „nichtssagend" sind, deren Aussage „nicht ankommt".

Wenn wir daher wählen müßten, wäre die wahre Liebe mit schlechter Technik in jedem Fall einer hohen technischen Kunst ohne Liebe oder – schlimmer noch – mit falscher Liebe vorzuziehen.

Wie es gemacht wird

Der Geschlechtsakt ist kein rein mechanischer Vorgang oder bloßer biologischer Zwang.

Der Mensch wird in seinem gesamten Handeln und in seinen gesamten Reaktionen, einschließlich der sexuellen, auch von einer emotionalen Komponente bestimmt.

Ein befriedigender Liebesakt findet meist nicht ohne ein angemessenes erotisches Vorspiel statt. Aber das Vorspiel ist nur das, was dem eigentlichen „Spiel" vorangeht.

Jedes Spiel hat jedoch Regeln und setzt ein gewisses Können voraus, wenn es glücklich verlaufen und gut abgeschlossen werden soll.

Die Natur hat jedem Menschen diese Spielregeln und das Können als entwicklungsfähiges Potential mitgegeben.

Leider haben die Menschen, die sich immer mehr von ihrer natürlichen Umgebung entfernen, die Kunst zu lieben bereits „verlernt", genauso wie sie die Kunst zu essen „verlernt" haben. Deshalb müssen Erwachsene und Kinder heute erneut lernen, wie sie sich gesund ernähren können, ohne den Magen und den gesamten Körper durch eine unnatürliche Ernährung zu zerstören. Aus diesem Grund müssen die Menschen auch erneut lernen, ihre Sexualität richtig einzusetzen.

Wenn wir uns bei der Ernährung nur durch unseren Instinkt führen ließen, würden wir häufig nicht die richtige Wahl treffen. Genauso ist es in der Sexualität. Wenn wir uns nur von Gefühlen und nicht vom Verstand leiten lassen, werden wir nur selten richtig handeln.

Größe der Geschlechtsorgane

Es gibt eine Frage, die viele Jugendliche beschäftigt: „Wie groß müssen die Geschlechtsorgane sein?"

Bis auf ganz seltene Ausnahmen gibt es im allgemeinen keine Probleme mit einem „zu großen" oder „zu kleinen" Penis. Die Scheide ist ein flexibler Hohlraum. Sie kann sich so weit ausdehnen, daß ein drei bis vier Kilogramm schweres Baby hindurchpaßt.

Deshalb kann in der Regel jeder Penis, auch wenn er sehr groß ist, in die Scheide eingeführt werden. Wenn es sich um einen kleinen Penis handelt, schmiegen sich die Scheidenwände beim Geschlechtsverkehr an den Penis an und bilden Schnürringe, die Druck auf ihn ausüben. Der Blutstau der Muskulatur der Scheidenöffnung wirkt wie ein elastisches Kissen, das sich um jeden Penis beliebiger Größe herumlegt.

Zudem sind Unterschiede in Länge und Volumen beim männlichen Glied in erigiertem Zustand geringer als im Ruhezustand. Die Erektion bewirkt hier eine Angleichung.

Es wird wieder einmal deutlich, daß der Schöpfer für alles gesorgt hat.

Das Einführen des Penis

Das Einführen des Penis und der nachfolgende Orgasmus sind gewöhnlich der Höhepunkt einer Liebesbeziehung.

Damit beide Partner den Liebesakt genießen können und keine unangenehmen Situationen entstehen, sollten zwei wichtige Faktoren beachtet werden: der Zeitpunkt des Einführens und die Vorgehensweise.

Nach einem ausreichenden Vorspiel, in dessen Endphase die primären erogenen Zonen, insbesondere die Klitoris, stimuliert wurden, läßt sich fühlen, daß die Scheide feucht und deutlich geweitet ist und daß die kleinen Schamlippen größer geworden sind. Das bedeutet, daß alle Voraussetzungen für das Einführen des Penis gegeben sind.

Der wichtige Augenblick ist gekommen.

Es dem Partner mitteilen

Ganz besonders während der ersten Male ist es wichtig, daß die Frau dem Mann deutlich mitteilt, ob sie für das Einführen des Penis bereit ist. Sie kann es sagen, mit

Wir alle – Männer wie Frauen – haben hohe Erwartungen an die Liebe. Gelegentlich erwarten wir dabei aber zuviel oder meinen, die reine körperliche Anziehung zum anderen Geschlecht sei Liebe. Eine Beziehung, die allein auf dem Körperlichen basiert, ist auf Sand gebaut. Beim Menschen bilden Körper und Geist eine untrennbare Einheit. Die Befriedigung der geistigen Bedürfnisse ist ebenso wichtig und notwendig wie die der körperlichen.

Kap. 14: DER LIEBESAKT

einem vereinbarten Zeichen andeuten, oder einfach den Penis mit den Händen zum Scheideneingang führen.

Häufig macht die Frau, wenn das sexuelle Verlangen am stärksten ist, ihrem Partner mit Worten oder Gesten deutlich, daß der entscheidende Augenblick gekommen ist, und zieht ihn kräftig an sich.

Das Einführen des Penis in die Scheide sollte immer vorsichtig geschehen. Ein barsches Eindringen kann dazu führen, daß die Erregung der Frau nachläßt oder ganz erlöscht.

Die Frau kann den Penis auch selbst in die Scheide einführen. Das ermöglicht es ihr, den gesamten Vorgang zu kontrollieren.

Damit Mann und Frau eine gute Übereinstimmung beim Geschlechtsverkehr erreichen können, ist es wichtig, daß sie, wenn die körperliche und psychische Erregung wieder abgeklungen ist, offen und ausführlich über diese ersten Liebeserfahrungen miteinander reden.

Übung und Unterstützung

Mit etwas Übung und Geduld kann das Paar es schaffen, einen ausreichenden Erregungszustand zu erreichen, so daß es beim Geschlechtsverkehr keine Probleme mechanischer Art gibt.

Wenn ein künstliches Gleitmittel verwendet wird, sollte darauf geachtet werden, daß es nicht kalt ist. Es würde sonst eine unangenehme Reaktion auslösen, die den normalen Erregungsverlauf der Frau unterbrechen könnte.

Wenn der Geschlechtsverkehr mit Kondom durchgeführt wird, ist normalerweise kein Gleitmittel nötig, denn alle neueren Kondome sind bereits mit einem Gleitmittel beschichtet. Da sie sehr dünn sind, sind sie für Mann und Frau praktisch kaum zu spüren. Man sollte darauf achten, daß das Haltbarkeitsdatum nicht abgelaufen ist.

Der Orgasmus

Der Orgasmus ist der Höhepunkt der sexuellen Erregung, bei dem zusammen mit einem einzigartigen, unbeschreiblichen Genußgefühl die Ejakulation beim Mann und die neuromuskuläre Entspannung bei beiden Partnern ausgelöst wird.

Wenn der Penis in die Scheide eingeführt worden ist, beginnen beide Partner instinktiv, sich rhythmisch hin- und herzubewegen. Die Bewegungen sollten synchron stattfinden. Sie haben den Zweck, die Geschlechtsorgane zu stimulieren und damit die Erregung zu verstärken.

Reaktionen des Körpers

Je intensiver der Liebesakt wird, desto stärker entfernen sich die Partner von allem, was um sie herum ist. Die Spannung steigt, die Bewegungen nehmen zu und werden nun automatisch ausgeführt.

Der Körper spannt sich aufgrund der Kontraktion der quergestreiften Muskulatur an. In der Haut, besonders im Gesicht, staut sich das Blut.

Die Herz- und Atemfrequenz steigen. Der Speichelfluß wird stärker. Beide Partner keuchen oder halten die Luft an.

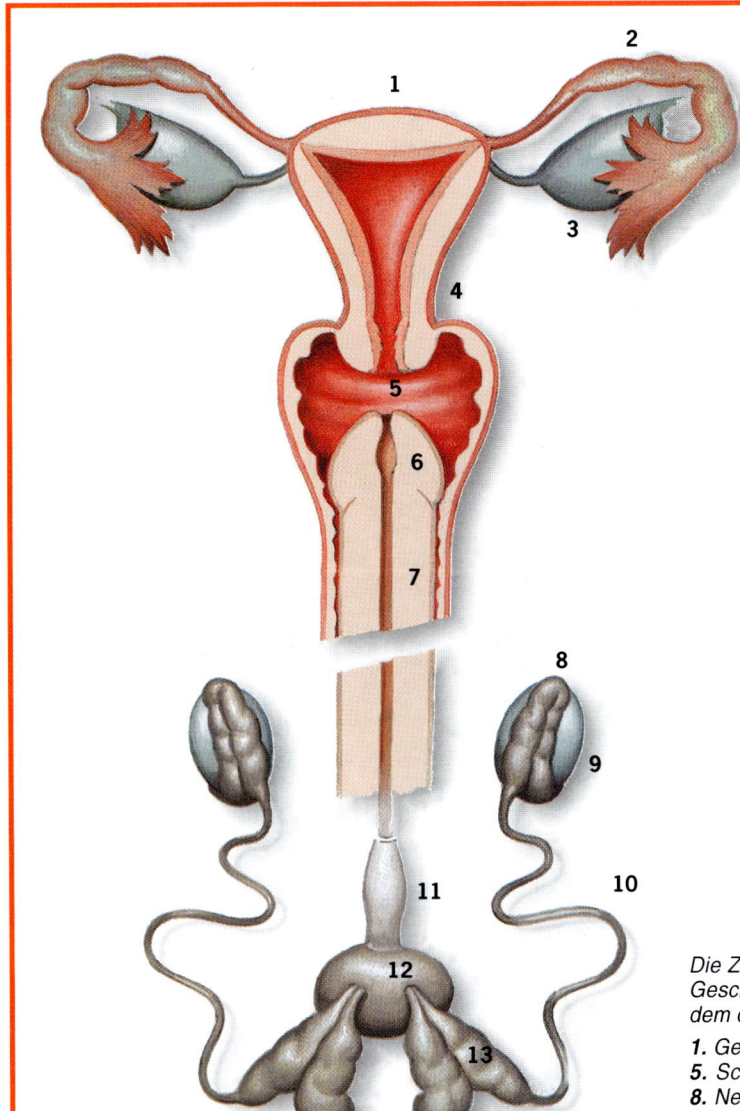

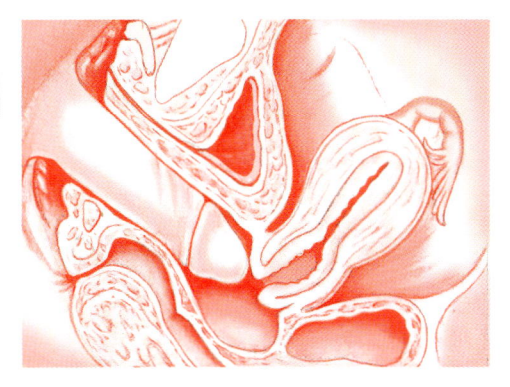

Ihr Aufbau, die physiologischen Reaktionen und die Form der männlichen und weiblichen Geschlechtsorgane zeigen deutlich, daß sie geschaffen wurden, um sich im Liebesakt zu ergänzen.
Zwar unterscheiden sich die sexuellen Reaktionen des Mannes von denen der Frau, wie die jeweiligen sexuellen Reaktionszyklen mit ihren Variationen zeigen (siehe S. 1/306f.). Diese unterschiedlichen Reaktionen sind jedoch nicht gegenläufig, sondern ergänzen sich. So erreichen Mann und Frau aus morphologischer, physiologischer und sogar psychologischer Sicht ihre Vollkommenheit durch die intime Vereinigung der Liebe, in der das Geschlechtliche mit dem Emotionalen übereinstimmt.

Die Zeichnung stellt die Lage der Geschlechtsorgane beider Geschlechter im Augenblick des Geschlechtsakts dar, nachdem das männliche Glied in die Scheide eingeführt wurde:

1. Gebärmutter, **2.** Eileiter, **3.** Eierstock, **4.** Gebärmutterhals, **5.** Scheidengewölbe, **6.** Eichel des Penis, **7.** Peniskörper, **8.** Nebenhoden, **9.** Hoden, **10.** Samenleiter, **11.** Spritzkanal, **12.** Prostata, **13.** Ampulle des Samenleiters, **14.** Samenbläschen.

Während das alles geschieht, setzen sich die rhythmischen Bewegungen fort. In diesem Moment kommt es zum Orgasmus, dem Höhepunkt des Liebesakts.

Dauer

Die Zeit, die zwischen dem Einführen des männlichen Gliedes und dem Orgasmus vergeht, ist unterschiedlich; sie hängt von den körperlichen und psychischen Eigenschaften beider Partner und der Häufigkeit, mit der sie Geschlechtsverkehr miteinander haben, ab.

Es gilt als normal, wenn mindestens ein bis zwei Minuten nach dem Einführen des Penis vergehen, bevor Samenerguß und Orgasmus beim Mann erfolgen.

Wenn der Samenerguß früher eintritt, wird er als vorzeitig angesehen (siehe S. 2/18ff.).

Kontrolle des Samenergusses

Wenn sich der Mann gut kontrollieren kann, kann er seinen Samenerguß mehrere Minuten lang hinauszögern, was für die Frau meist sehr günstig ist.

Seit jeher gilt das Bett als Sinnbild für Intimität. Im Neuen Testament heißt es bereits: „Die Ehe soll in Ehren gehalten werden bei allen und das Ehebett unbefleckt" (Hebräerbrief 13,4). Interessanterweise bedeutet das griechische Wort „koite" sowohl Koitus als auch Ehebett.

Pietropinto und Simenauer liefern Untersuchungsergebnisse, die deutlich machen, daß die meisten Männer den eigenen Orgasmus möglichst verzögern möchten, um ihn gleichzeitig mit der Partnerin erleben zu können:

- **31 %** der Befragten versuchten, den Samenerguß so lange zu verzögern, bis ihre Partnerin soweit war,
- **25 %** versuchten, ihn so lange wie möglich zu verzögern,
- **24 %** versuchten, ihn zu verzögern, bis sie glaubten, daß ihre Partnerin befriedigt war,
- **15 %** versuchten nicht, ihn zu verzögern.
- Der **Rest** gab unterschiedliche Antworten oder hatte noch keinen Geschlechtsverkehr gehabt.

Den Antworten zufolge scheinen nordamerikanische Männer recht gut über die Besonderheiten der weiblichen Sexualität informiert zu sein und den Wunsch zu haben, ihre Partnerin zu befriedigen.

Gegenseitige Befriedigung

Nach dem Samenerguß sollte der Mann, bevor er sich zurückzieht, noch einige weitere Bewegungen mit dem Penis in der Scheide machen, ganz besonders, wenn die Frau noch keinen Orgasmus gehabt hat.

Sollte das nicht möglich sein, wenn der Penis z. B. rasch wieder erschlafft oder wenn Kondome benutzt werden und die Gefahr eines Samenaustritts zu groß ist, kann der Mann seine Frau bis zum Orgasmus mit der Hand weiter streicheln.

Wenn die Frau vor dem Mann zum Höhepunkt kommt, kann er normalerweise fortfahren, bis er soweit ist. Die Frau kann dadurch möglicherweise weitere Höhepunkte während des gleichen Liebesakts erleben.

Pietropinto und Simenauer liefern noch weitere, interessante Daten. Auf die den Männern gestellte Frage, wann der Liebesakt aus ihrer Sicht endet, antworteten

- **41 %**, wenn beide einen Orgasmus gehabt haben,
- **18 %**, wenn der Mann einen Orgasmus hat,
- **18 %**, wenn die Frau den Liebesakt beendet,
- **11 %**, wenn der Mann ihn beenden will,
- **5 %**, wenn die Frau einen Orgasmus gehabt hat,
- **5 %**, wenn der Mann mehrere Höhepunkte erreicht hat, und
- **5 %**, wenn die Frau mehrere Höhepunkte erlebt hat.

MENSCH UND FAMILIE
BAND 1

Viele der oft nur schwer zu bewältigenden Ehekonflikte entstehen aus Unzufriedenheit oder mangelnder Harmonie in der Sexualität. Häufig mangelt es nicht am guten Willen, sondern daran, daß die Partner versäumen, ihre spezifischen Bedürfnisse kennenzulernen. Gerade deshalb braucht jedes Paar eine Phase des gegenseitigen Zusammenfindens, in der sowohl der Mann als auch die Frau Verständnis, eine Menge Geduld und Durchhaltevermögen aufbringen müssen.

Unterschiede im Orgasmus bei Mann und Frau

Der Orgasmus ist beim Mann ein heftiges Geschehen, das etwa fünf bis zehn Sekunden dauert.

Meist wird er bewußt empfunden und ist angenehm. Gleichzeitig findet ein Samenerguß statt. Der Samenerguß kann allerdings unter bestimmten Bedingungen, über die wir noch sprechen werden, auch schmerzhaft sein.

Der Samenerguß läuft in zwei Phasen ab: In der ersten Phase entsteht das Gefühl des unmittelbar bevorstehenden Ergusses. In der zweiten Phase kommt es zu rhythmischen Kontraktionen der Harnröhre, die die Samenflüssigkeit nach außen befördert. Schließlich entspannen sich alle Nerven und Muskeln.

Im Hite-Report über die männliche Sexualität heißt es:
- 16 % der Befragten konnten einen Orgasmus ohne Samenerguß haben.
- 10 % konnten einen Samenerguß ohne Orgasmus haben.
- Für 66 % der Männer bedeutet jedoch „Orgasmus gleich Samenerguß; es gibt keinen Orgasmus ohne Samenerguß und keinen Samenerguß ohne Orgasmus".
- 8 % meinten, Orgasmus sei nicht gleichbedeutend mit Samenerguß.

Andererseits erfahren wir aus dem Hite-Report auch, daß
- 30 % der befragten Männer noch nie Geschlechtsverkehr ohne Orgasmus gehabt haben,
- 52 % so etwas nur sehr selten erlebt haben,

Kap. 14: DER LIEBESAKT

Nicht selten kann sich der Mann nach dem Liebesakt entspannen, während die Frau unbefriedigt ist, weil sie nicht zum Orgasmus gelangt ist. Untersuchungen zeigen, daß die Hälfte der Frauen, die Geschlechtsverkehr haben, unbefriedigt bleibt. Lediglich 10 % geben an, sehr befriedigt zu sein. Aber der große Rest kann und sollte den Höhepunkt auch erreichen! Das ist eines der Anliegen dieses Werkes.

- bei **9 %** der Befragten dies manchmal vorkam und
- wiederum bei **9 %** es regelmäßig oder häufig geschah.

Weibliche Komplexität

Bei der Frau verläuft der Orgasmus etwas komplizierter.

Freuds Annahmen über die zwei Entwicklungsphasen der weiblichen Sexualität, die zunächst auf die Klitoris und danach auf die Scheide zentriert sein sollte, werden heute jedoch nicht mehr vertreten.

Dasselbe gilt für die Trennung der beiden Organe hinsichtlich der Erzeugung von Lustgefühlen.

Man hat in Versuchen tatsächlich keine unterschiedlichen Empfindungen feststellen können.

Der Orgasmus ist der gleiche, egal ob er durch die Scheide oder die Klitoris ausgelöst wird. Er kann in seltenen Fällen sogar durch die Berührung der Brüste, durch intensive Phantasien oder während des Schlafs erfolgen.

Physiologische Reaktionen bei der Frau

Während des Orgasmus enfernt sich die Frau vorübergehend von der Realität.

In diesem Augenblick geschehen mehrere Dinge gleichzeitig: Das Blut staut sich in der Klitoris und im gesamten kleinen Becken, die Scheide öffnet sich, es tritt Flüssigkeit aus, und eine Hitzewelle erfaßt vom Becken aus den gesamten Körper bis zu den Armen und Beinen.

Der Orgasmus endet mit rhythmischen Kontraktionen der Scheidenwände.

Die Muskelanspannung, unter der der Mann und die Frau gestanden haben, kann an verschiedenen Stellen des Körpers, wie dem Rücken und den Hüften, Schmerzen verursachen.

Besonderheiten des Orgasmus

Die Unterschiedlichkeit zwischen weiblichem und männlichem Geschlecht und zwischen einzelnen Personen bewirkt, daß sexuelle Erlebnisse von jedem Menschen anders erlebt werden.

Man kann sogar sagen, daß jeder Liebesakt und jeder Orgasmus für dieselbe Person jedes Mal eine neue Erfahrung ist, denn der einzelne Mensch empfindet jeden Tag wieder anders.

Manchmal kann der Orgasmus schwach und fast unbemerkt stattfinden. Bei anderer Gelegenheit kann er stürmisch, fast wie ein Krampf, losbrechen.

Meistens setzt sich jedoch ein Mittelmaß mit gemäßigten, besonders im Genitalbereich auftretenden, aber auch allgemeinen Reaktionen durch. Dazu gehören eine anhaltende Anspannung oder leichte Kontraktion der Extremitäten, ein veränderter Gesichtsausdruck, Stöhnen und heftige Bewegungen der Geschlechtsorgane und der Beckenmuskeln. Gehör-, Gesichts-, Geschmacks- und Geruchssinn sind vorübergehend ausgeschaltet. Das Bewußtsein ist getrübt; es kann unter Umständen für einen kurzen Augenblick ganz aussetzen.

In dieser Phase des Höhepunkts kann es vorkommen, daß die Erregung sehr stark wird und sich durch Schreien, Weinen, Stammeln, Kratzen, Drücken und Beißen ausdrückt.

Da die Menschen ganz unterschiedlich sind, benötigt jeder eine mehr oder weniger lange Zeit des Lernens in diesem Bereich.

Dabei geht es nicht nur darum, daß die Partner für sich selbst lernen, sondern auch, daß sie zusammen lernen, sich anzupassen und eine optimale Übereinstimmung zu erreichen, damit alle trennenden Unterschiede überwunden werden können.

Der gemeinsame Orgasmus

Ein gleichzeitig bei Mann und Frau auftretender Orgasmus, der aus psychologischer Sicht äußerst wünschenswert und befriedigend ist, ist aus zwei Gründen nicht einfach zu erreichen:

Der erste Grund ist, daß viele Männer, wenn sie nicht sowieso einen vorzeitigen Samenerguß haben, den Austritt des Samens nicht länger als ein paar Minuten hinauszögern können.

Der zweite Grund ist, daß die Frau normalerweise etwas länger braucht als der Mann, um einen Orgasmus zu bekommen.

Aber daß es nicht einfach ist, gemeinsam den Höhepunkt zu erreichen, bedeutet nicht, daß es unmöglich ist.

Es gibt Paare, die fast mühelos einen gemeinsamen Orgasmus erreichen, besonders dann, wenn der Mann den Samener-

Zur Liebe gehören immer zwei! Dies scheint eine Binsenweisheit zu sein, die als selbstverständlich empfunden wird. In Wirklichkeit wird aber gerade diese Tatsache in vielen Partnerschaften allzu leicht vergessen. Das mangelnde Bewußtsein für diesen Aspekt der Ehe ist eine der Hauptursachen für viele Ehekonflikte.

guß spät bekommt oder die Frau schnell zum Höhepunkt kommt.

Auch Frauen und Männer, die weder schnell noch langsam sind, können einen gemeinsamen Orgasmus erleben.

Sowohl der langsamste als auch der schnellste Partner kann lernen, seine Reaktionen zu beschleunigen oder zu bremsen bzw. durch Anwendung bestimmter Techniken dem vorzeitigen Samenerguß entgegenzuwirken (siehe S. 2/18ff.).

Für Männer mit normalem oder spätem Samenerguß ist es leicht, den Orgasmus mit dem der Partnerin abzustimmen. In seltenen Fällen kann die Partnerin mehrere Orgasmen hintereinander haben.

Wenn die Frau schnell den Höhepunkt erreicht, werden Männer mit vorzeitigem oder normal erfolgendem Samenerguß und solche mit spätem Samenerguß ohne große Probleme den Orgasmus gleichzeitig mit der Frau erreichen.

Beschleunigen ... und hinauszögern

Wie kann der Orgasmus bei der Frau beschleunigt werden?

Durch ein ausgedehntes erotisches Vorspiel, das insbesondere auch die Gefühle berücksichtigt.

Wie können Orgasmus und Samenerguß beim Mann hinausgezögert werden? Dadurch, daß er sich so weit wie möglich vom Liebesakt ablenkt. Das kann geschehen, indem er an etwas anderes denkt, die Stärke der Bewegungen abschwächt oder sie sogar zeitweise ganz einstellt.

Das mag am Anfang schwierig sein, aber mit ein wenig Übung kann eine bewußte Kontrolle über die Koitusbewegungen in der ersten Phase des Geschlechtsverkehrs erlangt werden.

Richtige Interpretation der Hinweise

Viele Paare, die einen gemeinsamen Höhepunkt erleben könnten, erreichen ihn nicht, da sie bestimmte körperliche Hinweise nicht richtig zu interpretieren wissen.

Die Lubrifikation der Scheide ist ein Zeichen für die Bereitschaft, den Penis aufzunehmen. Aber sie allein reicht nicht aus.

Es gibt noch einen weiteren wichtigen Hinweis: die Größe der kleinen Schamlippen. Sie sollte vor Einführen des Penis wesentlich zugenommen haben.

Der Partner kann fühlen, wann die kleinen Schamlippen der Frau groß genug sind.

Selbstverständlich ist anfangs ein wenig Übung notwendig, bis es gelingt, eine perfekte Übereinstimmung bei jedem Geschlechtsakt zu erreichen.

Die echte Befriedigung

Es sollte auch berücksichtigt werden, daß weder ein gemeinsam erlebter Orgasmus noch ein Orgasmus überhaupt unbedingt notwendig für eine vollkommene körperliche Befriedigung sind. Voraussetzung ist natürlich, daß dem Geschlechtsakt ein gutes emotionales Verständnis beider Partner zugrundeliegt.

Die Erfahrung zeigt, daß viele Paare den Liebesakt genießen, ohne einen gemeinsamen Höhepunkt zu erleben und ohne daß die Frau überhaupt einen Orgasmus bekommt.

Viele Frauen sind nicht frustriert, wenn sie einmal keinen Orgasmus haben, auch wenn sie wissen, was ein Orgasmus ist und was er bedeutet.

Verschiedene Umfragen bestätigen das Gesagte. Obwohl 70 % der in westlichen Ländern lebenden Frauen, die regelmäßig Geschlechtsverkehr haben, nicht jedesmal einen Orgasmus bekommen und 10 % ihn noch nie erlebt haben oder ihn nur ganz selten erleben, sind über 50 % mit ihrem Sexualleben zufrieden. Lediglich knapp über 10 % der befragten Frauen fühlen sich sehr unbefriedigt.

Interessant ist die Feststellung, daß es auf den Mann, für den ein regelmäßiger Orgasmus normal ist, sehr frustrierend wirkt, wenn die Partnerin keinen Orgasmus bekommt.

Intuitiv ist sich die Frau dessen oft bewußt, was dazu führt, daß sie manchmal einen Orgasmus vortäuscht.

Im Hite-Report über die Sexualität der Frau

- beantworteten **34,6 %** von **1.664** befragten Frauen die Frage, ob sie einen Orgasmus vortäuschen, mit „Ja".
- Es antworteten **46,5 %** auf diese Frage mit „Nein".
- **19,1 %** gaben an, es früher gemacht zu haben.
- **0,2 %** der Frauen antworteten, es sei zwecklos, einen Orgasmus vorzutäuschen, weil es nicht überzeugend sei.

Der Orgasmus ist ein wesentlicher Bestandteil einer Liebesbeziehung, aber nicht der einzige.

Auch für das Liebesleben gilt, daß es nicht das Wichtigste ist, das zu erreichen, was man an einer Idealvorstellung mißt. Es ist viel wichtiger, sich bei allem Streben nach den eigenen Bedürfnissen und Einschränkungen und denen des Partners, die von Mensch zu Mensch unterschiedlich sind, zu richten.

Das Nachspiel

Nach dem Orgasmus empfindet die Frau es als unangenehm, wenn sich der Mann sofort von ihr trennt, insbesondere, wenn dies ganz unvermittelt geschieht.

Der Mann sollte sich nach Beendigung des Liebesakts nicht sofort zurückziehen, sich waschen oder seiner Frau den Rücken zuwenden. Einige nachfolgende Zärtlichkeiten wirken entspannend und tragen zum allgemeinen Wohlbefinden beider Partner bei. Deshalb sollte der Mann eine gewisse Zeit in Kontakt mit der Frau bleiben und sich nur allmählich von ihr lösen.

Für manche Frauen ist das Nachspiel genauso wichtig und notwendig wie das Vorspiel. Sie brauchen die Gewißheit, daß der Partner vollkommen befriedigt ist und bereit ist, das Erlebte bei der nächsten passenden Gelegenheit zu wiederholen.

Körperreaktionen

Auf die starke neuromuskuläre und psychische Spannung folgt nun Entspannung.

Herz und Atmung normalisieren sich.

Die Geschlechtsorgane nehmen wieder ihre normale Größe an und erreichen den Ruhezustand. Das Sinnesempfinden und das Bewußtsein normalisieren sich wieder.

Es vergeht etwa eine halbe Stunde, bis alle Anzeichen der körperlichen Erregung verschwunden sind.

Ein wenig frustriert ...

Post coitum omne animal triste, das heißt: „Nach dem Geschlechtsakt ist jedes Tier traurig."

Dieser lateinische Aphorismus beruht auf einer jahrhundertealten Volksweisheit. Er trifft jedoch nur in den Fällen zu, in denen die geschlechtliche Vereinigung nicht auf der Grundlage echter Liebe erfolgte.

Forts. auf S. 298

Sex in besonderen

Es gibt verschiedene Situationen im Leben eines Paares, in denen Geschlechtsverkehr mit Problemen verbunden sein kann. Abgesehen von der Berücksichtigung einiger allgemeiner Ratschläge ist es notwendig, jeden einzelnen Fall gesondert zu betrachten.

Ein guter Anfang ist bei vielen Dingen entscheidend. Dies gilt ganz besonders für den sensiblen Bereich der Sexualität. Leider haben Psychiater und Eheberater täglich mit der Behandlung von Problemen zu tun, die durch negative Erfahrungen beim ersten Sexualkontakt entstanden sind und bei der Frau eine Abneigung gegen den Geschlechtsverkehr bewirkt haben. Nach Zelnik und Kantner haben 69 % der weiblichen Teenager in den USA bis zum 19. Lebensjahr sexuelle Erfahrungen gehabt. Kolodny schätzt, daß 30 % davon „unglückliche Ex-Jungfrauen" sind. In vielen dieser Fälle wurden die hohen Erwartungen an den ersten Geschlechtsverkehr enttäuscht.

Während der Menstruation

Das Risiko einer Frau, sich eine Infektion im Genitalbereich zuzuziehen, war vor allem aufgrund schlechter hygienischer Verhältnisse früher viel größer als heute.

Dies mag der Grund dafür gewesen sein, daß die Mosaischen Gesetze den Geschlechtsverkehr während der Menstruation verboten. Dank dieser und weiterer Gesundheitsvorschriften waren die Hebräer gesünder als ihre Zeitgenossen. Das Verbot könnte auch damit zusammenhängen, daß die Frau während der Regelblutung körperlich und psychisch labiler ist als an anderen Tagen (Migräne, innere Unruhe, Depressionen, Herpes usw.).

Heute sind viele Fachleute der Ansicht, daß gegen Geschlechtsverkehr während der Menstruation nichts einzuwenden ist. Vom rein medizinischen Standpunkt aus besteht kein Grund, während der Menstruation auf Geschlechtsverkehr zu verzichten. Es gibt allerdings Paare, die sich während der weiblichen Regelblutung aus ästhetischen Gründen enthalten. Es kann auch ein Diaphragma verwendet werden, das das Blut zurückhält. Für die Frau kann die Menstruation eine Zeit der sexuellen Ruhe bedeuten. Wenn sie aber nichts dagegen einzuwenden hat, während der Menstruation Sex zu haben oder den sexuellen Kontakt sucht, weil bei ihr die sexuelle Erregbarkeit in dieser Zeit größer ist, so bestehen keine Bedenken, solange sie und ihr Partner in dieser Zeit besonders auf gute Körperhygiene achten.

Aus dem Hite-Report geht hervor, daß die Mehrzahl der Männer nichts gegen Geschlechtsverkehr während der Menstruation hat. Immerhin 16-31 % der Männer lehnen es allerdings ab, in dieser Zeit Sex zu haben.

Man muß dazu sagen, daß bei der hier genannten Erhebung sehr liberale Männer befragt wurden.

In „Männlicher Mythos" von Pietropinto und Simenauer sehen die Ergebnisse etwas anders aus: 31 % der Männer macht

Das erste Mal

Bevor ein Paar zum ersten Mal Geschlechtsverkehr hat, sollten beide Partner möglichst über grundsätzliche Kenntnisse von Anatomie und Funktion der Geschlechtsorgane sowie von den Besonderheiten des Ablaufs der geschlechtlichen Vereinigung verfügen.

Der Mann sollte seinen Penis erst nach einem langen, ausgedehnten Vorspiel in die Scheide der Frau einführen. Die Frau sollte wissen, daß der Geschlechtsverkehr etwas Natürliches ist, daß das Jungfernhäutchen beim ersten Mal normalerweise einreißt, daß das Einführen des Penis aber nicht schmerzhaft sein muß. Es wird um so schmerzloser sein, je besser die Frau informiert ist und je mehr Vertrauen sie hat.

Ein spezielles Gleitmittel, das auf die äußeren Bereiche des Scheideneingangs aufgetragen werden kann, erleichtert das Einführen des Penis. Wenn der Mann das Gleitmittel aufträgt, hat er gleichzeitig die Gelegenheit, die Geschlechtsorgane der Frau besser kennenzulernen, während sich die Frau dabei entspannen kann.

Beim ersten Geschlechtsverkehr sowie auch bei allen weiteren Sexualkontakten ist behutsames Vorgehen sehr wichtig, damit es nicht zu Verletzungen im Genitalbereich kommt.

Situationen

der Sex während der Regel genausoviel Spaß wie sonst. 19 % haben intime Beziehungen während dieser Zeit, allerdings ohne den Penis in die Scheide einzuführen. 19 % beschränken ihre sexuellen Aktivitäten auf Küssen und Umarmungen. 13 % haben Geschlechtsverkehr, finden aber nicht die gleiche Befriedigung wie sonst. 11 % der Männer meiden jeglichen körperlichen Kontakt mit der Partnerin. 5 % führen den Penis nur ein, wenn ihre Partnerin darum bittet. Auch wenn sich die Ergebnisse der spanischen Umfrage „La conducta sexual de los españoles" [Das Sexualverhalten der Spanier] nicht vollständig mit denen von Hite oder Pietropinto und Simenauer vergleichen lassen, scheinen sie sie dennoch zu bestätigen. Die Frage „Ist Geschlechtsverkehr während der Menstruation möglich?" wurde von 80 % der Männer und 70 % der Frauen bejaht. Die Frage „Kann Geschlechtsverkehr während der Menstruation der Frau psychisch schaden?" wurde von 27 % der Männer und 17 % der Frauen bejaht, während jeweils 43 % und 46 % sie verneinten (die restlichen 30 % der Männer und 37 % der Frauen antworteten nicht oder konnten sich nicht entscheiden).

Schwangerschaft und Wochenbett

Früher teilte man die Schwangerschaft in bezug auf den Geschlechtsverkehr in drei Phasen zu je drei Monaten ein: im ersten Schwangerschaftsdrittel wurde wegen der Gefahr einer Fehlgeburt Vorsicht empfohlen. Im zweiten Schwangerschaftsdrittel war keine besondere Vorsicht geboten, während im letzten Drittel wieder Zurückhaltung empfohlen wurde, um keine Frühgeburt auszulösen.

Masters und Johnson haben für das erste Schwangerschaftsdrittel erhebliche Unterschiede in der Häufigkeit des Geschlechtsverkehrs beschrieben. Im zweiten Drittel der Schwangerschaft berichteten 80 % der befragten Frauen von gesteigertem Sexualverlangen. Im letzten Drittel war die Häufigkeit des Geschlechtsverkehrs wieder deutlich niedriger. Diese Ergebnisse werden durch andere Studien bestätigt.

Frauen, deren Schwangerschaft von einer Fehlgeburt bedroht ist, sollten keinerlei sexuelle Aktivitäten, die zum Orgasmus führen, praktizieren, weil Kontraktionen der Gebärmutter während des Orgasmus ein Risiko darstellen. Falls nach dem Geschlechtsverkehr eine Scheiden- oder Gebärmutterblutung auftritt, sollte man den Arzt aufsuchen. Kommt es zu einer Ruptur der Eihäute mit Fruchtwasserabgang, besteht durch vorhandenes Sperma eine hohe Infektionsgefahr für das Kind.

Entgegen früherer Annahmen ist Sex mit Ausnahme dieser Fälle während der ganzen Schwangerschaft ungefährlich für Mutter und Kind.

Die anatomischen und physiologischen Rückbildungsvorgänge der weiblichen Geschlechtsorgane sind im allgemeinen ungefähr sechs Wochen nach der Geburt abgeschlossen. Der Wochenfluß (blutiger oder wässrig-blutiger Ausfluß nach der Entbindung) versiegt, die Geburtsverletzungen und der Dammschnitt sind abgeheilt, und die Geschlechtsorgane haben wieder ihre ursprüngliche Größe angenommen.

Während des Wochenbetts wird Geschlechtsverkehr noch nicht empfohlen. Für die Frau wird es nicht schwer sein, während dieser Zeit enthaltsam zu sein, denn sie ist mit dem Neugeborenen meist voll beschäftigt. Das sexuelle Verlangen der Frau ist oft noch Monate nach der Entbindung vermindert, was aber kein Grund zur Beunruhigung ist.

Wann Verkehr nicht zu empfehlen ist

Es gibt einige Situationen, in denen es nicht zu empfehlen ist, Geschlechtsverkehr zu praktizieren.

Das ist beispielsweise der Fall bei Erkrankungen der Geschlechtsorgane, seien sie ansteckend oder nicht. Das bedeutet jedoch nicht, daß ein Paar ganz auf den Genuß sexueller Befriedigung verzichten muß.

Genauso wie nicht jede sexuelle Begegnung mit einem Orgasmus enden muß, muß auch nicht jede sexuelle Annäherung zum Geschlechtsverkehr führen. Das meinen zumindest mehr als 60 % der befragten Erwachsenen, und dieser Prozentsatz steigt, je jünger die Befragten sind.

Ein Paar, das sich liebt, kann sich gegenseitig stimulieren, und ein Partner oder beide können einen befriedigenden Orgasmus erleben, ohne daß eine Penetration notwendig ist.

Forts. von S. 295

Wenn die intime Beziehung lediglich einem fleischlichen Drang folgte, bleibt nach der Befriedigung des Triebs ein Gefühl der Leere, ein Unbehagen oder sogar eine Gereiztheit gegenüber sich selbst und der Person zurück, die diese Beziehung zugelassen hat. Kurz gesagt: Es entsteht eine emotionale Frustration.

Diese Frustation bzw. Traurigkeit kann auch nach einem Orgasmus durch Selbstbefriedigung oder nach der Durchführung abweichender Sexualpraktiken auftreten.

Nach Kinsey ist der lateinische Spruch in Wirklichkeit eine Abwandlung einer Behauptung, die Galen etwa im zweiten Jahrhundert formulierte:

„Nach dem Geschlechtsverkehr ist jedes Tier traurig mit Ausnahme der Frau und des Hahns."

Kinsey, der große nordamerikanische Sexualwissenschaftler, protestiert gegen den Pessimismus in diesem Spruch:

„Die meisten Menschen, die einen Orgasmus gehabt haben, empfinden weder Verdruß noch einen Konflikt, noch Traurigkeit. Statt dessen erleben sie eine bemerkenswerte Stille, Ruhe und Zufriedenheit – für viele Menschen der interessanteste Aspekt der sexuellen Vereinigung."

Sicherlich ist das Nachspiel für die Geschlechtspartner friedlich und angenehm, wenn sich die intime Beziehung auf der Basis echter Liebe entwickelt hat. Beide Partner fühlen sich glücklich und fester vereint als vorher.

Die besten Stellungen

Abhängig von kulturellen Gegebenheiten und persönlichen Präferenzen verwenden Paare unterschiedliche Stellungen beim Liebesakt. Nicht alle Stellungen sind gleich bequem und lustvoll.

Nach den uns erhalten gebliebenen Zeichnungen zu urteilen, bevorzugten Menschen früher die Stellung, bei der die Frau auf dem Schoß des sitzenden Mannes hockt. Auch bei den Griechen und Römern wurde nach Meinung der Geschichtsschreiber der Geschlechtsverkehr am häufigsten in dieser Stellung praktiziert. Sie ist auch heute noch bei verschiedenen Völkern des Orients die am weitesten verbreitete Stellung.

Bei vielen Naturvölkern kehrt die Frau dem Mann beim Geschlechtsverkehr den Rücken zu – sicherlich deshalb, weil die weibliche Scheide weit nach hinten reicht.

In den westlichen Gesellschaften verwenden die meisten Paare die Stellung, bei der der Mann auf der Frau liegt und die Partner einander anschauen.

Vor- und Nachteile

Verschiedene Faktoren können dazu führen, daß eine bestimmte Stellung bei einem Paar zweckmäßiger sein kann als eine andere.

An erster Stelle stehen anatomische und physiologische Faktoren.

Beispielsweise kann die im westlichen Kulturkreis übliche Stellung bei deutlich unterschiedlicher Körpergröße eines Paares ungünstig sein, besonders wenn sich das Paar beim Geschlechtsakt auch küssen und streicheln möchte.

Ein dicker Bauch, wie z. B. während der Schwangerschaft, kann für die Stellung, bei der beide Partner aufeinanderliegen und sich anschauen, hinderlich sein.

Bei mangelnder Beweglichkeit eines der Partner oder bei anderen körperlichen Einschränkungen ist eine möglichst bequeme Stellung vorzuziehen, denn beim Geschlechtsverkehr wird viel Energie verbraucht.

Bestimmten Vorlieben oder Gewohnheiten, die auf psychologischer oder gesellschaftlicher Konditionierung beruhen, sollte man nicht entgegenwirken.

Man sollte aber auch wissen, daß ein gelegentlicher Stellungswechsel der Entstehung von Langeweile vorbeugt und das Sexualleben des Paares anregen kann.

Bestimmte Stellungen begünstigen beim Sex den Körper- oder Sichtkontakt mit bestimmten erogenen Zonen, was für einen oder beide Partner einen Lustgewinn bedeuten kann.

Es gibt Stellungen, die eine Zeugung erleichtern können, weil sie dem Sperma einen besseren Zugang zu Muttermund und Gebärmutter gewähren.

Die genannten Gründe machen deutlich, daß eine bestimmte Stellung, wenn sie beiden Partnern gefällt, nicht nur legitim, sondern auch empfehlenswert oder notwendig sein kann.

Abwechslung

Sexualwissenschaftler halten einen gelegentlichen Orts- und Stellungswechsel beim Liebesakt für sehr wichtig, und zwar sowohl für das Vorspiel als auch für den Höhepunkt.

Mangelnde Abwechslung in der Liebe kann Ermüdungserscheinungen und Langeweile hervorrufen.

Und Langeweile ist das Grab der Liebe.

Wir sind der Ansicht, daß es nicht notwendig ist, jede denkbare Stellung beim Liebesakt im einzelnen zu beschreiben. Die einfachen Stellungen wird jeder verstehen, und was die schwierigen anbelangt, so wollen wir an eine Anekdote aus dem 16. Jahrhundert erinnern. Scheich Nefzaui sagte damals zu einer bestimmten Stellung:

„Diese Stellung ist, wie ihr sehen könnt, sehr anstrengend und schwierig nachzuahmen. Ich finde sogar, sie ist nur in Worten und Zeichnungen ausführbar."

Die unterschiedlichen Stellungen

Irgend jemand hat einmal gesagt, es gebe mehr als 600 unterschiedliche Liebesstellungen. Wenn man einmal kurz über die naturbedingten anatomischen Einschränkungen bei Mann und Frau nachdenkt, muß man feststellen, daß es in der Realität nur einige wenige Stellungen gibt. Alle weiteren sind lediglich Varianten, die sich nur geringfügig voneinander unterscheiden.

Aus praktischen Gründen wollen wir uns an dieser Stelle darauf beschränken, fünf Grundstellungen mit einigen Varianten zu beschreiben. Einige davon haben traditionellen Wert, andere können in bestimmten Situationen von Interesse sein.

Der Mann liegt auf der Frau

Diese Stellung, bei der die Frau auf dem Rücken und der Mann auf ihr liegt und sich beide Partner anschauen, wird von über 90 % westlicher Paare bevorzugt.

Die Stellung wird auch „Missionarsstellung" genannt. Der Begriff wurde offenbar von Eingeborenen im Süd-Pazifik, die mit ihren Frauen den Geschlechtsverkehr sitzend vollzogen, geprägt, als sie entdeckten, daß die ersten protestantischen Missionare auf diesem Gebiet „andere" Gewohnheiten hatten.

Einer der größten Vorteile dieser Stellung ist, daß die Gesichter der beiden Partner direkten Kontakt haben, so daß sie sich leicht küssen und umarmen können.

Die Stellung begünstigt das Erreichen des Höhepunkts bei beiden Partnern, aber ganz besonders beim Mann, vor allem, wenn dieser Probleme hat, seine Erektion aufrechtzuerhalten.

Der größte Nachteil ist, daß die Frau das Gewicht ihres Partners tragen muß und dadurch behindert wird, eigene Initiativen zu ergreifen. Auch wenn der Partner sehr korpulent ist, kann die Stellung für die Frau recht unbequem sein.

Die Stellung ist während der Schwangerschaft nicht zu empfehlen, besonders wenn der Bauch der Partnerin bereits sehr dick ist.

Die Stellung hat zwei wesentliche Varianten: Bei der ersten hält die Frau die Beine geöffnet (Abb. 1), bei der zweiten hält sie die Beine geschlossen (Abb. 2).

Bei der ersten Variante winkelt die Frau die Beine meist leicht oder vollständig an. In diesem Fall kann der Mann eine fast kniende Stellung einnehmen, wodurch nur ein Teil seines Gewichts auf der Partnerin lastet.

Die geöffneten Beine der Frau bieten freie Sicht auf den Scheideneingang und erleichtern sein Öffnen, was für die ersten gemeinsamen Erfahrungen sehr hilfreich sein kann. Besonders günstig ist diese Stellung beim ersten Geschlechtsverkehr, vor allem wenn der Mann noch unerfahren ist, denn der Penis kann dabei leicht eingeführt werden.

Die folgende weitere Variante dieser Stellung (Abb. 3) scheint zusammen mit der Stellung, bei der beide Partner auf Knien liegen, für eine Zeugung besonders günstig zu sein.

Nach Masters und Johnson sollten, wenn eine gewünschte Schwangerschaft nicht zustande kommt und Zeugungsunfähigkeit oder Unfruchtbarkeit ausgeschlossen wurden, nachfolgend aufgeführte Anweisungen befolgt werden. Sie schaffen günstige Bedingungen für das Aufsteigen der Spermien in die Gebärmutter:

- Die Frau kann ihr Becken hoch lagern, indem sie Kissen unter das Gesäß legt.
- Sie sollte die Knie vollständig anwinkeln und dabei an die Brust ziehen.
- Im Augenblick des Samenergusses sollte der Mann tief mit dem Penis in die Scheide eindringen.
- Während des Samenergusses sollte der Mann keine Bewegungen mehr mit dem Penis durchführen und ihn sofort nach dem Samenerguß aus der Scheide herausziehen.
- Die Frau kann ihre Füße nun abstellen. Sie sollte aber noch mindestens eine Stunde lang die Beine angewinkelt halten, ohne die Kissen unter ihrem Gesäß wegzunehmen.
- Danach können die Kissen entfernt werden. Die Frau sollte eine weitere Stunde lang ruhig liegenbleiben.
- Um die Chancen einer Zeugung zu erhöhen, sollte das Paar an den fruchtbaren Tagen der Frau im Abstand von etwa 36 Stunden dreimal hintereinander Geschlechtsverkehr haben. Der Abstand zwischen den sexuellen Vereinigungen sollte aber mindestens 20 Stunden betragen.

Die Stellung, bei der die Frau die Beine geschlossen hält (Abb. 2), ist angebracht, wenn der Penis nicht sehr tief in die Scheide eindringen soll. Das kann bei Scheidenentzündungen, Blutungen oder während der ersten drei Schwangerschaftsmonate günstig sein. Für die Frau ist der sexuelle Genuß dabei größer, für den Mann ist er geringer. Die Stellung ist für eine Zeugung ungünstig.

Die Frau liegt auf dem Mann

Bei dieser Stellung, bei der die Frau auf dem Partner liegt oder sitzt und man einander anschaut, sind ebenfalls mehrere Varianten möglich.

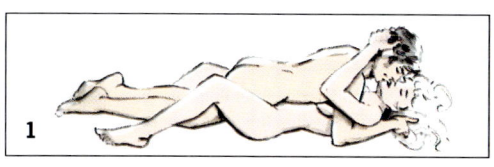

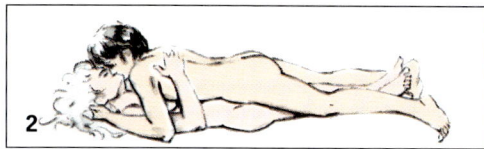

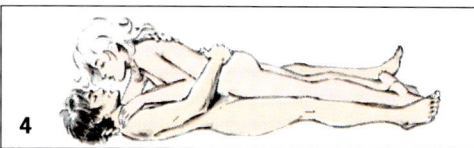

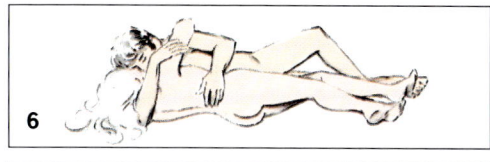

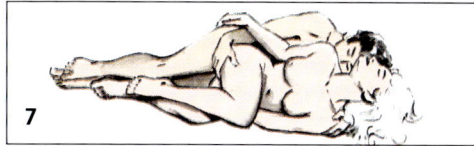

1.-3. ER LIEGT OBEN
1. Die sogenannte „Missionarsstellung", bei der die Frau die Beine öffnet, ist die in westlichen Ländern mit Abstand am häufigsten praktizierte Stellung.
2. Die Variante, bei der die Frau die Beine schließt, eignet sich besonders bei Scheidenentzündungen, Blutungen und im ersten Schwangerschaftsdrittel.
3. Die Frau winkelt die Beine an und hebt das Becken. Diese Variante erleichtert eine tiefe Penetration und Zeugung.

4.-5. SIE LIEGT OBEN
4. Die Frau liegt oben und kann die Beine geschlossen halten oder die des Mannes umschließen. Geeignete Stellung, wenn der Mann sehr korpulent oder viel größer als die Frau ist.
5. Die sogenannte „Reiter-Stellung" ermöglicht es der Frau, die Initiative zu ergreifen. Diese Stellung kann hilfreich sein, wenn der Mann häufig zu schnell zum Orgasmus kommt.

6. AUF DER SEITE – EINANDER ZUGEWANDT
Diese Stellung ist für beide sehr bequem, für eine Zeugung allerdings eher ungünstig.

7. AUF DER SEITE – HINTEREINANDER
Besonders geeignet für den Geschlechtsverkehr bei fortgeschrittener Schwangerschaft.

8. SCHOSS-STELLUNG
Für Paare mit erheblichem Größenunterschied ist diese Stellung besonders gut geeignet, weil sich die Gesichter so auf einer Höhe befinden.

9. BEIDE AUF DEN KNIEN
Neben der Variante 3 die günstigste Stellung für ein tiefes Eindringen des Penis und eine Zeugung.

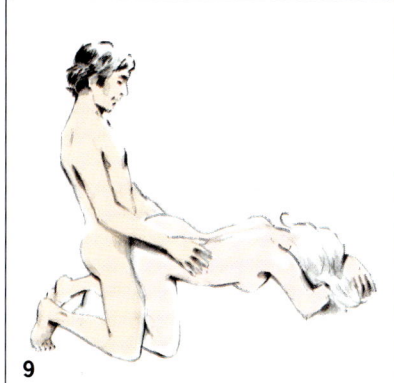

Kap. 14: DER LIEBESAKT

Schwangerschaft bedeutet an sich kein Hindernis für eine erfüllte Sexualität. Auf S. 1/297 finden Sie Informationen über risikolose Formen des Geschlechtsverkehrs während der Schwangerschaft. Auf dieser und den nachfolgenden Seiten werden die geeignetsten Stellungen ausführlich beschrieben.

Die Stellung ist im allgemeinen gut geeignet für Paare, bei denen der Mann wesentlich größer ist als die Frau.

Sie wird besonders empfohlen, wenn der Mann beleibt ist oder einen sehr dikken Bauch hat. Auf diese Weise braucht die Frau nicht sein Gewicht zu tragen, und der Zugang des Penis zur Scheide wird erleichtert.

Die Frau hat dabei völlige Bewegungsfreiheit und kann selbst die Initiative ergreifen. Sie kann den Rhythmus, die Tiefe des eingeführten Penis und die Stärke der Reibung ganz nach ihrem Wunsch steuern.

Die Chancen einer Zeugung sind dagegen eher gering, da der Samen dazu neigt, sofort nach der Ejakulation aus der Scheide zu fließen.

- Wenn beide Partner ausgestreckt liegen und sich die Beine der Frau dabei zwischen den Beinen des Mannes befinden (Abb. 4), kann die Frau leicht Druck auf den Penis ausüben. Das ist eine Stellung, die normalerweise sehr lustvoll ist, denn sie gewährleistet einen direkten und vollständigen Körperkontakt. Die Brüste der Frau massieren dabei leicht den Oberkörper des Mannes, was für beide Partner äußerst stimulierend sein kann.

- Wenn die Beine der Frau außerhalb der Beine des Mannes liegen, kann es bei einer guten Erektion des Penis zu einem starken Lustgefühl bei ihr kommen. Der von der Frau ausgeübte Druck begünstigt die Öffnung der kleinen Schamlippen und die Erregung der Klitoris.

- Halten Mann und Frau die Beine geschlossen und liegen übereinander, wird das Erreichen des gemeinsamen Höhepunkts erleichtert, weil die dabei entstehende Muskelspannung den spontanen Orgasmusreflex fördert.

- Eine der bekanntesten Varianten der Stellung, bei der sich die Frau auf dem Mann befindet, ist die „Reiter-Stellung" (Abb. 5). Sie hat den wesentlichen Vorteil, daß die Hände beider Partner frei sind und so die meisten erogenen Zonen erreichen können. So kann durch Berühren bestimmter Körperteile der Orgasmus beschleunigt und von beiden Partnern gemeinsam erlebt werden, was viele Paare anstreben. Bei Männern, die zu schnell reagieren, kann sich diese Stellung günstig auswirken, da der Mann relativ entspannt liegt und so seinen Orgasmus besser kontrollieren kann.

Die Stellung ist zu empfehlen, wenn sich der Mann gerade von einer Krankheit erholt oder sehr schwach ist. Auch während der Schwangerschaft ist diese Stellung sehr gut, denn so braucht die Frau nicht das Gewicht des Mannes zu tragen. In der Sexualtherapie wird die Stellung Frauen empfohlen, die schwer einen Orgasmus bekommen, da beide Partner gut die Klitoris stimulieren können.

Wenn eine aktive Teilnahme des Mannes gewünscht wird, kann er die Beine anwinkeln und sich an den Bewegungen beteiligen.

Beide Partner auf der Seite

Diese Stellung, bei der Mann und Frau auf der Seite liegen und sich ansehen (Abb. 6), ist sehr bequem für beide Partner.

Sie ähnelt der Stellung, bei der die Partner übereinander liegen, ist jedoch nicht ganz so günstig für eine Zeugung, da der Penis nur wenig in die Scheide eindringt.

Die Stellung ist ideal für das Vorspiel. Danach kann eine andere Stellung eingenommen werden.

Die Stellung, bei der der Mann den Penis von hinten in die Scheide der Frau einführt (Abb. 7), scheint die bevorzugte Stellung in den letzten Monaten der Schwangerschaft zu sein, wenn das Einführen von vorne bereits stark erschwert wird.

Sie bietet zudem den Vorteil, daß der Mann leicht die primären erogenen Zonen der Frau streicheln und gleichzeitig seine eigene sexuelle Erregung kontrollieren kann.

Der Mann sitzt

Die Stellung, bei der die Frau auf dem Schoß des Mannes sitzt und ihn mit ihren Beinen umschließt (Abb. 8), ist sehr günstig für Paare mit stark unterschiedlicher Körpergröße, denn sie erleichtert den Gesichtskontakt der Partner.

Sie ermöglicht ebenfalls ein tiefes Eindringen des Penis. Andererseits ist diese Stellung für beleibte Paare fast unmöglich auszuführen.

Aus ärztlicher Sicht ist das eine Stellung, die viele Probleme löst, wenn das Einführen des Penis für die Frau schmerzhaft ist. Da die Frau das Einführen genau kontrollieren kann, kann sie die Schmerzen allmählich überwinden und so eine vollkommen befriedigende sexuelle Beziehung aufbauen. Der Mann sollte auf einer Sitzgelegenheit ohne Rückenlehne sitzen, so daß er die Neigung seines Rumpfes anpassen kann.

Beide Partner auf den Knien

Diese Stellung, bei der die Frau nach vorne gebeugt auf den Knien liegt, ist neben der Stellung, bei der die Frau mit angewinkelten Beinen auf dem Rücken liegt, am günstigsten für eine Zeugung. Die Frau hält ihren Oberkörper dabei waagerecht und stützt sich auf einem Hocker oder Kissen ab (Abb. 9). Bei dieser Stellung kann der Penis tief in die Scheide eingeführt werden, was z. B. bei einem Vorliegen von Fehlbildungen der weiblichen Geschlechtsorgane die Chance einer Zeugung erhöht.

Der Mann kann die primären erogenen Zonen der Frau streicheln, was das Erreichen eines (gemeinsamen) Höhepunkts erleichtert. Die sexuelle Stimulierung steigert sich, wenn die Frau die Beine schließt und der Mann sie mit seinen Beinen zusammendrückt.

15 DIE SEXUELLEN REAKTIONEN

Die Arbeiten über Sexualwissenschaft des Gynäkologen William H. Masters und der Psychologin Virginia E. Johnson, Gründer und Direktoren des berühmten Masters & Johnson-Instituts in St. Louis (Missouri, USA), sind wahre Klassiker. Einige Aspekte ihrer Methodik und ihrer Interpretation der Untersuchungsergebnisse sind durchaus umstritten. Es kann jedoch nicht geleugnet werden, daß sie zu den Pionieren der experimentellen Forschung über die menschliche Sexualität gehören. Die Ergebnisse ihrer Studien werden auch heute noch in sexualwissenschaftlichen Untersuchungen zitiert.

Alle vorherigen Beiträge zum Thema Sexualität waren zu subjektiv und gründeten nicht auf Untersuchungen, die mit wissenschaftlicher Methodik durchgeführt worden waren.

Messungen und Auswertungen

Die beiden Forscher untersuchten insgesamt 10.000 Orgasmen, von denen lediglich ein Viertel auf Männer fielen.

Sie beurteilten alle organischen Reaktionen des Gehirns, des Herzens, der Muskeln, der Geschlechtsorgane usw.

Dazu führten sie eine große Zahl von Analysen und Messungen während des Verlaufs sexueller Handlungen durch: EEGs (Elektroenzephalogramme), EKGs (Elektrokardiogramme), Beobachtung verschiedener Organe von innen, Filmaufnahmen, Untersuchung von Sekreten usw.

Mit Hilfe der von ihnen zusammengetragenen großen Datenmenge konnten sie ziemlich genau definieren, was Sexualität aus physiologischer Sicht ist und wie der

Orgasmus mit seinen verschiedenen Phasen abläuft.

Qualitatives und Quantitatives

Eine der großen Entdeckungen, die Masters und Johnson machten, war, daß die organischen Reaktionen auf eine innere oder äußere sexuelle Stimulierung immer die gleichen sind, unabhängig davon, wodurch sie ausgelöst werden: ob durch Geschlechtsverkehr, Masturbation, oralen Verkehr oder eine andere Stimulierung.

Die Meßgeräte der Wissenschaftler verzeichneten jedoch Unterschiede in der Reaktionsstärke, die von der stimulierten Person und ihrem Grad der Erregung abhängig waren.

Da solche Messungen mit technischen Geräten durchgeführt werden, können zur späteren Auswertung Graphiken angefertig werden. Es entstehen Kurven, die die Intensität der sexuellen Reaktion in Relation zur Zeit darstellen.

Die graphische Darstellung eines Orgasmus besteht immer aus vier Phasen, die gut definiert werden können, auch wenn sie nicht ganz eindeutige Grenzen haben:

- Erregungsphase
- Plateauphase
- Orgasmusphase
- Rückbildungsphase

Physiologische Reaktionen

Auf der Grundlage der Forschungsarbeit von Masters und Johnson sind alle organischen Reaktionen, die durch die sexuelle Aktivität ausgelöst werden, genau untersucht worden. Wir wollen sie kurz vorstellen.

Herz und Lungen

Während des Geschlechtsverkehrs atmen beide Partner schnell und tief mit leicht geöffnetem Mund und geblähten Nasenflügeln.

Beim Höhepunkt erreichen sie eine Atemfrequenz von bis zu 40 Atemzügen pro Minute statt der 20 Atemzüge pro Minute bei Frauen und der 16 Atemzüge pro Minute bei Männern in Ruhestellung.

Beim Orgasmus ist die Atmung unregelmäßig, sie kann sogar vorübergehend ganz aussetzen. Anschließend erfolgt ein tiefer, erholsamer Atemzug.

Sicherlich bezeichnete die große französische Schriftstellerin Colette den Orgasmus aus diesem Grund als „petite mort" (kleinen Tod).

Je intensiver die sexuellen Handlungen sind, desto stärker belasten sie das Herz und seinen Rhythmus. In Augenblicken höchster Intensität kann die Herzfrequenz 100, ja sogar 160 Schläge pro Minute erreichen (etwa 60-80 Schläge pro Minute sind normal).

Menschen, die an Bluthochdruck oder einer Erkrankung der Herzkranzgefäße leiden, sollten sich vor Aufnehmen einer sexuellen Beziehung darauf einstellen und eventuell unterstützend Medikamente einnehmen. Es gibt Fälle, die durch die Öffentlichkeit gegangen sind, wie z. B. der

Forts. auf S. 308

Der sexuelle Reaktionszyklus

Erregungsphase

Die Erregungsphase tritt nach einer gewissen Zeit der Stimulierung ein. Wenn die Stimulierung fortgesetzt wird, nimmt die Erregung zu.

Je intensiver die Stimulierung ist, um so intensiver und kürzer ist diese Phase. Wenn die Stimulierung unterbrochen wird oder aufhört, verlängert sich die Erregungsphase, läßt nach oder schwindet ganz.

Diese Phase kann ihrerseits in zwei Teilphasen unterteilt werden:

In der ersten Teilphase kann das sexuelle Interesse durch sinnliche – visuelle, geruchliche, fühl- oder hörbare – oder durch mentale Reize hervorgerufen werden.

Diese erste Teilphase dauert beim Mann 10-20 Sekunden und etwa 30 Sekunden bei der Frau. Sie leitet zum zweiten Teil dieser Phase über, in der die Erregung weiter steigt.

Das erste Zeichen wirksamer Erregung ist beim Mann die Erektion des Penis, die sich innerhalb von wenigen Sekunden entwickeln kann, und bei der Frau die Lubrifikation (das Feuchtwerden) der Scheide, die 10-30 Sekunden nach Beginn der sexuellen Stimulation einsetzt.

Die Erregungsphase dauert beim Mann insgesamt 2-5 Minuten, bei der Frau etwas länger.

Plateauphase

Dauert die sexuelle Stimulierung an, wird die Plateauphase erreicht. Diese Phase wird gelegentlich auch als aszendierende Phase bezeichnet.

Die Erregungskurve hat nun fast das Maximum erreicht und bleibt für eine gewisse Zeit bestehen oder nimmt ganz langsam weiter zu.

Die Dauer der Plateauphase ist sehr unterschiedlich. Sie kann wenige Minuten oder länger als eine Stunde dauern. Dies hängt von der Stärke der Stimulierung und den Eigenschaften eines jeden Individuums ab.

Einige Männer können durch Training oder aufgrund natürlicher Veranlagung den Samenerguß lange zurückhalten. Er kann aber auch bereits nach wenigen Minuten erfolgen.

Orgasmusphase

Die Plateauphase leitet über in die Orgasmusphase und von dort in die Rückbildungsphase, wenn sie nicht direkt in diese führt.

Wenn die Orgasmusphase nicht durchlaufen wird, erfolgt der Rückgang zum nichterregten Zustand oft sehr langsam.

Normalerweise findet die Plateauphase im Orgasmus ihren Höhepunkt. Die Orgasmusphase ist bei der Frau länger als beim Mann. Beim Mann dauert sie etwa 10 Sekunden. Der Orgasmus stellt den Höhepunkt der sexuellen Spannung dar. Ist dieser einmal erreicht, läßt die Spannung in der Regel rasch nach.

Rückbildungsphase

Nach dem Orgasmus folgt die letzte Phase, in der der Körper sich entspannt. Die Rückbildungsphase ist in der Abbildung als absteigende Linie dargestellt. In dieser Phase erschlaffen die Geschlechtsorgane wieder, weil das Blut, das ihr Volumen vergrößert hat, nun entweicht.

Die Erschlaffung hält um so länger an, je intensiver die vorausgegangene Erregung war.

Die Rückbildungsphase dauert beim Mann etwa 10-15 Minuten, bei der Frau ist sie wesentlich länger. Wenn die Frau keinen Orgasmus gehabt hat, weil die Erregung in der Plateauphase abbrach, dauert die Rückbildungsphase länger, als wenn sie einen Orgasmus gehabt hätte.

Der Reaktionszyklus bei Mann und Frau

Der sexuelle Reaktionszyklus verläuft individuell unterschiedlich und kann auch von einem Sexualakt zum nächsten variieren.

Dennoch können die Reaktionen innerhalb eines gewissen Rahmens verallgemeinert werden.

Auf der Abbildung der nächsten Seite sind die allgemeinen Reaktionszyklen von Mann und Frau im Vergleich als Kurven dargestellt.

Mann und Frau haben unterschiedliche sexuelle Reaktionszyklen.

Während es beim Mann nur einen einzigen Kurventyp gibt, existieren bei der Frau – wie die Abbildung zeigt – drei Kurventypen.

Betrachtet man die männliche Reaktionskurve, stellt man fest, daß die Erregung während der Plateauphase stetig und progressiv ansteigt. Wenn die Plateauphase andauert, kann der Mann ab einem bestimmten Punkt ihren Lauf, der zu Ejakulation und Orgasmus führt, nicht mehr aufhalten. Der Orgasmus ist schnell vorbei, die Erregung läßt nach und leitet in die Rückbildungsphase über.

In seltenen Fällen scheint es beim Mann möglich zu sein, bei einem Geschlechtsakt mehrere Orgasmen zu haben, wobei aber nicht alle von einem Samenerguß begleitet werden.

Bei der Frau stellt der erste Kurventyp den Fall dar, bei dem es zu mehreren Orgasmen kommt. Der zweite Kurventyp zeigt ein welliges Plateau, d. h. die sexuelle Erregung nimmt zu und ab, ohne daß die Frau den eigentlichen Orgasmus erreicht. In diesem zweiten Fall dauert die Rückbildungsphase meist lange. Der dritte Kurventyp ähnelt der männlichen Kurve und ist mit einem einzigen Orgasmus der am häufigsten vorkommende Reaktionstyp.

Durch die Untersuchung der sexuellen Reaktionszyklen von Mann und Frau erkannte man, daß die beiden Geschlechter verschieden reagieren. Wer dieses Wissen in der partnerschaftlichen Beziehung berücksichtigt, kann eine weitaus lustvollere und befriedigendere Sexualität erleben.

Der sexuelle Reaktionszyklus bei Mann und Frau

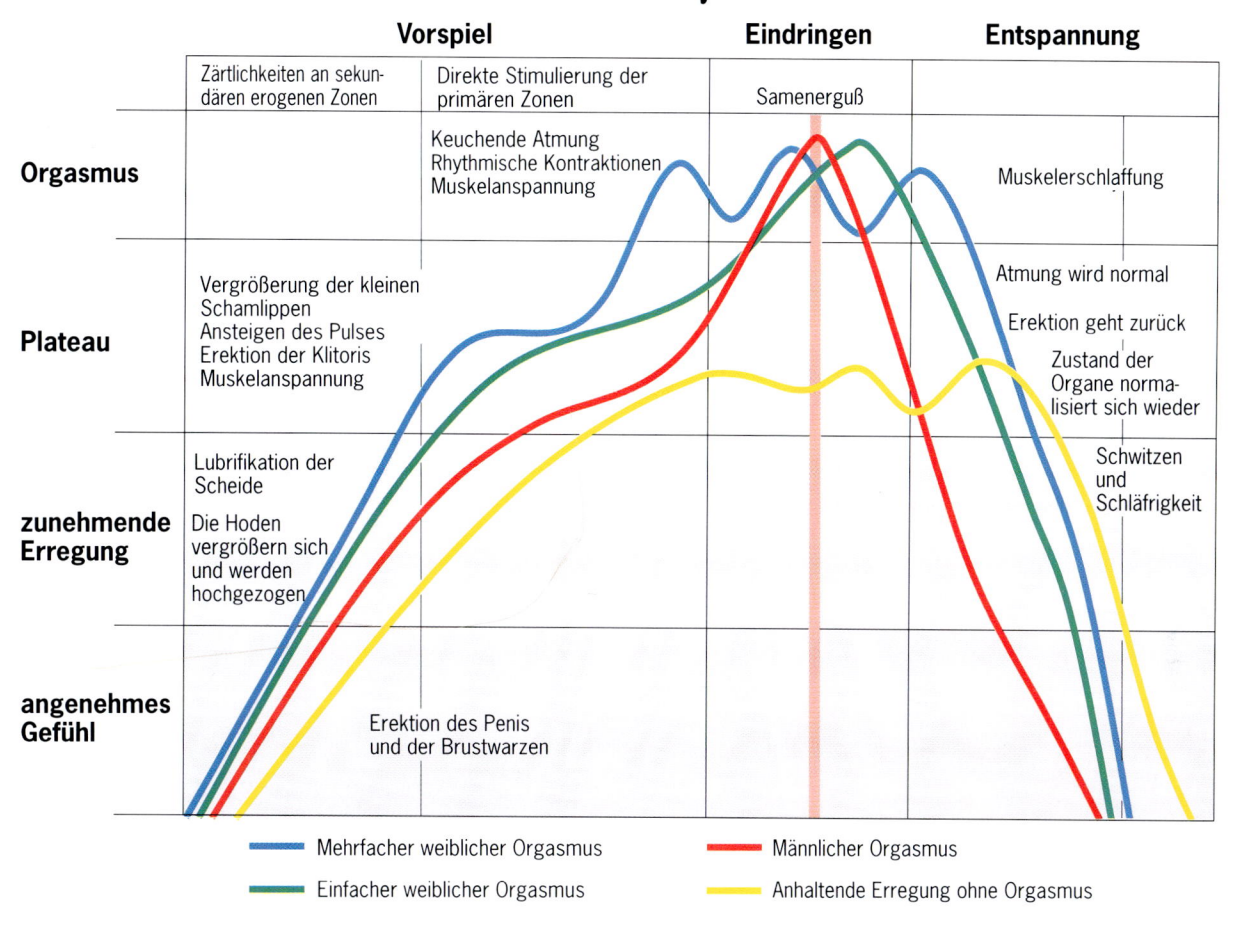

	Vorspiel		Eindringen	Entspannung
	Zärtlichkeiten an sekundären erogenen Zonen	Direkte Stimulierung der primären Zonen	Samenerguß	
Orgasmus		Keuchende Atmung Rhythmische Kontraktionen Muskelanspannung		Muskelerschlaffung
Plateau	Vergrößerung der kleinen Schamlippen Ansteigen des Pulses Erektion der Klitoris Muskelanspannung			Atmung wird normal Erektion geht zurück Zustand der Organe normalisiert sich wieder
zunehmende Erregung	Lubrifikation der Scheide Die Hoden vergrößern sich und werden hochgezogen			Schwitzen und Schläfrigkeit
angenehmes Gefühl		Erektion des Penis und der Brustwarzen		

— Mehrfacher weiblicher Orgasmus — Männlicher Orgasmus
— Einfacher weiblicher Orgasmus — Anhaltende Erregung ohne Orgasmus

In dieser Graphik wird die Dauer (X-Achse, waagerecht) und die Intensität der sexuellen Erregung (Y-Achse, senkrecht) mit den unterschiedlichen Orgasmusformen bzw. der Anorgasmie (Ausbleiben des Orgasmus) in Form von vier Kurven dargestellt.

VORSPIEL: Mit den anfänglichen sanften Berührungen treten rasch die ersten Reaktionen bei Mann und Frau auf: Der Penis des Mannes wird steif, und die Brustwarzen richten sich bei Mann und Frau auf. Die Erektion wird mit zunehmender Intensität der Zärtlichkeiten immer deutlicher.

Mit fortschreitendem Vorspiel werden die Zärtlichkeiten stärker, und die Kurve der sexuellen Erregung wird steiler. Die Hoden vergrößern sich und werden hochgezogen. Die Scheide wird feucht.

Wenn die Stimulierungen die primären erogenen Zonen (Penis, Scheide und Klitoris) erreichen, befindet sich die Kurve in der Plateauphase, wo sie sich hält oder nur noch langsam ansteigt. Die Klitoris erreicht ihre höchste Erektion. Die Muskelanspannung und der Herzschlag nehmen deutlich zu. Die kleinen Schamlippen vergrößern sich und öffnen sich leicht.

Die Dauer dieser Phase ist je nach Paar und Situation sehr unterschiedlich. Viele Paare dehnen diese Phase gerne auf 20-30 Minuten oder länger aus.

Bereits vor dem Einführen des Penis kann die Frau den Höhepunkt erreichen.

EINFÜHREN DES PENIS: Wenn der Penis in die Scheide eingeführt wird, kommt es zu rhythmischen Kontraktionen, und die Atmung der erregten Partner wird keuchend.

Der Mann erreicht Orgasmus und Samenerguß häufig sehr schnell nach Einführen des Penis. Oft erfolgt der Orgasmus schon nach etwa zwei Minuten. Der Mann kann jedoch lernen, seinen Samenerguß hinauszuzögern. Es treten gelegentlich auch „trockene" Orgasmen auf.

Die Frau erreicht den Orgasmus meist ein wenig später. Sie kann ihren Höhepunkt aber auch erreichen, wenn der Mann sie weiter stimuliert.

Manche Frauen können während eines Geschlechtsverkehrs mehrere Orgasmen erleben (blaue Kurve). Andererseits gibt es bei Frauen auch den Fall, daß sie nicht über die Plateauphase hinauskommen (gelbe Kurve), sich aber trotzdem befriedigt fühlen.

RÜCKBILDUNG: Nach Erreichen des Höhepunkts fällt die Kurve beim Mann abrupt ab. Bei der Frau fällt die Kurve nach dem Orgasmus ebenfalls relativ schnell ab. Wenn sie keinen Orgasmus hatte, ist die Rückbildungsphase etwas länger.

Die Muskeln entspannen sich, Atmung und Herzrhythmus normalisieren sich, und die Geschlechtsorgane schwellen ab. Der gesamte Körper entspannt sich und wird von einem wohligen Gefühl durchflutet.

Kap. 15: DIE SEXUELLEN REAKTIONEN

Forts. von S. 305

Während des Liebesspiels kommt es zu einer außergewöhnlichen Intensivierung verschiedener Körperfunktionen. Die Atem- und Herzfrequenz können doppelt so hoch wie im Ruhezustand sein. Während des Orgasmus ist die Atmung unregelmäßig und kann sogar aussetzen, woran sich dann ein tiefes, erholsames Luftholen anschließt. Menschen, die an Bluthochdruck oder einer Herzkrankheit leiden, sollten sich auf den Geschlechtsverkehr vorbereiten und unter Umständen vom Arzt beraten lassen.

eines französischen Präsidenten und einiger hoher Kirchenvertreter, die an einem Herzversagen starben, das sie nicht bei der Ausübung ihrer Pflichten, sondern beim Sex ereilte – im ersten Fall nicht einmal mit der angetrauten Ehefrau.

Der Verdauungsapparat

Im Mund steigt die Speichelproduktion deutlich an.

Der After und der Damm reagieren sehr sensibel auf Stimulation. Dadurch können Beckenbewegungen ausgelöst werden, die zur sexuellen Erregung beitragen.

Beim Orgasmus treten bei Mann und Frau im Durchschnitt etwa alle 0,8 Sekunden unwillkürliche Kontraktionen des Schließmuskels des Afters auf.

Harnorgane

Die Harnröhrenöffnung ist bei Mann und Frau sehr sensibel und kann auch angenehme erotische Empfindungen auslösen.

Beim Mann ist die Harnröhre direkt am Geschlechtsverkehr beteiligt, da sie den Penis in seiner gesamten Länge durchzieht.

Nach dem ersten Geschlechtsverkehr oder nach einem sehr langen oder besonders heftigen Geschlechtsverkehr können Männer an einer schmerzhaften Reizung der Harnröhre leiden. Das gilt auch für die Frau.

Außerdem reagieren Blase und Harnröhre nach den Rückbildungsprozessen der Wechseljahre mitunter empfindlich, was Schmerzen und Blasenentzündungen verursachen kann und für die sexuelle Beziehung des Paares eventuell problematisch ist.

Die Haut

Bei sexueller Erregung, wie auch bei anderen starken Emotionen, reagiert die Haut mit Rötung oder mit Schweißbildung.

Die Hautrötung tritt häufiger bei der Frau auf und wird durch die Weitung der Hautgefäße (Haut und Schleimhäute) bewirkt. Sie beginnt in der Magengrube und zwischen den Brüsten, dehnt sich auf die Brüste selbst, den Oberkörper und den Hals aus.

Die für den Orgasmus typischen Hitzewellen sind auch auf eine nervlich bedingte Weitung der Gefäße zurückzuführen.

Gefäßweitung und Schweißbildung sind Maßnahmen des Körpers zur Abgabe überschüssiger Wärme, die durch Körperbewegung oder Gefühle entsteht. Sie sind während des Geschlechtsakts bei der Frau gewöhnlich etwas stärker als beim Mann.

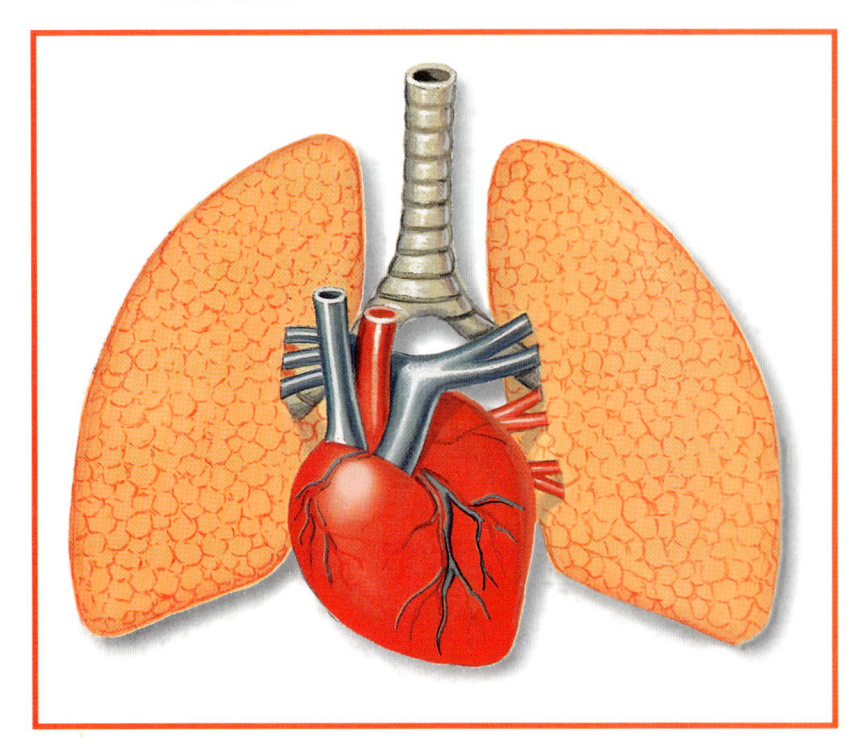

Beim Mann kommt es zur Schweißbildung an den Handflächen und Fußsohlen.

Das Anschwellen der weiblichen Brüste ist ebenfalls auf eine verstärkte Blutansammlung zurückzuführen. Ihr Umfang nimmt etwa um 25-30 % zu, besonders bei Frauen, die noch nicht entbunden haben.

Reaktionen der Geschlechtsorgane

Außer den allgemeinen Reaktionen am ganzen Körper löst sexuelle Erregung besonders intensive Reaktionen an den Geschlechtsorganen aus.

Weibliche Organe

Wie wir bereits wissen, macht sich die sexuelle Erregung bei der Frau u. a. durch die Lubrifikation (das Feuchtwerden) der Scheide bemerkbar. Gleichzeitig sinkt der pH-Wert (Säuregrad) der Scheide, was das Überleben der Spermien begünstigt.

Die gebildete Flüssigkeit hat eine zähflüssige Konsistenz, ist klar, riecht leicht und ist nur schwer wasserlöslich. Die Produktion dieser Flüssigkeit hält etwa eine knappe halbe Stunde an.

Die Scheide

Man hat feststellen können, daß die rötliche Farbe der Scheide während der sexuellen Aktivität langsam in einen dunkleren Ton übergeht. Besonders während des Orgasmus wird die Scheide in der Tiefe weiter, während sich der Scheideneingang verengt. Sie schmiegt sich an den Penis an. Dadurch wird die Reibung verstärkt, was sowohl beim Mann als auch bei der Frau intensive erotische Empfindungen auslöst.

In der Orgasmusphase kommt es in der Scheide zu unregelmäßigen krampfartigen Kontraktionen, die anfänglich alle 0,8 Sekunden auftreten und sich zwischen 3-15mal wiederholen können. Die Intensität und Häufigkeit dieser Scheidenkontraktionen stehen in direktem Verhältnis zur Stärke der verspürten Lust.

Während der Rückbildungsphase, die etwa 10-15 Minuten dauert, kehrt alles wieder in den Ruhezustand zurück: Die Lubrifikation der Scheide, die Weitstellung des Scheideninneren, der Blutstau und die dunkle Farbe der Scheide gehen wieder zurück.

Die Schamlippen

Im Augenblick der höchsten Erregung verdoppeln oder verdreifachen die kleinen Schamlippen ihren Umfang und werden dunkler. Das gleiche geschieht mit den großen Schamlippen, die bei Frauen, die bereits entbunden haben, aufgrund der schwangerschaftsbedingten Krampfaderbildung häufig ohnehin dicker sind. Die Vergrößerung der Schamlippen behindert das Einführen des Penis nicht.

Nach dem Orgasmus nehmen die großen und kleinen Schamlippen rasch wieder ihre ursprüngliche Größe an.

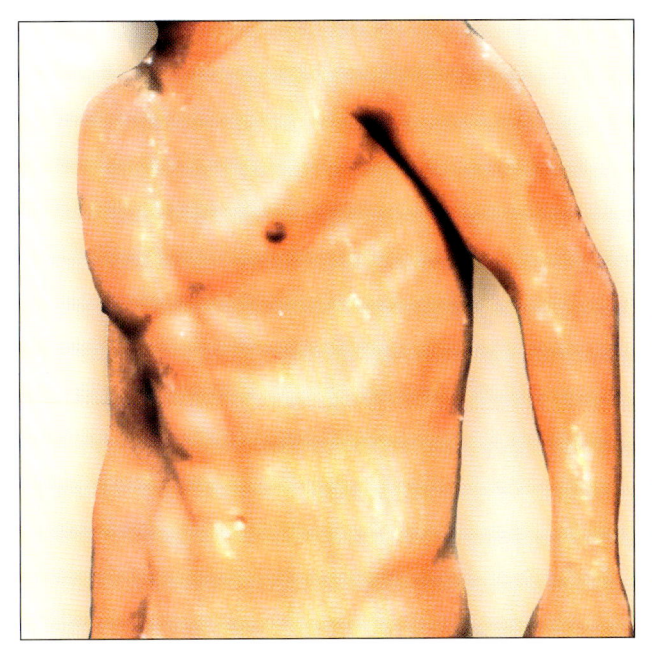

Sex ist nicht zuletzt eine gesunde körperliche Betätigung. Schweißtreibend sind jedoch neben der rein körperlichen Anstrengung auch die Erregung und die Emotionen.

Allgemeine Reaktionen des weiblichen Körpers auf sexuelle Erregung

Phasen	Brüste	Hautrötung	Atmung	Pulsschlag	Enddarm	Muskeln	Anmerkungen
ERREGUNG	Aufrichtung der Brustwarzen und Schwellung des Warzenhofs	gegen Ende Blutstau in der Magengrube, der sich in 30 % der Fälle auf die Brüste ausdehnt	normal	nimmt der Lust entsprechend zu	keine Reaktion	willkürliche und unwillkürliche Muskelanspannung, Dehnung der Scheidenwand, Anspannung der Bauchmuskeln und der Zwischenrippenmuskeln	
PLATEAU	Anschwellen der Brüste und des Warzenhofs, Verhärtung der Brustwarzen	dehnt sich in 80 % der Fälle auf den ganzen Körper aus	gegen Ende Zunahme von Atemfrequenz und Lungenbelüftung	100-175 Schläge pro Minute	willentliche Stimulationskontraktionen	Zunahme der Anspannung, Kontraktionen der Gesichtsmuskulatur, Bauchmuskulatur und Zwischenrippenmuskeln	
ORGASMUS	keine Veränderungen	verhält sich entsprechend dem Grad der Erregung	etwa 40 Atemzüge pro Minute, mit Pausen	100-180 Schläge pro Minute	unwillkürliche Kontraktionen des Schließmuskels gleichzeitig mit den Kontraktionen der Scheide während des Orgasmus	Verlust der Kontrolle über den Willen, unwillkürliche Kontraktionen, Spasmen bestimmter Muskelgruppen	
RÜCKBILDUNG	Rückgang der Schwellung der Brüste, des Warzenhofs und der Brustwarzen	rascher Rückgang in umgekehrter Richtung	schnelle Normalisierung	rascher Rückgang von 150-75	Entspannung	innerhalb von 5 Minuten völlige Entspannung	warmer Schweißausbruch durch Wirkung des Parasympathikus in 40 % der Fälle

Hat nach der Plateauphase kein Orgasmus stattgefunden, kann die Rückbildung länger dauern.

Die Klitoris

Die Klitoris (Kitzler) ist ein Organ, dessen Funktion es ist, Lustgefühle zu erzeugen. Deshalb kann anhand ihrer Reaktionen gut der Verlauf der erotischen Stimulierung gemessen werden.

Im Gegensatz zu früheren Annahmen kann die Klitoris während des Geschlechtsverkehrs nicht direkt vom Penis stimuliert werden.

Sie ist aber dennoch indirekt am Geschlechtsverkehr beteiligt, denn aufgrund ihrer Verbindung zum Scheideneingang

Reaktionen der weiblichen Geschlechtsorgane auf sexuelle Erregung

Phasen	Dauer	Scheide	Große Schamlippen	Kleine Schamlippen	Klitoris	Gebärmutter	Sonstiges
ERREGUNG ERWACHENDES INTERESSE	10-30 Sekunden	beginnt feucht zu werden und sich zu öffnen					
ZUNEHMENDE ERREGUNG	länger als beim Mann	Verdickung der Scheidenwände, Rötung, Erweiterung des Scheidengrunds	Schwellung und Verdunkelung, weichen im hinteren Bereich auseinander, Schwellung im vorderen Bereich	Schwellung, Intensivierung der roten Färbung	Schwellung durch Blutstau	Gebärmutter und Gebärmutterhals richten sich auf, Erhöhung der muskulären, Erregungsbereitschaft	
PLATEAU	dauert länger als beim Mann	vollständige Dehnung des Scheideninneren, Scheideneingang verengt sich	Blutstau bei langer Plateauphase	Temperaturanstieg	richtet sich auf und verschiebt sich Richtung Schamhügel	Gebärmutter und Gebärmutterhals richten sich weiter auf	Schleimabsonderung aus den Bartholinschen Drüsen
ORGASMUS BEVORSTEHENDER ORGASMUS	normalerweise länger als beim Mann	Zunahme der Dehnung des Scheidengewölbes			Rückzug der Klitoris	scheinbare Gebärmutterhalsverkürzung	
EIGENTLICHER ORGASMUS	15-60 Sekunden	rhythmische Kontraktionen des inneren Drittels; die ersten Kontraktionen erfolgen in Abständen von 0,8 Sekunden, danach werden die Abstände etwas größer	keine Veränderungen	keine Veränderungen		schmerzlose Kontraktionen der gesamten Gebärmutter, die mit einer leichten Öffnung des Muttermundes einhergehen	
RÜCKBILDUNG	dauert etwas länger, wenn die Frau keinen Orgasmus hatte	Scheidendehnung und Verengung des Eingangs bleiben noch bestehen	Abnahme der Schwellung und Rückgang zur normalen Farbe	Abnahme der Schwellung und Rückgang zur blaßrosa Farbe innerhalb von 10-15 Sekunden	Senkung der Klitoris	Senkung der Gebärmutter und des Muttermundes, dieser bleibt offen	Möglichkeit, mehrere Orgasmen zu erleben, langsamer Rückgang der Schwellung im Becken- und Genitalbereich

erreichen sie die durch den Penis ausgelösten Vibrationen und tragen so zu ihrer Erregung bei. Auf jeden Fall muß bei manchen Frauen – nach Meinung einiger Fachleute bei den meisten Frauen – die Klitoris beim Geschlechtsverkehr zusätzlich manuell stimuliert werden, damit ein Orgasmus eintritt.

Die weiblichen Geschlechtsorgane
und ihre Reaktionen auf sexuelle Erregung

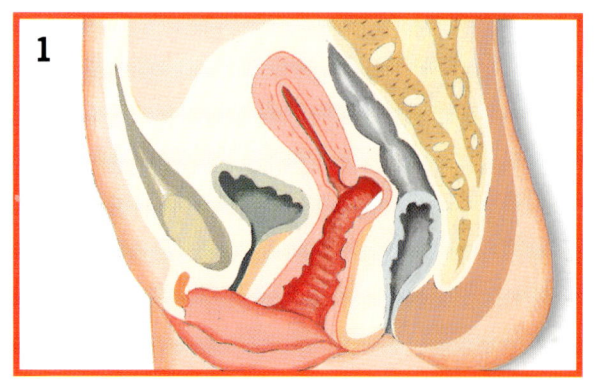

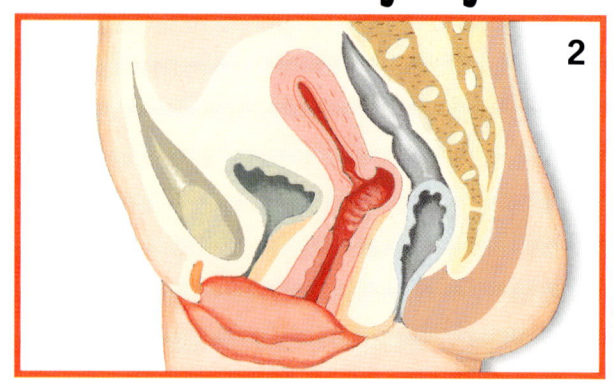

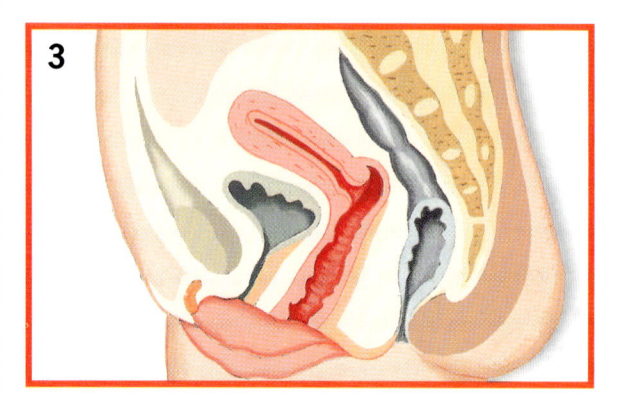

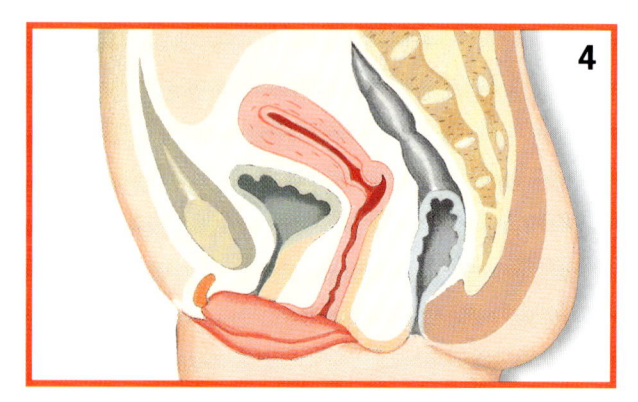

1. ERREGUNGSPHASE

Bei sexueller Stimulation beginnt die Scheide nach etwa 10-30 Sekunden, in den blutgestauten, rot-violetten Scheideninnenwänden eine Flüssigkeit zu bilden, die die Wände benetzt.

Die Scheide, die sich in ihrer Größe enorm verändern kann, verlängert und erweitert sich, so daß die Falten durch die Dehnung verschwinden.

Die großen Schamlippen öffnen sich, und die kleinen Schamlippen schwellen an. Das Scheidengewölbe erweitert sich stark, und die Gebärmutter wird nach hinten und oben gezogen.

2. PLATEAUPHASE

Während der sogenannten Plateauphase (siehe S. 1/306) vervollständigt sich die Befeuchtung der Scheidenwände. Durch den zunehmenden Blutstau wird die Scheide blau-violett.

Der Blutstau ist am Scheideneingang besonders stark. Es bildet sich eine Art gepolsterter Ring, der den Eingang um etwa ein Drittel verengt. Dieser Bereich – in der Abbildung dunkelrot zu erkennen – wird orgastische Manschette genannt.

Die Scheide wird noch länger und weiter, die Schleimabsonderung nimmt dabei ab. Die vergrößerten kleinen Schamlippen verändern ihre Farbe. In dieser Phase richten sich die Klitoris und die Gebärmutter auf.

3. ORGASMUSPHASE

Während des Höhepunkts der sexuellen Erregung kontrahiert die orgastische Manschette etwa 15mal in Intervallen von ca. 0,8 Sekunden. Auch die Gebärmutter zieht sich rhythmisch zusammen. Diese Kontraktionen beim Orgasmus sind allerdings individuell sehr unterschiedlich und variieren von Mal zu Mal.

Manchmal geht den rhythmischen Kontraktionen eine dauerhafte, 2-4 Sekunden anhaltende Kontraktion voraus (orgastischer Zustand). In dieser Phase verlängert sich der Scheidengrund, die Gebärmutter und der Schließmuskel des Darms ziehen sich kräftig zusammen.

4. RÜCKBILDUNGSPHASE

Nach dem Orgasmus nimmt die Scheide wieder ihre früheren Ausmaße und Farbe an. Der Scheideneingang kehrt als erster wieder zum Normalzustand zurück, die orgastische Manschette verschwindet. Nach 10-15 Minuten hat die Scheide wieder ihre normale hellrosa Farbe angenommen.

Die Befeuchtung der Scheidenwände hört sofort auf, es sei denn, es besteht noch sexuelle Spannung oder eine neue Erregung setzt ein. Die tiefe Dehnung im Inneren der Scheide geht zurück, und die Gebärmutter senkt sich wieder. Außen senkt sich die Klitoris, das Volumen der kleinen Schamlippen nimmt wieder ab und kehrt zum Normalzustand zurück. Die großen Schamlippen senken und schließen sich wieder.

Die Klitoris ist ein so sensibles und ausgeprägt eigenständiges Organ, daß 98 % der Frauen allein durch ihre Berührung sexuelle Erregung verspüren, während nur 14 % der Frauen bei Berührung der Scheide erregt werden.

Das vollständige Abschwellen der Klitoris bzw. die Rückkehr in den Ruhezustand dauert wenige Minuten bis zu einer halben Stunde. Wenn die Frau keinen Orgasmus gehabt hat, die Erregung jedoch stark war, beansprucht das Abschwellen der Klitoris sowie der übrigen inneren und äußeren Geschlechtsorgane mehr Zeit.

Die Gebärmutter

Auch die Gebärmutter vergrößert sich während des Geschlechtsakts.

Sie wird in das Becken hochgezogen, um die Erweiterung des Scheideninneren zu unterstützen. Außerdem sind bei ihr ähnlich wie bei der Scheide Kontraktionen zu beobachten.

Nach dem Orgasmus öffnet sich der Gebärmutterhals, damit der Samen leicht in die Gebärmutterhöhle eindringen kann. Die Gebärmutter kehrt etwa fünf bis zehn Minuten nach dem Orgasmus in ihre Ruhestellung zurück.

Forts. auf S. 316

Allgemeine Reaktionen des männlichen Körpers auf sexuelle Erregung

Phasen	Brust	Hautrötung	Atmung	Pulsschlag	Enddarm	Muskeln	Anmerkungen
ERREGUNG	leichte Erektion der Brustwarzen	keine	normal	Anstieg schrittweise	normal	willentliche und unwillkürliche Anspannung der Bauchmuskeln und der Hoden	
PLATEAU	Erektion und Versteifung der Brustwarzen in 25 % der Fälle	Beginnt in 30 % der Fälle in der Magengrube und dehnt sich auf Brustkorb, Hals und Gesicht aus	gegen Ende starke Ventilation	100-160 Schläge pro Minute und mehr, der Blutdruck steigt um etwa 30-40 mmHg.	willkürliche Stimulationskontraktionen	zunehmende Anspannung, krampfartige Kontraktionen der Gesichts-, Bauch- und der Zwischenrippenmuskulatur sowie der Hand und Fußmuskeln	
ORGASMUS	keine Veränderungen	parallel zum Erregungsgrad	etwa 40 Atemzüge pro Minute, mit Pausen	160-180 Schläge pro Minute	unwillkürliche Kontraktionen alle 0,8 Sekunden	Kontrollverlust, unwillkürliche Kontraktionen des Beckens und des ganzen Körpers, Spasmen der Hände und Füße	Zunahme der Sekretion der Speicheldrüsen und der Tränendrüsen
RÜCKBILDUNG	Rückgang, evtl. langsam	sofortige Abnahme	Normalisierung der Atmung	Normalisierung der Herzschläge von 150 auf 80 Schläge pro Minute	normal	hört meistens innerhalb von 5 Minuten auf	warmer Schweiß durch Wirkung des Parasympathikus in 35 % der Fälle

Auf den Seiten 1/310f. und 1/314f. finden Sie die Reaktionen des Körpers auf sexuelle Erregung im Überblick. Bei den Angaben handelt es sich um statistische Durchschnittswerte, die im Einzelfall Abweichungen aufweisen können, ohne daß dies eine Anormalität darstellen würde.

Der Überblick macht deutlich, daß sich die Sexualität stark auf die Funktionen sämtlicher Körperbereiche auswirkt. Es wird auch erkennbar, welch enge Wechselwirkung zwischen Körper und Geist besteht, denn die sexuelle Aktivität ist ja nicht zuletzt eine vom Gehirn bestimmte Betätigung.

Reaktionen der männlichen Geschlechtsorgane auf sexuelle Erregung

Phasen	Dauer	Penis	Hodensack	Hoden	Samenwege	Sonstiges
ERREGUNG ERWACHENDES INTERESSE	10-20 Sekunden	Erektion: Der Penis vergrößert sich.				
ZUNEHMENDE ERREGUNG	2-5 Minuten	die Vorhaut zieht sich zurück; die Harnröhrenöffnung öffnet sich; Verschluß des Harnröhrenschließmuskels	die Hodensackwand verdickt sich durch das Zusammenziehen der entsprechenden Muskeln; der Hodensack wird hochgezogen und prall	vergrößern ihr Volumen um ca. das Doppelte; sie füllen jetzt den ganzen Hodensack aus	werden in Spannung versetzt	
PLATEAU	schwankt von zwei Minuten bis zu einer Stunde oder mehr	die Durchblutung des Eichelkragens nimmt zu, Lusttropfen der Eichel (2-3 Tropfen mit aktiven Spermien); Harnabgang ist jetzt nicht möglich.	wechselt eventuell mehrmals seine Lage	richten sich auf und drehen sich	keine Veränderungen	Schleimabsonderung der Cowperschen Drüsen
ORGASMUS BEVORSTEHENDER ORGASMUS	5-10 Sekunden	intensive fleckige Färbung der Eichel	keine Reaktion	wandern weiter nach oben		
EIGENTLICHER ORGASMUS	10-15 Sekunden	Kontraktionen alle 0,8 Sekunden, deren Abstände größer werden, während die Intensität abnimmt; Öffnung des Schließmuskels und Ausstoßen der Samenflüssigkeit			Kontraktion der Samenkanäle, der Samenbläschen und der Spritzkanälchen	Kontraktion der Prostata
RÜCKBILDUNG SCHNELLE PHASE	3-5 Minuten	Abschwellen der Eichel, der Schwellkörper, Rückgang der Gliedsteife	rasche Abschwellung	verkleinern sich wieder	Entspannung	Entspannung der Beckenmuskeln
LANGSAME PHASE	10-15 Minuten	langsamer Rückgang der Erektion, Verschluß der Harnröhrenöffnung	der Hodensack legt sich wieder in Falten			Blasenentleerung wieder möglich, Beckenorgane schwellen rasch ab, Refraktärzeit

DIE EREKTION

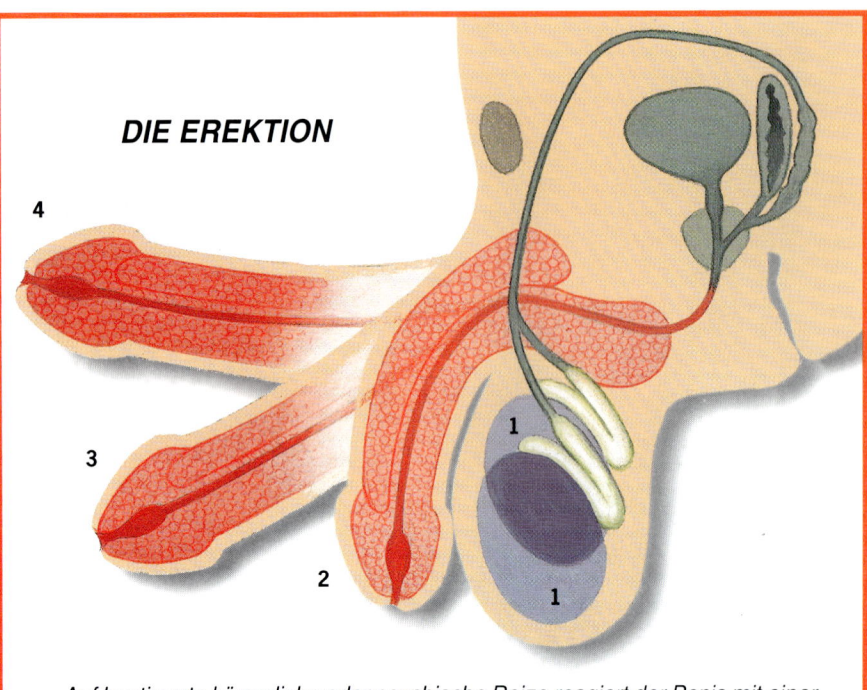

Auf bestimmte körperliche oder psychische Reize reagiert der Penis mit einer Erektion: Er wird größer, schwillt an, wird steif und richtet sich auf. Dabei wandern die Hoden ebenfalls nach oben.
1. Nach oben wandernder Hoden. **2.** Penis in Ruhestellung. **3.** Stellung bei beginnender Erektion. **4.** Erigierter Penis.

Forts. von S. 313

Männliche Organe

Der Penis

Der Penis ist das männliche Organ, an dem die Zeichen sexueller Erregung am schnellsten auftreten und am deutlichsten sichtbar sind, besonders in jungen Jahren.

Die Erektion entsteht durch eine erhöhte Blutzufuhr in den Penis.

In der Erregungsphase ist die Erektion je nach Intensität der Stimulation mehr oder weniger stark ausgeprägt. In dieser Phase ist die Rückkehr in den Ruhezustand problemlos möglich.

In der Plateauphase kann der Verlauf des Geschehens nicht mehr so leicht unterbrochen werden.

Die Steife und die Farbe des Penis werden intensiver. Der Rand der Eichel wird ziegelrot.

Zu dieser Zeit ist der Orgasmus bereits nicht mehr aufzuhalten.

Während des Orgasmus kommt es zu rhythmischen Kontraktionen des Penis, die, genauso wie bei der Scheide und der Klitoris, anfänglich im Abstand von etwa 0,8 Sekunden auftreten. Die ersten Kontraktionen sind kräftig, die folgenden sind schwächer und unregelmäßig. Sie rufen Lustempfindungen hervor und lösen den Samenerguß aus.

Das Abschwellen des Penis in der Rückbildungsphase geschieht in zwei Phasen.

In der ersten Phase, die direkt auf den Orgasmus folgt und sehr schnell abläuft, nimmt die Penisgröße ab und beträgt nur noch etwa die doppelte Größe des schlaffen Penis.

Die zweite Phase dauert etwas länger und führt zum Ruhezustand des Penis.

Hodensack und Hoden

Während des Blutstaus vergrößern sich die Hoden um ca. 50 %. Sie werden außerdem durch die Retraktion der Haut und des Samenstrangs, an dem sie befestigt sind, nach oben gezogen.

In der Plateauphase werden die Hoden am weitesten hochgezogen. In der Rückbildungsphase kehren sie in den Ruhezustand zurück.

Der Hodensack zieht sich während der Erregungsphase zusammen; seine Oberfläche wird dicker.

Während der Rückbildungsphase normalisieren sich Umfang, Konsistenz und Beweglichkeit des Hodensacks wieder.

Bedeutung der Kenntnis der Reaktionen

Die alte Regel „erkenne dich selbst" als Voraussetzung für erfolgreiches menschliches Handeln gilt ganz besonders auch für die Sexualität.

Jeder Partner sollte seine eigenen Reaktionen kennen, um sie den eigenen und den Bedürfnissen des Partners anpassen zu können.

Genauso wichtig ist es, die Reaktionen des Partners zu kennen, damit man jederzeit und weder zu schnell noch zu langsam darauf reagieren kann.

Es ist auch sehr wichtig, anhand der physiologischen Reaktionen zu erkennen, ob der Sexualpartner befriedigt ist oder ob seine Stimulation weiter verstärkt werden muß.

Kunst und Technik

Das soll nicht heißen, daß die Technik Vorrang vor der Spontaneität haben sollte. Die emotionale Komponente, die an anderer Stelle dieses Werkes näher behandelt wird, ist im Verhältnis eines Paares genauso wichtig bzw. noch wichtiger als die körperliche.

Ruth Westheimer sagt:

„Eine übertriebene Sorge um die Technik gehört zu den Dingen, die lustvolles Erleben am stärksten stören. Ich behaupte nicht, daß die Technik unwichtig ist. Sie ist wichtig, aber nur zum Teil. Manchmal konzentrieren sich Frauen und Männer so sehr darauf, ihr technisches Geschick unter Beweis zu stellen, daß sie sich nicht entspannen und genießen können. Sie vergessen, daß Sex und Spaß zusammengehören."

Mit anderen Worten, die Liebe ist eine Kunst, und die Kunst kann immer durch eine gute Technik verbessert, aber niemals durch sie ersetzt werden.

Sexualtechniken helfen uns, den Ausdruck unserer Zuneigung zum Partner zu verbessern, können die Zuneigung selbst aber niemals ersetzen.

Wenn echte, tiefe Liebe zum Ehepartner da ist, fällt es leicht, die Liebestechnik zu verbessern. Und es lohnt sich, sie zu verbessern, weil damit auch die Liebe gefestigt und verbessert wird.

16 DIE SEXUELLE POTENZ

Damit sich die sexuelle Potenz voll entfalten kann, müssen Körper und Geist gesund sein. Und damit die Potenz möglichst lange erhalten bleibt, darf sie weder über- noch unterfordert werden.

Bei vernünftigem Einsatz kann sich die Potenz jedoch gut entwickeln und das ganze Leben lang zur vollen Verfügung von Mann und Frau stehen.

Fähigkeit mit zwei Seiten

Die sexuelle Potenz hat zwei Seiten, die unterschieden werden müssen, obwohl sie aufgrund mangelnder Kenntnis manchmal miteinander verwechselt werden:

- die *potentia coeundi*, die Fähigkeit, den Geschlechtsverkehr zu vollziehen, und
- die *potentia generandi*, die Fähigkeit zu zeugen und sich fortzupflanzen.

Männlichkeit und Fruchtbarkeit

Wenn in einer kinderlosen Ehe die Unfruchtbarkeit nicht auf die Frau zurückzuführen ist, glauben immer noch manche Leute, der Mann sei einfach nicht „männlich" genug. Dagegen gilt ein Mann, der Kinder gezeugt hat, als äußerst männlich. Diese Vorstellungen entsprechen aber keinesfalls der Realität.

Männer sind nicht stark, um Frauen zu besiegen, sondern um sie zu beschützen und ihnen zu gefallen. Das gleiche gilt umgekehrt für die spezifischen Stärken der Frauen. Denn Männer und Kinder brauchen die seelische – und die körperliche – Stärke der Frauen.

Ein Mann kann äußerst männlich sein, er kann in der Lage sein, Geschlechtsverkehr zu vollziehen, aber aufgrund von Zeugungsunfähigkeit kinderlos bleiben.

Andererseits kann ein Mann, der nur wenig männlich oder gar impotent ist, möglicherweise Kinder zeugen.

Geschlechtsverkehr vollziehen und zeugen

- „Potent sein" im Sinne der *potentia coeundi* besagt lediglich, daß der Mann den **Geschlechtsverkehr durchführen** kann.

  Der Sexualtrieb, die Libido (sexuelle Begierde), die Erektionsfähigkeit des Penis und die Fähigkeit, einen Samenerguß und Orgasmus zu bekommen, beeinflussen natürlich die Potenz.

  Aber wenn alle diese Fähigkeiten optimal vorhanden sind, heißt das noch nicht, daß der Mann allein durch sie fortpflanzungsfähig ist.

- Fortpflanzungsfähig zu sein bedeutet, daß die Frau **empfangen** und der Mann **zeugen** kann.

  Dafür ist die Potenz im Sinne der *potentia coeundi* keine zwingend notwendige Voraussetzung, denn eine Zeugung kann auch ohne Libido und Orgasmus, ja sogar ohne Erektion oder Samenerguß zustandekommen, wenn sie z. B. mit Hilfe künstlicher Befruchtungsmethoden durchgeführt wird.

Diese beiden Seiten der Potenz, die Fähigkeit zum Beischlaf und die zur Zeugung, beginnen und enden bei Mann und Frau in unterschiedlichen Lebensphasen.

Die *potentia coeundi* setzt bei beiden Geschlechtern einige Jahre vor der *potentia generandi* ein.

Bei der Frau erlischt die Fähigkeit zu empfangen in oder kurz nach den Wechseljahren.

Die Fähigkeit, den Geschlechtsverkehr zu vollziehen, bleibt bei ihr jedoch noch sehr viel länger, im allgemeinen bis ins hohe Alter, erhalten.

„Mit wie vielen Personen haben Sie Geschlechtsverkehr gehabt?"

Soziale Merkmale	Anzahl der Sexualpartner					
	0	1	2-4	5-10	11-20	21+
GESAMT	8,0	53,3	25,8	8,6	2,7	1,7
GESCHLECHT						
Männer	7,1	45,7	27,7	12,0	4,2	3,3
Frauen	8,7	59,4	24,3	5,9	1,4	0,4
ALTER						
18-24	11,8	21,5	38,1	18,4	6,0	4,1
25-29	4,4	38,0	36,6	11,5	6,5	3,0
30-34	5,2	53,2	28,9	9,8	2,2	0,8
35-39	7,3	62,1	21,2	6,6	1,1	1,6
40-44	5,8	65,2	22,0	5,2	1,2	0,5
45-49	9,4	66,4	17,8	4,2	0,7	1,4
50-54	8,9	75,4	14,4	1,3	0,0	0,0
55-59	15,2	74,7	8,3	1,8	0,0	0,0
FAMILIENSTAND						
Ledig, alleinlebend	19,2	16,0	34,8	19,7	6,4	3,9
Ledig, mit Partner/in	0,8	31,0	43,4	15,5	5,4	3,9
Verheiratet	2,4	78,6	14,8	2,6	0,9	0,7
Gesch./verw., alleinlebend	13,3	32,1	41,1	9,9	2,5	1,1
Gesch./verw., mit Partner/in	4,4	34,1	47,2	12,1	2,2	0,0
RELIGION						
Keine	5,5	40,6	34,1	11,9	6,1	1,8
Evangelisch	8,3	55,3	25,0	7,8	2,1	1,6
Katholisch	8,3	54,6	24,9	8,8	1,9	1,6
Jüdisch	0,0	52,1	31,2	10,4	6,2	0,0
Sonstige	13,5	54,0	14,9	9,5	6,8	1,3
RASSE						
Weiße	7,4	55,4	24,8	8,1	2,6	1,7
Afroamerikaner	9,3	42,7	30,7	11,3	3,5	2,5
Hispanos	10,9	52,5	23,1	10,9	2,0	0,7
Asiaten	11,7	60,0	21,7	5,0	1,7	0,0
Indianer (nordamerik.)	15,0	50,0	30,0	0,0	5,0	0,0

Nach: „The Social Organization of Sexuality"

Einige philosophische Schulen betrachten die Evolutionstheorie als bewiesene Tatsache und setzen sich für verschiedene Formen der Polygamie oder mehr oder weniger ausdrücklich für die Polyandrie (Vielmännerei) ein.

Es gibt jedoch plausible Gründe für die von uns vertretene Überzeugung, daß die Monogamie seit der Schöpfung und damit seit dem Beginn der Menschheit der wahren Natur des Menschen entspricht. Verschiedene Staaten bestätigen diese Überzeugung indirekt dadurch, daß sie per Gesetz die Polygamie verbieten, die in den Ländern, wo sie erlaubt ist, vielen Frauen und Kindern schadet.

Treue in der Partnerschaft ist unserer Meinung nach von entscheidender Bedeutung für einen guten Allgemeinzustand der gesamten Gesellschaft.

Die abgebildete Tabelle läßt darauf schließen, daß die Jugend in unserer Zeit nicht gerade zur Treue neigt, ein Phänomen, das unserer Meinung nach den Zusammenhalt von Ehe, Familie und Gesellschaft gefährdet.

Häufigkeit des Geschlechtsverkehrs nach Jahren des Zusammenlebens

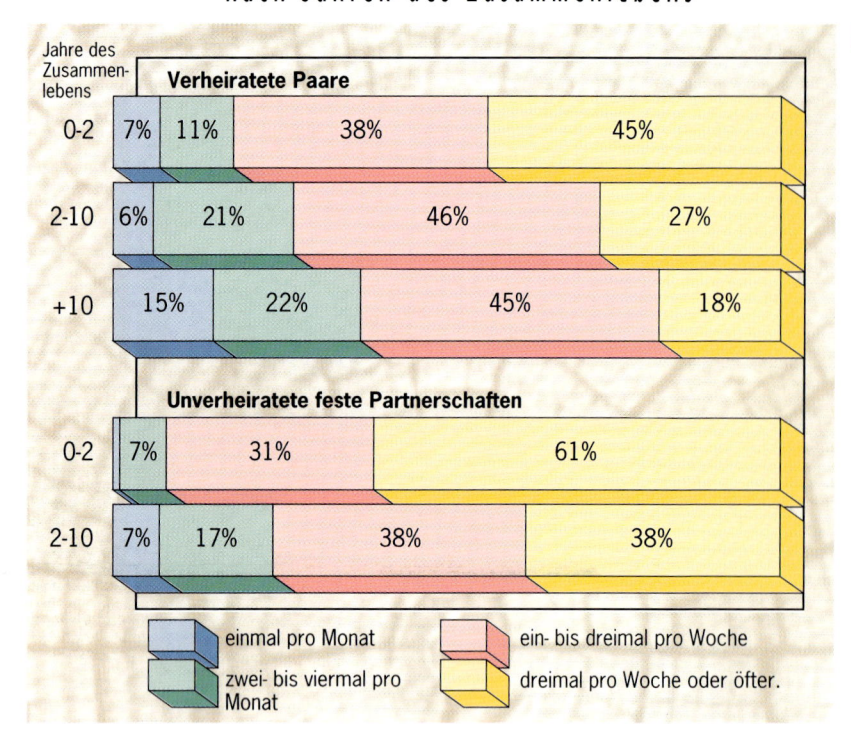

Verheiratete Paare

Jahre des Zusammenlebens	einmal pro Monat	zwei- bis viermal pro Monat	ein- bis dreimal pro Woche	dreimal pro Woche oder öfter
0-2	7%	11%	38%	45%
2-10	6%	21%	46%	27%
+10	15%	22%	45%	18%

Unverheiratete feste Partnerschaften

Jahre des Zusammenlebens	einmal pro Monat	zwei- bis viermal pro Monat	ein- bis dreimal pro Woche	dreimal pro Woche oder öfter
0-2	7%		31%	61%
2-10	7%	17%	38%	38%

Die Graphik stützt sich auf Daten aus „American Couples" [Amerikanische Paare] von Blumstein und Schwartz, die nach „Menschliche Sexualität" von Masters und Johnsohn zitiert wurden. Sie zeigt, wie die Häufigkeit des Geschlechtsverkehrs bei einem Paar mit den Jahren des Zusammenlebens abnimmt. Das ist völlig normal.

Ganz gleich, wie gut und befriedigend die Beziehung eines Paares sein mag, die Gewöhnung, das lange Zusammenleben, in dem sich immer mehr verbindende nichtsexuelle Aktivitäten herausbilden, und andere Faktoren bedingen diese natürliche Abnahme.

Wie in allen Bereichen des Lebens, die mit Gefühlen zu tun haben, ist aber nicht die Quantität maßgeblich, sondern die Qualität.

(Da die Anzahl der Paare, die länger als zehn Jahre unverheiratet zusammenleben, so gering ist, daß sie statistisch nicht ins Gewicht fällt, wurde sie von den Autoren dieser Untersuchung nicht berücksichtigt.)

Dichtung und Wahrheit

Ebenso wie Jäger und Angler ihre Beute gerne als besonders zahlreich, groß und schwierig zu fangen darstellen, so übertreiben manche bei Angaben über ihre „Jagd" nach dem anderen Geschlecht. Sie erzählen von Heldentaten und unglaublichen Eroberungen.

Die Wahrheit sieht fast immer ganz anders aus. Sie ist von Person zu Person und von Paar zu Paar sehr unterschiedlich.

Hier ist vor allem die Qualität und nicht die Quantität ausschlaggebend.

Es ist nicht wichtig, wie oft ein Paar Geschlechtsverkehr hat, sondern die Befriedigung, die es dabei erfährt, zählt.

Beim Sex, wie in so vielen anderen Bereichen des Lebens auch, ist das, was für den einen bereits zu viel ist, für den anderen gerade richtig. Wichtig ist, daß jeder sein eigenes Maß findet.

Wenn man sich jedoch nicht sicher ist, ein Problem hat oder einen Rat braucht, sollte man sich nicht scheuen, einen guten Arzt oder Sexualtherapeuten aufzusuchen.

Beim Mann bleiben beide Fähigkeiten, die *potentia coeundi* und die *potentia generandi*, meist bis ins hohe Alter erhalten.

Ob von ihnen auch tatsächlich bis an das Lebensende Gebrauch gemacht wird, ist allerdings eine andere Frage.

Eine aktive sexuelle Betätigung ist für den einzelnen Menschen nicht lebensnotwendig, wohl aber für die Erhaltung der Art.

Häufigkeit sexueller Aktivität

Ärzte, besonders Fachärzte, werden oft in ihrer Sprechstunde gefragt, wie häufig Geschlechtsverkehr durchgeführt werden soll oder darf, was als normal gilt oder zu empfehlen ist.

Anhand von Patientenbefragungen kann der Arzt seinerseits feststellen, wie häufig Paare tatsächlich Geschlechtsverkehr haben.

Er kann sich so ein Bild vom körperlichen und psychischen Zustand eines Patienten oder Paares machen, abgesehen davon, daß diese Information im Rahmen einer Sterilitätsbehandlung sehr wichtig ist.

Die Häufigkeit, mit der Paare miteinander Geschlechtsverkehr haben, ist sehr unterschiedlich.

Sie hängt von verschiedenen Faktoren, wie dem Alter, dem Beginn der Pubertät, endokrinen Funktionen, der Erziehung und Religionszugehörigkeit, dem Gesundheitszustand und von soziokulturellen Bedingungen ab.

Jedes Paar hat außerdem seine eigenen Vorlieben.

Sexuelle Leistung und sexuelle Betätigung in der Jugend

Kinseys Untersuchungen, die später von anderen Forschern bestätigt wurden, ergaben, daß der Mann den Höhepunkt seiner sexuellen Potenz im Alter von 15-18 Jahren erreicht. Ab dem 20. Lebensjahr nimmt die Potenz stetig ab.

Im Alter von 15-20 Jahren schaffen es etwa 15 % der jungen Männer, bei einer sexuellen Begegnung zwei Orgasmen zu bekommen.

Bei den 20-25jährigen schaffen das nur noch 8 %. Die Erektion kann in beiden Gruppen bis zu 45 Minuten aufrechterhalten werden.

Ab dem Alter von 25 Jahren verkürzt sich diese Zeitspanne stetig.

Ein ernsthaftes Problem Jugendlicher

Für viele junge Männer, die in der übererotisierten westlichen Welt leben, ergibt sich aus dieser Situation ein Problem, das nur sehr schwer zu lösen ist.

Aus wirtschaftlichen Gründen können sie nicht im Alter ihrer höchsten sexuellen Leistungsfähigkeit heiraten.

Zudem ist – nach Kinsey – das sexuelle Begehren bei weiblichen Jugendlichen des gleichen Alters noch nicht entsprechend stark ausgeprägt wie bei männlichen Jugendlichen.

Sexuelle Potenz und Reife

Bei der Betrachtung der Problematik der Sexualität Jugendlicher darf nicht vergessen werden, daß die sexuelle Reife der emotionellen, körperlichen und geistigen Reife ein gutes Stück vorausgeht (siehe S. 1/323).

Die körperliche Reife wird in westlichen Gesellschaften bei Männern mit etwa 25 Jahren und bei Frauen mit etwa 20 Jahren erreicht.

Die psychische Reife, die genauso wichtig ist wie die körperliche Reife, ist selbst

Es ist nicht gut, wenn Heranwachsende, die sich noch mitten in ihrer Entwicklung befinden, ihre Energie für Aktivitäten vergeuden, für die sie noch nicht reif sind.

Kap. 16: DIE SEXUELLE POTENZ

Sieht man sich in der Natur um, stellt man fest, daß der Samen, der für die Fortpflanzung am besten geeignet ist, in voll entwickelten Pflanzen ist. Bei den Menschen ist es ähnlich. Deshalb ist das Praktizieren von Sex nicht vor Erreichen einer gewissen körperlichen und psychischen Reife empfehlenswert.

in diesem Alter manchmal noch nicht vollständig abgeschlossen.

Die Energie nutzen

Daneben gibt es einen weiteren, wichtigen Grund, der gegen eine zu frühe aktive sexuelle Betätigung spricht.

Die für die sexuelle Betätigung benötigte Energie stammt nämlich sozusagen aus einem begrenzten Pool körperlicher und psychischer Energie, über die eine Person verfügen kann. Diese Energie will gut eingeteilt werden.

Es ist bekannt, daß Sportler und Intellektuelle ihre sexuellen Aktivitäten vor einer großen Anstrengung einschränken oder ganz einstellen, um Höchstleistungen erbringen zu können.

Die Persönlichkeit der Heranwachsenden ist noch in der Entwicklung begriffen. Deshalb sollten sie in dieser Zeit ihre Energie besser nicht mit sexuellen Aktivitäten vergeuden, für die sie noch nicht reif sind.

Sie sollten ihre Lebensenergie besser für die Entwicklung ihres Körpers, ihrer Gefühle und ihres Intellekts nutzen, damit sie zu starken und ausgeglichenen Persönlichkeiten heranwachsen.

Sexuelle Aktivität des Mannes

Es heißt ganz richtig, daß Statistiken immer genau das beinhalten, was der, der sie erstellt hat, aussagen will.

Dennoch gibt es bisher keine bessere Methode, um einigermaßen verläßliche Informationen über menschliche Gewohnheiten und menschliches Verhalten zu erhalten.

Bei der Arbeit mit Statistiken muß daher immer berücksichtigt werden, daß sie lediglich das wiedergeben, was die Befrag-

MENSCH UND FAMILIE
BAND 1

Ganz natürlich

Es wäre ein schwerer Irrtum, aus den Ausführungen in diesem Kapitel (S. 1/321) zu schließen, daß die sexuelle Betätigung im Alter der stärksten sexuellen Potenz – also in der Jugend – aufgenommen werden sollte.

Auch wenn das auf den ersten Blick ganz natürlich erscheint, stellt man bei nüchterner Betrachtung fest, daß es nicht das Beste für den Menschen ist.

In der Natur kann man beobachten, daß die Samen einer Pflanze nicht dann am besten für die Fortpflanzung geeignet sind, wenn sich die Pflanze im stärksten Wachstum befindet, sondern wenn die Pflanze bereits voll entwickelt ist.

Den Jugendlichen sollte heute noch viel stärker durch die Erziehung – zu Hause, in der Schule und in den Medien – vermittelt werden, daß es ganz natürlich ist, eine Fähigkeit erst dann einzusetzen, wenn man reif dafür ist.

Ist man noch nicht reif, kann sie eher zerstörerisch als förderlich wirken.

ten behaupten, und nicht das, was diese tatsächlich tun.

Was sie wirklich tun, ist nur sehr schwer zu überprüfen, insbesondere wenn es um ein Thema wie Sexualität geht.

Davon ausgenommen sind Werte, die von zuverlässigen Geräten gemessen und aufgezeichnet werden.

Auf jeden Fall helfen die erhobenen Daten, der Wahrheit ein Stück näherzukommen, wenn man sie nur genügend kritisch interpretiert.

Untersuchungen des deutschen Arztes Magnus Hirschfeld, der 1918 das Institut für Sexualkunde in Berlin gründete und den ersten Internationalen Kongreß für Sexuelle Reform organisierte, ergaben folgende Durchschnittswerte für die Häufigkeit von Geschlechtsverkehr bei Männern je nach Alter:

- Männer zwischen **20 und 30 Jahren** haben 100-300mal,
- Männer im Alter von **30-40 Jahren** haben 50-150mal und

Mit der Zeit des Zusammenlebens geht die Häufigkeit, mit der Paare Geschlechtsverkehr haben, zurück. Das liegt auch daran, daß andere gemeinsame Interessen für das Paar wichtiger werden als die Sexualität.

Die Geschlechtsorgane der Frau reagieren anders als die des Mannes. Damit die Frau befriedigt wird, sind – neben dem Kennenlernen des eigenen Körpers – das Beherrschen der richtigen Technik und ein Partner notwendig, der bereit ist, mitzulernen.

- Männer **über 40 Jahre** haben etwa 50-100mal Geschlechtsverkehr im Jahr.

Nach Auswertung verschiedener Quellen (Kinsey, Hunt, Bell und Bell, Levin und Levin, Trussel und Westoff) kommen Masters und Johnson zu folgendem Schluß:

Nordamerikanische Paare haben im Alter von 20-35 Jahren durchschnittlich zwei- bis dreimal pro Woche Geschlechtsverkehr. Nach dem 35. Lebensjahr nimmt die Häufigkeit langsam ab. Nach Erreichen des 50. Lebensjahres liegt sie bei einmal pro Woche oder weniger.

Masters und Johnson weisen darauf hin, daß es sich bei der durchschnittlichen Häufigkeit des Geschlechtsverkehrs jedoch nicht um absolute Werte handelt. In jeder ihrer Studien sei ein breites Spektrum an individuellen Verhaltensweisen beobachtet worden.

Abnahme und Zunahme

Eine erste Interpretation der genannten Untersuchungsergebnisse lautet:

Die Häufigkeit des Geschlechtsverkehrs nimmt mit dem Alter ab. Ausschlaggebend scheinen die nachlassende Potenz sowie eine Verlagerung der Interessen mit zunehmendem Alter zu sein.

1972 führte Hunt eine Untersuchung durch, die im Vergleich zu den 1948 von Kinsey erhobenen Daten auf eine Zunahme der sexuellen Betätigung von Personen unter 35 Jahren schließen ließ.

In den Untersuchungen von Kinsey lag die Häufigkeit des Geschlechtsverkehrs pro Woche bei knapp dreimal, bei Hunt erreichte sie knapp viermal pro Woche.

Sexuelle Aktivität der Frau

Kinsey stellte fest, daß ein Drittel der unverheirateten Frauen durchschnittlich jede zweite Woche durch unterschiedliche sexuelle Aktivitäten einen Orgasmus hatte. Ein geringer Anteil hatte einen Orgasmus pro Woche, und nur eine verschwindend geringe Anzahl hatte zwei oder mehrere Orgasmen pro Woche.

Obwohl die Repräsentativität der Untersuchung von Kinsey fragwürdig ist, bleibt bemerkenswert, daß 35 % der Frauen zwischen 30 und 40 Jahren noch nie einen Orgasmus gehabt hatten.

Kritik an den Daten von Kinsey

Die von Kinsey erhobenen Daten gelten aus folgenden Gründen weder als repräsentativ für die Bevölkerung der USA noch als übertragbar auf andere Länder:

Wie oft haben Sie Sex?									
	überhaupt nicht		ein paarmal im Jahr		ein paarmal im Monat		2-3mal pro Woche		4mal pro Woche oder öfter	
	M	F	M	F	M	F	M	F	M	F
GESAMT	9,8	13,6	17,6	16,1	35,5	31,5	29,5	26,3	7,7	6,7
ALTER										
18-24	14,7	11,2	21,1	16,1	23,9	31,5	28,0	28,8	12,4	12,4
25-29	6,7	4,5	14,8	10,3	31,0	38,1	36,2	36,8	11,4	10,3
30-34	9,7	8,1	16,7	16,6	34,7	34,6	31,5	32,9	7,4	7,8
35-39	6,8	10,8	12,6	15,7	40,0	37,8	35,3	32,5	5,3	3,2
40-44	6,7	14,6	16,9	15,5	44,4	46,1	26,4	16,9	5,6	6,8
45-49	12,7	16,1	19,8	16,1	33,3	41,0	27,8	23,6	6,3	3,1
50-54	7,8	19,3	19,6	20,7	45,1	40,0	22,5	17,8	4,9	2,2
55-59	15,7	40,8	24,7	22,4	41,6	29,6	16,9	4,8	1,1	2,4

Nach „The Social Organization of Sexuality" M = Männer, F = Frauen

Um die Bedeutung dieser Zahlen besser verstehen zu können, muß man berücksichtigen, daß in der soziologischen Studie über die Sexualität der US-Amerikaner, der diese Daten entnommen wurden, auch festgestellt wurde, daß nur 22 % der Junggesellen und 24 % der geschiedenen, getrennt lebenden oder verwitweten Männer in den vergangenen zwölf Monaten gar keinen Sex gehabt hatten. Bei den Frauen traf dies auf 30 % der ledigen und auf 34 % der geschiedenen, getrennt lebenden oder verwitweten Frauen zu.

- Es wurden nur **nordamerikanische Frauen** befragt. Das Verhalten von Frauen in anderen Ländern kann ganz anders sein.
- Die Befragung wurde **vor langer Zeit** durchgeführt; möglicherweise haben sich die Gewohnheiten wesentlich verändert.
- Der wichtigste Grund ist, daß lediglich **1-3 %** der Frauen, die einen Fragebogen bekommen hatten, **antworteten**. Das läßt vermuten, daß im wesentlichen liberal eingestellte Frauen antworteten. Sie sind aber nicht repräsentativ für die Mehrheit, die möglicherweise wesentlich konservativer denkt und handelt.

Weiblicher Fortschritt

Verschiedene soziologische Studien haben gezeigt, daß die Frau – im Gegensatz zum Mann – mit zunehmender sexueller Erfahrung ihre Orgasmusfähigkeit bis auf ein Maximum steigern kann, das mit der Zeit langsam wieder abnimmt.

Daher kann man sagen, daß die Frau eine gewisse Zeit der Übung braucht, um bei sexueller Stimulation regelmäßig zum Orgasmus zu gelangen.

Bei der Frau ist das Erreichen des Orgasmus nicht ausschließlich von der sexuellen Potenz und den sexuellen Fähigkeiten abhängig, sondern auch von erlernbaren Techniken.

Der Mann sollte das berücksichtigen, wenn er seine Partnerin vollkommen zufriedenstellen will.

15 % der von Kinsey befragten Frauen gaben an, mehrere Orgasmen bei einem Geschlechtsverkehr erlebt zu haben, was beim Mann nur ausnahmsweise gelingt.

Unterschiede

Es ist auch erwähnenswert, daß die aktivsten Männer bis zu drei Orgasmen pro Woche haben, ihre Partnerinnen dagegen nur knapp zwei.

Etwa mit 41-45 Jahren gleicht sich die durchschnittliche Anzahl der Orgasmen pro Woche bei beiden Geschlechtern an.

Man hat auch festgestellt, daß Männer im Durchschnitt häufiger als Frauen Geschlechtsverkehr wünschen.

In der neuesten großen, repräsentativen US-Studie berichtet Laumann, daß 54 % der Männer täglich an Sex denken, während es nur 19 % bei den Frauen sind.

Dieser Unterschied muß nicht unbedingt zum Hindernis für eine harmonische Sexualbeziehung eines Paares werden, wenn beide Partner versuchen, einander in ihren Bedürfnissen so gut wie möglich entgegenzukommen.

Immer mehr?

Neuere soziologische Untersuchungen scheinen die Tendenzen, die bereits in älteren Studien zur menschlichen Sexualität deutlich wurden, zu bestätigen:

Die Prinzipien, die für eine gesunde Lebensführung im allgemeinen gelten, lassen sich auch auf die Sexualität übertragen: Vermeiden Sie alles, was ungesund ist, und wenden Sie das, was gesund ist, im richtigen Maß an. Denn auch das Gesündeste kann im Übermaß schädlich werden.

- Die sexuelle Betätigung von Männern und Frauen beginnt immer früher.
- Sie endet später.
- Es finden immer häufiger sexuelle Kontakte zwischen Männern und Frauen statt.

Zumindest machen dies viele Erhebungen über das sexuelle Verhalten deutlich, wie die Statistiken in Kap. 18 zeigen (S. 1/353).

Die Frau weniger?

Dagegen gibt es andere Studien, die die oben genannte Tendenz stetig zunehmender sexueller Betätigung nicht unbedingt bestätigen.

Eine Umfrage der Weltgesundheitsorganisation (WHO) unter spanischen Frauen im Alter zwischen 15 und 45 Jahren, die im Frühling 1985 durchgeführt wurde, ergab, daß

- **52 %** der Frauen regelmäßig,
- **16 %** unregelmäßig und
- **32 %** keinen Geschlechtsverkehr hatten.

Das Erstaunliche an dem Ergebnis der Erhebung ist, daß etwa ein Drittel der befragten Frauen überhaupt keinen Geschlechtsverkehr hatte.

Diese Feststellung widerlegt den Trend zu immer früheren und immer mehr sexuellen Kontakten, zumindest was die Frau angeht, eindeutig.

In vielen Aspekten der Sexualität haben sich Frauen und Männer heute allerdings stark angeglichen, wobei vor allem die Frauen stark aufgeholt haben.

Wunsch und Wirklichkeit

Die neueren Erhebungen zur sexuellen Aktivität der Männer, zumindest zu der der Spanier, sind in weiten Teilen widersprüchlich.

Zum einen machen sie auf eine vermeintliche Zunahme sexueller Aktivität aufmerksam.

Zum anderen zeigen sie deutlich, daß Störungen des sexuellen Verlangens beim Mann – vornehmlich durch vorzeitigen Samenerguß und Impotenz bedingt – ansteigen.

Dieser Widerspruch könnte eventuell darauf zurückzuführen sein, daß zu viele männliche Befragte in ihren Antworten Wunsch und Wirklichkeit verwechseln.

Bewahrung der sexuellen Potenz
Praktische Tips

Die meisten Menschen – Männer wie Frauen – möchten ihre körperlichen und geistigen Fähigkeiten möglichst lange erhalten. Es gibt einige grundsätzliche Regeln, die helfen können, diesen Wunsch auf dem Gebiet der Sexualität – wie auch in anderen Lebensbereichen – zu verwirklichen.

EXZESSE VERMEIDEN

- Zunächst einmal sollten Exzesse vermieden werden. Natürlich kann das, was für den einen bereits zuviel ist, für den anderen zuwenig sein.
- Jeder muß sich selbst genau und ehrlich beobachten sowie die eigenen Bedürfnisse und, was noch wichtiger ist, die eigenen Fähigkeiten erkennen.
- Im Prinzip ist es ähnlich wie mit dem Essen. Man sollte nicht ständig so viel essen, bis man nicht mehr kann. Das führt zu Übersättigung, Langeweile und sogar Desinteresse. In keinem menschlichen Lebensbereich sollte das richtige Maß überschritten werden. Was aber ist das richtige Maß?

DAS RICHTIGE MASS HALTEN

- Zum Glück verfügt unser Körper über verschiedene Mechanismen, die uns durch Symptome wie Müdigkeit, Funktionsstörungen und Schmerz deutlich zeigen, wann wir das vernünftige Maß überschritten haben.

MIT DEN ENERGIEN HAUSHALTEN

- Wir sollten berücksichtigen, daß unsere Lebensenergie, einschließlich der sexuellen Energie, nicht in voneinander getrennte Bereiche unterteilt ist und daß sie begrenzt ist.
- Wer zuviel Energie für Sex verwendet, büßt Kraft für Aktivitäten in anderen Bereichen ein.
- Diese Ansicht über den Verbrauch der sexuellen Energie wurde bereits von Scheler und Freud vertreten. Sie sagten, der Verbrauch der Energie durch sexuelle Betätigung mindere die für andere Aufgaben zur Verfügung stehende Energie.
Ebenso waren Aubin und Boigy der Meinung, daß geschlechtliche Exzesse das Leben verkürzen und die allgemeine Lebenskraft mindern.

NICHT GEGEN SICH SELBST ANKÄMPFEN

- Wir wollen hier nicht für sexuelle Abstinenz, sondern für einen vernüftigen Umgang mit der Sexualität plädieren.
- Sexuelle Enthaltsamkeit oder Einschränkung sind nicht förderlich, wenn ein Mensch ständig gegen seine natürlichen Impulse ankämpfen muß. Reduziert der Mißbrauch der Sexualität auf der einen Seite die allgemeine Lebensenergie des Menschen, bewirkt ein ständiger Kampf gegen die natürlichen Impulse auf der anderen Seite überflüssigen psychischen und körperlichen Streß.
- Wie bei vielen anderen Dingen liegt auch hier in der Mäßigung die Tugend. Um den goldenen Mittelweg gehen zu können, sind verläßliche Informationen und ein wenig gesunder Menschenverstand nötig.

17 Der Mensch im Spiegel seiner Sexualität

*E*ine der größten Herausforderungen für den Menschen ist es, mehr über sich selbst zu erfahren. Der Mensch sucht nach einem zuverlässigen Spiegel, in dem er sich betrachten und untersuchen und mit dessen Hilfe er sich selbst erkennen kann.

Die Sexualität ist eines der auffälligsten Mermale des Menschen.

Weil die Sexualität immer auch in den organischen Funktionen und den sozialen Beziehungen des Menschen präsent ist, ist es nicht leicht, sie von diesen Bereichen isoliert zu betrachten.

Kein leichtes Vorhaben

Es ist in der Tat kompliziert, die Sexualität von allen anderen Aspekten des Menschen zu trennen und sie quantitativ oder qualitativ zu analysieren. Dazu müßte man zunächst all die Daten und Merkmale kennen, die allen Menschen gemeinsam sind. Zur Zeit sind wir noch weit entfernt davon.

Einige Untersuchungen liegen aber bereits zum Thema vor. Ihre Ergebnisse bringen erstes Licht in das Dunkel und sind wichtige Beiträge zum besseren Verständnis der Sexualität des Menschen.

- Die meisten dieser Studien basieren auf **empirischen Untersuchungen**.
- Es gibt auch Studien, die **klinische Beobachtungen** von Ärzten, Psychologen oder Psychiatern beinhalten.
- Die wenigsten Erkenntnisse über die Sexualität stammen von wissenschaftlichen **Untersuchungen** an Männern und Frauen **während sexueller Aktivität**.

Wissenschaftliche Methoden

Es wird im Verlauf des Kapitels deutlich werden, daß die Methoden, über die die Sexualwissenschaft derzeit verfügt, immer noch Mängel aufweisen. Bestimmte Ergebnisse sexualwissenschaftlicher Untersuchungen sind daher nur eingeschränkt verwertbar.

Dank der Fortschritte in der Forschung weiß man heute dennoch sehr viel mehr über die menschliche Sexualität als je zuvor. Die Aussagen über die Sexualität sind insgesamt weitaus verläßlicher geworden.

Das Wissen, über das man heute verfügt, ist auch wesentlich genauer als das der Anfänge in der Sexualwissenschaft, als man sich allein auf die Beobachtung einzelner Fälle stützte.

Wir wollen im folgenden sehen, welches die international bekanntesten und am meisten akzeptierten sexualwissenschaftlichen Untersuchungen sind, und uns mit ihren Ergebnissen beschäftigen.

Um einen guten Überblick zu erhalten, werden wir uns nur mit den wichtigsten Ergebnissen der Studien auseinandersetzen.

Die Studien werden darüber hinaus in anderen Kapiteln der Reihe MENSCH UND FAMILIE berücksichtigt, auch wenn sie dort nicht immer namentlich erwähnt werden.

Sowohl hier als auch im übrigen Werk wollen wir uns nicht darauf beschränken, die Ergebnisse der sexualwissenschaftlichen Untersuchungen wiederzugeben. Wir wollen außerdem versuchen, sie kritisch zu prüfen und zu bewerten.

Gleichzeitig wollen wir den größtmöglichen Nutzen aus den Untersuchungsergebnissen ziehen, die aufgrund mangelnder Repräsentativität keine allgemeinen Aussagen zuließen.

Historischer Rückblick

Gewiß gibt es keine Statistiken, die mehrere Jahrhunderte zurückgehen, aber es gibt einige Hinweise, anhand derer man bestimmte Verhaltensweisen rekonstruieren kann.

Wir wollen daher einmal schauen, wie intensiv das Sexualleben unserer Vorfahren war, und die Ergebnisse mit der Gegenwart vergleichen.

Verschiedene Untersuchungen zeigen, daß Menschen, die auf dem Lande leben,

Kap. 17: DER MENSCH IM SPIEGEL SEINER SEXUALITÄT

Der traditionelle Bauer führte ein in vieler Hinsicht natürlicheres und gesünderes Leben als der Städter. Heute wird auch sein Leben nicht selten von Termindruck, Streß und Leistungszwang bestimmt.

in der Sexualität und in anderen Lebensbereichen ausgeglichener sind als Städter, (wenn auch Sodomie und Inzest bei der ländlichen Bevölkerung häufiger vorkommen als bei der städtischen).

Allerdings haben sich mit der Industrialisierung der Landwirtschaft in den letzten Jahrzehnten auch die Lebensbedingungen vieler Landwirte gewandelt.

Die Zeit der Patriarchen

Dokumenten aus der Zeit vor ca. 4.000 Jahren ist zu entnehmen, daß der Mann etwa 50mal pro Jahr Geschlechtsverkehr hatte, auch wenn man aufgrund der Polygamie vielleicht etwas anderes erwartet hätte.

Der große hebräische Gesetzgeber Moses empfahl kein bestimmtes Sexualverhalten. Geschlechtsverkehr während der Menstruation und in der Woche vor der Menstruation war jedoch verboten, so daß nur noch etwa 15 Tage im Monat verblieben.

Und da die Vielehe in der Realität nur eine Ausnahme war, konnte ein Mann, der sich an das Mosaische Gesetz hielt, im Durchschnitt kaum mehr als viermal im Monat mit seiner Frau Geschlechtsverkehr haben. Das entspricht etwa 50mal pro Jahr.

Von der Antike bis zur Reformation

Im antiken Griechenland hielten sowohl der Gesetzgeber Solon wie auch der Philosoph Sokrates es für normal, alle zehn Tage Geschlechtsverkehr zu haben.

MENSCH UND FAMILIE

BAND 1

Die Gründer der großen Religionen, wie Moses, Mohammed oder Luther, konnten es genauso wie Solon und Sokrates nicht lassen, sich dazu zu äußern, wie und wie oft man Sex praktizieren sollte.

*Man könnte meinen, daß die Sexualität etwas so Intimes und Persönliches ist, daß weder die Gesetzgeber noch die Moralapostel oder Philosophen sich in sie einzumischen hätten. Letztendlich betrifft die Sexualität aber – wie fast alle menschlichen Aktivitäten – nicht bloß das Individuum bzw. Paar, sondern auch die Gesellschaft. Sexualität hängt mit der wichtigsten Funktion des menschlichen Körpers zusammen, mit der Weitergabe von Leben. Deshalb **dürfen** die Ethik, die Moral, das Recht und die Religion nicht nur, sie **müssen** sogar Stellung beziehen, um das Individuum und die ganze Menschheit zu schützen.*

Mohammed empfahl seinen Anhängern dagegen eine etwas häufigere sexuelle Betätigung, nämlich einmal pro Woche.

Der protestantische Reformator Martin Luther gab den Rat, zweimal pro Woche Geschlechtsverkehr zu vollziehen.

Es entsteht der Eindruck, daß alle erwähnten großen Vordenker ihre Empfehlungen von der durchschnittlichen Häufigkeit des Geschlechtsverkehrs ableiten, die in ihrer Zeit akzeptiert wurde.

Die durchschnittliche Häufigkeit des Geschlechtsverkehrs ist je nach Kultur, Alter, Geschlecht und Familienstand unterschiedlich.

Forts. auf S. 340

Die großen nordamerikanischen Studien

Die umfangreichsten Untersuchungen über die menschliche Sexualität wurden in den USA durchgeführt.
Alfred C. Kinsey veröffentlichte sein monumentales Werk zwischen 1948 und 1953.
Auch die Sexualforscher Masters und Johnson waren Vorreiter in der Erforschung der faszinierenden Welt der Sexualität.
Erst kürzlich (1994) veröffentlichten drei Professoren der Universität von Chicago den „Bericht über die Gesundheit und die soziale Lage der Nation", den ersten wirklich repräsentativen Bericht über die nordamerikanische Bevölkerung.

Die Kinsey-Studie

Die 1948 veröffentlichte Kinsey-Studie „Das sexuelle Verhalten des Mannes" und der 1953 veröffentlichte zweite Teil „Das sexuelle Verhalten der Frau" wird weithin für die beste Untersuchung gehalten, die je über die menschliche Sexualität angefertigt wurde.

Die Untersuchungen Alfred C. Kinseys, Professor für Zoologie an der Universität von Indiana, und seiner Mitarbeiter wurden von der Gesellschaft zur Erforschung sexueller Probleme des U.S.-Nationalrates für Forschung gefördert und von der Rockefeller-Stiftung finanziert.

Die Untersuchungsmethoden

Bei allen Erhebungen Kinseys wurde mit streng wissenschaftlicher Methodik vorgegangen. Es wurden keine ethischen oder religiösen Vorüberlegungen angestellt. Es sollten objektive Daten über die menschliche Sexualität gesammelt werden.

Die Daten wurden in persönlichen Interviews mit weißen Personen aller Altersgruppen und unterschiedlichen Familienstands erhoben. Die Gruppe der Befragten umfaßte 5.940 Frauen und 5.300 Männer mit Wohnsitz in den USA. Der Fragebogen enthielt mehr als 500 Fragen. Sie betrafen Bereiche wie die sexuelle Entwicklung vor der Pubertät, erotische Träume, vorehelichen, außerehelichen und ehelichen Geschlechtsverkehr, Selbstbefriedigung, Homosexualität, sexuelle Kontakte mit Tieren und weitere mögliche sexuelle Aktivitäten.

Nach ihrer Veröffentlichung wurde diese Studie vor allem von religiösen Gruppen stark kritisiert. Man äußerte nicht wissenschaftlich begründete, sondern moralische Bedenken gegenüber der öffentlichen Verbreitung der Studie, in der Verhaltensweisen beschrieben werden, die überwiegend (zu 86 %) nicht den von ihnen vertretenen moralischen Grundsätzen entsprachen.

Kritik an der Kinsey-Studie

Kinseys Studie war die erste große, wissenschaftlich fundierte soziologische Untersuchung, die allgemeingültige und zuverlässige Aussagen über die menschliche Sexualität möglich machte. Trotzdem sind einige Einschränkungen zu nennen, die bei der Auswertung stets berücksichtigt werden sollten, um falsche Schlüsse zu vermeiden.

Die erste Einschränkung betrifft die Auswahl der Befragten. Obwohl die Stichprobe relativ groß war, ist sie nicht repräsentativ für die Bevölkerung der USA. Die Umfrage wurde nämlich nur an weißen Amerikanern durchgeführt, obwohl ursprünglich geplant war, auch schwarze Amerikaner zu befragen.

Darüber hinaus stammten die meisten vollständig ausgefüllten Fragebögen von Personen aus Großstädten mit hohem sozialen Status.

Schließlich besteht die wichtigste Einschränkung darin, daß es jedem Teilnehmer freigestellt war, die Fragen zu beantworten oder nicht. Es wurden nur die Fragebögen ausgewertet, die von den Teilnehmern der Befragung ausgefüllt worden waren. Die ausgewerteten Fragebögen entsprechen daher proportional nicht dem Anteil einzelner Gruppen an der Gesellschaft, und ihre Ergebnisse sind aus diesem Grund nicht repräsentativ.

Dieser methodische Mangel wiegt noch schwerer, wenn man bedenkt, daß zur damaligen Zeit nicht so offen über Sexualität gesprochen wurde wie heute. Die meisten Menschen hüteten sich davor, ihre Ansichten und Vorlieben in diesem Bereich preiszugeben, besonders wenn sie wußten, daß ihre Angaben veröffentlicht werden sollten.

Die Bedeutung der Kinsey-Studie

Trotz aller Kritik an Kinsey war seine Leistung zu seiner Zeit einzigartig und ist es auch heute noch. Kinsey hätte gerne noch mehr erreicht. Sein Ziel war es, 100.000 Menschen zu befragen. Dazu kam es jedoch nicht mehr, da er 1956, nach zwanzig Jahren fieberhafter Lehre und Forschung starb.

Wenn man also einmal von den Einschränkungen der Studie, auf die wir aufmerksam gemacht haben, absieht, kann man davon ausgehen, daß ihre Angaben der Realität entsprechen und ein für eine empirische soziologische Erhebung akzeptables Maß an Zuverlässigkeit bieten.

Es muß zudem nochmals darauf hingewiesen werden, daß die Ergebnisse einer nordamerikanischen Umfrage nicht unbedingt auf die Situation anderer Länder übertragbar sind.

Kinseys Studien dienen häufig als Grundlage und als Bezugspunkt für weitere Untersuchungen und sexualwissenschaftliche Veröffentlichungen.

MASTERS UND JOHNSONS UNTERSUCHUNGEN

Wir hatten bereits Gelegenheit, uns auf diese beiden berühmten Sexualwissenschaftler und ihre Erfahrungen zu beziehen. Jetzt wollen wir die Reichweite und Gültigkeit ihrer Forschungen untersuchen. William H. Masters und Virginia Johnson untersuchten in ihren Labors 694 Personen (382 Männer und 312 Frauen) zwischen 18 und 89 Jahren, und zwar sowohl Paare als auch Einzelpersonen.

Die Männer und Frauen wurden beim Geschlechtsverkehr und bei anderen sexuellen Handlungen von den Forschern beobachtet, und ihre sexuellen Reaktionen wurden von Geräten, die Kreislauf, Gehirn, Muskeln und andere Funktionen maßen, aufgezeichnet. Außerdem wurden sie gefilmt, damit ihre Handlungen so oft wie nötig studiert und analysiert werden konnten.

Die Grenzen der Untersuchungen von Masters und Johnson

Es handelte sich um eine sehr aufwendige Untersuchung, deren Ergebnisse heftig diskutiert wurden. Zunächst stellte sich die Frage der Objektivität und der Repräsentativität der eigentlichen Untersuchungsbedingungen.

Es leuchtet ein, daß die sexuellen Reaktionen, die in einem Labor beobachtet werden, nicht die gleichen sein können wie in der Intimität der eigenen Wohnung. Deshalb muß man bei der Interpretation der Ergebnisse vorsichtig sein. Die Resultate der Untersuchung sind zwar eindeutig, die Folgerung allerdings, die Ergebnisse entsprächen der allgemeinen gesellschaftlichen Realität, ist fragwürdig.

Ein weiterer Aspekt, der berücksichtigt werden muß, um die tatsächliche Bedeutung der Ergebnisse zu verstehen und keine falschen Schlüsse zu ziehen, ist der folgende: Alle männlichen und weiblichen Teilnehmer der Untersuchungen von Masters und Johnson, wie auch der von Kinsey, waren Freiwillige. Die meisten gehörten einer höheren Bildungsschicht an. Man kann davon ausgehen, daß die Teilnehmer eine liberale Einstellung zur Sexualität hatten, was bedeutet, daß ihre sexuellen Gewohnheiten nicht denen der Gesamtbevölkerung entsprachen. Nicht jedes Paar ist in der Lage, sich von fremden Personen bei sexuellen Handlungen beobachten zu lassen und frei über sein sexuelles Verhalten zu sprechen.

Die Bedeutung der Untersuchungen von Masters und Johnson

Abgesehen von diesen Einschränkungen liegt das Verdienst der Untersuchungen von Masters und Johnson, genauso wie das von Kinseys Studien, darin, daß sie mit wissenschaftlichen, empirischen Methoden der Soziologie durchgeführt wurden, und nicht einfach auf Vermutungen oder auf Befragungen eines viel zu kleinen Personenkreises beruhten. Die Arbeiten von Masters und Johnson haben enorme Bedeutung, da sie sich nicht nur auf die Darstellung der beobachteten Realität beschränken, sondern gleichzeitig wichtige Erkenntnisse zur Behandlung verschiedener Störungen des Sexualverhaltens liefern.

DER HITE-REPORT

In diesem Zusammenhang sollen auch die Hite-Reports erwähnt werden, denn sie gehören zu den bekanntesten Untersuchungen über die menschliche Sexualität.

Der erste Bericht erschien 1976 unter dem Titel „The Hite report. A nationwide study of female sexuality" [Der Hite-Report. Eine landesweite Untersuchung der weiblichen Sexualität] und basierte auf 3.019 Antworten auf 100.000 Fragebögen, die an Frauen zwischen 14 und 78 Jahren in den USA versandt worden waren.

Forts. nächste Seite

Forts. von vorhergehender Seite

Die Antworten, in denen die Befragten ihre intimsten Gefühle im Bereich der Sexualität schildern, werden wörtlich abgedruckt.

Die Frauen beschreiben ihre Vorlieben hinsichtlich Selbstbefriedigung und Geschlechtsverkehr, ihre Enttäuschungen und ihre intimsten Sehnsüchte.

Sie äußern sich auch über ihre sexuelle Beziehung mit dem Partner, die Bedeutung von Zuneigung und Zärtlichkeiten, ihre Ansicht über die sexuelle Revolution sowie über ihre allgemeine Idealvorstellung zur Sexualität.

Die männliche Sexualität

Später führte Shere Hite weitere Untersuchungen durch, die sie veröffentlichte, wie den Bericht über die männliche Sexualität (1981).

Diese zweite Arbeit ist eine Ergänzung der ersten Studie.

Sie wurde auf der Basis von Antworten von 7.239 nordamerikanischen Männern im Alter zwischen 13 und 97 Jahren durchgeführt. Das entspricht etwa 6 % der versandten Fragebögen.

Die Männer beschreiben ihre Gefühle über Sexualität und ihre Beziehungen zu Frauen. Sie berichteten ebenso über ihre Einstellungen zu Ehe, Liebe, Treue, Altern, Gewalt und ihre Ansicht über verschiedene sexuelle Praktiken.

Der Hite-Bericht über die männliche Sexualität erfaßt auch psychisch-emotionale Gesichtspunkte der Sexualität, insbesondere Bereiche wie das Selbstwertgefühl der Männer, die Beziehung zwischen Eltern und Kindern, die Beziehungen zu anderen Männern und Beurteilungen darüber, was Männer für Anzeichen einer „echt männlichen" Persönlichkeit halten.

Das gesamte Material, das zum überwiegenden Teil (zu 73 %) aus anonymen Antworten besteht, von denen daher anzunehmen ist, daß sie der Wahrheit entsprechen, wird von der Verfasserin untersucht und beurteilt.

Kritik am Hite-Report

Neben der allgemeinen Kritik, daß die Zahl der Antworten nicht repräsentativ für die Menge der Befragten ist, ist anzumerken, daß überwiegend die Gruppe derjenigen geantwortet hat, die ohnehin liberal gegenüber Sexualität eingestellt ist.

Im Prinzip ist dagegen nichts einzuwenden, nur ist die überdurchschnittliche Häufigkeit von Personen mit extremen sexuellen Einstellungen ein Faktor, der statistische Fehler bewirkt.

Das bedeutet, daß die Untersuchungsergebnisse nicht ohne weiteres auf die allgemeine Bevölkerung, auch nicht allein auf die nordamerikanische Bevölkerung, übertragbar sind.

Ein Beispiel dafür ist die Angabe, daß 80 % der Frauen Selbsbefriedigung praktizieren sollen, wohingegen andere Untersuchungen auf höchstens 60 % kommen.

Eine pessimistische Sicht

Das letzte Buch von Shere Hite „Frauen und Liebe" weist die gleichen Mängel wie die beiden ersten auf, weshalb die gleiche Kritik vorgetragen werden muß.

Es ist das dritte Werk der nordamerikanischen Sexualwissenschaftlerin in elf Jahren, und es stützt sich auf 4.500 Antworten aus 100.000 Fragebögen (4,5 % Antworten).

Zusammengefaßt lautet das Ergebnis dieses letzten Hite-Reports, daß die Mehrheit der nordamerikanischen Frauen der verschiedensten Altersstufen die „Machos" satt haben, daß sie sich emotionell frustriert, enttäuscht und unterdrückt fühlen.

Sie beklagen die Erwartung der Männer, daß Frauen neben ihrer beruflichen Tätigkeit weiterhin die treusorgende Ehefrau, Liebhaberin und Mutter spielen.

Häufig wird kritisiert, daß sie sich im privaten Bereich psychischer Gewalt und dem Mißbrauch durch die Männer ausgesetzt sehen.

Shere Hites Feststellungen über die Ehe sind sehr pessimistisch. Sie kommt zu dem Schluß, daß das Zusammenleben beider Geschlechter so gut wie unmöglich ist.

PIETROPINTO UND SIMENAUER

Anthony Pietropinto ist ein New Yorker Psychiater und Sexualwissenschaftler, der die Sexualität nicht als ein isoliertes Phänomen, sondern zusammen mit der gesamten menschlichen Persönlichkeit untersucht.

Seiner Meinung nach ist das die einzige Möglichkeit, um die menschliche Sexualität zu verstehen und ihre Probleme lösen zu können.

Jaqueline Simenauer leitet eine psychiatrische Klinik und hat große Erfahrung als Verfasserin sexualwissenschaftlicher Abhandlungen.

In ihrem Werk „Der männliche Mythos" veröffentlichen die beiden Spezialisten die von ihnen erhobenen Daten und ihre Interpretation, die sich auf eine Befragung von 4.066 Männern stütze. 50 % der Männer, die in Einkaufszentren, Büros, Sportvereinen, Flughäfen und Busbahnhöfen gebeten wurden, einen Fragebogen auszufüllen, haben mit ihren Antworten zu den Ergebnissen beigetragen.

Aufgrund der verwendeten Methodik ist der wissenschaftliche Nutzen dieser Untersuchung genauso wie bei den Hite-Reports eingeschränkt, obgleich sich die Daten in diesem Fall mit etwas größerer Zuverlässigkeit verallgemeinern lassen.

Die Untersuchung liefert Informationen über Selbstbefriedigung, erotische Phantasien und Träume, Wünsche der Partner, bevorzugte Praktiken, das Verliebtsein, die Treue, Familienplanung, Orgasmus, die sexuelle Aktivität in Abhängigkeit vom Alter, die Emanzipation der Frau und über andere Aspekte dieses Bereichs.

Die ultimative Untersuchung?

So lautet zumindest der Untertitel von „Sex in America. A definitive Survey", einem von Gina Koala herausgegebenen Buch, das 1994 erschien.

Im selben Jahr wurde auch „The Social Organization of Sexuality. Sexual practices in the United States" [Die soziale Organisation der Sexualität. Sexuelle Praktiken in den USA], von Stuart Michaels herausgegeben.

In diesen beiden Werken werden Ergebnisse der Untersuchung „National Health and Social Life Survey" [Bericht zur Gesundheit und sozialen Lage der Nation] veröffentlicht, die von den Professoren Robert T. Michael, John H. Gagnon und Edward O. Laumann an der Universität von Chicago durchgeführt wurde.

Eine neue Methodik

Diese allerneueste, große soziologische amerikanische Studie wollte sämtliche Defizite der Methoden ihrer Vorgänger vermeiden.

Zu diesem Zweck wurden 1992 3.432 Personen zwischen 18 und 60 Jahren befragt, die nach dem Zufallsprinzip ausgewählt worden waren. Sie sollten tatsächlich repräsentativ für die gesamte Bevölkerung der Vereinigten Staaten stehen.

In der Umfrage ging es um die Häufigkeit der sexuellen Betätigung, den Gebrauch von Verhütungsmitteln, die Einstellung zum Schwangerschaftsabbruch, die Zahl der Sexualpartner, die Veränderung der Sexualpraktiken aufgrund der Ansteckungsgefahr mit Aids, die ersten erotischen Erfahrungen, Selbstbefriedigungspraktiken, sexuelle Belästigung, die Häufigkeit sexueller Störungen und die Art individueller Befriedigung sowie eine Reihe weiterer, damit zusammenhängender Fragen.

Bei den Befragten handelte es sich zu 45 % um Frauen und zu 55 % um Männer.

54 % waren verheiratet, 7 % lebten in festen Beziehungen ohne verheiratet zu sein, 28 % waren ledig, 2 % verwitwet, und 16 % der Befragten waren geschieden oder lebten getrennt von ihrem Ehepartner.

(Auf einige trafen mehrere dieser Kriterien zu, so daß die Summe mehr als 100 % beträgt.)

Zu 76 % wurden Weiße, zu 13 % Afroamerikaner und zu 8 % Hispanoamerikaner interviewt.

In bezug auf die Religionszugehörigkeit kann man die Teilnehmer der Studie gliedern in konservative Protestanten (31 %), Protestanten (24 %), Katholiken (24 %), Juden (2 %) und andere (5 %). 11 % gaben an, keiner Religion anzugehören.

29 % besuchten laut eigenen Angaben jede Woche einen Gottesdienst, 17 % zwischen ein- und dreimal im Monat, nur 15 % hingegen nie.

Auch wenn die amerikanischen Studien zur Sexualität mit fundierten wissenschaftlichen Methoden durchgeführt werden, muß man ihre Ergebnisse doch stets vorsichtig interpretieren und darf keine unzulässigen Verallgemeinerungen vornehmen. Durch die Studien über die Sexualität anderer erfahren wir nämlich nur das, was die Befragten der Öffentlichkeit preisgegeben haben. Selbst objektive physiologische Untersuchungen können nicht die intimen, persönlichen Erfahrungen einer Person oder des Paares wiedergeben.

Bewertung und Nutzen

Die genannten Veröffentlichungen stellen heraus, daß nach dem Bericht z. B. 80 % der Amerikaner in den vergangenen zwölf Monaten nur einen Sexualpartner hatten.

Auch wenn diese Untersuchung die ultimative Studie über die menschliche Sexualität sein will, bleiben die Kritiken der Experten und die Beurteilung der tatsächlichen Gültigkeit abzuwarten.

Die Autoren gehen davon aus, daß ihre Daten sehr aussagekräftig sind, und behaupten gleichzeitig, alle vorher erlangten Ergebnisse seien unzuverlässig.

Wir zitieren die Ergebnisse der Untersuchung jedoch mit derselben Vorsicht wie die aller anderen amerikanischen Untersuchungen auch.

Verschiedene Untersuchungen über Aspekte der menschlichen Sexualität

Es gibt zahlreiche Studien, die sich – in einem kleineren Rahmen als die auf den Seiten 1/332ff. besprochenen – auf die Untersuchung einzelner Gesichtspunkte der menschlichen Sexualität konzentrieren. Wir wollen zumindest die bekanntesten Studien erwähnen. Auf einige der Studien werden wir nicht näher eingehen, da wir glauben, daß sie für dieses Werk nicht von Interesse sind. Dazu gehören z. B. die Berichte über Homosexualität, die 1978 und 1981 von dem von Kinsey gegründeten Institut für Sexualwissenschaftliche Forschungen veröffentlicht wurden, oder die Untersuchung von Blumstein und Schwartz über heterosexuelle Paare (1983).

DER HUNT-REPORT („PLAYBOY")

Die Zeitschrift „Playboy" veröffentlichte eine Studie von Morton Hunt, die später (1975) auch als Buch erschien. Die Studie untersuchte das sexuelle Verhalten der über 18jährigen Nordamerikaner in den 60er Jahren.

Die Teilnehmer wurden per Zufall aus Telefonbüchern von 24 Städten der USA ausgesucht. Es kamen die Antworten von 982 Männern und 1.044 Frauen zur Auswertung; das waren 20 % der Personen, die insgesamt angesprochen wurden.

Die Studie weist einige Unzulänglichkeiten auf. Auf der einen Seite ist zweifelhaft, ob die Gruppe der Personen, die sich bereit erklärten zu antworten, tatsächlich repräsentativ ist.

Auf der anderen Seite war die Erhebung so angelegt, daß die Teilnehmer ihre Fragebögen erst ausfüllen sollten, nachdem sie in kleinen Gruppen an einer Diskussion über Sexualität in den USA teilgenommen hatten. Das kann die Spontaneität ihrer Antworten beeinflußt haben. Trotzdem sollten wir uns die Ergebnisse der Untersuchung anschauen.

Im folgenden werden die wichtigsten Ergebnisse der Untersuchung vorgestellt. In einigen Aspekten stimmen sie nicht mit den Ergebnissen von anderen, zur gleichen Zeit in den USA durchgeführten Untersuchungen überein, was beweist, daß sie nicht vollkommen verläßlich sein können.

- 33 % der Männer und 18 % der Frauen unterhielten sexuelle Beziehungen mit mehreren Partnern.
- 19 % der Frauen und 10 % der Männer gaben an, daß ihnen ihre sexuellen Beziehungen mehr oder weniger gewaltsam aufgezwungen würden.
- 11 % der Frauen und 7 % der Männer hatten homosexuelle Kontakte.
- 65 % der Frauen zwischen 25 und 35 Jahren und 80 % der Frauen unter 25 Jahren hatten Geschlechtsverkehr vor der Ehe gehabt.

Kinseys Untersuchung hatte ergeben, daß 45 % der Jungen und 14 % der Mädchen sich mit Erreichen des Alters von 13 Jahren selbst befriedigten. In der Erhebung im „Playboy" waren es 65 % bzw. 40 %.

Ein schlechtes Gewissen, weil sie sich selbst befriedigten, hatten

- 17 % oft
- 32 % manchmal
- 32 % nur selten
- 19 % nie

Es ist bemerkenswert, daß sich nach der soziologischen Untersuchung des „Playboy" die meisten Jugendlichen schämten zuzugeben, daß sie masturbierten. Sie kamen sich selbst unreif vor, obwohl sie auch Geschlechtsverkehr hatten.

Die Untersuchung zeigte auch, daß praktizierende Gläubige seltener masturbieren als Menschen, die nicht gläubig sind oder die Religion nicht praktizieren.

Die Umfrage ergab weiterhin, daß sich ca. 70 % der verheirateten Männer durchschnittlich 24mal im Jahr selbst befriedigen.

Ein anderer interessanter Einzelaspekt ist folgender: Während Kinsey festgestellt hatte, daß 15 % der Paare den Geschlechtsverkehr in kniender Stellung ausführen, bei der der Mann seinen Penis von hinten in die Scheide der Frau einführt, gab der Hunt-Report hier 40 % an.

DIE REDBOOK-STUDIE

Die amerikanische Zeitschrift „Redbook" verschickte zehn Millionen Fragebögen an Frauen. Davon wurden lediglich 100.000, also 1 %, ausgefüllt und zur Auswertung zurückgeschickt.

Auch hier wird die wichtigste Unzulänglichkeit dieser Art von Untersuchung deutlich, nämlich die geringe Beteiligung und die dadurch unzureichende Repräsentativität der ermittelten Daten.

Einige der wichtigsten Ergebnisse sind:

- 75 % der Frauen gaben an, daß sie masturbierten.
- 96 % der Frauen unter 20 Jahren hatten Geschlechtsverkehr vor der Ehe.

  Diese sehr hohe Zahl steht im Gegensatz zu den Angaben von Kantner und Zelnik (40 %), die uns weitaus realistischer erscheinen.

Nie zuvor gab es so viele Informationen über verschiedene Aspekte des menschlichen Lebens und insbesondere über die Sexualität wie heute. Es scheint paradox, aber es sieht nicht so aus, als ob diese Flut an Informationen wirklich zur Lösung der Probleme der Menschen beiträgt. Manchmal führen all diese neuen Daten, wenn sie nicht richtig interpretiert werden, sogar zu erheblicher Verwirrung, auch wenn sie noch so gewissenhaft erhoben wurden. Das vorliegende Buch wurde mit dem Ziel erstellt, dem Leser und der Leserin etwas mehr Klarheit zu verschaffen. Deshalb haben wir uns nicht darauf beschränkt, Informationen aneinanderzureihen, sondern möchten vielmehr auch ein Wegweiser und Ratgeber für mehr körperliche und psychisch-emotionale Gesundheit sein. Und dazu gehört auch eine glückliche Sexualität.

DIE SORENSON-UMFRAGE

Die sogenannte Sorenson-Umfrage untersuchte die Sexualität von Jugendlichen zwischen 13 und 19 Jahren.

Ihre Ergebnisse sind jedoch nicht sehr repräsentativ, da lediglich Jugendliche antworteten, deren Eltern die Teilnahme an der Umfrage erlaubt hatten. Es kann daher davon ausgegangen werden, daß die Antworten von Jugendlichen stammten, die in einer sexuell eher freizügigen Umgebung aufwuchsen.

Robert Sorensons wichtigste Ergebnisse lauten folgendermaßen:

- 55 % der Mädchen und 41 % der Jungen gaben an, noch nie Geschlechtsverkehr gehabt zu haben.
- 59 % der Jungen und 45 % der Mädchen gaben an, einmal oder mehrmals Geschlechtsverkehr gehabt zu haben.
- 25 % der Mädchen und 20 % der Jungen hatten keinerlei sexuelle Erfahrung.
- 19 % der Mädchen und 14 % der Jungen hatten sexuelle Erfahrungen, ohne jedoch bis zum Geschlechtsverkehr gekommen zu sein.

DIE KANTNER/ZELNIK-STUDIE

Kantner und Zelnik sind zwei äußerst kompetente nordamerikanische Wissenschaftler, die sich auf streng wissenschaftlicher Basis mit dem weiblichen Sexualverhalten beschäftigten.

Leider beschränkten sie sich in ihren Untersuchungen auf nur wenige Gesichtspunkte, insbesondere auf Empfängnisverhütung und Schwangerschaft bei unverheirateten Mädchen im Alter zwischen 15 und 19 Jahren.

Ihre Untersuchungen ergaben, daß 1971 30 % der befragten Mädchen Geschlechtsverkehr gehabt hatten. Fünf Jahre später war der Anteil auf 40 % gestiegen.

Sexualwissenschaftliche Untersuchungen in Deutschland

Im Zuge der von den USA ausgehenden sexuellen Liberalisierung wuchs auch in Deutschland das Bedürfnis nach Informationen und Orientierungshilfen. Allerdings lagen bis zum Ende der 70er Jahre keine repräsentativen Untersuchungen zum Sexualverhalten der Deutschen vor. Diese Lücke schloß die „Repräsentative Analyse sexueller Lebensformen", kurz: „RALF-Report"*. Dabei stellte sich heraus, daß das Sexualverhalten der Deutschen sich nicht grundsätzlich von dem der Amerikaner unterscheidet. Klaus Eichner und Werner Habermehl veröffentlichten 1978 die wichtigsten Ergebnisse der Studie.

DER RALF-REPORT

Ein Ziel des RALF-Projektes (Repräsentative Analyse sexueller Lebensformen) bestand darin, zu untersuchen, inwieweit die Ergebnisse amerikanischer Studien zur Sexualität auf die Verhältnisse in Deutschland übertragbar sind.

Die Initiatoren der Analyse wollten wissen: Sind die amerikanischen Männer und Frauen trotz der bei internationalen Vergleichen immer wieder hervorgehobenen Unterschiede zwischen den Lebensbedingungen in den USA und in der Bundesrepublik den Deutschen hinsichtlich ihres Sexualverhaltens und ihrer Einstellung zur Sexualität ähnlich oder nicht?

Das war für die Beantwortung der Frage wichtig, ob amerikanische Analysen wie der „Kinsey-Report" oder der „Hite-Report" auch auf die Deutschen übertragbar sind.

Die angewandten Methoden

Der RALF-Report gründet sich auf Daten, die anhand einer Fragebogenaktion ermittelt wurden.

An 10 000 Frauen und Männer ab 18 Jahre, die nach dem Zufallsprinzip ausgewählt worden waren, wurden Fragebögen geschickt (Version A mit 100 und Version B mit 88 Fragen), die Angaben zur Sexualität ganz allgemein und zum Sexualverhalten speziell erhoben.

Die Faktoren, die als Einflußgrößen für das sexuelle Verhalten berücksichtigt wurden, waren vor allem: Alter, Schulbildung, Zugehörigkeit zu einer sozialen Schicht, Konfession, Erziehung, Familienstand, berufliches und gesellschaftliches Engagement.

Die Auswertung der nahezu 2000 zurückgesandten Fragebögen erfolgte nach Geschlechtern getrennt und bezog sich auf zehn Teilaspekte des Sexualverhaltens: z. B. erste sexuelle Erfahrungen – Partnerschaft, Familie, Umwelt – Selbstbefriedigung – Geschlechtsverkehr – Erotik – Prostitution – Homosexualität.

Die Ergebnisse

Zunächst fällt auf, daß die Selbstbefriedigung bei Frauen (63 %) weiter verbreitet ist als bei Männern (55 %). In der Gruppe der Frauen mit Abitur bzw. Hochschulabschluß liegt die Rate bei 70 %, bei denen mit geringerer Ausbildung dagegen nur bei 55 %. Bei Männern fallen Bildungsunterschiede kaum ins Gewicht.

Die meisten Frauen (80 %) haben bis zum 18. Lebensjahr ihren ersten Geschlechtsverkehr gehabt (30 % zwischen 15 und 16; 42 % zwischen 17 und 18). Bei Männern liegt die Vergleichszahl bei 53 % (22 % zwischen 15 und 16; 31 % zwischen 17 und 18).

Die meisten Frauen (81 %) gaben an, daß sie beim Geschlechtsverkehr Maßnahmen zur Empfängnisverhütung treffen (Antibabypille 44 %). Nur 19 % lehnten solche Vorkehrungen ab.

Interessant sind auch die Angaben zur Anzahl der Partner, mit denen die Befragten Geschlechtsverkehr hatten:

- mit einem Partner hatten 22 % (Frauen) bzw. 11 % (Männer),
- mit 2-5 Partnern hatten 36 % (Frauen) bzw. 22 % (Männer),
- mit 6-10 Partnern hatten 21 % (Frauen) bzw. 27 % (Männer) und
- mit 11-20 Partnern hatten 9 % (Frauen) bzw.14 % (Männer) Geschlechtsverkehr.

Auf die Frage nach der Häufigkeit des Geschlechtsverkehrs (in den letzten vier Wochen) antworteten 58 % der Frauen und Männer: ein- bis dreimal pro Woche (fast täglich: 21 % der Frauen und 11 % der Männer).

Interessant, vor allem im Vergleich mit den Daten für die Männer, ist die Einstellung der Frauen zur partnerschaftlichen Treue. So meinen 66 % der Frauen, daß eine Partnerschaft ohne Treueverpflichtung für sie undenkbar sei. Im Vergleich zu den Zahlen für Männer (47 %) zeigt sich, daß Frauen in stärkerem Maße partnerschaftliche Treue erwarten.

*„Der RALF-Report: das Sexualverhalten der Deutschen", Eichner, Klaus/Habermehl, Werner, Hoffman & Campe, Hamburg, 1978.

Selbst in den fortschrittlichsten Ländern Europas gibt es kaum umfassende, zuverlässige Daten bezüglich der Sexualität der Bevölkerung. Repräsentative Untersuchungen lagen bis Ende der 70er Jahre lediglich aus den USA vor. Entsprechende deutsche Arbeiten bezogen sich fast nie auf die Gesamtgesellschaft, sondern zumeist auf begrenzte Gruppen wie z. B. Studenten, Schüler oder Lehrlinge. Mit dem RALF-Report wurde der Versuch unternommen, den von Kinsey, Hite und anderen für die USA beantworteten Fragen in einer repräsentativen Untersuchung über die Bundesrepublik Deutschland nachzugehen. Dieser Report bietet fundierte Informationen im Blick auf die Stellung der Deutschen zur Sexualität und in bezug auf ihr Sexualverhalten.

Zuverlässige Daten

Wie bei allen statistischen Erhebungen per Fragebogen, gibt es auch beim RALF-Report bestimmte systembedingte Schwankungen und Verzerrungen.

Beispielsweise war die Antwortbereitschaft bei verwitweten Frauen unverhältnismäßig gering, während sich die Gruppe der Geschiedenen männlichen und weiblichen Geschlechts als ausgesprochen auskunftsfreudig erwies.

Bedauerlich ist aber vor allem, daß die Rücklaufquote der Fragebögen bei nur 20 % lag.

Dennoch läßt der RALF-Report Rückschlüsse darauf zu, wie die Deutschen über die ersten sexuellen Kontakte, über den Geschlechtsverkehr, über Partnerschaft, sexuelle Befriedigung und homosexuelle Beziehungen denken und wie sie sich in diesen Bereichen verhalten. Leider gibt es keine andere gleichermaßen umfassende Studie neueren Datums zum Sexualverhalten der deutschen Bevölkerung. Es liegt aber eine Vielzahl von Veröffentlichungen zu Einzelthemen vor.

Forts. von S. 331

Sexuelle Aktivitäten

Sexualwissenschaftler unterscheiden im allgemeinen zwischen sechs grundlegenden Formen sexueller Aktivität, die zum Orgasmus führen können:

- erotische Träume
- erotische Zärtlichkeiten
- Geschlechtsverkehr,
- Masturbation
- homosexuelle Beziehungen
- sexueller Kontakt mit Tieren

Bestimmte sexuelle Aktivitäten, wie z. B. erotische Träume, können vom Menschen nicht bewußt kontrolliert werden.

Alle anderen Formen werden ganz bewußt erlebt und gesteuert.

Erotische Träume

Erotische Träume kommen bei beiden Geschlechtern vor, wenn eine starke sexuelle Spannung vorhanden ist, die nicht abgebaut werden kann.

Sie treten vorwiegend in der Morgendämmerung während des Schlafes auf. Die Träume dürfen nicht mit der Spermatorrhö (siehe S. 1/78) oder dem normalen Samenerguß durch Überlauf verwechselt werden.

Bei Frauen machen erotische Träume lediglich 4 % aller sexuellen Aktivitäten aus, die zum Orgasmus führen. Sie treten häufiger bei erwachsenen Frauen als bei jungen Mädchen auf. Das liegt daran, daß eine größere Zahl erlebter oder fiktiver sexueller Erfahrungen das Erwecken unbewußter Erinnerungen anregt.

Man hat festgestellt, daß erotische Träume bei Männern mit hohem Bildungsniveau häufiger auftreten als bei Männern mit niedriger Bildung.

Erotische Zärtlichkeiten

Unter erotischen Zärtlichkeiten verstehen wir Kontakte, die an bestimmten sensiblen Körperstellen, meist den primären erogenen Zonen – einschließlich der weiblichen Brüste – stattfinden.

Eine weit verbreitete Form der sexuellen Aktivität bei Paaren, die keinen kompletten Geschlechtsverkehr ausführen wollen, ist das Petting. Petting umfaßt alle Handlungen, außer Geschlechtsverkehr, die bewußt sexuelle Erregung hervorrufen sollen. Führt Petting zum Geschlechtsverkehr, gilt es als Vorspiel.

Nach Kinsey hatten 90 % der Frauen und 81 % der Männer im Alter von 25 Jahren Erfahrung mit Petting, etwa ein Drittel von ihnen erlebte dabei auch einen Orgasmus.

Bei den Frauen zwischen 16 und 25 Jahren wurden 20 % der erlebten Orgasmen durch erotische Zärtlichkeiten ausgelöst.

Bei den Mädchen unter 16 Jahren waren es 4 %, und ein ähnlicher Prozentsatz ergab sich für die unverheirateten Frauen zwischen 41 und 50 Jahren.

Bei den ledigen Männern waren Männer mit hoher Bildung empfänglicher für erotische Zärtlichkeiten als andere.

Geschlechtsverkehr

Es mag vielleicht überraschen, aber Kinsey stellte fest, daß der Geschlechtsverkehr als Auslöser eines Orgasmus bei ledigen Frauen an zweiter Stelle stand. Vorehelicher Geschlechtsverkehr machte 6 % der Orgasmen aus.

Bei den ledigen Frauen zwischen 36 und 40 Jahren wurden Geschlechtsverkehr und Selbstbefriedigung gleich häufig genannt. Bei den ledigen Frauen zwischen 41 und 50 Jahren überwog dagegen der Geschlechtsverkehr.

Bei unverheirateten Männern im Alter von 21 bis 35 Jahren ist der Geschlechtsverkehr nur zu 25 % Auslöser eines Orgasmus. Die Daten aus dem „Playboy", dem „Redbook" und von Kantner und Zelnik machen noch genauere Angaben zum Geschlechtsverkehr vor der Ehe (siehe S. 1/336f.).

Informationen über Beginn, Häufigkeit und andere Aspekte des Geschlechtsverkehrs sind in anderen Kapiteln dieser Reihe zu finden. Sie wurden zum großen Teil den folgenden Werken entnommen: „The Social Organization of Sexuality. Sexual Practices in the United States", „Sex in America. A Definitive Survey" und „La conducta sexual de los españoles" [Das Sexualverhalten der Spanier] (siehe Literaturverzeichnis).

Selbstbefriedigung

Obwohl die Selbstbefriedigung später noch ausführlich behandelt wird (Kap. 23, S. 2/60ff.), werden wir hier einige Daten aus den genannten Studien anführen.

Der erste Kinsey-Report ergab, daß etwa 62 % der Frauen bereits einmal masturbiert hatten; 58 % befriedigten sich häufiger selbst und kamen dabei zum Orgasmus.

Anderen Quellen zufolge beläuft sich die Anzahl der verheirateten Frauen, die sich regelmäßig selbst befriedigen, auf 70 % (Redbook). Die Erhebung von Hite ergab, daß 82 % der verheirateten und unverheirateten Frauen regelmäßig masturbieren.

Im Vergleich dazu haben laut Kinsey-Report 92-97 % der Männer mindestens einmal einen Orgasmus durch Masturbation gehabt.

Bei den unverheirateten Männern tendierten Männer mit höherem Bildungsniveau stärker zur Selbstbefriedigung als zum Geschlechtsverkehr. Männer mit niedrigem Bildungsniveau praktizierten Selbstbefriedigung in 25 % der Fälle, Männer der höheren Gesellschaftsschichten in 50 % der Fälle. Kinsey stellte u. a. fest, daß Männer und Frauen mit religiö-

Erotische Träume sind eine der sechs hier besprochenen Möglichkeiten, die nach Meinung von Sexologen einen Orgasmus hervorrufen können. Die Spermatorrhö oder die nächtlichen Samenergüsse, die durch Überlauf entstehen, sind jedoch andere Phänomene als die erotischen Träume mit ihren Folgen. Erotische Träume kommen bei beiden Geschlechtern gleich oft vor. Sie sind eine Folge aufgestauter sexueller Energie.

Aufnahme einer Homosexuellendemonstration in San Francisco (USA). Kinsey beobachtete, daß 37 % der Männer, die seine Fragen beantworteten, irgendeine Art homosexueller Erfahrung gemacht hatten. Dieser hohe Prozentsatz ergibt sich aber unter anderem aus der mangelnden Repräsentativität von Kinseys Statistiken.
Bei einer scheinbar repräsentativen Umfrage in Spanien erklärten lediglich 12 % der jungen Spanier zwischen 18 und 30 Jahren, sie hätten homosexuelle Annäherungsversuche erlebt. Nur 11,4 % von ihnen gingen auf die Annäherung ein.
In den USA bezeichnen sich nach der neuesten Studie von Laumann und Mitarbeitern 9 % der männlichen Städter als homosexuell. Auf dem Land sind es zwischen 3 und 4 %. In den Städten sind 6 % der Frauen lesbisch, auf dem Land hingegen nur 3 %.

sen Bindungen deutlich weniger masturbierten.

Nach der im „Playboy" veröffentlichten Umfrage masturbieren 70 % der verheirateten Männer durchschnittlich 24mal im Jahr.

Nach dem RALF-Report praktizieren in der Altersgruppe der 21-30jährigen Deutschen 62 % der Frauen und 65 % der Männer Selbstbefriedigung.

Homosexualität

Über die männliche und die weibliche Homosexualität werden wir später noch ausführlich sprechen. Hier wollen wir uns darauf beschränken, einen Auszug der Daten aus dem Kinsey-Report über das sexuelle Verhalten des Mannes vorzustellen:

- **37 %** aller Männer haben als Jugendliche oder Erwachsene mindestens eine homosexuelle Erfahrung mit Orgasmus gehabt.
- **67 %** haben noch nie körperlichen homosexuellen Kontakt gehabt.
- **18 %** der Männer haben mindestens drei Jahre lang zwischen ihrem 16. und 55. Lebensjahr genauso viele homo- wie heterosexuelle Kontakte gehabt.
- **13 %** der männlichen Bevölkerung sind mindestens drei Jahre lang zwischen ihrem 16. und 55. Lebensjahr überwiegend homosexuell gewesen.
- **10 %** der Männer sind mindestens drei Jahre lang zwischen dem 16. und 55. Lebensjahr fast ausschließlich homosexuell gewesen.
- **8 %** der Männer sind mindestens drei Jahre lang zwischen dem 16. und 55. Lebensjahr ausschließlich homosexuell gewesen.
- **4 %** der weißen Nordamerikaner sind

ihr Leben lang ausschließlich homosexuell.

Die neuesten Zahlen zur Verbreitung der Homosexualität liefert eine Studie der Universität von Chicago. Danach sind 6 % der in Großstädten und unter 3 % der in ländlichen Gebieten lebenden Frauen lesbisch und 9 % der in Großstädten und 4 % der in den übrigen Gebieten des Landes wohnenden Männer schwul.

Im Vergleich dazu kann man dem Kinsey-Report über das sexuelle Verhalten der Frau folgendes entnehmen:

- Im Alter von 12 bis 20 Jahren hatten **9 %** der Frauen irgendeine Art von homosexuellem Kontakt.
- Im Alter von 30 Jahren stieg der Anteil auf **17 %** (21 % der ledigen Frauen).
- Mit 35 Jahren waren es **19 %** (26 % der ledigen Frauen).
- Mit 45 Jahren schien sich der Anteil bei **20 %** (26 % der ledigen Frauen) eingependelt zu haben.
- **1-3 %** der Frauen waren ihr ganzes Leben lang ausschließlich homosexuell.

Bei den meisten Frauen war die homosexuelle Aktivität nur von kurzer Dauer. 32 % der befragten Frauen gaben an, sie hätten weniger als 10 homosexuelle Kontakte gehabt, und 72 % waren weniger als drei Jahre lang homosexuell aktiv.

Aus den Ergebnissen des bekannten Kinsey-Reports läßt sich schließen, daß der Anteil echter lesbischer Frauen wohl nicht mehr als 6 % der unverheirateten und 1 % der verheirateten Frauen ausmacht.

Giese und Schmidt (1968) geben für die Bundesrepublik Deutschland an, daß 3 % der männlichen und 1 % der weiblichen deutschen Studierenden ein Jahr vor der Befragung homosexuelle Kontakte hatten, wobei die Männer zu 55 % gleichzeitig heterosexuelle Kontakte pflegten. Spätere Untersuchungen (Ernst, 1975) zeigten einen deutlichen Anstieg homosexueller Kontakte auf 9 % bei den männlichen und 6 % bei den weiblichen Studierenden.

Sodomie

In Kinseys Untersuchungen stellt der Sexualkontakt mit Tieren die seltenste Form von Sexualität dar. Es ist aber erstaunlich, daß immerhin eine von acht befragten Frauen angab, nach ihrer Pubertät sexuelle Kontakte mit Tieren gehabt zu haben. In 1,2 % der Fälle kamen wiederholt geschlechtliche Kontakte, auch orale Kontakte oder Geschlechtsverkehr mit Tieren vor.

Bei den Männern hatte – nach Kinsey – von allen Befragten nur einer von 12 bis 14 Befragten jemals Sexualkontakte mit Tieren. Für die Gesamtheit der Befragten heißt das, daß lediglich 6 % in ihrer sexuell aktivsten Zeit (Jugend bis 20. Lebensjahr) Erlebnisse dieser Art hatten. Die Zahl geht bis auf 1 % bei den 21- bis 25jährigen und noch stärker bei den älteren Männern zurück.

Es ist aber bemerkenswert, daß in manchen ländlichen Gegenden der USA bis zu 65 % der Männer Sexualkontakte mit Tieren gehabt haben. Der Durchschnitt für alle ländlichen Gebiete der USA beträgt 40-50 %. 17 % der in ländlichen Gebieten lebenden jungen Männer haben als Jugendliche Orgasmen bei Sexualkontakten mit Tieren gehabt.

In Kapitel 25, das dem Thema abweichenden Sexualverhaltens gewidmet ist, wird diese seltene, aber sehr alte sexuelle Praktik näher besprochen (S. 2/108).

Sex und Glück

Es ist erstaunlich, daß bei Menschen mit höherem Bildungsniveau am häufigsten sexuelle Verhaltensweisen zu beobachten sind, die von dem, was im allgemeinen von der Gesellschaft akzeptiert wird, abweichen.

Nach Kinseys Untersuchungen lebten nur 14 % der Frauen und Männer im Ein-

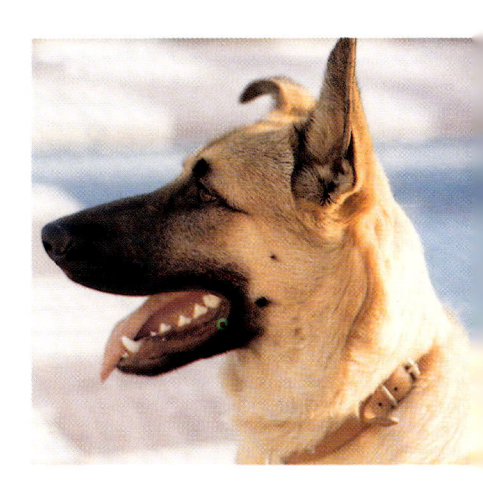

"Wie zufrieden sind Sie mit der Entwicklung Ihrer Sexualität?"

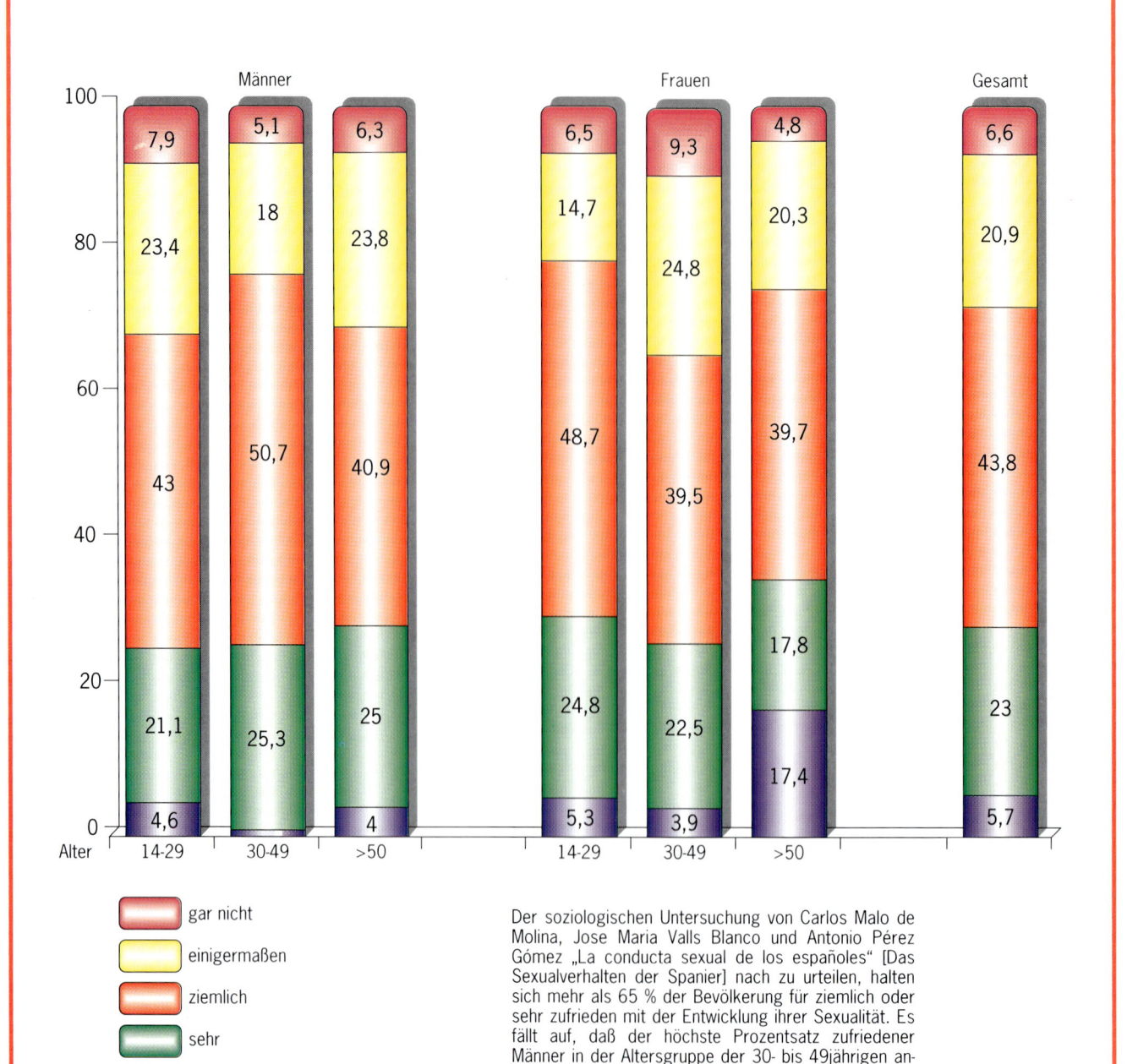

	Männer			Frauen			Gesamt
Alter	14-29	30-49	>50	14-29	30-49	>50	
gar nicht	7,9	5,1	6,3	6,5	9,3	4,8	6,6
einigermaßen	23,4	18	23,8	14,7	24,8	20,3	20,9
ziemlich	43	50,7	40,9	48,7	39,5	39,7	43,8
sehr	21,1	25,3	25	24,8	22,5	17,8	23
keine Antwort	4,6		4	5,3	3,9	17,4	5,7

Der soziologischen Untersuchung von Carlos Malo de Molina, Jose Maria Valls Blanco und Antonio Pérez Gómez „La conducta sexual de los españoles" [Das Sexualverhalten der Spanier] nach zu urteilen, halten sich mehr als 65 % der Bevölkerung für ziemlich oder sehr zufrieden mit der Entwicklung ihrer Sexualität. Es fällt auf, daß der höchste Prozentsatz zufriedener Männer in der Altersgruppe der 30- bis 49jährigen anzutreffen ist, während Frauen zwischen 14 und 29 die größte Zufriedenheit mit ihrer Sexualität empfinden.

klang mit den gesellschaftlichen Normen, zu denen sie sich selbst bekannten.

Umfragen haben dagegen gezeigt, daß gerade die wenigen Menschen, die nach ihrem Gewissen leben, stabilere Beziehungen und Ehen haben als andere und deshalb auch ihr Sexualleben stärker genießen.

Sexuelle Freiheit

Sich freiwillig an bestimmte, eindeutig festgelegte Prinzipien zu halten, bedeutet nicht, daß dadurch die Freiheit oder die Freude an der Sexualität eingeschränkt werden, ganz im Gegenteil.

In der Redbook-Umfrage sagten von den verheirateten Frauen
- **71 %**, sie seien sehr glücklich,
- **19 %**, sie fühlten sich mäßig glücklich, und
- **10 %**, sie seien unglücklich.

Glaube und sexuelle Befriedigung

Tim und Beverly LaHaye verglichen diese Ergebnisse mit den Antworten von gläubigen Teilnehmern eines Eheseminars (1.705 Ehefrauen und 1.672 Ehemänner) und erhielten folgende Resultate:
- **81 %** der Frauen und **85 %** der Männer bezeichneten sich als sehr zufrieden mit ihrem Sexualleben,
- jeweils **3 %** und **10 %** bezeichneten sich als mäßig zufrieden,
- **12 %** bzw. **9 %** waren unzufrieden.

Der Anteil der Zufriedenen nahm bei den intensiv praktizierenden Gläubigen, die sich mit ihrem Glauben identifizierten, leicht zu, und er nahm ab, je weniger die Paare den Glauben praktizierten.

Diese Untersuchung macht allerdings nur Angaben zur Stichprobengröße, es stellt sich daher die Frage der Repräsentativität der Ergebnisse.

Bleibende Zufriedenheit

Der Vergleich der Zufriedenheit mit dem Sexualleben bei verschiedenen Ehepaaren zeigt, daß die Ehen religiöser Menschen häufig stabiler sind als die nichtreligiöser Menschen.

Die Stabilität der Ehe aber ist eine wichtige Grundvoraussetzung für sexuelle Erfüllung und Glück.

18 SEXUALITÄT IN KINDHEIT UND ALTER

Niemand will in Frage stellen, daß ein Kind bei seiner Geburt ein vollständiger Mensch ist. Auch will niemand behaupten, daß ein älterer Mensch kein vollkommener Mensch mehr wäre.

Weit verbreitet ist aber die Meinung, Sexualität spiele weder in der Kindheit noch im Alter eine Rolle. Die Sexualität ist aber eine Gabe, mit der der Mensch geboren wird und die ihn sein ganzes Leben begleitet.

Natürlich muß diese Gabe reifen, sie muß vom Verstand kontrolliert werden, und sie verliert, wie jede andere Gabe, mit den Jahren an Kraft und Intensität.

Geschlecht und Sexualität von Geburt an

In der Erforschung der Psychologie des Kindes sind bereits große Fortschritte gemacht worden, auch wenn man noch weit davon entfernt ist, alle Bereiche genau zu kennen.

Einer der interessantesten Bereiche mit noch vielen offenen Fragen ist die Sexualität im Kindesalter.

Unterschiede zu Erwachsenen

Die kindliche Sexualität unterscheidet sich in mehreren Aspekten von der Sexualität des Erwachsenen.

Das Kind hat eine instinktive, nicht organisierte Sexualität, die sich im Laufe ihrer Entwicklung auf verschiedene erogene Zonen konzentriert.

Der Zweck der kindlichen Sexualität ist natürlich ein anderer als der der Sexualität des Erwachsenen. Das Kind hat nicht den Geschlechtsverkehr im Sinn, seine Sexualität besteht aus autoerotischen Handlungen. Es benutzt seinen eigenen Körper als Objekt.

Merkmale der kindlichen Sexualität

Beim Trockenlegen, Stillen, Baden o. ä. kann man bei männlichen Säuglingen Erektionen und bei weiblichen Säuglingen ein Feuchtwerden der Scheide beobachten.

Vermutlich können Jungen mit fünf Monaten und Mädchen bereits mit vier Monaten Orgasmen haben.

Nach Kinsey haben mehr als 50 % der Jungen bis zum fünften Lebensjahr und bis zu 80 % der Jungen bis zum Eintreten der Pubertät einen Orgasmus – wenn auch ohne Ejakulation – erlebt. Etwa 40 % der Mädchen haben bis zu diesem Alter einen Orgasmus gehabt.

Die kindliche Sexualität besteht aus automatischen Reflexen. Es handelt sich dabei nicht um bewußte Handlungen.

Das Auftreten sexueller Reaktionen zeigt aber nicht nur, daß die Geschlechtsorgane und ihre Sexualfunktion von Geburt an vorhanden sind, sondern auch, daß sie von Anfang an auf sexuelle Stimu-

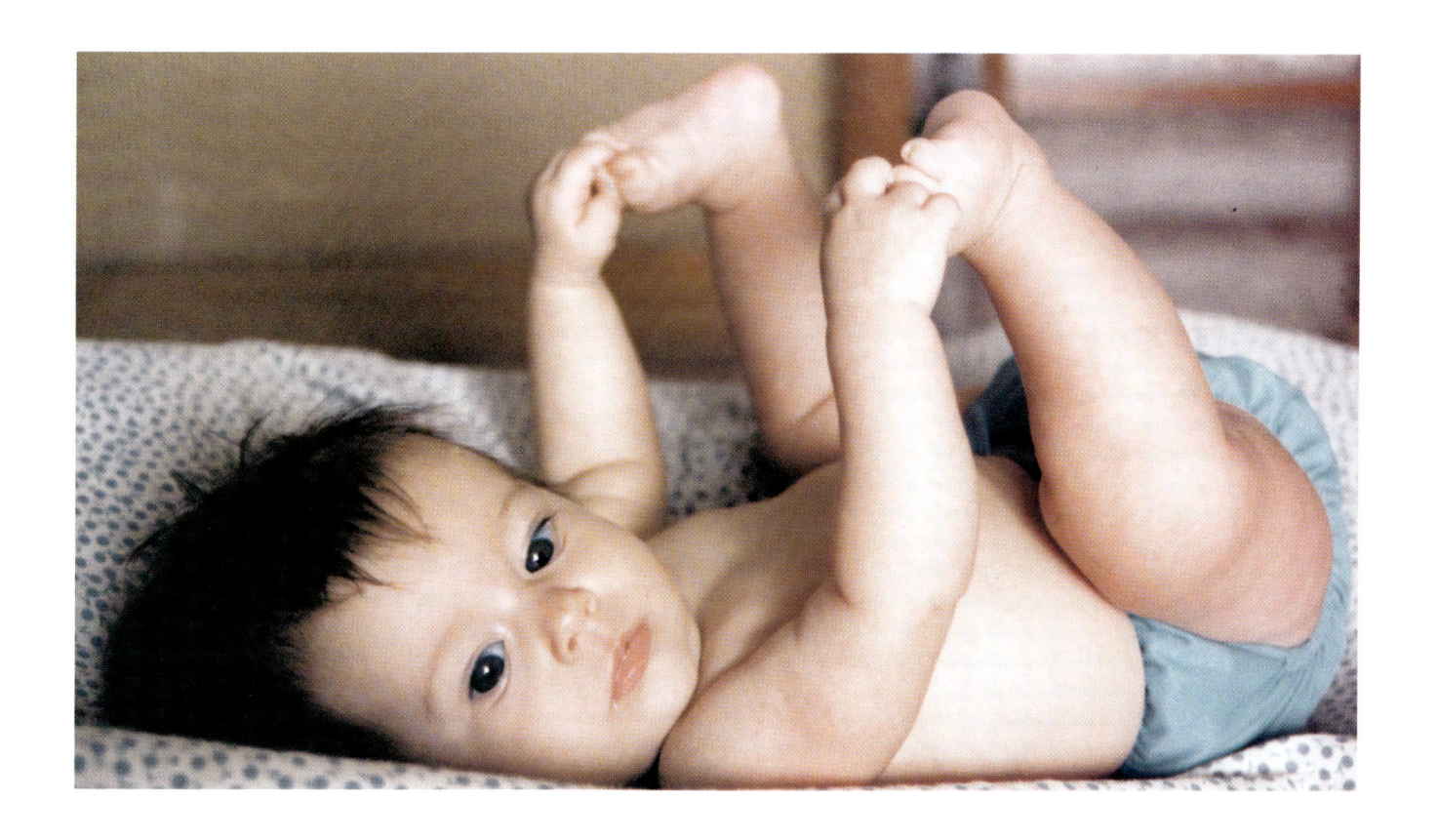

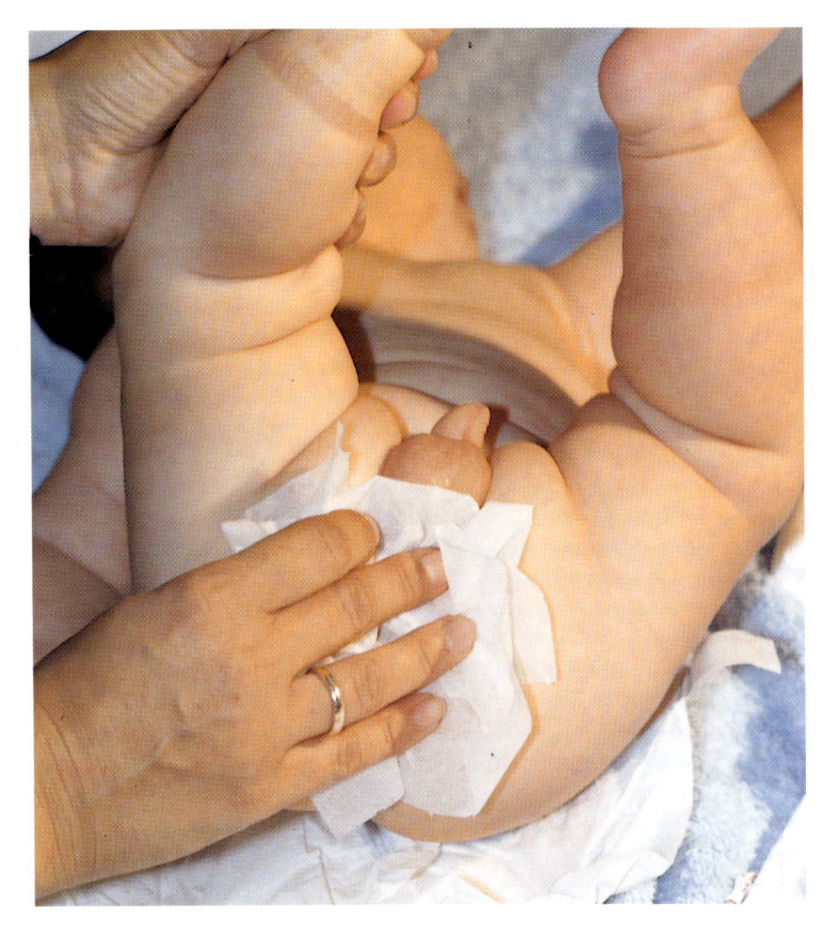

Beim Wechseln der Windeln kann man bei Jungen häufig eine Erektion beobachten. Untersuchungen weisen nach, daß Jungen im Alter von drei bis fünf Jahren bereits Orgasmen erleben. Diese Erscheinungen kindlicher Sexualität folgen nicht bewußten Handlungen, sondern automatischen Reflexen. Sie sind ganz normal und haben keinerlei negativen Einfluß auf die zukünftige Entwicklung des Kindes.

lierung reagieren können. Natürlich müssen die Geschlechtsorgane genauso wie die anderen Organe und die psychischen und physiologischen Funktionen mit der Zeit reifen.

Die Theorie Freuds

Freud erregte zu seiner Zeit großes Aufsehen mit seinen Gedanken zur frühkindlichen Sexualität. Damals war man noch davon überzeugt, daß die Sexualität erst mit der Pubertät beginnt. Auch heute ist die Meinung, Kinder hätten keine sexuellen Reaktionen, und über das Thema der kindlichen Sexualität solle nicht gesprochen werden, immer noch weit verbreitet.

Nach zahlreichen Studien und Beobachtungen kam Freud zu dem Schluß, daß sexuelle Befriedigung beim Kind durch Berühren verschiedener Körperteile erfolgt.

Die Körperbereiche, die eine starke sexuelle Erregung hervorrufen, variieren im Laufe der Entwicklung des Kindes.

Die Verlagerung der erogenen Körperzonen wurde von Freud als psychosexuelle Stadien bezeichnet.

Freud unterstrich die Bedeutung einer geeigneten Reifung bzw. eines problemlosen Übergangs von einem Stadium in das folgende.

Treten beim Kind Konflikte auf, die die Reifung blockieren, in der Regel durch Verwöhnung, Versagung oder den abrupten Wechsel zwischen beiden, kann der erfolgreiche Abschluß einer dieser Phasen verhindert werden, und es kann zu Persönlichkeitsstörungen und Komplexen im Erwachsenenalter kommen.

Es muß darauf hingewiesen werden, daß das Freudsche Trieb- und Phasenmodell nur eingeschränkt gültig ist und daß seine Darstellung allein einer leichteren Orientierung dienen soll. Fast alle Phasen der Entwicklung gehen fließend ineinander über.

Entwicklung der Sexualität

Wir hatten gesagt, daß die Libido die treibende Kraft des Sexualtriebs ist, mit dem Ziel, Lustgefühle hervorzurufen.

Die Sexualität durchläuft einen Entwicklungsprozeß von der Geburt bis zur vollständigen emotionalen Reife des Individuums.

Die psychosexuelle Entwicklung des Kindes durchläuft dabei folgende Phasen, die man auch Partialtriebe nennt:

- **Kindheit** (orale, anale, phallische Phasen)
- **Latenzzeit**
- **Pubertät** (genitale Phase)

Kindheit

Verschiedene Lustquellen spielen in aufeinanderfolgenden Entwicklungsstadien der Kindheit jeweils die Hauptrolle.

Orale Phase

Das Daumenlutschen ist ein Reflex, der bereits beim Ungeborenen vorhanden ist.

Das Lustgefühl, das das Saugen an der Mutterbrust oder an der Flasche bereitet, entsteht nicht allein dadurch, daß der Hunger gestillt wird, sondern auch durch die Erregung der Schleimhaut im Mund.

Anderenfalls würde das Kind nicht am Schnuller oder am Daumen lutschen, aus denen ja keine Milch fließt.

Einige Überbleibsel aus der sogenannten oralen Phase, die im Erwachsenenalter bestehen bleiben, sind der Kuß, das Rauchen, der Genuß beim Trinken und viele Eßgewohnheiten.

Anale Phase

Um das zweite bis dritte Lebensjahr des Kindes findet ein wichtiges Ereignis statt: es lernt, die Schließmuskeln des Afters zu kontrollieren.

Das anale Lustempfinden ist bereits bei der Geburt ausgebildet, aber erst im zweiten Lebensjahr scheint der Bereich des Afters für das Lustempfinden des Kindes sehr wichtig zu werden.

Wenn das Kind lernt, den Darminhalt zurückzuhalten, wird die Schleimhaut des Enddarms stimuliert, was angenehme Empfindungen hervorrufen kann.

Viele Eltern sind sich hinsichtlich der Reinlichkeitserziehung ihres Kindes unsicher.

Dazu läßt sich sagen, daß jedes Kind seinen eigenen Reifungsrhythmus hat. Deshalb lernen nicht alle Kinder im gleichen Alter, ihren Schließmuskel zu beherrschen.

Das Kind lernt, seine Ausscheidungen zu kontrollieren, wenn seine geistige Entwicklung soweit ist (siehe Kap. 46, „Umgebung, Pflege und Hygiene des Kindes", S. 3/246ff.).

Kinder sollten daher nicht getadelt werden, wenn sie es noch nicht schaffen, sich zu kontrollieren. Man sollte sie vielmehr für ihre Fortschritte loben und sie so für weiteres Hinzulernen motivieren.

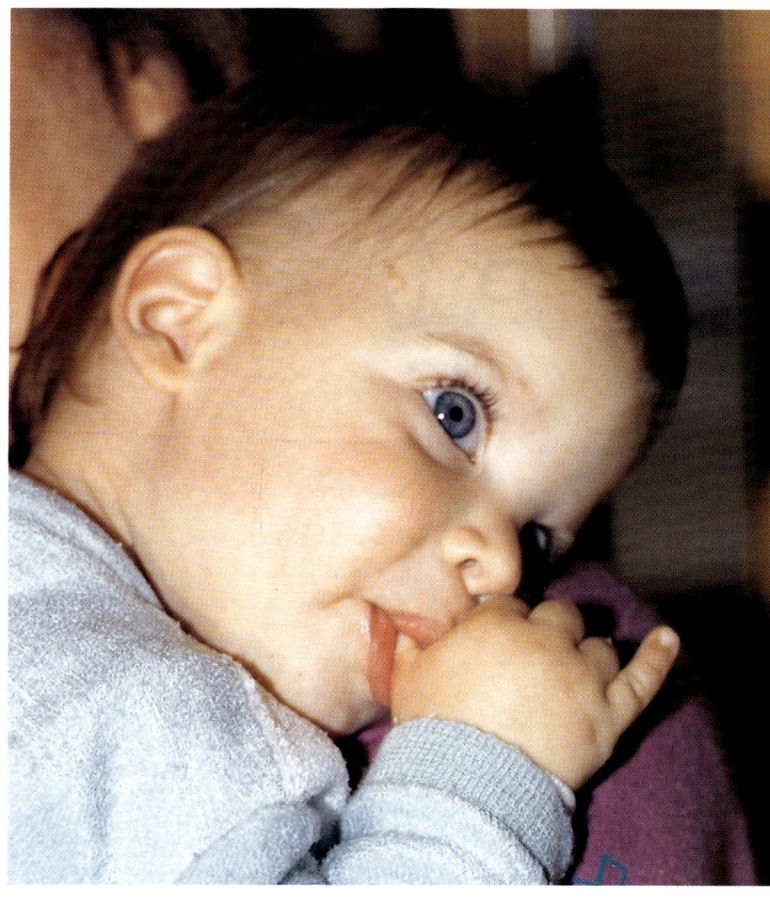

Damit beugt man der Entstehung von Minderwertigkeits- oder Schamgefühlen vor, die in späteren Lebensabschnitten und selbst noch im Erwachsenenalter auftreten können.

Solche Konflikte können sich negativ auf die Persönlichkeitsentwicklung des Kindes auswirken sowie zur Entstehung psychischer Störungen führen.

Phallische Phase

Gegen Ende der Kindheit nimmt das Interesse an den Geschlechtsorganen und der Drang, mit ihnen zu spielen, beim Kind zu. Freud nannte diese Phase die phallische Phase.

Obwohl die Geschlechtsorgane bereits sehr früh ihre Funktion als erotische Organe ausüben, entdeckt das Kind erst mit vier bis fünf Jahren den Unterschied der Geschlechter.

Dieses Kind lutscht nicht am Daumen, weil es hungrig ist. Das Saugen bereitet ihm über die Mundschleimhaut und die Lippen ein angenehmes, erregendes Gefühl (orale Phase), dem eine sexuelle Komponente zugeschrieben wird. Nach Meinung der Psychoanalytiker sind bestimmte Gewohnheiten Erwachsener, wie z. B. das Rauchen oder Küssen, Überbleibsel der frühkindlichen Sexualität.

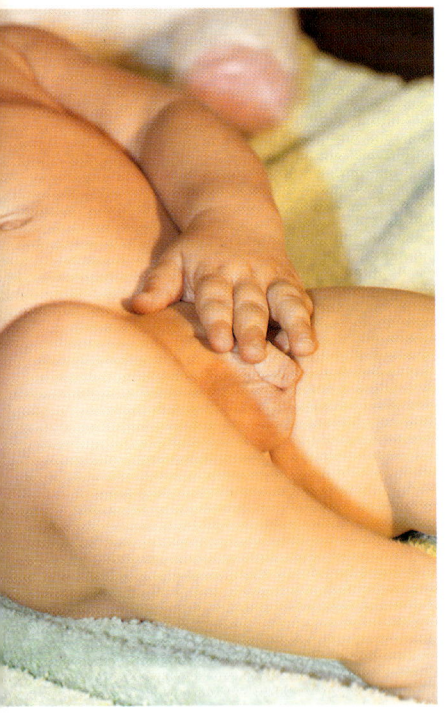

Die Erforschung der Umwelt ist die wichtigste Beschäftigung der Kinder. Dazu gehört auch, den eigenen Körper zu erkunden, also z. B. in aller Ruhe die Geschlechtsorgane zu betasten. Mit vier bis fünf Jahren entdecken Kinder, daß es angenehm ist, mit den Genitalien zu spielen. Das ist völlig normal und hört in der Regel von selbst wieder auf. Man sollte beim Kind auf keinen Fall Schuldgefühle erzeugen. Das Beste ist, man beachtet es gar nicht.

Fragen des Kindes beantworten

Das Kind versucht durch Fragen Sinn und Zweck des Unterschieds der Geschlechter zu ergründen.

Die Fragen sind für das Alter zwischen vier und fünf Jahren ganz normal und an sich völlig harmlos.

Deshalb sollten Eltern keine Schuldgefühle bei ihren Kindern erzeugen, indem sie ihre Fragen oder Bemerkungen als schlecht oder schmutzig bezeichnen oder sie ignorieren.

Kindliche Neugier ist immer positiv.

Das Kind will sich selbst besser kennenlernen. Dazu vergleicht es sich auch mit anderen Jungen oder Mädchen oder mit den Erwachsenen.

Man sollte alle Fragen deutlich, einfach und konkret beantworten. Tut man das nicht, denkt sich das Kind eigene Antworten aus, die möglicherweise nicht der Realität entsprechen.

Gehen die Eltern nicht natürlich mit diesem Thema um oder lehnen das Gespräch ab, entwickeln die Kinder eigene, mitunter seltsame Vorstellungen, die ihre Auffassungen über Sexualität und ihr sexuelles Verhalten später stören können.

Ganz normal, aber ...

In diesem Alter beginnen Kinder auch, ihre Geschlechtsorgane zu berühren, was zum Erwerb der eigenen Geschlechtsidentität beiträgt. Die Kinder spielen an ihren Genitalien und zeigen sie, ohne sich zu schämen. Das Verhalten ist in diesem Alter normal und sollte nicht weiter beachtet werden. Nur wenn es das Kind mit zunehmendem Alter nicht ablegt, sollten die Eltern eingreifen.

Gegen Ende der phallischen Phase bekommt die affektive Eltern-Kind-Beziehung eine sexuelle Komponente. Es wird eine verstärkte Zuneigung zum andersgeschlechtlichen Elternteil deutlich.

Die Erwachsenen und die kindliche Sexualität

Es ist wichtig, daß die Erwachsenen zugeben, daß eine kindliche Sexualität existiert und daß sie ein völlig normales biologisches Geschehen ist.

Spielend lernen

Kleine Kinder spielen manchmal Spiele (Vater und Mutter, Arzt und Krankenschwester usw.), in denen sie auf verschiedene Art ihre sexuellen Unterschiede erkunden und herausstellen. Das ist weder unnatürlich noch pervers.

Finden ähnliche Spiele dagegen unter Jugendlichen statt, sind sie meist unangemessen.

Das Kind lernt durch die Spiele seine biologische Beschaffenheit kennen, die es, wie andere Bereiche des Lebens, z. B. Verwandtschaft, Sozialisierung und Arbeit, zunächst spielerisch erkundet.

Es scheint, daß sich hinter dem, was Psychologen kindliche Sexualität nennen, ganz andere Motive als hinter der Sexualität der Erwachsenen verbergen. Deshalb darf sie nicht mit dem gleichen Maßstab wie die Sexualität der Erwachsenen gemessen werden.

Keine Schuldgefühle erzeugen

Eltern sollten vermeiden, durch ihre Worte und ihr Verhalten Schuldgefühle beim Kind zu erzeugen, wenn es allein oder zusammen mit anderen Kindern bei sexuellen Spielen ertappt wird.

Man sollte sich nicht schockiert zeigen und schon gar nicht Mißfallen äußern.

Es wäre falsch, das Kind mit der Androhung schrecklicher Krankheiten oder anderer schwerer Folgen zu verängstigen, da es in dieser Phase noch ein völlig anderes

Verständnis von Sexualität hat als der erwachsene Mensch.

Eltern sollten auch daran denken, daß es nicht der ideale Zeitpunkt ist, das Kind zu korrigieren, wenn es bei einem dieser Spiele überrascht wird.

Erwachsene reagieren in einer solchen Situation manchmal nervös und drücken sich nicht ruhig und geschickt genug aus, obwohl sie vielleicht wissen, daß sie anders reagieren sollten.

Diese Spiele des Kindes sollten möglichst nicht negativ beurteilt werden, was aber nicht bedeutet, daß man sie fördern sollte.

Sexualerziehung

Später werden die Eltern noch reichlich Gelegenheit haben, die sexuelle Erziehung ihres Kindes aktiv und positiv zu beeinflussen.

Wenn dies in geeigneter Weise geschieht, werden die Phantasien des Kindes, das im Spiel das nachzuahmen versucht, was seiner Meinung nach die Eltern tun, nicht in krankhaftes oder abweichendes Verhalten münden.

Im letzten Kapitel der Reihe MENSCH UND FAMILIE (Kap. 66, S. 4/326ff.) werden wir uns ausführlich mit der Bedeutung der Sexualerziehung, den besten Methoden und dem geeigneten Zeitpunkt beschäftigen.

Ödipus- und Elektrakomplex

Der Begriff Ödipuskomplex geht auf die bekannte Tragödie „König Ödipus" von Sophokles zurück, in der der Hauptdarsteller bei Adoptiveltern aufwächst und, ohne es zu wissen, seinen Vater tötet und seine eigene Mutter heiratet.

In einem bestimmten Alter ist häufig eine verstärkte Zuneigung des Sohnes zur Mutter und der Tochter zum Vater bei Kindern zu beobachten. Die Psychoanalyse nennt dies ödipale Phase. In einer emotional stabilen Familie vergeht die Bevorzugung des andersgeschlechtlichen Elternteils meist wieder ganz von selbst, wenn beide Elternteile dem Kind weiterhin volle Zuwendung geben.

Trotz der starken Anziehung, die der Elternteil des entgegengesetzten Geschlechts möglicherweise auf das Kind ausübt, muß es sich von beiden Elternteilen geliebt fühlen. Die ganze Familie sollte das Kind in seinem psychischen und emotionalen Reifungsprozeß unterstützen und ihm auch zeigen, daß die Eltern-Kind-Beziehung sich von der Beziehung erwachsener, nicht miteinander verwandter Frauen und Männer unterscheidet.

Man spricht von Ödipuskomplex, wenn ein Junge eine Zuneigung für seine Mutter verspürt und seinen Vater gleichzeitig ablehnt.

Der Elektrakomplex bezeichnet den gleichen Komplex eines Mädchens, das sich stark zu seinem Vater hingezogen fühlt und sich seiner Mutter gegenüber feindlich verhält.

In der klassischen Mythologie heißt es, daß Elektra ihrem Bruder Orestes dabei half, die gemeinsame Mutter zu töten, weil sie zusammen mit ihrem Geliebten ihren Ehemann ermordet hatte.

Erfahrungen

Auch wenn die Freudschen Theorien in vielen Aspekten als übertrieben empfunden werden, besonders wenn man sie zu sehr vereinfacht und generalisiert, können manche Eltern doch ähnliche Verhaltensmuster wie die von Freud beschriebenen bei ihren Kindern beobachten.

Die Meinungen zum Ödipuskomplex gehen gewiß erheblich auseinander.

Es scheint sich aber zu bestätigen, daß eine starke Zuneigung zum andersgeschlechtlichen Elternteil häufiger auftritt als Haß gegenüber dem gleichgeschlechtlichen Elternteil.

Lösung eines wichtigen Problems

Der vom Kind erlebte Konflikt, sein Problem, gleichzeitig mit dem geliebten und dem abgelehnten Elternteil zusammenleben zu müssen, kann sich durch Alpträume und Ängste bemerkbar machen, die in diesem Alter häufig auftreten.

Die Identifikation

Wenn sich das Kind in einer ausgeglichenen, harmonischen Umgebung entwickelt, in der die Eltern eine gute Beziehung zueinander haben, wird es aber nach einiger Zeit sicherlich mit dem Problem fertigwerden.

Der Junge wird sich nach und nach mit der männlichen Rolle identifizieren. Er wird versuchen, den Vater nachzuahmen und ihm ähnlich zu werden.

Gegen Ende dieser Phase wird die Liebe des Jungen zu seiner Mutter immer weniger besitzergreifend.

Beim Mädchen spielt sich analog der gleiche Prozeß ab.

Wenn die emotionalen Bedürfnisse des Kindes befriedigt werden, d. h. wenn beide Elternteile das Kind ihre Liebe spüren lassen, werden die Auswirkungen der Ängste, die das Kind zwischen dem dritten und fünften Lebensjahr beschäftigen, von selbst verschwinden.

In welchem Alter hatten Sie Ihren ersten sexuellen Kontakt?

Deutschland

Alter	Gesamt in %	Frauen	Männer
< 12	1,5	1	2
13-14	7,5	7	8
15-16	26	30	22
17-18	36,5	42	31
19-20	17	15	19
21-25	10	4	16
26-30	2	2	2
> 30	1	1	–
NOCH GAR NICHT	1,5	1	2

Spanien

Alter	Gesamt in %	Frauen	Männer
< 12	0,6	0,0	1,1
12-15	7,6	5,2	9,6
16-18	16,3	28,7	31,9
19-21	21,1	23,5	19,1
22-25	20,3	24,3	16,9
> 25	8,1	11,0	5,8
KEINE ANTWORT	8,3	11,5	5,7
WEISS NICHT	10,9	8,2	13,1

USA

Alter	Gesamt in %	Frauen	Männer
< 12	4,5	3,3	5,6
13-14	11,5	4,7	17,4
15-16	23,2	20,3	26
17-18	29,5	34,3	24,6
19-20	11	10,7	11
21-25	17	22,7	11
NOCH GAR NICHT	4,2	4	4,4

Quellen: „Der RALF-Report – Das Sexualverhalten der Deutschen", K. Eichner / W. Habemehl
„La conducta sexual de los españoles", C. Malo de Molina u. a.
„Sex in America", Gina Kolata u. a.

Diese und an anderer Stelle bereits dargestellte Daten zeigen, daß sexuelle Frühreife nicht angeboren ist. Das Verhalten von Menschen wird auch in diesem Bereich in weiten Teilen von äußeren Faktoren beeinflußt. Wenn Eltern wollen, daß ihre Kinder keinen Extremen in ihrem Sexualverhalten verfallen und daß sie erst dann sexuell aktiv werden, wenn sie psychisch und körperlich reif dafür sind, müssen sie ihnen von der frühesten Kindheit an Orientierung im Umgang mit Sexualität geben. Dabei ist es wichtig, daß sich die Eltern ihrer Vorbildfunktion bewußt sind. Sie sollten möglichst natürlich mit der eigenen Sexualität umgehen und sie nicht tabuisieren.

Die Latenzphase

In der Entwicklung der kindlichen Sexualität gibt es eine Phase, in der die sexuellen Handlungen des Kindes abnehmen.

Diese Latenzphase, wie Freud sie nannte, reicht vom fünften bzw. sechsten Lebensjahr bis zur Pubertät.

Die sexuelle Aktivität des Kindes hört in dieser Zeit zwar nicht vollständig auf, sie ist aber schwächer ausgeprägt. Die Latenzphase wird für sehr wichtig gehalten für die Entwicklung einer Leistungs- und Arbeitshaltung des Kindes. Deshalb beginnt in dieser Phase normalerweise die Schulzeit.

Auch in der Latenzphase beschäftigen sich Kinder mit erotischen Spielen, was zeigt, daß sie weiterhin an ihrer Sexualität interessiert sind.

Erotische Spiele

Etwa 20 % der Mädchen und ein großer Teil der Jungen haben vor ihrem neunten Lebensjahr an irgendeinem erotischen Spiel, bei dem die Geschlechtsorgane im Mittelpunkt standen, teilgenommen.

Wenn beide Geschlechter an den Spielen beteiligt sind, beschränken sie sich meist auf das Zeigen, Betrachten und Berühren der Geschlechtsorgane.

Eine Untersuchung von Clement (1986) ergab, daß 9 % der Jungen und 5 % der Mädchen zwischen zwölf und fünfzehn Jahren homosexuelle Spiele machen.

Normalerweise hören die Kinder bereits vor Einsetzen der Pubertät mit diesen Spielen auf.

Der Übergang: Pubertät und Jugendzeit

Mit Beginn der Pubertät setzt beim Kind eine innere Unruhe ein. Sie ist durch organische Veränderungen bedingt, die von einigen nun aktiven endokrinen Drüsen ausgelöst werden.

Es beginnt einer der schwierigsten Lebensabschnitte, eine Übergangsphase, in der Körper und Psyche unsicher sind und schwanken.

Forts. auf S. 356

Kap. 18: SEXUALITÄT IN KINDHEIT UND ALTER

Sexuelle Aufklärung

Durch wen oder was sind Sie aufgeklärt worden?

	%
Mutter	29
Vater	12
Großeltern	2
Geschwister	7
Andere Familienmitglieder	6
Freunde	42
Geliebte/Geliebter	17
Gesundheitserzieher	18
Lehrer	5
Bücher	22
Zeitschriften	13
Zeitungen	1
Fernsehen	5
Filme	6
Radio	1
Ich hatte keine Quelle.	3
Ich kann mich nicht erinnern.	2

Wo würden Sie sich heute informieren?

	%
Mutter	10
Vater	5
Großeltern	–
Geschwister	4
Andere Familienmitglieder	4
Freunde oder Ehepartner	14
Gesundheitserzieher	66
Lehrer	1
Bücher	26
Zeitschriften	4
Zeitungen	1
Fernsehen	1
Filme	1
Radio	–
Ich habe keine Quelle.	4
Ich weiß nicht wo.	3

Diese Tabelle wurde dem Buch „El libro de la sexualidad" [Das Buch über die Sexualität] der Ärztin Dr. Elena Ochoa entnommen. Sie wurde auf der Grundlage von Daten aus „The Kinsey Institute New Report on Sex" [Neuer Report des Kinsey-Instituts über die Sexualität] erstellt.

Es zeigt sich, daß Freunde die wichtigste Quelle für die sexuelle Aufklärung sind. Danach kommen die Mütter, Bücher und Gesundheitserzieher. Letztere sind wesentlich zuverlässigere Informanten, die die unter Umständen falsche Information von Freunden und Kameraden korrigieren können. Die Daten entsprechen der Situation in Nordamerika, können aber auch auf europäische Verhältnisse übertragen werden.

Die gleiche Umfrage machte auch deutlich, daß drei Viertel der Eltern ihre Kinder lieber in der Schule aufklären lassen als zu Hause.

Wir meinen, daß die Schule eine wichtige Aufgabe hat. Sie kann aber nicht die gesamte erzieherische Funktion der Eltern ersetzen. Deshalb widmen wir ein ganzes Kapitel, das letzte in diesem Werk, der sexuellen Aufklärung von Kindern.

Sexueller Mißbrauch an Kindern

Obwohl sexueller Mißbrauch von Kindern gesellschaftlich geächtet und vom Gesetz bestraft wird, werden immer wieder Fälle bekannt, in denen selbst sehr kleine Kinder von Erwachsenen zu sexueller Befriedigung mißbraucht werden.

Es handelt sich um ein abweichendes Verhalten von Erwachsenen, das schwere körperliche und psychische Schäden bei den kleinen Opfern hervorruft, unter denen sie ein Leben lang zu leiden haben.

Häufiger als man denkt

Kinsey stellte fest, daß sexueller Mißbrauch von Kindern viel häufiger vorkommt, als im allgemeinen angenommen wird.

Die meisten Kinder, die sexuell mißbraucht wurden und auf die sich seine Untersuchung bezieht, waren über zehn Jahre alt, nur ganz wenige waren erst vier oder fünf.

Nach Kinsey kommt es beim sexuellen Mißbrauch lediglich in 1% der Fälle zum kompletten Geschlechtsverkehr.

Die vom „Playboy" durchgeführte Untersuchung stellte hier sehr viel höhere Werte fest.

Von sexuellem Mißbrauch spricht man nicht erst bei der Durchführung von Geschlechtsverkehr, sondern immer dann wenn jemand zur sexuellen Befriedigung mißbraucht wird.

Hunderttausende von Fällen

Die Dunkelziffer der in der Bundesrepublik Deutschland geschätzten Fälle sexuellen Mißbrauchs von Kindern liegt bei etwa 300.000 Fällen pro Jahr.

Mädchen sind mehr als doppelt so häufig betroffen wie Jungen.

Sexueller Mißbrauch von Kindern ist in erster Linie ein Beziehungsdelikt. Die meisten Täter kennen ihre Opfer. Oft sind es Bekannte oder Verwandte (Vater, Onkel etc.) aus der sozialen Umgebung des Kindes.

Siehe auch „Der Inzest", Kap. 26, S. 2/138.

Wenn Kinder Mutter werden

Die frühe Aufnahme sexueller Beziehungen, ungenügende sexuelle Aufklärung und Unkenntnis über Methoden der Empfängnisverhütung scheinen die Hauptursachen für die in manchen Ländern hohe Zahl von Schwangerschaften bei noch sehr jungen Frauen zu sein.

Risiko für Körper und Seele

Eine solche Schwangerschaft bedeutet ein erhöhtes Risiko für Mutter und Kind.

Die meisten dieser Schwangerschaften sind nicht erwünscht. Die Frau versucht, sie zu verbergen, und es wird oft illegal abgetrieben, was das Risiko für die Mutter noch weiter erhöht.

Auch die psychologischen Folgen sind gravierend. Die Unterbrechung oder der vollständige Abbruch der Ausbildung und die ökonomische Belastung der meist sozial schwachen Familie wirken sich negativ auf das Selbstvertrauen der jungen Frau aus und vermitteln ihr ein Gefühl von Unfähigkeit, weil sie überfordert ist.

Eine amerikanische Befragung von 180 schwangeren Studentinnen legte eine Selbstmordversuchsrate von 13 % an den Tag.

Aber auch wenn es nicht zu einer solch dramatischen Situation kommt, muß man doch feststellen, daß die körperliche, intellektuelle, gesellschaftliche und berufliche Entwicklung der jungen Frau beeinträchtigt ist.

So sympathisch das Bild einer sehr jungen Mutter auch aussehen mag, dahinter verbirgt sich meist ein persönliches Drama, das von der Gesellschaft nicht ignoriert werden darf.

Einige Zahlen

Nach Angaben der WHO sind in Südamerika mehr als 20 % der Frauen, die schwanger werden, jünger als 18 Jahre. Ähnlich gravierend ist das Problem in den USA.

In Deutschland sind fast 95% der entbindenden Frauen älter als 20 (laut Zahlen für die Jahre 1991-1994) und nur 0,6 % sind unter 18. Der Anteil an jungen Müttern zeigt eine weiterhin sinkende Tendenz: Waren 1991 noch 6,2 % der entbindenden Frauen unter 21, so sind es 1994 nur noch 4,7 % gewesen. Allerdings kamen in Deutschland im gleichen Zeitraum 15 % aller Neugeborenen nicht ehelich zur Welt.

Noch bis Anfang dieses Jahrhunderts galt man mit 50 Jahren als alt. Das ist heute zum Glück ganz anders. Die meisten gesunden Menschen stehen in den „50ern" immer noch voll im Leben. Gründe für diese Veränderung sind: die bessere Ernährung und Hygiene, Fortschritte der Medizin und regelmäßige Bewegung.

Forts. von S. 353

Wenn die ersten deutlichen Anzeichen der Geschlechtsreife beim Jugendlichen auftreten (erste Samenergüsse beim Jungen und erste Monatsblutung beim Mädchen), beginnt eine Entwicklungsphase, die allmählich zur vollständigen Reife des Individuums führt.

Dies betrifft sowohl die Körperfunktionen – einschließlich der Fortpflanzungsfähigkeit – als auch den geistigen Bereich, in den unter anderem die Ausbildung von Verantwortungsgefühl fällt.

Aus Umfragen weiß man, daß Jugendliche erotische Zärtlichkeiten austauschen und „Petting" praktizieren; der erste Geschlechtsverkehr findet häufig sehr früh in der Pubertät oder kurz danach statt (siehe S. 1/336f. und S. 2/75).

Das erste Mal

Wir hatten bereits erwähnt, daß der frühzeitige Geschlechtsverkehr sich nicht unbedingt positiv auf das spätere Sexualleben auswirkt.

Die meisten Menschen haben dennoch bereits als Jugendliche, in einer Zeit psychischer und emotionaler Instabilität, ihren ersten Geschlechtsverkehr (siehe Statistiken S. 1/353).

Wann es bei Jugendlichen zum ersten Geschlechtsverkehr kommt, hängt von verschiedenen Faktoren wie Geschlecht, Alter, körperlicher Beschaffenheit, Gesellschaft, Erziehung und sozialer Umgebung ab.

In modernen Gesellschaften neigen Jugendliche dazu, relativ früh sexuelle Beziehungen einzugehen.

Die Art und Weise dieses ersten Geschlechtsverkehrs hat Auswirkungen auf die spätere Sexualität.

Sexuelle Orientierung der Heranwachsenden

Die physiologischen und psychischen Veränderungen, die beim Jugendlichen stattfinden, beeinflussen ihn selbst, seine Mitmenschen und die Eltern.

Es ist Aufgabe der Eltern, die Entwicklung ihrer Kinder interessiert zu verfolgen und sie aufzuklären, bevor die großen Veränderungen in der Pubertät eintreten, so daß weder sie noch ihre Kinder unvorbereitet sind.

Auch die Schule, die Kirchen und die ganze Gesellschaft sind dafür verantwortlich, daß Jugendliche eine geeignete Erziehung und eine Orientierungshilfe für das Erwachsenwerden erhalten.

Unabhängigkeit und Instabilität

Nicht immer ist es leicht, die Jugendlichen zu erreichen, denn sie verspüren den natürlichen Drang, sich von den Eltern und von allen gesellschaftlichen Zwängen zu lösen.

Aber gerade weil sie sich in einer Situation ausgeprägter psychischer und körperlicher Instabilität befinden, brauchen sie die Zuwendung und das Verständnis der Erwachsenen.

Eltern sollten bei der Unterstützung ihrer Kinder mit viel Fingerspitzengefühl vorgehen, damit sich die Jugendlichen nicht wie Kinder behandelt oder übermäßig überwacht fühlen.

Sexualität im Alter

Eine relativ junge Wissenschaft, die sich mit dem Alter befaßt, die Gerontologie (nicht zu verwechseln mit der Geriatrie, die sich mit den Krankheiten alter Menschen beschäftigt), macht in letzter Zeit große Fortschritte.

Es ist natürlich, daß das Interesse für die Probleme des Alters zunimmt, denn die Zahl der Personen, die zu dieser Gruppe gehören, nimmt aufgrund der verbesserten medizinischen Versorgung und besserer allgemeiner Lebensbedingungen stetig zu.

Lange Zeit interessierte man sich fast nur für die Sexualität in den frühen und mittleren Lebensjahren des Menschen. Die Sexualität älterer Menschen hingegen wurde ignoriert.

Immer noch ein Teil des Lebens

Heute gibt es bereits genügend wissenschaftliche Erkenntnisse über die Sexualität im Alter. Man ist daher in der Lage, Empfehlungen für eine befriedigende Gestaltung dieses letzten Lebensabschnitts auf dem Gebiet der Sexualität zu geben.

Das weitverbreitete Vorurteil, ältere Menschen hätten kein Sexualleben mehr, trifft nicht zu. Sowohl ältere Frauen als auch ältere Männer empfinden und brauchen sexuelle Befriedigung. Die Sexualität kann im Alter genauso genossen werden wie in jüngeren Jahren, manchmal sogar noch mehr, da keine Angst mehr vor einer unerwünschten Schwangerschaft besteht.

Ältere Menschen können heute alle Lebensbereiche stärker genießen als früher, da sie mehr Zeit und Ruhe dafür haben.

Männer erreichen mit ungefähr 20 Jahren den Höhepunkt ihrer sexuellen Potenz. Ab diesem Zeitpunkt nimmt die Potenz kontinuierlich ab, was sich etwa ab dem 40. Lebensjahr deutlicher bemerkbar macht. Ein sexuell aktives Leben kann den Erhalt der sexuellen Potenz begünstigen. Es scheint ebenso bewiesen, daß ein sexuell aktives Leben bei der Frau das Einsetzen der Wechseljahre verzögert. Auf jeden Fall kann man aber auch im Alter die Sexualität noch voll genießen.

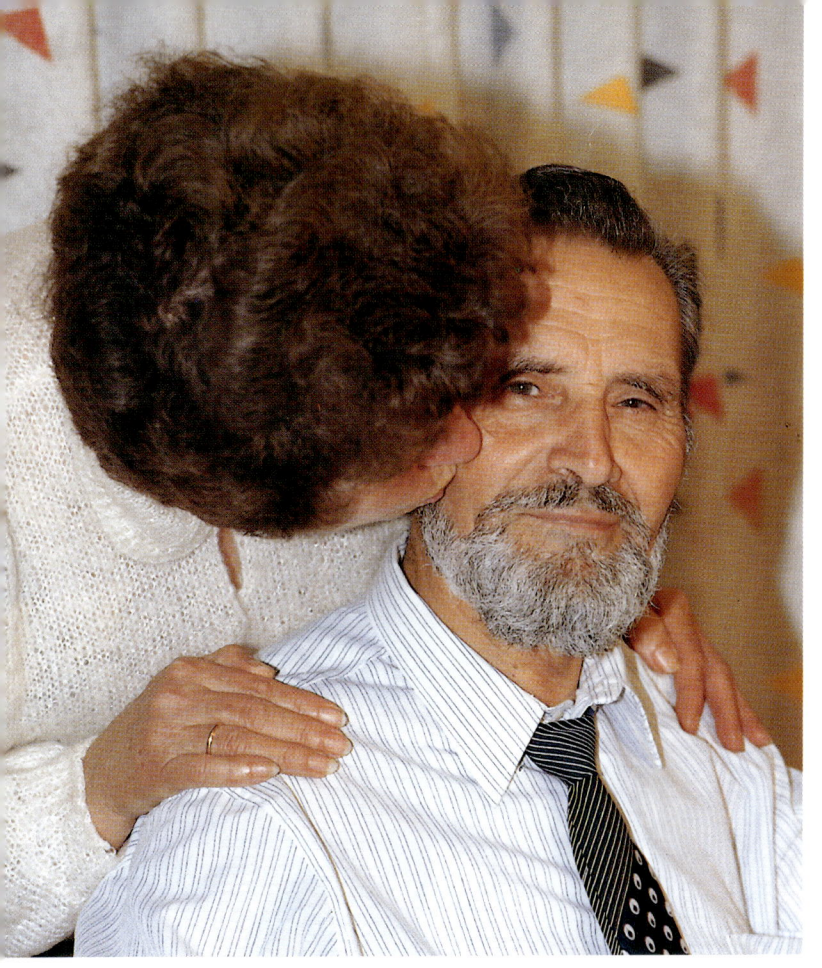

Jeder Mensch hat in jedem Alter das Bedürfnis, geliebt zu werden. Und wenn ihm diese Liebe von einer Person gegeben wird, die er schon sein ganzes Leben lang kennt, ist das um so schöner.

Altes und neues Altern

Vor noch nicht einmal 50 Jahren hielten sich Männer und Frauen im Alter von 45-50 Jahren bereits für alt. Heutzutage steht man dank medizinischem Fortschritt, verbesserter Hygiene und Ernährung, regelmäßiger sportlicher Betätigung und moderner Technik in diesem Alter noch mitten im Leben.

Der Alterungsprozeß beginnt zwar bereits im Alter zwischen 20 und 30 Jahren, er verläuft heute aber wesentlich langsamer. Die körperlichen und geistigen Fähigkeiten können länger erhalten bleiben.

Um das 30. Lebensjahr setzt allmählich der natürliche Verfall des Körpers ein. Alle Organe und Zellen verlangsamen ihre Aktivität, wodurch ihre Leistungsfähigkeit abnimmt. Das betrifft ganz besonders das Herz-Kreislauf-System.

Das, was am längsten hält

Die hochdifferenzierten Keimzellen altern dagegen sehr spät, so daß die Drüsen, in denen sie sich befinden, bis ins hohe Alter aktiv bleiben.

Deshalb gibt es 90jährige und noch ältere Männer, die eine Erektion bekommen, Geschlechtsverkehr haben und Kinder zeugen können.

Häufig setzen ältere Männer ihre sexuellen Fähigkeiten allerdings aus verschiedenen Gründen nicht mehr ein, z. B. weil das sexuelle Verlangen nicht mehr so stark ist oder weil die Partnerin fehlt.

Unaufhaltsam, aber kaum wahrnehmbar

Nachdem die sexuelle Potenz des Mannes im Alter von etwa 20 Jahren ihren Höhepunkt erreicht hat, nimmt sie langsam ab.

Der Abbau geht so langsam vor sich, daß er kaum wahrgenommen wird. Erst in hohem Alter wird er deutlicher. Mit etwa 30 Jahren kann erstmalig eine Abschwächung der Potenz festgestellt werden, die sich mit 40 Jahren, und noch deutlicher mit 50 Jahren, verstärkt. In den folgenden Jahrzehnten nimmt die sexuelle Potenz weiter ab.

Die Schnelligkeit, mit der die sexuelle Potenz nachläßt, ist von vielen Faktoren abhängig: von körperlichen, biologischen, psychischen, geistigen und gesellschaftlichen Faktoren.

Ein sexuell aktives Leben erhält die Potenz länger. Dagegen ist nicht zu empfehlen, in der Sexualität über die eigenen Möglichkeiten hinauszugehen. Es scheint, daß ein sexuell aktives Leben die Menopause (das Aussetzen der Regelblutung in den Wechseljahren) bei der Frau hinauszögert.

Psychologische und soziologische Faktoren

Daß die Sexualität im Alter nachläßt, ist zum Teil sicherlich auf biologische Faktoren zurückzuführen. Aber auch die Psyche der älteren Menschen und der Einfluß der

Forts. auf S. 360

Fit bleiben bis in hohe Alter: Zehn Regeln

❶ Achten Sie auf die Ernährung.

Ernähren Sie sich überwiegend ovo-lakto-vegetarisch. Ernähren Sie sich ausgewogen und ausreichend. Frühstücken Sie reichlich, essen Sie mittags mäßig und abends wenig. Essen Sie nicht zuviel auf einmal.

❷ Vermeiden Sie alle Schadstoffe.

Rauchen, Alkohol, Tee und Kaffee sind schädlich. Sie zerstören die Gesundheit, senken die Lebensqualität und, was noch schlimmer ist, sie verursachen Abhängigkeit.

Das gleiche gilt verstärkt für die illegalen Rauschgifte. Medikamente wie Barbiturate, Antidepressiva, Anxiolytika und alle anderen Psychopharmaka sollten nur auf ärztliche Verordnung hin eingenommen werden.

❸ Versuchen Sie ein Gleichgewicht zwischen Aktivität und Ruhe herzustellen.

Arbeiten Sie nicht zu viel, auch wenn Sie es gern tun. Gehen Sie einem Hobby nach.
Betreiben Sie keine Tätigkeit bis zur Erschöpfung. Schlafen Sie genug! Verbringen Sie mindestens neun Stunden täglich entspannt im Bett.

❹ Achten Sie auf die Körperhygiene.

Warme Duschen oder Bäder sind sehr angenehm. Kühles Wasser nach dem Aufstehen regt Körper und Geist an und stimmt auf den Tag ein.
Lauwarmes Wasser vor dem Schlafengehen entspannt und fördert einen erholsamen Schlaf.

❺ Halten Sie Ihre fünf Sinne in Form.

Gehen Sie zum Augenarzt, wenn Sie Beschwerden mit den Augen haben, und gehen Sie zum Hals-Nasen-Ohren-Arzt, wenn Sie schlecht hören oder riechen. Vermeiden Sie den Aufenthalt in verrauchten Räumen. Betäuben Sie ihren Geschmackssinn nicht mit Reizstoffen (stark gesalzene Speisen, Gewürze, Gepökeltes). Trainieren Sie Ihren Tastsinn mit Arbeiten, die Feinfühligkeit erfordern.

❻ Vernachlässigen Sie Ihr Aussehen nicht. Pflegen Sie Ihre Zähne.

Gehen Sie bei Zahnproblemen zum Zahnarzt.
Verzichten Sie nicht auf Zahnprothesen, auch wenn es kostspielig sein sollte, denn sie erleichtern das Kauen und beugen Verdauungsproblemen vor. Außerdem verbessern Sie Ihr Aussehen, wodurch Sie ein besseres Bild von sich selbst bekommen.

Sie fühlen sich besser und sicherer, wenn Sie gut angezogen auch äußerlich gepflegt sind.

❼ Treiben Sie angemessenen Sport.

Wandern, Spazierengehen, Golfspielen und Schwimmen sind gesunde Sportarten, die sich gut an die individuelle Kraft anpassen lassen. Fahrradfahren und Tennis sind auch interessante Sportarten. Bevor man sie betreibt, sollte man jedoch erst mit dem Arzt darüber sprechen.

❽ Pflegen Sie soziale Kontakte, erhalten Sie sich Ihre Neugier und Flexibilität.

Der Mensch ist nicht für die Einsamkeit geschaffen. Einsamkeit entmutigt und deprimiert.
Pflegen Sie Ihre Freundschaften und zögern Sie nicht, neue zu knüpfen.
Bleiben Sie auch geistig aktiv, indem Sie Bücher lesen, Veranstaltungen besuchen, ins Theater gehen etc.
Reisen Sie so viel wie möglich.
Brechen Sie den Kontakt zu Ihren Kindern nicht ab. Kümmern Sie sich um Ihre Enkelkinder, bringen Sie ihnen etwas bei, zeigen Sie ihnen, daß Sie sie lieben. Sie und ihre Eltern werden es Ihnen danken, wenn sie klug sind.

❾ Nehmen Sie sich Zeit, in sich zu gehen.

Denken Sie noch einmal über den Tagesablauf nach. Erkennen Sie Fehler, und versuchen Sie soweit wie möglich, sie wiedergutzumachen.
Tun Sie soviel Gutes wie möglich, und beklagen Sie sich nicht über das Schlechte, das Sie nicht ändern können. Erfreuen Sie sich an allem Guten und Schönen, auch an einem reichen Gefühlsleben und einer Sexualität, die mit Ihren Möglichkeiten harmoniert.
Versuchen Sie, mit allen Menschen in Frieden zu leben, soweit dies in Ihrer Macht steht.

❿ Achten Sie auf Ihr körperliches und psychisches Wohlbefinden.

Lassen Sie mindestens einmal pro Jahr eine ärztliche Allgemeinuntersuchung vornehmen. Viele Krankheiten lassen sich im Anfangsstadium heilen, sind aber unheilbar, wenn sie spät entdeckt werden.
Behandeln Sie sich nicht selbst.
Benutzen Sie ohne ärztliche Verordnung keine Mittel zur Verstärkung Ihrer sexuellen Potenz oder zum Erhalt der Jugend. Sie können gefährlich sein.

Zehn Geheimnisse einer glücklichen Sexualität im Alter

❶ Eine **erfüllte Sexualität** zu erleben, ist **kein Vorrecht der Jugend**, sondern gehört im Alter genauso zum Leben. Sowohl Männer als auch Frauen können bis ins hohe Alter sexuelle Befriedigung erleben und Sex praktizieren.

❷ Das Ausleben von **Sexualität** ist nicht gleichbedeutend mit dem Praktizieren von **Geschlechtsverkehr.**

Es gibt eine Reihe anderer Möglichkeiten neben dem Geschlechtsverkehr, die befriedigend sein können, auch wenn es dabei nicht zum Koitus oder zum Orgasmus kommt.

❸ Für die **Liebe** ist man **nie zu alt**. Goethe verliebte sich noch mit 75 Jahren.

❹ Die **Sexualität** ist die körperliche Funktion, die **durch das Altern am wenigsten beeinträchtigt** wird.

❺ Man wird **mit den Jahren erfahrener**, und mit Hilfe der Erfahrung kann man seine Fähigkeiten, auch in der Sexualität, besser nutzen. So sagte schon Cervantes im „Don Quijote":

„Menschen sind wie Wein,
je älter desto besser."

❻ Im Alter ist der Mensch – ganz besonders wenn er den Partner verloren hat – durch Einsamkeit, Trennungsschmerz und andere Widrigkeiten des Lebens, viel **empfänglicher für Zuneigung und Liebe**.

❼ Häufig ist die Frau unzufrieden, wenn der Mann frühzeitig einen Samenerguß bekommt. Mit den Jahren kann der Mann den Reflex des Samenergusses besser beherrschen und ihn hinauszögern, was den **sexuellen Genuß für beide Partner steigert**.

❽ Daß **Frauen nach den Wechseljahren** keine Kinder mehr empfangen können, heißt nicht, daß sie nicht mehr **zu lustvollem Geschlechtsverkehr fähig** sind. Diese beiden Bereiche funktionieren unabhängig voneinander. Der Mann produziert seinerseits bis zum Lebensende Samenzellen.

❾ Im Laufe des Lebens **aktiv betriebener Sex** wirkt sich insgesamt positiv aus, auch auf das spätere Sexualleben.

❿ Ältere Menschen sollten **sich nicht für ihre sexuellen Wünsche und ihr Liebesbedürfnis schämen.** Der große nicaraguanische Dichter Rubén Darío schrieb:

„Sie sind verstrichen all die Jahre
doch mein Durst nach Liebe blieb besteh'n
und trotz meiner nunmehr weißen Haare
seh' ich mich bei den Rosen steh'n"

Der Sexualtrieb und die Sehnsucht nach Liebe, der Wunsch, das Beste von sich zu geben und das Beste vom anderen zu erhalten, sind Impulse der Natur.
Und die Gefühle, die jeder Mensch hat, lassen sich zweifellos am besten in der Liebesbeziehung von Mann und Frau verwirklichen, ganz gleich in welchem Alter.

Forts. von S. 358

Umwelt, die nicht daran glaubt oder es nicht akzeptiert, daß ältere Menschen sexuell aktiv sein können, führen zu einem Rückgang der Sexualität im Alter.

In den Medien wird heute allerdings immer häufiger völlig natürlich über die Sexualität älterer Menschen berichtet. Vielleicht wirkt sich dies positiv aus und regt ältere Menschen dazu an, ihre Sexualität ernst zu nehmen und mehr Freude an ihr haben.

Besonderheiten des Alters

Beim Mann können psychische und physische Faktoren Potenzprobleme und Schwierigkeiten beim Geschlechtsverkehr auslösen. Probleme sind z. B. die vorzeitige Erwartung des Nachlassens der sexuellen Potenz, ein allgemein vermindertes Sexualverlangen, Erschöpfung, Impotenz und ungenügende Erektionsfähigkeit.

Eine ältere Frau hat, auch wenn alters- oder krankheitsbedingte Rückbildungsvorgänge den Geschlechtsakt erschweren können, auch nach den Wechseljahren in der Regel einen normalen Geschlechtstrieb.

Abgesehen von diesen Problemen, die sich oft zufriedenstellend lösen lassen, können Männer und Frauen bis ins hohe Alter Sex haben und sexuelle Erfüllung bis hin zum Orgasmus erleben.

Der Mann

Für den Mann ist es, da er im Alter schwächer auf Reize reagiert, etwas schwieriger, eine Erektion zu bekommen. Deshalb benötigt er gelegentlich eine stärkere Stimulierung als in jüngeren Jahren.

Die Erektion kann bis zum Samenerguß voll bestehen bleiben oder sich wieder abschwächen. Sie kann mit einem Orgasmus verbunden sein.

Auch die Hoden arbeiten bis ins hohe Alter des Mannes, sind aber nicht mehr so leistungsfähig und werden bei Erregung auch nicht mehr hochgezogen.

Nach dem Orgasmus erfolgt die Rückbildung schneller. Sie umfaßt nur noch eine einzige Phase. Gleichzeitig verlängert sich die Refraktärzeit, die Zeit, in der eine neue Erektion nicht möglich ist. Häufig ist das Sexualverlangen reduziert.

Die Frau

Die hormonelle Umstellung bei der Frau bewirkt, daß sich die Geschlechtsorgane allmählich zurückbilden und daß die sexuellen Reaktionen schwächer werden.

Das Sexualverlangen nimmt mit fortschreitendem Alter ab.

Die Geschlechtsorgane reagieren langsamer, die Scheide wird weniger feucht, die Orgasmen werden kürzer und schwächer. Auch die Brüste reagieren schwächer.

Es kann vorkommen, daß die Frau nach dem Geschlechtsverkehr, manchmal auch noch Tage danach, Schmerzen in der Harnröhre oder in der Blase verspürt.

Alles in Maßen

Im Prinzip verhält es sich mit der Sexualität im Alter folgendermaßen:

Man kann alles tun, nur nicht in dem gleichen Maße wie früher.

Es gibt gewisse Einschränkungen, die man als älterer Mensch berücksichtigen sollte. Sexuelle Erregung und sexuelle Aktivität bewirken bei beiden Geschlechtern eine stärkere Belastung der Atemwege und des Kreislaufsystems als bei jungen Menschen.

Besonders Menschen, die an Herz-Kreislauf-Krankheiten oder Atemwegserkrankungen leiden, sollten beim Geschlechtsverkehr vorsichtig sein und im Zweifelsfall vorher einen Arzt um Rat fragen.

Das Wichtigste für eine gute Partnerbeziehung ganz gleich welchen Alters ist, daß die Liebe zum Ausdruck kommt. Liebe und Erotik beschränken sich aber nicht allein auf das Geschlechtliche.

Die Liebe, die Ehepartner füreinander empfinden, kann auf ganz unterschiedliche Weise zum Ausdruck gebracht werden, so daß beide Erfüllung finden. Sexualität ist eben nicht eine Angelegenheit, die sich nur im Schlafzimmer abspielt, sie umfaßt das ganze Sein einer Partnerschaft.

Sexualität ist zudem kein Vorrecht der Jugend. Sie begleitet den Menschen sein ganzes Leben lang als Ausdruck der Liebe und bereitet ihm auch im Alter Freude. Deshalb können sich ältere Menschen unter Berücksichtigung ihrer körperlichen Verfassung ohne weiteres von der Liebe anregen lassen und sexuell aktiv bleiben.

19 STÖRUNGEN DER SEXUALITÄT

Aus verschiedenen Gründen meinen viele Menschen, es sei nicht notwendig, sich mit den Störungen der menschlichen Sexualität auseinanderzusetzen. Da die Sexualität nur eine von vielen Funktionen des Körpers ist, erwartet man, daß sie sich von Anfang an problemlos gestaltet.

Diese Ansicht machte nur dann nachvollziehbaren Sinn, wenn auch die übrigen Bereiche des Organismus (z. B. die Verdauung, die Sinne, der Blutkreislauf usw.) nie erkranken würden.

Die Sexualität ist einer der sensibelsten Bereiche des Menschen.

Ihre Entwicklung und ihr Einsatz werden von vielfältigen organischen und psychologischen Faktoren, aber auch von Faktoren wie Erziehung und Gesellschaft beeinflußt.

Außerdem ist es eine Funktion, an der immer zwei Personen beteiligt sind. Die Besonderheiten eines jeden Partners und die ganz individuelle Beziehung der Partner zueinander prägen die Art der sexuellen Annäherung und Vereinigung.

Die wichtigsten Störungen, die den Liebesakt beeinträchtigen können, sind:

Störungen der Libido, Potenzprobleme des Mannes, reduziertes Sexualverlangen der Frau, Schmerzen bei der Vereinigung und die Unfähigkeit zum Beischlaf sowohl beim Mann als auch bei der Frau.

Damit der Geschlechtsverkehr normal verlaufen und mit einem Orgasmus abschließen kann, müssen verschiedene Voraussetzungen gegeben sein:

- Der Verkehr muß **erwünscht** sein,
- die Ausführung muß **möglich** sein,
- er darf **nicht schmerzhaft** sein, und
- er sollte für beide Partner **lustvoll** sein.

Umgang mit Problemen im Sexualleben

Sexualität spielt in unserer Gesellschaft eine wichtige Rolle und beschäftigt viele Menschen. Es wird jedenfalls viel über sie geredet (siehe Seite 1/174).

Diese Art von Gespräch scheint allerdings nicht sehr hilfreich zu sein, denn es ist zu beobachten, daß Störungen im Sexualbereich allgemein zunehmen.

Probleme? Die gibt es immer!

Viele Menschen sprechen nicht gerne über sexuelle Probleme, selbst nicht mit dem eigenen Partner.

Wenn eine Sexualbeziehung unbefriedigend geworden ist, kann es daher lange dauern, bis einer der Partner oder beide sich eingestehen, daß sie ein Problem haben. Meist suchen Betroffene erst nach langem Leidensdruck eine professionelle Sexualberatung auf.

Störungen im Sexualbereich können organische oder psychische Ursachen haben. Je früher sie behandelt werden, desto besser sind die Heilungschancen und die Aussichten auf ein zukünftiges positives Sexualleben.

Besonderheiten bei der Frau

Selbst wenn das Sexualleben eines Paares positiv beginnt, muß es berücksichtigen, daß sich die Empfindungen der Frau von denen des Mannes unterscheiden.

Zeit und Aufmerksamkeit

Normalerweise braucht eine Frau etwas mehr Zeit als ein Mann, um sich an die neue Rolle als sexuell aktives Wesen zu gewöhnen. Sexuelle Aktivität und sexuelle Befriedigung sind bei der Frau komplexer als beim Mann. Bei den ersten sexuellen Kontakten findet eine Frau daher nicht immer gleich vollständigen Genuß.

Verständnis und Geduld

Mann und Frau sollten gegenseitig akzeptieren, daß sie unterschiedliche Wesen mit unterschiedlichen Gefühlen sind. Mit etwas Geduld, Entgegenkommen und Einfühlungsvermögen können beide Partner es schaffen, den Geschlechtsverkehr positiv zu erleben. Eine sexuelle Beziehung ist eine der intimsten und schönsten Begegnungen zweier Menschen, die das Leben bietet und die der Schöpfer für die Menschen erdacht hat.

Wissen, was man tut

Bevor ein Paar in diesen Prozeß des gegenseitigen Kennenlernens eintritt, ist es hilfreich, wenn beide Partner über sexualkundliche Grundkenntnisse verfügen.

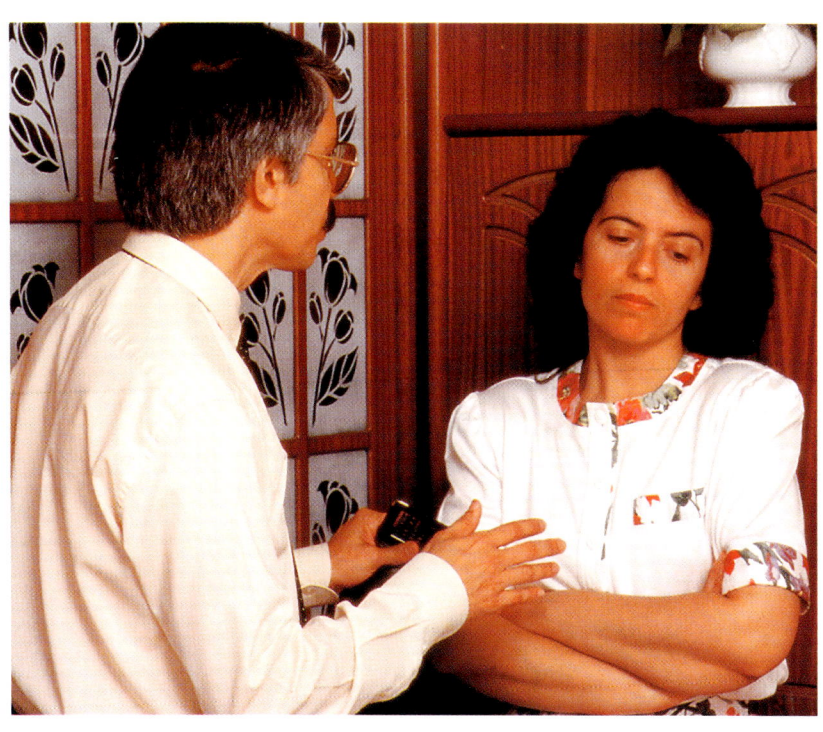

Viele verletzende Situationen entstehen dadurch, daß der Mann zuwenig über die weibliche Sensibilität weiß.

Kap. 19: STÖRUNGEN DER SEXUALITÄT

Es ist natürlich, daß ein so wichtiges Ereignis Kopfzerbrechen bereitet. Das erste Mal ist aufregend, wenn auch nicht immer allzu befriedigend, besonders für die Frau. Aber auch die weiteren Male bleiben aufregend; der Genuß kann sich steigern und bald voll entfalten. Dazu muß man sich bewußt machen, daß zu einer sexuellen Beziehung auch das Austauschen von Zärtlichkeit gehört. Gleichwohl ist es unerläßlich, die anatomischen und psychologischen Eigenheiten des anderen Geschlechts zu kennen. Darüber wird ausführlich in den Kapiteln 1, 2, 4, 5, 10, 13 und 14 gesprochen.

Ein guter Anfang

Das erste Mal

Die erste sexuelle Erfahrung ist für beide Partner eine bedeutsame Angelegenheit.

Noch wichtiger für eine erfüllte Partnerschaft ist aber die nachfolgende weitere Entwicklung der erotischen Beziehung.

Wenn die ersten sexuellen Erfahrungen für beide Partner befriedigend waren und sie sich eine rasche Wiederholung wünschen, dann haben sie bereits einen großen Schritt in Richtung auf ein befriedigendes Sexualleben gemacht.

Ein guter Anfang ist natürlich keine Garantie dafür, daß alles weitere problemlos läuft.

Aber es ist viel wert, wenn nicht bereits zu Beginn Komplikationen das Entstehen von sexueller Nähe behindern.

Und dann ...

Die Eindrücke, die die Partner vom ersten Geschlechtsakt behalten, sind wichtig, da sie sich oft bewußt oder unbewußt einprägen und das zukünftige Sexualleben bestimmen können.

Waren die Eindrücke negativ, ist es sehr schwierig, sie wieder völlig auszulöschen.

Wenn die geschlechtliche Vereinigung des Paares zudem nicht aus Liebe geschah, kann dies für weitere Sexualkontakte zusätzlich problematisch sein und zum Auslöser einer generell ablehnenden Haltung gegenüber dem Geschlechtsverkehr werden.

MENSCH UND FAMILIE
BAND 1

Störungen der Sexualität
Relative Häufigkeit

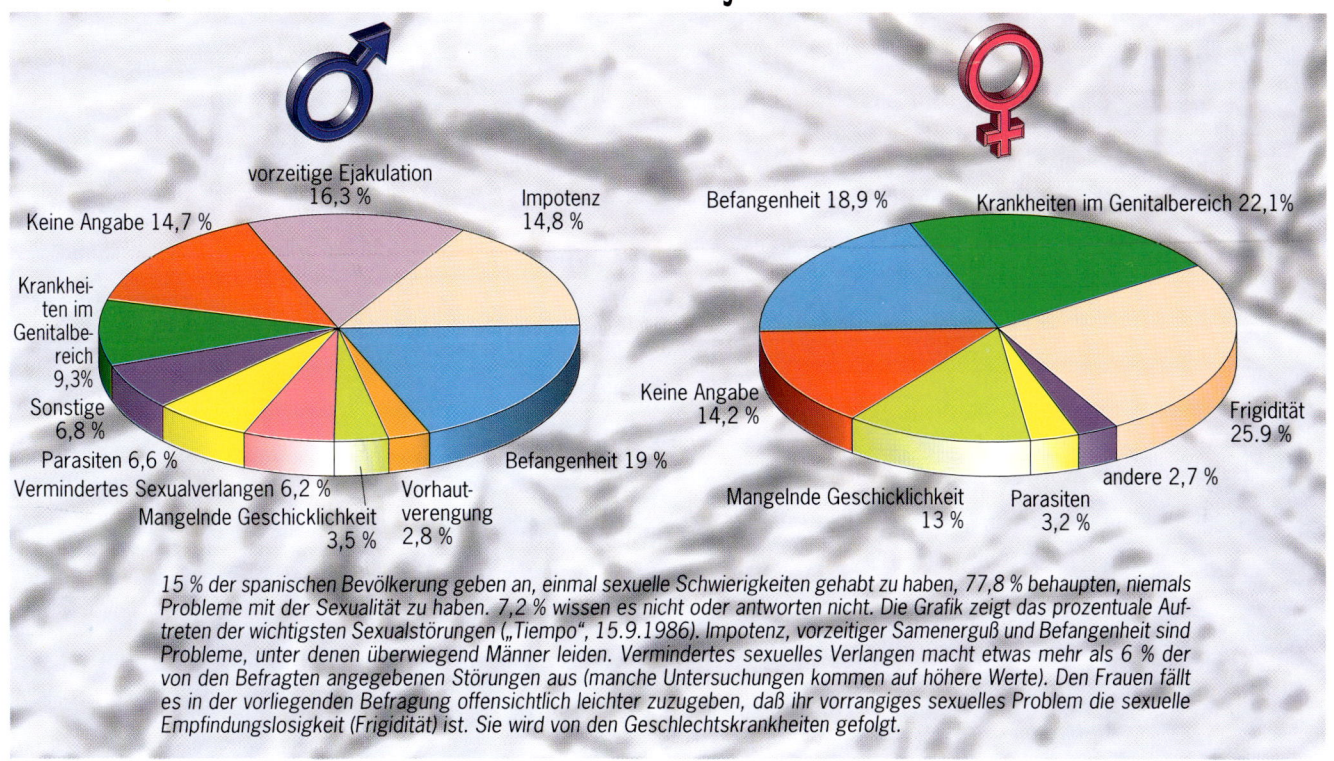

Männer:
- vorzeitige Ejakulation 16,3 %
- Impotenz 14,8 %
- Befangenheit 19 %
- Vorhautverengung 2,8 %
- Mangelnde Geschicklichkeit 3,5 %
- Vermindertes Sexualverlangen 6,2 %
- Parasiten 6,6 %
- Sonstige 6,8 %
- Krankheiten im Genitalbereich 9,3 %
- Keine Angabe 14,7 %

Frauen:
- Befangenheit 18,9 %
- Krankheiten im Genitalbereich 22,1 %
- Frigidität 25,9 %
- andere 2,7 %
- Parasiten 3,2 %
- Mangelnde Geschicklichkeit 13 %
- Keine Angabe 14,2 %

15 % der spanischen Bevölkerung geben an, einmal sexuelle Schwierigkeiten gehabt zu haben, 77,8 % behaupten, niemals Probleme mit der Sexualität zu haben. 7,2 % wissen es nicht oder antworten nicht. Die Grafik zeigt das prozentuale Auftreten der wichtigsten Sexualstörungen („Tiempo", 15.9.1986). Impotenz, vorzeitiger Samenerguß und Befangenheit sind Probleme, unter denen überwiegend Männer leiden. Vermindertes sexuelles Verlangen macht etwas mehr als 6 % der von den Befragten angegebenen Störungen aus (manche Untersuchungen kommen auf höhere Werte). Den Frauen fällt es in der vorliegenden Befragung offensichtlich leichter zuzugeben, daß ihr vorrangiges sexuelles Problem die sexuelle Empfindungslosigkeit (Frigidität) ist. Sie wird von den Geschlechtskrankheiten gefolgt.

Störungen mit organischer Ursache

Die meisten Sexualstörungen sind nach wissenschaftlichen Erkenntnissen psychisch bedingt.

Nur so erklärt sich, daß Impotenz und fehlendes Sexualverlangen bei bestimmten Menschen nach einem Partnerwechsel plötzlich verschwinden.

Einige sexuelle Fehlfunktionen bei Mann oder Frau sind aber ausschließlich organisch bedingt.

Hier wollen wir nur auf die Störungen eingehen, die das Sexualleben des Paares beeinträchtigen können. Probleme der Fortpflanzung werden ausführlich an anderer Stelle behandelt (siehe z. B. Kapitel 8 und Kapitel 33).

Speziell weibliche Probleme

Organisch bedingte Störungen der Sexualität der Frau sind meist auf Verletzungen der Geschlechtsorgane durch eine Geburt oder Operation zurückzuführen.

Obwohl die Fortschritte in der Technik und in der Geburtshilfe das Verletzungsrisiko bei der Geburt stark verringert haben, kann es hin und wieder doch einmal zu Komplikationen kommen.

So können bei der Geburt entstandene Dammrisse und unsachgemäß genähte oder schlecht vernarbte Dammschnitte (Episiotomien) Schmerzen beim Sexualverkehr hervorrufen.

Bei langen und komplizierten Geburten können Muskulatur und Bindegewebe des Beckenbodens so gedehnt werden, daß sie schlaff bleiben und ihre ursprünglichen Funktionen nicht mehr ausüben können. Das kann dazu führen, daß der Geschlechtsverkehr nicht mehr befriedigend durchgeführt werden kann.

Verschiedene Infektionen der Scheide oder Eileiterentzündungen können Reizungen bzw. Schmerzen beim Verkehr oder bei anderen Sexualkontakten hervorrufen.

Auch Krankheiten wie eine Lageveränderung der Gebärmutter, Tumoren, Eierstock- und Gebärmutterzysten oder die Endometriose (gutartige Wucherung der Gebärmutterschleimhaut außerhalb der Gebärmutter), können das normale Sexualleben eines Paares beeinträchtigen (siehe Kapitel 6, „Frauenkrankheiten", S. 1/118ff.).

Ursachen im Bereich der Harnorgane

Ursachen einer Dyspareunie (schwierig durchzuführender oder schmerzhafter Geschlechtsverkehr) sind mitunter eine chronische Blasenentzündung oder eine Nierenbeckenentzündung.

Diese Entzündungen kommen sehr häufig vor (siehe S. 1/163f.).

Beim Mann sind es Entzündungen der Harnröhre (Urethritis), der Nebenhoden (Epididymitis) und der Prostata (Prostatitis), aber auch bestimmte sexuell übertragbare Krankheiten, die Schmerzen bei der Erektion hervorrufen können (siehe Hinweis-Kasten auf dieser Seite).

Ursachen im Blutgefäßsystem

In 25 % aller Fälle organisch bedingter Impotenz liegt die Ursache in verstopften Blutgefäßen der Geschlechtsorgane.

Vor allem Nikotin wirkt sich negativ auf die Durchblutung der Gefäße aus.

Veränderungen der Blutgefäße können eine schmerzhafte Dauererektion des Penis (Priapismus) oder eine Verletzung der Schwellkörper des Penis verursachen (siehe S. 1/67).

> **Immer sofort zum Arzt gehen**
>
> *Jede Infektion der Geschlechtsorgane, ob durch Sexualkontakt übertragen oder nicht, sollte umgehend behandelt werden. Sobald sich die ersten Symptome zeigen, sollte ein Arzt aufgesucht werden, denn alle diese Krankheiten können meist mit gutem Erfolg behandelt werden.*
>
> *Eine nicht behandelte oder zu spät behandelte Erkrankung im Genitalbereich kann dagegen zu einer späteren Unfruchtbarkeit führen.*

Auch Thrombosen und venöse Fisteln sowie verschiedene Bluterkrankungen, wie die Polyglobulie (erhöhte Anzahl der roten Blutkörperchen), die Hämochromatose (Eisenablagerungen im Organismus) oder die Leukämie (Blutkrebs), können die Sexualität beeinträchtigen.

Hormonell, neurologisch und stoffwechselbedingte Störungen

Das normale Sexualleben kann auch durch eine fehlerhafte Drüsenaktivität gestört werden, also hormonell bedingt sein.

Es entsteht eine Situation, bei der zu wenig oder gar kein Sexualhormon aus den Eierstöcken im Körper der Frau vorhanden ist. Dadurch wird das Sexualverlangen abgeschwächt. Gleichzeitig kann die Ausübung des Geschlechtsverkehrs erschwert sein.

Diese hormonelle Störung tritt z. B. auf, wenn sich in den Wechseljahren der Frau die Organe zurückbilden oder wenn die Eierstöcke operativ entfernt worden sind.

Darüber hinaus können Funktionsstörungen der Hypophyse (Hirnanhangdrüse), der Hoden, der Schilddrüse oder der Nebennierenrinde die normale Sexualität beeinträchtigen.

Die wichtigste Stoffwechselkrankheit, die sich auf die Sexualität auswirken kann, ist Diabetes mellitus (Zuckerkrankheit).

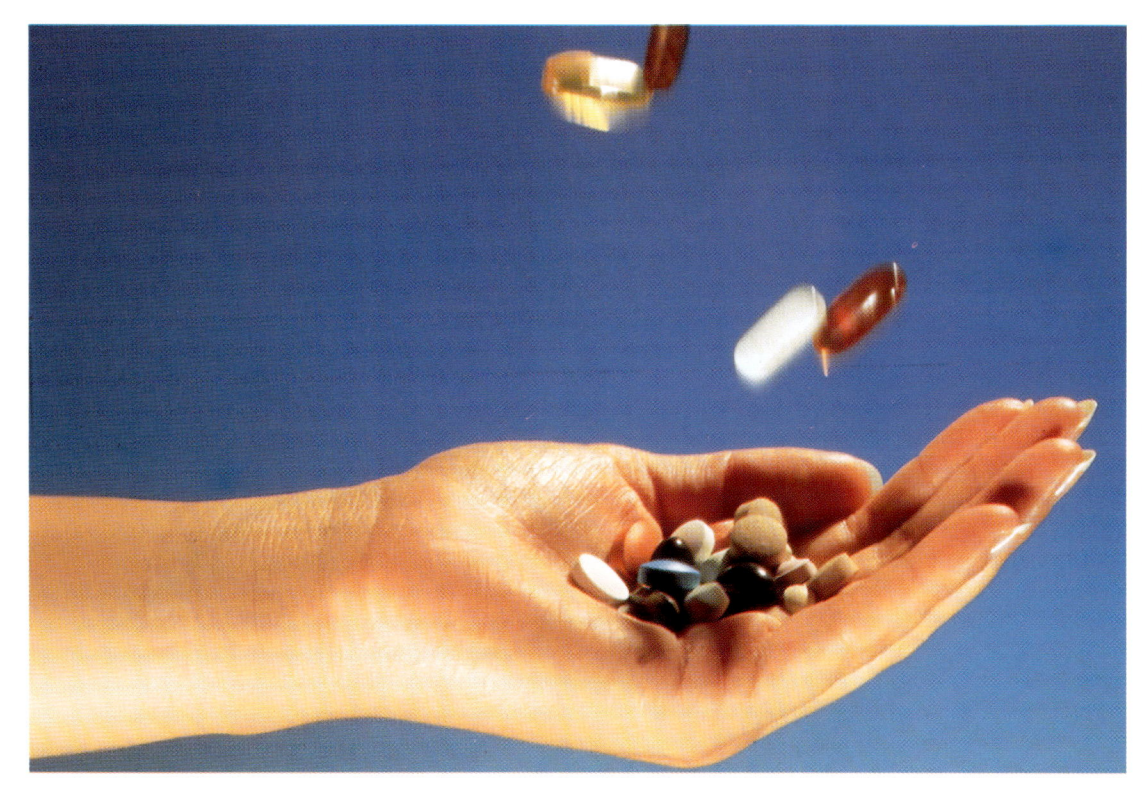

Zur sachgemäßen Anwendung von Medikamenten ist ein umfassendes Wissen über die möglichen Wirkungen, Wechselwirkungen und Nebenwirkungen notwendig. Selbstmedikation ist deshalb eine riskante Angelegenheit. Einige Arzneimittel beeinflussen die Sexualität. In diesem Fall muß der Arzt die Medikation abwägen und den Patienten über die mögliche Beeinträchtigung informieren.

Sie kann beim Mann Potenz- und bei der Frau Libidostörungen hervorrufen.

Auch die Urämie (zu viel Harnstoff im Blut), die Hyperurikämie (Harnsäurevermehrung im Blut) und die chronische Albuminurie (zu viel Eiweiß im Blut) können Sexualstörungen verursachen.

Bei Dialysepatienten, deren Blut wegen einer Unterfunktion der Nieren künstlich gereinigt werden muß, läßt die Potenz mit der Zeit nach.

Zu den neurologisch begründeten Sexualstörungen gehören Lähmungen und Entzündungen der Beckennerven, die für die Ausübung des Geschlechtsverkehrs notwendig sind.

Durch Medikamente oder Gifte hervorgerufene Störungen

Verschiedene Medikamente können das normale Funktionieren der Sexualität beeinträchtigen, vor allem solche, die auf das Zentralnervensystem des Menschen einwirken:

- **Schlafmittel**
- **Beruhigungsmittel**
- **Betäubungsmittel**

Auch Medikamente mit Wirkung auf das periphere Nervensystem können Sexualstörungen hervorrufen.

Die Substanzen blockieren Reizimpulse, die an die Blutgefäße und Nerven des Genitalbereichs gehen.

Dazu gehören Medikamente wie die sogenannten Sympathikusblocker, die das vegetative Nervensystem blockieren und dadurch Ejakulationsstörungen auslösen können.

Blutdrucksenkende Medikamente und verschiedene Hormonbehandlungen können die normale sexuelle Aktivität beeinträchtigen.

Es ist wissenschaftlich erwiesen, daß Nikotin die Wirksamkeit von Vitamin E, das für die Aktivierung der Geschlechtsdrüsen verantwortlich ist, negativ beeinflußt. In Experimenten konnte gezeigt werden, daß die Vitalität und die Beweglichkeit der Spermien von Rauchern schlechter ist als die von Nichtrauchern. Wie jede andere Droge, die dem Körper in einer bestimmten Dosis zugeführt wird, vermindert auch das Nikotin die sexuelle Leistungsfähigkeit.

Rauchen und Alkoholgenuß

In unserer Gesellschaft ist der Alkohol wohl einer der ärgsten Feinde eines gut funktionierenden Sexuallebens.

In einer ersten Phase scheint Alkoholgenuß das Sexualverlangen anzuregen, in einer zweiten Phase schwächt er es aber ab oder beeinträchtigt es ganz erheblich.

Starke Trinker können beobachten, wie ihr Sexualverlangen immer stärker nachläßt, bis es schließlich völlig verschwindet.

Viele Jugendliche fangen mit dem Rauchen an, weil sie sich mit der Zigarette in der Hand sehr „männlich" fühlen. Dies ist paradox, denn man weiß heute, daß das Rauchen die sexuelle Potenz einschränkt, wie in dem Kasten auf der nächsten Seite nachzulesen ist.

Der Betrug durch die Drogen

Die meisten Rauschmittel bewirken anfangs eine tatsächliche oder eingebildete Verbesserung der Sexualkraft. Bei gewohnheitsmäßiger Einnahme führen sie jedoch zu einer Abnahme der Potenz.

Bei Drogenabhängigen beobachtet man häufig, daß Sexualverlangen und Potenz überhaupt nicht mehr vorhanden sind.

Psychisch bedingte Störungen

Wenn die Psyche organische Beschwerden – wie zum Beispiel ein Magengeschwür – hervorrufen kann, dann überrascht es nicht, daß sie sich auch auf die Sexualität, deren geistige Komponente ja äußerst wichtig ist, auswirkt.

Depressionen und Ängste

Jede Situation, die einen Menschen außergewöhnlich belastet, beeinflußt das Sexualleben.

Depressionen und Angstzustände wirken sich negativ auf die Sexualbeziehung eines Paares aus. Sie sollten mit einer Psychotherapie behandelt werden, damit die Harmonie im Sexualleben des Paares wiederhergestellt werden kann.

Wenn ein Partner unter den genannten Beschwerden leidet, sollte der gesunde Partner seine ganze Liebe in die Beziehung einbringen. Er sollte Geduld und Verständnis aufbringen, wann immer der erkrankte Partner dies braucht.

Anderenfalls kann zu dem eigentlichen Problem der Depression oder der Ängste das Problem hinzutreten, daß der Betroffene glaubt, die Zuneigung und Annahme des Partners verloren zu haben.

Komplexe und Ängste

Ein Faktor, der das Sexualleben beeinträchtigen kann, sind Auswirkungen einer früheren gestörten Eltern-Kind-Beziehung, die beim betroffenen Mann oder bei der Frau Komplexe und Ängste haben entstehen lassen.

Forts. auf S. 370

Ursachen unbefriedigender Sexualität

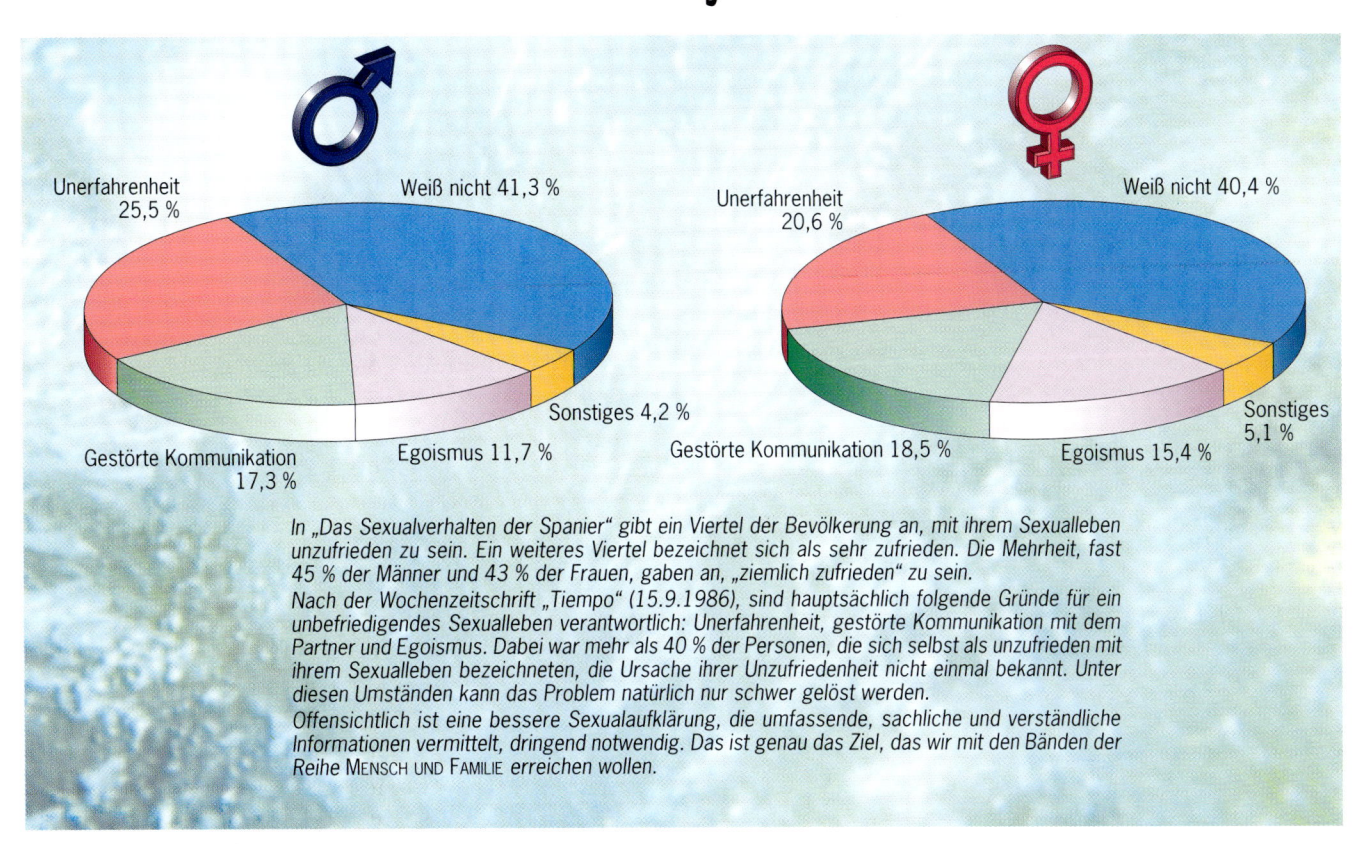

♂
- Unerfahrenheit 25,5 %
- Weiß nicht 41,3 %
- Sonstiges 4,2 %
- Egoismus 11,7 %
- Gestörte Kommunikation 17,3 %

♀
- Unerfahrenheit 20,6 %
- Weiß nicht 40,4 %
- Sonstiges 5,1 %
- Egoismus 15,4 %
- Gestörte Kommunikation 18,5 %

In „Das Sexualverhalten der Spanier" gibt ein Viertel der Bevölkerung an, mit ihrem Sexualleben unzufrieden zu sein. Ein weiteres Viertel bezeichnet sich als sehr zufrieden. Die Mehrheit, fast 45 % der Männer und 43 % der Frauen, gaben an, „ziemlich zufrieden" zu sein.

Nach der Wochenzeitschrift „Tiempo" (15.9.1986), sind hauptsächlich folgende Gründe für ein unbefriedigendes Sexualleben verantwortlich: Unerfahrenheit, gestörte Kommunikation mit dem Partner und Egoismus. Dabei war mehr als 40 % der Personen, die sich selbst als unzufrieden mit ihrem Sexualleben bezeichneten, die Ursache ihrer Unzufriedenheit nicht einmal bekannt. Unter diesen Umständen kann das Problem natürlich nur schwer gelöst werden.

Offensichtlich ist eine bessere Sexualaufklärung, die umfassende, sachliche und verständliche Informationen vermittelt, dringend notwendig. Das ist genau das Ziel, das wir mit den Bänden der Reihe MENSCH UND FAMILIE erreichen wollen.

Rauchen gefährdet die Potenz

Leiter von Raucher-Entwöhnungskursen kennen Begebenheiten wie die folgende:

Auf den Nachbereitungstreffen, bei denen die ehemaligen Raucher ein paar Wochen nach der Entwöhnung über ihre Erfahrung mit der neuen Freiheit sprechen, ist immer mindestens einer dabei, der mit einem verschmitzten Lächeln erzählt:

„Meine Frau hatte immer geglaubt, ich sei eben nicht mehr der Jüngste. Aber seit ich nicht mehr rauche, beschwert sie sich, daß ich zu oft möchte ..."

Dies ist sicherlich kein Einzelfall.

Starkes Rauchen schränkt häufig die sexuelle Leistungsfähigkeit ein.

Menschen, die sich das Rauchen abgewöhnt haben, stellen häufig überrascht fest, daß sich ihr sexuelles Verlangen und ihre Potenz erheblich steigern.

Die Verbesserung der Sexualfunktion ist leicht zu erklären. Nikotin ist sehr schädlich für das Herz-Kreislauf-System und schränkt somit die allgemeine Leistungsfähigkeit ein.

Wenn das Rauchen aufgegeben wird, verbessert sich die Funktion des Herzens und der Blutgefäße. Folglich erhöht sich auch die sexuelle Leistungsfähigkeit.

Außerdem führt starkes Rauchen zu einer Vergiftung des Körpers, die auch das empfindliche Zusammenspiel der Nerven, die an der Sexualität beteiligt sind, beeinträchtigt.

Kap. 19: STÖRUNGEN DER SEXUALITÄT

Es wurde bereits einige Male darauf hingewiesen, daß das Gehirn ein wichtiges Sexualorgan ist. Daher ist es verständlich, daß eine lustvolle und befriedigende Sexualität auch vom Gesundheitszustand des Gehirns abhängt.

Forts. von S. 368

Auch eine ohne ersichtlichen Grund gestörte individuelle Entwicklung der Sexualität kann sich später negativ auf das Sexualleben auswirken.

In manchen Fällen bewirkt die Angst des Mannes vor einer nicht ausreichenden Erektion, daß es erst gar nicht zu ihr kommt. Hat die Frau beispielsweise Angst, sie könnte während des Geschlechtsakts die Kontrolle verlieren, kann das dazu führen, daß sie keinen Orgasmus bekommt.

In den genannten Fällen sollte man sich an einen Spezialisten wenden, der helfen kann.

Eine gute Sexualaufklärung ist wichtig, damit falsche Vorstellungen, wie z. B. die Angst, einen zu kleinen Penis zu haben oder sich beim Geschlechtsverkehr zu verletzen, erst gar nicht entstehen können.

Partnerkonflikte

Eine der häufigsten Ursachen für Störungen im Sexualbereich sind persönliche Konflikte zwischen den Partnern. Daher widmen wir eines der längsten Kapitel dieses Werkes (36) den Ehekonflikten und ihrer Bewältigung (S. 2/330ff.).

Verhaltensweisen wie mehr oder weniger offen gezeigte Feindseligkeit, Enttäuschung, Verachtung und Taktlosigkeit wirken sich negativ auf die Partnerbeziehung aus, besonders wenn sie sehr intensiv sind oder wenn sie sich oft wiederholen.

Die Frau als Sexobjekt

Die Frau wehrt sich möglicherweise gegen das Gefühl, allein Objekt der sexuellen Begierde ihres Partners zu sein, indem sie sich ihm verweigert oder sich ihm nur mit sichtlichem Mißfallen hingibt.

Die Frau, die beim Geschlechtsakt ein sowohl persönlich als auch gesellschaftlich viel größeres Risiko eingeht als der Mann (Gefahr einer Schwangerschaft), fühlt sich erniedrigt und ausgenutzt. Der Mann glaubt hingegen, allein sein Recht in Anspruch zu nehmen.

Der Mann ist enttäuscht

Der Mann fühlt sich nun seinerseits enttäuscht und sogar mißachtet, wenn er merkt, daß seine Partnerin sich gar nicht aktiv am Liebesakt beteiligt. Schlimmer noch ist es, wenn sie ihn kritisiert oder sich über seine sexuellen Fähigkeiten oder Handlungen lustig macht, oder wenn er ihr Verhalten so interpretiert.

Das Beziehungsgeflecht in einer Partnerschaft ist so kompliziert und subtil, daß selbst ein kleiner Fehler zu funktionellen Störungen in dieser Einheit führen kann.

Soziokulturelle Probleme

Das Sexualleben des Menschen wird auch sehr von den kulturellen und sozialen Bedingungen beeinflußt, unter denen ein Mensch lebt.

Empirische Studien scheinen zu belegen, daß Potenzstörungen bei Männern mit dem Grad der Industrialisierung einer Gesellschaft zunehmen.

Das verwundert nicht, denn trotz der hohen Anforderungen des modernen Lebens wird vom Mann erwartet, daß er seine Männlichkeit durch stets „knisternde" erotische Aktivität demonstriert.

So kommt es zu einer paradoxen Situation in unserer Gesellschaft. Während auf der einen Seite sexuelle Beziehungen immer häufiger, abwechslungsreicher und vergnüglicher ausgelebt werden können, nimmt auf der anderen Seite die Zahl der Männer mit Potenzstörungen und die der Frauen mit nachlassendem Sexualverlangen zu.

Zum Nachdenken

Es wird wieder einmal deutlich, daß die Gesellschaft dem Menschen mehr körperliche und psychische Kraft abverlangt, als ihm eigentlich zur Verfügung steht.

Um nicht in einen aufreibenden Wettstreit mit sich selbst und anderen zu geraten, sollten wir daher unbedingt lernen, zwischen wichtigen und unwichtigen Dingen im Leben zu unterscheiden. Nur so läßt sich ein glückliches und zufriedenes Leben führen.

Für die Sexualität wie auch für andere Bereiche gilt, daß die beste Garantie für wirkliche Freiheit und intensiven, dauerhaften Genuß die ist, sich innerhalb der von der Natur gegebenen Grenzen zu bewegen.

Stichwortverzeichnis – Band 1

*Die ausführlichere Fassung finden Sie im **Gesamt-Stichwortverzeichnis** am Ende von Band 4 (ab Seite 4/367).
Ein **alphabetisches Verzeichnis der Krankheiten**, die in allen vier Bänden dargestellt werden,
finden Sie am Anfang von Band 1 (ab Seite 1/10).*

Abtreibung 1/108
ACTH 1/94
Adenokarzinom 1/150
Adenom der Prostata,
    s. Prostatavergrößerung 1/52
Agape-Liebe 1/184
Aggressivität, männliche 1/226
Akne 1/77
Aktivitäten, sexuelle 1/340
Alanin 1/55
Albuminurie 1/367
Alterungsprozeß 1/357
Amenorrhö
  – primäre 1/136
  – sekundäre 1/136
  – Amenorrhö-Galaktorrhö-Syndrom 1/169
Aminosäuren, Nahrungsmittel
    mit hohem Gehalt an 1/53
anale Phase 1/349
Androgene 1/26f., 1/32, 1/94, 1/107f.,
    1/122, 1/206f., 1/209f.
Angstzustände 1/368
Anorgasmie 1/307
Appendix epididymidis 1/91
Appendix testis 1/91
Arapesh 1/217
Arteriographie 1/122
asthenisch 1/235
Asthenospermie,
    s. Zeugungsunfähigkeit 1/79
Atemwegserkrankung 1/361
Athletisch 1/235
Ausfluß 1/127, 1/145
Ausschabung 1/122
autoerotisch 1/347
Autosomen 1/196
Azoospermie, s. Zeugungsunfähigkeit 1/79

Bärentraube 1/56f., 1/164
Ballaststoffgehalt, Lebensmittel
    mit hohem 1/53
Bartholinitis 1/147
Basaltemperatur 1/107, 1/111ff., 1/122
Baudelocque 1/103
Becken der Frau 1/100
  – Maße d. weiblichen Beckens 1/102f.
  – Beckenboden 1/102, 1/155
  – mittlere Beckenebene 1/102
  – obere Beckenebene 1/101
  – untere Beckenebene 1/102

  – Beckenknochen 1/101
  – Beckenneigung 1/103
Befruchtung 1/22, 1/25
Berufstätigkeit 1/215
Bibel 1/217
Bibel und Sexualität 1/182
Bilharziose, s. Tropenparasiten,
    Erkrankungen durch 1/73
Binden 1/117
Biopsie 1/122
Birke 1/164
Blase
  – Entzündung 1/366
  – Blasenhalserkrankung 1/62
  – Senkung 1/156
Blastula 1/23, 1/25
Blut im Sperma, s. Hämospermie 1/78
Blutbruch, s. Hydrozele
    und Hämatozele 1/70
Bluthochdruck 1/305
Blutstau im kleinen Becken 1/135
Bruchkraut 1/164
Brust 1/279, 1/302, 1/309f.
  – Aufbau 1/106
  – Brustwarze 1/106f., 1/261, 1/279
  – Funktionen 1/109
  – Eigenuntersuchung, s. Brustkrebs
  – Tumoren, Zysten 1/165
Brustanomalien, s. Pubertätsstörungen
Brustkrebs, Früherkennung 1/166ff., s.
    auch Zysten und Tumoren der Brust

Candida albicans 1/64
Candida-Mykosen, s. Scheide,
    Entzündungen 1/151
Chambuli 1/217
Charakter 1/234
Chorionepitheliom 1/150
Chromosomen 1/193ff.
Computertomographie 1/122
Corpus albicans 1/107
Cowperschen Drüsen 1/43, 1/91

Damm 1/44, 1/105
Dammriß 1/365
Dammschnitt 1/365
Darmbein 1/101
Darmbeinschaufeln 1/100
Darwin, Charles 1/250
Depressionen 1/224f., 1/368

Diabetes mellitus 1/366
Diäthylstilböstrol-Syndrom 1/150
Döderlein-Bakterien 1/109
Down-Syndrom 1/196
Drakunkulose 1/73
Drüsen 1/204
  – Bartholinische Drüsen 1/147
  – endokrine Drüsen 1/204, 1/221
  – exokrine Drüsen 1/204
  – Drüsenläppchen 1/106
Dupuytrensche Erkrankung 1/67
Dysmenorrhö 1/129
  – Behandlung 1/132
  – essentielle Dysmenorrhö 1/129
  – Gymnastik gegen Dysmenorrhö 1/130
  – primäre Dysmenorrhö 1/129
  – sekundäre Dysmenorrhö 1/132
Dyspareunie 1/366
Dysplasien am Gebärmutterhals 1/153
dysplastisch 1/235
Dystrophien der Vulva 1/146

Ehe 1/236
  – Ehekonflikte 1/257
  – Ehen religiöser Menschen 1/345
Eichel 1/44f., 1/259f., 1/218
Eichel- und Vorhautentzündung 1/64
Eierstock 1/91f., 1/94ff., 1/104f., 1/108,
    1/112, 1/207, 1/210f., 1/213
  – Entzündung 1/142
  – Funktion 1/107
  – Eierstockhormon 1/107
  – Eierstocktätigkeit 1/113
  – Eierstockzyste 1/366
  – Krebs 1/161
  – Zysten 1/161
Eileiter 1/91, 1/104f., 1/108
  – Funktionen 1/108
  – Eileiterentzündung 1/105, 1/142f.,
    1/366
Einstellung, moralische 1/228
Eizelle 1/22, 1/25, 1/107f., 1/112ff.
  – Entwicklung der Eizelle 1/23
  – Eireifung 1/108
  – Eisprung 1/107ff., 1/112ff., 1/133
Ejakulation, s. Samenerguß
Ekzeme, s. Hauterkrankungen im
    Genitalbereich
Elefantiasis 1/73f., 1/147
Elektrakomplex 1/351

Eltern-Kind-Beziehung 1/368
Embryonenselektion 1/202
Emotionalität, weibliche 1/226
Empfindsamkeit 1/255
Endometriose 1/158
Endometriumbiopsie 1/139
Energie 1/322
Enterozele 1/156
Enthaltsamkeit 1/191
Entwicklung
  – Junge 1/91
  – Mädchen 1/91
  – des weiblichen Embryo 1/89
  – Genitalapparat 1/90
Entzündungen
  – der Eichel 1/64
  – des Gebärmutterhalses (Zervix) 1/153
  – der Harnblase 1/163
  – der Harnröhre 1/60
  – der Hoden 1/68
  – der Nebenhoden 1/68
  – der Prostata 1/50
  – der inneren weiblichen Geschlechtsorgane, Vorbeugung 1/144
  – der Vorhaut 1/64
  – von Vulva und Scheide beim Mädchen 1/149
Epididymitis, s. Hoden- und Nebenhodenentzündung 1/68
Epiphyse, s. Zirbeldrüse
Episiotomie, s. Dammschnitt 1/365
Epispadie und Hypospadie 1/66
Epispadie, s. Vulva, Veränderungen 1/146
Epoophoron 1/92
Erektion 1/45ff., 1/242, 1/262f., 1/271, 1/283, 1/300, 1/316, 1/321
  – Reflexsystem 1/263
  – Erektionsfähigkeit 1/319, 1/360
erogene Zonen 1/260, 1/302, 1/347
  – primäre 1/260, 1/279ff., 1/287, 1/303
  – sekundäre 1/260f., 1/266, 1/277, 1/279, 1/281
Eros 1/185
Erotisierungsbereitschaft 1/271
Erregung, sexuelle 1/104. 1/305ff., 1/310ff.
  – Erregungsphase 1/305f., 1/312, 1/316
  – Erregungszeichen 1/242
erste Mal, das 1/296
Ethik, naturalistische 1/180

Feedback, s. Rückkopplung
Fehlbildungen
  – der Geschlechtsorgane 1/152
  – des Penis und der Harnröhre 1/66
Fehllage der Gebärmutter 1/157
Fettsucht 1/77, 1/125
Feuchtwerden der Scheide, s. Lubrifikation
Fibrome 1/150
Fibromyome 1/150
Fibrose 1/122
Filzlaus 1/75
Filariose der Lymphe 1/73
Fimbrientrichter 1/91, 1/108

Fisteln 1/150
Follikel 1/108f., 1/112ff.
  – Follikel des Eierstocks 1/213
  – Follikelhormon 1/93
  – Follikelreifung 1/110
  – Follikelzysten, s. Zysten und Tumoren der Eierstöcke
Fortpflanzung des Menschen 1/192
  – gemischte Fortpflanzung 1/194
  – geschlechtliche Fortpflanzung 1/194
  – ungeschlechtliche Fortpflanzung 1/193
  – Fortpflanzungsarten 1/193
  – Fortpflanzungsfähigkeit 1/319
  – Fortpflanzungstrieb 1/187, 1/192
Frauentyp 1/247
Freud, Sigmund 1/216,
Fruchtbarkeit 1/318
FSH 1/28f., 1/32, 1/35, 1/77, 1/92, 1/107, 1/112ff., 1/122, 1/125, 1/209

G-Punkt 1/261
Galaktorrhö 1/169
Gameten 1/194f., 1/198
Gartner-Gang-Zysten 1/91f., 1/150
Gastrula 1/23
Gebärmutter 1/91, 1/104f., 1/108f., 1/311ff.
  – Fehlbildungen 1/152
  – Fehllage 1/157
  – Funktionen 1/108
  – Gebärmutterkörperkrebs 1/159f.
  – Gebärmutterschleimhaut 1/109f.
  – Gebärmuttersenkung und -vorfall 1/155f.
  – Gebärmutterzyste 1/366
  – Myome 1/154
  – Polypen 1/156
  – Rückwärtsneigung 1/157
  – Verklebung 1/157
Gebärmutterhals 1/107, 1/109
  – Dysplasien 1/153
  – Entzündung 1/153
  – Krebs 1/159f.
  – Schleim, s. Zervixschleim
Geburt 1/102, 1/108
  – Geburtshilfe 1/123
  – Geburtskanal 1/103
Gefühle 1/224, 1/226, 1/279f.
Gefühlsschwankungen 1/226
Gehirn 1/264
Gelbkörper 1/107, 1/114, 1/213
Gelbkörperphase 1/110
Gelbkörperzysten 1/161
Gene 1/195
Genitale Zone 1/261
Genitaltuberkulose 1/76, 1/145
Genstruktur 1/226
Gerontologie 1/357
Geschlecht
  – Geschlechterpsychologie 1/214
  – Geschlechterrollen 1/217
  – Geschlechtschromosom 1/26
  – Geschlechtsdifferenzierung 1/24, 1/92, 1/197f.
  – Geschlechtsfunktion 1/222

  – Geschlechtsidentität 1/220
  – Geschlechtsinversion 1/205
  – primäre Geschlechtsmerkmale 1/30, 1/221
  – sekundäre Geschlechtsmerkmale 1/29, 1/221
  – Geschlechtsreife 1/222
  – Geschlechtsunterschiede 1/215, 1/232
  – Wahl des Geschlechts 1/198f., 1/201f.
Geschlechtsdrüsen, weibliche, s. Eierstock
Geschlechtsorgane
  – männliche, innere und äußere 1/39
  – weibliche, äußere 1/103
  – weibliche, innere 1/104
  – Größe 1/287
  – Fehlbildungen 1/152
  – Reaktionen 1/309
Geschlechtsverkehr 1/259, 1/268, 1/284ff., 1/305, 1/319, 1/330, 1/341
  – Häufigkeit 1/320, 1/324
  – während der Menstruation 1/296
  – Höhepunkt 1/283, 1/290
  – gemeinsamer Höhepunkt 1/294, 1/302f.
Gesetz, mosaisches 1/330
Gestagen 1/109, 1/141
Glaube 1/345
Gleitmittel 1/296
Glied, s. Penis
Glutaminsäure 1/55
Glycin 1/55
GnRH 1/28, 1/93, 1/209
Gonorrhö 1/64f.
Gonosomen 1/196
Graafschen Follikel 1/107
Gräfenberg-Punkt, s. G-Punkt
Gynäkologische Untersuchungsmethoden 1/122
Gynäkomastie 1/69, 1/77

Hämatozele 1/70
Hämochromatose 1/366
Hämospermie 1/78
Harnblase 1/105f.
Harnblasenentzündung, Behandlung 1/163f.
Harninkontinenz 1/56, 1/63, 1/162
Harnorgane 1/308
Harnröhre 1/43
  – Fehlbildungen 1/66
  – Harnröhrenausgang 1/104
  – Entzündung 1/60
  – Tumoren 1/61
  – Verengung 1/62
Hauhechel 1/164
Haut 1/308
Hauterkrankungen im Genitalbereich 1/75
Hautrötung 1/308ff.
Heliotherapie 1/56
Herpes 1/65
Herpes genitalis 1/64, 1/147
Herz und Lungen 1/305
Herz-Kreislauf-Erkrankung 1/361
Hirnanhangdrüse 1/28, 1/92ff., 1/108f., 1/112ff., 1/125, 1/207, 1/209ff.
Hirsutismus, s. Vermännlichung der Frau

Hite-Report 1/239, 1/274, 1/333, 1/341
Hitzewallungen 1/140
Hochleistungssport 1/137
Hoden 1/26f., 1/30, 1/35, 1/38ff., 1/91,
    1/207, 1/210f., 1/213, 1/281, 1/315
  – fehlender 1/72
  – Struktur 1/39
  – Hoden- und Nebenhodenentzündung
    1/68, 1/366
  – Hodenhochstand 1/41
  – Hodenhochstand
    und Kryptorchismus 1/72
  – Hodenkrebs 1/69
  – Hodensack 1/38, 1/315f.
  – Hodentorsion 1/71
  – Hodentrauma 1/84
  – Hodentumoren 1/69
  – Hodenverdrehung 1/71
  – Quetschungen 1/84
Homosexualität 1/90, 1/216, 1/340ff.,
    1/353
Hormone 1/220
  – Funktionen 1/208, 1/212f.
  – Hormone und Sexualität 1/204
  – Hormonmangel 1/98
  – Hormonpräparate 1/98
  – Hormonspiegel 1/113, 1/122
  – Hormontherapie 1/36
Hundszahngras 1/56
Hunt-Report 1/336
Hydrozele und Hämatozele 1/70
Hymen, s. Jungfernhäutchen
Hypertrichose, s. Vermännlichung
    der Frau 1/125
Hypertrophie der Prostata 1/52
Hyperurikämie 1/367
Hypophyse, s. Hirnanhangdrüse
Hypospadie 1/66, s. auch Vulva,
    Veränderungen
Hypothalamus 1/28, 1/32, 1/93, 1/207,
    1/209ff., 1/240, 1/266f.
Hysterographie, Hysteroskopie 1/122
Hysterosalpingographie 1/122, 1/139

Identifikation 1/352
Impotenz 1/56, 1/243, 1/360
In-vitro-Fertilisation (IVF) 1/201f.
Induratio penis plastica 1/67
Infektionen im inneren Genitalbereich
    1/142f.
Intelligenztests 1/225
Intimspray 1/144
IVF, s. In-vitro-Fertilisation

Johnson, Virginia E. 1/304
Juckreiz im äußeren Genitalbereich 1/148
Jugendzeit 1/353
Jungfernhäutchen 1/104, 1/296
Jungfernhäutchen-Verschluß 1/146

Kanther/Zelnik-Studie 1/337
Karyotyp 1/194ff.
Kastration
    – beim Menschen 1/206
    – bei Tieren 1/205
    – Kastrationskomplex 1/216
Kernspinresonanz-Tomographie 1/122

Ketosteroide 1/77
Kindheit 1/346, 1/348
Kinsey, Alfred 1/228, 1/242, 1/332,
    1/340ff., 1/347
Kitzler, s. Klitoris
Klimakterium, s. Wechseljahre
Klitoris 1/104ff., 1/259f., 1/263, 1/267,
    1/273, 1/281, 1/292, 1/302, 1/310ff.
Klitorishypertrophie 1/146
Kloake 1/146
Kolposkopie 1/122
Komplexe 1/368
Kondylome, spitze 1/147
Konfliktbewältigung 1/228
Kontaktfähigkeit 1/228
Körper, Körperkontakt 1/258, 1/277
Krampfaderbruch 1/71
Krebsvorsorge 1/123
Krebs
    – der Brust 1/165
    – der Eierstöcke 1/161
    – der Gebärmutter (Uterus) 1/159
    – der Harnröhre 1/61
    – der Hoden 1/69
    – der Prostata 1/58
    – der Schamlippen 1/146
    – des Gebärmutterhalses (Zervix) 1/159
    – des Penis 1/65
Kreuzbein 1/101
Kryptorchismus 1/72
Kunst des Liebens, s. Liebeskunst
Kunst und Technik 1/317
Kürbiskerne 1/56
Kuß 1/278

LaHaye, Tim und Beverly 1/21, 1/171,
    1/218, 1/345
Langeweile 1/277, 1/299, 1/327
Laparoskopie 1/122f., 1/139
Latenzzeit 1/348
Lebensenergie 1/327
Lendenzentrum 1/263, 1/266
leptosomer Typ 1/235
Leukämie 1/366
Leukoplakie, s. Vulva,
    Veränderungen 1/146
Leydigschen Zellen 1/39, 1/69
LH 1/28, 1/32, 1/35, 1/77, 1/93,
    1/112ff., 1/122, 1/125, 1/209
Libido 1/108, 1/216, 1/319, 1/348
Liebe auf den ersten Blick 1/253
Liebe und Sexualität 1/183
Liebesakt, s. Geschlechtsverkehr
Liebeskunst 1/285f.
Limbus 1/241
Linolensäure 1/54
Linolsäure 1/54
Lubrifikation 1/242, 1/309
Lungentuberkulose 1/76
Lusttropfen 1/43
Luther, Martin 1/331
Lymphangitis 1/74
Lymphgranuloma inguinale 1/147
Lymphographie 1/122

Magersucht 1/77, 1/125
Magnesium- und Zinkgehalt, Nahrungsmittel
    mit hohem 1/55
Mammographie 1/122, 1/165ff.
Männertyp 1/247
Männlichkeit, Männlichkeitskult 1/217,
    1/221, 1/250, 1/318
Mastdarm 1/105f.
Masters und Johnsons – Studie 1/333
Masters, William H. 1/304
Masturbation 1/340f.
Matriarchat 1/216f.
Meiose 1/193, 1/198
Menarche, s. Menstruation
Menarchealters, Rückgang des 1/94
Menopause, s. Wechseljahre
Menstruation 1/94, 1/110ff., 1/222,
    1/226, 1/296
    – Ausbleiben, s. Amenorrhö 1/97
    – Auswirkungen 1/116
    – Beeinflussung 1/115
    – Blutungsdauer 1/111
    – Blutungsstärke, Unregelmäßigkeiten
      in der 1/98
    – Länge 1/111
    – Stärke 1/111
    – Hygiene 1/116
    – schmerzhafte, s. Dysmenorrhö 1/129
    – Störungen, s. auch
      Dysmenorrhö/Amenorrhö 1/126
    – Wechseljahre 1/127
    – Zyklus 1/111ff.
Mesokortex 1/240
Methode nach Ericsson 1/202
Mikrohysteroskopie 1/122
Milchdrüsen 1/107
Milchfluß, s. Galaktorrhö 1/169
Milchgang 1/106
Milchsäckchen 1/106
Milchsäure 1/109
Mißbrauch, sexueller 1/354
Mitose 1/193
Mittelschmerz, s. Unterleibsschmerzen
    1/133
Mohammed 1/331
Monatsblutung, s. Menstruation
Monatshygiene 1/117
Mongolismus 1/196
Mons pubis, s. Schamberg
Morula 1/23, 1/25
Moses 1/330
Müllersche Gänge 1/92
Mumps 1/68
Mundugumor 1/217
Musculus bulbocavernosus 1/105
Muttermund 1/153
Myome der Gebärmutter 1/154

Nachspiel 1/295, 1/298
Nebenhoden 1/41, 1/91
Nebenhodenentzündung 1/68
Nebennieren 1/210
Nebennierenrinde 1/210, 1/213
Nekrospermie, s. Zeugungsunfähigkeit 1/79
Neokortex 1/240f.

Nervenleitung und Erektion 1/265
neuroendokrin 1/241
Nichtgenitale Zonen 1/261
Nichtraucher 1/368
Nierenbeckenentzündung 1/366
Nierentuberkulose 1/76
Nikotin 1/368
Normospermie 1/80

Ödipuskomplex 1/216, 1/351
Öle, ätherische 1/144
Oligospermie, s. Zeugungsunfähigkeit 1/79
Oozyten 1/107f.
orale Phase 1/348
Orchitis, s. Hoden-
   und Nebenhodenentzündung 1/68
Organe, männliche 1/316
Orgasmus 1/106, 1/259ff., 1/263f.,
   1/267, 1/273, 1/279ff., 1/287ff.,
   1/297f., 1/302ff., 1/319ff., 1/324f.,
   1/347
   – gemeinsame Orgasmen 1/293
   – Unterschiede bei Mann und Frau 1/291
   – Orgasmusfähigkeit 1/325
   – Orgasmusformen 1/307
   – Orgasmusphase 1/305f., 1/309,
     1/312
   – Orgasmusreflexe der Frau 1/267
   – Orgasmuszentrum 1/241, 1/267
Östrogene 1/107ff., 1/112ff, 1/122,
   1/141, 1/149, 1/209f., 1/151
Ovarialtumoren 1/161
Ovulation, s. Eisprung
Ovulationsphase 1/112

Paläokortex 1/240
Papanicolaou, Probe nach 1/123
Papillome 1/150
Paragenitale und Perigenitale Zone 1/261
Paraphimose 1/63
Parasiten 1/75
Parovar 1/91
Partnerkonflikte 1/370
Patriarchat 1/216f., 1/330
Pediculus pubis, s. Hauterkrankungen im
   Genitalbereich 1/75
Pelvic-congestion-Syndrom 1/135
Penis 1/38, 1/43ff., 1/259ff., 1/263,
   1/273, 1/281ff, 1/287ff., 1/296,
   1/300ff., 1/307, 1/315f.
   – Dauerversteifung 1/67, 1/366
   – Fehlbildungen 1/66
   – Tumoren 1/65
   – Verhärtung und Verdrehung 1/67
Periode, s. Menstruation
Persönlichkeit 1/234
Pertubation 1/122, 1/139
Petting 1/340
Peyronie disease, s. Induratio penis plastica
Phantasie 1/270, 1/276
phallische Phase 1/349
Philia-Liebe 1/184
Phimose, Paraphimose 1/63ff.
Photoplethysmograph 1/242
Phthirus pubis, s. Hauterkrankungen im
   Genitalbereich

physiologische Reaktionen 1/305
Pietropinto und Simenauer – Studie 1/245,
   1/334
Plateau, Plateauphase 1/305ff., 1/310ff.
Plethysmograph 1/242
PMS, s. Prämenstruelles Syndrom
Polyglobulie 1/366
Polypen der Gebärmutter (Uterus) 1/156
polyzystisches Ovar 1/161
Portio, s. Muttermund
Postkoitaltest 1/139
Postmenopause 1/96
postovulatorische Phase 1/114
potentia coeundi 1/318ff.
potentia generandi 1/318ff.
Potenz, sexuelle 1/318f., 1/321, 1/327,
   1/357
Prämenopause 1/96
prämenstruelle Phase 1/112ff.
Prämenstruelle Syndrom 1/128
präovulatorische Phase 1/112ff.
Priapismus 1/67, 1/366
Primärfollikel 1/107
Primordialfollikel 1/107f.
Progestagene 1/209
Progesteron 1/93, 1/107ff., 1/113f.,
   1/122, 1/206, 1/210
Prolaktin 1/109, 1/122
Prostaglandine 1/108
Prostata 1/29, 1/31, 1/42, 1/91
   – akute Prostataentzündung 1/50
   – chronische Prostataentzündung 1/51
   – Prostataadenom,
     s. Prostatavergrößerung 1/52
   – Prostatahypertrophie,
     s. Prostatavergrößerung 1/52
   – Prostatakrebs 1/58
   – Prostatamassage 1/56
   – Prostatasekret 1/42
   – Prostatatumoren 1/52
   – Prostatavergrößerung, Behandlung
     1/52, 1/56
   – Prostatitis 1/366
Psyche 1/258
psychisch-affektive Vorbereitung 1/275
psychosexuelle Stadien 1/348
Psychotherapie 1/368
pubertas praecox 1/124
Pubertät 1/28, 1/92,1/226, 1/348, 1/353
   – dissoziierte Pubertät 11/125
   – Pubertätsstörungen 1/77, 1/124
pyknisch 1/235

RALF-Report 1/338, 1/342
Raucher 1/368
Reaktionszyklus bei Mann und Frau 1/306f.
Redbook-Studie 1/336, 1/341
Reflexe 1/262
Refraktärphase 1/259
Regel, s. Menstruation
Reife
   – körperliche 1/321
   – psychische 1/321
Reiter-Stellung 1/302
Rektozele 1/156

Religiosität 1/228f.
Repräsentative Analyse sexueller
   Lebensformen, s. RALF-Report
Retroflexio uteri, s. Rückwärtsneigung
   der Gebärmutter 1/157
Riechhirn 1/240
Rollenverteilung 1/218
Rosenmüllersches Organ 1/92
Rückbildung, Rückbildungsphase 1/305ff.,
   1/310ff.
Rückenmark 1/262ff.
Rückkopplung 1/211
Rückwärtsneigung der Gebärmutter 1/157

Sakralzentrum 1/263, 1/266
Salomo, König 1/87
Salpingitis, s. Eileiterentzündung 1/142
Samenbläschen 1/42, 1/91
Samen
   – Samenabgang, unwillkürlicher 1/78
   – Samenerguß 1/80, 1/263f., 1/281ff.,
     1/289ff., 1/293f., 1/301, 1/307,
     1/319, 1/347
   – Samenflüssigkeit 1/80ff.
   – Samenhügel 1/91
   – Samenkanälchen 1/39, 1/91
   – Samenleiter 1/41, 1/91
   – Samenwege 1/315
   – Samenzelle 1/22ff., 1/29ff., 1/41f.,
     1/109, 1/368
Sarkikos 1/185
Schambeinfuge 1/105
Schamberg 1/103
Schamlippen 1/91, 1/309
   – große Schamlippen 1/103ff., 1/311
   – kleine Schamlippen 1/103, 1/105,
     1/287, 1/294, 1/302, 1/311
   – Schamlippenkrebs 1/146
Scheide 1/91, 1/104ff., 1/259f., 1/267,
   1/273, 1/281, 1/287ff., 1/292,
   1/296, 1/301ff., 1/307ff.
   – Abstrich 1/123
   – Eingang 1/106, 1/300
   – Entzündung 1/151, s. auch Entzündung
     von Vulva und Scheide beim Mädchen
   – Fehlbildungen 1/152
   – Funktionen 1/108
   – Krebs 1/150
   – Spülungen 1/143f.
   – Vorhof 1/106
   – Tumoren und Zysten 1/150
Scheidung 1/237
Schilddrüse 1/210, 1/213
Schillersche Jodprobe 1/123
Schistosomiasis 1/73
schizothym 1/235
Schleimpropf 1/112
Schmerzen bei der Regelblutung 1/129
Schmerzen beim Geschlechtsverkehr,
   s. Dyspareunie
Schmerzen im Unterleib 1/133
Schöpfungsgeschichte 1/217
Schwangerschaft 1/109, 1/226, 1/297,
   1/302
Schwangerschaftsabbruch 1/108
Schwangerschaftsbetreuung 1/123

Schweißausbrüche 1/140
Schwellkörper 1/43ff.
Seborrhö 1/77
Selbstbefriedigung, s. Masturbation
Sellerie, wilder 1/164
Senkung der Gebärmutter (Uterus),
   s. Gebärmuttersenkung und -vorfall
Septum 1/241
Sertoli-Zellen 1/69
Sex in besonderen Situationen 1/296f.
Sexualerziehung 1/176, 1/178, 1/351
Sexualität 1/328
   – aus physiologischer Sicht 1/304
   – relevante Nervenzentren u.
      Hormondrüsen 1/210
   – ethische Aspekte 1/180
   – kindliche Sexualität 1/346
   – Problematik der Sexualität 1/172
   – Sinn der Sexualität 1/188
   – Unterschiede zwischen Mann
      und Frau 1/259
Sexualitätsstörungen 1/362
Sexualmoral
   – der katholischen Kirche 1/182
   – der protestantischen Kirche 1/182
Sexualtrieb 1/187f., 1/192, 1/216, 1/229,
   1/319
Sexualwissenschaft 1/304
sexuelle Aktivität
   – der Frau 1/324
   – des Mannes 1/322
   – Enthaltsamkeit 1/327
   – Leistungsvermögen 1/321
   – sexuelle Stimmulierung 1/104, 1/109,
      1/242, 1/305, 1/325
   – sexuelles Verlangen 1/269ff., 1/274,
      1/288, 1/360
Sinus urogenitalis 1/91f.
Situationsethik 1/181
Sitzbäder 1/121
Sodomie 1/340, 1/343
Sokrates 1/330
Solon 1/330
Sorenson-Umfrage 1/337
Sperma
   – Anomalien, s. Zeugungs-
      unfähigkeit 1/79
   – Blut im, s. Hämospermie 1/78
Spermatorrhö 1/56, 1/78
Spermienselektion 1/201f.
Spermiogramm 1/80
Spermium, s. Samenzelle
Spiritualität 1/229
Spritzkanälchen 1/42, 1/91
Stellungen beim Liebesakt 1/298ff.
Sterilisierung der Frau 1/123, 1/139
Sterilität, s. Unfruchtbarkeit
Stimmung 1/223
Stimulation 1/270f., 1/280
Strichkürettage 1/122
Sympathikus, Sympathikusblocker 1/266,
   1/367
Synechie, s. Verklebung
   der Gebärmutter 1/157
Syphilis 1/147

Tage, s. Menstruation
Tampons 1/117, 1/127
Tannin 1/57
Teer- oder Schokoladenzysten 1/161
Teilerektion 1/242
Temperament 1/234
Teratospermie, s. Zeugungs-
   unfähigkeit 1/79
Testosteron 1/29, 1/35, 1/41, 1/206f.
Thalamus 1/266
Thrombose 1/366
Toluidinblau-Probe 1/123
Torsion des Hoden 1/71
Transvestitentum 1/216
Transzendenz 1/233
Träume, erotische 1/340
Trichomonas vaginalis 1/64
Trichomoniasis 1/151
Trieb- und Phasenmodell 1/348
Trisomie 21 1/196
Tropenparasiten, Erkrankungen
   durch 1/73f.
TSH 1/109
Tuberculosis genitalis,
   s. Genitaltuberkulose 1/76
Tuberkulose, Genital-,
   s. Genitaltuberkulose 1/76
Tumoren
   – der Brust 1/165
   – der Eierstöcke 1/161
   – der Gebärmutter (Uterus) und des
      Gebärmutterhalses (Zervix) 1/159
   – der Harnröhre 1/61
   – der Hoden 1/69
   – der Prostata 1/58
   – der Scheide (Vagina) 1/150
   – des Penis 1/65

Ultraschall, Ultraschalldiagnostik 1/55,
   1/123
Uterus, s. Gebärmutter
Unfruchtbarkeit 1/79, 1/138
Unterentwicklung des Genital-
   apparats 1/158
Unterleibsschmerzen 1/133f.
Unterschiede, psychosexuelle 1/214
Untersuchungsmethoden, gynäko-
   logische 1/122
Urämie 1/367
Urethritis 1/366
Urodynamik 1/123
Urogenitalwurst 1/92
Utriculus prostaticus 1/91

Vagina, s. Scheide
Vaginitis 1/149
Varikozele, s. Krampfaderbruch 1/71
Venographie 1/122
Verdauungsapparat 1/308
Verdrehung des Hoden,
   s. Hodentorsion 1/71
Verengung der Harnröhre 1/62
Verengung der Vorhaut, s. Phimose
   und Paraphimose 1/63
Verklebung der Gebärmutter 1/157
Verletzungen der Geschlechtsorgane 1/84

Verliebtsein 1/244
Vermännlichung der Frau 1/125, 1/230
Verstand und Intelligenz 1/225
Vielehe 1/330
Virilismus, s. Vermännlichung
   der Frau 1/125
Vorhaut 1/44
   – Entfernung, s. Phimose
      und Paraphimose 1/63
   – Entzündung 1/63f.
   – Verengung, s. Phimose
      und Paraphimose 1/63
Vorspiel 1/260, 1/286f., 1/307
   – Dauer 1/274f.
   – Gestaltung 1/275
   – Notwendigkeit und Bedeutung 1/272
   – Zweck 1/273
Vulva
   – s. Geschlechtsorgane, weibliche,
      äußere
   – Dystrophien 1/146f.
   – Entzündung beim Mädchen 1/149
   – Entzündungen und Fehlbildungen 1/146
   – Veränderungen 1/146f.
   – Virusinfekte 1/146f.
Vulvitis, gangränöse/ tuberkulöse 1/147
Vulvovaginitis 1/149

Wacholder 1/56, 1/164
Wahlrecht 1/225
Warzenhof 1/107
Wasserbruch, s. Hydrozele
   und Hämatozele 1/70
Wechseljahre 1/33, 1/96f., 1/140f.,
   1/226, 1/358
„Wechseljahre" des Mannes 1/33
Weiblichkeit 1/217, 1/221
Wochenbett 1/297
Wolffschen Gänge 1/24, 1/26f.

Zärtlichkeiten, erotische 1/277, 1/340f.
Zentralnervensystem 1/367
Zervix, s. Gebärmutterhals
Zervixdrüsen 1/112
Zervixschleim 1/109, 1/113f., 1/123
Zervizitis, s. Gebärmutterhals-
   entzündung 1/153
Zeugungsunfähigkeit 1/72, 1/79ff.
Zirbeldrüse 1/94, 1/210, 1/213
Zwischenblutungen 1/98
Zyklen, ovarielle 1/115
zyklothym 1/235
Zyklus 1/109f., 1/112ff.
   – Phasen 1/111
   – psychische Auswirkungen 1/110
   – Störungen 1/97
Zysten und Tumoren
   – der Brust 1/165
   – der Eierstöcke 1/161
   – der Scheide 1/150
Zystitis, s. Harnblasenentzündung 1/163
Zystographie, Zytodiagnostik 1/123
Zystozele, s. Blasensenkung 1/156